记录社会进程
昭示美好未来

徐克俭

兴化市人民政府市长
兴化年鉴编纂委员会主任 徐克俭为《兴化年鉴》创刊十周年题词

# 热烈祝贺《兴化年鉴》创刊十周年！

- 全国地方志系统第二届年鉴评奖县（市、区）级年鉴一等奖
- 江苏省首届年鉴奖评比县区级综合年鉴优秀奖

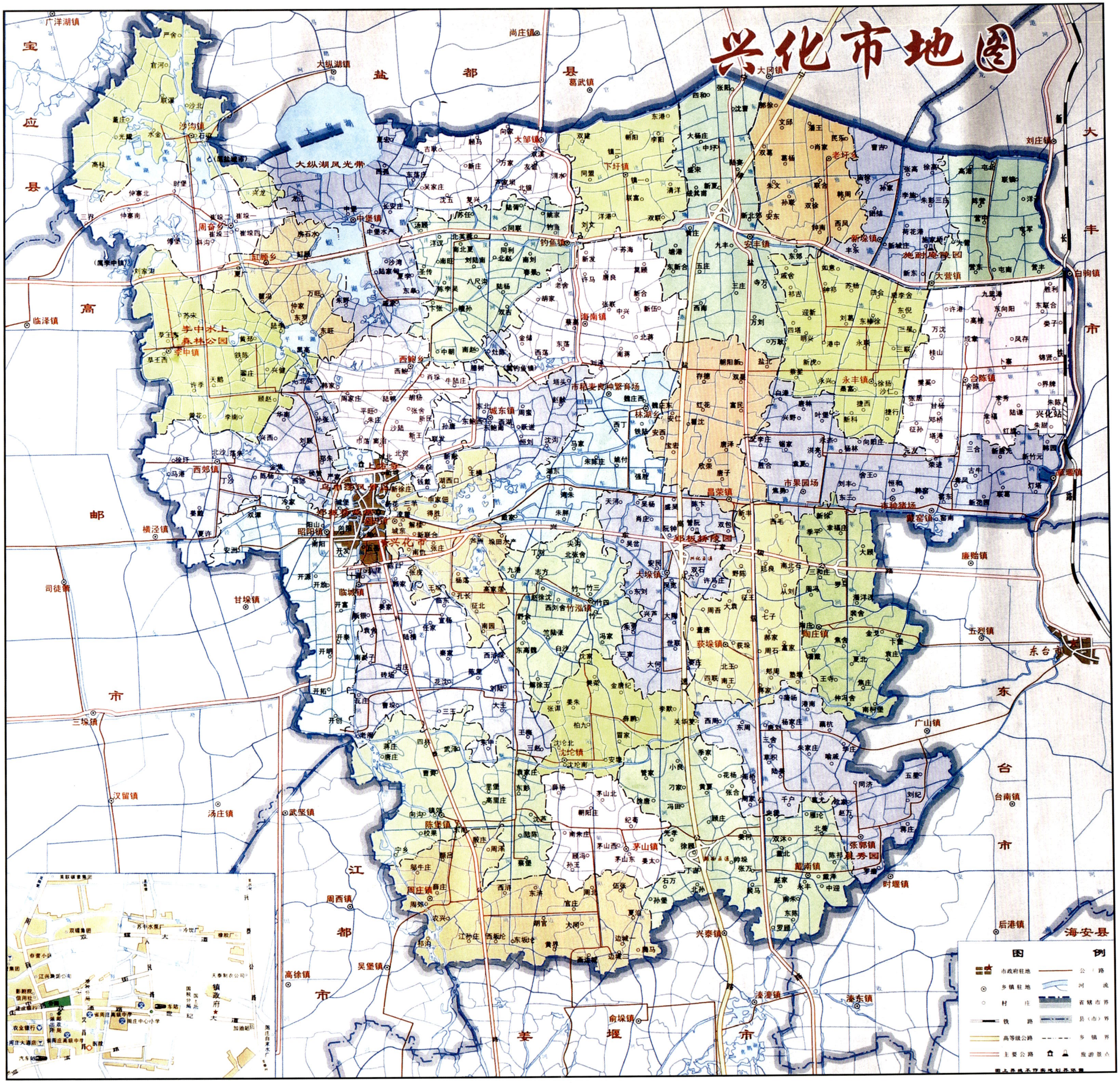

兴化市地图
图例
市政府驻地
乡镇驻地
村庄
铁路
高等级公路
主要公路
公路
河流
省辖市界
县（市）界
乡镇界
旅游景点
宝应县
盐都县
高邮市
江都市
姜堰市
东台市
大丰市
海安县
大纵湖风光带
李中水上森林公园
兴化站

# 兴化年鉴
# XINGHUA YEARBOOK
## （2011）

兴化年鉴编纂委员会

方志出版社

图书在版编目（CIP）数据

兴化年鉴．2011/《兴化年鉴》编纂委员会编．—北京：方志出版社，2011.11
ISBN 978-7-5144-0300-8

Ⅰ．①兴… Ⅱ．①兴… Ⅲ．①兴化市-2011-年鉴
Ⅳ．①Z525.34

中国版本图书馆 CIP 数据核字（2011）第 218426 号

兴化年鉴（2011）

编　　者：《兴化年鉴》编纂委员会
责任编辑：罗滔　冯松
出 版 者：方 志 出 版 社
（北京市建国门内大街 5 号中国社会科学院科研大楼 12 层）
邮编 100732
网址 http：//www.fzph.org
发　　行：方志出版社发行部
（010）85195814 85196281
经　　销：新华书店
法律顾问：北京市大禹律师事务所
印　　刷：扬州市机关彩印中心
开　　本：889×1194　1/16
印　　张：25
字　　数：880 千
版　　次：2011 年 11 月第 1 版　2011 年 11 月第 1 次印刷
印　　数：0001 ～ 1000 册
ISBN 978-7-5144-0300-8/K·245　定价：130.00 元

# 兴化年鉴编纂委员会

主　　任：徐克俭

副 主 任：张育林　徐立华　何　军　葛鸾英
彭国良

委　　员：刘云山　茅康勇　刘　忠　王宇云
谷幼农　花在明　李　纲　冯晓华
林建祥　杨加安　周福宏　蒋　林
李山庆　杨　杰　周天林　华荣辉
沈德才　瞿　平　刘春龙　陈　阳
曹伯高　丁天方　韩中东　朱春红
陈　平　洪　卫

名誉主编：刘云山　刘　忠

主　　编：谷幼农

副 主 编：洪　卫　成　峰　吴存寿　姚桂本
陈　辉

执行主编：洪　卫　陈　辉

# 兴化年鉴编辑部

2010年11月25日，国家水利部党组副书记、副部长鄂竟平（右二）、江苏省委常委、副省长黄莉新（女，前排右三）、江苏省水利厅厅长吕振霖（右一）、泰州市市委书记张雷（前排左一）等领导参加南水北调里下河水源调整工程建设动员大会

2010年3月24日，国家人口和计划生育委员会副主任崔丽（女，右一）调研兴化计生工作

2010年3月1日，江苏省省委书记梁保华（左二）、省长罗志军（左三）在省妇联主席张京霞（女，左一）的陪同下亲切接见全国三八红旗手、江苏省巾帼英杰、兴化市地税局副局长戎晓健（女，右一）

2010年9月3日，江苏省委常委、副省长黄莉新(女，右二）来兴化市调研农副产品深加工工作

2010年12月1日，江苏省委常委、省军区政委李笃信少将（中）调研视察兴化人武工作

2010年2月2日，江苏省委常委、纪委书记弘强（女，中）视察兴化生态河蟹高效养殖基地

2010年3月3日，泰州市委书记张雷（前排中）视察兴化生态河蟹园区建设

2010年5月5日，江苏省政府副秘书长杨根平、省海洋与渔业局副局长沈毅率领的省委、省政府农业生产和农民增收工作督查组到兴化调研

2010年4月2日，第二届中国·兴化千岛菜花旅游节开幕式

2010年5月23日，合行杯第二届中国兴化全国国际象棋锦标赛（个人甲组）新闻发布会

2010年6月27日，兴化市友好访问团、市民代表团访问日本浪江町

2010年 7 月 9 日，日本浪江町友好访问团和中学生友好访问团访问兴化

兴化市大型生活互动节目“幸福向前冲”

# 富庶兴化

FUSHU XINGHUA

2010年，全市完成地区生产总值380.24亿元，比上年增长13.6%，五年翻了一番。其中，第一产业增加值53.19亿元，增长4.7%；第二产业增加值183.74亿元，增长16.0%；服务业增加值143.31亿元，增长14.5%；财政收入54.46亿元，增长32.5%。其中地方一般预算收入21.13亿元，增长33.7%。五年均翻了两番。连续四年跻身全国县域经济基本竞争力百强县（市），位次由上年的72位提升到67位。兴化截止“十一五”期末，实现地区生产总值380.24亿元，五年翻了一番。三次产业结构比由“十五”期末的24.5：44.9：30.6演进为14：48.3：37.7。

**农业经济稳定发展**：粮食生产连年被表彰为全国标兵(先进)县(市)，水产养殖总量连续14年保持全省之首，荣获“中国生态河蟹养殖第一县(市)”称号。

**工业经济实力攀升**：不锈钢制品、农副产品加工、精密铸造三大重点产业支撑作用日益突出。兴达钢帘线公司实现年销售60亿元，成为亚洲第一、世界第二的钢帘线生产和研发基地。

**服务业发展迈出新步**：戴南不锈钢综合物流中心、合陈粮食物流园区、得胜湖港口物流园区三大服务业集聚区初显规模。

粮食生产连年被表彰为全国标兵(先进)县(市)

蓬勃发展的高效农业

兴达钢帘线公司实现年销售60亿元，成为亚洲第一、世界第二的钢帘线生产和研发基地

2010年兴化市全面小康年度人物颁奖典礼

新城新貌

居民小区

水产养殖总量连续14年保持全省之首，
荣获“中国生态河蟹养殖第一县(市)”称号

中国戴南不锈钢交易城

# 生态兴化

SHENGTAI XINGHUA

兴化自2002年建成国家级生态示范市以来，市委、市政府高度重视生态环境保护工作，大力推进城市基础设施和生态人文景观建设，城市面貌显著变化，功能品位不断提升，在“十一五”期末，分别建成省级文明城市和省级园林城市。城市建成区面积达35平方公里、城市化水平45.7%、城市绿化率40.5%。在乡村大力实施农村新“5＋1”实事工程，深入开展环境优美乡村和全面小康村创建活动，农村生产生活环境得到较大改善。全市绿化造林面积连续3年居全省县(市)前列。

# 文化兴化

WENHUA XINGHUA

2010年，积极发展公共文化事业，全面加强市文化馆、博物馆、图书馆和乡镇文化站建设，沙沟镇获批国家级历史文化名镇，垛田文化景观入选国家文物普查新发现，民间音乐“茅山号子”获批国家级非物质文化遗产项目，图书馆被批准为县级馆国家一级馆。

兴化自2001年被省政府命名为江苏省历史文化名城以来，致力于历史文化资源保护和开发利用，大力实施“人文兴化”战略，让历史文化与现代文化融为一体，让老百姓充分享受文化建设的成果，建成了“中国国际象棋之乡”，成功举办了三届全国最高水平的国际象棋锦标赛、三届菜花旅游节和九届中国兴化郑板桥艺术节。城市文化品位不断提升，文化服务功能不断完善，文化旅游业已经成为我市转型升级、科学发展的重要力量。

舞蹈大赛

拉纤号子在五星工程奖

龙舟大赛

兴化作家作品

状元坊

宋县署（范仲淹纪念馆）开馆暨历史文化街区游启动仪式

文化工程-博物馆

兴化图书馆

四牌楼

# 和谐兴化

HEXIE XINGHUA

“十一五”期间，兴化大力推进各项社会事业协调发展，在教育领域，优化教育资源布局，教学质量稳步提高。学校后勤实现“超市进校园”和“食谱进食堂”，教育现代化市创建工作正有序推进。在社会保障方面，我市建立了以企业职工养老保险、城乡居民养老保险为主体的城乡一体化养老保险制度，实现了居民保险城乡区域和参保年龄无缝隙覆盖。在医疗卫生建设方面，我市不断完善城镇职工基本医疗保险制度，率先在全省构建了以城镇职工基本医疗保险、新型农村合作医疗保险为主体，城镇居民、中小学生为补充，多层次、广覆盖、城乡一体化的医疗保障体系。城乡社区卫生服务网络基本形成，新区人民医院建设进展顺利，建成了残疾人综合服务中心。

民歌大赛

龙舟大赛

社会救助服务中心揭牌

红歌大家唱

蒸蒸日上

幸福小城·和谐之家兴化市第二届家庭才艺表演大赛决赛

# 幸福兴化

XINGFU XINGHUA

2010年，在岗职工工资总额15.27亿元，增长16.4%；在岗职工人均年工资29379元，增长13.9%；城镇居民人均可支配收入18409元，增长12.1%。全市农民人均纯收入8817元，增长13.9%。城乡居民生活水平持续增长。

瞧，这一家子

搏击

千岛菜花春色美

幸福的笑脸

猜谜现场

"缘酒杯"兴化市青年歌手电视大奖赛颁奖典礼现场

惠及低保户　幸福进万家

晨练

"夕阳红"老年交谊舞比赛现场

# 2010年兴化市全面小康社会实现程度

| 指标名称 | 单位 | 目标值 | 2010年实现值 | 实现程度% |
|---|---|---|---|---|
| **一、经济发展** | | | | 98.03 |
| 1、人均地区生产总值 | 元 | ≥24000 | 30371 | 98.90 |
| 2、二、三产业增加值占GDP比重 | % | ≥92 | 86 | 92.50 |
| 3、城市化水平 | % | 45 | 46 | 100.00 |
| 4、城镇登记失业率 | % | ＜5 | 2.85 | 100.00 |
| **二、生活水平** | | | | 100.00 |
| 5、居民收入 | | | | 100.00 |
| （1）城镇居民人均可支配收入 | 元 | ≥16000 | 18409 | 100.00 |
| （2）农村居民人均纯收入 | 元 | ≥8000 | 8817 | 100.00 |
| 6、居民住房 | | | | 100.00 |
| （1）城镇人均住房建筑面积 | ㎡ | 30 | 36.5 | 100.00 |
| （2）农村人均钢筋、砖木结构住房面积 | ㎡ | 40 | 41.1 | 100.00 |
| 7、居民出行 | | | | 100.00 |
| （1）农村行政村通灰黑公路（或航道）比重 | % | 100 | 100 | 100.00 |
| （2）城镇人均拥有道路面积 | ㎡ | 12 | 17.2 | 100.00 |
| 8、居民信息化普及程度 | | | | 100.00 |
| （1）百户家庭电话拥有量 | 部 | 200 | 276.7 | 100.00 |
| （2）百户家庭电脑拥有量 | 台 | 40 | 52.2 | 100.00 |
| 9、居民文教娱乐服务支出占家庭消费支出比重 | % | 18 | 19.2 | 100.00 |
| 10、恩格尔系数 | % | ＜40 | 37.9 | 100.00 |
| **三、社会发展** | | | | 100.00 |
| 11、R&D经费支出占GDP比重 | % | ≥1 | 1.2 | 100.00 |
| 12、初中毕业生升学率 | % | ≥90 | 95.2 | 100.00 |
| 13、卫生服务体系健全率 | % | ≥90 | 100 | 100.00 |
| 14、社会保障 | | | | 100.00 |
| （1）城镇劳动保障三大保险各自覆盖率 | % | ≥95 | 98.2 | 100.00 |
| #城镇基本养老保险 | % | ≥95 | 97.5 | 100.00 |
| 城镇失业保险 | % | ≥95 | 99.0 | 100.00 |
| 城镇基本医疗保险 | % | ≥95 | 98.0 | 100.00 |
| （2）新型农村合作医疗覆盖面 | % | ≥85 | 100 | 100.00 |
| （3）新型农村养老保险人数 | 万人 | 42 | 68.28 | |
| 15、人民群众对社会治安的满意率 | % | 90 | 95 | 100.00 |
| 16、城乡村（居）民依法自治 | | | | 100.00 |
| （1）城镇社区居委会依法自治达标率 | % | 90 | 97.1 | 100.00 |
| （2）农村村委会依法自治达标率 | % | 95 | 99.0 | 100.00 |
| **四、生态环境** | | | | 87.57 |
| 17、绿化水平 | | | | 76.90 |
| （1）城市绿化覆盖率 | % | 40 | 40.5 | 100.00 |
| （2）森林覆盖率 | % | 20 | 11.9 | 59.50 |
| 18、环境质量综合指数 | 分 | 80 | 90.8 | 100.00 |

# 兴化市发展与改革委员会

市委书记贾春林调研服务业工作

市长徐克俭调研发展改革工作

党组书记、主任：李山庆

2010年，全市实现地区生产总值380.24亿元，增长13.6%。其中一产增加值53.19亿元，增长4.7%；二产增加值183.74亿元，增长16%；三产增加值143.31亿元，增长14.5%。全市完成全社会固定资产投资239.24亿元，增长34.3%。全年完成招商引资额44亿元，完成目标的110%。实现协议利用外资2.6亿美元，实际利用外资1亿美元，分别增长46.5和29.9%。完成自营出口额3.1亿美元，增长74.6%。 十二五"规划编制是市发改委一项重要职能。市发改委超前谋划，精心构思，细化规划编制方案。具体规划已经通过省有关专家评审，并经市"两会"讨论通过。针对关系到我市全局性、战略性、机制性、结构性的问题，坚持深入调查研究，掌握第一手资料，科学分析，提出建议。撰写了《理清思路、凝心聚力，力推兴化服务业转型升级》、《构建专业特色物流体系，助推先进制造业发展》等有深度的文章，对全市国民经济计划完成情况进行跟踪检查分析，准确反映全市经济运行质态，为领导决策和部门工作提供参考。 2010年，市发改委窗口共审核、备案项目750个，总投资218.9亿元；总投资过5000万元政府投资项目21个。发改委单独或会同其他部门共上争项目20个，争取到补助资金1.47亿元。其中中央投资9431.5万元，省级补助5288万元。市发改委严格按照要求，加大对新增中央投资项目的监督管理，建立了项目库，按时上报项目实施情况，对发现的问题督促项目单位立即整改，多次接待上级检查组的检查工作，均受到好评。

召开领导班子及成员述职述评会

召开领导班子及成员述职述评会

## 全国文明镇　江苏省文明标兵镇

# 中国不锈钢名镇——戴南

市委常委、镇党委书记：马元连

镇党委副书记、镇长：仲春瑞

戴南位于兴化市东南部，地处里下河平原腹地，是一座具有千余年历史的水乡古镇，有着深厚的人文底蕴和丰富的历史遗存，曾留下唐太宗李世民驰骋的足迹，镇中市级文物保护单位——敕封护国寺至今还流传着这段美丽的传说。全镇下辖33个行政村，4个居委会，总面积107.8平方公里，总人口9.26万人，另有外来人口5万多人。2010年实现地区生产总值105.49亿元，比上年增长32.3%，是2005年的3.6倍；实现财政收入16.74亿元，是2005年的4.1倍；一般预算收入4.91亿元，分别比上年增长65.5%和40.7%，农民人均纯收入13979元，“十一五”期间年平均增长14.46%，农民居民储蓄存款余额比“十五”期末净增18.32亿元，达到26.55亿元。镇先后被评为全国先进基层党组织、全国文明镇、全国重点镇、全国千强镇、全国村镇建设先进镇和江苏省卫生镇、新型示范小城镇，省文明标兵镇，2006—2010年全省社会治安综合治理先进乡镇，并被列为全国小城镇发展改革试点镇。

国家知识产权局局长田力普（左一）来戴南镇视察

江苏省副省长徐鸣视察戴南镇生态建设工作

江苏省副省长张卫国来戴南调研

泰州市市长徐郭平(左二）来戴南镇调研工业经济情况

戴南镇被列为首批江苏省经济发达镇行政管理体制改革试点镇之一

泽园

国家不锈钢质检中心检测大楼

村党委书记：张文德

张文德，现任董北村党委书记。在他的带领下，董北村先后建成江苏省第一所农村实验小学，江苏省优质村办幼儿园；建成全国首家农民疗养院。率先实现“幼有托、小有教、中有保、老有靠、困有帮、残有助”小康生活新目标。1996年被省委组织部评为“优秀村党组织书记”；1997年被泰州市委组织部评为“勤政廉政好干部”；1999年被江苏省委政府评为“江苏省劳动模范”；2000年被国务院评为“全国劳动模范”；2003年被泰州市委评为“模范共产党员标兵”；2008、2009年被兴化市委评为“十佳基层党组织书记”；2009年被评为“泰州市突出贡献人物”，2010年被省委省政府评为“江苏省优秀基层党组织书记”等荣誉称号。

董北村位于戴南镇北郊，共有13个村民小组，926户，2776人，土地1625亩。近几年来，村党委坚持以发展生产为中心，党的建设为核心，文明创建为重点，为民谋利为宗旨，走出了一条兴工强村创业富民的新路子,新农村建设取得可喜成绩。

2010年，全村实现社会总产值35亿元，村集体纯收入1100万元，集体净资产6500万，农民人均纯收入2.3万元；预计2011年实现社会总产值45亿元，集体收入1400万元，农民人均纯收入超过2.65万元。先后荣获“国家文明村”、“国家生态村”、“江苏省卫生村”、“江苏省文明村标兵”、“江苏省社会主义新农村建设示范村”等荣誉称号，连续五年位列“泰州市全面小康十强村”第一村。

团结奋进的领导班子

董北村创业就业服务中心暨人力资源市场揭牌仪式

董北村富联农村小额贷款有限公司成立

上级领导来董北村调研

省计生委领导来董北村调研计生工作

村重点龙头企业——江苏兴龙金属制品股份有限公司

著名影视演员六小龄童来董北实验小学视察

董北村创国家级生态村验收汇报会

丰富多彩的群众文化生活

# 兴化市公安局

副市长、局党委书记、局长：陈浩

局党委副书记、政委：李从德

2010年，全市公安机关在市委、市政府和上级公安机关的正确领导下，积极应对社会深度变革、经济深度转轨所带来的复杂治安局势，以科学发展观统揽公安工作全局，深入贯彻落实党的十七届四中、五中全会精神，强抓“三项重点”、推进“三项建设”、巩固“三基工程”，全市公安机关国保战略支撑点优势进一步确立，以“命案侦破”为主要特征的破案攻坚品牌效应进一步彰显，公安信息化发展步伐空前加快，基层所队规范化建设进入“快车道”，以执法标准化促进执法规范化的措施得到强有力的落实，综合绩效优势明显，在社会稳定风险评估、严打整治、经侦专项行动、重点地区治安整治常态模式、突发性事件处置、公共安全维护等诸多方面打造了新亮点，国保战略支撑点建设和打击发票犯罪专项斗争分别受到公安部国保局、经侦局的表彰，严打整治和命案侦破受到省公安厅表彰，公安队伍正规化建设取得新成效，市局在市级机关作风建设评议的排名有了大幅跃升，连续第三年被市委、市政府表彰为服务发展突出贡献单位，保持了全市社会治安大局的持续稳定，为全市经济社会转型升级、小康社会建设提供了服务和保障。

市委书记贾春林视察公安工作

副市长、局长陈浩参加警民恳谈活动

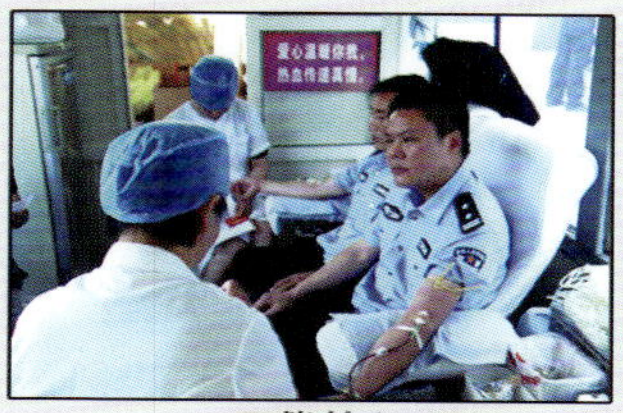
无偿献血

加强党建工作

人大代表、政协委员视察公安基层所队规范化建设工作

公安部检查组督查两车治理工作

警营文化建设

向甘肃舟曲灾区捐款

全面加强打黑除恶工作

开展喜迎国庆、比武竞赛活动

重温入党誓词

走进社区开展法制宣传教育

开展喜迎国庆、比武竞赛活动

开展法制宣传

# 兴化市人民检察院

党组书记、检察长：陆红梅

2010年，市检察院以执法办案为中心，深入推进社会矛盾化解、社会管理创新和公正廉洁执法三项重点工作，依法严厉打击严重刑事犯罪，正确贯彻宽严相济刑事司法政策，创新实施附条件不起诉制度，全面推行不受理、不立案、不批捕、不起诉、不抗诉等办案环节释法说理和公开听证制度，加强案件质量管理；认真开展侦查活动监督、审判活动监督和刑罚执行监督；认真查办工程建设领域和涉农领域内的职务犯罪，集中查办船型标准化改造中国家机关工作人员玩忽职守，造成国家专项补贴被骗取的渎职案件；积极开展个案预防、专项预防和系统预防，深入开展“无涉农职务犯罪乡镇（单位）”创建活动，把专业化预防与社会化预防相结合；积极争创全国文明接待室；通过督促起诉及协助主管部门催缴等方式，清收土地出让金5700万元，有效防止国有资产流失。

省委政法委执法监督巡视组检查市检察院执法规范化情况

举行检察开放日活动

省检察院公诉处领导到市检察院调研附条件不起诉工作

预防人员实地察看市人民医院大楼施工现场

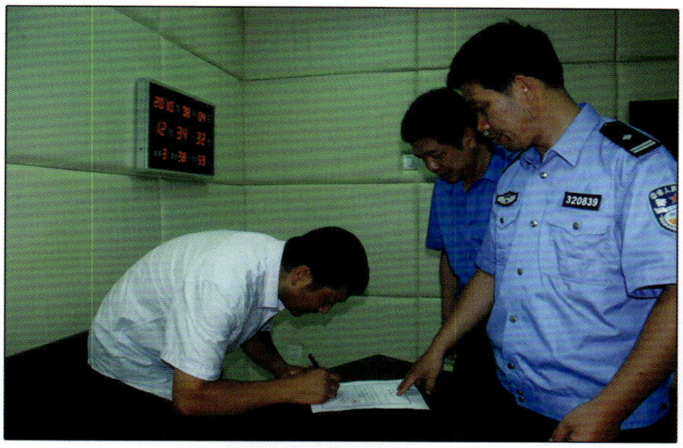

犯罪嫌疑人在法律文书上签字

举办公文写作专题讲座

组织召开行政执法与刑事司法相衔接工作会议

到农村开展举报宣传

# 兴化市人民法院

党组书记、院长：宋亚平

2010年，市法院在市委的正确领导下，在市人大的监督和市政府、市政协以及社会各界的关心支持下，认真贯彻落实科学发展观，坚持“党的事业至上、人民利益至上、宪法法律至上”工作指导思想，围绕“为大局服务、为人民司法”工作主题，深入推进社会矛盾化解、社会管理创新和公正廉洁司法“三项重点”工作，更新观念，能动司法，为促进我市经济社会平稳较快发展、保障社会和谐稳定作出了积极的贡献。

市中院张培成院长视察我院安全保卫工作

中院领导大走访活动

法院办公大楼

院校共建启动仪式

法官执行现场

交通事故巡回法庭工作座谈会

年轻干警座谈会

市政协领导视察诉讼服务中心工作

人民调解工作现场

新一届人民陪审员任命仪式

# 兴化市地方税务局

中央电视台采访报道兴化市地税局打造服务“三农发展”绿色通道的经验做法（图为泰州市劳动模范、局长邹鹤接受记者采访）

在泰州市地税局和兴化市委、市政府的正确领导下，“十一五”期间，兴化地税部门坚持以组织收入为中心，从提升税收增量、优化税收结构入手，大力实施科学化、精细化管理，建立健全税收分析、税源监控、纳税评估和税务稽查“四位一体”互动机制，五年来，累计组织征收各项收入66.08亿元，是“十五”时期的4.76倍，累计增幅达312.02%。2010年，该局加强税源监控，重点对全市工业100强重点骨干企业和三产服务业30强企业进行税源监控，加强对不锈钢、脱水蔬菜、建筑、房地产、交通运输、财产拍卖等重点行业税负预警和税负分析；规范税收管理，对全市建筑安装工程实施精细化管理，完善项目登记，及时了解工程、项目的进展情况；健全房地产业工作台帐，适时开展土地增值税清算，确保房地产业税收及时足额入库；加大稽查力度，认真查处涉税举报案件，充分发挥稽查查处和打击两大职能，把开展行业专项检查、分级分类检查和打击假发票活动作为稽查工作重点，着重对房地产行业、减免税企业、亏损较大的企业、历年检查发现问题较多的企业进行稽查；积极参与市政府“创业超市”工程，主动接轨市委、市政府经济战略，加强政策调整、财税改革、热点产业对地方经济和地方税收的影响因素预测，从落实税收优惠政策、提供个性化服务等方面为企业解决一些突出问题，帮助企业走出困境、自强发展，2010年，累计组织各项税费金收入21.15亿元，同比增长29.46%，实现一般预算收入11.46万元，占全市一般预算收入总量21.13亿元的54%，圆满完成泰州市地税局和市政府计划收入任务。

省妇联主席张京霞调研地税局纳税服务中心全国巾帼文明岗创建工作

泰州市纪委缪云忠副书记了解地税基层站所作风建设情况

被全国总工会授予全国职工书屋示范点称号

荣获江苏省全民健身活动先进单位称号

庆祖国华诞　歌幸福兴化

兴化地税在线解读促进“三农”发展税收优惠政策

兴化地税给力河蟹产业唱响和谐曲

税务人员走访房地产开发企业了解工程进度情况

# 兴化市住房和城乡建设局

局长：朱春红

2010年，市住建局紧紧瞄准建设水乡特色的生态城、文化城、宜居城、旅游城的目标，全力以赴加快城市建设，城乡建设事业继续保持了良好的发展势头，各项工作取得喜人业绩。全年共完成1项结转工程和26项新建工程建设，实施了城市36个地块的低洼区整治，建成了城市公共停车场15处，增加停车位1500个。新增城市绿地面积47万平方米，全市绿地总面积达803万平方米，现有绿地率39.17%，绿化覆盖率40.5%。全年共安装道路路灯464杆，维修道路面积近7000平方米，更换广场砖1585平方米、窨井盖1146个，新增无障碍通道6个。完成了城市两批次15万平方米、近2000户拆迁工作。完成了金东门历史街区的基础设施配套与整治、大司马府东侧沿街新建、家舒巷两侧等城市文化遗存修复再现，启动了银北门街区整治，配套建设了一批具有文化气息的城市小品，城市文化氛围进一步增强。全年新开发商品房约75万平方米，新建经济适用房、廉租房、安置房约50多方平方米，建成约24万平方米。2010年，村镇建设累计完成投入52.5亿元。积极推进了城镇总体规划的调整修编工作，戴南—张郭小城市规划通过省建设厅专家组的评审；完成小城镇详细规划42个，有效提高了村镇详细规划覆盖率和村庄规划深度；深入推动了村镇创建工作，沙沟镇创建国家级历史文化名镇成效显著。2010年，市建筑业继续保持良好增长势头，建筑业经济总量保持较快递增，全年完成建筑业总产值150.3亿元，同比增长15%，完成建筑业增加值40.3亿元，同比增长14%，施工面积为1760万平方米，竣工面积为1172万平方米，多种经营产值0.22亿元。全年创省优质工程2项，市优质工程15项，有力保障了我市各项建设工程的质量。成功创建省级文明工地5个，泰州市级文明工地12个。全年商品房销售达5540套，销售面积72万平方米，成交额达30.8亿元，同比增长25%，有力推动了我市房地产市场的健康发展。

市委书记贾春林在相关领导的陪同下视察城建工程

市长徐克俭（右）、局长朱春红（左）陪同上级领导视察兴化市城市建设

局领导和市民代表视察水厂

城市建设推进暨环境综合整治动员会现场

局长朱春红和党委书记徐志扬共同为新成立的住房和城乡住建局揭牌

局长朱春红参加义务植树活动

局领导深入基层调研

第九届商品房展销会开幕现场

# 兴化市交通运输局

局长：沈德才

2010年，交通运输系统在市委、市政府和上级交通运输部门的正确领导下，全面落实科学发展观，抢抓机遇，攻坚克难，勇于创新，奋力拼搏，开拓进取，圆满完成了各项目标任务。全年共完成交通基础设施投资5.19亿元，全力实施“4444”建设目标，一是加快“四路建设”。完成大周公路建设任务，启动233省道兴化城区过境段项目，完成张（郭）周（庄）公路建设任务，开工建设陶（庄）张（郭）公路；二是实施“四项工程”。加快撤渡建桥工程、港口配套工程、基层站所达标工程、客运中心枢纽工程建设步伐；三是办好“四件实事”。新改建100公里农村公路，20个行政村通班车，建好3个农村客运站，更新100辆出租车；四是抓好“四件大事”。客运集团组建到位，大交通运输体系建立到位，运输总会组建到位，“十二五”交通运输综合规划到位。被兴化市委、市政府表彰为2010年度人民满意机关和招商引资先进单位，被泰州市交通运输局和人社局联合表彰为先进集体。

全市交通运输工作会议

交通运输系统目标管理大会

局领导督查缸西公路改造工程

“安全生产月”活动启动仪式现场

统一标识的新农公车

城市豪华空调公交车

得胜湖港口物流园区开工建设

建设中的大周公路

我市所有行政村通硬质化公路

即将投入使用的兴化汽车客运总站效果图

# 兴化市史志档案办公室

主任：谷幼农

2010年，兴化市史志档案办公室在市委、市政府和上级业务主管部门的正确领导下，深入学习党的十七届五中全会精神，全面贯彻落实科学发展观，突出史志档案工作服务社会发展、促进社会和谐的主旋律，充分发挥史志档案“存史、资政、育人”功能，较好地完成各项目标任务。

坚持以抓能力建设和作风建设为重点，以打造学习型机关、文明机关、 开展“中梗阻” 整治活动为平台，不断提升全员政治理论和业务知识水平，塑造史志档案部门文明形象，营造适合史志档案事业发展的良好氛围。

始终把编研党史、编纂方志年鉴、保管利用档案作为主要业务，忠实记录地方党政带领全市人民共建小康、共创和谐的伟大历程。《中共兴化地方史》第二卷、《兴化县志（胡志）》点校本基本完稿；出版发行《兴化年鉴（2010）》；推进了市志征编工作，92%的承编单位已完成初稿；完成《江苏省志・兴化部分》的编纂工作；确定上报了36处革命遗址；注重提高档案馆内在质量，不断增强公共服务功能。新添置200余立方米密集架，建成200余平方米档案史料展览厅；全年累计接待利用者达1200余人次，利用档案达6000余卷次；加强档案规范化、信息化、法制化建设，30多家单位的档案工作通过了省、泰州市等级测评；举办多期培训班，参训人员达500名。

2010年，市史志档案办先后被省党史工办、省档案局表彰为宣传工作先进集体。《兴化年鉴（2009）》获得第二届全国年鉴评奖综合一等奖和首届江苏省年鉴奖综合优秀奖。

召开党史二卷本出版座谈会

乡镇档案工作培训会议

《兴化年鉴（2011）》组撰稿工作会议

中国档案学会副理事长温强（左三）在省、泰州市等领导陪同下视察档案工作

省档案局副局长齐丽华（女，左一）视察兴化档案工作(图为察看库房)

市政协主席走访史志档案工作

党员到挂钩社区开展义工服务

《兴化年鉴（2009）》荣获全国地方志系统第二届年鉴评奖一等奖

开展送书进广场活动，进一步扩大史志宣教效果

# 《兴化年鉴》彩页编辑

编务：吕飞

**联系人：吕飞**
**联系电话：13812474307**
**邮箱：lf84914333@163.com**
**Q Q：799828159**

《兴化年鉴》是在中共兴化市委、市政府领导下，由兴化年鉴编纂委员会编纂的大型综合性地方年鉴。该书系统、翔实地记载全市政治、经济、文化、社会等方面基本情况和发展状况，是一部具有权威性、科学性的信息密集型工具书，它的问世，为全市各级党政领导和各界人士提供了一份全面、准确、丰富的地形资料。也为外商在兴化市投资和合作交流提供了可靠的全方位信息服务，同时也作为地方性唯一历史资料用作收藏。《兴化年鉴》在全省年鉴评比中荣获综合布局、框架结构、条目编写、装帧设计四个一等奖。为更好地发挥年鉴“存史、资政、育人”的作用，热忱欢迎全市各部门，企事业单位加盟！

# 兴化市城市管理局

党委书记、局长：丁锋

2010年，兴化市城市管理局在市委、市政府的正确领导下，在市人大、市政协的关心支持下，全局干部职工凝心聚力，真抓实干，深入践行科学发展观，紧紧围绕全市工作中心，抓整治，市容市貌管理进一步改善；抓完善，环卫保洁水平进一步提高；抓机制，河道管理水平进一步提升；抓作风，城管形象进一步提升。年内，提请市政府出台了《兴化市城区街景容貌标准管理办法（试行）》，加强了户外广告及店牌店招的监管力度；先后完成了我市城市生活垃圾卫生填埋场一期工程一号区域建设，城南中转站后期工程建设，改造城区20座公厕，新建城区4座公厕，为改善城市人居环境和投资环境，促进全市经济社会又好又快发展做出了积极贡献。

9月份，在市委、市政府的关心帮助下城市管理行政执法大队成立。年底前，城市管理行政执法局挂牌成立，我市的相对集中行政处罚权工作正式启动。

2010年，兴化市城市管理局先后被泰州市城管局表彰为“2010年度泰州市城管工作优秀集体”和泰州市城管系统“2010年度优秀行政处罚案卷单位”，被兴化市委、市政府表彰为“城乡建设先进单位”，“信访工作先进部门”，被市政府表彰为“市长公开电话、领导电子信箱办理工作先进单位”，“兴化市语言文字工作先进集体”，“2010年度环境保护工作先进单位”，被市委宣传部表彰为“2010年度全市文明创建工作先进单位”；城市管理行政执法大队被江苏省住建厅授予“江苏省住建系统行政执法队伍规范化建设三星级单位”称号；环卫处被市委、市政府表彰为“十佳市属事业单位”，环卫处主任夏振国获得兴化市2010年度小康先进人物提名奖。

市领导为城市管理行政执法局挂牌

市委常委张育林督查城区环境

市人大调研城管工作座谈会

中共兴化市城市管理局第二次党员大会

环卫职工技能大赛现场

局领导亲临违建拆除现场

# 兴 化 市 教 育 局

市委教育工委书记、局长：邹祥龙

2010年，在泰州市教育工委、泰州市教育局和兴化市委、市政府的正确领导下，在全社会的关心支持下，兴化教育系统上下同心，奋力拼搏，各项工作取得新突破、新进展。积极谋划“教育现代化市”创建总体规划、方法步骤、工作策略，全面解读教育现代化16项指标，形成创建工作方案，成立创建办公室，逐校开展学校布点、教育信息化调研，建立基础台帐资料，精心测算经费投入。启动师德建设年活动，开展师德师风专项整治行动和“师表引领百日活动”，着力提升教师师德水平。继续对中高级职称评审推荐办法进行改革，筹建10个“名师工作室”，发挥“名特优”教师的传帮带作用。实施“百名教育硕士”培养计划，着力构建兴化教育人才高地。继续推行教学工作检查指导日、教学工作例会等制度，强化对教学过程、教学结果的监控。始终突出教学中心地位，中、高考成绩继续保持上升势头，中考700分以上高分段人数上升明显，高考本科进线数、名校录取数、应届生进线数、高校录取率等主要指标均创历史最好成绩。义务教育学区管理模式正常运行，科学制订2010年城区义务教育阶段公办学校布点及施教区调整方案。结合创建教育现代化市、校车公交化改革，启动实施新一轮村小布局调整，进一步理顺管理关系，促进义务教育均衡发展。扎实推进平安校园建设，及时、全面、过细开展校园安全大检查。继续深化学校后勤管理改革，启动寄宿制学校学生双休日活动管理方案。积极组织实施校舍安全工程，全面开展校舍安全检测鉴定工作，继续完善扶贫助学体系，组织“情系玉树——爱心助同胞”活动，开展关注民生“大走访”活动。以完善“条块结合、双重管理”的学校党建工作新模式为抓手，召开高规格的学校党建工作会议，出台《关于进一步加强学校党建工作的意见》，着力解决农村学校党建瓶颈问题。创新区域教育督导机制，建立督学巡查制度，开展各类专项督查，取得明显实效。

领导参观我市学校党建工作成果展

全市教育工作会议

市委书记贾春林深入学校调研

幼儿教育跨县域结队支教启动仪式

兴化中等专业学校戴南分校成立

政协委员视察教育工作

市委教育工委中心组集中学习

学校党建工作暨加强师德师风建设推进月活动总结会议

# 兴化市文化广电新闻出版局

局长：刘春龙

2010年，文化工作呈现新亮点，文化事业实现跨越式发展。市文化馆建成国家一级馆，市图书馆建成国家一级馆和“江苏省文明图书馆”，市博物馆在泰州四市两区中成为唯一一家国家等级馆（国家三级博物馆）。全市35个乡镇（含开发区）文化站全面达标，614个行政村全部建有农家书屋，荣获江苏省农家书屋工程建设先进集体。全市非遗保护项目总量达到66项，其中列入泰州市的23项，列入江苏省的4项，列入国家级2项，竹泓木船制造技艺、茅山号子相继成为国家级非遗保护项目，被评为全省非遗普查工作先进集体。公布第三批市级文保单位33处，使全市文保单位达到75处。影山头文化遗址入选第三次江苏省文物普查十大新发现，垛田文化景观入选第三次全国文物普查国家级重大新发现。沙沟镇被命名为国家级历史文化名镇。民歌表演《拉纤号子》荣获省五星工程奖金奖，歌曲《垛田水乡》获省五星工程奖银奖，剧本《板桥断鸡》等5部作品获全国戏曲文化奖二等奖，系列小淮剧《板桥事亲》、《板桥断鸡》、《板桥卖画》精彩呈现央视“九州大戏台”，《民歌中国·魅力兴化》1-4集在央视音乐频道播出。市板桥书画院邹国美的美术作品获江苏省美协第三届新人作品展最高奖“新人奖”，建立了全省首家县级市“文学馆”，启动了“施耐庵文学奖”。近年来，各类文化艺术产品先后获国家级和省级奖项50多个，其中金奖20个。2009年成为全省扫黄打非先进模范市，2010年市文广新局获江苏省文化市场综合执法先进单位和全省新闻出版系统先进集体。

少儿大舞台

兴化民歌拍摄现场

茅山号子唱进央视《欢乐一家亲》

刘春龙《乡村捕钓散记》研讨会在泰州召开

惠生·施耐庵文学奖新闻发布会现场

郑板桥艺术节闭幕式小戏专场

举行迎“五一”“文化惠民”广场文艺演出

迎新年“法治礼赞”专场文艺演出现场

省新闻出版局在兴调研农家书屋建设情况

中央电视台《民歌中国·魅力兴化》拍摄启动仪式在兴化举行

全国新农村新家庭工作会议（江苏兴化现场）广场文艺汇报演出

上海作家来兴化采风

荣获五星工程奖作品《拉纤号子》

中国烟草
CHINA TOBACOO

# 兴化市烟草专卖局（分公司）

局长、经理、党组书记：朱玉乔

2010年，兴化市烟草专卖局（分公司）在泰州市局（公司）和兴化市委、市政府的正确领导下，坚持科学发展、和谐发展，紧紧围绕全面建设现代烟草“上水平、创一流”和“四个引领”的目标任务，以“更快节奏、更高标准、更实工作、更好状态”的要求，继续深化“三大战略”，大力倡导文化管理和创新管理，通过优秀基层单位和省文明行业“三项”创建工作的深入开展，圆满完成了全年工作目标任务，为今年“十二五”开好局、起好步奠定了坚实基础。全年共依法查处各类涉烟案件257起，其中案值万元以上案件20起，捣毁窝点175个；查获各类违法违规卷烟9529条，其中假烟287.5条，取缔无证经营58户，上缴财政罚没款7.48万元，不法烟贩被逮捕5人，刑事拘留9人。通过电访、网上订货对系统外销售卷烟40633箱，同比上升0.88%；销售收入71113万元，同比上升6.79%；实现税利19541万元，同比上升9.51%，主要经济指标的增长超过泰州系统平均发展水平。

组织开展迎“七一”文艺汇演

表彰2010年度先进集体

文化厅副厅长尹民参观兴化烟草文化室

大力开展“忠诚为本 感恩奉献”主题实践活动

举办消防演练

朱玉乔局长深入基层走访慰问

主要领导宣贯企业文化精神

公开销毁假冒伪劣卷烟

# 兴化市规划局

党组书记、局长：李安康

市规划局是负责城市规划区以及戴南、张郭两镇规划编制和规划管理的职能部门。在市委、市政府的正确领导下，市规划局紧扣“全面达小康”工作主线，按照城市面貌“三年大变样”的目标要求，以科学发展观统领城市规划工作，科学编制规划，强化规划引导，严格规划管理，细化规划服务，深化规划检查，主动接受监督，充分发挥了城市规划的龙头作用，被市政府表彰为城市建设先进集体。

一是科学规划引领城乡建设。组织编制了长安农贸市场等20多个地块控制性详细规划以及城市发展规划、古城墙公园规划、长安绿岛改造规划、戴南镇总体规划、戴南–张郭小城市规划以及戴南镇中心区城市设计等规划，强化规划统筹作用。

二是规范审批提高行政效能。严格执行规划建设管理联席会议制度和规委会制度，完善明确容积率调整有关规定，加强容积率规划管理。实现行政权力网上公开透明运行，审批效率位于泰州市规划系统前列。建成兴化市规划展示馆，深入推行规划公示制度，注重采集群众意见，吸引市民广泛参与，打造阳光和谐规划。

三是加强管理实行刚性约束。开展专项治理工作，坚持执行施工前放验线、施工过程中跟踪巡查、竣工验收阶段严格核实规划条件制度，将规划管理由源头管理、审批管理延伸至项目建设的全过程，维护规划法律权威。

四是民生为先提高服务水平。关注民生工程，对于公园、广场、停车场、菜场、学校等与居民生活息息相关的公共服务设施，超前规划引导，提前做好安排。变“坐等式”服务为“跑动式”主动服务，开展规划“三走进、三服务”活动，努力为基层、群众和企业等办实事解难题。

召开座谈会征求人大代表、政协委员和社会各界意见和建议

泰州市规划局长座谈会在我市召开

规划局2010年度党员领导干部专题民主生活会

走访帮扶周奋乡仲北村全面小康村建设工作

宣传城市规划

由规划局承办的景范学校附属幼儿园开工仪式现场

# 兴 化 市 卫 生 局

党委书记、局长：江义舟

2010年，全市卫生服务条件进一步改善，全年共争取卫生系统房屋建设和改造项目专项资金补助3820万元。总投资约4.5亿元的市人民医院迁址建设工程进展顺利；市脑科医院一期工程已经完工，建筑面积7754平方米。市中医院病房综合楼建设已经启动，总投资约4000万元，建筑面积8000平方米。全市今年有8家乡镇卫生院投资1360多万元，改扩建业务用房10000多平方米。通过业务用房、设备的改造，全市医疗服务功能得到有效提升。公共卫生安全屏障全面巩固，医疗服务能力和水平有了明显的提高，医药卫生体制改革准备工作扎实推进，全市卫生工作获泰州市卫生局综合目标管理一等奖。年末卫生系统有市直医疗卫生单位9个，城市社区卫生服务中心1个，乡镇（中心）卫生院45个，在编人员3680人，其中卫技人员2820人，床位3176张，拥有固定资产6.37亿元。

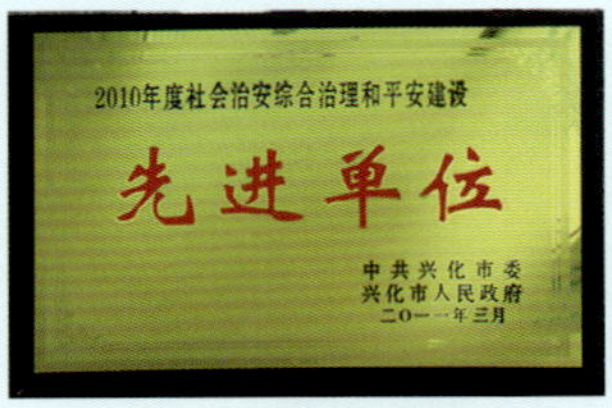

麻醉药品临床使用与规范化管理培训班

社区健康知识讲座

年轻护士素质提高理论知识竞赛

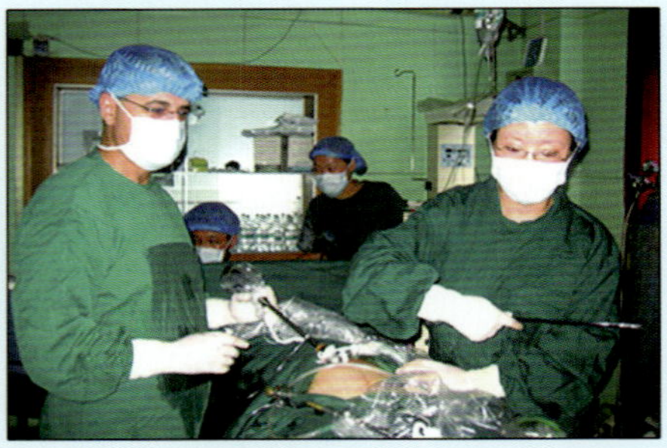

以色列专家福德博士在妇保院进行妇科腹腔镜手术

国家最高科学技术奖获得者、工程院院士王振义教授（左二）在市委常委、宣传部部长徐立华（左三）的陪同下调研兴化卫生工作

卫生部副部长陈啸宏在副市长马雅斐的陪同下视察市人民医院新址工地

省中医药局领导赴兴化开展最佳党日活动

市委书记贾春林在局长江义舟的陪同下到新建成的市第四人民医院调研

兴化市医改工作暨“医疗质量万里行”活动推进会

全市卫生队伍建设大会

## 文化名城 生态水乡

# 兴化市旅游局

局长：秦 朴

2010年，兴化市旅游局深入学习贯彻十七届四中、五中全会精神，坚持以科学发展观为指导，按照《国务院关于加快旅游业发展的意见》的要求，以建设区域性旅游目的地、苏中旅游名城为目标，进一步加大了城市旅游开发力度，加快城市旅游设施配套建设，着力提高我市旅游业的服务水平，培育项目精品，推进资源整合，创新营销理念，优化旅游环境，实现了全市旅游业跨越式的发展。兴化市旅游局被市委市政府评为2010年度服务业先进单位和在第二届中国·兴化千岛菜花旅游节活动中作出突出贡献单位。

由旅游局主办的大型娱乐性节目——幸福向前冲

东岳庙殿堂落成暨神像开光庆典

第二届中国·兴化千岛菜花旅游节开幕式现场

旅游景点内举行丰富多彩的民俗表演活动

第二届中国·兴化千岛菜花旅游节上海新闻发布会现场

千岛菜花旅游节开幕式现场

宋县署(范仲淹纪念馆)开馆暨历史文化街区游启动仪式

组织中小学生游古城活动

泰州市旅游产业发展专题研究班成果交流会

# 兴化市环境保护局

局长：陈茂旺

2010年，在市委、市政府和省、泰州市环保部门的正确领导下，环保局坚持以科学发展观统揽全局，围绕污染减排、环境质量、专项行动、创建活动、经济工作、环境宣传、基础工作、队伍建设八项重点工作目标，正确处理服务经济与环境监管、突出重点与统筹兼顾、专项行动与长效管理三大关系，不断强化目标、协调、宣传、落实四种意识，严格环境准入，坚持铁腕治污，落实环保优先，建设生态文明，圆满完成了年度目标任务。先后被省文明委表彰为江苏省文明行业、省高院表彰为“诉调对接先进集体”、省环保厅表彰为“行政执法优秀单位”、泰州市司法局、人事局表彰为“五五”普法中期考核先进集体。

“环保低碳生活”手工制作大赛颁奖仪式

“生态兴化·绿色家园”环保宣传晚会现场

“生态兴化·我的家”环保征文演讲比赛

上级领导来兴化调研环保工作

市长徐克俭调研环保工作

全市志愿者服务日暨减少污染珍爱家园集中行动启动仪式

纪念“六·五”世界环境日知识竞赛（图为陈茂旺局长向学校授牌）

全市环保专项整治行动工作推进会

国家生态市建设动员暨全市环境保护工作会议现场

秸秆禁烧工作汇报会

局领导深入企业检查排污情况

兴化市环保联合会成立大会

局领导带领工作人员赴泰兴参观学习

# 兴化市水务局

局长：包振琪

2010年，水务局围绕全市经济社会发展大局，努力践行可持续发展治水思路，在农村水利建设、农村饮水安全工程建设、水环境整治等方面，都取得了显著成效。全市水利建设呈现项目增多、投资增大、发展加快的良好势头，水利服务经济社会的能力进一步提升。全年完成土方1083万立方米，实现水利建设投资28880万元。

局长包振琪走进行风热线解答市民疑问

全市水务系统工作会议

农村河道疏浚整治工程整体验收会议

全国人大财政经济委员会副主任委员、原水利部部长汪恕诚调研我市水务工作

塔子河合陈段正在打坝进行干河施工

农村饮水安全工程中的输水管道安装

水利部党组副书记、副部长鄂竞平（右二）、江苏省委常委、副省长黄莉新（左二）、江苏水利厅厅长吕振霖（右一）、泰州市委书记张雷（左一）等领导参加在兴化召开的江苏省南水北调里下河水源调整工程建设动员会议

温室大棚的节水灌溉

李中镇统一招聘的保洁员对河道进行打捞

# 兴化市林牧业局

局长：耿永才

兴化市林牧业局是市政府负责管理全市植树造林、畜牧业健康养殖、动物卫生监督等工作的职能部门，具体承担编制林牧业发展规划、制定实施方案、推广新技术及新品种，加强林业执法、畜禽检疫防疫、生猪屠宰和饲料兽药管理，创建绿色品牌林牧产品，大力发展生态林业和现代畜牧业，全面推进绿色兴化和更高水平小康社会建设。

“十一五”末，全市拥有林地面积2.97万公顷、各类林木1500万株、绿化合格村200多个、千亩花卉苗木培育基地2家、百亩造林基地22家和生态旅游林业观光园区3家，林木蓄积量达95万立方米，林木覆盖率达到12.83%。县级规模养猪场（户）2230家、规模养禽场（户）1840家，其中省、市级畜禽规模养殖场35家；畜禽 科技示范户1800个；无公害畜禽农产品获得认证33个，其中省级名牌农产品3个、绿色食品1个，畜牧业年经济总产值达到19亿元。

2010年该局突出提升森林覆盖率和构建现代畜牧体系，全力抓好林业生态工程、高效畜牧业创建工程和畜禽农产品质量安全建设工程，高标准完成盐宁高速、兴泰、大兴金、高兴东四条重点骨干公路绿色通道工程，完成绿化合格村39个，被江苏省林业局表彰为绿色江苏建设先进市。全市生猪饲养量91.3万头，家禽饲养量2533万只，山养栏存15.3万只，奶牛1600头，牛奶产量5800吨，蛋品产量9.4万吨，生猪定点屠宰量26.5万头，生猪、蛋鸡、肉禽规模养殖比重分别达到70%、95%、89%，奶牛规模养殖比重持续保持在100%，畜禽栏存总量名列全省18名，其中水禽栏存650万只，名列全省第8名。新增部级生态健康养殖示范基地2个、省级示范基地15个、泰州市级示范基地6个，畜禽无公害农产品认证企业6家、畜禽无公害农产品11个和名牌农产品1个，高致病性禽流感、口蹄疫等重大动物疫病防控、畜禽耳标配戴和城区城郊生猪定点屠宰率达到100%，全市未发生一起重大动物疫情和畜禽产品质量安全事件，被省农委表彰为高效规模畜牧业先进市。

市长徐克俭等领导视察全市植树造林工作

局长耿永才陪同市领导出席第七届中国国际农产品交易会

局长耿永才身怀“四心”走进行风热线

局长耿永才为扬州大学兽医学院产学研实习就业基地揭牌并和该院党员博士实践服务团队师生留影

扬大兽医学院党员博士实践服务团专家为我市技术人员传授畜禽疾病防治技术

大力发展畜牧养殖

严厉打击贩卖国家野生保护动物的犯罪活动

农技人员下乡服务

# 兴化市农业机械管理局

党组书记、局长：刘玉军

2010年全市农业机械化水平稳步提升。至年末，全市农机总动力达93.802万千瓦，同比增长0.61%。三麦、水稻机收水平分别达97%和92%，农业综合机械化水平达到68%，主要粮食作物生产综合机械化水平达到85%。拥有拖拉机12103台（其中大中型拖拉机658台），联合收割机2883台（其中高性能收割机720台），水稻插秧机1530台，农用运输车1465辆，播种机8250台，旋耕机10990台，秸秆还田机560台，饲料加工机械1120台，渔业机械14285台，畜牧养殖机械1302台。机耕面积150.7千公顷、机播面积103.6千公顷、机械植保面积169.7千公顷、机收面积156.7千公顷。

省农机局局长徐顺年来兴化督查工作

省农机局副局长沈广树来兴化调研

省农机局秸秆还田考核

全市农作物秸秆综合利用工作座谈会

市农机销售行业协会会议

兴化市农机化工作会议

秸秆机械化还田现场

高速插秧机插秧现场

插秧机技术培训现场

# 兴化市国土资源局

市委书记贾春林调研国土工作

落实党风廉政建设责任制情况汇报会

2010年，国土局认真贯彻“守土有责、护土有方、动土有据、用土有益”工作要求，全力保障发展，严格保护资源，坚决维护权益，用心服务社会，为全市“务实抓转型，全力达小康”目标顺利实现提供了持续有力的资源保障和优质高效的服务。全年组织征地报批10个批次，面积2220.81亩，确保了得胜湖综合物流园区大道等重大基础设施项目和全市重点急需项目顺利开工建设。完成新一轮土地利用总体规划修编前期成果、规划大纲、基本农田专项规划成果提交。全年办理建设用地项目预审48宗，建设用地规划审查204宗。全面推行净地上市，全年供地272宗，通过挂牌出让供地226宗、面积4243.93亩。全年筛选耕地占补平衡入库项目36个，项目区建设规模8104.7亩，验收通过项目33个，确认新增耕地面积6899.3亩。在泰州市率先编制入库涉及五个乡镇的万顷良田建设试点规划方案。全市获批省级以上投资土地整治项目2个，项目建设总规模28820亩，新增耕地面积1382.4亩，投资总金额达4926万元。全市累计申报实施省级以上投资土地整理、基本农田保护示范区整理和万顷良田建设工程项目15个，其中合陈、缸顾、安丰、中堡、永丰项目均通过验收。2010年，局机关利用科获评十佳执法科室，行政中心国土窗口被表彰为泰州市“红旗窗口”，周庄、张郭所同时获评十佳乡镇事业单位。

局机关被兴化市委、市政府表彰为2010年度“综合先进部门”和作风建设“十佳人民满意机关”，这是兴化市国土局自2005年以来连续6年获此殊荣。

全国卫片执法检查工作部署电视电话会议兴化分会场

全市国土资源系统工作会议

党风廉政建设推进会现场

《土地管理法》贯彻实施情况调研汇报会

20个全国"土地日"宣传咨询台

大学生村官担纲土地国策宣讲员

国土局小主人报走进社区

"国土礼赞"演唱会

# 兴化市残疾人联合会

理事长：梅广旺

党组书记、副理事长：徐文鑫

2010年,残联紧紧围绕市委、市政府《关于推进残疾人事业加快发展的工作意见》精神，抢抓机遇，奋力开拓，创先争优，扎实工作，加快残疾人社会保障和服务“两个体系”建设，全面完成年初确定的各项目标任务。今年新增901名重残无业人员全额享受最低生活保障待遇，总数达到6001名；为8000多名残疾人购买意外伤害保险；为8001名重残人员发放养老保险补贴；为1256名重残人员发放护理补贴；为重度残疾人落实了大病救助；为95名高中以上教育阶段残疾学生发放教育补贴。按计划完成了1000多例白内障复明手术，其中免费为250例贫困白内障患者实施复明手术，回访率98%。省创建白内障无障碍指导组对我市白内障无障碍市创建工作给予充分肯定。积极选拔运动员参加省第八届残运会，我市运动员取得了4金、4银、6铜的成绩；在省 “残疾人文化活动周” 书画摄影比赛中，我市参赛作品获得书法一等奖。市残联连续两年被市委、市政府命名为星级领导班子，市残疾人就业管理处获得市十佳事业单位称号。

市四套班子领导为新落成的兴化市残疾人综合服务中心开业典礼剪彩

六一前夕，市委书记贾春林、市政协主席范学忠等领导亲切看望残障儿童

理事长梅广旺向省残联理事长高晓平现场介绍残疾人综合服务中心建设情况

新落成的残疾人综合服务中心办公楼

为残疾人购置的各种康复器材

副市长顾国平、理事长梅广旺殷切希望社会各界进一步关心支持残疾人事业

理事长梅广旺将现场捐款发放给残疾人

宽敞明亮的办公环境

集中托养服务中心

# 兴化市民政局

局长：华荣辉

全市民政工作在市委、市政府的正确领导和上级民政部门的精心指导下，以学习实践科学发展观为动力，紧紧围绕全面建设小康社会大局，恪守“以民为本，为民解困，为民服务”宗旨，坚持把关注民生摆在突出位置，整体推进各项民政工作，全市民政事业取得了新的成绩。多项工作位居省市前列。为全市三个文明建设做出了积极的贡献。2010年被江苏省民政厅评为全省地名公共服务工程建设工作先进集体、全省社会组织制度创新先进单位、全省社会组织宣传工作先进单位、福利彩票销售十强县。

局长华荣辉看望敬老院老人

党委书记张建华深入农村走访困难家庭

人大代表建议及政协委员提案办理工作答复座谈会

泰州市人大代表来我市视察检查优抚工作

省市领导走访慰问特困家庭

泰州市民政局局长叶海波走访兴化困难群众

市长徐克俭调研民政工作

副市长顾国平慰问海军“兴化艇”官兵

全市民政工作会议

市委书记贾春林慰问福利院老人

我市和谐社区建设受到国家民政部的充分肯定

# 兴化市农业局

党组书记、局长：吴存发

省委常委、副省长黄莉新在泰州市委书记张雷的陪同下参观钓鱼镇万亩示范丰产方

农业部种植业司长叶贞琴视察钓鱼万亩示范丰产方

2010年，全市粮食面积18.2万公顷，平均单产491.6公斤，总产134.42万吨。棉花1.1万公顷，亩产92公斤。油菜籽1.38万公顷，亩产164公斤。我市再次被农业部表彰为全国粮食生产先进县（市）标兵。分别被省农委表彰为全省发展高效设施农业先进县、全省农经农业系统工作效能考评先进单位、全省粮棉油高产增效创建先进单位。兴化市农广校被表彰为全国农业广播电视教育先进集体。局执法大队被市委、市政府表彰为“十佳执法大队”。全市共建成3个小麦部省级丰产方，4个水稻部省级丰产方，1个油菜部级丰产方，1个棉花部级丰产方，14个市级丰产方，总面积达0.7万公顷。其中省长挂钩的钓鱼镇水稻万亩双高创建方，经省级专家验收，亩产749.7公斤，再次名列全省第一，创水稻万亩示范片单产新纪录；钓鱼镇姚家村百亩甬优8号水稻超高产攻关田，亩产896.3公斤，列全国稻麦两熟水稻单产第一。推进质量认证，有4个省无公害蔬菜生产基地通过认定，38个品牌的蔬菜、4个大米（稻谷）相继通过无公害农产品认证，另有6个产品通过绿色食品认证、11个农产品通过有机食品认证，实现认证质量与数量的新跨越。继续组织实施农民培训、农业科技入户、挂县强农富民工程。立足生产，强化与科研院所的科技协作，形成了一批农业科技成果，其中《枯草牙孢杆菌研究与应用》已通过省科技进步二等奖初审；《蔬菜粉虱暴发规律及种群控制研究与应用》申报教育部科技进步奖；同时，获泰州市科技进步二等奖1项，兴化市科技进步一等奖、二等奖各1项。

# 兴化市人民防空办公室

市政府办公室副主任、人防办党组书记、主任：汤 澎

2010年是兴化市人防工作打基础、抓建设、上台阶的重要一年。一年来在市委、市政府和市人武部的正确领导下，在泰州市民防局的关心指导下，市人防办立足兴化人防工作的实际，聚精会神抓建设，咬定目标求突破，保持了奋发有为，积极向上的良好态势，在政治文明、精神文明和人防业务工作中，取得了较好的成绩。全市新立项防空地下室面积18136平方米，比年初目标增长20%；新开工7060平方米，市人防指挥所工程已经开工建设，市人民医院新病房楼医疗救护工程已经建成，李中水上森林防空林投入使用。市人防办驻行政审批中心窗口多次被市主管部门评为红旗窗口，人防办多次被省、市评为人防工作先进单位。

上级领导视察人防工程

人防工程专项预防座谈会

# 兴化市市级机关事务管理局

政府办副主任、机关事务管理局局长：彭庆云

2010年，市级机关事务管理局在市委、市政府的正确领导下，认真贯彻十七大、十七届四中全会精神，深入落实科学发展观，紧紧围绕全市的中心工作，立足于机关后勤管理规范化、后勤服务社会化、后勤保障法治化的工作要求，积极探索机关后勤服务新思路，寻求机关后勤管理新方法，挖掘机关后勤保障新措施，团结一致、共同努力，与时俱进，开拓进取，围绕“保障、服务、管理”职能创造性地开展工作和提供服务，较好地完成了全年的各项目标任务，实现了车辆服务“零投诉”，会议服务“零失误”，安全保卫“零事故”，保洁服务“零死角”，文件传递“零缺陷”，活动保障“零差错”，为建设“富庶兴化、生态兴化、文化兴化、和谐兴化、幸福兴化”作出应有的贡献。

# 兴化市商务局

党委书记、局长：刘海山

2010年是全面实现“十一五”计划目标、衔接“十二五”发展的承前启后的关键一年。市商务局以创新的思路和奋发有为的精神，紧紧围绕“务实抓转型，全力达小康”的工作主线，迎难而上，奋力拼搏，全市开放型经济呈现出全面突破的良好发展态势。全市完成招商引资总额438890万元，完成目标任务的109.72%。协议利用外资26172.48万美元，实际利用外资10414万美元。自营出口30218万美元。新签合同额2550万美元，实现外经营业额2216万美元，新派出国劳务314人。

异地商会工作座谈会

兴化市工商联苏州兴化商会成立大会

江苏·兴化（深圳）投资环境说明会

第二届中国·兴化千岛菜花旅游节投资环境说明会

# 兴化市信访局

政府办副主任、局党组书记、局长：于万才

2010年，信访局认真贯彻中央、省和泰州市关信访工作会议精神，努力服务于大局，积极消减社会不稳定因素，推进信访工作“事要解决”。以实现“平安世博”、“平安亚运”和重要政治敏感期信访稳定为目标，加大信访工作宣传力度，拓宽信访工作思路，创新信访工作机制，规范信访工作秩序，受理信访矛盾问题。全年受理人民来信2613件，同比下降9%，联名信218件，占总数的8%，收到上级转办信件83件，全部按期报结；共接待群众来访2418批9637人次，批次与去年基本持平，人次同比下降15.6%，其中集访475批6305人次，同比分别下降8.2%、16.7%。信访矛盾问题总体趋于缓和，17个乡镇被授予“四无”乡镇，兴化市连续三年被省表彰为信访工作“三无”县市。

全市维稳信访联席会暨责任交办会

信访稳定工作汇报会

信访维稳形势分析会

市民向信访局赠送锦旗

# 兴化市供销合作总社

党委书记、主任：张永华

2010年度，供销社系统全力开拓农村市场，大力提高为农服务水平，着力提升社有企业竞争力，各项工作取得新成效。全系统实现商品销售总额68亿元，农副产品收购总额22.3亿元，利润总额1681万元。15家总社参控股企业实力雄厚，其中5家为亿元销售企业。日用品、农资、再生资源、烟花爆竹、农信担保、农产品购销六大“新网工程”服务功能强大。“百惠放心超市进校园”、“百康放心豆制品进百姓餐桌”两大民生工程受到社会广泛赞誉。市总社被省供销总社表彰为新网工程建设优胜单位、基层社“三位一体”建设优胜单位、农民专业合作社示范社建设优胜单位、为农服务社建设优胜单位、农副产品收购优胜单位，精品商城被评为“十佳商场”，银桥信用担保有限公司被表彰为“优秀企业”，合塔生猪专业合作社、云旭水产养殖专业合作社被评为“‘百佳’农民专业合作社”，大垛镇管阮为农服务中心被评为“‘百佳’为农服务社”。市供销社系统在泰州市供销社系统综合考评中名列第一，在全省供社系统综合考评中名列第十二位。

市委书记贾春林调研农副产品生产情况

泰州市供销合作总社领导来兴化调研

党委中心组集中学习活动

全市供销合作社工作会议

# 兴化市总工会

市总工会主席、党组书记：蔡　莹

2010年，市总工会以打造“和谐、文化、品牌、实力”工会为目标，开拓创新，求真务实，各项工作取得了一定的成效。全年新建工会286家，发展会员10742人；签订工资集体协议910份，覆盖企业3782家，职工132856人；积极开展“送温暖”活动，为300户特困职工排忧解难。在《兴化报》开设“工会专刊”的基础上，在电视台开播了“兴化工会”栏目，在广播电台开通了“工会是我家”专栏；深入开展职工读书活动，2家职工书屋被授予“全国职工书屋示范点”称号。举办了“五一”职工文艺演出、网络文学大赛、职工书画作品展等丰富多彩的文化活动。开展了以“五比五赛”为主要内容的创建“工人先锋号”百日赛活动；举行了“万名职工大练兵、十大工种大比武”职工职业技能竞赛。深入开展建家评家活动，江苏兴达钢帘线股份有限公司工会被全总授予“模范职工之家”称号。深入开展调查研究，11篇调研成果被全国和省级媒体采用并获奖。

省总工会纪检组长陈　飞（左二）来兴调研工会工作

省总工会常委、宣教部部长朱和顺（左二），泰州市总工会纪检组长汤日宏（右二）为“全国职工书屋示范点”市地税局工会授牌

市委常委、组织部部长万永良，市总工会主席 蔡 莹为重点工程建设者“送清凉”

# 兴化市人民武装部

市人武部协调10万元支援新农村建设

2010年，市人民武装工作以科学发展观为指导，以重点工作为突破口，大力加强思想政治建设，狠抓国防教育、军事训练、民兵整组、国防动员、双拥共建等工作落实，人民武装工作上了一个新台阶。围绕“三个确保”的时代课题，扎实抓好学习型党组织建设，认真开展创先争优工作。结合大项活动，开展使命任务、战斗精神教育，激发了广大民兵预备役人员的责任感、使命感、荣誉感。

市人武部组织国防教育报告会

市政府、市人武部召开征兵工作领导小组会议

泰州军分区在兴化市人武部召开首长机关战术作业观摩部署会

市人武部组织全市民兵预备役部队庆“八一”歌咏大赛

# 兴化市国家税务局

局长张世荣(左一）与老圩贫困户结对帮扶

2010年，全市国税部门组织国税收入307605.72 万元，比去年同期增收80610 万元，增长35.51%，完成泰州市局年度考核计划25.44亿元的120.91%。入库政府口径“三税”收入225082.6万元，同比增收45082 万元，增长25.05 %，完成市政府目标22.5亿元的100.04 %。国税收入占财政收入的比重继续列泰州四县（市）第一。市局被评为2007-2009年度江苏省文明行业，2009年度兴化市“目标管理综合先进单位”， 2009年度兴化市“人民满意机关”， 2009年度兴化市“城市社区共建工作先进单位”， 一分局被命名为省级文明单位，二分局、五分局被命名为省精神文明建设先进单位，三分局被表彰为“江苏省模范职工小家”， 一分局、五分局被表彰为“江苏省职工书屋”。

组织开展“百户企业集中服务”活动
（图为局长张世荣带领国税干部走访企业）

税收宣传月为纳税人解读税收政策

国税局税务稽查员向纳税人述职述廉会议

国税进社区·诚信铸和谐

“和谐国税”歌咏大赛

丰富多彩的税法宣传

# 兴化市人口和计划生育委员会

主任：周金喜

2010年，全市人口计生工作以创建江苏省人口协调发展先进市为抓手，创先争优、扎实工作，促进人口计生工作水平整体提升。全市计划生育率99.05%，出生人口性别比渐趋正常。6月份，国家人口计生委、中央电视台专程拍摄兴化市优质服务专题片。8月份和11月份，分别通过省定14个样本点泰州市复核、省人口协调发展先进市考核评估。建成江苏省优质服务先进市、江苏省人口协调发展先进市。“十一五”和“双先同创”目标圆满完成，全市人口计生工作进入了新的发展阶段。

国家人口计生委副主任崔丽一行调研我市出生人口性别比、关爱女孩工作

国家人口计生委宣教司宣教处处长顾法明一行来兴视察新农村新家庭计划建设工作

市委、市政府召开全市计生依法行政工作推进会

# 泰州市兴化工商行政管理局

2010年，泰州市兴化工商行政管理局坚持把握“创新?规范”的工作主题，进一步弘扬“尽职、务实、创新、和谐”的兴化工商理念，努力实现“优化提升”的年度目标，各项工作取得了新的成绩，为促进全市经济社会平稳较快发展作出了积极努力。注册登记工作被江苏省工商局表彰为“企业登记依法行政优质服务”先进集体，在市作风办对窗口服务单位进行作风建设“网络评议”首次排名中，取得了第一名的好成绩；食品安全监管取得新突破，《流通环节食品安全监管工作规程》在全省推广；泰州市政府在我市召开了放心消费创建现场会，对我市的放心消费创建工作给予了高度评价；重要事项督查督办和绩效考核系统在泰州工商系统推广，并受到兴化政府网站的关注；商品交易市场信用分类监管和法制理论研讨成效显著，落实有力，泰州市局在兴化先后召开了现场推进会；利用“移动终端”与局域网联网，实现了真正意义上的移动监管和移动办公，得到省市局信息中心的认可；小额消费纠纷自行和解机制初显成效，受到市文明办的推介；新经济组织党建工作多次接受国家、省民营经济协会的调研；地理标志商标的应用保护、农贸市场的改造升级、农水工程质量监管等工作被兴化市委、市政府列入常委会研究事项，市四套班子主要领导先后来我局调研指导。

在市委市政府的支持下召开全市品牌培育大会

作为全省第一批放心消费城市验收会议在戴南召开

兴化市个协开展服务周活动

兴化工商局开展主题教育活动

# 泰州市兴化食品药品监督管理局

局长：孙如兰

2010年，在泰州市局党组和兴化市委、市政府的正确领导下，兴化食品药品监督管理局以科学发展观为指导，紧紧围绕“保障公众饮食用药安全，促进食品药品产业健康发展”的中心任务，积极发挥食品安全政府抓手职能，综合协调，顺利完成“省级食品安全示范市”的创建任务；认真组织开展药品安全专项整治行动，持续保持打假治劣高压态势，有力地保障了156万水乡人民的饮食用药安全，较好地促进了兴化医药经济又好又快发展，为加快“富庶兴化、生态兴化、文化兴化、和谐兴化”建设进程作出了自己应有的贡献。先后荣获了“人民满意机关”、“兴化市依法行政示范点”、“泰州市青年文明号”、“泰州市依法行政示范单位”等荣誉称号。

市委书记贾春林来我局调研

市政协领导来我局调研

统筹协调开展“省级食品安全示范市”创建工作

推进规范化药房创建工作

走进农村为民服务

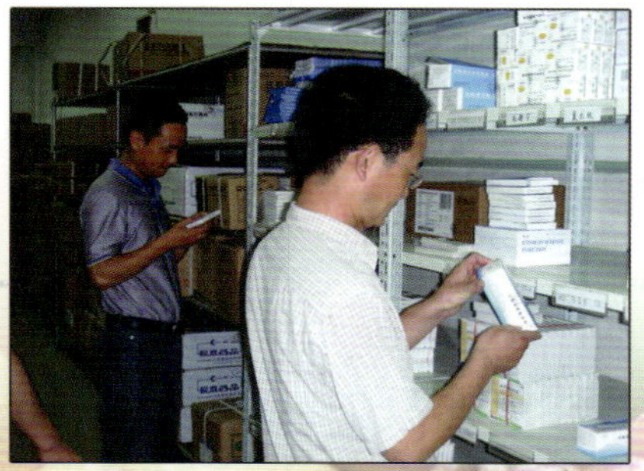
开展药品安全监管调研

# 兴化市农业资源开发局

局长：陈友洪

2010年，农业综合开发工作紧紧围绕全市“务实抓转型，全力达小康”工作主线，以农业增效、农民增收为核心，把加强农业基础设施建设作为提高农业综合生产能力的主攻方向，突出高标准农田和农业园区建设，坚持扶持农业产业化龙头企业。共争取农业综合开发项目财政投资3431万元，改造中低产田2200公顷，扶持农业产业化龙头企业5个。

省农业资源开发局纪检组长秦忠彬一行对兴化2010年农业开发项目进行验收

2010年农业综合开发项目新建的道路和桥梁

2010年农业综合开发项目新建的低压管道工程

农业综合开发扶持的农业龙头企业

2010年农业综合开发新建的排涝站工程

农业综合开发项目公示牌

# 兴化市气象局

进一步加强气象防灾减灾和应急气象保障服务，基础业务质量稳定高质。全年共发布各类气象服务材料180期，手机服务、预警短信发送近万人次。准确及时的气象信息为各级领导和人民群众防灾抗灾、减少损失发挥了重要作用。在梅汛期预报服务、夏收气象服务、持续高温气象预警和“千岛菜花节”气象保障中获得社会好评。

江苏省气象局局长卞光辉（右二）在市长李伟（左二）等领导的陪同下参加兴化市气象科技预报中心落成典礼

兴化市气象科技预报中心落成典礼现场

气象工作人员讲解天气云图情况开展预报会商

气象局台站建设专项预防工作汇报会

气象局局务公开工作汇报会

局长邹大林深入基层服务三农

# 兴化市建筑工程管理局

全市建筑业工作会

泰州市建工系统2010架子工职业技能大赛在我市举行

2010年，在市委、市政府的正确领导下，在上级部门的关心支持下，兴化建筑业保持着持续、稳定、健康发展的良好局面，全年共完成建筑业总产值168亿元，建筑业增加值42.18亿元，比上年分别增长28%和20%。全市建筑业施工人数为15万人，其中外出施工人数8万人（出省2.5万人），外出施工劳务收入5.5亿多元。产值过亿元企业达到52家，其中超5亿元企业5家，超3亿元企业14家，年内各项经济指标超额完成。全市共有建筑企业118家，全部都为民营企业，其中一级总承包企业3家，二级总承包企业13家，三级总承包企业40家，其它均为专业承包及劳务分包企业。全年共创建省级优质工程3项，泰州市梅兰杯工程14项，泰州市级优质工程25项。2010年共创省级文明工地5项，泰州市级文明工地13项。

架子工职业技能大赛现场

# 兴化市红十字会

专职副会长：金 泉

兴化市红十字会成立于1990年12月，2009年9月，理顺管理体制，明确兴化市红十字会为正科级建制，配备了专职副会长，在泰州市率先做到机构体制、专职领导、人员编制、办公场所和一级预算单位的五落实。一年来，市红十字会紧紧围绕市委市政府的工作大局，坚持依法建会、依法治会、依法兴会。全年共募集资金近180万元，上争项目4个，获项目资金48.76万元。积极开展红十字救灾、救助、救护工作，全年共向各类困难群众发放救助金49.7万元，慰问物资5.3万元。开展校园系列博爱救助活动，组织江苏省兴化中学和市板桥初级中学10名家庭困难但品学兼优的学生游世博，向市特殊教育学校和西北部分乡镇学校发放1.7万元食品和3.5万元书籍。组建红十字救护培训中心，面向企业、学校、军营和社区开展各类卫生救护培训工作，全年共举办5期卫生救护培训班，200多人参加培训并荣获红十字卫生救护员证书。无偿献血和造血干细胞采样工作取得新进展。全年共组织4680人次参加义务献血，总量为人均300ml，造血干细胞采样11例。较好地完成了年初确定的目标任务，获泰州市红十字系统年度工作考评最高奖——优秀奖。

原江苏省红十字会党组书记单加海（正中）、赈济部严晓明部长（左二）、泰州红十字会专职副会长徐志明（右二）同志来兴视察红十字会工作

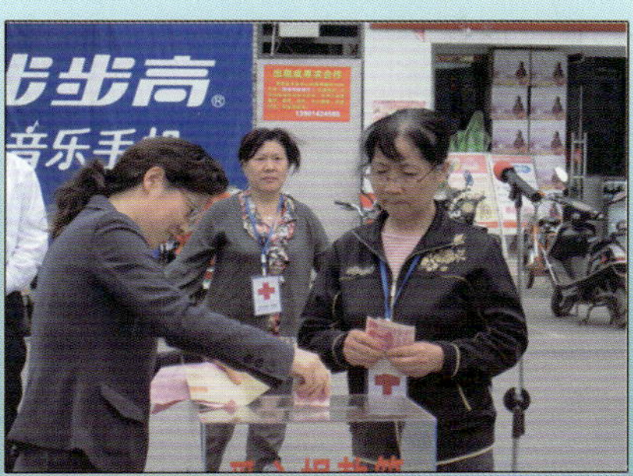

市有关领导在“五·八”世界红十字日广场活动捐款现场

在市特校举行捐赠物资发放仪式

2010年1月，兴化市红十字会第二次会员代表大会胜利召开

中国邮政储蓄银行
POSTAL SAVINGS BANK OF CHINA

# 江苏省兴化市支行

行长、党总支书记：李曙光

2010年，支行人民币各项存款余额38.07亿元，增长3.59亿元，各项贷款余额3.76亿元，增长2.12亿元。累计发卡37.86万户，增长7.83万户。实现利润1632.9万元，完成年计划的101.06%。上年被兴化市人民政府表彰为“城乡居民基本养老保险工作先进集体”、“金融工作先进单位”。信贷员郑生英荣获中国邮政储蓄银行总行“金雁奖”优秀客户经理称号。

省分行陈勇副行长莅临兴化调研

跨年度竞赛动员大会

为兴化市支行第一个信用村——兴化市垛田镇高荡村授牌

组织信贷从业人员“三个办法、一个指引”学习培训

2010年度公众教育服务日活动现场

进行从业人员警示教育

客户服务热线：95580

# 兴化市邮政局

局长、党委书记：李 强

上级领导为《梅兰菊竹》特种邮票首发揭牌

著名主持人杨澜（右二）在局长李强的陪同下参观兴化市邮票展

2010年，兴化市邮政局实现邮政业务总收入8143.85万元，同比增长16.38%。期末邮储存款总余额达到27.7亿元，较年初增加1.66亿元，地方市场占有率为17.22%。荣获“江苏省文明行业”、泰州“五星企业工会”、兴化市“树新风、创品牌，社会满意在我家”先进单位等荣誉称号，舍陈支局被评为泰州市总工会授予“工人先锋号”；城西支局被泰州市团委表彰为“青年文明号”；投递员陈荣祥十七载帮困助贫好党员的感人事迹参加了全省道德模范评选。

二0一一年度工作会议暨三届一次职代会

邮政服务三农农资配送现场会

局长李强在2011年度工作会议暨三届一次职工代表大会上致辞

工作人员走上街头宣传邮政业务

工作人员分发报纸

整装待发的速递队伍

## 一次公开的机遇　一次公平的竞争　一个公正的结果

# 兴化市招标采购管理办公室

市财政局副局长、招标办主任：周广龙

紧紧围绕“打造阳光招标、发展和谐采购”目标，积极创新思路，狠抓措施落实，着力推进招投标工作健康有序发展，取得较好成效，跻身全省招标采购工作先进行列。全年进场交易工程、货物及服务类项目总量3617项，标的总预算24.29亿元，实际成交21.1亿元，节约资金3.19亿元，总节约率13.13%。其中财政性资金项目总预算11.4亿元，实际成交9.43亿元，节约率17.29%。政府采购监督管理和建设工程招投标工作在全省考核中脱颖而出，分别被江苏省财政厅、住建厅表彰为一等奖和先进集体。市招投标交易中心被核定为江苏省建设工程一类交易中心。

省财政厅政府采购监督管理工作考核会

全市招投标工作会议

建设工程招标代理工作会议

# 兴化市政府国有资产监督管理办公室

财政局副局长刘启风（中）深入基层调研国资工作

财政局副局长刘启风（前）带领系统工作人员参观反腐倡廉成果展

2010年5月，按照机构改革意见，全省县市级国有资产监管机构统一名称，兴化市国有资产管理局更名为市政府国有资产监督管理办公室，仍为政府一级局建制，与市财政局合署办公。设三个科室：国资综合科、行政事业资产管理科，企业资产管理科。2010年全年完成国资经营收入1.66亿元，是1亿元任务数的166%。实现国有资源性资产收益5029万元，其中：广电网络公司2610万元，电视台1100万元，金三角市场1200万元，城管局119万元。

全市国有资产管理工作推进会

加强国有资产管理对口协商会议

新《企业所得税法》实施情况座谈会

# 中国人民财产保险股份有限公司 兴化支公司

经理：申家岚

2010年人保兴化支公司在上级公司和地方党政的正确领导下，经过全体同仁的共同努力，全年实现保费8800万元，完成全年任务116.3%，比上年同期增长33.3%。其中车险4000万元，非车险2100万元，农险2700万元，三条产品线全部实现盈利，车险市场份额达到50%，非车险市场份额达到70%左右。也完成了市政府下达的保费收入不低于7240万元，农业保险保费不低于2100万元的目标任务。

班子成员述职测评会议

中国银行
BANK OF CHINA

# 中国银行股份有限公司兴化支行

行长、党支部书记：李永龙

2010年，兴化支行积极应对复杂多变的经济形势，努力化解授信规模调控带来的压力，以“负债、客户、效益”为中心，进一步解放思想，创新发展，加快核心人才队伍建设，提高市场竞争能力和盈利能力。人民币各项存款余额19.3亿元,较上年增长10.92%，本外币各项贷款余额19.22亿元，较上年增长8.59%，经营效益大幅提升，国际结算业务量30249万美元,连续三年创历史新高，资产质量持续提升，不良贷款余额及不良率实现双降。

上级领导来兴化支行视察工作

兴化中行组织员工至沧浪社区开展“中国银行业社会公众教育日”进社区活动

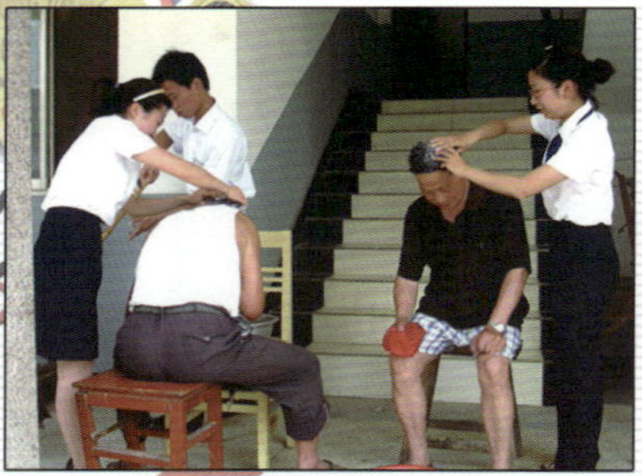

兴化支行党支部组织青年党员慰问沈坨乡孤寡老人

开展金融机构反假宣传活动

# 中国农业银行

AGRICUTURAL BANK OF CHINA

## 兴化市支行

关爱员工心理健康活动

2010年，市农行秉承“诚信立业，稳健行远”的核心价值观和“以市场为导向，以客户为中心，以效益为目标”的经营理念，以农行上市为契机，不断加大市场拓展力度，狠抓内部管理，提升经营层次和盈利水平，各项工作取得了较好成绩。年末，本外币各项存款余额575072万元，比年初净增75310万元；本外币贷款余额306692万元，比年初净增54867万元；实现中间业务收入4779万元，同比增加1661万元，位居兴化同行业第一。

青年员工合规辩论赛

红歌大家唱

走进社区、车站送福字

公众教育服务日活动

反洗钱宣传

# 兴化市公安局交通巡逻警察大队

大队长：戴永健

2010年，交巡警大队紧紧围绕全市经济社会发展大局和公安中心工作，深化三项建设，狠抓三项重点工作，不断加强队伍正规化建设，着力提升队伍整体素质和战斗力，全面加强各项道路交通安全管理工作，持续不断开展城乡交通秩序整治，不断加强路面整治和安全监管力度，积极预防和减少道路交通事故，着力提升交通治安管理水平，为全市社会稳定、经济持续发展创造了安全畅通、文明有序的道路交通环境。今年以来，大队立足全市实际，以“降事故、保安全、保畅通”为中心，紧紧抓住路面管控和源头管理、隐患排查和宣传教育等关键环节，多措并举，确保了全市道路交通安全形势的稳定。城乡道路呈现安全畅通有序的良好势头，初步实现道路交通安全事故比上年下降10%的目标。今年以来，大队共完成交通安全保障工作任务83次，受到了市委、市政府和上级主管部门的高度肯定。

大队长戴永健亲临菜花节保卫现场

大队长戴永健（左二）、教导员陈中（左三）看望执勤民警

菜花节保卫现场

市委书记贾春林慰问交巡警

上级领导来兴化调研交巡警工作

副市长、公安局党委书记、局长陈浩（中）亲临菜花节保卫现场指挥部署保卫工作

大队长戴永健检查落实菜花节保卫措施

"护学行动"、"护学岗"启动仪式

"七嘴八舌"评陋习提升交通新形象座谈会

泰州市交通广播电台兴化户外直播现场

# 兴化市公安局经济犯罪侦查大队

大队长：宗 华

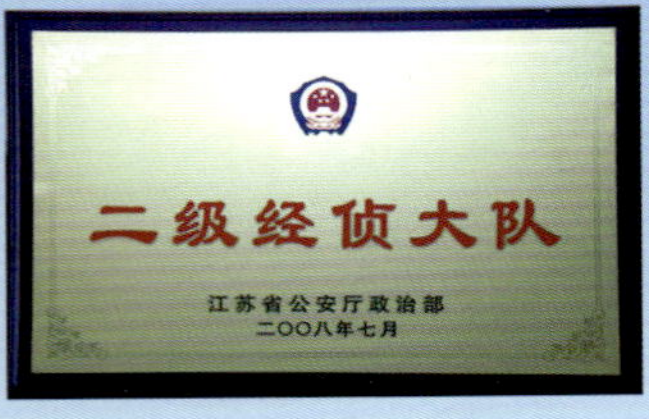

2010年，经侦大队在市委、市政府和上级公安机关的正确领导下，围绕市委、市政府的工作重心，认真贯彻落实党的十七大和十七届五中全会精神，最大限度地发挥公安机关在服从、服务于经济建设中“打击经济犯罪、服务经济发展、当好领导参谋”的职能作用，有力维护了我市市场经济秩序和社会稳定，为建设“平安兴化”、“法治兴化”、构建“和谐兴化”作出了应有贡献。先后组织开展了打击银行卡、假币以及发票违法犯罪专项整治行动，通过加强组织领导实行组织强侦，加强部门协作实行警种联侦，加强线索搜集实行成果固侦，加强宣传巩固成果，取得了较好的战果，成功突破了一大批经济犯罪大要案件。

经侦大队多次受到市委市政府、泰州市局、省厅及公安部表彰，2010年被公安部表彰为深入打击整治发票犯罪专项行动成绩突出集体；2009年、2010年泰州市局荣记集体三等功；被泰州市局评为2010年度窗口单位作风建设“红旗单位”；1999年被泰州市公安局评为经侦信息工作先进集体；2000年被泰州市公安评为全市集中追捕经济犯罪逃犯统一行动先进集体；2003年被泰州市公安局评为经侦专项整治工作先进单位；2009年被兴化市委市政府表彰为“人民满意优秀政法基层单位”；被兴化市公安局评为先进单位、宣传工作先进集体、执法先进单位；2010年被兴化市局评为先进单位。

市委书记贾春林在市委常委、政法委书记张育林、副市长、局长陈浩的陪同下慰问经侦民警

召开打击整治发票犯罪专项行动推进会

专题研究部署经侦维稳工作

泰州市局经侦支队长耿建忠到经侦大队督查指导专项行动工作

组织开展打击银行卡犯罪宣传活动

组织开展“5.15”打击防范经济犯罪宣传活动

# 兴化市公安局新城派出所

所长：徐根东

指导员：姚鹤春

新城派出所成立于1994年，现有民警21人，辖区企事业单位270多家，常住人口45000多人。近年来，在上级公安机关的正确领导下，该所始终把科技强警作为公安工作新的增长点，不断地提高全体民警的思想认识和科技素质，加大硬件设施的投入，强化科技运用水平，全所科技强警工作呈现出持续快速发展的良好态势，为提升警务工作效能、构建现代警务机制、提高打防控水平提供了有力的支撑和保障。全所民警始终立足“勤生廉，廉生威”的指导思想，在全体民警中广泛开展“知荣辱、树正气、促和谐”警示教育，以一流的服务和一流的业绩，赢得了上级公安机关的充分肯定和辖区人民群众的广泛赞誉。1996年以来，该所连续三年被江苏省公安厅评为“人民满意派出所”，1997年至2006年连续被省文明委员会表彰为“江苏省文明单位”，2000年被省委、省政府命名表彰为“江苏省文明单位标兵”。2005年、2006年、2007年连续三年被评为泰州市“五十佳基层站所”、连续七年被公安部评为一级派出所。先后荣立集体三等功6次，2009年7月荣立集体二等功一次，2008年、2009年连续两年被泰州市表彰为全市百佳基层站所。

泰州市公安局基层派出所等级考核评定组对新城派出所进行复核评定

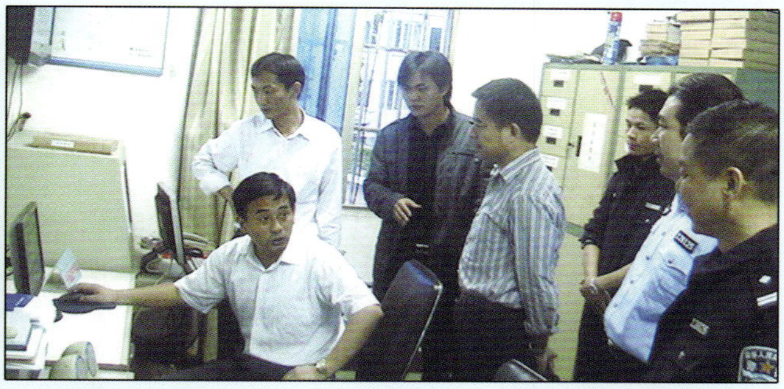

市委常委、政法委书记张育林（左一）在新城派出所检查校园安保工作

副局长易荣根调研指导新城派出所工作

派出所领导检查公共场所安全

派出所领导接受市民赠送的锦旗

校园安保责无旁贷

开展法治宣进社区活动

警民恳谈会

该所民警奋不顾身勇救轻生老太

# 兴化市公安局南沧派出所

所长：赵富锁

辖区调整合并后的南沧派出所于2002年7月10日成立，位于丰收路192号，辖区东起长安路、西至丰收路，南起环城公路，北至牌楼西路，辖四个社区：儒学、沧浪、五岳、景范，辖区面积14.5平方公里。辖区内共有常住人口41838人，行政事业单位34家，各类企业77家，公共场所93家，沿街店面474家，中小学6家，南沧所所辖辖区俨然成为了兴化市最为重要的政治、经济、文化中心。

南沧派出所现有干警23人，均为大专以上文化程度，其中所长1人，副所长9人，副指导员1人、所长助理1人。2007年南沧所被公安部授予一级派出所称号，自南沧派出所成立以来，共荣立集体三等功两次，荣获泰州市文明单位称号，连年被市局授予先进单位，执法先进单位等荣誉称号。派出所23民民警，共荣立个人二等功一人次，个人三等功十三人次，“十佳治安民警”、“十佳社区民警”、“人民满意警察”等个人荣誉数不胜数。

自建所以来，在上级的正确领导下，南沧派出所按照“抓班子、带队伍、促工作、保平安”的工作思路，以“发案少、秩序好、社会稳定、群众满意”为目标，贯彻“从严治警、科技强警、从优待警”的方针，全所民警团结一致，勤奋工作，深化打黑除恶专项斗争，不断完善治安防控体系建设，全力推进派出所正规化建设派出所综合战斗力明显增强，有力维护了辖区的治安稳定。

副市长、公安局党委书记、局长陈浩（中）视察景范社区

赵富锁所长接受辖区市民送来的锦旗

南沧派出所被省公安厅授予一级警务室

五岳社区警民恳谈会

# 编 辑 说 明

一、《兴化年鉴》是中共兴化市委、兴化市人民政府主办，兴化市史志档案办公室承办的综合性资料工具书，创刊于2002年，每年一卷，国内外公开发行。2011卷《兴化年鉴》全面、系统、翔实地记录2010年境内政治、经济、科技、文化、社会等方面的基本情况和发展态势，为认识兴化、研究兴化、发展兴化，提供信息密集、准确实用的地情资料。

二、本卷年鉴采用分类法编辑，全书设栏目、分目(部分分目设副分目)和条目3个层次。栏目、分目分别用魏体和黑体字加以区别，栏目标题标于书眉，副分目以楷体字前后加·表示。条目为记述的基本单位，其标题采用黑体字加【】表示。

三、为便于检索，卷首配备详细目录和英文要目，卷末设有索引。索引采用主题分析法编制，款目按汉语拼音字母顺序（同音字按声调）排列。

四、书中机构名称大多采用规范化或习惯性简称，目录前备有部分组织机构全称、简称对照表。

五、本卷年鉴资料由全市各有关部门、单位提供，并经领导人审核。统计资料由兴化市统计局提供。

六、作者姓名加()列于所写正文之后，同一分目或副分目内相邻条目为同一作者的，列于末条正文之后。

七、本卷年鉴的编纂出版，得到全市各乡镇、各部门、各单位的大力支持和协助，市委宣传部、市文明办提供部分公共彩页和随文照片，借此深表谢意。书中如有疏漏讹误之处，敬请各界人士指正，并多提改进意见，以不断提高今后年鉴的编纂质量。

# 部分组织机构全称、简称对照表

| 全称 | 简称 | 全称 | 简称 |
|---|---|---|---|
| 中国共产党兴化市委员会 | 市委 | 兴化市国有资产管理办公室 | 市国资办 |
| 兴化市人民代表大会常务委员会 | 市人大常委会 | 兴化市住房和城乡建设局 | 市住建局 |
| 兴化市人民政府 | 市政府 | 兴化市旅游管理局 | 市旅游局 |
| 中国人民政治协商会议兴化市委员会 | 市政协 | 兴化市建筑工程管理局 | 市建工局 |
| 中国共产党兴化市纪律检查委员会 | 市纪委 | 兴化市城市管理局 | 市城管局 |
| 兴化市人民法院 | 市法院 | 兴化市交通运输局 | 市交通局 |
| 兴化市人民检察院 | 市检察院 | 兴化市环境保护局 | 市环保局 |
| 中共兴化市委办公室 | 市委办 | 兴化市国土资源局 | 市国土局 |
| 兴化市人民政府办公室 | 市政府办 | 兴化市供销合作总社 | 市供销社 |
| 中共兴化市委组织部 | 市委组织部 | 兴化市人口和计划生育委员会 | 市计生委 |
| 中共兴化市委宣传部 | 市委宣传部 | 兴化市教育局 | 市教育局 |
| 中共兴化市委统一战线工作部 | 市委统战部 | 兴化市文化广电新闻出版局 | 市文广新局 |
| 中共兴化市委农村工作办公室 | 市委农工办 | 兴化市新闻信息中心 | 市新闻信息中心 |
| 中共兴化市委政法工作委员会 | 市委政法委 | 兴化市体育局 | 市体育局 |
| 中共兴化市市级机关工作委员会 | 市级机关党工委 | 兴化市卫生局 | 市卫生局 |
| 中共兴化市委老干部局 | 市委老干部局 | 兴化市疾病预防控制中心 | 市疾控中心 |
| 中共兴化市委党校 | 市委党校 | 兴化市食品药品监督管理局 | 市食药监局 |
| 兴化市机构编制委员会办公室 | 市编办 | 泰州市兴化质量技术监督局 | 兴化质监局 |
| 兴化市民族宗教事务局 | 市民宗局 | 泰州市兴化工商行政管理局 | 兴化工商局 |
| 兴化市史志档案办公室 | 市史志档案办 | 江苏省兴化市国家税务局 | 市国税局 |
| 兴化市妇女联合会 | 市妇联 | 兴化市地方税务局 | 市地税局 |
| 中国共产主义青年团兴化市委员会 | 团市委 | 兴化市盐务管理局 | 市盐务局 |
| 兴化市工商业联合会 | 市工商联 | 江苏省兴化市烟草专卖局 | 市烟草局 |
| 兴化市科学技术协会 | 市科协 | 中国人民银行兴化市支行 | 市人行 |
| 兴化市残疾人联合会 | 市残联 | 中国工商银行兴化市支行 | 市工行 |
| 兴化市人民政府法制办公室 | 市政府法制办 | 中国农业银行兴化市支行 | 市农行 |
| 兴化市人民政府外事侨务办公室 | 市政府外侨办 | 中国建设银行兴化市支行 | 市建行 |
| 兴化市市级机关事务管理局 | 市机关事务局 | 中国银行兴化市支行 | 市中行 |
| 兴化市发展和改革委员会 | 市发改委 | 中国农业发展银行兴化市支行 | 市农发行 |
| 兴化市人力资源和社会保障局 | 市人社局 | 江苏兴化农村合作银行 | 市农合行 |
| 兴化市经济和信息化委员会 | 市经信委 | 中国人民财产保险股份有限公司兴化支公司 | 市人保公司 |
| 兴化市安全生产监督管理局 | 市安监局 | 中国人寿保险股份有限公司兴化支公司 | 市寿保公司 |
| 兴化市科学技术局 | 市科技局 | 江苏省兴化经济开发区管理委员会 | 市开发区管委会 |

# 《兴化年鉴(2011)》审稿人员

**市领导：**

| | | | | | |
|---|---|---|---|---|---|
| 陆晓声 | 徐克俭 | 徐立华 | 何 军 | 薛宏金 | 彭国良 |

**乡镇、市级机关负责人**(按姓氏笔画排列)

| | | | | | |
|---|---|---|---|---|---|
| 丁天方 | 丁向方 | 于万才 | 马红祥 | 王 建 | 王吕忠 |
| 王兴文 | 王宇云 | 王建宏 | 王洪全 | 王爱和 | 韦雁国 |
| 卞爱昌 | 申家岚 | 田 俊 | 田小平 | 包振琪 | 冯晓华 |
| 戎晓健 | 吉天河 | 吕怀书 | 朱 江 | 朱正宽 | 朱立兵 |
| 朱加宏 | 朱佳贤 | 朱美华 | 华荣辉 | 刘 忠 | 刘义芹 |
| 刘云山 | 刘玉方 | 刘巧兰 | 刘秀武 | 刘启风 | 刘宝华 |
| 刘春龙 | 刘海山 | 刘德友 | 汤 澎 | 许 源 | 孙 健 |
| 孙登峰 | 孙翠华 | 花在明 | 杜洪恩 | 李 纲 | 李 强 |
| 李永龙 | 李顺喜 | 李曙光 | 杨文高 | 束长海 | 吴 敏 |
| 吴开文 | 吴佳庆 | 吴春泉 | 吴桂强 | 余大海 | 邹仁芳 |
| 邹建祥 | 闵 华 | 沙维新 | 沈金仁 | 张 东 | 张 洁 |
| 张长云 | 张长春 | 张永涛 | 张永辉 | 张连桂 | 张照林 |
| 陆红梅 | 陆建康 | 陆炳祥 | 陈 平 | 陈 阳 | 陈 隆 |
| 陈义荣 | 陈宁军 | 陈传龙 | 陈红言 | 陈茂旺 | 陈茂贵 |
| 陈学兵 | 陈建祥 | 陈勇年 | 茅康勇 | 易 峰 | 金国明 |
| 周广龙 | 周金喜 | 周惠春 | 周德宏 | 郑建国 | 房卉彩 |
| 赵士舜 | 赵广生 | 赵长宏 | 赵桂荣 | 拜 磊 | 施 扬 |
| 施 维 | 洪 卫 | 姚桂发 | 秦 朴 | 秦 晋 | 袁士龙 |
| 袁春岗 | 顾天荣 | 柴 进 | 徐文凤 | 徐永海 | 徐光明 |
| 徐秀红 | 徐德银 | 高希兆 | 唐小进 | 黄 进 | 黄卫平 |
| 梅广旺 | 曹建民 | 曹逸锋 | 彭中法 | 彭瑞庆 | 董正炎 |
| 董学华 | 谢天海 | 蔡 莹 | 薛亚和 | 戴振涛 | 瞿 平 |

# 《兴化年鉴(2011)》撰稿人员

（按姓氏笔画排列）

| | | | | | | |
|---|---|---|---|---|---|---|
| 卜志阳 | 万长荣 | 马　松 | 王　兴 | 王　萍 | 王　璐 | 王卫明 |
| 王开忠 | 王长华 | 王树生 | 王彦辉 | 王恒太 | 王振安 | 王晓鹏 |
| 王焕兵 | 王葳葳 | 王殿付 | 毛文敏 | 卞殿荣 | 孔繁国 | 叶建军 |
| 申祝存 | 田兆祥 | 史红霞 | 史国铭 | 吉雨婧 | 成　晨 | 朱大华 |
| 朱文锦 | 朱仰周 | 朱俊方 | 朱瀚成 | 刘　云 | 刘　平 | 刘　斌 |
| 刘仁耀 | 刘红兵 | 刘志龙 | 刘晓航 | 刘晨晨 | 江树青 | 汤　澎 |
| 许　斌 | 阮殿树 | 孙云满 | 严陈斌 | 苏　建 | 李权平 | 李振华 |
| 杨　林 | 杨　波 | 杨定存 | 杨胜国 | 杨海斌 | 肖　林 | 吴　峰 |
| 吴　滨 | 吴　瑾 | 吴永前 | 吴海棠 | 邹如明 | 沐民德 | 沙　杰 |
| 沙金华 | 沈大平 | 沈建华 | 沈桂祥 | 张　波 | 张　婷 | 张　毅 |
| 张志标 | 张顺余 | 张晶亮 | 陆　俊 | 陆银昆 | 陆彩萍 | 陆章华 |
| 陆照兴 | 陈　辉 | 陈有进 | 陈如国 | 陈振红 | 陈晓芹 | 陈晓祥 |
| 邵德成 | 茅　清 | 林　楠 | 林中健 | 林俊淦 | 罗爱华 | 金庆华 |
| 周　宏 | 周　娟 | 周　聪 | 周长青 | 周冬平 | 周余杰 | 周春山 |
| 周春新 | 周德银 | 房定华 | 赵　骏 | 赵　鼎 | 赵金年 | 赵爱华 |
| 赵海文 | 赵继强 | 赵朝春 | 赵婷婷 | 段　建 | 姜洪义 | 娄秀兰 |
| 姚　波 | 姚　莉 | 姚向东 | 骆根龙 | 袁幸福 | 耿洪盛 | 夏　天 |
| 夏昀昀 | 夏洪涛 | 夏振建 | 顾　洁 | 顾广良 | 顾友春 | 顾生尧 |
| 顾宝勇 | 顾晓凯 | 钱雪松 | 钱慧晔 | 钱德桂 | 徐　柳 | 徐　路 |
| 徐兴旗 | 徐祖东 | 徐铁军 | 徐德元 | 高守峰 | 高寿鹏 | 高建堂 |
| 郭　坚 | 唐　芸 | 黄志军 | 梅林森 | 崔晓舢 | 彭词藻 | 董永常 |
| 董华龙 | 董恒伟 | 董继承 | 董维安 | 蒋东序 | 韩明华 | 焦华云 |
| 鲁冬一 | 解卫红 | 蔡道鹏 | 裴丽丽 | 熊文辉 | 熊武川 | 潘晓翔 |
| 薛　峰 | 戴中海 | 戴怀渠 | 魏　国 | 魏仕磊 | 魏宏革 | |

# 目 录

## 年度要事



## 专 记



## 重要文献



## 大 事 记



## 兴化概貌

## 农 业



## 工 业



## 开发园区

## 旅　游



## 商贸流通

# 金　融

## 信 息 服 务



## 基 础 设 施



## 经 济 管 理

## 城镇建设

## 生 态 保 护



## 科 技

## 教 育



## 文 化

## 卫 生



## 体 育



## 中共兴化市委

## 兴化市人大常委会



## 兴化市人民政府

## 政协兴化市委员会



## 群 众 团 体

## 政 法

## 军　事



## 人 民 生 活



## 乡 镇 概 貌

## 人物·荣誉栏

## 文件选编



## 统计资料



## 服务指南



## 索　引

# MAIN CONTENTS

## ANNUAL EVENTS



## SPECIAL ISSUES



## IMPORTANT DOCUMENTS



## RECORDS OF EVENTS



## OVERVIEW OF XINGHUA

## AGRICULTURE



## INDUSTRY



## DEVELOPMENT ZONE



## TOUR



## COMMERCIAL TRADE CIRCULATION



## FINANCIAL

## INFORMATION SERVICES



## INFRASTRUCTURE



## ECONOMICS AND MANAGEMENT



## CONSTRUCTIONS OF CITIES AND TOWNS



## ECOLOGICAL PROTECTION



## TECHNOLOGY



## EDUCATION

## CULTURE



## HEALTH



## SPORTS



## XINGHUA MUNICIPAL COMMITTEE OF THE CPC



## STANDINGCOMMITTEE OF XINGHUA PEOPLE´ S CONGRESS



## XINGHUA MUNICIPAL GOVERNMENT

## XINGHUA MUNICIPAL COMMITTEE OF THE CHINESE PEOPLE′ S POLITICAL CONSULTATIVE CONFERENCE



## MASS ORGANIZATIONS



## POLITICS AND LAW



## MILITARY



## PEOPLE′ S LIFE



## SURVEYS OF RURAL TOWNS OF XING HUA

## FIGURES/ HONOUR COLUMN



## ITLES OF IMPORTANT FILES



## STATISTICADATA

## GUIDE TO SERVICE



## INDEX

# 年度要事

## 戴南镇列入全国经济发达镇行政管理体制改革试点

戴南镇新貌

4月1日，中编办、中农办、国家发展改革委、公安部、民政部、财政部六部门决定在全国25个经济发达镇开展行政管理体制改革试点，兴化市戴南镇成为江苏4个试点镇之一。试点将围绕四方面着力推进改革：坚持以转变乡镇政府职能为核心，提升社会服务能力；继续把下放经济社会管理权限、解决发达镇“权责不对等”问题作为重点；探索完善财政管理体制的有效形式，加大对经济发达镇的财政支持力度；进一步优化组织结构，根据发达镇功能特点探索机构编制管理形式。试点内容是：加快推进体制创新，对一些规模较大、城镇化水平较高、条件具备的经济发达镇，适时进行区划调整；着力下放城建、环保、治安等涉及城市建设和管理方面的行政管理权限；因地制宜设置机构，由所在省通过调剂的方式适当增加编制，创新人员编制方式。

## 国内首家在乡镇建立的国家级质检中心建成投入使用

9月15日，国家不锈钢制品质量监督检验中心在兴化市戴南镇建成投入使用。在乡镇建立国家级质检中心在全国尚属首家。兴化市有近2000家不锈钢制品企业，其中戴南镇1000多家。早在2007年5月，为策应省政府“打造以戴南为中心，涵盖3市7镇千亿级不锈钢产业集群”的战略规划，兴化质监局就在戴南镇挂牌成立了全省唯一一家专业检测不锈钢及制品的省级中心。省级中心成立后，给兴化的不锈钢企业提供了一个专业的产品检测、研发、信息共享平台，为不锈钢制品抢占国内外市场制高点，推动整个产业集群升级换代发挥了重要作用。两年的时间，省级中心的各项技术名誉海内外，并吸引了不少海内外检测项目。2008年8月起，该中心开始争创国家级中心。经过一年多的努力，其检测能力、硬件设施、人才队伍、知名度和影响力均有大幅度的提升，基本达到国家

国家不锈钢质检中心检测大楼

中心的要求，并在国家质检总局领导及专家组的考核中获得一致好评，顺利通过验收。2009年5月，兴化市组建

江苏戴南不锈钢集团。为提高产品的总体质量水平,推进产业转型升级,市镇及技术质量监督局投入近5000万元,建设此平台。国家不锈钢制品质量监督检验中心的建立,不仅提升了戴南不锈钢聚集区的地位,也为不锈钢产业的发展提供了一整套行业标准,将为推动产业升级发挥重要作用。

该中心主要对产品提供五项检测:化学分析(光谱分析、湿法分析)、力学性能(冲击试验、拉伸试验、硬度试验)、工艺性能、金相检验、无损检验。中心拥有各种国内外先进检查设备。其中包括德国产ICP等离子光谱、光电直读光谱仪、X国产的X荧光射线光谱、X国产的扫描电子显微镜等,具有很高的精细度和稳定性,与国内同类实验室设施相比具有明显的先进性和优势。中心已有各类专业技术人员19人,其中硕士毕业生4名,本科毕业生12人。

# 兴化籍院士王振义获国家最高科学技术奖

王振义院士出席荣获国家最高科技奖庆祝表彰大会

2011年1月14日上午,2010年度国家科学技术奖励大会在北京人民大会堂举行。兴化籍中国工程院院士、著名血液学专家王振义获2010年度国家最高科技奖。

王振义,内科血液学专家,江苏兴化人。1948年毕业于上海震旦大学医学院,获博士学位。1992年当选为法国科学院外籍院士,2001年美国哥伦比亚大学授予其荣誉科学博士学位。现为上海交通大学医学院附属瑞金医院终身教授。

王振义自1954年起,从事研究血栓和止血课题,在国内首先建立血友病A与B以及轻型血友病的诊断方法。1980年起开始研究癌肿的分化疗法。1986年在国际上首先创导应用全反式维甲酸诱导分化治疗急性早幼粒细胞白血病,获得很高的缓解率,为恶性肿瘤在不损伤正常细胞的情况下、可以通过诱导分化疗法取得效果这一新的理论,提供了成功的范例,王振义因此获得国际肿瘤研究奖5项、国内国家级奖7项(一项第一作者),1994年当选为中国工程院院士。

# 兴化籍棋手侯逸凡成为最年轻世界棋后

获得世界冠军的中国选手侯逸凡在颁奖仪式上

北京时间12月24日,2010年世界女子国际象棋锦标赛在土耳其安塔基亚落幕。最终,年仅16岁的“天才少女”侯逸凡经过快棋加赛击败队友阮露斐,成为国际象棋历史上第13位世界冠军,同时也是国际象棋历史上最年轻的世界棋后。侯逸凡成为中国继谢军、诸宸、许昱华之后的第四位世界棋后。

侯逸凡,江苏兴化人。8岁时成为中国最小的棋协大师,9岁成为中国国际象棋队有史以来最小的队员,12岁成为参加亚运会年龄最小的棋手,13岁成为世界上最年轻的女子特级大师,14岁成为有史以来世界女子棋手中最年轻的“男子特级大师”。侯逸凡不断刷新着国际象棋的纪录,由此获得“天才少女”的美誉。在此前的广州亚运会上,侯逸凡还以9战8胜1和积8.5分的不败战绩,为中国国际象棋实现亚运历史上金牌“零”的突破,同时也是兴化籍运动员夺得的首枚亚运金牌。

# 兴化籍作家毕飞宇获“英仕曼亚洲文学奖”

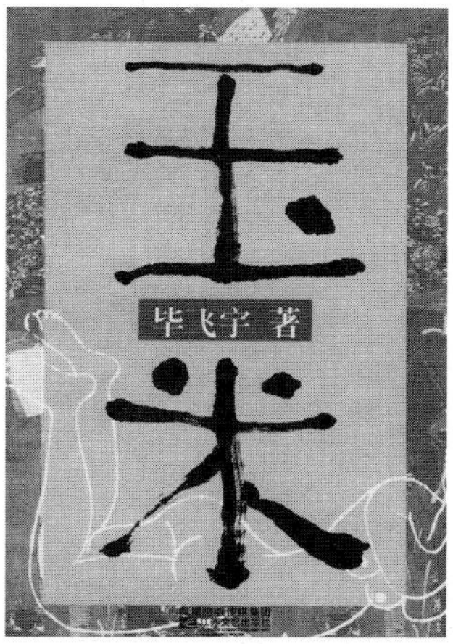


毕飞宇作品《玉米》荣获“英仕曼亚洲文学奖”

2011年3月17日，作家毕飞宇英文版《玉米》获得第四届(2010年)英仕曼亚洲文学奖，成为第三位获得该奖的中国作家。

英仕曼亚洲文学奖(Man Asian Literary Prize)设立早期奖项主要颁发给未以英语出版过的亚洲小说，2010年以后改为颁与当年度首次以英文发表的亚洲小说。《玉米》讲述了文革中三个姐妹的故事生动探索了文革中中国家庭和乡村生活，通过环环入扣的家庭冲突和爱的故事，展现了个体和社会的面貌。

毕飞宇，著名作家，江苏省作家协会副主席。江苏兴化人，1964年生，毕业于扬州师范学院。20世纪80年代中期开始小说创作，作品曾被译成多种文字在国外出版。曾两度获得鲁迅文学奖(《哺乳期的女人》获首届鲁迅文学奖，《玉米》获第三届鲁迅文学奖)，多次获得《人民文学》小说创作奖、《小说选刊》奖、《小说月报》百花奖、冯牧文学奖、中国小说学会奖、庄重文学奖等。《青衣》等多部小说被改编拍摄成电影和电视连续剧。

# 兴化市再次跻身全国县域经济基本竞争力百强县(市)行列

8月15日，第十届全国县域经济科学发展交流年会召开。会上，中国县域经济研究所、县域经济基本竞争力评价中心发布第十届全国县域经济基本竞争力与科学发展评价报告，第十届全国县域经济基本竞争力百强县(市)名单正式揭晓，兴化市榜上有名，在百强县(市)中位列第67位，比上届前移5位。这是兴化市第五次进入全国县域经济基本竞争力百强县(市)行列。

兴化城市一角

粮食丰收

# 兴化市再获“全国粮食生产先进县标兵”称号

12月22日，在召开的全国农业工作会议上，兴化市再获“全国粮食生产先进县标兵”称号。2010年，全市粮食播种面积18.36万公顷、总产134.42万吨、单产510公斤，分别比上年增加2806.67公顷、7.94万吨、21.3公斤。自2003年以来，兴化市已先后8次获此殊荣。

# 茅山号子入选国家级非物质文化遗产保护名录

茅山号子之车水号子

茅山号子是起源于茅山地区的一种民歌，是茅山人民在生产劳动中，用号子形式配以号词，激发情绪的一种方式。茅山号子以舒缓悠长的音调旋律，明快有力的音乐节奏，快慢自由的演唱速度，分合有致的歌唱形式，形成了高低协调、咏叹自如而独特的民歌风俗。从表现劳动的形式上看，茅山号子分为车子号子、栽秧号子、薅草号子、挑担号子、碾场号子、掼把号子等。演唱形式为一人领唱、多人搭腔。茅山号子从古代一直唱到今天，久盛不衰，闻名遐迩。1956年，茅山镇民歌手朱香琳随省歌舞团赴京参加全国第一届音乐周，并到中南海演唱，受到毛主席等中央领导人接见，后在世界青年联欢节上获银质奖，并灌成唱片发行。抗美援朝期间，朱香琳还赴朝鲜参加慰问演出。

5月18日，文化部公布第三批国家级非物质文化遗产名录推荐项目名单（新入选项目），兴化市申报的“茅山号子”入选，列入传统音乐项目类别的非物质文化遗产。

# 兴化得胜湖港口物流园区开工建设

12月1日，兴化市委、市政府举行得胜湖港口物流园区开工奠基仪式。兴化市领导贾春林、李伟、范学忠、顾跃进、杨建、卞正祥、吉天鹏、邓志方以及泰州市交通运输管理局、泰州市港口管理局的负责人为项目开工剪彩。

得胜湖港口物流园区地处垛田镇境内，位于车路河北岸、兴泰公路以东、跃进河以西、澄河以南，园区总规划面积4平方公里。园区分作业区、货场、综合物流区、物流加工区、仓储区、交易区、商业金融区等。

建设得胜湖港口物流园区，是兴化市委、市政府的重大决策，它将结束兴化市有河无港的历史。开工典礼上，兴化市委书记贾春林要求全市上下要统一思想，进一步做好规划方案的修改完善，加快建设步伐，合力打造园区，进一步加大招商引资的力度，使之成为省级服务业集聚区。（陈 辉）

得胜湖港口物流园区开工建设

# 专 记

## 中国·戴南不锈钢产业集群建设

戴南镇位于江苏省中部，是一座具有千余年历史的水乡古镇。全镇下辖33个行政村，5个居委会，总人口9.26万人，另有外来人口5万多人，总面积107.8平方公里。目前，不锈钢制品、子午轮胎钢帘线等支柱产业在全国同行业名列前茅。2010年，全镇实现地区生产总值105.49亿元，预算内财政收入16.74亿元，农民人均纯收入13979元，在苏中、苏北独占鳌头。近几年来，戴南镇坚持以科学发展观为指导，注重四个文明协调发展，致力于打造区域性不锈钢产业集群，走出一条“小产品、大市场”的特色发展之路，先后被评为全国重点镇、村镇建设先进镇、文明镇、先进基层党组织和江苏省重点镇、苏中百强镇、新型示范小城镇等称号，并被列为全国小城镇改革发展试点镇。2006年，戴南镇被中国金属材料流通协会不锈钢分会授予“中国不锈钢名镇”的称号。2008年，戴南不锈钢产业集群被中国社科院工业经济研究所评为“中国百佳产业集群”。2010年，江苏兴达钢帘线跻身中国民营企业500强，排名第339位。

戴南不锈钢交易城

### “中国·戴南”不锈钢产业集群总体框架

2006年4月15日，省发改委出台“三市七镇”不锈钢产业规划，确定以兴化市戴南镇为中心，“三市七镇”共同打造“千亿级不锈钢产业集群”。课题的总体指导思想是在市场经济的框架内，对区域内群众的首创精神进行科学地总结、提高与引导，对这一跨区域跨行政区划的产业集群从体制上与机制上进行探索与实践。整合各地优势，以戴南镇为核心，以三市七镇(兴化市的戴南镇、张郭镇、茅山镇，姜堰市的溱潼镇、兴泰镇，东台市的溱东镇、时堰镇)不锈钢产品的生产集聚区为基础，按照产业集群发展的内在要求，合理配置各种资源，科学规划，合理导向，政策推进，最大限度地释放体制与机制创新的能量，打造一个跨行政区划的“千亿级”特大不锈钢产业集群，并形成具有较强国际竞争力的“中国·戴南”不锈钢制品这一国际化的区域品牌，在江苏的里下河地区形成一个新的增长极，使苏北部分地区通过产业发展率先融入苏中，最终带动苏北的发展，推动苏中的崛起。戴南镇作为这一产业集群的核心镇，自我定位为：率先创业、领先创新、争先创优，做大产业、做强企业、做响品牌，当好千亿级“中国·戴南”不锈钢产业集群的东道主和领头羊。

### 戴南镇不锈钢产业发展现状

1. *产业集群已初具规模*。戴南镇不锈钢产业的发展主要表现在企业空间上的集聚，集群内部是“做企业向做产业快速发展”。2010年，全镇拥有不锈钢企业1000多家，年销售收入在500万元以上的企业300多家，5000万元企业72家，收入过亿元企业40家，超50亿元企业1家，从业人员3.6万人，年生产不锈钢产量突破100万吨，市场份额占国内整个行业的1/7。工业总产值286.93亿元，销售284.91亿元，其中不锈钢材料及制品产值占94%左右，年利税28.2亿元以上，不锈钢产业已成为全镇的支柱产业。兴达公司、新宏大公司、兴海公司、兴龙公司等企业被国家科技部认定为产业基地骨干企业。

2. *产业布局日趋合理*。按照“企业向园区集聚，产业向集群发展，酸洗向中心转移”产业布局规划，实施产业园区化战略，加快资本、人才、技术等要素向园区的集中和集聚；实施产业集群化战略，将同产业的企业或者具有关联产业联系的产业、研究机构引导到同一领域，实现资源的高效整合；实施产业生态化战略，推进2个污水处理中心为重点的环保工业园的建设，现已正常运转，实现工业污水零排放。

3. 产业链条加快延伸。加快走好“小产品、大市场”之路,抢占产业发展的制高点,不断延伸产业发展链条。目前,全镇建立五个大型原材料市场和覆盖全国的销售网络,形成从废旧原材料收购,到熔炼、精炼、锻打、轧制,再到产品深加工,产、供、销一条龙,科、工、贸一体化的发展格局。产品涵盖40多个系列,1万多个品种,广泛适用于各种行业,产品包括不锈钢丝、网、布、绳、管、钉、带、型钢、浇铸件、标准件、挂件、棒材、焊丝、链条、餐具、化工机械、制药机械、食品机械、环保机械、光学机械、航空器械、装璜建筑材料等,广泛应用于建筑装潢、家用电器、石油化工、机械环保、餐具厨具等领域。

兴达公司生产车间

4. 优势产品崭露头角。江苏兴达钢帘线股份有限公司超强度帘线荣获国家科技进步二等奖、江苏名牌产品和江苏著名商标,2010年,“兴达 XINGDA” 及图商标成为中国驰名商标。在已鉴定的19种结构钢帘线中,15种填补国内空白;江苏新宏大公司的转盘真空过滤机、深锥深密机获江苏高新技术产品,生产的除沫器国内市场占有率达70%,转盘式真空过滤机产品产量成为国内第一;兴海公司的不锈钢焊条、振亚公司的特种螺钉、诚信公司的不锈钢排钉等荣获江苏名牌产品;戴南鑫东不锈钢制品厂生产的不锈钢带钢、网布被神舟六号地面接收装置选用。全镇已创江苏名牌产品6个,江苏高新技术产品2个,省著名商标1个,泰州名牌产品3个,泰州知名商标16个。

5. 技术水平不断提高。目前,戴南镇已被认定为省民营科技企业6家,市级民营科技企业12家。企业自主创新能力增强,已申报国家专利135个,批准的有100多个。积极开展ISO 9002质量体系认证,已通过认证的企业68家。兴达公司已成为国家唯一的高性能钢帘线研发生产基地和生产标准起草单位,先后荣获“国家重点高新技术企业”、“国家级技术创新示范单位”、“江苏省明星企业”称号。将迅速引领不锈钢产品在更优层次上发展。江苏新宏大石化机械有限公司常年聘请20多位专家教授专门从事新产品的研发工作,增强企业发展后劲。

6. 支撑平台加快完善。采取市场运作、政府支持的方式搭建好信息、物流、人才培训、研发、测试等平台,加快资源整合、要素集聚。江苏戴南科技园区各项配套工程更加完善,成为集群经济的孕育平台。2010年,戴南科技园成为首批“省中小企业产业集聚示范区”;成立董北、北姜、双沐“金纽带”互动协会,“中国·戴南”不锈钢交易城已初具规模;融资渠道不断拓宽。覆盖全国的营销网络已发挥效应,在全国170多个大中城市设点销售戴南不锈钢制品。

7. 行业协会作用显现。2009年戴南镇行业协会升格为兴化市不锈钢行业协会,组织进一步壮大,会员企业已发展到216家,并积极构建服务平台,大力组织行业交流和行业自律,创新服务领域,进一步规范市场行为,推动企业发展。为策应产业集群的发展,覆盖“三市七镇”的跨行政区域的不锈钢行业协会正在积极筹划中。

**戴南镇不锈钢产业集群发展的打算和措施**

1. 抢抓战略机遇,推动产业发展特色化。戴南镇紧紧抓住不锈钢产业集群发展的战略机遇,全力投身规划的实施。一是以集群规划为纲领。认真研究规划,领会规划内涵,并与戴南新农村建设有机结合,高起点实践和探索区域经济可持续发展之路。二是以做大产业为基础。进一步调高目标,自我加压,抢抓机遇,促进产供销一体化,上中下游配套紧密,不断拉长做粗产业链。三是以打造品牌为方向。按照规划的战略部署,以产业为纽带,与规划区乡镇联动发展,优势互补,着力在“专精特巧新”等方面下功夫、求突破,在竞争和合作中打造区域品牌,切实增强区域核心竞争力。

2. 着力培大育强,推动产业发展集群化。龙头企业是产业集群形成和发展的重要基础,是产业集群升级的带动力量。戴南镇全力培育区域支撑带动作用突出的产业链和企业集团,重点实施“123”工程,当务之急是要加快集群由“做企业”向“做产业”推进,一是以江苏兴达钢帘线股份有限公司为龙头,培植特大型企业,引领产业发展上水平,支持兴达公司由产品经营向产品经营和资本经营并重的方向发展。二是实施“五五工程”,着力培植“兴达式”企业第二方阵。引导企业强强联合、分工协作,着力做大做强。三是推进全民创业,培育第三梯队。支持鼓动30家年轻业主提升综合素质,更新发展理念,强化企业管理,产品销售超亿元。不断进行技术改造,增强中小企业自主创新能力,促进不锈钢制品中小企业的蓬勃发展,巩固“小产品、大市场”的发展格局。

3. 狠抓要素整合,推动平台构建集约化。以规划的实施为契机,做好与戴南张郭小城市规划的对接,加快建设与产业集群发展相配套的服务体系,走集群、集成、集约、集力、集智、集市之路,形成推进集群发展的现代服务业集聚区。一是做大原材料市场。巩固现有全国最大的不锈钢原材料集散地位置，积极推动原材料采购链延伸至国际市场。二是加快交易城建设。坚持专业不锈钢成品市场发展方向，加快建设速度，使之成为华东地区乃至全国最大的不锈钢成品交易市场之一。三是筹建内河港。高标准启动建设戴南内河港，确保运输便捷，降低成本。四是扩大物流业规模。加强省级现代服务业集聚区管理，巩固区域性物流集聚服务中心优势。五是优化产学业合作模式。建好江苏省（兴化戴南）不锈钢产业创新公共服务中心，实现企业资源共享，为企业持续健康发展创造良好环境。六是扩大融资担保。在金融部门支持配合下，按照市场规则运营，多方努力扩大中小企业发展融资担保范围和规模。

4. *强化环境保护，推进产业发展生态化*。进一步处理好生态效益和经济效益的关系，实现经济增长与环境保护的“双赢”。具体是严格筑牢“三道绿色屏障”。构筑绿色准入屏障，严把项目准入关、准建关和准产关，严格执行环保“三同时”制度；把住污水处理绿色屏障，推进戴南污水处理中心正常运转，巩固碧水戴南、绿色戴南的成果；完善绿色监管屏障，建立完善综合监管机制，将企业环保工作纳入长效管理机制。

5. *突出公共服务，推动集群升级一体化*。进一步发挥地方政府公共服务职能和加强对集群发展的引导职责，推动集群持续健康发展。一是加大基础设施建设投入，进一步发挥戴南不锈钢产业园区的集聚优势和完善戴南小城市功能布局，为集群企业发展提供载体和平台。二是运用政策杠杆激励集群内企业分工协作和科技研发投入。三是加强技术质量监督工作和行业自律，支持不锈钢协会独立开展工作，加大不锈钢检测中心投入，提高检测监督效果和水平。四是开展各类职业技术培训和人才引进，为集群企业提供人才支撑。五是弘扬奋发有为、创新进取、吃苦耐劳的创业文化，推动集群取得新发展。

（陈 辉 周冬平）

## 中国历史文化名镇——沙沟

千年古镇沙沟，位于江苏省泰州兴化市西北隅，地处泰州、盐城、扬州三市交界处。北纬33° 9′，东经119° 43′，四季分明，气候温和，雨量充沛。古河道下官河、西塘河、镇南河、后河、宝应河等蜿蜒其中；东连宁盐高速，西接京沪、淮江高速，距新长铁路35公里、盐城飞机场50公里，南行80分钟可达国家一类开放口岸泰州港。高效渔业、村民自治、平安创建、社会治安等工作均受到泰州市表彰，被确定为泰州市特色中心镇，江苏百家名镇之一。全镇辖4个居委会和10个建制村。镇域面积70.12平方公里，古镇区面积0.99平方公里，总人口近3万人（其中古镇区1.1万人）。境内地势低洼，四面环水，有“两湖五荡”，具有独特的水乡风貌，至今仍保持原始湿地生态环境。经国家相关部门领导专家的实地勘查、材料审核，2010年9月，住房和城乡建设部、国家文物局联合发文《关于公布第五批中国历史文化名镇（村）的通知》，全国共38个名镇入选，其中，沙沟镇名列第11位。

历史文化名镇—沙沟镇

*厚重历史* 境内多处出土历代石鼓、石刻等文物，据志载，远古时代盐城以西、淮安以南、宝应以东、兴化以北地区曾是一片湖泊，称古射阳湖。沙沟是古射阳湖中的一座小岛，以捕捞为生，战国时期称蔡家柳垛，公元前206年称射阳村；西汉初年，汉高祖刘邦为答谢鸿门宴上的救命之恩，赐项伯为射阳候，成为项伯的封地。西汉武帝元狩四年（公元前119年），射阳村为镇，历史上曾取名沙溪、石梁，清朝乾隆年间（1780年）定名为“沙沟”，沿袭至今。沙沟曾经两度建市一度建县，为苏北里下河地区政治、经济、文化中心，是苏北的革命老区，战略要塞，军事重地，水乡交通枢纽和商品集散地，为著名的水上驿站。分别于民国8年（1919年）设沙沟市，1945年3月9日建沙沟市，1945年9月建沙沟县，为巩固苏中政权、全国解放作出贡献。

*悠久文化* 段式板凳龙为省级非物质文化遗产，2010

国际友人参观沙沟古镇

年组织申报国家级非物质文化遗产；淮扬鱼宴名扬天下，具有代表性的沙沟大鱼圆、藕夹子、水粉鸡等菜肴，已成为省市非物质文化遗产，正式入选《中国名菜大典》；有50多种具有地方特色、保存完好的老行当、老字号；民间传统文化中，传统彩妆游走“灯会”更是誉满大江南北，沙沟的民俗文化成为文化旅游主要内容；沙沟有国内罕见的菩提圣树、元代香橼、万朵紫薇、百年银杏等许多珍贵稀有的名木古树，见证古镇历史悠久；里下河淡水渔业文化博物馆初具规模，吸引众多游客，中国知名网站百度网、搜狐网称其为“中国唯一”。沙沟镇以此为龙头，正在打造一座集参观、旅游、娱乐、研究为一体的多功能博物馆。

沙沟板凳龙

沙沟里下河渔业文化博物馆

名人大家　扬州八怪之一郑板桥曾在此设馆授徒，创作多篇诗词书画；施耐庵数次周游沙沟，为创作《水浒传》取材；南宋诗人、词人陆游曾到沙沟作《鹊桥仙》《渔父》等诗词描述渔家生活；清朝蒲松龄《聊斋志异》“水灾”章节取材于沙沟；郭沫若为沙沟人民医院题名。沙沟人崇尚读书，人才辈出，历史上先后出进士、举人120多人，明进士万云鹏为福建布政史，守湖州、副湖广，按察浙江、布政福建；北洋时期，管云臣为通海镇守使。中国医学通史研究的开拓者陈邦贤于1914年倡导成立中国历史上第一个医史研究会，1919年完成第一部《中国医学史》。据统计，全镇海内外有教授20多人，高级知识分子、专家、学者800多人，许多仁人志士在沙沟成就大业。

古建筑遗存　元朝初年就建起“大士禅林”古庙，历史上曾有大小庙宇28座，砖、石、木桥14座。唐朝以来，由于五县通衢，商贸繁荣，姜、赵、刘、王四大家族的宅院纷争建造、青砖小瓦、独具匠心。现保存完好的有赵家巷、杨家巷、姜家巷、管家巷等多处明清建筑群，古民居72000平方米，古巷道75条，其中明清建筑36000平方米。拥有虹桥、益民巷、鱼市口石板街、沙沟市政府、苏中公学旧址等5处市文保单位等17处保护性物质建筑。

沙沟镇历史上镇中有河、河中有镇、沿河而建、依水而居；小巷深深、住宅密集、巷巷相连、两旁住家、巷深路窄、砖石路面、巷直路平、直通沿河。沙沟镇的优秀建筑具有如下风格：1. 人多地少、建筑密集、户户可通、相互照应。2. 砖木结构、七桁五架、青砖小瓦、徽式风格。3. 砖雕木刻、精致花纹、敞檐格扇、独特艺术。4. 排山板壁、后墙无窗、天窗采光、防火防盗。5. 组合丰富，排列自然，单门独院，几进几出，两边合围、穿堂几进，门照堂厅，四合小院，小楼人家，人居安康。

古镇保护与开发　早在20世纪80年代，镇党委、政府提出“开发新区，保护老区”的建设思路，编制了集镇建设总体规划。2000年由南京大学城市规划设计院重新修编。在镇南向西开辟新镇区，保护老镇区，以“三横三纵”道路骨架，将新镇区、老镇区融为一体，使古镇更古朴、新区更时尚，集镇东西长2.84公里，南北宽1公里，面积2.84平方公里，其中新区1.85平方公里. 近几年来，沙沟镇按照“科学定位、错位竞争、特色发展”的思路，加大对古镇投入和保护力度，重铸“金沙沟”新辉煌。2010年10月1日，沙沟镇按照明朝建筑风格恢复重建“进士坊”，采用天然青石材料，精雕细刻而成，重达64吨、高7.9米，宽7.8米，飞檐翘角，气势雄伟壮观，成为古镇一座标志性历史建筑。同年12月，坚持修旧如旧的原则，成功修复“程家大院”。2010年下半年，沙沟镇规划重建或修复沙沟市政府、苏中公学、共产党秘密党支部等，通过实物的展示，打造红色景点，开发红色旅游。

(陈　辉　高守峰　姜洪义　张晶亮)

# 重要文献

## 立足新起点 开启新征程 为建设更高水平小康社会而努力奋斗

### ——在市委十届九次全会上的讲话

市委书记 贾春林

2010年12月16日

同志们：

这次市委全会的主要任务是，认真学习贯彻党的十七届五中全会、中央经济工作会议和省委全会精神，回顾总结“十一五”及今年的工作，谋划部署“十二五”及明年的工作，审议通过市委关于制定“十二五”规划的《建议》，动员全市上下进一步解放思想，开拓创新，凝心聚力，扎实工作，为建设更高水平小康社会、加快基本实现现代化而努力奋斗。下面，我根据市委常委会研究的意见，讲三个问题：

**一、紧扣全面小康主线，“十一五”发展取得了显著成效**

过去的五年，是我市发展历程中极不平凡的五年。五年来，尤其是今年以来，全市上下坚持以科学发展观统揽全局，紧扣全面达小康工作主线，抢抓发展机遇，积极应对挑战，全力化解矛盾，统筹推进经济社会发展，圆满完成了“十一五”规划的各项目标任务，达到了省定全面小康指标体系主要目标值，经济社会发展跃上新的台阶。

1.产业结构不断优化，综合实力明显增强。预计今年实现地区生产总值377亿元，五年翻了一番；财政收入和一般预算收入分别达到50亿元和20亿元，五年均翻了两番。2007年以来连续四年跻身全国县域经济基本竞争力百强县(市)行列，位次由99位跃升至67位。工业主导力量增强。不锈钢制品、农副产品加工、机械铸造三大产业集群集聚效应不断放大，以国家级不锈钢制品质量监督检验中心、博士后工作站、院士工作站和一批省级研发中心的建立为标志，自主创新和产业竞争能力有效提升，荣获“全国科技进步先进市”和“省知识产权示范市”称号。预计今年工业总产值将达到1060亿元、列统工业产值将达到660亿元，分别增长22.8%和28.8%；完成招商引资43亿元，协议利用外资2.5亿美元、实际利用外资1亿美元。兴达公司预计今年实现销售60亿元，成为亚洲第一、世界第二的钢帘线生产基地。农业基础加固。高效农业规模迅速扩张，今年新增高效种植业面积10.1万亩，累计达到62.8万亩；新增高效渔业面积8万亩，累计达到42万亩；畜禽规模养殖比重提升5.2个百分点，累计达到85.2%。粮食高效高产创建工作成效显著，钓鱼万亩示范方百亩核心方平均单产再创全国第一。2003年以来连年被表彰为“全国粮食生产标兵(先进)县(市)”，荣获“中国生态河蟹养殖第一县(市)”称号。服务业发展加速。运输、商贸、餐饮等传统服务业运营质态有效提升，生产性服务业、生态旅游业发展增势强劲。今年骨干企业主辅产业分离迈出坚实步伐，合陈粮食物流园区、得胜湖港口物流园区建设进展顺利,乌巾荡风景区一期工程建成开园,成功举办第二届千岛菜花节。预计今年服务业入库税收将达到21.5亿元(含政策调整因素),增长35.5%。三次产业比由“十五”期末的24.5∶44.9∶30.6演进为13.5∶48∶38.5。

2.城乡统筹力度加大,人居环境明显改善。城市面貌大为改观。围绕建设生态水乡人文特色明显、宜居宜商的现代化中等城市目标,大力推进城市基础设施和生态人文景观建设,以今年城区14路7桥建设工程的顺利推进和古城墙公园等14处重点绿化景点工程的建成为标志,城市建设三年行动计划全面完成,新城区框架基本拉开,老城区功能日益完善,荣获“省文明城市”和“省园林城市”称号。农村环境有较大改善。大力推进全面小康村和环境优美乡村创建活动,连续多年组织开展村庄环境和水环境集中整治工作,农村生产生活条件得到明显改善,完成了泰州市三年全面小康村创建任务,涌现出一大批新农村建设典型;绿化造林面积连续3年位居全省县(市)前列,五年新增绿化造林面积21.8万亩。多着并举,全力以赴推进基础设施建设。五年累计建成农村公路1466公里,新增高等级公路250公里。今年完成大周公路、张周公路主体工程,新建农村公路里程126.6公里,初步实现了城乡路网和公交一体化。

3.社会建设有力推进,民生保障明显进步。保障体系日益健全。养老、医疗等社会保险扩面和征缴工作成效显著,继在全省率先建成城乡一体化的居民医疗保障体系和社会大救助体系后,今年实现城乡居民养老保险全覆盖。扎实推进创业富民、就业惠民,城乡居民收入稳步增长,预计今年城镇居民可支配收入和农民人均纯收入分别达到18311元和8647元,五年增长88.7%和76.3%。城镇“零就业家庭”实现动态清零,农村“零转移家庭”得到重点帮扶,三年脱贫攻坚任务基本完成。社会事业加快发展。大力实施社会事业振兴“三年行动纲要”,扎实推进教育、卫生、文化系统改革,义务教育均衡发展,职业教育、学前教育加快推进,城乡教育布局进一步优化。社区卫生服务网络基本实现全覆盖,新区人民医院等一批重点工程进展顺利,建成残疾人综合服务中心。以新区体育馆、广电信息中心大楼落成和市图书馆、博物馆提档升级、乡镇文化站建设达标为标志,城乡公共文化基础设施进一步完善。沙沟镇荣获“中国历史文化名镇”称号,“茅山号子”继“竹泓木船制造技艺”之后被列入国家非物质文化遗产保护名录。人口计生协调发展先进市创建工作顺利通过省评审组验收,荣获“全国计划生育优质服务先进市”称号。平安法治建设工作成效明显,2005年以来连年被省里命名表彰为“社会治安安全市”,信访工作连续3年受到省里表彰。为民办实事工程扎实推进。坚持从解决群众关心关切的实际问题入手,先后实施了后街背巷改造、“三房”建设、撤渡建桥、农桥建设、行政村通达工程、危旧房改造等一系列民生工程,建成城南污水处理厂。近3年各投入10亿元实施了城乡防洪和安全饮水工程。今年城乡区域供水和安全饮水工程建设取得阶段性成效,建成兴化水厂、兴东水厂和戴南水厂并试供水,城市供水水质提升工程正在实施。

4.党的建设不断加强,体制机制明显优化。坚持以执政能力建设和先进性建设为主线,深入开展学习实践科学发展观主题教育和创先争优活动,广大党员干部的宗旨意识进一步增强,理论素养进一步提升。领导班子和领导干部履职能力“星级”创建工作深入开展,干部人事制度改革不断深化,竞争性选拔干部力度不断加大。今年先后成功组织了公开选拔副局级领导干部和公推公选乡镇党委书记人选工作,建立完善了市乡村三级干部任期量化目标公开承诺制,顺利完成了市政府机构改革和行政村“两委会”换届工作,“退二线”干部发挥作用工作进一步拓展,大学生村官培养管理机制日益健全,择优选择村党组织书记纳入专项事业编制管理。认真学习贯彻《廉政准则》,深入开展反腐倡廉源头治理工作,创新开展手机廉信通等宣传教育模式,行政效能监察和机关作风建设不断强化,党风廉政建设取得新成效。人大、政协充分发挥作用、积极履行职能,群众性精神文明创建活动深入开展,统战、群团、人武等各项工作取得新的成效,为推进改革发展稳定作出了重要贡献。

回顾五年来的工作,有以下方面值得总结:

1.始终以解放思想为先导,凝聚发展共识。顺应宏观形势的新变化、发展阶段的新特征,突出把解放思想、调优理念放在首位,通过深入开展学习实践科学发展观、创先争优活动,以及“走出里下河、融入长三角”、“我为兴化发展献一策”等系列大讨论活动,举办干部管理论坛、产业发展论坛、昭阳讲坛、倡导读书学习等系列举措,推动全市上下在转变观念中抢抓机遇、在改革创新中破解难题、在加快发展中凝聚力量。特别是在有力应对国际金融危机的实践中,全市上下对科学发展有了更切身的感受,苦干实干、务实创新的意识有了更大程度的提高,干事创业、争先进位的热情得到更大程度的激发。

2.始终以调优结构为重点,优化发展路径。把握市情特点、突出薄弱环节,紧紧抓住调整优化结构这一重点,一以贯之地推行“工业强市、生态立市、人文兴市”战略,并着力从规划引领、政策激励、差别考核入手,通过制定落实三次产业“五五”工程实施意见、促进工业企业做优做强做大意见、科技创新和开放型经济奖励办法、吸引和用好优秀人才规定等系列政策文件,调整财政分成体制、鼓励支持“飞地”开发、增加财政转移支付、开展乡镇结对帮扶、部门挂钩帮扶等多种举措,协调产业发展,缩小城乡、区域差距。经过这几年努力,产业联动发展和转型升级取得可喜成效,重点乡镇发展迈出更大步伐,薄弱乡镇发展有了新的起色。

3. *始终以改善民生为宗旨，落实发展举措*。确立以人为本、民生优先理念，切实把保障和改善民生作为一切工作的出发点和落脚点，做到决策优先考虑民生需求、财政优先保障民生投入。这几年，我们着力加强生态环境保护和建设，严把项目建设环保审批关口，坚决不上高污染、高能耗、低效益项目，坚决实施了废旧市场和土炼油的整治、取缔。着力调整优化公共财政支出结构，大幅度增加对“三农”工作、基础设施建设、城乡社会保障、救助和教育、卫生、文化等社会事业发展的投入，建立了弱势群体困难补助自然增长机制。可以说，这几年是我市财政民生投入较大、群众得实惠较多、公众满意度较高的几年。

4. *始终以制度建设为保障，激发发展活力*。围绕转变政府职能，提高行政效能，注重通过深化改革加强制度建设、机制创新，推进科学管理。这几年，我们围绕优化决策管理，建立健全了行政工作格式化管理模式，定期研究解决重点、难点、热点问题；围绕推进经济社会发展，建立健全了系列联席会议制度、效能监察制度、综合考评机制；围绕促进社会和谐稳定，建立健全了社会稳定风险评估机制、应急管理机制等。这些制度机制的建立，在较大程度上优化了行政管理、集聚了各方的智慧和力量。这也是我们能够成功应对金融危机挑战，保持经济社会持续、稳定、较快发展的基础和保障。

在充分肯定成绩的同时，我们也清醒地看到经济社会发展中存在的矛盾和问题，主要是：经济结构性矛盾仍然突出，自主创新能力亟待增强，新兴产业发展相对滞后，节能减排压力较大；大项目尤其是大的外资项目落户不多，工业经济发展后劲不足；财政刚性支出增多，收支平衡压力加大；部分弱势群体生活还很困难，城乡居民收入稳定增长的长效机制有待强化；由于经济社会转型引发的社会矛盾不断增多，信访维稳压力增大，干部队伍服务发展的能力、水平和作风有待进一步提升，等等。

**二、坚持科学发展主题，开启“十二五”期间发展新征程**

“十二五”时期是我市建设更高水平小康、向基本实现现代化迈进的重要时期，是我市转变经济发展方式、实现经济转型升级的攻坚时期，是我市推进城乡统筹发展、实现城乡一体化的关键时期。面对新的形势和任务，全市上下要切实增强责任感、使命感和紧迫感，在新的起点上抢抓机遇、务实创新、团结奋进，再创新的业绩。

1. *坚持科学发展，抢抓加快发展新机遇*。发展不快、结构不优仍然是我市当前最主要的矛盾。今后五年我们要切实把科学发展作为最主要的任务来抓，既要立足于“好”，又要致力于“快”。市里初步确定“十二五”期间，地区生产总值年均增长要保持在13%左右，财政收入、一般预算收入，以及工业经济总量年均增长要保持在26%左右，服务业比重每年提高1个百分点。实现这一目标，既面临较大压力，也面临重要机遇。一方面，后危机时代国际经济环境更加复杂多变，各种不确定因素难以预料，特别是国际贸易保护主义持续升温、人民币升值预期增强等因素，将不可避免地带来国际国内市场竞争格局的调整。另一方面，长三角作为国际国内最具发展活力的地区之一，接受资本和产业转移的趋势仍将持续；中央和省扩大内需特别是消费需求战略更加明确，鼓励扶持新兴产业发展导向更加突出，对粮食安全更加重视；泰州大桥、苏中机场等一批重大基础设施开工建设等。机遇与挑战往往是一体两面、相互依存的。如何变压力为动力、化挑战为机遇，取决于我们的智慧、谋略和能力、本领。面对发展的重任，全市上下要进一步增强忧患意识、机遇意识，以宽广的眼界、科学的思维、务实的举措，准确研判形势，超前谋划准备，力求在变化变局中抢占先机、赢得主动，推动发展再上新的台阶。

2. *坚持创新开放，增创竞争发展新优势*。后危机时代市场竞争的升级、资源要素约束的加剧、节能减排压力的增大等，决定了传统型、粗放式发展模式将难以为继。今后五年我们要紧扣转变经济发展方式这条主线，坚持主导产业提升与新兴产业培育并举，调优结构与保持增长齐抓，加快产业转型升级，努力构建新型工业“234”体系、现代农业“568”发展格局、服务业6大板块。加快转变经济发展方式，科技创新是根本动力。要建立健全以政府为引导、企业为主体、社会参与的科研投入机制和以企业为主体、市场为导向、产学研更加紧密结合的技术创新体系，重视和加强人才引进培育，最大限度地集聚创新要素资源，全力提升创新型经济发展水平。深化开放是现实路径。要围绕产业转型升级、新兴产业培育，大力推进招商引资、项目建设，调整优化外贸结构，积极实施“走出去”战略，全面提升开放型经济发展水平。

3. *坚持统筹协调，构建区域发展新格局*。加快改变我市城乡发展不协调、区域发展不平衡的现状，既是科学发展的本质要求，也是加快发展必须突破的瓶颈制约。今后五年我们要坚持把推进城乡统筹发展、区域协调发展作为战略重点，进一步明晰市域主体功能区划，完善总体推进政策体系，优化城乡重大基础设施建设，加快中心城市、戴南-张郭和安丰小城市，以及重点中心镇建设，鼓励支持各地区发挥比较优势、发展特色经济，形成“一主两副三轴四片”区域发展格局。进一步完善优化公共财政支出结构，健全完善以城带乡、以工促农长效机制，统筹推进城乡社会建设，加快城乡一体化步伐。进一步加大生态环境保护和建设力度，积极开展生态市创建工作，加强西北部生态湿地保护和绿化造林工作，大力发展绿色环保产业，推进节能减排，实现经济发展与生态建设的双赢。

4. *坚持民生优先，开创和谐发展新局面*。经济发展、社会发展，归根到底是为了人的全面发展。顺应人民群众过上更好生活的新期待，今后五年我们要坚持以人为本、民生优先不动摇，把改善和保障民生放在更加突出的位置，在加快经济发展的同时，更加注重社会建设，努力让人民群众共享改革发展成果；在普遍提升群众生活水平的同时，更加注重保障弱势群众基本生活，更加注重生态和环境建设，努力提高群众生活质量；在改善群众物质生活的同时，更加注重文化建设、民主法制建设，努力丰富群众精神文化生活、满足群众参与社会管理的愿望。重点要在富民上下工夫，建立完善城乡一体化的创业就业服务体系，大力促进创业、扶持就业，多渠道增加群众收入，确保实现居民收入倍增目标。要在惠民上求实效，进一步健全社会保障体系，完善社会保险网络，扩大覆盖面，提高社会保障和救助水平，强化公共服务，着力解决好以社会救助、养老、上学、就医、住房等为重点的民生保障工作。要在安民上出实招，创新社会管理机制，深入推进平安法治建设，确保群众安居乐业、社会和谐稳定。

**三、突出关键措施落实，全力做好“十二五”开局之年各项工作**

2011年是实施“十二五”规划的第一年。开好头、起好步，至关重要。明年工作总体思路是：认真贯彻落实党的十七届五中全会、中央经济工作会议和省委全会精神，紧扣“加快转型升级步伐、建设更高水平小康”目标，大力实施“工业强市、生态立市、人文兴市”战略，突出“转型升级、统筹发展、民生改善、队伍建设”四大重点，加快“富庶、生态、文化、和谐、幸福”兴化建设进程，努力为“十二五”发展夯实基础。

主要预期目标是：地区生产总值超400亿元，力争430亿元，增长13%以上；财政总收入65亿元，一般预算收入26亿元，分别增长30%；规模以上工业总产值超800亿元；全社会固定资产投资增长30%；完成招商引资40亿元，协议利用外资3亿美元、实际利用外资1.3亿美元；城镇居民人均可支配收入20400元，农民人均纯收入9750元，均增长12%以上。

(一)突出转型升级，调整优化经济结构

1.加快工业经济转型升级。按照“集约化发展、特色化推进、大中小并举、科技人才为支撑、园区为载体”的思路，一要紧抓主导产业提升和新兴产业培育两大重点，夯实产业发展新基础。围绕做大做强不锈钢制品、机械铸造、农副产品加工三大主导产业，切实加大规模企业培育力度，鼓励引导骨干企业进一步加大科技研发、技术改造投入，利用新技术、新工艺、新装备、新材料促进产品升级、节能减排，提高市场竞争力。认真制定和落实激励扶持政策，加强协调、服务和指导，促进企业上市和股权融资，提升企业发展层次。切实加大新兴产业培育力度，制定实施新兴产业发展规划和鼓励扶持新兴产业发展政策，大力发展高性能金属材料、特种合金材料等新材料产业，以及海洋、核电等装备制造业，努力把我市打造成为国家级高性能金属结构材料特色产业基地。主动接受中国医药城的辐射，积极培育发展医药及生物技术产业等新兴产业，力争明年取得新的突破。二要强化开放和创新两大动力，激发产业发展新活力。坚持以招商引资和项目建设推动发展，进一步加大招商引资尤其是利用外资的考核力度，大力推广茅山招商引资工作经验，推进商会招商、驻点招商、网络招商，力争在招引高新产业项目、外资项目上取得突破。大力推进在建项目建设，认真服务好兴达公司切割钢丝、东华齿轮汽车传送件及桥厢制造、申源公司气门钢二期扩建、新华公司合金核电工业减震器、新宏大集团万吨镍板等一批重点项目建设，尽快形成新的增长点。坚持以科技创新引领发展，突出以政府为引导、企业为主体、市场为导向，纵深推进产学研合作，扶持具有前瞻性、战略性产学研合作项目。充分发挥国家级不锈钢制品质量监督检验中心作用，加快组建由政府主导的科技创新服务平台，尽力在产业发展层面推进共性核心、关键技术研发和成果转化，增强产业核心竞争力。同时，大力推进特色产业基地和创新型乡镇建设，增强区域整体创新能力。坚持以人才建设支撑发展。把招商引资与招才引智紧密结合起来，大力推进“2113”人才工程建设。进一步加强企业家人才队伍培训、培养工作，加快打造一批创业创新型团队。进一步加大人才工作投入，优化创新创业环境，激发各类人才的创造活力，以人才优势构筑发展优势。三要实施集团化和品牌化两大策略，推动载体建设和产业发展新突破。强化产业规划引导作用，完善鼓励扶持集团企业发展的政策措施，搭建好创新、物流、质检、信息服务平台，建立健全经济和社会管理工作的信息化系统。发挥好不锈钢产业集团、脱水食品集团和河蟹产业集团的作用，提升主导产业层次。大力实施品牌战略，健全完善企业品牌发展规划，积极支持企业申报中国驰名商标、省级著名商标、泰州知名商标，促进企业由产品竞争向品牌竞争转变。全力支持兴达公司超百亿和创世界第一；全力支持市经济技术开发区争先进位，实现后来居上。

2.加快农业经济转型升级。按照“统分结合、粮渔并重，基地化、特色化、规模化”的思路，一要以现代农业园区为载体，加快发展高效农业。扎实推进省级现代农业产业园、国家级农业产业化示范区创建工作，创新管理机制，加强农田水电、路桥等基础建设，增强引领带动能力。扎实推进高效农业规模发展，巩固提升兴泰线和城郊高效农业经济板块，全力加快兴泰路北延线、大周线、盐宁线等高效农业集中连片发展。扎实推进粮食高效高产创建工作，确保实现粮食总产、单产全省两个第一。二要以农业产业化为龙头，培育放大产业特色。依托我市农产品资源优势，加快发展稻米加工、生态河蟹、脱水蔬菜、绿色畜禽、淡水虾业、面粉制品等六大特色产业，培育和引进一批精深加工项目，争创一批国家级、省级农业产业化龙头企业。实施特色农产品标准化、品牌化战略，放大“五大集体商标”效应，大力发展有机食品、绿色食品，努力提高我市农产品市场影响力和竞争力。三要以科技创新为支撑，增加科技贡献份额。加强与科研院所的密切合作，依托现代农业生产基地或龙头企业，申报建立国家级博士后工作站，培育开发一批农业新品种、新技术、新模式。加强农村基层科技推广体系和人才队伍建设，深入实施科技入户工程，加大农业机械推广力度，增强科技创新对农业的促进作用。四要以完善经营机制为动力，增强农业经济活力。大力发展农民专业合作，积极稳妥地推进土地股份合作、社区股份合作，提高农业生产组织化程度。建立健全农村土地流转管理机制，积极探索保底分红与入股分红相结合的实现形式，增加农民土地收益。推进农村担保公司、小额贷款公司、村镇银行等新型金融组织建设，服务现代农业发展。

3. 加快服务经济转型升级。按照“引导集聚、提升质态，扩总量、优结构、创特色”的思路，一要加快提升生态旅游业。瞄准在未来几年把生态旅游业打造成我市新兴支柱产业的目标，放大“菜花旅游”效应，深度开发历史文化名城、文化街区、名人故居、生态湿地等自然人文资源，着力打造独具特色的旅游经济板块。加快推进乌巾荡湿地风景区、缸顾千岛菜花景区、李中水上森林公园等景区建设，以及旅游相关配套产业发展。明年要办好第三届千岛菜花旅游节、第十届郑板桥艺术节。二要加快发展生产性服务业。加快戴南不锈钢综合物流园区的配套完善和合陈粮食物流园区、得胜湖港口物流园区建设进度，进一步提高我市仓储物流业发展水平。加强分类指导，加大政策扶持，扎实推进骨干企业主辅产业分离工作，扩大生产性服务业规模。三要加快推进城乡商贸业。加快海德国际商贸区、英武财富广场、乌巾荡温泉度假酒店等一批重点服务业项目建设进度，加快建成天宝花园酒店、城投酒店。实施好金三角市场和城区农贸市场改造工程。推进名品名店下乡，促进城乡服务业共同繁荣。四要积极稳妥地发展房地产业。密切关注国家相关政策导向，加强对房地产市场的规范管理。加大对房地产开发项目的工程监管、销售监管、运营监管，促进房地产业健康稳步发展。

(二)突出统筹发展，形成协调发展格局

1. 统筹城乡发展。结合“十二五”规划加快制定新一轮城市发展目标和规划，进一步优化城市布局和空间结构。明年要按照“完善功能、提升形象、塑造特色、改善民生”的理念，实施好以兴化大道南延、英武路南延等为重点的路桥建设项目，加大城区危旧房改造和老小区整治力度，实施银北门街区整治工程，加快城区供水管网、路面改造和开发区污水处理厂建设。推进客运中心和公交总站建设，促进城乡客运一体化。坚持建管并重，不断提升市容市貌、河道环境、小区物业管理水平。坚持中心城区和小城镇协调发展，加大基础设施、公共服务、生态环境建设力度，加快推进戴南－张郭、安丰小城市建设，着力打造一批特色中心镇，增强吸纳人口、集聚产业和扩大就业的能力。积极推进戴南镇强镇扩权工作。突出以强村富民和环境整治为重点，大力实施农村实事工程建设，继续推进全面小康村建设工作，多策并举发展壮大村级集体经济，加快新农村建设步伐。

2. 统筹区域发展。牢固树立全市发展“一盘棋”观念，不断拓宽视野，创新思路，推进区域协调发展。要以“十二五”规划为引导，优化区域经济发展布局，重点打造城区及东南片、西南片地区先进制造业和现代服务业，大力发展东北片现代高效农业和农副产品加工仓储物流业，加快建设西北片生态湿地休闲旅游业，实现区域间优势互补、差别发展。推进区域协调发展，重点是要加快经济薄弱乡镇的发展。要进一步健全完善促进薄弱乡镇发展的各项政策措施，重点在干部配备、“飞地”招商、基础设施建设、项目资金上争、结对帮扶、财税政策等方面给予更多的支持和倾斜，激发薄弱乡镇发展的内生动力。薄弱乡镇要振奋精神，自我加压，发挥比较优势、后发优势，努力实现发展的新跨越。把加快交通基础设施建设作为统筹区域发展的着力点，实施好233省道城东镇至333省道段改扩建、新张线陶庄至张郭段连接线、大周线竹泓连接线等交通建设工程，加快实现行政村客运班车通达全覆盖。

3. 统筹经济文化发展。提高综合竞争力，不仅要有经济的硬实力，而且要有文化的软实力。要把提升文化软实力作为推进科学发展的硬任务，围绕建设“文化兴化”目标，认真修订完善建设文化强市规划纲要，依托我市文化底蕴深厚的优势，传承优秀传统文化与弘扬时代精神相结合，切实把我市人文优势转化为发展优势、竞争优势。要积极推进文化体制改革，一手抓公益性文化事业，建成覆盖全社会的公共文化服务体系，一手抓经营性文化产业，不断提升文化产业对经济发展的贡献份额。整合优化公益性文化资源，完善文化服务功能，加强镇、村和社区基层文化阵地建设，着力抓好市博物馆、图书馆、农村文化站、农家书屋等文化基础设施建设和功能发挥，切实丰富群众精神文化生活。制定完善历史文化名城保护规划，唱响新时期“板桥道情”、“茅山号子”，放大“板桥”、“水浒”、“国象”等地域特色文化品牌效应。要加快发展文化产业，依托金东门历史文化街区、四牌楼和儒学广场，全力打造城区文化产业集聚区。强化文化产业招商，培育文化市场主体，大力发展文化旅游、工艺美术、会展广告、印刷包装和影视娱乐等文化产业，推进文化与经济加速融合。

(三)突出民生改善，加强社会管理建设

1. 提升就业保障工作。要大力实施居民收入倍增计划。发挥创业带动就业的倍增效应，落实鼓励创业的各项政策，依托农村小额贷款公司、创业就业服务超市等平台，让更多的创业者拥有施展才华的舞台。树立自主创业典型，适时组织开展评选"十佳创业明星"等活动，激发城乡居民创业热情。健全农民外出务工和返乡创业的双向激励机制，实施好农村贫困劳动力技能就业帮扶工程。优化培训机制，不断提高培训质量、层次和培训后的就业率。要进一步健全社会保障救助体系。认真贯彻执行《社会保险法》，完善城乡一体化医保统筹制度，巩固城乡居民养老保险全覆盖成果，扩大企业养老保险覆盖面，推行失业保险"捆绑"征缴办法。提高五保供养标准和城乡最低生活保障标准，建成全市低保边缘人群信息库，继续组织实施好脱贫帮困工作。完善救助中心运行机制，发挥好慈善基金会作用，加强城乡社会福利机构和设施建设。加快经济适用房、廉租房建设，积极做好城镇低收入家庭的住房保障工作。

2. 优化公共服务体系。坚持教育优先发展，以促进公平、提高质量为重点，优化城乡教育布局，启动优质均衡示范学校建设。整合各类教育培训资源，创新发展职业教育。高度重视学前教育，认真制定和实施学前教育三年行动计划。加强教师队伍建设，加大教育基础投入，扎实推进教育现代化创建工作，确保明年通过评估验收。深化医疗卫生体制改革，进一步完善市、镇、村三级医疗服务网络，建立健全城乡联动的急救体系和乡村卫生服务一体化体系，为群众提供价廉质优的基本医疗卫生服务。年内建成新区人民医院并投入使用。巩固省人口协调发展先进市创建成果，健全稳定低生育水平工作机制，促进人口均衡发展。广泛开展全民健身活动，提高市民健康素质。实施自来水水质提升工程，加快城乡饮水管网改造和水厂生产工艺升级，让人民群众喝上安全水、放心水。

3. 加强民主法制建设。要进一步扩大人民民主，支持人大及其常委会依法履行职能、进行法律监督，支持政协开展政治协商、民主监督，巩固和扩大最广泛的爱国统一战线。大力发展基层民主，扎实推进党务公开、政务公开，深化完善村级"五事四制"工作机制，推广"四议两公开"工作法，健全村务公开、民主管理机制，切实提高农村基层规范化管理水平。深入开展平安法治创建活动，认真落实社会治安综合治理各项措施，着力加强政法综治基层基础工作，维护社会稳定。进一步加强和创新社会管理，健全完善社会矛盾纠纷排查调解机制和各级干部接访、下访、走访长效机制，畅通群众信访渠道，发挥好社会稳定风险评估机制的作用，确保各类社会矛盾及时发现、有效化解、妥善处理。高度重视和切实抓好安全生产工作，健全完善公共突发事件应急管理机制，切实维护公共安全。加强网络舆情管理，建立网上新闻发言人制度，及时发布信息，掌握社会热点问题的舆论主导权。

(四)突出队伍建设，提高党建科学化水平。实现"十二五"和明年发展目标，关键在党，关键在各级党组织和广大党员干部。要充分发挥各级党组织总揽全局、协调各方的领导核心作用，最广泛地动员各方面力量，最大限度地调动一切积极因素，努力形成加快发展的强大合力。

1. 深入推进学习型党组织建设，进一步加强理论武装。当前，全市各级党组织要把学习贯彻党的十七届五中全会精神作为重要政治任务，组织广大党员干部和群众认真学习、深刻领会全会精神实质，切实把全市上下的思想和行动统一到五中全会精神上来，进一步统一思想、增强信心、凝聚力量，自觉为实现新的发展目标而努力奋斗。要深入推进学习型党组织、学习型机关建设，加强和改进党委中心组学习，继续组织好干部培训、读书活动和管理论坛、发展论坛、昭阳讲坛等活动，推动各级干部加强政治理论、现代科技、社会管理、党史国学等知识学习，注重宏观经济政策研究，努力以全新的理念和宽阔的视野来指导实践、推动工作。要通过党员冬训、宣讲团巡讲、开设"科学发展在兴化大家谈"，以及组织全民读书征文竞赛等活动，推动形成全社会读书学习的热潮，加强社会主义核心价值体系教育，提升城市文明素养。切实加强对创建学习型党组织的领导，建立健全推进学习型党组织建设的长效机制。各级领导干部要发挥表率作用，争做读书学习的推动者和引领者。

2. 深入推进创先争优活动，进一步加强基层组织建设。要以开展市委常委"创先争优向我看齐"活动为示范，以开展"比学赶超"活动为抓手，深入推进"五好五带头"创先争优活动，引导全市各级党员干部带头参与活动、带头发挥作用。以纪念建党90周年为契机，在全市选树、表彰一批先进基层党组织、优秀基层干部、优秀党员典型，激发广大党员干部创先争优的热情。认真组织实施好乡镇党委换届工作，切实抓好乡镇党委领导班子和书记队伍建设，积极稳妥推进乡镇机构改革。加强对新任村党组织书记的培训，认真抓好村党组织书记任期内目标承诺的兑现和落实。建立健全大学生村官培养、使用和管理长效机制，制定相关激励引导政策，鼓励他们在新农村建设、高效农业发展中建功立业。建立健全党员教育、管理、服务的长效机制，全面实施党员队伍建设"六大工程"和党建结对互助工程。创新"两新"组织党建工作思路，扎实推进"三化三入"工程。

3. 深入推进干部人事制度改革，进一步建强干部队伍。树立正确的用人导向，坚持围绕科学发展、和谐发展选干部、配班子、建队伍，重用"政治上靠得住、发展上有本事、人民群众信得过"的干部，把推动发展有实绩、有建树的干部选拔到发展第一线的关键岗位上。加大竞争性选拔干部工作力度，进一步完善选拔方法和程序，推行领导干部选拔差额推荐、差额提名、差额考察和差额票决的办法，面向全市公开选拔、公推公选一批领导干部。积极推行“双推双考双培”办法，强化后备干部队伍建设与管理，继续选派优秀年轻干部赴省级机关、先进地区跟班学习，有计划地组织优秀后备干部参加高校脱产培训、参与市委中心工作。进一步发挥“退二线”转岗干部的作用。

4. 深入推进党风廉政建设，进一步改进工作作风。深入贯彻落实《廉政准则》，加强反腐倡廉教育、监督、预防、惩治等各项制度建设，着力健全完善惩治和预防腐败体系。要切实把反腐倡廉教育贯穿于干部培养、使用和管理各个环节，扎实推进廉政文化建设，严格执行领导干部勤政廉政当面报告、个人重大事项报告、述职述廉、诫勉谈话等制度，切实加强对领导干部，特别是党政“一把手”的监督。切实加大惩治腐败力度，坚决查处违纪违法案件，加强纠风治乱工作，切实解决群众反映强烈的问题。深入开展“作风建设深化年”活动，健全完善行政效能监察机制和机关作风监督机制，切实提高机关服务质量和水平。近两年要加大对财税征收工作的“公平、阳光、创新”，以及市委、市政府重大决策落实等方面的效能监察。深化行政管理体制改革，进一步减少和规范行政审批。各级干部要牢固树立正确的政绩观，心无旁骛谋发展、集中精力抓落实，以求真务实的作风、为民务实清廉的实际行动，在推进科学发展的征程上建功立业。加快构建符合科学发展观的政绩考核机制，加强考核结果的反馈和运用，形成合理有效的激励和约束机制，切实把各级干部的积极性、创造性引导到加快推进科学发展上来。

同志们，我们即将迎来充满希望的“十二五”，目标已经明确，前景催人奋进。希望全市上下以党的十七届五中全会精神为指导，深入贯彻落实科学发展观，凝心聚力，开拓进取，奋力开创“十二五”时期科学发展新局面，为建设兴化更加美好的明天而努力奋斗！

# 兴化市人民代表大会常务委员会工作报告

## ——2011年1月12日在兴化市第十四届人民代表大会第四次会议上

市人大常委会副主任　卞正祥

各位代表、各位同志：

我受市人大常委会的委托，向大会报告工作，请予审议，并请列席人员提出意见。

## 2010年工作情况

2010年是实施“十一五”规划的最后一年，也是我市扎实推进建设全面小康社会进程的重要一年。一年来，市人大常委会在中共兴化市委的领导下，紧紧围绕“务实抓转型、全力达小康”的工作主线，深入贯彻落实科学发展观，积极履行宪法和法律赋予的职责，较好地完成了市十四届人大三次会议提出的各项工作任务。

### 一、围绕全市大局，着力促进经济平稳较快发展

加强对经济运行情况的监督。常委会第18次会议听取和审议了2009年市级财政决算报告以及2009年财政预算执行审计工作报告，要求继续加强预算管理和收入征管，创新财政工作理念，优化财政支出结构，重视审计成果运用，不断提高依法理财的水平。常委会第20次会议听取和审议了2010年上半年国民经济社会发展计划和财政预算执行情况的报告，要求加快推进经济转型升级和园区载体建设，增强经济发展质量和后劲；加快推进公共财政建设和社会事业协调发展，确保完成全面小康社会创建目标。常委会组织对财政转移支付资金管理情况进行专题调研，提出要制定和完善制度，加强资金监管等建议，得到市委、市政府的重视。

推动开放型经济发展。面对后国际金融危机的新形势，常委会把经济工作监督放到更加突出的位置，组织部分市人大代表对开放型经济发展情况进行视察，结合我市工业经济结构单一、新兴产业发展不快的现状，提出要始终坚持工业第一方略，把产业转型升级与提升经济总量作为当前经济工作的重点，及早谋划培育战略性新兴产业，强力推进招商引资和项目建设，推动全市经济在保增长中促转型，在抓调整中求发展。

常委会第21次会议听取和审议了市政府关于“十一五”规划主要目标执行情况和全面建设小康社会工作进程

情况的报告,充分肯定了市政府在“十一五”时期所取得的成绩,要求进一步加大全面小康重要指标的创建和宣传力度。常委会初步审议了全市“十二五”规划编制情况的报告,提出了积极的建议,要求市政府进一步修改、完善,提交本次大会审议。常委会第22次会议还对2010年全市国民经济社会发展计划、财政预算执行情况和2011年国民经济社会发展计划、财政预算草案进行了初审。

高度重视“三农”工作。常委会第18次会议听取和审议了市政府关于贯彻实施《江苏省农村土地承包经营权流转办法》和《中华人民共和国农村土地承包经营纠纷调解仲裁法》情况的汇报,要求继续完善土地二轮承包工作,健全土地流转机制,加大纠纷调解仲裁工作力度,切实维护农民的合法权益。常委会第11次主任会议专题听取了市政府关于河蟹产业发展情况的汇报,要求进一步加强示范基地建设,完善质量监控措施,做大做强龙头企业,构建新型产销流通体系,提升生态河蟹的品牌形象,不断推进农业产业发展的转型升级。常委会还组织部分市人大代表视察农村饮水安全工程建设情况,提出要加大工程推进力度,严格工程质量监管,创新运行管理机制,确保广大人民群众喝上安全卫生的放心水。

**二、强化法律监督,努力促进法治兴化建设**

推进平安法治建设。常委会十分重视平安建设在经济社会发展、社会和谐稳定中的作用,组织对全市近年来暴力犯罪情况进行专题调研,要求加大重点地区、重点部位治安管防控力度,加强市区交通安全整治,提升平安创建质态。常委会注重加强人大信访工作,密切同人民群众的联系,全年办理人民群众来信132件,接待来访350人次。对一些典型信访案件认真研究、重点督办,有效地钝化了矛盾,维护了社会稳定。

推动法院调解工作。调解工作是人民法院的一项重要工作,是化解社会矛盾、维护社会稳定、促进社会和谐的重要途径。常委会第10次主任会议专题听取了市人民法院关于开展调解工作情况的汇报,提出要进一步深化和完善调解工作长效机制,着力提升法官队伍素质,落实调解工作保障措施等建议意见。

促进检察监督工作。民事行政检察监督是宪法、法律赋予检察机关法律监督职能的重要组成部分。为推进民事行政检察工作,常委会第12次主任会议专题听取了市人民检察院关于民事行政检察工作情况的汇报,肯定了这项工作在服务地方经济社会发展中的积极作用,建议加强工作宣传,强化案件办理,完善保障机制,建立齐抓共管工作局面,共同维护社会的公平正义。

重视公安基础建设。公安基层基础工作是维护社会稳定、构建和谐社会的重要保障。常委会组织部分市人大代表对公安基层所队规范化建设情况进行视察,要求加强公安基层队伍建设,规范民警执法行为,加大基层所队基础设施建设,切实落实人员经费保障,不断推进公安基层所队规范化建设。

**三、坚持以人为本,切实维护人民群众根本利益**

推进社会保障工作。社会保障工作事关人民群众切身利益,事关改革、发展、稳定大局。常委会组织对全市社会保障工作进行专题调研,充分肯定了市政府实施社会保障“三个一体化”取得的工作成效,要求进一步加大社会保障基金扩面、监管力度,优化社会保障事业发展环境,加强社会保障队伍建设,不断推进社会保障事业的健康发展。常委会第16次会议听取和审议了市政府关于贯彻实施《农村五保供养工作条例》情况的汇报,要求逐步提高五保供养标准,完善医疗救助机制,提高五保工作组织管理水平,切实保障农村五保困难群体的权益。此外,常委会还组织视察了残疾人综合服务中心在建工程,并提出积极的建议,支持和促进残疾人服务保障工作。

关注教育事业发展。教育工作是关系千家万户的民生事业。常委会专门听取市政府关于全市教育工作情况的汇报,并组织部分市人大代表进行视察,充分肯定了市政府在推进振兴兴化教育三年行动计划工作中所取得的成效,提出要进一步深化对教育工作的认识,切实增强责任感和使命感,认真贯彻国家中长期教育改革和发展规划纲要,努力创建教育现代化市。常委会还组织部分市人大代表对职业教育工作情况进行了视察,要求进一步深化职教改革,努力办好职业学校,充分发挥职业教育服务地方经济社会发展的作用。

高度重视城乡规划建设。为督促常委会第6次会议对市政府贯彻执行《城乡规划法》情况审议意见的落实,常委会第9次主任会议专题听取了市政府的工作汇报,肯定了市政府采取一系列措施所取得的工作成效,建议继续加快完善规划修编工作,加大城乡规划法的执行力度,强化规划执法管理,推进规划工作全面走上法制化轨道。常委会还组织省、泰州市、兴化市三级人大代表对重点市政工程进行了视察,提出要坚持规划先行,完善城市功能,加强城市管理,不断提升城市品位和形象。

规范土地管理工作。为保障《土地管理法》在我市的贯彻实施,常委会组织人员深入乡镇,走访部门和企业,对全市城乡土地管理工作进行专门调研。常委会第20次会议听取和审议了市政府的专项工作汇报,针对存在问题,提出要强化土地国策意识,加大土地执法力度,积极推进实施城乡建设用地增减挂钩和土地整理,探寻破解土地制约瓶颈的新途径,切实保障全市经济社会健康可持续发展。

促进城乡公交事业发展。城乡公共交通作为一项惠民工程,一直受到社会的广泛关注。为进一步规范城乡客运市场,加快推进城乡客运一体化进程,改善城乡客运体系,常委会组织人员进行专门调研,在充分肯定成绩的同时，提出要把城市公共交通放在优先发展的位置，加快实现行政村客运班车通达全覆盖，稳步推进出租车行业改革，促进行业规范化管理。

**四、促进依法履职，充分发挥代表的主体作用**

加强代表培训交流。通过举办《选举法》等专题讲座，组织代表参加省、泰州市开展的业务培训，为代表寄送各种学习资料，进一步提高了代表的业务水平和履职能力。认真组织代表小组活动，不断丰富活动形式和内容，增强了活动的实效性。落实常委会组成人员联系代表、代表参加视察调研和代表列席常委会等制度，积极推荐和组织代表参加全市中心工作会议，拓宽代表知情知政、依法履职的渠道。

跟踪督办代表建议。市十四届人大三次会议期间，代表提出建议306件，已全部办结。常委会按照整理归类、筛选重点、及时交办、沟通联系、加强督办的工作思路，积极推进建议办理工作，促进了建议办理质量和满意度的进一步提升。对一些影响大、涉及面广、群众反映强烈的重点建议，常委会负责人牵头督办，推动了相关工作的开展，促进了具体问题的解决。常委会第21次会议还听取了市政府关于办理工作情况的汇报，建议进一步重视代表建议办理工作，加强对建议办理的全程监督，不断推动"答复满意"向"结果满意"的转变。

严格人事任免工作。常委会坚持党管干部原则与人大依法任免的有机统一。重视政府机构改革和机构设置安排，全年任免国家机关工作人员31人次，接受辞职2人，撤职1人，任命人民陪审员59人。坚持对被任命人员的任前法律知识考试、拟任职发言、审议表决及颁发任命书等程序，进一步强化了被任命人员的法制意识、人大意识、大局意识和公仆意识。

密切联系乡镇人大。坚持邀请乡镇人大负责人列席常委会会议，参加人大视察调研活动和业务培训，指导乡镇人大开好人大代表会议，严格乡镇人大工作目标管理考核，较好地发挥了乡镇人大的职能作用。继续推进"一个载体两项制度"建设，加强工作指导和督查，进一步发挥代表之家的载体作用；积极开展代表向选民述职和代表接待选民日活动，加强代表与选民的联系，促进了代表依法履职。

**五、加强自身建设，努力提高履职能力和服务水平**

坚持理论学习，提高自身素质。根据市委部署，常委会及其机关始终把深入开展"五好五带头"创先争优活动，作为巩固和拓展深入学习实践科学发展观活动成果的重要举措，进一步完善常委会党组和机关学习制度，积极推进学习型机关建设，重点学习党的十七大、十七届四中、五中全会精神，学习中央、省委重大决策部署，学习法律法规、人大业务知识，通过学习，进一步增强了做好新时期人大工作的责任感和紧迫感。

认真履行职责，增强监督实效。常委会组成人员坚持把深入基层、深入实际调查研究作为开展工作的前提和基础，使依法行使职权的过程成为调查研究的过程，形成专题调研报告30多篇。常委会着力转变监督思路，创新会议形式，提高常委会审议质量。规范审议意见办理程序，着力健全反馈监督机制，督促审议意见的落实。注重发挥人大各工作机构的职能作用，积极参加"脱贫攻坚及全面小康创建"、"我为兴化发展献一策"、"大走访"等全市中心活动，为服务全市科学发展、转型发展、和谐发展发挥了积极作用。

突出重点课题，加强理论研讨。常委会十分重视人大工作理论研究和宣传，注重研究成果的转化和运用。一年来，市人大工作研究会围绕新形势下地方人大"如何调结构、抓转型、促发展"、"如何加强人大自身建设"等重要课题开展理论研讨，取得了较好的效果。全年有47篇论文在人大工作研究会年会上进行了交流。有31篇反映我市人大工作的文章在《中国人大》、《人民代表报》和《人民与权力》等刊物上发表。

各位代表：过去的一年，常委会工作所取得的成绩，是中共兴化市委的正确领导、人大代表积极履职、人民群众大力支持的结果。在此，我谨代表市人大常委会向关心支持人大工作的社会各界人士表示衷心的感谢和崇高的敬意！

在总结成绩的同时，我们也清醒地看到，与形势发展的要求和人民群众的期盼比，工作中还存在一些不足和差距，主要是：监督方式还需要进一步改进，监督实效还需要进一步增强，联系指导乡镇人大工作的职能还需要进一步强化等。对工作中的不足和差距，我们将认真研究，努力加以改进。

## 2011年工作安排

今年是"十二五"规划的开局之年。新的一年，市人大常委会将在中共兴化市委的正确领导下，深入贯彻党的十七大、十七届五中全会和中央经济工作会议精神，紧紧围绕市委十届九次全会确定的目标任务，继续解放思想，创新人大工作，服务科学发展，切实关注民生，全面履行各项法定职权。

**一、服务发展大局，推动经济发展方式转变**

推进经济发展转型升级。围绕进一步加快发展、推动产业结构调整、优化财政支出结构，加强经济工作监督，促进经济保持平稳较快发展。听取和审议市政府关于国民经济社会发展计划和财政预算执行情况的汇报，促进经济社会发展各项目标任务的完成。继续加强对财政预算执行情况和其他财政收支审计情况的监督检查，督促深化财政体制改革，规范财政收支行为。关注工业企业发展状况，组织对工业企业信息化管理系统建设推进情况进行视察。关注服务业发展,适时组织对重点物流园区建设情况进行调研,为促进地方经济又好又快发展提出建议意见。

推进现代农业可持续发展。为保障人民群众身体健康,维护公共卫生安全,促进畜禽养殖业健康发展,听取和审议市政府关于《中华人民共和国动物防疫法》贯彻实施情况的汇报,督促抓好动物防疫工作。听取市政府关于供销系统改革、发展及新网工程建设等方面的情况。组织对农副产品加工企业进行视察,加快农业结构调整,不断提升农业产业化水平。着力推进城乡统筹发展,积极关注高效农业、农业技术推广队伍建设和村级经济运转,促进农村改革、发展和稳定。

**二、坚持依法治市,大力推进法治建设**

强化司法监督工作。听取和审议市政府关于社会治安管理工作的情况汇报,推动公安机关不断创新社会管理方式,加强社会治安管理,促进社会稳定和谐。听取市人民法院关于规范刑事案件量刑工作的情况汇报,进一步促进市人民法院刑事案件审判工作,更好地落实宽严相济刑事政策,确保公正量刑、规范刑罚。组织代表视察市人民检察院反贪污贿赂、反渎职侵权工作,促进行政、司法机关依法行政、公正司法。

营造民主法治环境。督促市政府认真制定法制宣传教育"六五"规划,加强监督检查,促进法制宣传教育落到实处、取得实效。继续推进规范性文件备案审查工作,提高人大工作的法制化水平。重视人大信访工作,维护人民群众的合法权益。

**三、切实关注民生,促进社会和谐发展**

大力推进城市化进程。围绕城市建设新的发展目标和工作思路,加大工作监督力度。听取和审议市政府关于贯彻实施《中华人民共和国城市房地产管理法》情况的汇报,推进房地产市场规范管理、健康发展,不断提升城市品位和形象。组织代表视察城市建设,加强对城乡规划实施、建设和管理的监督,推进小城镇建设,促进城市功能不断增强,城市面貌不断改善。

促进社会事业加快发展。坚持监督为民、以人为本的理念,把维护群众利益作为人大工作的重中之重。听取市政府关于创建教育现代化市工作情况的汇报,督促加快教育体制改革,努力形成各类教育协调发展、教育资源合理配置的教育格局。听取市政府关于卫生工作情况的汇报,推进卫生系统加快改革,促进卫生事业健康发展。调研《就业促进法》和《社会保险法》贯彻落实情况。组织对全市区域供水工程和饮用水水质情况进行调研视察,着力推进工程的全面实施,尽快使全市人民喝上清洁卫生的放心水。组织对全市体育场所设施建设和全民健身活动开展情况进行视察,推进全市体育事业加快发展。

**四、发挥代表作用,做好人事代表工作**

积极组织代表活动。完善主任接待代表日制度和常委会组成人员联系代表制度,邀请代表列席常委会会议,组织代表视察调研,多形式多渠道组织代表履职培训,正常开展代表闭会期间的活动,拓宽代表知情知政渠道,丰富代表活动的方式和内容,为代表联系群众、调查研究、参加活动、依法执行代表职务创造有利条件。进一步加大代表建议办理的督查力度,增强督办实效,努力在提高建议落实率上取得新突破。

依法做好人事任免工作。认真行使好人事任免权,进一步规范和完善人事任免工作程序,积极开展调研活动,不断探索对被任命人员依法履职情况监督的新形式,促进满怀激情干工作,认真履职为人民。

指导乡镇人大工作。坚持邀请乡镇人大负责人列席常委会会议,加强对乡镇人大干部的培训,指导乡镇人大开展好代表活动,支持和促进乡镇人大依法行使职权。继续加强对全市"人大代表之家"开展活动进行指导,努力在重规范、求实效上下工夫,推动代表接待选民日活动和代表向选民述职活动的深入开展。

**五、重视自身建设,努力提高工作水平**

切实抓好学习。深入学习贯彻党的十七大和十七届五中全会精神,进一步增强以科学发展观统领人大工作的自觉性。扎实开展"五好五带头"创先争优活动,继续组织学习好《监督法》、《选举法》、《代表法》和省委《关于进一步加强和改进人大工作的意见》,采取多种形式加强学习培训,进一步促进机关干部开阔眼界、增长才干。深入开展学理论、学法律活动,努力把常委会机关建设成为学习型机关。

不断完善制度。常委会将继续以巩固和扩大主题教育活动成果为着力点,进一步改进和加强制度建设,重点抓好已经出台的各项制度的贯彻落实,按照《监督法》要求,组织对市政府及部门进行工作评议和专题询问。完善与部门的工作联系,支持和促进部门开展工作。加强人大工作研究和人民代表大会制度的宣传,有效指导人大工作实践。

提高履职实效。坚持把调查研究作为转变作风、密切与人民群众联系的重要途径,紧紧抓住我市当前改革发展中的重要课题和人民群众关注的重大问题,深入基层、深入群众开展调查研究,为人大审议提供依据,为市委决策提供参考。继续加强自身建设,提高常委会服务大局的工作能力和水平,进一步营造善学习、能干事、相包容的和谐氛围,共同推进人大工作不断向前发展。

各位代表:让我们在中共兴化市委的正确领导下,深入贯彻落实科学发展观,以更加饱满的政治热情,更加昂扬的精神状态,更加务实的工作作风,更加有效的工作措施,在各自的工作岗位上,自觉依法履职,为建设更高水平小康社会而努力奋斗。

# 政府工作报告

## ——2011年1月11日在兴化市第十四届人民代表大会第四次会议上

代市长　徐克俭

各位代表：

现在，我代表兴化市人民政府向大会作工作报告，请予审议，并请市政协委员和其他列席人员提出意见。

## 2010年工作和“十一五”发展回顾

2010年是实施“十一五”规划的最后一年，全市上下在中共兴化市委的领导下，深入贯彻落实科学发展观，积极应对宏观经济形势变化，紧紧围绕“务实抓转型、全力达小康”工作主线，创先争优，扎实工作，较好地完成了市十四届人大三次会议确定的各项任务，“十一五”发展目标圆满实现，达到了省定全面小康指标体系主要目标值，全市经济社会进入了新的发展阶段。

产业结构不断优化，综合实力再上台阶。2010年，预计全市实现地区生产总值377亿元，增长13.5%，五年翻了一番。三次产业结构比由“十五”期末的24.5∶44.9∶30.6演进为13.5∶48∶38.5。实现财政总收入54.46亿元，增长32.5%，其中地方一般预算收入21.13亿元，增长33.7%，五年均翻了两番。连续四年跻身全国县域经济基本竞争力百强县(市)，位次由99位跃升至67位。农业经济稳定发展。连续八年被表彰为“全国粮食生产标兵(先进)县(市)”，钓鱼水稻万亩示范方百亩核心方平均单产再创全国第一，水产养殖总量继续保持全省之首，荣获“中国生态河蟹养殖第一县(市)”称号。高效农业发展迅速，产业化经营深入推进，稻米加工等六大超10亿元产业初步形成。品牌化建设取得成效，“兴化香葱”等五大集体商标获得国家工商总局授牌认证。工业经济实力攀升。工业总产值突破1000亿元，是“十五”期末的3.3倍。重点产业支撑作用日益突出，不锈钢制品、农副产品加工、机械铸造三大产业集聚效应不断放大。不锈钢产业入选“全国百佳产业集群”，被授予江苏省不锈钢制品特色产业基地称号。“111”工程建设成效明显，全市产销过亿元企业137家，其中过5亿元企业15家，兴达钢帘线公司实现销售60亿元，成为亚洲第一、世界第二的钢帘线生产和研发基地。科技创新“1234”工程和“十百千万”人才工程扎实推进，荣获“全国科技进步先进市”称号，博士后工作站、院士工作站、国家级不锈钢制品质量监督检验中心相继建成，中国名牌产品、中国驰名商标创建取得突破。建筑业发展势头良好，2010年预计实现增加值25亿元，是“十五”期末的2.1倍。服务业发展迈出新步。2010年预计实现服务业增加值145亿元，是“十五”期末的3.1倍，实现社会消费品零售总额86.1亿元，五年翻了一番。现代服务业加快发展，戴南不锈钢综合物流中心、合陈粮食物流园区、得胜湖港口物流园区三大服务业集聚区建设进展顺利，工业企业主辅分离工作扎实推进。加大旅游资源开发整合力度，强化历史文化遗存和水乡生态环境保护，成功举办第八届、第九届郑板桥艺术节和第一届、第二届千岛菜花旅游节，城市形象宣传和旅游品牌推介取得明显成效。

改革开放深入推进，发展活力明显增强。各项改革成效显著。新一轮政府机构改革顺利实施，经营性事业单位改制稳步推进，市属企业改制全面完成。扎实推进教育、卫生、文化领域改革，全面推行公车改革。国有资产运行监管机制进一步规范，投融资体制改革不断深化。乡镇财政管理体制得到完善，非税收入征管网络覆盖全市。农村税费改革成效明显，农村经营体制机制不断创新，全市农村“三大合作”组织达478家，成立泰州市首家农民专业合作社联社。江苏银行、吴江农商行相继来兴开业，兴化苏南村镇银行获准筹建，农村小额贷款公司、资金互助合作社等新型农村金融机构稳步发展。开放型经济取得突破。2010年完成招商引资额44亿元，其中到位资金1000万元以上项目106项。协议注册利用外资2.6亿美元、实际利用外资1亿美元，分别是“十五”期末的5.4倍和3.5倍。台资招引取得重大进展，茅山镇呈现台商企业抱团发展的良好势头。外经外贸份额不断扩大，2010年完成自营出口额3.1亿美元,实现外经营业额2200万美元。获批不锈钢特钢制品出口基地和脱水蔬菜出口基地。工业园区建设步伐加快,11个重点工业园区五年累计投入5.3亿元,新增入园企业684家。民营经济蓬勃发展,五年累计新登记注册个体工商户23726户,新登记注册私营企业4387家,民营经济净增注册资本163.3亿元。

城乡建设展现新貌,人居环境持续改善。大力推进城市基础设施和生态人文景观建设,城市面貌显著变化,功能品位不断提升,建成省级文明城市和省级园林城市。2010年重点实施了长安转盘改造、文林路、南亭路西延、野行大桥等14路7桥建设工程和一批重点绿化景观建设,建成广播电视发射塔、新区体育馆等一批标志性建筑,新增停车位1500个,城市建设三年行动计划全面完成。坚持建管并重,组建城市管理行政执法局,继续开展水环境、道路交通秩序、市容环境等专项整治,城市管理效能得到提升。大力实施交通工程建设,兴泰公路(扩建)、大兴金公路等干线通道建成通车,全市614个行政村实现"村村通"。2010年重点实施的大周公路海南至沈坨段、张周公路戴南至周庄段顺利完工,五年累计新改建农村公路1466公里,新增高等级公路250公里,初步实现了城乡路网和公交一体化。启动实施国家南水北调卤汀河整治工程,加快建设水利、电力、通信等一批重点项目,城乡基础设施功能进一步完善。认真实施农村新"5+1"实事工程,深入开展环境优美乡村和全面小康村创建活动,农村生产生活环境得到较大改善。积极开展绿化造林工作,绿化造林面积连续3年位居全省县(市)前列。加强生态环境保护,推进节能减排工作,顺利完成"十一五"节能减排目标任务。

民生保障全面加强,发展成果惠及百姓。先后实施后街背巷改造、城乡防洪、农桥新建和维修改造、农村电网改造、危旧房改造等一系列民生工程,城南污水处理厂建成运行,戴南生活污水处理厂建成试运行,五年来每年为民办的十件实事落在实处、取得实效。就业创业体系逐步完善,建成覆盖市、镇(乡)、村三级的城乡居民创业就业服务网络。五年累计新增就业4.1万人、转移农村劳动力11.65万人,城镇登记失业率始终控制在3.3%以内。社会保障不断加强,扩面工作成效明显,基本形成多层次、广覆盖的社会保障体系。积极实施门诊统筹和大病救助制度,率先在全省构建城乡一体化基本医疗保障体系。2010年集中攻坚、强力推进的城乡居民养老保险全覆盖工作成效显著,得到省市充分肯定。强化执法维权工作,劳动监察网格化、网络化管理覆盖率100%。深入开展扶贫帮困活动,建立健全城乡困难群体生活补助标准自然增长机制,三年脱贫攻坚任务基本完成。加大保障性住房建设力度,五年累计建成经济适用房和廉租房52.8万平方米。大力推进城乡区域供水和饮水安全工程,建成兴化水厂、兴东水厂和戴南水厂,城市供水水质提升工程启动实施。2010年预计城镇居民人均可支配收入18409元,农民人均纯收入8647元,五年分别增长88.6%和76.3%。城乡居民储蓄存款余额比"十五"期末净增105.7亿元,达207.1亿元。

各项事业协调发展,和谐社会进程加快。大力实施振兴社会事业三年行动纲要。调整教育布局,优化资源配置,实现义务教育阶段免费入学,积极推进义务教育均衡发展。重视和加强教师队伍建设,规范办学行为,实施素质教育,教育教学质量稳步提高。加快推进寄宿制学校建设,启动实施校舍安全加固改造工程,建成市职教中心校,各类学校办学条件明显改善。卫生事业健康发展,城乡社区卫生服务网络基本形成。新区人民医院建设进展顺利,建成残疾人综合服务中心。积极发展公共文化事业,全面加强市文化馆、博物馆、图书馆和乡镇文化站建设,实现"农家书屋"全覆盖。沙沟镇入选中国历史文化名镇,"竹泓木船制造技艺"、"茅山号子"先后被列入国家级非物质文化遗产保护名录。大力推进广播电视"双入户"和"户户通"工程,全市有线电视用户数34.34万户。扎实推进"万村体育健身工程",加快完善城乡全民健身设施,被授予"国象之乡"称号,兴化籍棋手侯逸凡勇夺2010年国际象棋女子世锦赛冠军。人口计生工作成绩突出,被表彰为国家计生优质服务先进市,顺利通过省人口协调发展先进市创建验收。积极开展放心消费创建活动,获得省放心消费示范市(县)称号。加强耕地保护,省以上土地投资整理项目和万顷良田建设工程顺利推进。认真抓好第六次全国人口普查工作。完成老年大学教学楼建设。城市社区重新整合,"两房"建设基本达标,服务功能加快拓展。新闻、史志档案、外事、侨务、民族宗教、气象、消防、老龄、妇女儿童、残疾人、关心下一代等工作继续加强,金融、工商、税务、质监、药监为地方经济发展作出积极贡献,人民武装、双拥工作和人民防空事业取得新成绩。认真贯彻落实《公民道德建设实施纲要》,深入开展群众性精神文明活动。大力推进"平安兴化"建设,连续六年被省表彰为"社会治安安全市"。加强基层民主法制建设,"五五"普法成效明显,村委会、居委会换届选举工作顺利完成。严格落实信访工作责任制,积极推进"大接访"、"大下访"、"大走访"活动。加强应急队伍建设,完善应急预案体系,有效处置公共突发事件。高度重视安全生产工作,安全生产形势保持平稳。加强食品药品安全监管,保障人民群众生命健康安全。自觉接受市人大法律监督、工作监督和市政协民主监督,五年共办理人大代表建议1159件、政协委员提案1546件。深化政务公开,推进电子政务,加强政府网站建设,办好市长公开电话、网上领导信箱和行风热线。加强行政监察和审计监督,建成政府行政权力网上公开透明运行系统。

各位代表，过去五年是我市经济社会发展速度最快、城乡面貌变化最大、人民群众得实惠最多的五年。这些成绩的取得，是在中共兴化市委的领导下，在市人大、市政协的监督和支持下，全市人民团结一心、克难奋进的结果。在此，我代表市人民政府，向大力支持政府工作的各位人大代表和政协委员，向广大干部群众和驻兴部队官兵、公安干警、离退休老同志，向所有关心和支持兴化发展的社会各界朋友，表示衷心的感谢，并致以崇高的敬意！

在充分肯定成绩的同时，我们也清醒地看到，全市经济社会发展中还存在一些问题和不足，主要是：面对周边县市争相赶超的竞争压力，我市经济发展水平还不高，产业结构还不优，竞争能力还不强，特别是在培育新兴产业、增强创新能力、加快转型升级方面任重而道远；项目落地率不高，重特大项目依然偏少，招商选资能力亟待加强；民生保障机制还不够健全，社会困难群体生活有待进一步改善；财政刚性支出增长较快，保持收支平衡压力较大；经济发展环境还需进一步优化，信访维稳形势仍然严峻，政府自身建设还存在着一些薄弱环节，等等。在今后的工作中，我们一定高度重视这些问题，采取切实有效措施，着力加以克服解决。

## “十二五”发展目标任务

“十二五”是我市建设更高水平小康社会、努力向基本实现现代化迈进的关键时期，认真谋划好今后五年的发展，责任重大，意义深远。根据市委十届九次全会通过的《中共兴化市委关于制定兴化市国民经济和社会发展第十二个五年规划的建议》，市政府制定了《兴化市国民经济和社会发展第十二个五年总体规划纲要（草案）》，提请大会审议。

“十二五”期间，政府工作的指导思想是：以邓小平理论和“三个代表”重要思想为指导，深入贯彻落实科学发展观，按照市委十届九次全会的总体部署，紧扣“加快转型升级步伐、建设更高水平小康”目标定位，把握“建设‘富庶、生态、文化、和谐、幸福’兴化”鲜明主题，坚持“工业强市、生态立市、人文兴市”发展战略，在更高的起点上加快转变发展方式、促进产业转型升级、统筹城乡协调发展、推进民生共建共享、维护社会和谐稳定，向基本实现现代化迈进。

“十二五”期间，我市经济社会发展的主要目标是：综合实力进一步增强，地区生产总值年均增长13%左右，财政总收入、地方一般预算收入年均增长26%左右；经济保持平稳健康运行，发展方式实现较大转变，二、三产增加值占GDP比重达92%；城乡一体化进程加快推进，生态人居环境显著改善，城市化水平达55%，新农村建设取得明显成效；公共服务加快完善，各项社会事业全面发展，社会保障水平不断提高，社会建设更加和谐，人民群众的安全感和幸福感进一步增强；城乡居民收入普遍较快增长，城镇居民人均可支配收入、农民人均纯收入年均增长11%以上。

实现“十二五”奋斗目标，需要我们把握以下几条：

第一，更加注重调整结构、提高质量，把加快转变经济发展方式作为“十二五”时期的工作主线。始终突出加快转变经济发展方式这条主线，大力推进经济结构调整，优化三次产业结构，推动产业转型升级，着力构建新型工业“234”体系、现代农业“568”发展格局、服务业6大板块。坚持一手抓传统优势产业的提升，一手抓新兴产业的培育，加强技术改造和新品开发，推进重点园区建设和重大项目建设，全面提升工业经济运行质态。大力发展现代高效农业，着力提升农业产业化水平，扎实推进农业大市向农业强市转变。加快发展生态旅游业，积极打造现代服务业集聚区，繁荣传统商贸业，培育新兴服务业，不断提高服务业占GDP的比重，促进服务业全面发展。

第二，更加注重深化改革、开放创新，把努力增强经济发展活力作为“十二五”时期的关键举措。进一步加大改革攻坚力度，深入推进财税、金融、教育、卫生、农村等领域的改革创新，不断激发经济和社会发展内在活力。围绕建设服务型政府，深化行政管理体制改革，进一步转变政府职能，提高行政管理效率。积极应对后危机时代的新形势，强化招商引资工作，提升招商选资水平，积极开拓对外开放领域和空间，努力提高开放型经济发展层次。大力发展创新型经济，以培育自主知识产权、自主品牌和创新型企业为重点，加大科技投入，加强人才培养，加快产学研合作，切实增强企业自主创新能力。

第三，更加注重生态建设、环境保护，把推进城乡统筹协调发展作为“十二五”时期的重大任务。坚持经济建设与生态建设共同推进、产业竞争力与生态竞争力一起提升、防治污染与环境保护两手齐抓，大力发展绿色经济、循环经济和低碳经济，全面提升生态文明水平，促进人与自然的和谐发展，积极创建国家级生态市。坚持城乡统筹发展、区域协调发展，完善政策推进体系，加大基础设施建设，打造现代主城区、活力中心镇、魅力新农村，努力形成“一主两副三轴”的区域发展格局。

第四，更加注重以人为本、民生优先，把建设更高水平小康社会作为“十二五”时期的目标追求。把保障和改善民生放在更加突出位置，改进公共服务，加强社会管理，进一步落实富民、惠民、安民的新举措，让发展成果体现在提高人民生活质量上，体现在满足人民物质文化需求上，体现在促进人的全面发展上。大力促进就业创业工作，继续完善社会保障体系，协调发展社会事业，努力满足人民群众在就业、保障、教育、文化、医疗等方面的基本需求。加强社会管理创新，深入推进平安法治建设，努力维护安定团结、和谐稳定的社会局面。

## 2011年工作任务

各位代表,2011 年是建党 90 周年,是实施"十二五"规划的开局之年,做好今年政府工作至关重要。

今年政府工作的总体要求是:全面贯彻党的十七届五中全会、中央和省经济工作会议精神,围绕市委十届九次全会确定的目标任务,加快转型升级,深化开放创新,统筹城乡发展,保障改善民生,促进社会和谐,进一步提升经济社会发展水平,为"十二五"发展开好局起好步。

全市经济社会发展的主要调控目标安排为:地区生产总值增长 13%(可比价),其中三次产业分别增长 4.5%、13.5%、15%;财政总收入、地方一般预算收入均增长 20%;全社会固定资产投资增长 30%;社会消费品零售总额增长 17%;完成自营出口额 3.3 亿美元,实际利用外资 1.3 亿美元;城镇居民人均可支配收入、农民人均纯收入均增长 12%;万元 GDP 能耗下降 3.5%。

今年将重点抓好以下五个方面工作:

**一、以转型升级为目标,在开放创新中推进新型工业化进程**

坚持工业强市不动摇,致力开放创新,优化产业结构,转变发展方式,在新型工业化道路上迈出坚实步伐。

增强产业竞争力。紧紧围绕千亿级不锈钢制品、百亿级农副产品加工和机械铸造三大主导产业,深入实施集团化和品牌化发展策略,加快促进传统产业优化结构、提档升级。继续加大政策扶持力度,培大育强规模企业,全市产销过亿元企业达 170 家,其中过 5 亿元企业 16 家。全力支持兴达钢帘线公司发展,争创世界第一钢帘线生产基地。充分发挥国家级不锈钢制品质量监督检验中心作用,加快构建检验检测、研发设计、品牌推广等公共服务体系,积极争创国家级不锈钢优质产品生产基地。把握世界科技和产业发展方向,制定战略性新兴产业发展规划,加快培育新兴产业。抢抓兴达钢帘线公司高性能金属结构材料列入省"新材料产业发展规划纲要"契机,加快发展面向汽车等交通运输领域的高强高韧金属结构材料及产品,着力推进兴达新材料产业园建设,努力打造国家级高性能金属材料特色产业基地。

增强科技创新力。大力发展高新技术产业,全年高新技术产业产值增长 20%。深入开展以企业为主体的产学研合作,加大研发投入,加快成果转化,切实增强企业自主创新能力和产品市场占有率。全年申报国家级火炬及星火计划项目 10 项、国家级重点新产品计划 3 项,创建省级以上高新技术企业 4 家、省级民营科技型企业 18 家,新认定省级高新技术产品 12 项。切实加强"2113"人才工程建设,加快构筑创新型人才高地,全年计划引进和培养高层次人才 400 名。扎实开展品牌创建工作,全年争创中国驰名商标 1 件,省著名商标 3 件、名牌产品 3 个。积极发展低碳经济,强化节能减排工作,全年化学需氧量下降 0.7%,二氧化硫排放量下降 0.6%。严格执行用能评估制度,加快推广节能新产品、新技术和新工艺。

增强外向拉动力。围绕全年引资 40 亿元目标,以项目为龙头继续大力推进招商引资工作,充分发挥企业招商主体作用和商会牵线搭桥功能,努力提升招商选资水平,提高招商引资实效,力争在利用外资上取得新突破。以打造台商工业园为抓手,巩固和扩大台资企业集聚发展的良好势头。强化政策激励,推进股权融资,加快有条件企业上市进程。狠抓工业有效投入,着力抓好兴达钢帘线公司切割钢丝、申源特钢公司气门钢二期扩建、新华合金公司核电工业减震器等重点项目建设,努力培植新的增长点。全年实施 3000 万元以上重大工业技改项目 95 个,其中亿元以上项目 20 个,工业技改财务发生数 177 亿元。完善重点工业园区发展规划,优化飞地开发政策,努力形成特色鲜明、布局合理、企业集聚的工业园区体系。大力发展民营经济,鼓励中小企业"二次创业",全年净增民营经济注册资本 26 亿元。

**二、以增收增效为核心,在调整结构中提高农业现代化水平**

认真落实各项强农惠农政策,扎扎实实抓好"三农"工作,努力巩固农业增效、农民增收的良好局面。

壮大提升高效农业。大力发展高效农业,积极创建省级现代农业产业园和国家级农业产业化示范区。全年新增高效种植业面积 10 万亩、高效渔业面积 6 万亩,畜禽规模养殖比重提高 5 个百分点。加快兴泰路北延线、大周线、盐宁线等高效农业集中连片发展,巩固提升兴泰线和城郊高效农业经济板块,扎实推进高效农业规模化发展。积极开展高效农业"示范镇"、"示范村"创建活动,打造更多的高效农业发展亮点。科学实施万顷良田建设工程,继续开展粮食高产高效创建活动,全年建成 8 个万亩粮食高产高效示范片,努力保持粮食总产、单产全省第一。科学指导防灾减灾,提高农业抗灾能力。

提高产业化发展水平。大力发展稻米加工、生态河蟹等优势产业,力争六大农业特色产业实现销售 100 亿元。强化农业招商引资工作,积极培植和引进龙头企业,全年争创国家级龙头企业 1 家、省级龙头企业 3 家。继续实施特色农产品标准化、品牌化战略,放大"五大集体商标"效应,积极发展有机食品、绿色食品,努力提高农产品市场竞争力。加强与科研院所挂靠合作,完善农业技术支撑服务体系,申报建立国家级博士后工作站。加强农产品质量安全监管,完善动植物疫病防控体系,确保农产品质量安全。

完善农村经营机制。积极发展农村"三大合作"组织,全年新增合作组织 100 家,新增入社农户 1 万户。推进农业适度规模经营,探索土地流转新模式,全年新增农业适度规模经营面积5万亩。强化农民就业创业培训，促进农民转移就业，全年组织农民实用技术培训3万人、创业培训4800人。大力发展村级集体经济，积极化解村级债务。继续深化农村金融体制改革创新，组建江苏兴化农村商业银行股份有限公司，引导和规范农业担保公司等新型金融服务组织健康发展，增强农业农村发展活力。加快推进供销合作社改革发展，充分发挥供销社为农服务作用。

**三、以扩大内需为契机，在扩量提质中加快服务业发展步伐**

以构建与制造业相配套、与城市化相协调、与城乡居民需求相适应的体系为目标，加快推进服务业发展提速、比重提高、质态提升。

重点发展生产服务业。强化政策引领，坚持分类指导，积极发展现代物流、金融保险、科技服务、信息服务、商务服务等生产性服务业，促进服务业与制造业的良性互动。全面推进戴南不锈钢综合物流中心、合陈粮食物流园区、得胜湖港口物流园区建设，优化资源配置，拓宽投资渠道，积极创建省、泰州市级现代服务业集聚区，努力打造现代物流产业高地。深入实施工业企业主辅分离工作，全年新增主辅分离企业10家以上，加快推动生产性服务业规模化、产业化发展。

着力打造生态旅游业。围绕构建“两区多特”的旅游布局体系，积极完善旅游业发展规划，大力推进乌巾荡风景区、千岛菜花风景区、李中水上森林等重点景区建设。进一步整合城市水系、历史文化和湿地旅游资源，加大宣传包装力度，深入挖掘和打造生态旅游新亮点。加快发展旅游配套产业，切实提高景区接待和承载能力。办好第三届千岛菜花旅游节和乌巾荡大型主题实景演出，扩大节庆影响，拓展旅游市场。

全面提升城乡商贸业。贯彻扩大内需战略方针，提档升级商贸流通、住宿餐饮、社区服务等传统服务业，鼓励企业做大做优做强。加快推进海德国际商贸区、英武财富广场、乌巾荡温泉酒店会所等重点项目建设，进一步提升城区服务业发展层次。以“万村千乡市场工程”、“家电下乡工程”为载体，加快建设完备通畅的农村消费品、农业生产资料和农产品现代流通网络体系。升级改造长安农贸市场、北水关农贸市场和金三角市场，营造群众满意的消费环境。加大对房地产市场的监管和风险防范管理力度，确保房地产业规范健康发展。

**四、以科学规划为引领，在优化环境中统筹城乡一体化建设**

坚持城乡统筹，加大基础投入，优化资源配置，完善功能配套，改善人居环境，着力打造富有水乡人文特色的宜居城市。

优化布局，完善功能。启动新一轮城市总体规划编修工作。加快推进戴南－张郭和安丰小城市建设及重点中心镇建设，切实增强城镇的辐射力和带动力。全新改造牌楼路，重点实施水乡路西延、城南路、建设路西延、杭州路大桥、五里大桥及引桥等16路6桥工程。继续加大停车场建设力度，新建停车场13处。开工建设白涂河北岸、卤汀河城区段防洪工程，继续实施城市低洼区整治。启动开发区污水处理厂建设，推进沧浪河等地段污水管网工程。实施兴化人防(民防)指挥中心和人防疏散基地防空林建设。开工建设兴化客运总站，加快城乡客运一体化进程。

水文并重，彰显特色。实施沧浪河、兴姜河二期、直港河五期、卤汀河两侧等滨河绿化工程，完成乌巾荡公园绿化任务，进一步完善城市绿化体系。加大省级历史文化名城保护力度，制定完善历史文化名城保护规划。继续加强金东门历史街区保护工作，重点实施施耐庵陵园整修、杨家大院修缮和银北门街区整治。加强四牌楼广场、儒学广场、金东门历史街区管理，努力完善重点街区商业经营业态。大力开展城市环境综合整治行动，加快实施老小区改造，不断提升市容市貌、河道环境、小区物业管理水平。

加大投入，改善环境。加强交通基础设施建设，开工建设233省道城东镇至333省道段改扩建一期工程，继续实施新张公路陶庄至张郭段、大周公路竹泓连接线工程，着力加快撤渡建桥进程。狠抓水利工程建设，积极做好南水北调卤汀河工程、泰东河拓浚工程的服务协调和推进工作。加快实施大纵湖综合整治和保护开发，完成围网和坝埂拆除。加大农村电力设施建设投入，实施110千伏阳双线改造，完成35千伏史堡、钓鱼、薛鹏变升压工程。深入推进全面小康村创建活动，新增全面小康村100个。大力开展植树造林活动，完成绿化造林面积3万亩。加强生态保护建设，启动国家级生态市创建工作，力争通过国家级环保模范城市考核验收。

**五、以民生优先为取向，在构建和谐中增强人民群众幸福感**

把保障改善民生作为构建和谐社会的出发点和落脚点，加强社会建设和管理，推进基本公共服务均等化，努力让人民群众共享改革发展成果。

完善保障体系。继续实施创业带动就业，大力推进就业富民，全年新增扶持创业1万人、带动就业3万人以上。积极推进城乡统筹就业，完善面向困难群众的就业援助制度，村级劳动保障工作平台建设实现全覆盖。深入推进创业型乡镇和社区(村)创建工作，新建1个农民创业就业服务中心。巩固社会保险全覆盖成果，抓好社保扩面依法征缴工作，全年失业保险、企业职工养老保险分别扩面6000人、1万人，城乡居民养老保险参保率99%。强化医保基金稽核监管，完善大病医疗救助平台，提高医疗保险结报标准，城乡居民医疗保险参保率100%。实施农民工工资发放情况常态化检查，健全建筑、加工、租赁等行业欠薪保证金制度。加大保障性住房建设力度，三年基本解决城区低收入家庭住房困难。扎实推进农村饮水安全工程,完成200个行政村管网改造,全年解决15.58万人饮水安全问题。改进生产工艺,加强水源监控,全面提升城乡自来水水质。加快完善社会救助体系,扎实推进扶贫帮困活动,积极发展社会福利和慈善事业。强化重要农副产品市场和价格监管,加大民生价格采集公示力度。着力办好为民十件实事,大力实施普惠性利民工程。

改进公共服务。坚持教育优先,努力创建教育现代化市。继续优化城乡教育布局,促进教育公平发展。进一步加强教师队伍建设,努力提高教师师德水平和业务能力。重视和加强校园安全管理,加快实施校舍安全加固改造工程,不断改善学校办学条件。深入推进医疗卫生体制改革,健全完善城乡医疗卫生服务网络。全面实施国家基本药物制度,切实减轻群众看病负担。围绕建设“文化兴化”目标,进一步繁荣文化事业,大力发展文化产业,强化文化产业招商,积极打造城区文化产业集聚区,办好第十届郑板桥艺术节。全面完成第三次全国文物普查工作。加快有线电视“户户通”步伐,积极推进农村有线电视数字化整体转换工作。广泛开展全民健身活动,完成老体育场改造工程。巩固省人口协调发展先进市创建成果,狠抓性别比综合治理,稳定低生育水平,提高出生人口素质。强化社区管理和服务功能,着力打造和谐社区。积极做好人民武装、统计、新闻、史志档案、气象、消防、外事、侨务、对台、民族宗教、老龄、妇女儿童、残疾人、关心下一代等工作。

加强社会管理。贯彻落实《公民道德建设实施纲要》,深入开展群众性精神文明创建活动,弘扬社会主义核心价值观。扎实抓好未成年人思想道德建设,努力营造良好的社会环境。加强“法治兴化”建设,启动“六五”普法工作,提升全民法律素质。加强基层社会管理,推进农村基层民主法制建设。继续组织开展“大接访”、“大下访”和“大走访”活动,妥善解决社会不稳定因素,着力维护人民群众合法权益。深化“平安兴化”建设,加强社会治安综合治理,依法打击各类违法犯罪活动,切实提高人民群众的安全感。更加重视应急保障工作,努力提高应急管理水平。强化安全生产监督管理,杜绝重特大事故发生。大力实施食品、药品放心工程,保障人民群众生命健康安全。

## 努力建设服务型政府

各位代表,加快转型升级步伐、建设更高水平小康,对做好今年政府工作提出了更新更高的要求,我们将进一步加强自身建设,转变工作作风,坚持创先争优,努力开创政府工作新局面。

坚持提升能力,科学施政。密切关注“十二五”时期宏观经济走向,认真研判发展形势,及时研究对策措施,切实增强工作的前瞻性和决策的科学性,努力提高复杂形势下组织经济工作的水平。扎实推进学习型政府、学习型机关建设,推动政府工作人员学习新知识,树立新观念,增强新本领。注重调查研究,加强理性思考,善于运用创新的思维、改革的思路、务实的办法解决发展中的热点、难点问题,切实增强破解发展难题、争创发展优势的能力。

坚持转变职能,依法行政。围绕增强政府宏观调控、市场监管、社会管理和公共服务职能,着力建设服务型政府。稳步推进乡镇机构改革,切实做好戴南镇强镇扩权行政管理体制改革试点工作。加强行政效能建设和电子政务建设,推进行政权力网上公开透明运行常态化、规范化,提高行政服务效率,努力营造良好的经济社会发展环境。坚持将依法行政贯穿于政府决策、执行、监督全过程和行政管理各个环节,着力完善重大事项集体决策、专家论证、听证公示和责任追究制,推进行政决策科学化、民主化。自觉接受市人大的法律监督、工作监督和市政协的民主监督,认真执行市人大及其常委会的决议、决定,研究落实政协建议案,切实办好人大代表建议和政协委员提案。深入推进政务公开,加强政府网站建设,广泛接受群众监督和媒体监督,增强政府的公信力。建立健全网络发言人制度,提高舆情分析和舆论引导能力,牢牢掌控正确的网络舆情导向。努力提高市长公开电话和网上信箱的办理落实率,进一步畅通民生诉求渠道。

坚持创先争优,务实从政。大兴求真务实之风,把提高执行力作为履行职责的重要保障,增强执行意识,创新执行方式,脚踏实地,埋头苦干,务实创新抓好政府各项工作。进一步完善重点工作推进机制、目标管理机制和激励考核机制,狠抓压力传递,严格考核奖惩,做到一着不让、一刻不误、一抓到底。深入推进创先争优活动,突破思维定势,扬弃传统做法,激发工作热情,全力以赴抓落实,凝心聚力谋发展。

坚持廉洁自律,从严治政。时刻铭记“两个务必”,牢固树立过“紧日子”的思想,艰苦奋斗,厉行节约,将有限的资金用在加快发展和改善民生上。严格执行《廉政准则》,认真落实党风廉政建设责任制,扎实推进惩治和预防腐败体系建设。加强廉洁自律教育,树立正确的价值观、权力观、地位观和利益观,营造风清气正的勤政廉政氛围。坚持用制度管权、靠制度管人、按制度办事,注重对权力运行重点领域、重点环节和重点部位的全程监督,强化行政监察和审计监督,从源头上预防和治理腐败。

各位代表,美好的蓝图已经绘就,发展的责任重于泰山,人民的利益至高无上。让我们在中共兴化市委的领导下,进一步解放思想,与时俱进,团结拼搏,苦干实干,确保全面完成“十二五”规划开局之年各项目标任务,为建设更高水平小康社会、加快基本实现现代化而努力奋斗!

# 政协兴化市第十一届常委会工作报告(摘要)

## ——在政协兴化市第十一届委员会第四次会议上作报告

市政协主席 范学忠

## 2010年工作回顾

**一、围绕中心,服务大局,开展政治协商**

全体会议集中协商。十一届三次全会期间,委员们以饱满的政治热情和高度负责的态度,认真听取和讨论了市委主要负责同志的讲话;围绕政府工作报告,立足发展,紧扣大局,提出了许多切实可行的意见和建议,为我市经济、政治、文化和社会事业发展献计献策。市政协办公室及时将委员反映的意见和建议进行了整理,报送市委、市政府,一些意见建议得到了采纳并转化为工作举措。

常委会议重点协商。我们选择事关全市经济社会发展的重大事项开展协商。每次协商活动都根据议题,邀请市委、市政府领导和有关部门负责人参加,听取委员的意见和建议,探讨解决问题的办法。

主席会议专题协商。为更好地服务发展,我们及时关注一些重点问题,通过主席协商会议协商建言。

选准议题对口协商。市政协各专委会加强与对口部门的联系,通过联合调查、对口协商等形式,先后就集镇商品房建设规划与管理、中小企业发展环境优化、扩大对外文化交流和景区景点文化内涵建设与相关部门进行了专题协商,委员们提出的许多意见建议被采纳,并转化为部门的工作内容,促进了相关工作的开展。

**二、完善制度,反映民意,提高民主监督成效**

督办重点提案。提案是政协履行职能,发挥优势的有效途径。我们坚持立足经济社会发展,着力抓好提案的征集、审查、立案、交办和督办,促进了提案的办理落实。十一届三次全会以来,委员共提出提案352件,经审查,立案交办348件,内容涉及经济建设、新农村建设、城建交通、政法、劳动人事、科教文卫体、政协统战等方面。我们在其中选择了10件重点提案请市领导督办。市政协多次组织委员现场视察,推动提案的办理落实。截至2010年10月底,已全部办结,委员满意和基本满意率达到99.8%。

民主评议部门提案办理工作。为推动提案办理工作,市政协连续多年对部门的提案办理工作开展民主评议。去年,我们通过召开民主评议动员大会、检查资料、发放意见征询表、听取汇报、召开座谈会等形式,对卫生局和规划局的提案办理工作进行民主评议。

参与监督机关作风建设。我们支持和鼓励政协委员担任机关作风建设和部门行风监督员,参与民主监督,代表界别群众履行监督职能。委员们通过参加行风评议、绩效考评、创建文明单位检查等活动,坦诚建言,对相关单位和部门的工作提出意见建议。

**三、突出主题,注重实效,积极参政议政**

深入调查,认真研究。调查研究是人民政协履行职能的重要基础和关键环节,也是围绕中心、服务大局最有效的工作方式。我们紧紧围绕市委、市政府高度关注、人民群众普遍关心的问题,发挥政协独特优势,广泛开展调研活动。为保证专题调研出成效,我们组织委员通过深入基层实地察看、听取汇报、走访企业、参观学习等形式,了解情况,发现问题,并通过座谈研讨分析原因,提出对策。一年来,我们依托各专委会、委员小组开展调研活动20多次,形成的调研报告有的经市政协常委会、主席协商会协商讨论,形成常委会建议案和其他建议材料;有的与有关部门进行对口协商,提出意见建议;有的转化为大会协商发言材料,将在本次全会上进行协商发言,为市委、市政府科学决策和有关部门改进工作提供参考。

组织视察,了解实情。2010年,我们把城市供水、城建交通、企业研发、诉讼服务、文化建设等关系社会发展的热点问题列为政协专题视察的重点,先后10多次组织政协常委、委员深入基层进行视察。我们还利用委员活动日开展“委员看兴化”活动,实地察看了乌巾荡湿地公园、儒学广场、昭阳湖公园、东岳庙、成家大司马府等历史文化街区景点,通过视察了解,委员们对我市近年来城市建设的新变化、新发展表示了极大的热情。

汇集民意,反映民声。政协社情民意信息工作是下情上达的“直通车”。我们高度重视信息员队伍建设,聘请了部分委员和各界人士担任信息员,拓宽了社情民意信息渠道。定期召开社情民意座谈会和研讨会,着力提高反映社情民意信息的质量,鼓励全体委员和政协联谊会员积极搜集和反映社情民意信息。2010年全年共反映社情民意信息192条,向上级政协机关报送各类信息40条,编发《社情民意信息》42期,其中,《加快推进农业标准化建设刻不容缓》、《及时纠正年龄差错,让新农保政策惠及每个农民》、《部分农村新生儿户口申报存在难题》、《拉闸限电致化肥价格暴涨,影响农民秋播》等4条信息被全国政协采用,《兴化人民热切期盼改变铁路交通盲区状况》被省政协采用,25条信息被泰州市政协采用。报送市委、市政府的社情民意信息得到了重视和采纳,市委主要领导先后对《关于重新铺建牌楼路路面的建议》、《建议有关部门编绘城市交通景观图》等7件社情民意信息作出批示,引起了相关部门的重视。

发挥优势,务实做事。全力协助党委政府做好政策宣传、解疑释惑工作,积极参加信访维稳工作,督查安全生产,共同维护我市和谐稳定的社会局面。积极参与重点工程、招商引资、结对帮扶、新农村建设、慈善事业等工作。鼓励委员立足本职岗位,积极干事创业,以实际行动推动经济社会发展。2010年,市政协机关积极筹划,通过多次洽谈,帮助重点企业引进技改资金5800万元。市政协机关干部积极参与干部大走访、创先争优、我为兴化发展献一策等活动。

**四、营造氛围,联谊交友,增进社会和谐进步**

突出界别特点,广泛联系各界人士。认真贯彻落实“长期共存、互相监督、肝胆相照、荣辱与共”的方针,加强对界别工作的指导,为界别小组开展活动创造条件,提供支持。发挥界别优势,组织委员开展“军营一日行”以及送医、送教、送文化、送科技下乡和进社区等活动。加强合作,充分发挥工商联、人民团体和各界人士的作用。主动邀请各界人士参与政协组织的各种调研、座谈、视察活动,认真听取和反映他们的意见建议,维护他们的民主权利。通过政协之友联谊会,加强与政协老委员和各界老同志的联系,发挥他们在调查研究、关心下一代、反映社情民意信息等方面的作用。

文史书画为媒,扩大联谊交友。我们坚持“存史、资政、团结、育人”的宗旨,认真做好文史资料工作。收集整理了《天宝斋茶食店》等一批文史资料,形成了《兴化政协志》初稿,按照省政协的统一布置,完成了我市政协已出版文史资料的电子稿;协助省政协、泰州市政协完成了“农业文化遗产保护”课题的调研。通过传统节日政协领导走访慰问知名人士、举办书画笔会、“国庆书画展”等活动,加强与各界知名人士的联系和沟通,增进了友谊。通过参加泰州市政协组织的工作座谈会、走访兄弟市区政协、接待外地政协来兴考察调研等活动,就如何更好地履行政协职能、创新工作方法进行交流。

**五、完善机制,增添活力,加强政协自身建设**

强化学习,提高自身素质。我们始终坚持把加强学习摆在重要位置,大力推进学习型组织建设,切实巩固人民政协团结合作的思想政治基础。建立健全学习制度,组织政协委员和机关干部,学习贯彻党的十七大和十七届四中、五中全会精神,省、泰州市政协工作会议精神,进一步夯实做好新时期政协工作的思想基础。

完善机制,推动“三化”建设。坚持从政协“三化”建设基础工作做起,做到用制度管人、依规章办事、按程序履职,推进政协工作制度化、规范化、程序化建设。进一步完善了《关于先进政协委员小组、优秀政协委员、优秀提案和优秀社情民意信息的评选办法》,并在十一届十三次常委会上通过。通过量化考核,提高委员履职的积极性,促进提案和社情民意工作健康有序开展。我们还对市政协机关的一些规章制度进行了必要的补充和修订,努力使政协机关工作有规可依、有范可守、有章可循。

注重实效,提升机关效能。政协机关是人民政协组织的办事机构,承担着为人民政协履行职能提供服务、当好参谋的各项工作。我们组织开展了创建“学习型、文化型、健康型”机关活动,机关工作更富生机活力。同时,以创先争优活动为契机,组织政协机关全体党员学习典型、自查自评、制定规划,树立机关党员的良好形象,全体党员的责任意识和大局观念明显增强,办事效率和服务水平进一步提高,为政协履行职能提供了有力保障。

## 2011年工作重点

2011年是“十二五”规划的开局之年,是我市建设更高水平小康的重要一年。我们要在中共兴化市委的领导下,紧紧围绕科学发展这个主题,把握加快转变经济发展方式这根主线,切实履行政治协商、民主监督、参政议政的基本职能。

**一、加强理论学习,提高履职能力**

学习是人民政协的优良传统,是政协统一思想、增进共识、把握正确政治方向、提高履职水平的前提和基础。我们要把思想理论建设摆在首位,坚持用中国特色社会主义理论体系武装头脑,以科学发展观统领政协工作,不断增强走中国特色社会主义政治发展道路的自觉性和坚定性,为开展工作提供坚强的思想政治保证。深入学习贯彻中共十七届五中全会和中共兴化市委十届九次全会精神，深刻领会和全面把握精神实质，切实做到在加强理论武装和统一思想认识上下工夫，在联系实际、推动工作上促成效，在履行职能、服务科学发展上见水平。通过学习，更加准确地把握政协工作的科学定位，更加重视对政协工作规律和经验的总结和发扬，更加自觉地围绕党委政府中心任务开展工作，进一步扩大政治协商的广度，加大民主监督的力度，拓展参政议政的深度，真正把中央和省、市委对政协工作的新要求转化为谋划政协事业发展的正确思路，转化为运用科学理论分析和解决问题的实际能力，转化为提高建言献策水平的过硬本领。

**二、围绕转型升级，服务科学发展**

围绕经济建设中心，服务科学发展大局，是新时期人民政协的首要任务。当前，我市经济社会发展正处于一个关键时期，推动经济结构转型升级，既是应对后危机时代的多重挑战、解决我市经济发展中各种深层次矛盾的现实需要，又是抢抓新一轮产业革命机遇、培育未来发展新优势、提升区域经济竞争力的战略任务。政协委员要努力发挥自身优势，把握重点，积极履职。

一是着眼培育新兴产业出主意。要在加强调查研究、加深对我市产业体系现状把握的基础上，将新兴产业的发展培育纳入政协调研计划和委员参政建言内容，重点在新兴产业的发展方向、路径选择、规划论证、政策支撑等方面，多动脑筋，深入思考，提出有价值的意见和建议。

二是立足提升传统产业想办法。改造提升传统产业，是推进经济转型升级的重要途径。要围绕加强企业自主创新能力建设、用先进技术改造传统产业、提高中小企业的专业化程度、加强重点行业节能减排以及大力实施品牌战略等重点，开展调研协商活动，集思广益，共谋转型之计。

三是突出发展现代农业献良策。要针对我市农业经济总量大的实际，坚持围绕“农业增效、农民增收”的目标，着重在转变农业发展方式，健全现代农业支撑保障体系，加强农业标准化建设，提高农业生产经营的专业化、规模化、市场化、集约化水平等方面拓展思路，广开言路，促进我市由农业大市向农业强市转变。

不少政协委员来自经济建设第一线，肩负双重使命，不仅要围绕经济转型升级积极建言，更要勇于实践，争当转型升级、科学发展的先行者。

**三、关注民生诉求，促进社会进步**

要把关注民情、倾听民声、反映民意放在政协履职更加突出的位置，把服务民生的触角延伸到社会生活的方方面面，全心全意帮民富、解民忧，着力推动社会和谐进步。

要围绕“十二五”规划，抓住扩大内需的有利时机，深入研究提高居民收入尤其是弱势群体收入的有效办法，努力为人民群众生活质量的提高提出意见建议，让改革发展的成果更多惠及基层百姓。要广聚民意，密切关注改革发展中出现的深层次矛盾和问题，高度重视转型升级过程中出现的新情况、新问题，深入宣传党和政府的决策部署，为改革发展营造更加有利的社会环境。

要围绕城市环境建设、教育均衡发展、医疗卫生服务、社会养老、民政救助等有关人民群众生活和社会发展的问题，开展议政建言活动。积极组织委员深入基层，问需于民，问计于民，运用人民政协独有的履职方式，协助党委政府解决好人民群众最关心、最现实的利益问题。

**四、坚持团结民主，凝聚智慧力量**

团结与民主是政协工作两个永恒的主题，我们一定要发挥政协智力密集、联系广泛的优势，切实做好团结联谊、凝聚力量的工作，努力为构建和谐兴化营造广开言路、广集民智、广谋善举的良好氛围。

要多做凝聚人心、增进团结的工作。不断加强同工商联、人民团体及社会各界、各阶层人士的联系、交流与沟通，进一步拓展参政议政的内容与形式，积极鼓励他们参与全市重大问题的协商和监督，调动他们参与政协工作的积极性，不断增强政协工作的合力。进一步加强同兄弟政协之间的联系，加强交流，取长补短。进一步加强同兴化籍在外知名人士的联谊，鼓励他们为促进兴化发展多作贡献，把各方面的力量和智慧引导到全面建设小康社会上来，共同为和谐兴化建设搭建“连心桥”。

要多做协调关系、化解矛盾工作。深入开展调查研究，广泛听取群众意见和呼声，客观全面反映社情民意信息，积极协助党委、政府做好排忧解难工作。不断扩大政协委员在本界别和各自所联系群众中的影响力，围绕群众思想认识上的困惑点和矛盾易发点，多做宣传引导工作，多做解疑释惑工作，多做理顺情绪工作，最大限度地增加和谐因素，巩固和发展我市团结和谐的政治局面。

**五、努力开拓创新，推动自身建设**

要紧紧结合政协工作特点，按照建设创新型政协组织的要求，在履职中不断探索创新，不断总结完善，努力推进政协自身建设再上新台阶。要抓好委员队伍建设，不断提高整体素质；抓好专委会建设，不断提高对口联系和协商质量；抓好制度建设，不断提高规范化建设水平；抓好机关效能建设，不断提高服务协调能力；抓好政协网站等宣传阵地建设，不断扩大政协影响力。要通过强化自身建设，努力造就一支政治坚定、作风优良、学识丰富、业务熟练的高素质政协队伍，为实现人民政协事业的新发展提供坚强的组织保证。

# 兴化市国民经济和社会发展第十二个五年规划纲要

## ——2011 年 1 月 14 日兴化市第十四届人民代表大会第四次会议批准

### 序　言

《兴化市国民经济和社会发展第十二个五年规划纲要》由兴化市人民政府根据《中共兴化市委关于制定兴化市国民经济和社会发展第十二个五年规划的建议》组织编制。

“十二五”期间(2011-2015 年),是兴化抢抓新一轮发展机遇、提升全社会小康水平的重要时期。本规划纲要立足兴化经济社会发展的阶段性特征,结合兴化实际,对未来五年进行合理预测而形成。用以阐明政府战略意图,明确政府工作重点,引导市场主体行为,是“十二五”时期全市经济社会发展总的纲领,是政府履行经济调节、市场监管、社会管理、公共服务职能的重要依据。

### 第一章　“十一五”时期发展的简要回顾

“十一五”以来,兴化市委、市政府团结和带领全市人民,深入学习实践科学发展观,坚持抢抓机遇、务实创新,攻坚克难,努力克服金融危机的不利影响,实现了经济社会平稳较快发展,“富庶、生态、文化、和谐”兴化建设取得巨大成就。

综合实力明显增强。“十一五”期末,全市地区生产总值 380.24 亿元,年均可比增长 15.3%,人均地区生产总值 29069 元,折合突破 4000 美元。财政总收入和地方一般预算收入双双实现五年翻两番,在全国县域经济基本竞争力百强排名不断前移,有望建成以市为单位的江苏省全面小康社会。经济结构不断优化,高效农业、物流业、旅游业发展取得积极进展,二、三产业增加值比重累计上升 11.5 个百分点。民营经济更加活跃,兴达钢帘线公司成为全球第二的钢帘线生产基地。开放型经济取得新业绩,2010 年自营出口额、实际利用外资分别为 3.2 亿美元、1 亿美元, 比 2005 年分别增长 407%和 349.9%。

单位:亿元

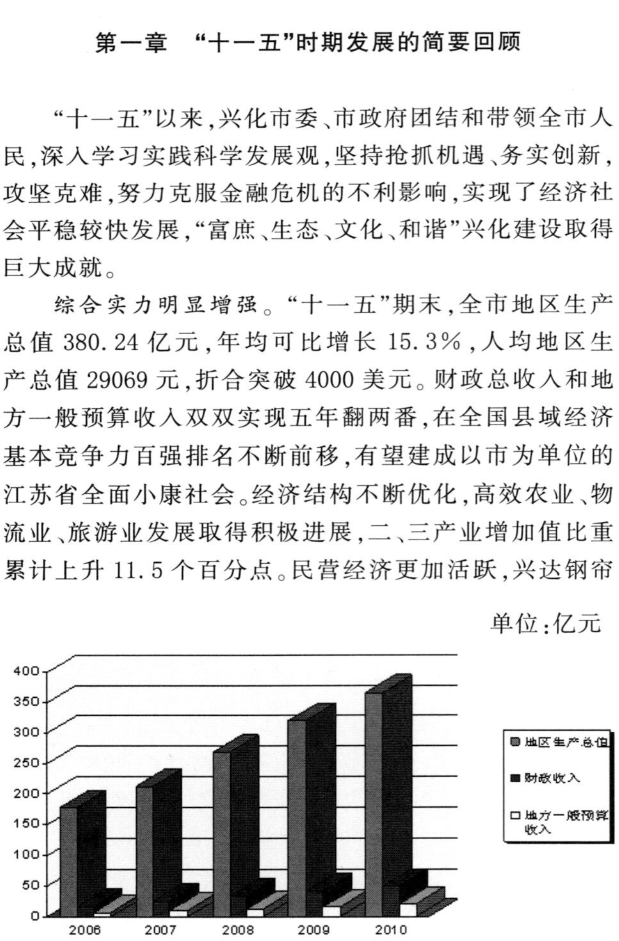


“十一五”期间经济总量变化图

社会事业全面进步。五年来,全社会科技研发工作得到加强,创新体系建设实现突破,科技进步对经济增长的促进作用日益加大。教育资源布局调整有序推进,教学和学校后勤实现规范化管理。公共卫生服务体系和应急能力得到提升,人口卫生、文化体育、广播电视等社会事业发展活力不断增强,人口出生率保持较低水平,全民健身服务体系初步建立,市人民医院、新区体育馆、广播电视发射塔等一批标志性社会事业项目顺利实施。修缮了金东门、八字桥及儒学广场等古建筑群,提升了中国·兴化郑板桥艺术节办节水平,成功塑造“国象之乡”、千岛菜花旅游节等文体节庆品牌,沙沟镇荣膺中国历史文化名镇,共同彰显和提高兴化的美誉度和软实力。深入开展平安兴化创建活动,法治兴化建设得到加强。

改革开放深入推进。深化行政审批制度改革,市行政服务中心规范运作。调整完善了市乡财政管理体制,进一步理顺城市建设管理体制,国有资产管理体系基本形成,教育、卫生、文化系统体制机制改革逐步深化。戴南镇被国家和省纳入乡镇行政管理体制改革试点, 全面启动实施农村社区股份合作制、农村土地股份合作制和农民专业合作,农村金融改革取得突破。获批省级不锈钢特色产业基地及不锈钢、特钢制品出口基地、脱水蔬菜出口基地,一批具有产业优势和地方特色的企业集团相继成立。新批外商投资企业 103 家, 累计利用外资 3.16 亿美元。企业上市和实施“走出去”战略取得积极进展,对外贸易不断扩大,累计出口额 9.87 亿美元。

人民生活日益改善。“十一五”期末,城镇居民人均可支配收入 18409 元,农民人均纯收入 8817 元,年均分别增长 13.4%和 12.4%。市场导向的就业机制初步建立,城乡一体的统筹就业格局基本形成。广泛开展各类就业技能培训,坚持政策促进就业和创业带动就业,“十一五”期间,新增城镇就业 4.1 万人。社会保险扩面扎实推进,企业退休人员社会化管理服务率达 100%,实现城乡居民养老和医疗保险全覆盖, 在全省率先建立城乡一体的基本医疗保障体系。扶贫帮困取得明显成效,困难群体生活补助标准自然增长机制不断健全, 居民最低生活保障和农村五保供养标准逐步提高, 建立了覆盖城乡的助学助医、安居工程、慈善扶助、司法援助等社会救助体系。

单位:元

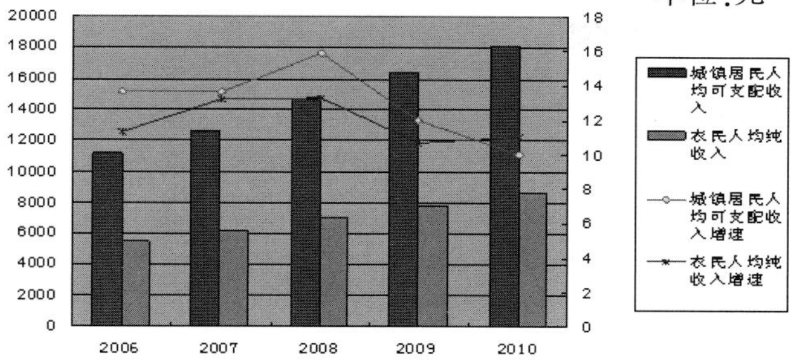


“十一五”期间居民收入及变动情况

人居环境不断优化。不断坚持统筹兼顾,全市城乡面貌发生新变化,成功创建省级文明城市和省级园林城市。旧城改造和新区建设进展顺利,兴化大道南延、英武大桥等重点路桥工程相继竣工,建成区框架进一步拉开,城市绿化覆盖率达 40.5%。城市防洪工程、后街背巷改造、污水垃圾处理等基础设施完善了城市功能,昭阳湖公园、森林公园、乌巾荡风景区等一批园林休闲景点增添了城市品位。大力实施农村新“5+1”实事工程,新农村建设取得明显成效,取缔了城东废品市场,城乡水环境得到改善。大兴金公路、兴泰公路扩建兴化段等重点交通项目相继完成,实现了行政村村村通公路。水利、电力、通信等一批工程加紧实施或竣工,兴东水厂、戴南水厂、兴化市自来水厂(周庄)投入运行,农村安全饮水工程成效显著。

“十一五”是我市经济社会发展最好最快的时期,工业化和城镇化得到快速推进。除 R&D 经费占 GDP 的比重、森林覆盖率指标未完成规划目标外,“十一五”规划确定的其他主要目标全面完成或超额完成。五年来积累的发展经验和取得的巨大成就,为“十二五”发展奠定了坚实基础。从发展趋势看,“十二五”期间,兴化有条件实现发展阶段的新跃升,向工业化中后期迈进,进入城镇化加速发展阶段,经济社会发展水平将进一步提升。

“十一五”以来兴化经济社会发展取得巨大成就,但仍存在一些问题与矛盾,主要是二、三产业比重相对偏低,低端加工和传统商贸业份额仍然较大,新兴产业的培育和发展明显不足,企业自主创新能力和抗风险能力不强,对经济社会发展要素的承载力和吸引力不强。财政收支矛盾较为突出,社会事业和改善民生仍难以满足人民群众的需求,社会发展相对滞后于经济发展,公共服务供求矛盾较为突出,社会建设和管理依然任重道远等,这些都是“十二五”期间需着力解决的紧迫问题。

## 第二章 “十二五”时期的发展环境与定位

未来五年兴化经济社会发展面临着国际性、区域性复杂多变的形势,必须综合考虑各种有利和不利因素的影响,进一步理清发展思路,确定奋斗的目标与重点。

### 一、“十二五”时期的发展环境

近年来,经济全球化、区域一体化发展得到持续深入推进。从国际环境看,全球经济在历经金融危机后,新的产业分工和布局正加速生产要素的流动,有利于兴化在更大范围、更大规模和更高层次上集聚外部要素,在更广的产业领域组织现代经济活动并促进产业提升。从国内及区域环境看,长三角区域合作与发展的作用明显抬升,全省江海联动发展的模式日渐清晰。兴化虽处于沿江沿海产业带的腹部地区,但随着泰州长江大桥等一批省、市干线路桥项目的实施,完全有可能成为全省江海联动重要的衔接区域、沿海辐射内陆的产业走廊,为重点产业发展提供较大的机遇和空间,并为产业转型升级提供动力。随着经济生活水平的提高,城乡居民对生活质量的渴求不断增强,带来了新的生产生活模式和城市空间组织方式的变革,有利于推进我市经济社会发展。

“十二五”时期,兴化有望获得更大的发展空间,但也面临着严峻的挑战。在后危机时代,世界经济中不确定因素增多,全球经济发展产生诸多负面影响。当前国内经济回升的动力主要依靠政策作用,拉动我市投资需求的不少重大项目也得益于此,随着政策效应的递减,投资压力可能有所加大。江苏沿海开发将在“十二五”时期全面升温,苏北将获得较多的政策支持;省里对苏中的定位是要“快速崛起”,但其确定的重点在沿江。面对苏北及周边县市加快发展的态势,面对劳动力、土地等生产要素传统优势的逐步丧失,兴化有可能面临着步入发展洼地的风险。长期以来,我市能源利用效率相对不高,与节能减排、高效低碳的发展理念不相适应,在“十二五”时期将有可能面临市场和政策的双重倒逼,以此为特征的工业化进程面临越来越大的挑战,转型升级任务较为繁重。

### 二、“十二五”时期的发展定位

(一)指导思想

市委提出的建设“富庶、生态、文化、和谐、幸福”兴化是今后一段时期发展的总的定位,对未来五年的发展具有战略决策意义。根据党的十七届五中全会精神及省和泰州市有关指导方针,贯彻落实兴化市委十届九次全会精神,“十二五”期间,我市经济社会发展的指导思想是:以邓小平理论和“三个代表”重要思想为指导,以科学发展为主题,以加快转变经济发展方式为主线,以生态、文化、宜居为特色,以工业新型化、农业现代化、环境生态化、城乡一体化为路径,坚持富民惠民宗旨,增强开放创新动力,着力提升发展质量和水平,努力增强居民幸福感,加快建设更高水平小康社会。

(二)发展原则

按照上述指导思想,并根据当前形势及对今后一段时期的预测,结合经济社会发展的新任务、新要求,“十二五”时期发展原则是:

——转型升级。在优先提升经济总量的基础上,主动策应新的产业分工和布局,积极优化经济发展的内在驱动力,推行产业“集群化、品牌化”战略,大力发展新兴产业,注重提升产业素质,完善有利于转型升级的体制机制。

——城乡统筹。促进城区(含郊区)加快发展,建设戴南、安丰小城市和重点中心镇,形成更为合理的城乡体系,增强对周边乡镇的辐射和带动作用。充分发挥产业特色和资源优势,实施差别化发展战略,推进镇域之间协调发展。

——绿色低碳。逐步形成资源节约、环境友好的生产方式、生活方式,探索发展循环经济和低碳经济,逐步形成集约型增长模式。加强环境保护和生态建设,实现经济与生态的有机融合。

——民生为本。以经济发展为基础,以社会建设和管理为保障,以社会事业和改善民生为两大着力点,扩大省级文明城市和小康社会建设成果,推进基本公共服务均等化,创建便捷、舒适、平安、自由的人居环境。

(三)发展目标

根据上述指导思想和发展原则,重点围绕转变经济发展方式、提升全面小康层级,“十二五”期间全市经济社会发展的总体目标是:到2015年,地区生产总值达到855亿元,年均可比增长13%,人均GDP超过58000元,年均增长15%左右;全市财政总收入166亿元,其中地方一般预算收入65亿元,年均增长均为25%左右。

经济结构更加优化。保持经济平稳较快发展,形成制造业和服务业双轮驱动的新格局,二、三产业增加值比重达92%。新兴产业规模有所扩大,高新技术产业产值占规模以上工业比重达30%。服务业年均增长13.8%占GDP比重每年提高一个百分点以上,确保达到42.8%,力争实现45%;生产性服务业增加值占服务业增加值比重力争达到40%。

创新能力显著增强。人力资本投资占GDP比重超过12%,人才贡献率超过40%,R&D经费支出占GDP比重为2.5%左右。期末,年专利申请量超1500件,百亿元GDP专利授权数达300件,企业专利实施率达70%。

人民生活和谐幸福。期末城市化水平达到55%。城乡居民收入和生活水平继续稳步提高,城镇居民人均可支配收入突破30000元,农民人均纯收入15000元左右,城镇登记失业率控制在3%以内,实现人民群众住有所居、安居乐业,幸福感普遍提升。

社会建设得到加强。扎实推进教育现代化,高等教育毛入学率、高中阶段教育普及率分别达35%和95.5%。基本医疗卫生服务体系更加完善,万人拥有病床数达25张,公共文化服务设施网络覆盖率超过90%。城乡居民社会保障基本实现全覆盖,新型农村合作医疗实际补偿比超过70%。人民群众对社会治安满意率达99%。

资源环境日趋改善。人口、资源和环境与经济发展日趋协调,可持续发展能力进一步增强。人口自然增长率控制在3‰以内。期末单位GDP能耗下降率、单位地区生产总值CO2排放削减率、主要污染物排放削减率达到上级下达目标要求,单位工业增加值用水量降低24%。全市耕地保有量保持185万亩,森林覆盖率达18%。

## 第三章 “十二五”时期的重点任务

围绕上述指导思想和战略目标,“十二五”期间,需要着力解决以下重点任务:

### 一、以自主创新为抓手,加快推进产业转型升级

把转型升级作为“十二五”时期的经济工作主线,持续不断地抓好经济结构战略性调整。以促进生产力发展的各项要素投入为抓手,积极完善相关政策举措,引导形成更高素质的经济形态,着力增强产业核心竞争力和经济抗风险能力。

(一)不断增强自主创新能力。⑴强化科技支撑。完善以企业为主体、市场为导向产学研相结合的技术创新体系,着力强化企业技术创新主体地位,培育和发展省级以上高新技术企业18家、省级高新技术产品60个。引导和支持创新要素向企业集聚,进一步增强企业自主创新的动力和能力。把应用技术作为自主创新的突破口,坚持优化科技资源配置,建立公共技术创新平台,新创建国家级研发中心1家、省级研发中心10家,新认定博士后工作站和院士工作站3个。大力培育自主知识产权,积极推广专利技术的实施,在支柱产业和新兴产业中,培育30家知识产权创造、管理、保护和运用成效显著的示范企业。扶持10项以上技术含量高、市场前景好的国内外专利技术和产品产业化,加速科技成果向现实生产力转化,不断提升产业核心竞争力。⑵强化人才支撑。加大人才建设投入,积极实施人才“2113”工程,加强企业人才、专业人才和干部人才队伍建设,期末人才总量达到苏中地区中上水平,人才结构趋于合理。以市场为导向配置人才资源,围绕重点产业和重点领域发展需要,坚持人才培养与引进并举,对重点企业经营管理者开展轮训,强化人才载体建设,大力实施“项目+人才”计划。构建充满活力的人才使用机制,推动人才与技术、市场的有效对接,力争把我市建设成“环境一流、机制灵活、结构合理、产出高效”的人才强市。

**专栏1:人才“2113”工程**

> 期末人才总量达20万人,其中专业技术人才达到10万人。重点发展的新兴产业高层次、高技能人才实现“双倍增”,高层次人才达1万人,高

技能人才达3万人。

（二）大力发展现代特色农业。以促进农业增效和农民增收为目标，现代农业发展要坚持统分结合、粮渔并重，基地化、特色化和规模化推进，大力实施“568”战略，扩大现代特色农业覆盖面，做强绿色稻米、生态河蟹、脱水蔬菜等六大超10亿元特色产业。高效农业规模不断扩大，比重上升到72%，其中高效种植业和养殖业比重分别上升20和30个百分点。⑴继续推进农业内部结构调整。发展旅游观光农业和标准化农业，培育一批现代特色农业示范基地和示范村，加快推进现代农业产业园区规划建设，建成国家级现代农业示范区。建设优质稻米生产基地100万亩、红皮小麦生产基地60万亩、特色蔬菜种植基地20万亩，以瓜果、葡萄、番茄等为主的设施园艺面积发展到10万亩，期末特种水产品产量21万吨，畜禽生态养殖比重提高到80%。⑵提高农业科技应用水平。积极培育和引进农业新品种，坚持不断提升农产品品质，放大“五大集体商标”效应，大力发展品牌农业和外向型农业。推进我市农业的标准化生产，新创建绿色食品品牌20个以上、有机食品品牌10个以上。⑶扎实推进农业产业化进程。加快培育大型龙头企业，着力发展农副产品精深加工，构建现代化农产品交易市场体系，开发区、周庄、城郊三大农副产品加工集中区实现销售150亿元，形成1个30亿元以上的农产品物流中心。⑷大力发展合作经济组织。农民专业合作组织发展到800家，农户覆盖率超过35%。加快发展村镇银行、小额贷款有限公司、农村资金互助合作社等新型农村金融组织，努力构建农业信贷和农业保险体系，解决现代农业发展面临的资金和风险问题。

**专栏2：现代农业发展“568”战略**

> 依托5大体系：高标准农田建设体系、农技服务推广体系、农产品质量安全保障体系、农产品物流交易体系、农民专业合作组织体系。

> 建设6大工程：粮油高产高效创建工程、出口蔬菜质量安全示范区建设工程、畜禽生态健康养殖建设工程、防护林建设和湿地保护工程、现代农业园区建设工程、农副产品加工园区建设工程。

> 发展8大产业：优质稻米产业、红皮小麦产业、啤酒大麦产业、特色蔬菜产业、设施园艺产业、绿色畜禽产业、生态水产产业、休闲观光产业。

（三）加快新型工业化进程。坚持集约式发展、特色化推进、大中小并举，以科技（人才）为支撑、园区为载体，加快完善新型工业“234”体系，促进工业和信息化的有效融合，推动工业转型升级。⑴加快发展新兴产业。遵循国家扩大内需的政策导向，策应全省沿海开发战略的实施，支持战略性新兴产业的自主发展和配套需求。大力发展以不锈钢为主体和特色的新材料产业，支持兴达公司成为全球最大的钢帘线提供商；主动接受中国医药城的辐射，积极培育发展医药包装产业。通过企业重组、技术引进和项目带动，努力发展高端装备制造、电子信息、环保设备等产业。⑵提高主导产业集群化水平。规模以上工业比重上升10个百分点，建成千亿级不锈钢材料及制品产业集群。拓展支柱产业的中高端环节，建设具有产业优势和地域特色的制造业中心，促进主导产业和特色产业提档升级，建成国家级不锈钢出口基地。期末，规模以上工业产值超过2000亿元，占全部工业产值的比重超过70%，形成百亿级企业1家、50亿元企业2家、10亿元企业20家、亿元企业250家的企业梯队。⑶改造提升传统产业。注重整合内部产业资源，促进产业前延后伸链式发展，强化节能减排和可持续发展，有序淘汰一批能耗高、污染重、技术水平低的企业、产品和工艺，最大限度地提高制造业资源的使用效率和效益。期末企业技术改造投入超过400亿元，年均递增25%。引导企业注册商标年递增300件，新培育中国驰名商标5件、江苏省著名商标20件；新增中国名牌产品3个、省名牌产品20个。⑷建设特色产业园区。突破现有园区或集中区的区域限制，合理安排资源和要素配置，积极规划整合东南片及城区工业载体资源，举全市之力建设省级兴化经济开发区。依托行业龙头企业，加快建设江苏兴达新材料产业园（戴南）、兴化市新型医药包装产业园（张郭）、兴化市纺织服装产业园（安丰）、兴化市电子产业园（昭阳）、兴化市合金铸造产业园（临城）、兴化市汽车配件产业园（陈堡）、兴化市双蝶包装材料产业园（周庄）、兴化市精纺产业园（大垛）、兴化市铜制品产业园（荻垛）、兴化市脱水果蔬产业园（城东）、兴化市汽车齿轮产业园（合陈）、兴化市新型建材产业园（西郊）、兴化市光伏制品产业园（竹泓）等一批各具特色的产业园区或集中区，建好以胶粘制品为主导的兴化市台商工业园（茅山）。完善特色产业园区发展规划，提高园区投资强度和行政效率，着力推进基础设施建设，积极承载上海、浙江及苏南的产业转移，探索与发达地区开展合作共建园区，努力形成既相互竞争又相互补充的良好态势。到“十二五”期末，市重点工业园区（特色产业园）产值达到全市工业总量的80%以上。

**专栏3：新型工业“234”体系**

> 培育和发展两大新兴产业：以兴达公司为主体的省级高性能金属结构材料特色产业和张郭镇的医药包装产业。

> 提升和壮大三大主导产业：推进实施千亿级不锈钢制品产业以及机械铸造、农副产品加工两

大百亿级产业。

> 整合和优化四大产业基地:①特种合金材料及不锈钢制品产业基地，主要发展钢帘线和特钢产业。②机械铸造产业基地,主要发展城区的机械铸造和机械配件产业。③农副产品加工产业基地,主要发展西南片的麦芽加工产业、东部片的水产品和粮食加工产业、城区及郊区的脱水蔬菜产业。④医药包装产业基地，主要发展东南片的医药包装产业。

(四)促进建筑业快速发展。进一步巩固建筑业传统产业优势,引导部分企业向总承包、高资质方向发展,力争5年内新培育房建一级以上企业7家。大力培养建筑业经营管理人才，满足建筑市场的管理、指导和服务要求;开展建筑从业人员操作技能培训,通过建筑业发展带动更多农村劳动力有序转移。指导企业加快产业转型升级,鼓励企业向高资质的市政、钢结构、公路桥梁等领域渗透,提高兴化建筑企业的竞争力。在着力巩固原有建筑市场的基础上,加大外埠建筑施工市场开拓力度,引导和协助建筑企业参与外出施工市场竞争，依托苏兴公司等重点企业，积极鼓励在外建筑能人回兴注册专业建筑公司或挂靠本地龙头企业,构建以骨干企业为龙头、专业施工为主体、劳务分包为补充的分工协作体系,共同参与外埠建筑市场开发。“十二五”期间,建筑业施工产值年均增长20%以上,争创一批省、市名优工程。

(五)争创服务业发展新优势。坚持引导集聚、提升质态,扩总量、优结构、创特色,优化服务业空间布局,做大做强服务业6大板块,不断提升现代服务业发展水平。服务业城镇固定资产投资的增速高于全社会城镇固定资产的投资增速，年均增长25%以上。⑴着力扩大服务业总量。进一步做强省级不锈钢综合物流中心,加快发展以粮食和建材为特色的专业物流,促进物流业信息化建设,提高第三方、第四方物流的比重。应用信息技术改造各类专业市场,探索现货与电子交易相结合的现代交易模式。培育成交额超10亿元的市场15个、营业收入超10亿元的企业25个。推进全市农贸市场规范化、标准化建设,加快城区农贸市场升级改造步伐，新建城市新区东部农贸市场,逐步推进城西、北水关、城北、昭阳、新城、龙津河、工农桥、金花园、张阳和城堡等地段农贸市场的改扩建,增强市场的配套服务功能。大力发展城市和重点集镇的商贸文化休闲综合体，以品牌连锁和便利店等形式延伸社区商业。深入实施“万村千乡”市场工程,培育农产品批发市场和农资、农机流通企业,完善农村现代流通网络。期末全社会消费品零售额达180亿元,年均增长16%。坚持稳步发展房地产业,合理引导和优化商品房供应结构,进一步发展戴南－张郭、安丰小城市和重点镇房地产市场,健全房地产市场信息系统和预警预报系统。⑵促进服务业结构优化。适应消费结构升级的新需求,大力拓展服务业发展新领域。优化金融生态环境,引进一批银行和保险机构入驻兴化,探索建立兴化地方商业银行。引导规范发展法律咨询、工程咨询、会计审计、认证认可、信用评估、广告会展等商务服务业，积极吸引省内知名中介企业落户。发展科技服务业,推进电信网、广电网、互联网的三网融合,加快电子商务和电子政务建设,提高全社会科技和信息服务水平。鼓励企业设立社区服务网点,完善家政、托幼、养老、维修等社区服务设施和网络。⑶加快发展旅游业。立足生态自然和历史文化资源优势,加快形成“两区多特”的旅游布局体系,争创1-2个国家4A级风景区。进一步完善千岛菜花风景区基础设施，建成乌巾荡温泉休闲度假区,做好水上森林、徐马荒等生态旅游景区的规划开发。放大省历史文化名城效应,丰富金东门历史文化街区的游览项目。加快推进星级酒店建设,扶持发展农家旅馆等特色接待方式,不断完善旅游组织机构、接待设施和旅游公共信息服务系统，加大推介力度，发展旅游经济。积极开展与长三角城市的区域旅游合作,形成休闲、商务、会议等综合性旅游,建设苏中地区优秀的旅游目的地。

**专栏4:服务业6大板块**

> 商贸文化休闲板块。以主城区海德国际英武路段、楚水招商城周边及新区为主体,建设中高档商贸文化休闲板块。

> 不锈钢综合物流板块。以加快戴南－张郭城市化进程和助推不锈钢产业发展为目标，大力提升以现代物流为主要内容的服务业集聚板块,增强综合服务功能。

> 粮食产业物流板块。依托合陈火车货站,与戴窑粮食市场进行资源共享和优势互补，形成集粮食仓储、物流配送、精深加工、检验检测、信息服务于一体,服务本地、辐射江苏、连接国内外的区域性粮食物流集聚区。

> 建材物流板块。依托得胜湖内河港口作业区,建设集建材及农产品交易、仓储、信息、综合服务于一体的区域性综合物流园区。

> 安丰小城市商贸板块。巩固和发挥传统商贸优势,配套建设中高档接待酒店、河蟹批发特色市场、农贸市场,进一步实施房地产开发,打造兴化东北部商贸小城市。

> 生态湿地旅游板块。加大西北部湿地资源保护力度,加快缸顾千岛菜花景区、李中水上森林公园、西郊徐马荒风景区建设步伐,积极开发大纵湖旅游资源,加大资源整合、品牌宣传力度,把我

市西北部地区打造成省内知名的生态湿地旅游风景区。

**专栏5:"两区多特"的旅游布局体系**

> 西北片水乡湿地生态旅游区、古城文化休闲体验旅游区和一批特色旅游乡镇。

**二、加大城乡统筹力度,推进城乡一体化发展**

推进城乡一体化发展,是统筹城乡经济社会、事关我市长远发展的重大战略。以科学规划为龙头和基础,以产业发展为支撑,全面统筹城乡经济、政治、文化、社会建设。

(一)明晰市域主体功能区划。继续按照统筹城乡经济社会发展的要求,结合全省主体功能区规划方案的基础,进一步明确市域主体功能区,将全市城乡划分为制造业重点发展区、服务业优化发展区、特色农业发展区、生态保护区等4个主体功能区。强化规划的空间约束功能,引导形成"一主两副三轴"的区域开发格局,切实推进差别化发展和协调发展。制造业重点发展区,主要包括城区(含郊区)、戴南张郭区域、周庄陈堡茅山区域、大垛获垛竹泓区域、安丰镇区域。服务业优化发展区,主要包括城区(含郊区)、戴南张郭区域、戴窑合陈区域、安丰镇及西北部乡镇。特色农业发展区,主要包括高兴东公路、大兴金公路沿线和盐靖公路、兴泰公路、兴盐公路、兴沙公路沿线的"两横四纵"高效特色农业及农产品加工产业带。生态保护区,主要包括重点风景旅游区和生态保护示范区等。

**专栏6:"一主两副三轴"的区域开发格局**

> 一主:以主城区为中心城市,加快城市规划区基础设施建设,完善商贸、文化功能,优化居住和创业环境,整合开发区、昭阳镇、临城镇园区资源,辐射周边乡镇,推进城、郊区经济社会发展,提高城区经济在全市经济总量中的比重。

> 两副:合力推进戴南-张郭、安丰两个副中心小城市发展。重点建设戴南-张郭小城市,辐射周边乡镇,促进形成全市先进制造业和现代服务业有效融合的先行区;加快实施安丰镇总体规划,推进基础设施配套和完善,形成辐射周边乡镇的区域商贸小城市。

> 三轴:以高兴东公路、兴泰公路、大兴金公路为主要产业轴,发挥延伸和发散作用,串联重点乡镇和主要产业片区。

(二)完善协调推进的政策体系。坚持政府主导,在体制机制、政策扶持上加强统筹,按照生产力合理布局的要求,加快建立新型城乡关系。以城镇化带动农村经济发展,进一步增强城镇的集聚、带动和辐射功能。赋予戴南镇县级经济社会管理权限,推进戴南逐步发展成为人口集聚、产业集群、结构合理、体制创新、环境友好、社会和谐的现代新型小城市。在完善规划体系的基础上,搞好中心城镇布局规划。坚持配套建设,把城镇和农村作为一个有机整体,以满足人们多样性和多元化的需求为目标,综合推进城乡经济社会一体化发展,重点加强城乡社区建设及农村公用事业、基础设施建设,逐步实现城乡劳动者在就业、居住、社保等方面享有平等权利。

(三)优化城乡重大基础设施。坚持交通适度超前发展的原则,服务兴化"一主两副"城市格局,积极构建综合交通运输网络,完善客运枢纽体系和货运枢纽体系,缩短与周边主要中心城市的时空距离。启动盐泰锡宜城际铁路兴化段规划前期工作,构建市区至苏中机场40分钟抵达的快速通道,基本实现市区、重点乡镇和工业园区20分钟上高速公路的目标,到2015年,全市公路里程达到2900公里。以省级干线公路建设为重点,协助推进盐兴高高速公路前期工作,完善333省道兴化改线段、233省道兴化城东镇至333省道段、351省道和352省道兴化段,构筑腹部地区向东至204国道的衔接体系。延伸大周公路至启扬高速,提升229省道兴化段等级。以地方干线公路建设为重点,完善重要产业节点连通道路体系,形成重要产业节点集疏运网络,支撑并引导重要产业的快速发展。连通大周线、大戴线、新张线,形成中东部地区重要的纵向干线道路;连通张郭、戴南、周庄等重要乡镇节点,形成南部地区重要的横向干线公路;打通李合线,形成东西向贯通全境、连接沿海地区的重要通道;建设沙柳线,带动西北部旅游、渔业等产业发展。

**专栏7:兴化市域省道名称**

> 229省道:宁盐公路

> 231省道:兴泰公路

> 232省道:大周公路(规划)

> 233省道:邮兴盐公路

> 332省道:大兴金公路

> 333省道:高兴东公路

> 351省道:大丰麋鹿基地至兴化,规划扩建昌合公路

> 352省道:张郭、戴南、陈堡至江都武坚,规划东经204国道至沿海高速,西至京沪高速

在上官河、下官河、南官河、车路河、卤汀河、泰东河和串场河等骨干河道上实施撤渡建桥15处,进一步完善农村路网。对新通扬线航道进行升级改造,提高兴化水上

运输能力。围绕重点骨干河道整治,巩固和提升防洪保安体系,建设清水通道。争取早日实施《里下河地区水利规划》,扩大涝水外排出路,增加外排能力168立方米/秒。以圩堤加修和闸站建设为重点,进一步完善防洪御涝体系,巩固集镇和重点工业集中区防洪设施,实现日雨200毫米雨后一日排出的目标。整治卤汀河和渭水河,与泰州引江河衔接;整治西塘港、盐靖河、幸福河,与泰东河衔接,提升引水功能,为水资源供给提供保障。进一步优化主电网构架,提升兴化电网支撑功能。突出城乡配电网改造,不断加大农村配电网络建设力度,推进城区配电网改造,建设2个高标准的区域性配电网络示范区,形成与城市发展相适应的电力供应网络。

(四)深入推进镇村体系建设。适应经济社会发展和城市化进程,稳妥开展乡镇行政区划调整和撤村建居。进一步完善戴南-张郭、安丰小城市建设规划,注重以发展特色产业为支撑,加快推进小城市基础设施和综合功能建设,把戴南-张郭、安丰打造成城乡统筹、协调发展的新型示范区。按照"建管并重、产业为先、民生为本"的原则,积极优化周庄、大垛、沙沟、戴窑、合陈等5个重点镇发展布局,拓宽城镇发展空间,加强园区、商贸、文化、居住等配套设施建设,增强其区域辐射带动能力。搞好中心镇和中心村规划布局和功能定位,加强中心镇和中心村基础设施建设,以省和泰州市康居示范村、小康村创建为抓手,不%区。启动"康居工程",开展住宅建设试点,引导农民应用新技术、新材料,建设新型住宅,期末农民人均住房建筑面积45平方米。继续加大帮扶力度,整村推进扶贫开发,不断提高农村公共服务水平。

**专栏8:"一街、两区、三化"工程**

> 一街:一条主街道。

> 两区:村庄公共活动中心区、成片住宅区。

> 三化:住宅多层化、环境美化、生活现代化。

(五)加快中心城市发展。坚持扩大规模与完善功能并举,加快城市基础设施建设,做大做优中心城区,建成区面积达45平方公里,城区人口达35万人,建成生态水乡人文特色明显、宜居宜商的现代化中等城市。⑴完善城市功能。加速城市建成区东扩南进步伐,合理布局城市主要功能区。建成英武中路城市商贸综合体,改造提升金三角市场地块商贸水平,增强新城区建材、家居商贸集散功能。启动新一轮旧城改造,缓解老城区居住压力。改善九顷区、阳山区、五里区、野行区居住条件,扩大新城区居住规模,完善城区工业园区公共服务、生活、文化等配套设施。⑵畅通城市路网。打通城区东西向交通卡口,完善南北向道路体系,重点新建和改造30条道路和12座桥梁等一批城市交通干道,形成城市内环外通的道路网络,有序推进城市地下停车场和小型公共停车场建设,缓解市区停车难问题。新增城市骨干道路50公里,新增停车场30个左右。⑶推进城市园林化。加快东环线和北过境线防护林带建设,稳步推进外环道路绿化整体改造,营造城市绿色屏障。完善城市公园、绿地广场景观建设,推进建设滨河绿色走廊,做好道路绿化种植与补植、防洪工程绿化和沿河建筑物立体绿化,新增绿地面积90万平方米,城市绿化覆盖率达42%,城市人均公共绿地面积12平方米,创建国家级园林城市。⑷彰显水文化魅力。实现治河与治污同步、水系与景观同建,有效改善城市水环境质量,城市污水集中处理率和生活垃圾无害化处理率分别达到80%和90%。进一步装点美化海池河、沧浪河等城市中心河道,合理安排城市标志性建筑、园林景点、街头小品等,通过艺术设计赋予文化个性。继续实施金东门历史街区基础设施配套与整治,完成银北门街区整治工作。完善城市管理综合行政执法运行机制,加强户外广告和店牌店招整治,推进城区街容街景的精细管理,不断提升住宅小区物业管理水平,改善城市宜居环境。

**三、进一步深化改革开放,提高经济社会发展活力**

继续拓宽改革领域,加大关键环节的改革力度,着力解决深层次矛盾和问题,优化经济社会发展的体制机制。为经济社会发展更多的吸引外部资源,鼓励企业更多的利用外部资源,拓展经济社会发展的深度和广度。

(一)继续优化各项改革举措。1.加强政府自身建设。围绕建设法治政府和服务型政府目标,进一步深化行政管理体制、财政和投资体制改革,加快转变乡镇政府职能。改进和完善电子政务,推进行政权力网上公开透明运行,健全新闻发布制度、社会公示和听证制度。实施公务员分类管理,大力推行公务员职位聘任制。2.深化事业单位人事制度改革。全面推行聘用制和岗位管理制度,通过采取公开招聘、竞争上岗、按岗聘用、合同管理等方式,转变事业单位用人机制,实行事业单位人事管理由身份管理向岗位管理转变,由固定关系向聘用关系转变。3.全面深化农村各项改革。积极化解乡村债务,着力控减新增债务。推进农村土地承包经营权流转和征地制度改革,发展多种形式的适度规模经营,完善强农惠农政策,切实保障农民权益。进一步完善财政转移支付制度,加大一般性转移支付力度,积极发展村级集体经济,逐步缩小乡镇间财力差异,保障村级组织健康运行。4.落实民生领域的改革措施。按照国家、省和泰州市统一部署,积极落实教育、医疗卫生、文化、收入分配等领域的改革,努力缩小收入差距。改革基本公共服务提供方式,引入竞争机制,扩大购买服务,实现提供主体和提供方式多元化。

(二)不断提升开放型经济水平。1.积极构建合作共赢的开放体系。强化对传统产业的招商选资,积极招引新兴产业项目,主攻日韩企业、港台企业的引进,着力提高利用外资份额。“十二五”期间，累计利用外资7.7亿美元，力争引进10个3000万美元以上项目。利用长三角区域产业重组和央企布局调整的机遇，进一步扩大合作开放，加快推进资源整合和项目建设，培大育强主导产业和优势产品，争取引进一批央企、国企落户。2.进一步调整对外贸易结构。巩固美、日、欧等传统主体市场，加快开拓东盟、东欧等新兴市场，促进对外贸易向产品多层次、市场多元化、方式多样性转变。鼓励企业积极参与境外注册商标、申请专利和开展国际认证，提升兴化企业形象和竞争力，建成国家级不锈钢出口基地，促进扩大对外贸易比重，期末全市自营出口额突破4亿美元。优化出口产品结构，机电产品和农产品出口分别达到全市出口总量的50%和30%。3.积极实施“走出去”战略。培育壮大跨国经营主体，新批境外加工贸易企业10个。不断拓展境外投资合作领域和方式，支持企业积极参与并购、参股、境外上市等各种形式的国际经济技术合作，提升对外承包工程和劳务合作的综合效益。

(三)改善民营经济发展环境。进一步拓宽民间投资的领域和范围，鼓励和引导民间资本参与市政公用事业、基础设施、社会事业、金融服务等领域，形成和完善政府服务市场化运作的机制。1.健全现代市场体系。优化资源要素配置，进一步培育资本、土地、产权、人才等要素市场，更大程度地发挥市场基础性配置作用。支持各类投资主体面向重点产业集群和优势产业，建设一批产品设计、研发、检验检测、技术推广、信息咨询、人才培训等公共服务平台。2.帮助民营企业开拓市场。大力发展行业性电子商务平台，引导和推动民营企业开展电子商务交易，支持民营企业参加各类推介、展览、展销活动。推动民营企业完善公司治理结构和股份制改造，鼓励企业利用资本市场扩大融资规模。减免企业因上市开展相关工作产生的税费，对成功上市的企业给予财政奖励。3、加强和改善金融支持。完善中小企业信贷政策，创新中小企业信贷产品，加大对民营经济的信贷投入。扩大贷款抵押物范围，积极推广动产、应收账款、仓单、股权、政府采购中标合同和知识产权质押等方式，缓解民营经济贷款抵质押不足的矛盾。4、整顿和规范市场秩序。健全公共资源招标投标管理体制，规范工程建设招投标、土地使用权出让、产权交易、政府采购等制度，坚持公平准入、公平交易原则，强化招标投标监督机制。坚决打击制假售假、商业欺诈、偷逃骗税和侵犯知识产权行为。以信贷、纳税、合同履约、产品质量等信用记录为重点，完善民营企业信用评价制度，加快建设社会信用体系，建立失信惩戒制度。

**四、探索绿色发展模式，深入推进可持续发展**

以绿色增长为导向，以资源节约、环境保护和生态建设为重点，探索发展绿色经济、循环经济和低碳经济，推进形成有利于节约资源的生产方式和消费模式，增强资源环境承载能力，构建人与自然、经济与环境协调发展的新局面。

(一)努力构建资源节约型社会。强化节约意识，倡导健康文明、节约资源的消费模式。重点推进节约用水，建立节约用水的激励和补偿机制，加强水资源的统一管理和合理调度。在设施农业中试行喷灌、滴灌等微灌技术，在高标准农田建设中实行节水灌溉，修筑防渗渠道150公里。对工业企业继续推行节水技术改造，推进实施兴达钢帘线、双蝶纸业、双乐化工颜料等企业的废水循环利用。新建的住宅小区及医院、学校等单位广泛采用新型节水洁具，扎实推进节水型社会建设。大力开展节能工作，鼓励使用节能产品，建设和推广节能建筑，积极开发利用天然气、太阳能、沼气等清洁能源、新能源和可再生能源。健全土地节约集约利用机制，提高土地投入和产出效益，推进农村集镇居住点建设和改造，引导农民建房全部实施在规划点上，对农村空关房和一户多房进行清理整顿，提高农房建设用地利用效率。加大土地整理复垦力度，逐步关闭利用粘土制砖的砖瓦窑厂。加强重点原材料的消耗管理，鼓励使用新材料、再生材料及代用材料。

(二)加强环境保护和生态建设。加大环境保护和生态建设力度，创建国家环保模范城市和生态市，乡镇全部建成泰州市级以上环境优美乡镇。环境质量综合指数大于85，城市全年空气环境质量达二级标准的天数不低于330天。实施环境保护综合整治，开展重点地区、重点行业和重点企业的分类指导，有效控制污染物排放总量，严格控制新污染源。以城镇河道和水面管理、生活污水处理、垃圾处理、危险废物安全处置工程建设为重点，加强城市环境综合治理，提高城南污水处理厂运行效率。以农村生产生活污染源为重点，严格规范农业面源投入品的使用，大力开展农村环境综合整治，清理疏浚中小河道，高标准整治环庄、临庄、穿庄河道，落实水面保洁长效措施。实施绿化造林工程，加强生态区划管理，进一步完善对风景旅游区、生态保护示范区等的保护和管理，消除破坏生态违法行为，充分修复和保护自然生态系统，切实提高生态保护和建设质量。

(三)大力发展环保产业。继续加大工业的清洁生产、循环经济、可持续利用能源等方面的试点和推广，推进清洁生产和IS014000环境管理体系及环境标志认证工作。促进企业间以废弃物再利用为纽带形成共生关系，优先吸引产业链中的补链项目落户。以新技术新工艺推广示范为重点，积极发展再生资源回收利用产业和环保产业，引导、扶持企业开发具有自主知识产权的重要环保技术装备和基础装备，促进环保产业发展。逐步建成城市餐厨垃圾、废旧塑料、建筑垃圾、废旧电池等一系列废弃物处理和再生利用设施，使城市生活垃圾变废为宝，逐步实现垃圾无害化、减量化、资源化。推广适用的秸秆综合利用技术,扩大“沼气池－畜禽舍－厕所－日光温室”四位一体的能源生态模式,实施人畜粪便、生活垃圾和污水的综合治理和转化利用工程。

**五、以改善民生为重点,提升民生幸福感**

始终坚持以人为本的理念,把民生幸福作为发展的落脚点,加大对基本公共服务领域的投入,构建多元化的投入体系。千方百计扩大就业,健全社会保障制度,大力发展社会事业。完善基本公共服务,努力增强文化软实力,着力构建共享发展的良好氛围。

(一)大力扶持就业创业。实施积极的就业政策,健全城乡一体化的就业制度和服务体系,完善市、乡镇、村居三级人力资源市场网络和服务平台建设。区别不同类型的人群,开展差异性的就业服务,围绕下岗失业职工、“4050”人员等,大力发展以社区服务为主要内容的社区就业。落实鼓励扶持就业创业政策,以富民增收为目标,开展再就业岗位培训、被征地农民和农村劳动力转移培训、“两后生”劳动预备制培训等各类就业创业职业技能培训,每年参加培训人数增长不低于15%,进一步完善并推行职业资格证书制度,确保五年新增城镇就业4万人,力争每年1万人实现再就业,期末从事二、三产业的农村劳动力占85%以上。建立健全劳动关系协调机制,规范企业劳动用工行为,发挥工会、企业作用,深入开展创建和谐劳动关系企业活动。不断扩大劳动合同签订范围,在外资企业、私营企业等非国有企业中,全面实行工资集体协商制度,形成职工工资正常增长机制和支付保障机制,监督企业严格执行最低工资规定,依法、公正、及时处理劳动争议案件,按期结案率达到100%。

(二)健全社会保障体系。1.完善社会保险网络。巩固城乡居民养老保险全覆盖成果,实现企业职工养老保险全覆盖,逐步提高企业退休人员基本养老金水平。不断扩大医疗保险覆盖范围,建立城乡一体化的医保门诊统筹制度,完善医疗保险政策举措,提高各类医疗保险结报比例。加强失业保险、工伤保险和生育保险管理,推行企业工伤储备金制度,把工伤保险扩大到私营企业、个体工商户和企业中的农民工群体。2.提高社会救助水平。重视老龄工作和残疾人工作,保障老年人和残疾人的合法权益,完善重残救助制度,支持社会福利事业发展,进一步完善市、镇、村三级养老服务网络,提高机构养老规模和水平。维护城乡弱势群体的基本权益,健全覆盖城乡的社会救助体系,实施扶贫开发,倡导红十字会、慈善总会等社会救助模式,进一步扩大救助范围。城镇和农村居民最低生活保障标准分别不低于上年城镇居民人均可支配收入和农民人均纯收入的25%,农村“五保”户集中供养率不低于75%,散居五保户供养包护率100%。

(三)统筹发展社会事业。1.优先发展教育事业。促进教育事业优质均衡发展,加强教师队伍建设和师德师风管理,全面提升教育教学质量。协调发展学历教育和非学历教育、普通教育和职业教育,积极发展特殊教育、继续教育和老年教育,构建体系完备的终身教育网络,建成教育现代化市。高质量普及义务教育,高标准普及学前三年教育和高中阶段教育。继续推进教育布局调整和资源优化配置,全市保留小学学校(教学点)100所、初中学校50所、普通高中8所。创建国家级示范高中1-2所,江苏省四星级高中达到4所,乡镇中心幼儿园全部建成省优质幼儿园,全市新增省优质幼儿园20所,办好城市新区两所九年一贯制学校。继续加强学校后勤规范化管理,完成全市中小学校舍安全工程,改善农村中小学食宿条件,推动“和谐校园”建设。加强对社会办学机构的监管,推动民办教育健康发展。实施兴化市中等专业学校办学层次升级计划,围绕我市经济发展转型和产业结构优化课程设置,加快培养实用技术人才,实现普职比大体相当的教育均衡发展目标,增强职业教育服务功能,推进职业教育持续发展。2.加快发展卫生事业。坚持中西医并重方针和公立医院的公益性质,统筹配置城乡医疗资源,贯彻实施国家基本药物制度。市人民医院创建三级医院,建成全市医、教、研中心;市中医院坚持中医特色,创建现代化中医院。加快专科医院建设,规范发展民营医院。进一步健全疾病防控、卫生执法体系,推进精神卫生、妇幼保健工作。加强乡镇卫生院基础设施建设,建成省级示范乡镇卫生院5所。大力发展社区卫生服务,建成4所城市社区卫生服务中心,居民社区卫生服务机构门诊比例达50%以上,推进农村卫生服务站规范化建设,形成城乡15分钟健康服务圈。积极开展爱国卫生运动,新增农村户厕15万座,积极创建全国卫生城市。3.积极发展其他社会事业。注重提高人民科学文化素养、健康素质和生活质量,大力普及科学文化知识。积极发展体育事业和产业,加快建设城乡公共体育健身设施,不断完善全民健身服务体系,力争体育人口达50%,促进群众体育和竞技体育达到新水平,承办好国际象棋比赛等重大赛事。推进有线电视与调频广播“双入户”工程,基本实现城乡有线电视“户户通”,完成城乡有线电视数字化整体转换。继续做好人民武装、新闻、审计、物价、消防、气象、妇女儿童、史志档案和关心下一代等工作。

(四)加快文化兴化建设。大力加强思想道德与先进文化建设,广泛开展群众性精神文明创建活动,弘扬城市人文精神,丰富群众文化生活,深化文明城市创建内涵,提高全体市民素质。⑴繁荣文化事业。整合公益性文化资源,优化文化事业布局,健全公共文化体系。加强镇、村和城市社区公益性文化阵地建设,市博物馆建成全省一流县级博物馆,创建国家二级档案馆。依托市文化馆、市淮剧团及社会文艺团体,大力实施文化惠民工程。激发文艺精品创作,打造板桥道情、国际象棋、昭阳讲坛、茅山号子等地方特色文化品牌，继续办好中国兴化郑板桥艺术节和千岛菜花旅游节。⑵保护历史文化。注重兴化古文化及历史遗存的保护、开发和利用，打造西起八字桥文化广场、东至东门泊的金东门水城风光带，重建名胜古迹文峰塔，恢复龙津河景观。力争垛田文化景观成为全国重点文物保护单位，“施耐庵与《水浒》传说”、“沙沟板凳龙”等项目进入国家级非物质文化遗产名录。⑶发展文化产业。巩固发展以文化旅游、工艺美术品研发为重点的文化产业，探索发展创意设计、影视传媒等新兴文化产业门类。壮大文化产业规模，鼓励和引导社会力量兴办文化产业。支持发展竹泓木船等一批特色文化产业基地，打造文化产业集群，增强文化对经济发展的内涵支撑作用。规范发展以网络为代表的各类特色文化市场。

(五)完善民生公共服务。⑴基本实现安全饮水。推进农村安全饮水和区域供水工程，加强四大区域水厂运营管理，建立促进合理利用的水价形成机制。新建和改扩建区域水厂，继续撤并不合格的中小水厂，组建乡镇供水服务公司，完善区域供水格局。合理确定工程实施方案，加快推进村内管网的延伸和改造。切实加强集中式饮用水源地监测、预警和保护，确保城乡集中式饮用水源地水质正常达标。积极推进各个区域供水企业的联网建设，扩大联网供水规模，加快兴化全境饮用长江水进程。⑵加快城乡客运一体化发展。推进道路客运行业规模化、集约化、公司化经营，城市公交线路达到25条，公交车总量达到250标台，每万人公交车拥有量8标台，推广使用IC卡、GPS实时监控等自动化管理系统，提高公交运营服务水平。更新城市出租汽车400辆左右，客运车辆村村通，实现全市道路客运经营的全覆盖、零换乘、高密度的目标。⑶解决城区中低收入家庭住房困难。加强城区住房保障体系建设，同步推进城区危旧房改造，建设各类保障性住房56万平方米左右，缓解城区中低收入家庭住房困难。期末，人均住房建筑面积在20平方米以下、人均月收入在1200元以下的城区中低收入家庭和农民工等外来务工人员以及新就业人员等其他住房困难群体，力争通过廉租住房制度、经济适用住房制度、经济适用房租售并举制度、限价商品住房制度以及公共租赁房、职工(农民工)公寓等梯度保障措施，住房条件得到明显改善。

**六、强化社会管理，促进社会和谐**

更加重视社会建设和管理，解决影响社会和谐的突出问题，建立更加规范有序的社会秩序，促进经济社会的良性互动、协调发展。

(一)建立健全社会管理新机制。深入推进社会管理的制度创新，完善与社会主义市场经济体制相适应的管理体系，加强多部门沟通协调，推进科学决策，形成公平规范的利用协调机制和权益保障机制。不断加强平安兴化创建工作，积极推进“技防城”建设，在城区主要商业街道、商场、市场、车站、码头、文化娱乐等公共场所，全面推广视频监控、联网报警、电子巡查等措施。不断加强社区警务建设，配备专职社区和驻村警力，完善治安卡口、警务查报站、治安检查站等组成的治安堵控网络，实现全天候治安管控。积极开展社会稳定风险评估，进一步从源头上控制和减少涉稳及上访事件，严密防范和严厉打击各类违法犯罪行为，重视加强校园安全保卫工作。深入开展社会矛盾化解，健全信访工作机制和矛盾纠纷调处工作机制，促进人民调解、行政调解、司法调解的衔接配合和相互融合。解决好高危人群帮教管理、社会治安重点地区综合治理、健全虚拟社会管理机制，妥善引导网络舆情，积极打造平安网络。以服务发展、促进和谐为根本，积极组建专业协会和城乡社区服务组织，合理引导民间组织有序发展。

(二)扎实推进民主法治建设。积极推进民主政治建设，支持人大、政协及其常委会依法行使职权，保证公民依法民主选举、民主决策、民主管理和民主监督。加强城乡基层自治组织建设，扩大基层民主，依法完善村民自治、社区居民自治和企事业单位民主管理制度。深入推进法治兴化建设，严格依法行政和公正廉洁执法，进一步提高开放、透明、信息化条件下的执法公信力，维护社会公平正义和司法权威。完成新一轮普法任务，提高全社会法制水平。健全依法有序表达诉求的渠道、及时有效解决问题的环境，积极预防、妥善处置群体性事件，有效维护社会稳定。充分发挥群团组织的作用和功能，进一步做好民族宗教、对台和外事侨务工作。巩固和发展军政、军民团结，努力创建成国家级双拥模范城市。

(三)巩固公共安全应急体系。进一步完善快速反应机制和社会动员体制，制定和完善全方位、多层次的应急预案，提高多部门联动应对重大灾害、重大疫病和重大突发事件等应急处置能力。加强市应急指挥中心建设，完善应急指挥平台和数据库系统，建成全市基础性应急信息资源数据库，实现跨地区、跨部门应急信息资源的交换与共享。健全重大自然灾害及突发公共事件监测预警和监测网络系统，加密灾害性天气自动气象观测网和地震数字监测网，地震监测能力达到1.0级。新建一定规模的物资储备仓库，加大防汛、救灾物资储备力度。高度重视全社会安全生产，注重安全生产关键技术和装备的引进、应用与管理，切实防止重特大事故发生。深化重点行业和领域专项整治与监督，加大危险物品和医疗废物安全管理，开展重大危险源监控和重大事故隐患治理，危险物品监控达到全覆盖。积极开展群众性急救知识与技能培训，高危行业(企业)要配备一定数量培训合格的救护员。进一步完善道路安全设施建设，加强农用自备船和乡镇渡口安全管理，提升农村交通服务质量，保障农民生产和出行安全。大力实施食品、药品放心工程，加强农产品质量安全、食品生产和流通、餐饮消费、畜禽屠宰等关键环节监管,保障人民群众生命健康。

(四)加强人口管理与服务。进一步放宽办理市区及集镇等户口迁移准入条件,促进农民向市民转变。健全城乡人口管理体制,全面深化流动人口管理,不断完善和优化流动人口公共服务措施,全市流动人口信息社会化采集率达到80%。探索解决感染艾滋病和吸毒人员的收戒、治疗问题。着力加强人口和计划生育工作,加强社区计划生育服务,提高流动人口计生服务管理水平,实施避孕节育、生殖健康、家庭保健服务工程,推进城乡计生服务均等化。巩固省人口协调发展先进市创建成果,构建出生人口性别比治理长效机制,稳定低生育水平,努力实现人口与经济社会的协调发展。

## 第四章 “十二五”期间实施的重点项目

“十二五”期末,全社会固定资产投资达到500亿元,年均增长18%。积极统筹全市各项资源,计划实施一批重点项目,并作为规划实施的重要抓手,发挥固定资产投资对经济社会发展的支撑和拉动作用,进一步完善城乡基础设施功能,增强社会服务与保障能力。项目计划总投资300亿元,其中“十二五”期间完成投资250亿元。对农业、工业和服务业等产业类项目,主要遵循国家产业政策,依照市场调节原则,通过招商引资吸引市场主体投资实施,并由政府在国家法律法规和政策允许范围内加以规范。对主要依靠财政投资或需财政配套资金的重点项目,由政府遵循必要性和可行性原则组织实施,主要包括基础设施、城市建设、社会事业和生态环境等方面。

基础设施方面:重点实施①电力设施。1个1000千伏特高压输变电工程,新建唐刘、殷庄2个220千伏输变电工程和新垛、昌荣、中沙、安北、纪荀5个110千伏输变电工程;扩建周庄、严家2个110千伏输变电工程。②交通设施。推进兴化粮食产业物流园区铁路专用线建设,启动戴窑铁路支线前期工作。改扩建233省道城东镇至333省道段、改造S333垛田至兴化互通段、实施高兴东南路、大周公路兴化至姜堰段及竹泓、林湖连接线工程、李合公路海南至昌荣段、大戴线合陈至大兴金段、陈张公路陈堡至武坚段、新张线陶庄至张郭段和陶庄至永丰段公路、西横公路、沙柳公路沙沟段。改造航道通扬线河口至瓦庄口和瓦庄口至祁沟荡,建成市客运总站。③水利设施。完成南水北调卤汀河工程、拓浚车路河、下官河、泰东河等骨干河道,治理白涂河,疏浚县乡河道,实施农村水利项目和饮用长江水工程等。

城市建设方面:重点实施①道路桥梁。高兴东公路西延、水乡路西延、中和路东延、牌楼路改造、建设路西延、文林路南延、白涂河路、牌楼北路改造等30条道路;杭州路大桥、南官河桥、西荡河大桥、大溪河桥、严家大桥、五里大桥拓宽改造等12座桥梁。②停车场地。乌巾荡公园东、西停车场、金三角市场停车场、南亭路南停车场、五里大桥东南角停车场等30处停车场地。③绿化景观。姜堰河二期、兴化大道南延、三水园、直港河五期、南亭路滨河、人口疏散基地防护林等14处绿化景观。④其他项目。实施城区自来水水质提升工程,建设戴南至兴化城区及张郭、安丰方向的天然气高压管网和其他燃气管道500公里,新建3座汽车加气站。新建或改建城市公厕68座。新增1.8万平方米廉租房,建设27.5万平方米经济适用房(含定销经济适用房),新建或配建3.6万平方米公共租赁房、23万平方米限价商品房。实施城南污水处理厂续建工程、区域供水管网、垃圾收运体系、粪便处理中心、人防指挥所和数字化城市管理指挥中心等。

社会事业方面:重点实施省教育现代化市验收工程、中小学校舍安全工程、新区九年一贯制学校。建成市人民医院新院、市中医院南区综合楼和市脑科医院综合楼,改扩建乡镇卫生院业务用房25000平方米和能承办省级以上赛事的标准游泳馆。改建市救助管理站和救灾仓库,新建殡仪服务中心,完善公墓管理中心基础设施。实施金东门文化产业基地、数码影城、乡镇文化站配套设施。整修银北门历史街区、修缮杨家大院、家舒巷古民居群和万兴大典等。

生态环境方面:重点实施西北部湿地生态保护系统工程、白涂河环境整治、城区黑河环境综合治理、戴南镇和周庄镇生活污水处理厂、开发区工业污水处理厂和戴南镇酸洗废水处理厂污泥综合处置利用、中水和尾水深度处理回用、电厂脱硫系统、低氮燃烧装置、天然气取代煤气发生炉加热处理、汽车使用天然气、秸秆综合利用和生态环境监测工程等。

## 第五章 规划实施的保障

严格执行《江苏省发展规划条例》,将规划的编制、管理和实施行为纳入法制化轨道,辅之以经济、行政、舆论等手段,调控引导社会资源,有效配置公共资源,完成规划确定的发展目标和重点任务。

强化政策和制度保障。围绕规划实施,统筹协调经济社会发展政策和重大改革,使规划与政策和制度形成合力。加强政策与规划之间的协调,财税、产业等政策要服从和服务于规划确定的发展目标和工作重点。改善和优化目标考核导向,牢固树立正确的发展观和政绩观,加快建立有利于统筹城乡协调发展的协调机制和约束机制。努力改变以经济总量增长作为主要考核指标的导向,着重考核人均指标,以及人文、社会、环境指标,坚持把经济总量增长与社会发展、资源环境代价联系起来,以利于科学发展观的落实,更全面地反映发展的水平和政绩。

做好各级各类规划的衔接。在规划实施过程中,注重经济社会发展规划、土地利用总体规划和城市总体规划的衔接协调,坚持下级规划服从上级规划、专项规划服从总体规划、同级规划之间互相协调。根据规划确定的发展目标,结合年度经济社会发展情况,合理确定年度发展目标和方向。

健全规划实施监督评估制度。加强对规划确定的调控目标的监测预警和对重大改革、重大政策落实情况的跟踪检查,及时发现问题,提出改进意见。自觉接受市人大、市政协和社会各界对规划实施情况的监督,在规划实施的中期阶段,要进行中期评估,并向市人大常委会提交评估报告。经评估需要对规划进行修订时,由市政府提出修订方案,报市人大常委会批准。

## 兴化市“十二五”规划指标体系及目标预期

**表** 1

| 序号 | 类别 | 指标名称 | 单位 | 指标属性 | 2010年实绩 | 2015年目标 | 年均增长 | 2015年省目标 | 2015年泰州目标 |
|---|---|---|---|---|---|---|---|---|---|
| 1 | 经济发展 | 地区生产总值 | 亿元 | 预期性 | 380.24 | 855 | 13 | 年均增长10%左右 | 年均增长12%左右 |
| | | 一产增加值 | 亿元 | 预期性 | 53.19 | 68 | 4 | | |
| | | 二产增加值 | 亿元 | 预期性 | 183.74 | 421 | 15 | | |
| | | 其中:工业增加值 | 亿元 | 预期性 | 155.92 | 366 | 15.5 | | |
| | | 建筑业增加值 | 亿元 | 预期性 | 27.82 | 55 | 10 | | |
| | | 服务业增加值 | 亿元 | 预期性 | 143.31 | 331 | 13.8 | | 年均增长13% |
| 2 | | 人均 GDP | 元 | 预期性 | 29069 | 58000左右 | 15 | | 85000左右 |
| 3 | | 财政总收入 | 亿元 | 预期性 | 54.46 | 166 | 25 | | 年均增长15% |
| 4 | | 一般预算收入 | 亿元 | 预期性 | 21.13 | 65 | 25 | | 年均增长15% |
| 5 | | 全社会固定资产投资 | 亿元 | 预期性 | 239.2 | >500 | 18 | | 年均增长16% |
| 6 | | 社会消费品零售总额 | 亿元 | 预期性 | 85.9 | 180 | 16 | | 年均增长16% |
| 7 | | 城市化水平 | % | 预期性 | 45.7 | 55 | | 63 | 60左右 |
| 8 | 开放创新 | 自营出口额 | 亿美元 | 预期性 | 3.2 | 4 | | | |
| 9 | | 实际利用外资 | 亿美元 | 预期性 | 1 | 2 | | | 累计 100 |
| 10 | | 生产性服务业增加值占服务业增加值比重 | % | 预期性 | | 40 | | | |
| 11 | | 规模以上工业产值 | 亿元 | 预期性 | 662.3 | 2000 | | | |
| 12 | | 其中:高新技术产业产值比重 | % | 预期性 | 16 | 30 | | 40 | >38 |
| 13 | | 工业技改投入 | 亿元 | 预期性 | 141.9 | >400 | 25 | | 累计 8600 |
| 14 | | R&D支出占 GDP 比重 | % | 预期性 | | 2.5 | | 2.5 | 2.5 |

续表 1

| 序号 | 类别 | 指标名称 | 单位 | 指标属性 | 2010年实绩 | 2015年目标 | 年均增长 | 2015年省目标 | 2015年泰州目标 |
|---|---|---|---|---|---|---|---|---|---|
| 15 | 开放创新 | 人力资本投资占 GDP 比重 | % | 预期性 | | ＞12 | | ＞15 | 12.5 |
| 16 | 开放创新 | 人才贡献率 | % | 预期性 | | ＞40 | | 43 | 43 |
| 17 | 开放创新 | 百亿元 GDP 专利授权数 | 件 | 预期性 | | 300 | | 400 | 190 |
| 18 | 开放创新 | 企业专利实施率 | % | 预期性 | | 70 | | | |
| 19 | 社会发展 | 高等教育毛入学率 | % | 预期性 | 31.9 | 35 | | 50 | 50 |
| 20 | 社会发展 | 高中阶段教育普及率 | % | 约束性 | 95 | 95.5 | | ＞95 | |
| 21 | 社会发展 | 万人拥有病床数 | 个 | 预期性 | 20.5 | 25 | | 40左右 | 35 |
| 22 | 社会发展 | 公共文化服务设施网络覆盖率 | % | 预期性 | | ＞95 | | ＞90 | ＞95 |
| 23 | 社会发展 | 城乡基本社会保险覆盖率 | % | 约束性 | 98 | ＞99 | | ＞95 | 99 |
| 24 | 社会发展 | 城乡三项医疗保险参保率 | % | 约束性 | | ＞98 | | ＞95 | |
| 25 | 社会发展 | 新型农村合作医疗实际补偿比 | % | 预期性 | 45 | ＞70 | | | 70左右 |
| 26 | 社会发展 | 人民群众对社会治安满意率 | % | 预期性 | 98.4 | 99 | | | ＞98 |
| 27 | 资源环境 | 耕地保有量 | 万亩 | 约束性 | | 185 | | 7125 | 459 |
| 28 | 资源环境 | 单位 GDP 能耗下降率 | % | 约束性 | | 完成上级下达目标 | | 完成国家下达指标 | 完成省下目标 |
| 29 | 资源环境 | 单位 GDPCO2 排放削减率 | % | 约束性 | | 完成上级下达目标 | | 完成国家下达指标 | 完成省下目标 |
| 30 | 资源环境 | 主要污染物排放削减率：化学需氧量 | % | 约束性 | | 完成上级下达目标 | | 完成国家下达指标 | 完成省下目标 |
| | | 主要污染物排放削减率：二氧化硫 | % | 约束性 | | 完成上级下达目标 | | 完成国家下达指标 | 完成省下目标 |
| | | 主要污染物排放削减率：氨氮 | % | 约束性 | | 完成上级下达目标 | | 完成国家下达指标 | 完成省下目标 |
| | | 主要污染物排放削减率：氮氧化物 | % | 约束性 | | 完成上级下达目标 | | 完成国家下达指标 | 完成省下目标 |
| 31 | 资源环境 | 森林覆盖率 | % | 约束性 | 12.59 | 18 | | 22 | 22左右 |
| 32 | 资源环境 | 单位工业增加值用水量降低 | % | 约束性 | | 24 | | 25 | |
| 33 | 人民生活 | 人口自然增长率(户籍人口) | ‰ | 约束性 | | 3 | | 4左右 | 3左右 |
| 34 | 人民生活 | 城镇居民人均可支配收入 | 元 | 预期性 | 18409 | 30000 | 11 | 年均增长10%左右 | 年均增长12%左右 |
| 35 | 人民生活 | 农民人均纯收入 | 元 | 预期性 | 8817 | 15000 | 11 | 年均增长10%左右 | 年均增长12%左右 |
| 36 | 人民生活 | 城镇登记失业率 | % | 预期性 | | ＜3 | | ＜4 | ≤3.5 |
| 37 | 人民生活 | 五年新增城镇就业 | 万人 | 预期性 | 4.1 | ＞4 | | ＞500 | 30 |
| 38 | 人民生活 | 新增保障性住房面积 | 万平方米 | 约束性 | | 56 | | | 300 |
| 39 | 人民生活 | 每万人公交车拥有量 | 标台 | 预期性 | 5.9 | 8 | | 15 | 16 |

# 兴化市“十二五”专项规划编制计划

表 2

| 序号 | 规划名称 | 牵头部门 | 环评要求 |
| --- | --- | --- | --- |
| 1 | 兴化市现代农业发展“十二五”专项规划 | 农委 | 篇章或说明 |
| 2 | 兴化市先进制造业发展“十二五”专项规划 | 经信委 | 篇章或说明 |
| 3 | 兴化市现代服务业发展“十二五”专项规划 | 服务业局 | 篇章或说明 |
| 4 | 兴化市科技进步和自主创新 “十二五”专项规划 | 科技局 | 篇章或说明 |
| 5 | 兴化市重大项目建设“十二五”专项规划 | 发改委 | 篇章或说明 |
| 6 | 兴化市开放型经济发展“十二五”专项规划 | 商务局 | 篇章或说明 |
| 7 | 兴化市综合交通发展“十二五”专项规划 | 交通运输局 | 报告书 |
| 8 | 兴化市水务建设“十二五”专项规划 | 水务局 | 报告书 |
| 9 | 兴化市城市化与城镇体系建设“十二五”专项规划 | 住建局 | 篇章或说明 |
| 10 | 兴化市城市管理“十二五”专项规划 | 城管局 | |
| 11 | 兴化市新农村建设“十二五”专项规划 | 农工办 | 篇章或说明 |
| 12 | 兴化市生态建设与环境保护“十二五”专项规划 | 环保局 | |
| 13 | 兴化市广电事业发展“十二五”专项规划 | 文广新局 | 篇章或说明 |
| 14 | 兴化市金融业发展“十二五”专项规划 | 人民银行 | |
| 15 | 兴化市财政发展“十二五”专项规划 | 财政局 | |
| 16 | 兴化市教育事业发展“十二五”专项规划 | 教育局 | |
| 17 | 兴化市卫生事业发展“十二五”专项规划 | 卫生局 | 篇章或说明 |
| 18 | 兴化市体育事业发展“十二五”专项规划 | 体育局 | |
| 19 | 兴化市就业和社会保障事业发展“十二五”专项规划 | 人社局 | |
| 20 | 兴化市人才发展“十二五”专项规划 | 人社局 | |
| 21 | “文化兴化”建设“十二五”专项规划 | 文广新局 | |
| 22 | 兴化市旅游业发展“十二五”专项规划 | 旅游局 | 报告书 |
| 23 | 兴化市民政和老龄事业发展“十二五”专项规划 | 民政局 | |
| 24 | 兴化市电网发展“十二五”专项规划 | 供电局(公司) | 报告书 |
| 25 | 兴化市公共安全体系建设“十二五”专项规划 | 公安局 | |
| 26 | 兴化市妇女儿童发展“十二五”专项规划 | 妇联 | |
| 27 | 兴化市残疾人事业发展“十二五”专项规划 | 残联 | |

# 大 事 记

## 1月

4～5日　市委书记贾春林、市长李伟带领市党政代表团赴沛县、江都市参观,学习两地发展经济和城市规划建设方面的成功经验,排查本市存在的差距,进一步理清追赶先进、跨越发展的新思路。

6日　中共兴化市代表大会在昭阳剧院召开。市委书记贾春林作题为《务实创新 克难攻坚 为全面建成小康社会而努力奋斗》的工作报告。

11日　政协兴化市第十一届委员会第三次会议开幕。在兴化的市四套班子领导出席开幕式。

12日　兴化市第十四届人民代表大会第三次会议在昭阳剧院开幕。市委书记、市人大常委会主任贾春林主持会议。市长李伟代表市政府向大会作《政府工作报告》。

14日　泰州市城管局在兴化市主持召开泰州市首个环境卫生专业规划评审会,由泰州市规划设计院和市城管局共同编制的《(2009～2020)兴化市城市环境卫生专业规划》,原则通过由苏州市市政公用局高级工程师潘维为组长的专家组评审。

15日　在全省"扫黄打非"工作会议上,兴化市获全省"扫黄打非先进模范市"称号,为泰州市唯一获此殊荣的县(市)。

18日　全市教育系统办公自动化平台(OA)开通仪式在市教育局举行。市委常委、宣传部部长徐立华,副市长马雅斐参加开通仪式。

19日　兴化市图书馆获国家一级图书馆称号。

20日　兴化市通过江苏省语委第六批城市语言文字工作评估达标县(市、区)的认定,荣获"江苏省语言文字工作评估达标县(市、区)"称号。

26日　省人口计生委副主任何小鹏一行在泰州市人口计生委主任王新华、副主任瞿德祥陪同下到兴化市评估验收国家和省计划生育优质服务先进市创建工作。

△　兴化中学高三(4)班的苏洋和刘帅两位同学在参加中国数学奥林匹克暨第25届全国中学生数学冬令营竞赛中荣获一等奖。

28日　兴化市红十字会召开第二次会员代表大会。会议选举红十字会第二届理事会和会长、副会长、秘书长,通过兴化市红十字会第一届理事会工作报告和《兴化市红十字事业2010～2014年发展规划》。省红十字会专职副会长单加海、泰州市红十字会专职副会长徐志明出席会议。

## 2月

2日　省委常委、省纪委书记弘强到兴化就廉政文化建设、经济社会发展等方面情况进行调研。

△　副省长张卫国到临城镇走访慰问部分重点优抚对象、低保户、五保户、敬老院老人,给慰问对象送上省委、省政府的关心、温暖及新春的祝福。

5日　泰州市委常委、泰州军分区司令员张本印,政委庄义春一行到钓鱼镇檀木小学,慰问贫困学生,并为他们送去慰问金以及书包等学习用品和年货。

6日　市委、市政府在泰州嘉銮国际大酒店举行"兴化经济社会发展情况汇报会"。市长李伟主持汇报会。市委书记贾春林汇报兴化市2009年的工作情况和2010年的工作思路。泰州市委常委、常务副市长杨峰在汇报会上讲话。

19日　第八届商品房展销会在市体育馆隆重开幕。24家房地产开发企业参展,推出现房房源近8万平方米、期房41多万平方米。

24日　由山东省平原县委副书记、县长马善军带领的党政代表团到兴化参观考察。市领导卞正祥、梅建成、谢东洪陪同参观。

## 3月

2日　省政府副秘书长于利中率省乡镇机构改革工作调研组到兴化调研。于利中代表调研组要求兴化市围绕整合行政资源,提高工作效能,注重把关相关问题,稳步推进改革。市委常委、常务副市长顾跃进陪同。

3日　泰州市委书记张雷、副书记王守法、副市长丁士宏到兴化检查高效农业和林业绿化等工作。张雷对兴化市强化政策扶持发展现代高效农业、抢抓季节开展春季林业绿化、加大投入整治村庄环境表示充分肯定。市领导贾春林、李伟、顾国平陪同检查。

4 日　兴化市体育总会成立大会在中国移动兴化分公司会议室召开。会议审议通过《兴化市体育总会章程(草案)》、《大会选举办法(草案)》、第一届委员候选人建议名单等，选举产生兴化市体育总会第一届委员会主席、副主席、秘书长、常务委员、委员。泰州市体育局副局长、体育总会副会长潘强，兴化市副市长马雅斐参加会议并对新成立的体育总会提出期望和要求。

8 日　省科技厅公布首批“江苏省创新型乡镇”，兴化市戴南镇入选。此次全省共有 23 个乡镇入选。

13 日　兴化市板桥赛鸽中心落成。成立后的板桥赛鸽中心是泰州市最大的赛鸽中心，同时成立由 129 名会员组成的信鸽合作社。

15 日　市委、市政府举办兴化市企业发展高端论坛。清华大学特聘教授、博导、著名经济学家陆德明围绕宏观经济形势与企业发展对策，从国际经济形势、国内政策走势、市场运行态势等方面作了精彩演讲。

16 日　市哲学社会科学界联合会正式成立。选举产生市社科联第一届理事会，选举产生市社科联主席、副主席及秘书长，并通过相关章程。

17 日　市委、市政府召开全市卫生队伍建设大会。会议要求，着力打造一支品德高尚、业务精湛、作风优良的医疗卫生队伍。市委常委、宣传部部长徐立华做动员报告，市委书记贾春林作重要讲话。

24 日　国家人口计生委副主任崔丽一行到兴化调研，听取兴化市出生人口性别比治理情况的汇报，实地察看大垛镇世代服务中心以及安民、管阮村公共服务中心，考察新农村新家庭中心户建设情况。

25 日　《江苏兴化现代农业产业园区建设规划》在南京通过省专家组评审。副市长顾国平主持评审会。

27 日　136 人参加在市教师进修学校举行的全市公开选拔领导干部笔试。本次公开选拔领导干部共有 5 个职位，人数为 6 名。报名者中共有 141 人通过资格审查，5 人弃考。市委常委、组织部部长万永良巡视了考场。

## 4月

1 日　省住房和城乡建设厅组织专家论证组到兴化市戴南镇，对戴南镇总体规划(2009-2030 年)进行评审论证。泰州市住房和城乡建设局党委副书记陈林参加论证会。

2 日　第二届中国·兴化千岛菜花旅游节在千岛菜花风景区开幕。江苏省旅游局副局长左一响、泰州市副市长刘励、兴化市委书记贾春林共同按动启动球。

8 日　宋县署(范仲淹纪念馆)开馆暨历史文化街区启动仪式在八字桥文化广场举行。

△　由江苏省林业局、江苏省旅游局主办，中共兴化市委、兴化市人民政府承办的江苏里下河湿地保护与生态旅游论坛在兴化举行。授予兴化市“江苏里下河湿地省级生态保护示范区”称号。

9 日　国家粮食局局长、党组书记聂振邦就当前粮食收购、加工、销售等情况，到兴化市戴窑粮食交易市场进行调研。

10 日　东岳庙举行殿堂落成暨神像开光庆典。来自海内外的众多道教界人士及近千名信教群众参加庆典。

14～15 日　江苏省农业资源开发局局长费伟康到兴化调研。费伟康一行先后赴西郊、临城、陈堡及兴泰线北延沿途乡镇实地察看农业开发项目及高标准农田规划区。

15 日　省人大常委会农委主任宋家新带领参加全省人大农业和农村工作座谈会的省和 13 个大市人大农工委系统人员参观兴化市的高效农业。泰州市人大常委会副主任王振南、张正方陪同。

△　泰州市政协三届二十五次主席会议在兴化召开。会议听取兴化市发展高效农业的情况汇报，对兴化市的高效农业发展给予充分肯定。泰州市政协主席陈克勤出席会议。

24 日　第二届中国·兴化千岛菜花旅游节闭幕。本届千岛菜花旅游节历时 23 天，共接待游客 48 万人次(其中旅游团队 2000 家，约 21 万人次)，同比增长 480%；实现旅游总收入 2.4 亿元，同比增长 500%。

25 日　兴化市历史学会成立。

26 日　由农业部办公厅副主任方军为组长的农业部春耕生产督导组到兴化督查指导春耕生产工作。督查组对兴化市部分乡镇小麦万亩示范片、专业化服务组织和春季蔬菜生产等进行调研考察。

29 日　兴化市铸造行业协会成立。

## 5 月

4 日　纪念“五四”运动九十一周年暨“海德国际杯”青年创业项目设计大赛决赛在市职校报告厅举行。南京师范大学硕士研究生导师张薇教授就有关设计项目作了点评。市委书记贾春林向全市广大团员青年致以节日的问候、向大赛的成功举办和获奖选手表示祝贺。

5 日　省政府副秘书长杨根平、省海洋与渔业局副局长沈毅率领省委、省政府督查组对兴化市农业生产和农民增收工作进行检查。检查组一行先后到周庄、陈堡、临城、西郊、海南、钓鱼、安丰等镇实地查看农业园区建设、新型农村经济合作组织的运作模式、高产示范区的创建以及农民收入情况。

7 日　省残联对兴化市开展创建全国白内障无障碍市工作进行检查验收。

14 日　市政府召开机构改革工作交办会。市长李伟就政府机构改革工作作交办部署，明确兴化市政府机构改革的主要任务,要求各部门严格按照《兴化市人民政府机构改革实施意见》抓好落实。此次市政府机构改革后,设置工作部门24个,机构规格均为正科级,比改革前市政府工作部门减少5个。

22日　兴化市首届大型慈善文艺演出在市广播电视台演播大厅隆重举行。整场演出期间，共募集慈善款1700多万元,演出取得圆满成功。

△　由省商务厅产业处处长江桦率领的省出口基地年度考核组对兴化市的省级不锈钢、特钢出口基地进行考核。

△　全省首家农民贷款担保公司——兴化惠农担保公司在周庄镇挂牌成立。惠农担保公司由政府、龙头企业、村干部、农民经纪人出资入股组建,注册资金300万元。

23日　兴化市地名文化研究会成立并举行第一届会员大会。大会讨论通过《兴化市地名文化研究会章程》、选举产生兴化市地名文化研究会第一届理事会理事和会长、副会长、秘书长。

24日　“合行杯”第二届中国·兴化全国国际象棋锦标赛(个人甲组)开幕式在兴化农村合作银行举行。国家体育总局棋牌运动管理中心国际象棋部主任、中国国际象棋协会秘书长叶江川，江苏省体育局棋牌运动管理中心主任、江苏省棋院院长邵震中参加开幕式。

29日　中纪委检查组到兴化调研公务用车改革情况。检查组一行认为兴化市公车改革推动有力,取得良好效果,希望兴化市积极协调好各方矛盾,深化改革,不断完善公车改革的各项制度和措施。

29～30日　“博思特门业杯”华东协作区第四届幼儿国际象棋冠军赛在兴化市实验小学举行。本次比赛共有27支代表队310名国际象棋“未来之星”在这里一决高低,其中,兴化市派出7支代表队115名运动员参赛。

30日　中国叶江川国际象棋学校(筹)在市昭阳实验小学举行揭牌仪式。学校由中国国际象棋协会统一协调专业老师任教，市教育部门为学校配备优秀的文化课教师队伍,从而给兴化市的国象棋手创造更好的成长环境,进一步促进兴化市国象事业的发展。

## 6月

4日　市委召开全市“五好五带头”争先创优活动工作会议,对全市争先创优活动的开展进行研究部署。

△　“合行杯”第二届中国·兴化全国国际象棋锦标赛(个人甲组)经过11轮的激烈角逐后落下帷幕,王皓和居文君分别获得男子组和女子组的冠军，兴化市棋手侯逸凡、谷笑冰获得“兴化国象运动特别贡献奖”,颁奖典礼于当晚在市广播电视台演播大厅举行。

△　央视《道德观察》栏目组编导王东红一行专程到兴化采访水乡好姑娘毛如勤与丈夫离而不弃的感人故事。

10日　泰州市副市长刘励带领相关部门负责人,到兴化市督查“十一五”淮河流域水污染防治工程项目建设情况。刘励一行实地查看城南污水处理厂管网配套工程和戴南污水处理厂的建设情况,听取相关情况汇报。

11日　市人大常委会副主任葛鸾英、王小跃、薛宏金到市史志档案办公室调研史志档案工作。

△　市政府召开全市工业能源统计工作会议。市统计局传达了全国统计执法大检查电视电话会议精神,并对兴化市工业能源统计自查自纠工作进行具体部署。副市长吉天鹏作讲话,并就工业能源统计工作提出明确要求。

16日　泰州市副市长丁士宏到兴化检查夏粮收购工作,实地视察周庄粮贸公司、林潭粮贸公司、北郊粮食储备库、楚龙面粉有限公司收购现场。

17日　国家计生委调研组到兴化调研新农村新家庭建设情况。调研组一行先后来到大垛镇世代服务中心、管阮村等新农村新家庭建设现场,详细了解相关情况。对于兴化市的相关工作，特别是将人口计生工作纳入全市重大事项督查范畴，由市纪委牵头对新农村新家庭建设开展效能监察的做法,调研组给予充分肯定。

22日　省环保厅副厅长于红霞就“上半年全省环保重点工作进展情况、环保部门推进经济发展方式转变的措施与建议”等课题到兴化调研。

△　在中国关心下一代工作委员会、中央精神文明建设指导委员会办公室召开的“纪念中国关工委成立20周年暨全国关心下一代工作表彰大会”上,兴化市关心下一代工作委员会被表彰为“全国关心下一代工作先进集体”，沈坨镇樊荣村关工委常务副主任樊才林被表彰为“全国关心下一代工作先进工作者”。

△　江苏昭阳工业园6个项目举行集中奠基典礼,6个重大工业项目总投资4.5亿元。分别是:计划投资1260万澳元的意科赛特数码科技(江苏)有限公司,计划投资1.2亿元的泰州永兴合金材料科技有限公司，计划投资8500万元的江苏欧泰机械有限公司,计划投资8000万元的兴化市美全科技有限公司,计划投资5000万元的泰州兴源电力设备安装工程有限公司,计划投资4500万元的兴化市九鼎机械有限公司。

29日　省人大常委会副主任丁解民到兴化调研经济社会发展情况。丁解民希望兴化市通过走新型工业化道路,实现转型发展、科学发展。

30日　副省长徐鸣到兴化就环境保护生态建设工作进行调研。

△　江苏省委在南京召开纪念建党89周年座谈会,会议表彰20名优秀基层党组织书记。兴化市戴南镇董北村党委书记张文德受到表彰，并作为优秀基层党组织书记代表作典型发言。

## 7月

1日　兴化市隆重举行纪念中国共产党成立89周年"党旗在我心中"庆祝活动，表达水乡儿女对党的深情与祝福。活动中，"十佳勤政廉政好干部"和"十佳优秀村(社区)党组织书记受到表彰。

2日　市亨通运业有限公司正式成立，60辆新型公交客车投入运营。亨通运业有限公司是以市农公客运有限公司为龙头，由市宝通汽车运输有限公司、戴南汽车运输公司等共同参与组建的股份制现代客运企业。市长李伟参加成立仪式并为公司揭牌。

5日　省审计厅副厅长王建康到兴化就如何加强审计整改工作进行调研座谈。市长李伟参加座谈会。

6日　由泰州市体育局主办、兴化市体育局承办的泰州市中小学生围棋、国际象棋比赛在兴化市圆满结束。此次比赛有全泰州市四市两区的15支代表队近180名学生参赛，经过2天紧张激烈的角逐，泰州市志弈棋院获得金牌1枚，靖江获得金牌3枚。兴化棋手成绩斐然，获得金牌6枚，共夺得奖牌19枚，另有11名棋手进入前6名。

8日　省质监局局长靳道强一行对兴化市戴南镇国家不锈钢制品质量监督检验中心的建设情况进行调研。泰州市副市长刘励陪同调研。

△　省"五五"普法考核验收组通过检查资料、听取汇报和实地检查等方式，对兴化市"五五"普法工作进行全面考核验收。泰州市副市长戴胜利和兴化市领导张育林、李如亮、陈浩参加活动。

9日　市委、市政府召开全市社会保险全覆盖动员大会。副市长邓志方作动员报告，部署社会保险全覆盖工作。昭阳镇、戴南镇、市人社局作表态发言，市长李伟作重要讲话。

12日　市委、市政府召开全市创建省人口协调发展先进市迎检现场会，与会人员观摩大垛镇管阮村创建现场，随后召开会议，大垛镇就迎检工作进行了经验交流，市人口计生委作业务辅导。市委副书记金厚坤作讲话。副市长邓志方主持会议，并作具体要求。

20日　省财政厅、省经信委组成联合调研组，对戴南不锈钢产业集群进行调研。市委常委、常务副市长顾跃进，副市长吉天鹏陪同调研。

21日　中日合作农村分散型生活污水处理赵家村、董北村示范项目所有权正式移交给戴南镇。

27日　新疆昭苏县县委书记谭培斌带领县四套班子负责人以及有关部门负责人到兴化参观。市委副书记金厚坤陪同参观。

28日　省科技厅厅长朱克江一行到兴化调研医药产业发展情况。朱克江一行实地参观了博生公司的生产线，详细了解相关的生产工艺及流程，对于公司在科技创新上取得的成绩给予充分肯定。泰州市副市长卢佩民，兴化市市长李伟陪同调研。

29日　第七届全国象棋一级棋士赛在中国棋院落幕。兴化棋手程鸣以9战5胜4和积14分的优异战绩夺得男子组冠军，成为2010年度产生的第一位国家大师，并取得申报国家运动健将称号的资格。

## 8月

2日　江苏省少年儿童国际象棋比赛在镇江市收枰，此次比赛共有来自全省的200多名棋手参加，兴化市此次派出14名运动员代表泰州参赛，共获得两枚金牌、两个第五名、两个第六名。

3日　省政协调研组到兴化调研农业文化遗产保护工作。调研组一行详细了解兴化市农业文化遗产保护工作情况，并实地查看垛田原生态地貌。

4日　由省教育厅、省体育局主办的第五届中学生棋类比赛在徐州市第二中学落下帷幕。全省的100多名运动员参加比赛，兴化中学、板桥初级中学、楚水实验学校的棋手共获得金牌5枚、银牌3枚、铜牌3枚，8人进入前八名。兴化中学获高中组团体第一名，板桥初级中学、楚水实验学校分获初中组团体第二名和第三名。

5日　省委常委会研究决定，在全省20个经济比较发达镇开展行政管理体制改革试点。兴化市戴南镇入选，将被赋予县级经济社会管理权限。

9日　国家钢标准化技术委员会专家组到兴化考察和指导国家不锈钢质检中心建设及验收准备工作。在深入走访不锈钢生产企业及详细察看质检中心技术装备、能力建设等方面的情况后，专家组对相关工作表示肯定，并与质检中心进行交流，提出许多中肯的建议。

11～12日　市委召开十届八次全体会议。会议集中贯彻省委、泰州市委全会精神，回顾总结本年以来全市的各项工作，深刻分析当前兴化市面临的形势和机遇，部署下半年和今后一个时期全市重点工作和主要任务。

16日　由兴化市委、市政府，江苏华红影视投资有限公司和江苏星瑞影业有限公司联合摄制的谍战电影《步步惊心》在兴化举行观摩活动。该片以兴化抗日战争历史为背景，采用独特的惊悚悬疑手法，反映新四军武工队克服艰难险阻，与敌人斗智斗勇的故事。影片于9月中旬与广大观众见面。

△　第18届"李成智杯"全国少年儿童国际象棋冠军赛在浙江宁波落下帷幕，兴化棋手揽得两枚金牌。

18日　江苏兴化脱水食品集团正式挂牌成立。这是继去年戴南不锈钢集团成立之后，兴化市又一个特色产业组建集团。

20日　市政府召开第三次全体(扩大)会议。会议要求全市上下进一步认清形势，坚定信心，乘势而上，全力做好稳增长、抓转型、达小康、惠民生各项工作,确保全面完成2010年和“十一五”发展各项目标任务。市长李伟作重要讲话,认真分析兴化市的经济发展情况,对下半年工作提出具体要求。

21日 泰州市代市长徐郭平到兴化调研重大项目推进工作。徐市长一行先后考察江苏博生医用新材料股份有限公司、江苏申源特钢有限公司和江苏兴达钢帘线股份有限公司,市委书记贾春林代表市委、市政府汇报兴化市工业重点项目的推进情况。

25日 省文明办检查组一行在市委常委、宣传部部长徐立华的陪同下,对兴化市申报2007～2009年度江苏省群众性精神文明创建文明村镇、文明行业和文明单位进行考核。

27～28日 泰州市建工系统架子工职业技能竞赛在兴化市进行。泰兴选手获第一名,兴化市选手获第二名。

30日 省经信委、中小企业局发文公布首批45家“江苏省中小企业创新能力建设示范企业”名单,兴化市的江苏星火特钢有限公司名列其中。

## 9月

1日 安徽省宿州市埇桥区区长朱守坤率领宿州市代表团到兴化考察农业产业化及粮食产业发展情况,副市长邓志方陪同考察。

2日 兴化市在千秋广场举行抗日战争胜利65周年纪念活动。市委书记贾春林、市长李伟、市政协主席范学忠、市人大常委会副主任卞正祥,代表市四套班子向革命先烈敬献花篮。

3日 省文化厅正式命名第三批省非物质文化遗产代表性传承人,兴化市茅山号子项目传承人陆爱琴榜上有名。

15日 兴化市邀请南京政治学院教授、博士生导师赵耀辉作国防教育专题报告会。市四套班子主要负责人参加会议。

16日 兴化市城市管理行政执法大队正式成立。

19日 市气象科技预报中心举行落成典礼。新落成的市气象科技预报中心占地13330平方米,业务楼建筑面积3300平方米,拥有先进的地面气象自动观测网络、现代化的天气预报视频会商系统、“9210”气象资料卫星接收系统和灾害性天气预报预警服务系统等。

20日 由省地方志编纂委员会组织开展的首届江苏省年鉴质量评比活动中,《兴化年鉴(2009)》获综合优秀奖。

26日 市委、市政府在广东深圳举办投资环境说明会,来自日本、韩国及台湾、香港地区和珠江三角洲周边地区的60多位客商应邀参加活动。共签订30个项目的投资协议,总投资25.8亿元。

27日 泰州市全面小康村建设现场推进会在兴化市召开。与会人员先后参观戴南镇董北村,获垛镇北王村、塾墩村,大垛镇管阮村等兴化市全面小康村建设现场,对兴化市相关工作给予充分评价。

28日 国家发改委稽察办正司职特派员马最良率领的中央稽察组检查兴化市中央投资基层医疗卫生服务体系建设项目的实施情况。

## 10月

1日 大型互动电视娱乐项目《幸福向前冲》在兴化市乌巾荡湿地公园与广大市民正式见面,为市民在长假期间提供了一个既健身又娱乐的平台。

2日 “博思特门业杯”全国国际象棋少年精英赛在兴化市开赛,这是继全国国象个人锦标赛后,兴化市举办的又一全国性的国象赛事。市委常委、宣传部部长徐立华参加开赛仪式,副市长马雅斐主持仪式。

3日 省人大常委会副主任丁解民到兴化戴南视察正在筹建的国家不锈钢质检中心。

5日 茅山景德禅寺举行大雄宝殿、天王殿、地藏殿落成暨佛像开光庆典。

14日 省残联理事长高晓平一行赴兴化调研。泰州市残联理事长蔡友本,兴化市委常委、组织部部长万永良陪同调研。

14～17日 江苏省第十七届运动会青少年部游泳决赛在常州奥体中心新城游泳跳水馆举行,经过4天的水上激烈争夺,兴化市游泳小将取得三金一银三铜的好成绩。小将储定海一人独得三金,并且有两项达国家一级运动员标准,破两项省年龄组纪录,一项达全国赛标准。

18日 由中国邮政集团公司发行的《梅兰竹菊》特种邮票首发仪式在兴化隆重举行。兴化市政府和省集邮公司联合发行的“以文化让兴化更美好”为主题的《清风流韵》、《楚水文韵》纪念邮册也同时在首发仪式上亮相。

19日 由中国特钢企业协会不锈钢分会、国家不锈钢制品质量监督检测中心和兴化市政府联合主办的中国中小不锈钢企业战略发展研讨会在兴化召开。市领导贾春林、李伟、顾跃进出席研讨会。

△ 经过第五届鲁迅文学奖评奖委员会的评定,30篇(部)获奖作品从130篇(部)经过公示的作品中脱颖而出,其中中篇小说、短篇小说、报告文学、诗歌、散文杂文、文学理论评论各5篇(部)。兴化籍作家王干先生的《王干随笔选》荣列其中。

21日 江苏·兴化(上海)服务业投资环境说明会在上海宏泉丽笙酒店举行。上海及周边地区的近100位客商应邀参加。会上,共有17个项目签约,总投资达20.8亿元。

30日 兴化市工商联苏州兴化商会成立大会在古城苏州香格里拉大酒店隆重举行,来自陕西、天津等江苏商会的负责人和广东、上海等兴化商会代表及苏州兴化商会的300多名会员参加会议。

△ 楚水实验学校举行建校十周年庆祝活动。

## 11月

2日 由上海市静安区人大常委会党组书记、主任姜耀中率领的上海市静安区人大常委会代表团参观考察兴化市部分文化景点。泰州市人大常委会副主任张正方,兴化市人大常委会副主任卞正祥、薛宏金陪同参观。

4日 兴化市兴润农村小额贷款有限公司在昭阳镇成立。这是继戴南镇永泰诚小额贷款有限公司诞生之后,兴化市成立的第二家农村小额贷款公司。

△ 泰州市副市长廖涛到兴化调研专利工作。他要求,通过企业和政府的共同努力,让知识产权真正体现价值。副市长吉天鹏代表市政府汇报兴化市专利工作。

13日 兴化市市级机关运动会开幕式暨广播体操比赛在市文正实验学校举行。这次运动会比赛项目有广播操和拔河比赛,扑克牌比赛,国际象棋、围棋、中国象棋比赛,女子800米、男子1500米中长跑比赛,女子跳绳比赛。全市共有91个市级机关部门的600余名运动员报名参加各项比赛。市领导范学忠、徐立华、卞正祥、马雅斐、李显运出席开幕式。

15日 由中国地方志指导小组和中国地方志协会主办的全国地方志系统第二届年鉴评奖工作中,《兴化年鉴(2009)》被评为综合一等奖。

16日 广州亚运会上兴化籍运动员侯逸凡以9战8胜1和积8.5分的不败战绩,为中国国际象棋实现亚运历史上金牌"零"的突破,同时这也是兴化籍运动员夺得的首枚亚运金牌。

19日 省人口计生委副主任张春延率领省检查组到兴化考核"十一五"人口协调发展先进市创建工作。市委书记贾春林汇报兴化市"十一五"人口计生工作。

△ 兴化市专利保护协会成立。

22日 第九届省"五星工程奖"表演艺术类作品评比结果在镇江影剧院揭晓。由兴化市文广新局选送的周庄《拉纤号子》喜获金奖、《垛田水乡》获银奖。兴化市是唯一有两部作品进入表演艺术类音乐专场现场决赛的县(市)。

23日 国家知识产权局局长田力普到兴化调研,泰州市委副书记、代市长徐郭平,泰州市副市长廖涛,兴化市委书记贾春林、副市长吉天鹏陪同调研。

24日 省人大常委会副主任丁解民到兴化调研地方储备粮体系建设及粮食流通工作。

25日 泰州市委书记张雷、泰州市委副书记王守法到兴化调研经济社会发展情况和下一步发展思路,并就正在制定中的泰州市"十二五"规划征求意见。市领导李伟、范学忠、金厚坤、卞正祥、顾国平参加调研,并分别提出相关建议。

△ 江苏省南水北调里下河水源调整工程建设动员会议在兴化市召开,标志着省南水北调工程进入全面加快实施的新阶段。国务院南水北调办公室主任鄂竟平,江苏省委常委、副省长黄莉新共同启动工程建设按钮。

26日 15时45分,在兴化市北纬33.0°、东经119.9°发生里氏3.0级地震。地震发生后,市委、市政府迅速启动地震应急预案,有序开展地震应急工作。

30日 省妇联主席张京霞、省妇联副主席顾敏到兴化调研妇联工作。

## 12月

1日 市委、市政府举行得胜湖港口物流园区开工奠基仪式,该园区总规划面积4平方公里。

△ 省委常委、省军区政委李笃信少将到兴化检查人民武装工作。泰州市委常委、泰州军分区司令员张本印,泰州军分区政委孙庆祥,兴化市领导贾春林、顾跃进、袁祝祥以及市人武部部长王吕忠陪同检查。李笃信少将对兴化市人武工作给予充分肯定并对下一步的人武工作提出明确要求。

6日 吴江农村商业银行兴化支行举行开业庆典。市委书记贾春林参加开业仪式,并启动开业触摸球。

8日 省经信委副主任俞军一行到江苏兴达钢帘线股份有限公司调研。市领导贾春林、李伟、金厚坤、吉天鹏陪同调研。

16日 市委召开十届九次全体会议。市委常委会主持会议。市委书记贾春林代表市委常委会作题为《立足新起点 开启新征程 为建设更高水平小康社会而努力奋斗》的工作报告。

18日 市委、市政府召开兴化市"十二五"规划纲要(草案)专家论证会议,集各方力量,求各方智慧,谋兴化之未来。来自省委研究室、省社科院、省发改委等单位的专家对纲要(草案)进行论证,并予以原则通过,同时就进一步完善具体内容提出各自意见。

22日 在召开的全国农业工作会议上,兴化市再获"全国粮食生产先进县标兵"称号。

24日 在土耳其安塔基亚进行的2010年女子国际象棋世锦赛结束紧张激烈的决赛快棋加赛,16岁的兴化籍棋手侯逸凡在快棋加赛中战胜队友阮露斐,成为国际象棋历史上第13位世界冠军,同时也是国际象棋历史上最年轻的世界棋后。

30日 市委召开全市领导干部集中教育大会,教育引导全市广大党员干部特别是领导干部,进一步增强廉洁从政意识,筑牢拒腐防变的思想道德防线。

31日 兴化市城市管理行政执法局挂牌成立。

(陈 辉 赵爱华)

# 兴 化 概 貌

## 市 情 简 介

【位置面积】 兴化市位于江苏省中部,里下河地区腹部。地处北纬 32° 40′ ～33° 13′ ,东经 119° 43′ ～120° 16′ 。东邻大丰、东台,南接姜堰、江都,西与高邮、宝应为邻,北与盐都隔界河相望。境内地势低平,河网密布。政区东西最长、南北最宽各 55 公里。总面积 2393.35 平方公里。其中陆地面积 1949.65 平方公里,占总面积的 81.46%;水面积 443.7 平方公里,占总面积的 18.54%。高兴东公路与京沪高速公路、宁靖盐高速公路、沿海高速公路、204 国道相接,宁盐一级公路、兴泰公路贯穿南北。新长铁路在兴化设有站点,1 小时车程内可以到达泰州火车站、盐城火车站。1 小时车程内可以到达盐城南洋国际机场、苏中江都机场(建设中)。 (陈 辉)

【自然资源】 *土地资源* 全市有农用地 129569.07 公顷,比上年减少 35.8 公顷,其中,耕地 127519.8 公顷,园地 821.87 公顷,林地 1217.13 公顷,草地 10.27 公顷。全市建设用地 105824.56 公顷,比上年增加 115.11 公顷,居民点及工矿用地 24190.53 公顷,交通用地 5728.67 公顷,水利设施用地 76076.93 公顷。全市未利用地 4016.72 公顷,比上年减少 79.31 公顷。

*矿产资源* 本市境内有石油、天然气、地热、矿泉水等矿产资源。油、气、地热开发价值高、潜力大。石油、天然气储量较大,经中石化华东石油局和江苏油田 30 多年的石油勘探,发现边城、周庄、茅山、刘陆等断块油田,石油赋存在新生界下第三系戴南组 Ed 地层中。陈堡地区探明石油地质储量 1800 万吨,是江苏最大的陆上整装油田。中石油近年也在兴化市合陈、戴窑、永丰、大营、新垛、老圩、安丰、海南、陶庄、大垛、获垛、昌荣、林湖、竹泓、垛田、临城、开发区、张郭等 18 个乡镇,初步勘探有较大的石油、天然气储量,浙江油田分公司现已在合陈地区正常开采。目前全市各油田已达到年产近 50 万吨石油的能力。地处主城区有一含溴含锶偏硅酸复合型矿泉水,品位独特,对人体健康十分有利,全省仅此一家。随着开发地热资源热潮的兴起,在城区乌巾荡地区、戴南镇永丰地区勘探成功两口优质的地热井。 (徐兴旗)

【气候】 2010 年总体气候特点是:气温偏高,降水略偏少,日照偏少。

气温:年平均气温 15.6℃,较常年偏高 0.6℃,除 3、4、10 月份偏低外,其余月份均偏高。1 月 19 日最高气温达 19.2℃,为兴化气象站 1 月份有记录以来最暖的一天;年极端最高气温 37.5℃(8 月 4 日),也为该站 8 月份有历史记录之最,年极端最低气温 -7.2℃(1 月 31 日),3 月 26 日终霜,10 月 28 日初霜。无霜期 215 天,较常年偏少 13 天。

降水:年总降水量 966.5 毫米,比常年偏少 6%,1、5、6、7、10、11 月份偏少,其余月份偏多。2010 年本市 6 月 17 日入梅,7 月 18 日出梅,出梅偏迟,梅雨量偏少,仅 87.9 毫米,不足常年的 4 成,降水分布较不均匀,呈南多北少。初雷出现在 2 月 9 日。

日照:年日照时数 2120.0 小时,较常年偏少 186.6 小时,年日照百分率 48%,其中:1 月、6 月、11～12 月较常年偏多,其它各月均比常年偏少,特别是 7 月份日照时数仅为可照时数的 24%。

低温连阴雨:2 月 26 日～3 月 9 日,出现连阴雨天气过程,过程累计降水量 48.4 毫米,日照明显偏少,且多次出现雷暴现象,持续降水使本市部分低洼地区出现渍害,影响在田作物正常生长。

台风:9 月 10 日受 10 号台风"莫兰蒂"外围云系影响出现暴雨,10 日降水量达 73.8 毫米,短时强降水造成全市部分农田受淹。

暴雨:年内出现暴雨 2 次,分别出现在 8 月 31 日(54.4 毫米)和 9 月 10 日(73.8 毫米)。7 月 12～13 日,据我市周庄、茅山自动站观测,降雨量达 186.9 毫米和 165.7 毫米,7 月 19 日本市最高水位达 1.91 米。

高温:年内出现≥35.0℃的高温日数 13 天,分别出现在 6 月 30 日,7 月 1～2 日、7 日和 30～31 日,8 月 1～5 日和 12～14 日。8 月 4 日出现年极端最高气温 37.5 度。

连阴雨:年内出现 1 次,出现在 2 月 26 日～3 月 9 日。

寒潮:年内出现寒潮 3 次,分别出现在 3 月 17～18 日、3 月 20～21 日和 12 月 23～25 日。 (王葳葳)

**【建置沿革】** 兴化古称昭阳,又名楚水,历史悠久。南荡遗址文物证明在4000多年前的新石器时代兴化就有人居住。春秋、战国时期为吴楚之地。周慎靓王时为楚将昭阳食邑。秦为九江郡地。汉至隋唐历属临淮、广陵、江都。兴化建县始于公元920年,五代杨吴武义二年(920),划海陵县北设招远场,不久改招远场为兴化县。故有“昭阳古邑”、“海陵旧址”之称。北宋时期,初属扬州,改隶泰州。宋高宗建炎四年(1130),升高邮为承州,割兴化而属之。明清时代属扬州府高邮州。1912年废府制,兴化直隶江苏省。1941年2月兴化成立抗日民主政府,先后隶属苏北临时行政委员会,苏中行政委员会,苏中第二行政区。抗日战争、解放战争期间,曾建立过兴东县、溱潼县、沙沟县(市),后撤销并入兴化(一部分并入东台、泰县)。1948年12月,兴化解放,属苏皖边区二专署领导。1949年5月兴化隶属苏北扬州专区。1950年1月兴化隶属泰州专区。1953年1月泰州专区被撤销,兴化隶属扬州地区。1983年3月扬州地区被撤销,兴化属扬州市。1987年12月兴化撤县建市,仍属扬州市。1996年隶属新设立的地级泰州市。

**【行政区划】** 全市设有乡镇34个:昭阳镇、戴南镇、张郭镇、大垛镇、荻垛镇、戴窑镇、合陈镇、昌荣镇、陶庄镇、海南镇、大邹镇、永丰镇、安丰镇、老圩乡、新垛镇、钓鱼镇、大营镇、下圩镇、沙沟镇、李中镇、西郊镇、周奋乡、中堡镇、缸顾乡、西鲍乡、城东镇、临城镇、陈堡镇、周庄镇、垛田镇、竹泓镇、茅山镇、林湖乡、沈坨镇。设有江苏省兴化经济开发区1个。居民委员会76个、村民委员会614个、村民小组8262个。

**【人口】** 2010年末,全市总人口1561175人。全年出生人口19747人(含补报往年出生),比上年增加2073人;人口出生率12.66‰,比上年增加1.27‰;死亡人数20606人,比上年增加14123人,死亡率13.21‰;人口自然增长率-0.55‰;全市家庭户数540335万户。

**【民族】** 全市少数民族42个,1669人。少数民族有蒙古族、回族、藏族、维吾尔族、苗族、彝族、壮族、布依族、朝鲜族、满族、侗族、瑶族、白族、土家族、哈尼族、傣族、黎族、傈僳族、佤族、畲族、拉祜族、水族、纳西族、土族、羌族、仫佬族、布朗族、仡佬族、阿昌族、哈萨克族、东乡族、达斡尔族、怒族、鄂温克族、德昂族、京族、塔塔尔族、独龙族、鄂伦春族、赫哲族等。

**【传统文化】** 兴化传统文化往上可追溯至楚汉文化。

兴化方言属江淮方言区。明初,大批苏州移民迁入,因此兴化方言亦含有吴语成分。

兴化饮食属“维扬菜系”,烹调以炖、焖、蒸、烧、炒见长,特色菜肴有:炒乌鱼片、醉蟹清炖鸡、醋熘鳜鱼、蟹黄包子、沙沟春卷、沙沟大鱼圆、松花皮蛋、兴化熏烧、戴南香肚、安丰三腊菜等。

明代兴化就有昆曲联社。清同治年间至民国初年,徽剧和京剧班社盛极一时。1946年,解放区建有农民剧团。建立新中国后,先后成立的班社有二十多个。1955年,在兴化登记8个剧团。剧种有淮剧、扬剧、京剧、越剧等,另有木偶剧、杂技、曲艺等演出团体。后经撤并调整,于1987年恢复兴化淮剧团至今。

兴化在长期的历史进程中逐渐形成水乡的特色文化,留传下的非物质文化遗产非常丰富。新中国初期,茅山号子曾经唱进中南海,林湖栽秧号子“格上段”被艺术院校选入音乐教材。历代民间艺人薪火相传,大营捏面人、竹泓船艺、麦草编织等民间艺术长盛不衰。庙会等传统文化习俗,随着时代变迁被赋予新的内涵,荡湖船、高跷、莲湘、龙舞等传统文化节目不断推陈出新。

**【历史名人】** 兴化历史悠久,据南荡出土的文物考证,境内人类生存史可追溯到新石器时期,距今约4000多年。兴化孕育一批又一批人杰,名闻遐迩。他们中有古典文学巨著《水浒》作者施耐庵,明代三任宰辅高谷、李春芳、吴甡,明“嘉靖七子”之一、文学家宗臣,“东海贤人”韩乐吾,清代画派“扬州八怪”中的代表人物郑板桥、李鱓,著名文艺理论家、“东方黑格尔”刘熙载,经学家、扬州学派早期代表人物任大椿、顾九苞,国学大师李详,江淮名医赵海仙等。近代,从兴化走出去的学者还有生物学家李继侗、化学家纽经义、地理学家李春芬等。兴化文化积淀深厚,人才辈出,自南宋咸淳至清末光绪,有262人中举,93人中进士,1人中状元,在苏北县市中罕见。 (陈　辉)

## 兴化市2010年国民经济和社会发展统计公报

2010年,是实施“十一五”规划的收官之年。在市委、市政府的正确领导下,全市深入贯彻落实科学发展观,积极应对宏观经济形势变化,紧紧围绕“务实抓转型、全力达小康”工作主线,大力实施“工业强市、生态立市、人文兴市”战略,创先争优,扎实工作,全力推进各项工作,较好地完成市十四届人大三次会议确定的各项主要目标和“十一五”发展目标,经济实现平稳较快增长,各项社会事业全面发展,全市经济社会进入新的发展阶段。

**一、综合**

全市经济平稳发展,转型升级不断推进,综合实力再上新台阶。初步核算,全年完成地区生产总值380.24亿元,比上年增长13.6%,五年翻了一番(图一)。其中,第一产业增加值53.19亿元,增长4.7%;第二产业增加值183.74亿元,增长16.0%;服务业增加值143.31亿元,增长14.5%;财政收入54.46亿元,增长32.5%。其中地方一般预算收入21.13亿元,增长33.7%。五年均翻了两番。连续四年跻身全国县域经济基本竞争力百强县(市),位次由上年的72位提升到67位。

经济结构改善明显。三次产业结构优化为14.0:48.3:37.7(图二),第三产业增加值比重比上年上升1.0个百分点。一、二、三产对生产总值的贡献率分别为5.8%、56.7%、37.5%。

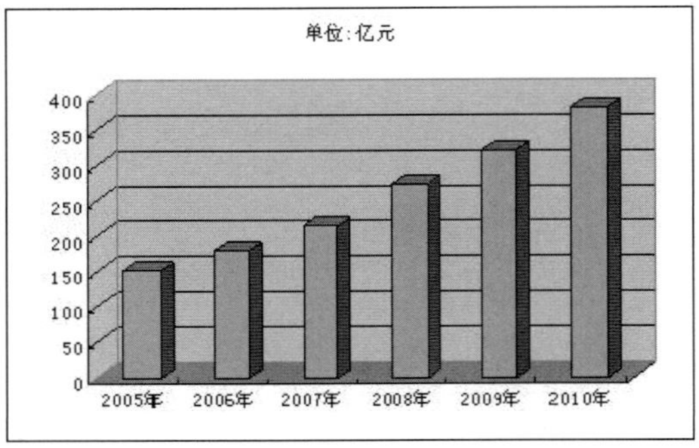


(图一)

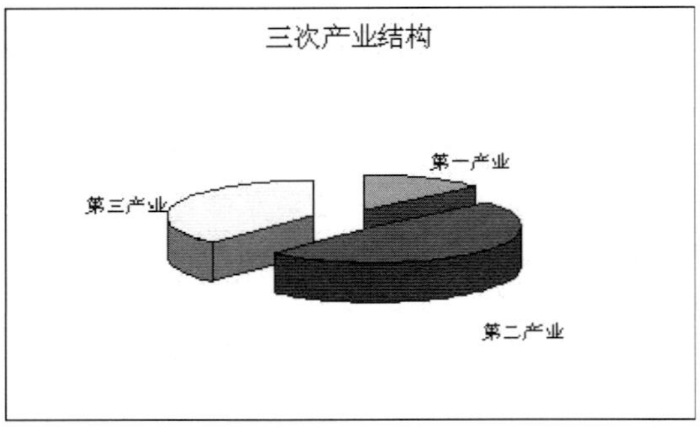


(图二)

## 二、农林牧渔业

农业经济稳定发展。全年完成第一产业增加值53.19亿元,比上年增长4.7%。完成农业总产值106.09亿元,增长10.4%。其中,种植业产值54.08亿元,比上年增长14.8%。

全年粮食总产1344192万吨,增长1.5%。其中,夏粮总产493618万吨;秋粮850574万吨;全年棉花总产15111万吨,增长13.0%;油料总产35629万吨,下降3.0%。

农林牧渔业生产稳定发展。水产品总产量246026万吨,比上年增长13.5%。

连续八年被表彰为"全国粮食生产标兵(先进)县(市)",钓鱼水稻万亩示范方百亩核心方平均单产再创全国第一,水产养殖总量继续保持全省之首,荣获"中国生态河蟹养殖第一县(市)称号。高效农业发展迅速,产业化经营深入推进,稻米加工等六大超10亿元产业初步形成。品牌化建设取得成效,"兴化香葱"等五大集体商标获得国家工商总局授牌认证。

**全市多种经营产品产量**

**表3**

| 名　称 | 2010年 | 比上年±% |
|---|---|---|
| 生猪饲养量 | 84.23万头 | 11.2 |
| 出售、自宰量 | 49.78万头 | 11.0 |
| 生猪存栏量 | 34.45万头 | 11.5 |
| 家禽饲养量 | 1751.84万羽 | 7.8 |
| 家禽上市量 | 1044万羽 | 6.4 |
| 家禽存栏量 | 707.84万羽 | 9.8 |
| 禽蛋产量 | 4.4万吨 | 13.7 |
| 羊年饲养量 | 6.49万只 | 2.4 |
| 羊出栏量 | 4.08万只 | 2.0 |
| 水产品总产量 | 246026万吨 | 13.5 |

机械化水平不断提升。2010年,全市拥有农业机械总动力938020万千瓦,增长1.8%;拥有联合收割机2883台,增长0.6%。

## 三、工业和建筑业

2010年,全市第二产业完成增加值183.74亿元,增长16.0%。其中,工业增加值155.92亿元,增长14.3%;建筑业增加值27.82亿元,增长27.9%。

工业经济实力攀升。全年完成工业总产值1083.46亿元,增长25.5%,是"十五"期末的3.3倍。其中,规模以上工业完成产值662.33亿元,增长30.2%(图三);全年完成产品销售收入1063.44亿元,增长25.8%,其中,规模以上企业实现647.81亿元,增长29.4%;实现工业利税总额99.75亿元,增长32.2%,其中,规模以上企业实现69.95亿元,增长34.1%;实现工业利润总额58.89亿元,增长37.8%,其中,规模以上企业实现利润41.44亿元,增长39.7%。

兴达钢帘线公司实现销售60亿元,成为亚洲第一、世界第二的钢帘线生产和研发基地。"111"工程建设成效明显,全市产销过亿元企业137家,其中过5亿元企业15家。

2010年,全市实现工业技改财务发生数141.88亿元,增长38.0%。

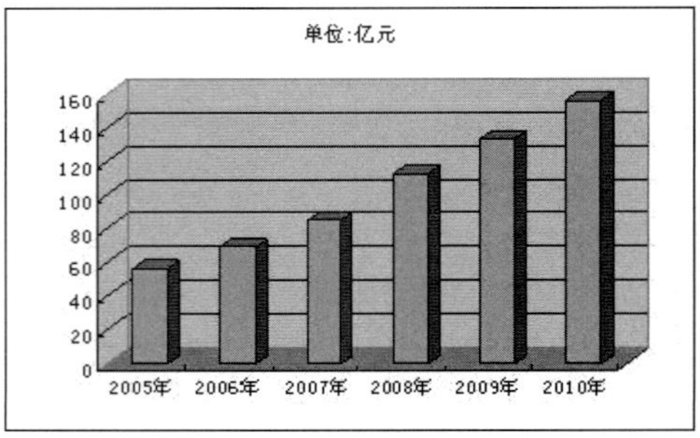


(图三)

建筑业发展势头良好。2010 年完成建筑业增加值 27.82 亿元，增长 27.9%，是“十五”期末的 2.1 倍。

**四、固定资产投资和城市建设**

全社会投资规模继续扩大，固定资产投资增长迅速，投资结构继续优化。全年固定资产投资共完成 239.24 亿元，增长 34.3%；按产业分组，第一产业投资额 11.94 亿元，增长 41.0%；第二产业投资额 146.58 亿元，增长 37.5%；第三产业投资额 80.72 亿元，增长 28.0%，其中，完成城乡规模以上投资 139.22 亿元，增长 36.3%。

城市面貌日新月异。2010 年，重点实施长安转盘改造、文林路、南亭路西延、野行大桥等 14 路 7 桥建设工程和一批重点绿化景观建设，建成广播电视发射塔、新区体育馆等一批标志性建筑，

全市供电量 46.31 亿千瓦时，增长 22.0%；用电量 46.5 亿千瓦时，增长 21.9%，其中工业用电量 39.1 亿千瓦时，增长 21.9%。

**五、国内贸易和对外经济**

消费市场保持繁荣。2010 年全年实现社会消费品零售总额 85.85 亿元，增长 16.9%。其中，批发、零售贸易业零售额 72.66 亿元，增长 15.7%；餐饮业零售额 13.19 亿元，增长 24.1%。

外向型经济取得突破，民营经济健康发展。全年完成招商引资额 44 亿元，完成目标的 110%。实现协议利用外资 2.6 亿美元，实际利用外资 1 亿美元，分别增长 46.5 和 29.9%。完成自营出口额 3.1 亿美元，增长 74.6%。

净增民营经济注册资本 45 亿元，新发展私营企业 1609 家，个体工商户 4023 户。

**六、交通电力和邮电业**

交通运输业稳步发展，基础设施建设稳步推进。全年完成客运量 1105 万人，增长 1.8%；客运周转量 61880 万人公里，增长 3.6%；货运量 419162 万吨，增长 40.0%；货运周转量 858651 万吨公里，增长 36.4%；大周公路海南至沈坨段、张周公路戴南至周庄段顺利完工。兴泰公路(扩建)、大兴金公路等干线通道建成通车，全市 614 个行政村实现“村村通”。金花园公交换乘站、拱极台等 15 处停车场建成，新增停车位 1500 个。

110 千伏唐获(罗么)、英武输变电工程和 35 千伏荻垛变升压工程建成并投入使用

邮政电信业平稳发展。2010 年，完成邮电业务收入 6.68 亿元，增长 3.37%；电信宽带用户数 8.13 户，增长 15.8%，年末固定电话用户数为 30.8 万户(电信用户)，移动电话用户数为 72.47 万户，净增 8.36 万户。全市电话普及率 276.6 户 / 百户，比上年增加 38.8 户 / 百户。

**七、财政和金融保险业**

财政收入增长较快。2010 年，全年共完成财政收入 54.46 亿元，增长 32.5%(图四)；其中，地方一般预算收入 21.13 亿元，增长 33.7%；上划中央两税收入 18.58 万元，增长 24.8%。财政支出 52.72 万元，增长 26.0%。

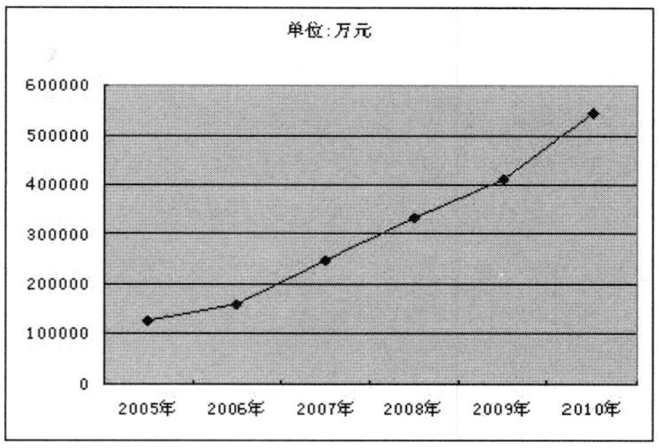


(图四)

金融市场稳步运行。至年末，全市金融机构各项存款余额 303.67 亿元，增长 19.0%；其中居民储蓄存款余额达 206.94 亿元，增长 13.7%。贷款余额 198.97 亿元，增长 23.2%；其中工业贷款 73.13 亿元，增长 11.5%。

**八、科学技术和教育**

科技创新能力得到提高。2010 年，全市新认定国家级重点高新技术企业 1 家(兴达钢帘线，新标准)、省级高新技术企业 6 家；获批国家级重点新产品 2 项、省级高新技术产品 15 项；建成江苏省企业院士工作站 1 所(江苏星火特钢有限公司)、省级工程技术中心 3 家。科技创新“1234”工程和“十百千万”人才工程扎实推进，荣获“全国科技进步先进市”称号，博士后工作站、院士工作站、国家级不锈钢制品质量监督检验中心相继建成，中国名牌产品、中国驰名商标创建取得突破。

教育事业蓬勃发展。重视和加强教师队伍建设，规范办学行为，实施素质教育，教育教学质量稳步提高，全面启动教育现代化市创建工作。全市拥有普通中学 65 所，在校学生 66301 人，专任教师 5052 人；全日制小学 18 所，在校学生 58757 人，专任教师 4518 人。

**九、文化、卫生和体育**

文化事业快速发展。2010 年，积极发展公共文化事业，全面加强市文化馆、博物馆、图书馆和乡镇文化站建设，沙沟镇获批国家级历史文化名镇，垛田文化景观入选国家文物普查新发现，民间音乐“茅山号子”获批国家级非遗项目，图书馆被批准为县级馆国家一级馆。

卫生事业健康发展。基本实现城乡社区卫生服务网络全覆盖，卫生服务体系健全率 100%。全市拥有卫生医疗机构 56 个，病床数 3126 张，卫生技术人员 3515 人。

**十、人口、人民生活和社会保障**

2010 年，全市户籍总人口 156.11 万人，比上年增加 0.2 万人，总户数 54.03 万户，出生人口 19747 人，出生率为 12.66‰，比上年下降 1.27 个千分点；死亡人口 20606 人，死亡率为 13.21‰，比上年增长 8.42 个千分点；人口

自然增长率为 -0.55‰。计划内生育率达 99.05%。

城乡居民生活水平持续增长。2010 年,在岗职工工资总额 15.27 亿元，增长 16.4%；在岗职工人均年工资 29379 元,增长 13.9%;城镇居民人均可支配收入 18409 元，增长 12.1%。全市农民人均纯收入 8817 元，增长 13.9%

新型农村养老保险扩面 45 万人,实现城乡社会养老保险全覆盖;企业职工养老保险续保扩面 1 万人,新型农村合作医疗参合率 100%;完善就业创业扶持政策,就业企业各类培训 33498 人，新增就业和农村劳动力转移 30325 人。

环境保护和环境管理力度进一步加强。万元 GDP 能耗下降 0.8%,二氧化硫排放量削减 0.6%;化学需氧量削减 0.7%。城市绿化覆盖率 40.5%，林木覆盖率 12.5%,环境质量综合指数 90.8。

注:1. 公报中统计数据为初步统计数据，今后均以《兴化统计年鉴》为准。

2.公报中生产总值和各产业增加值绝对数按现价计算,增长速度按可比价计算。 (张 波)

# 组织机构及领导人名录

## 市级领导机构

**中共兴化市委第十届委员会**

书 记:贾春林

副书记:李 伟
金厚坤

常 委:顾跃进
赵旭东
张育林
韩成龙(11 月免)
徐立华
万永良
杨 健
朱国金(7 月免)
袁祝祥(7 月任)

委 员:卞正祥 邓志方(女) 吉天鹏 刘元太
刘云山 刘海山 李 斌 李山庆 杨加安
邹祥龙 沙顺喜 陈茂旺 范学忠 顾国平
盛卫东 蔡 莹 翟云峰

候补委员:张永华 朱桂松 张建华

**兴化市第十四届人民代表大会常务委员会**

主任、党组书记:贾春林

副主任:卞正祥
葛鸾英(女)
王小跃
薛宏全
李如亮

党组副书记:卞正祥
葛鸾英(女)

委 员:(按姓氏笔画为序)
王志华 王福全 毛 洁(女) 冯晓华(女)
朱加义 朱同林 刘 祥 江镜华
花在明 李 纲 李桂华(女) 邹 健
邹 源 沙安勤 沈晓红(女) 张吕义
茅康勇 周海霞(女,4 月免) 周福宏
房兴杰 夏振国 钱建忠 倪为民
徐文凤 徐晓梅(女) 董正炎 蒋步祥

**兴化市人民政府**

市长、党组书记:李 伟

副市长:顾跃进
梅建成
吉天鹏
顾国平
马雅斐(女)
陈 浩
邓志方(女)
戴荣军(6 月任)

党组副书记:顾跃进

**政协兴化市第十一届委员会**

主席、党组书记:范学忠

副主席:谢东洪
李显运(女)
杨宝泉
余建年
彭国良

党组副书记:谢东洪

秘书长:石益平

常务委员:丁永明 王 林 王 峥(女) 王元戈
王仪庭 王宇云 毛 涵 卞荣涛
卞爱昌 孔 娟(女) 朱宏富
任祖镛 孙凤翔 杨 阳 严志林
吴健全 何 浪 何永辉 沈洪涛
陆建康 陈立新 陈亚俊 陈来海
邵万胜 邵红香(女) 周 明 周晓珍(女)
宗 强 房振羽 胡建华 赵小娟(女)
赵继民 顾晓斌 顾继平 倪万寿
徐 强 徐秀红(女) 陶树年 萧万茂
黄振宇 智 广 蔡 壮 薛亚莉(女)

## 市人民武装、审判、检察机构

**市人武部**

部　长:朱国金(5月免)

　　　王吕忠(5月任)

政　委:袁祝祥

副部长:潘企根(5月免)

　　　邱传行(4月任)

　　　高建桥(5月任)

**市人民法院**

院　长:吴跃生(12月辞职)

代理院长:宋亚平(12月任)

党组书记:吴跃生(12月免)

　　　　宋亚平(12月任)

党组副书记:宋亚平

副院长:宋亚平

　　　顾　进

　　　沈洪涛

审委会专职委员:张锦海

纪检组长:顾　进

政治处主任:杜洪恩

**市人民检察院**

检察长:陆红梅(女,1月任)

代理检察长:陆红梅(女)

党组书记:陆红梅(女)

党组副书记:翟　健

　　　　　马红专(12月任)

副检察长:陆红梅(女)

　　　　翟　健

　　　　周　明

　　　　唐凤华(12月撤职)

纪检组长:刘建国

政治处主任:刘广进

**△反贪局**

局　长:申玉军

## 市委工作机构及直属单位

**市纪委**

书　记:韩成龙(11月免)

副书记:顾　荣

　　　董正炎

常　委:李文赋

　　　王瑞庭

　　　刘年蓉(女)

　　　苏林华

**办公室主任:**

党廉室主任:杭　雯(女)

信访室主任:李文赋

执法监察室主任:翟　彬

纪监一室主任:陈建中

纪监二室主任:王建林

审理室主任:顾林杰

**机关纪检监察工作一室**

主　任:李文赋

**机关纪检监察工作二室**

主　任:王瑞庭

**基层纪检监察工作一室**

主　任:陈正银

**基层纪检监察工作二室**

主　任:肖建银

**基层纪检监察工作三室**

主　任:王玉俊

**基层纪检监察工作四室**

主　任:陆殿仁(12月免)

　　　程龙喜(12月任)

**基层纪检监察工作五室**

主　任:王　敏

**市委办**

主　任:刘云山

副主任:吴存发(4月免)

　　　朱　峰(9月免)

　　　蔡　娟(女)

　　　于万才(4月任)

　　　金国明

　　　周德富

　　　王　龙

**市委研究室(挂牌)**

主　任:金国明(5月任)

副主任:吴江洪

　　　冯玉荣

　　　冯鸿灿

　　　沙增平(9月任)

　　　李剑兰(12月任)

**市接待办(挂牌,5月调整为在市委办挂牌)**

主　任:蔡　娟(女)

副主任:沈　浮(5月任)

**市委机要保密局**

局　长:朱　峰(9月免)

**市委台办**

主　任:吴存发(4月免)

　　　刘云山(5月任)

副主任:朱存旺

**市信访局(5月调整为市委办的部门管理机构)**

局　长:于万才(4月任)

党组书记:于万才(4月免)
副局长:陈福东
　　　张玉凡
　　　徐明喜
　　　孙晓玲(女)

**市委组织部**

部　长:万永良
副部长:曹建中(11月免)
　　　花在明
　　　迟开元(11月免)
　　　沈卫国

**市委组织员办公室**

主　任:花在明(9月免)
　　　沈卫国(9月任)
副主任:顾其斌(5月免)
　　　张进厚

**市委非公有制经济组织工委**

书　记:曹建中(9月免)
副书记:沈卫国(9月免)

**市委宣传部**

部　长:徐立华
副部长:瞿　平
　　　李　纲
　　　刘春龙
　　　刘定荣

**市文明办**

主　任:李　纲
副主任:陈　林(12月免)
　　　罗有高

**市委市级机关工委**

书　记:冯晓华(女)
副书记:周正海
　　　杨跃和
　　　吴海璧
纪工委书记:杨跃和
工会主任:孙启翔
人武部部长:史荣斌

**市作风办(挂牌)**

主　任:冯晓华(女)
副主任:杨跃和
　　　孙启翔
　　　杨　蓓(女,5月任)

**市委老干部局**

局　长:曹建中(9月免)
　　　花在明(9月任)
副局长:徐　娟(女)
　　　吴佳庆
　　　周有德

**市委统战部**

部　长:杨　健(兼)
副部长:邵万胜
　　　韦雁国
　　　赵凤涛

**市民宗局(5月调整为挂牌)**

局　长:韦雁国(4月任)
副局长:蒋苏闽
　　　王俊华(女,12月任)

**市委政法委**

书　记:张育林
副书记:顾国平(兼)
　　　陈　浩(兼)
　　　杨加安
　　　王　建
　　　朱桂松
　　　瞿宏顺

**市综治委办公室**

主　任:杨加安
副主任:王俊华(女)
　　　唐伟民

**市依法治市领导小组办公室**

副主任:唐伟民(6月免)
　　　孙广喜(6月任)

**市委农工办**

主　任:周福宏
副主任:吕怀书
　　　杨从明
　　　李荣桦
　　　徐天余
　　　陈友光
　　　张粉成

**市委党校**

校　长:万永良(兼)
副校长:王跃进
　　　徐应柏
　　　周德宏

**市新闻信息中心**

主　任:瞿　平
副主任:孙云华(5月免)
　　　赵建民(5月免)
　　　顾　健(5月免)
　　　吴　强(5月免)
　　　张　东
　　　金　倜
　　　叶崇根

**市史志档案办公室**
主　任：谷幼农
副主任：洪　卫
　　　　成　峰
　　　　吴存寿

## 市人大常委会工作机构

**人大办**
主　任：茅康勇
副主任：徐文凤
**人事代表联络工作委员会**
主　任：徐晓梅（女，10月免）
副主任：顾小兵（6月任）
**法制工作委员会**
主　任：邹　健
副主任：王志华
**财经工作委员会**
主　任：钱建忠
副主任：房兴杰
**农村工作委员会**
主　任：王福全
副主任：江镜华
**社会事业工作委员会**
主　任：毛　洁（女）
副主任：邹　源

## 市政府工作部门及直属单位

**市政府办公室**
主　任：刘　忠
副主任：汤　澎
　　　　彭庆云
　　　　于万才（5月免）
　　　　李维干
　　　　王　龙
　　　　丁　锋
　　　　颜　敏（女）
　　　　王　迅
　　　　林建祥
**市政府研究室**
主　任：李维干
副主任：仲兆奎
　　　　陈志云（6月任）
**△市无管办（5月撤销）**
主　任：
**市应急办（5月挂牌）**
主　任：刘　忠（6月免）
　　　　丁　锋（6月任）
副主任：严　勇
**△市电子政务中心**
主　任：张　洁（女）
**市政府台湾事务办**
主　任：吴存发（5月免）
　　　　刘云山（6月任）
副主任：朱存旺
**市政府法制局（5月撤销）**
局　长：侯洪义（5月免）
副局长：张永涛（5月免）
**市政府法制办（5月更名，调整为挂牌）**
主　任：侯洪义（5月任）
副主任：张永涛（5月任）
**△市外办（市政府侨办）（5月撤销）**
主　任：舒桂兰（女，5月免）
**市政府外事侨务办（5月成立，挂牌）**
主　任：舒桂兰（女，5月任）
副主任：陈传龙（6月任）
**市人防办（5月挂牌）**
主　任：汤　澎
党组书记：汤　澎
副主任：高　栩
　　　　徐开祥
　　　　张仁刚
　　　　周保太
**市监察局**
局　长：顾　荣
副局长：周天成
　　　　杭　雯（女）
　　　　周　斌
**市人事局（撤销）**
局　长：迟开元（5月免）
党组书记：迟开元（4月免）
副局长：刘秀武（5月免）
　　　　曹耀年（5月免）
　　　　薛亚和（5月免）
　　　　沐娟华（女，5月免）
**市编委办**
主　任：迟开元（4月免）
　　　　刘秀武（4月任）
副主任：曹耀年（4月免）
　　　　苏登山（4月免）
**市事业单位登记管理局（5月挂牌）**
局　长：刘秀武
**△市政府驻北京办事处**
主　任：王　龙
**△市政府驻南京办事处**

主　任:王才良

**△市级机关事务管理局(5月调整为副局级)**

局　长:彭庆云

党委书记:彭庆云

副局长:易　健

赵建华(5月任)

党委副书记:易　健

董学华

**市审计局**

局　长:顾天荣

党组书记:顾天荣

党组副书记:黄丽生

副局长:黄丽生

李显运(女,6月免)

陆晶秋

吴怀明(6月任)

纪检组长:杨　菲(女)

**市行政服务中心**

主　任:王永国

副主任:陆志兴

陈学兵

**市发改委**

主　任:李山庆

党组书记:李山庆

副主任:彭瑞庆(5月任)

卞爱昌

樊春煦

陈文军

虞　明

**市服务业局(挂牌)**

局　长:李山庆(6月免)

卞爱昌(6月任)

副局长:徐光明

**市物价局(5月挂牌)**

局　长:倪忠德(5月免)

彭瑞庆(5月任)

党组书记:倪忠德(4月免)

党组副书记:殷广珍(9月免)

副局长:殷广珍(9月免)

陶玉峰

邹加清

蒋淦华

纪检组长:殷广珍(9月免)

**市人力资源和社会保障局(5月组建)**

局　长:刘广华(5月任)

党组书记:周天林(4月任)

副局长:周天林(5月任)

张少华(5月任)

王一平(5月任)

曹耀年(5月任)

薛亚和(5月任)

沐娟华(女,5月任)

彭巧萍(女,5月任)

刘平龙(5月任)

苏登山(5月任)

纪检组长:唐兆权(4月任)

**市公务员局(5月成立,挂牌)**

局　长:

副局长:曹耀年(5月任)

**市劳动和社会保障局(5月撤销)**

局　长:刘广华(5月免)

党组书记:刘广华(4月免)

副局长:张少华(5月免)

王一平(5月免)

薛明星(5月免)

彭巧萍(女,5月免)

刘平龙(5月免)

孔　娟(女,5月免)

纪检组长:唐兆权(4月免)

**市统计局**

局　长:丁天方

党组书记:丁天方(12月免)

郑成洋(12月任)

副局长:张巧根

仇文明

邱　烽(6月任)

**市经济和信息化委员会(5月组建)**

主　任:杨　杰(5月任)

党委书记:杨　杰(4月任)

副主任:卢存林(5月任)

史道健(5月任)

王长华(5月任)

高祝华(5月任)

党委副书记:沙维新(4月任)

工会主任:张　永(5月任)

**市经贸委(5月撤销)**

主　任:杨　杰(5月免)

党委书记:杨　杰(4月免)

副主任:卢存林(5月免)

宋宏发(7月免)

史道健(5月免)

王长华(5月免)

高祝华(5月免)

党委副书记:沙维新(4月免)

工会主任:张　永(5月免)
**市经贸资产经营管理公司**
总经理:卢存林
副总经理:顾　强
　　　　　王荣田
**市乡企局(5月撤销)**
局　长:杨　杰(5月免)
副局长:万光明(5月免)
**市中小企业局(5月挂牌)**
局　长:杨　杰
副局长:万光明(5月任)
**市商务局(5月组建)**
局　长:刘海山(5月任)
党委书记:刘海山(4月任)
副局长:蒋　林(5月任)
　　　　陈立新(5月任)
　　　　成长义(5月任)
党委副书记:王学成(4月任)
纪委书记:王　琴(女,4月任)
**市外经贸局(5月撤销)**
局　长:刘海山(5月免)
党委书记:刘海山(4月免)
副局长:陈立新(5月免)
　　　　成长义(5月免)
党委副书记:王学成(4月免)
纪检组长:王　琴(女,4月免)
**市招商局(5月撤销)**
局　长:刘海山(5月免)
副局长:成长义(5月免)
　　　　张鹏建(5月免)
　　　　方迎峰(5月免)
**市粮食局(5月挂牌)**
局　长:蒋　林(5月任)
党委书记:蒋　林
副局长:周惠春
　　　　孔令政
党委副书记:周惠春
纪委书记:赵学存(4月免)
工会主任:冯宝兰(女,5月免)
**市粮食购销总公司**
总经理:史文淦
**△市投资促进局(5月成立)**
局　长:刘海山(5月任)
副局长:成长义(5月任)
　　　　张鹏建(5月任)
　　　　方迎峰(5月任)
**市安监局**
局　长:陆维珠
党组书记:陆维珠
副局长:刁信群
　　　　曹逸锋
　　　　韩世才
　　　　解国富
　　　　张忠仁
**市科技局**
局　长:陈　阳
党组书记:陈　阳
副局长:邹德和(4月免)
　　　　沈福海
　　　　裴马年(女)
　　　　钮晓东
　　　　华正雄(5月任)
**△市地震局**
局　长:钮晓东(9月任)
**开发区管委会**
党工委书记:赵旭东
副书记:李　斌
　　　　刘万福(4月免)
　　　　邓　骏
主　任:李　斌
副主任:刘万福(5月免)
　　　　邓　骏
　　　　徐玉山
　　　　赵舜生
　　　　王建龙
　　　　吴新忠
　　　　吴彤湘
纪委书记:花军阳(5月任)
人武部部长:花军阳
**开发区管委会红星办事处**
主　任:刘万福(5月免)
副主任:宗步凯
　　　　王春延
　　　　孙秀凤(女)
**开发区管委会招商局**
局　长:邓　骏
副局长:花军阳(6月免)
　　　　余正春
　　　　张　庆
　　　　李剑兰
　　　　郭庆军(5月任)
　　　　邰爱祥(5月任)
**△开发区管委会办公室**
主　任:董继承

**△开发区管委会社会事业办公室**
主　任:朱兴勇(5月任)
**△开发区管委会财务审计办公室**
主　任:
**△开发区管委会企业管理局**
局　长:
**市经济发展公司**
经　理:李　斌
**市热电有限责任公司**
董事长:李　斌
总经理:赵舜生
**市财政局**
局　长:盛卫东
党委书记:盛卫东
党委副书记:杨加平
副局长:杨加平
　　陆建康
　　施迎春
　　周广龙
　　戎秀兰(女)
纪委书记:刘启风(12月免)
　　王宝伦(12月任)
**市财政监督稽查局(5月撤销)**
局　长:盛卫东(5月免)
副局长:张冬健(5月免)
**△市招标采购管理办公室**
主　任:周广龙
**市国有资产管理局(5月撤销)**
局　长:杨加平(5月免)
副局长:刘启风(5月免)
**市国有资产监督管理办公室(5月更名,挂牌)**
主　任:杨加平(5月任)
副主任:刘启风(5月任)
　　张冬健(5月任)
**市城市建设投资有限公司**
董事长:顾跃进
副董事长:韩中东
　　施迎春
总经理:施迎春
**市住房和城乡建设局(5月组建)**
局　长:陈学俊(5月任)
党委书记:徐志扬(4月任)
副局长:李安康(5月任)
　　秦　朴(5月任)
　　金　祥(5月任)
　　周力新(5月任)
　　王学志(5月任)
　　姜宗庆(5月任)
　　陈年生(5月任)
党委副书记:张长春(4月任)
纪委书记:吴　敏(4月任)
工会主任:吴　敏(5月任)
**市建设局(5月撤销)**
局　长:陈学俊(5月免)
党委书记:徐志扬(4月免)
副局长:秦　朴(5月免)
　　金　祥(5月免)
　　周力新(5月免)
　　王学志(5月免)
　　姜宗庆(5月免)
　　陈年生(5月免)
党委副书记:张长春(4月免)
纪委书记:吴　敏(4月免)
工会主任:吴　敏(5月免)
**市建工局(挂牌,5月撤销)**
局　长:陈学俊(5月免)
副局长:张长春(5月免)
　　吉海涛(5月免)
　　陆田丰(5月免)
　　顾金矿(4月免)
　　樊建平(5月免)
**△市建筑工程管理局(5月成立)**
局　长:张长春(5月任)
副局长:吉海涛(5月任)
　　陆田丰(5月任)
　　樊建平(5月任)
**市旅游局(5月挂牌)**
局　长:秦　朴
副局长:徐应武
　　徐　鸿
**△市房改办**
主　任:姜宗庆
**市规划局(5月挂牌)**
局　长:李安康(5月任)
党组书记:李安康
副局长:张永山
　　刘巧兰(女)
　　张宝荣
**△市规划局戴南分局**
局　长:张永山
**市城管局**
局　长:朱春红
党委书记:朱春红
副局长:徐伯军

殷爱根
陆玉华
党委副书记：郑国建
纪检组长：张兰军(女)
工会主席：赵　俊
**市城市管理行政执法局(5月成立，挂牌)**
局　长：
**△市城市管理行政执法大队(9月成立)**
大队长：
**市交通运输局(5月组建)**
局　长：孙家祥(5月任，12月免)
沈德才(12月任)
党委书记：沈德才(4月任，12月免)
余建东(12月任)
副局长：沈德才(5月任)
陈春华(5月任)
沈贵荣(5月任)
倪治斌(5月任)
党委副书记：沈德才(12月任)
曹建明(4月任)
纪委书记：卢　俊(4月任)
**市交通局(5月撤销)**
局　长：孙家祥(5月免)
党委书记：沈德才(4月免)
副局长：沈德才(5月免)
陈春华(5月免)
沈贵荣(5月免)
徐建国(5月免)
倪治斌(5月免)
党委副书记：曹建民(4月免)
纪委书记：卢　俊(4月免)
**△市地方海事处**
处　长：徐正龙
**△市航道管理站**
站　长：柳　平
**△市公路管理站**
站　长：夏仁茂
**△市运输管理处**
处　长：李国华
**市环保局**
局　长：陈茂旺(10月任)
党组书记：陈茂旺
副局长：陈茂旺
杨　杰
陆洪楠
朱立群
丁永明
马红祥
陈永根(6月任)
纪检组长：沈德全
**市农委**
主　任：顾国平(兼)
副主任：彭瑞庆(5月免)
周天林(5月免)
刘玉军
张永华
耿永才
陈友洪
吴存发(5月任)
**市农业局(挂牌)**
局　长：彭瑞庆(5月免)
吴存发(5月任)
党委书记：彭瑞庆(4月免)
吴存发(4月任)
副局长：李炳维
张　健
华正雄(5月免)
金殿秀
杨祉仁
党委副书记：李炳维
丁向方
工会主任：李　堡(女)
**△市农技推广中心**
主　任：卞卫东
**市林牧业局(挂牌)**
局　长：耿永才
党委书记：耿永才
副局长：扈南平
蒋春宏
党委副书记：袁士龙
纪委书记：袁士龙
**市水产局(挂牌，5月撤销)**
局　长：周天林(5月免)
党委书记：周天林(4月免)
副局长：宋加宏(5月免)
韦雁宝(5月免)
副书记：宋加宏(4月免)
工会主任：祝建华(5月免)
**△市水产局(5月成立)**
局　长：宋加宏(5月任)
党委书记：宋加宏(4月任)
副局长：韦雁宝(5月任)
工会主任：祝建华(5月任)
**市农机局(挂牌，5月撤销)**

局　长:刘玉军(5月免)
党组书记:刘玉军(4月免)
副局长:陈茂贵(5月免)
　　　陈有权(5月免)
**△市农机局(5月成立)**
局　长:刘玉军(5月任)
党组书记:刘玉军(4月任)
副局长:陈茂贵(5月任)
**市农业资源开发局(挂牌,5月撤销)**
局　长:陈友洪(5月免)
党组书记:陈友洪(4月免)
副局长:王早春(5月免)
　　　郑启淦(5月免)
　　　刘德友(5月免)
**△市农业资源开发局(5月成立)**
局　长:陈友洪(5月任)
党组书记:陈友洪(4月任)
副局长:王早春(5月任)
　　　郑启淦(5月任)
　　　刘德友(5月任)
**市水务局**
局　长:包振琪
党委书记:赵中银
副局长:石小平
　　　胡建华
　　　张　明
　　　徐凤锦
　　　刘建才
党委副书记:包振琪
　　　　　顾靖涛
纪委书记:顾靖涛
**市供销合作总社**
主　任:张永华
党委书记:张永华
副主任:倪为荣
　　　陈秋红
　　　孙　华
党委副书记:倪为荣
　　　　　陈　隆
纪检组长:陈　隆
**市人口和计生委**
主　任:周金喜
党组书记:周金喜
副主任:马炤龙
　　　韩永胜
　　　强　俊
　　　孙小玉
　　　陆德干
　　　章怀卫
纪检组长:朱秀慧(女)
**市教育局**
局　长:邹祥龙
副局长:吉如涛
　　　顾晓斌
　　　吴　纲
　　　陈义荣
　　　杨　杰
工会主任:滕　艳(女)
**市委教育工委**
书　记:邹祥龙
副书记:吴廷喜(7月免)
　　　顾其斌(5月任)
纪工委书记:陈义荣
**市政府教育督导室(5月挂牌)**
主　任:吉如涛
**江苏省兴化中学**
校　长:曹伯高
党委书记:邹祥龙(11月任)
党总支书记:邹祥龙(11月免)
副校长:徐桂林
　　　杨　杰(11月免)
　　　朱加义
　　　戴兴宏
党委副书记:曹伯高(11月任)
　　　　　王海明(11月任)
党总支副书记:曹伯高(11月免)
　　　　　　王海明(11月免)
**市教师进修学校**
校　长:韦　琦
副校长:方晓春
**泰州电大兴化分校**
校　长:顾其斌(6月任)
副校长:孙有明
**市职工中等专业学校**
副校长:苍忠德
　　　沈　奇
**市文化广电新闻出版局(5月组建)**
局　长:刘春龙(5月任)
党委书记:瞿　平(4月任)
党委副书记:刘春龙(4月任)
副局长:余大海(5月任)
　　　孙云华(5月任)
　　　赵建民(5月任)
　　　顾　健(5月任)

吴　强(5月任)
王　林(5月任)
张　东(5月任)
金　倜(5月任)
张建中(5月任)
袁震宇(5月任)
李　鹏(5月任)
范晓娟(女,5月任)
李劲松(5月任)
纪委书记:计建华(4月任)
工会主任:袁震宇(5月任)

**市广播电视台**

台　长:瞿　平(5月任)
副台长:孙云华(5月任)
赵建民(5月任)
顾　健(5月任)
吴　强(5月任)
袁震宇(5月任)
仇党玉(6月任)

**市文化局(新闻出版局)(5月撤销)**

局　长:刘春龙(5月免)
党委书记:刘春龙(4月免)
副局长:王　林(5月免)
李　鹏(5月免)
范晓娟(女,5月免)
李劲松(5月免)
纪委书记:张建中(4月免)

**市广电局(5月撤销)**

局　长:瞿　平(5月免)
党委书记:瞿　平(4月免)
党委副书记:孙云华(4月免)
副局长:孙云华(5月免)
赵建民(5月免)
顾　健(5月免)
吴　强(5月免)
张　东(5月免)
金　倜(5月免)
袁震宇(5月免)
纪检组长:计建华(4月免)
工会主席:袁震宇(5月免)

**△市体育局(5月调整为副局级)**

局　长:佘大海
党组书记:佘大海
副局长:熊稳喜(5月任)
翟培元(5月任)
陈　春(5月任)
左　佐(5月任)

**市卫生局**

局　长:金加余(4月免)
江义舟(4月任)
党委书记:江义舟
副局长:江义舟
顾继平(5月免)
杨森枝(4月免)
孙如兰(女,5月任)
王永明
张　彤
许　琳(女)
秦　晋(5月任)
党委副书记:韩繁荣
纪检组长:秦　晋(4月免)
张　勤(女,4月任)
工会主任:张　勤(女,5月免)
解应鹏(5月任)

**△市爱卫办(5月撤销)**

主　任:顾继平(5月免)

**市人民医院**

院　长:张　彤
党委书记:张　彤
副院长:何　倩
许　琳(女)
邓新桃
姚　纯
张汉年(6月任)
党委副书记:黄　飙
工会主席:魏　勇

**△市中医院**

院　长:沈汉慧(女)

**△市卫生监督所**

所　长:袁震华

**△市疾病预防控制中心**

主　任:李红顺

**市食品药品监督管理局(5月更名,挂牌,12月调整为单独设置)**

局　长:孙如兰(5月任)
副局长:黄　进(5月任)

**市公安局**

局　长:陈　浩(兼)
党委书记:陈　浩(兼)
党委副书记:周进豪
徐柏元
政　委:周进豪
副局长:徐柏元
李从德

徐永海
万永高
副政委:翟广益
易荣根
纪委书记:荀友春
工会主任:陆长江
**△市公安局牌楼中心派出所**
所　长:戴永健
教导员:袁强胜
**△市公安局政工监督室**
主　任:姚建云
警务督察大队大队长:王久忠
教导员:李　华(3月任)
**△市公安局指挥中心**
主　任:许友根
教导员:宗伟成
**△市公安局国保大队**
大队长:景安红(9月任)
教导员:景安红(9月免)
邹玉斌(9月任)
**△市公安局治安管理大队**
大队长:唐寿栽
教导员:束方桂(12月免)
**△市公安局交巡警大队**
大队长:葛苏宝
教导员:陈　中
**△市公安局刑侦大队**
大队长:孙建国
教导员:蒋彩斌
禁毒大队大队长:朱中贤
**△市公安局经侦大队**
大队长:王国华
教导员:宗　华
**△市公安局网监大队**
教导员:高　峰
**△市公安局水警大队**
大队长:冯佑余
教导员:纪兴荣
**△市公安局巡防大队**
大队长:张　晋
教导员:孙国圣
**市维稳办**
主　任:徐永海
副主任:宗伟成
**市司法局**
局　长:马红专
党组书记:马红专(12月免)
彭中法(12月任)
副局长:吴春泉
董伟才
苏汝光
王　兰(女)
陈礼智
党组副书记:吴春泉(12月免)
**市民政局**
局　长:华荣辉
党委书记:张建华
党委副书记:华荣辉
副局长:顾德华
顾传金(1月免)
季开常
曹　阳
袁　沧
纪检组长:何　潇
工会主任:冯宝兰(女,5月任)

## 市政协工作机构

**市政协办公室**
主　任:石益平
副主任:徐荣书
**学习文史委员会**
主　任:彭国良(兼)
副主任:吴健全
**社会法制委员会**
主　任:萧万茂
副主任:蒋兆所
**经济科技委员会**
主　任:王宇云
**教育卫生文化体育委员会**
主　任:王仪庭
副主任:黄卫明(女)

## 社会团体

**市工商联**
主　席:余建年
党组书记:邵万胜
党组副书记:王爱和
副主席:王爱和
陈永斌(4月任)
秘书长:王爱和
**市总工会**
主　席:蔡　莹
党组书记:蔡　莹
副主席:倪万寿

刘建华
颜建国
纪瑞莹(女,6月任)

**市妇联**

主　席:徐秀红(女)
党组书记:徐秀红(女)
副主席:周小娟(女)
施　燕(女,4月任)

**团市委**

书　记:黄卫平(5月任)
副书记:黄卫平
吉金楼
刘华斌(4月任)

**市科协**

主　席:王元戈
党组书记:王元戈(12月免)
吴春泉(12月任)
副主席:王恒太
梁大胜

**市残联**

理事长:梅广旺
党组书记:梅广旺(12月免)
徐文鑫(12月任)
副理事长:徐文鑫(12月任)
顾　斌
陈立新

**市红十字会**

会　长:马雅斐(女,兼)
副会长:金　泉

**市侨联**

主　席:舒桂兰(女)

**市文联**

主　席:刘春龙(4月免)
副主席:孙　祥
余延瑞

**市社科联**

主　席:刘定荣
副主席:史道智(5月任)

## 省、泰州市条线管理部门

**国家统计局兴化调查队**

队　长:孙　敏
副队长:蒋茂彬(7月任)

**兴化质监局**

局　长:王亦波
党组书记:王亦波
副局长:苏学东
王冬生
高希兆
刘志勇(8月任)
纪检组长:陈红生

**兴化食品药品监督管理局(5月调整为兴化管理)**

局　长:
副局长:孙如兰(女)
纪检组长:孙如兰(女,4月免)

**省电力公司兴化市供电公司**

总经理:张　澄(11月免)
刘玉方(11月任)
党委书记:纪元美
副总经理:纪元美
季昆玉(3月免)
张庆祥(3月免)
吴旭鸣
王　力3月任)
郭金根(3月任)
总工程师:戴玉华(3月免)
党委副书记:张　澄(11月免)
刘玉方(11月任)
纪委书记:王　猛(10月免)
李国兵(10月任)
工会主席:王　猛(10月免)
李国兵(10月任)

**市国税局**

局　长:张世荣
党组书记:张世荣
党委书记:张世荣
副局长:徐建春
邢锦山
丁桂庆
纪检组长:刘兴文

**市地税局**

局　长:邹　鹤
党组书记:邹　鹤
党委书记:邹　鹤
副局长:顾海祯
范高明(4月免)
戎晓健(女)
王荣明
纪检组长:范高明(4月免)
杨　茗(7月任)

**兴化工商局**

局　长:唐龙础
党组书记:唐龙础
党委书记:唐龙础

副局长:陆明存
顾　安
高　松(3月任)
党组副书记:陆明存
党委副书记:陆明存
纪检组长:李顺喜

**△市盐务局(盐业公司)**

局　长:陈文栋

**市烟草专卖局(泰州烟草公司兴化营销部)**

局长、经理、党组书记:朱玉乔
副经理:王跃迅
副局长:吴长胜(4月免)
刘四海(4月任)
邹仁芳(4月任)

**中国人民银行兴化市支行**

行　长:陈　平
党组书记:陈　平
副行长:秦海坤
纪检组长:陈福林

**中国工商银行股份有限公司兴化支行**

行　长:张　健(7月免)
赵雪梅(女,8月任)
党委书记:张　健(7月免)
赵雪梅(女,8月任)
副行长:田　俊
赵雪梅(女)
戎淦生
纪委书记:朱为琛

**中国农业银行兴化市支行**

行　长:王广勤(3月任)
党委书记:王广勤(3月任)
党委副书记:王广勤(主持工作)
副行长:王广勤(主持工作)
段敬东
丁俊龙
陈　澎

**中国农业发展银行兴化市支行**

行　长:汪建国
副行长:施　扬
李亚东(9月任)

**中国建设银行股份有限公司兴化支行**

行　长:许正章(2月免)
叶为民(3月任)
党委书记:许正章(2月免)
叶为民(2月任)
副行长:刘筛玲(女)
刘　洪
陈有泉(2月任)

**中国银行股份有限公司兴化支行**

行　长:顾国庆
副行长:翟剑峰(5月免)
刘进勤(5月任)

**兴化农村合作银行**

董事长、党委书记:王文林
行长、党委副书记:黄锦荣
监事长、纪委书记:姜宗坤
副行长:张永程
吴开文
朱万存(3月任)

**中国邮政储蓄银行兴化市支行**

行　长:李曙光
副行长:吴　祥

**中国人民财产保险股份有限公司兴化支公司**

经理、党组书记:申家岚
副经理:赵　军

**中国人寿保险股份有限公司兴化支公司**

经　理:许　源(女,10月免)
副经理:王建新

**市国土资源局**

局　长:韩中东
党委书记:韩中东
副局长:范建武
张文军
徐德银
王书远(7月任)
纪委书记:张文军(7月免)
裴正明(7月任)

**泰州市住房公积金管理中心兴化分中心**

主　任:闵　华(女)
副主任:徐　锡
肖　林(7月任)

**市邮政局**

局　长:杭　坚(6月免)
党委书记:杭　坚(6月免)
副局长:李　强(6月主持工作)
刘婷婷(女,4月任)
党委副书记:李　强(6月主持工作)
纪委书记:李　强(4月免)
刘婷婷(女,4月免)
工会主席:李　强

**中国电信股份有限公司兴化分公司**

总经理、党委书记:柴　进
副总经理:潘　健
马　兵

纪委书记：马　兵
工会主席：潘　健

**中国移动通信集团江苏有限公司兴化分公司**

经　理：杭晓明

**中国联合网络通信有限公司兴化市分公司**

总经理：邵玉才
副总经理：赵加诚

**市气象局**

局　长：邹大林
副局长：陈勇年

## 乡镇领导机构

**昭阳镇**

书　记：翟云峰
副书记：余建东(12月免)
　　唐永贵(12月任)
　　蒋兆兰(女,12月任)
　　张文彪
　　王建华(女,12月免)
镇　长：余建东(12月免)
副镇长：郭永忠
　　吴兆柏(12月免)
　　王秀全
　　顾春香(女)
　　何田余
人大主席：蒋兆兰(女,12月免,兼)
人大副主席：刘海峻
纪委书记：王建华(女)
组织委员：吴桂强
宣传委员：吴长贵
统战委员：鲍美华
政法委员：王建华(女,12月任,兼)
人武部部长：陆兴龙

**市城市社区工作委员会**

主　任：翟云峰
副主任：蒋兆兰(女)
　　陆　宁(女)
　　陆兴龙
　　刘海峻

**市私营经济城管委会**

主　任：余建东
副主任：吴兆柏
　　王炳仁
　　高荣才
　　蔡同赋

**戴南镇**

书　记：马元连
副书记：黄寿余(12月免)
　　仲春瑞(12月任)
　　翁国忠(12月免)
　　仲元华
　　拜　磊
　　王美红(女)
　　刘祥宏
镇　长：黄寿余(12月免)
副镇长：李建龙
　　周红旗
　　张冬根
　　刘　林
人大主席：拜　磊(兼)
人大副主席：仲旭升
纪委书记：刘祥宏(兼)
纪委副书记：周洪波
　　武茂刚
组织委员：朱静霞(女,12月任)
宣传委员：朱静霞(女,兼)
统战委员：夏广兴
人武部部长：陈长荣

**戴南不锈钢综合物流中心管委会**

党工委书记：马元连
主　任：马元连(兼)
副主任：翁国忠
　　仲元华

**张郭镇**

书　记：徐学坚
副书记：戴振涛
　　赵益华(12月免)
　　王明军(12月免)
　　李　华
镇　长：戴振涛
副镇长：史青凤(女)
　　孙明忠(12月免)
　　张跃军
　　陆友光
人大主席：徐学坚(兼)
人大副主席：刘桂芬(女)
纪委书记：王明军(12月免)
　　孙明忠(12月任)
纪委副书记：丁　坚(12月免)
组织委员：朱立兵
宣传委员：赵晓喻
统战委员：叶百进
政法委员：丁　坚(12月任)
人武部部长：孙明忠(兼)

**大垛镇**

书　记:沙顺喜

副书记:王建宏

袁春和(12月免)

汤　荣(12月免)

李　勇

镇　长:王建宏

副镇长:顾友春

李正珠

邵国昱

人大主席:袁春和(12月免)

人大副主席:刘兴余

纪委书记:卢巧兰(女)

组织委员:顾友春(兼)

宣传委员:刘兴全

统战委员:刘兴全(兼)

政法委员:李　勇(12月任,兼)

人武部部长:刘兴余(兼)

**荻垛镇**

书　记:朱长才

副书记:吴吉林(12月免)

陈　林(12月任)

赵龙海

王正桂(12月免)

镇　长:吴吉林(12月免)

副镇长:赵百森

吴林法(12月免)

冯建祥

成德龙

人大主席:朱长才(1月任,12月免,兼)

纪委书记:赵龙海(12月免)

王正桂(12月任)

组织委员:吴林法(12月免)

朱正宽(12月任)

宣统委员:成德龙(兼)

政法委员:成德龙(12月任)

人武部部长:朱正宽

**戴窑镇**

书　记:王宝伦(12月免)

王晓秋(12月任)

副书记:袁卫国

叶长春(12月任)

许永良(12月免)

樊学根(12月免)

镇　长:袁卫国

副镇长:曹友武

张长云

李永寿

人大主席:叶长春(12月免)

人大副主席:徐合凤(女)

纪委书记:许永良

组织委员:张长云(兼)

宣传委员:胡国炎

统战委员:徐合凤(女,兼)

政法委员:曹友武(12月任)

人武部部长:王　兵

**合陈镇**

书　记:孙　健

副书记:孙长桂(12月免)

杨　龙

袁小龙

沈卫平(12月免)

镇　长:孙长桂(12月免)

副镇长:陆爱贞(女)

茅兴春

申洪源

人大主席:孙　健(1月任,12月免,兼)

人大副主席:顾华锋(12月免)

纪委书记:沈卫平

组织委员:张文干

宣传委员:陈根和

统战委员:张文干(兼)

政法委员:沈卫平(12月任,兼)

人武部部长:潘国岭

**昌荣镇**

书　记:杭爱兵

副书记:李永松(12月免)

孙登峰

韩世凯

镇　长:李永松(12月免)

副镇长:王均荣(12月免)

陈如干

马永根

人大主席:孙登峰

人大副主席:袁长晖(女)

纪委书记:韩世凯(12月免)

王均荣(12月任)

组织委员:马永根(兼)

宣传委员:王继宏(12月免)

袁长晖(12月任)

统战委员:袁长晖(12月任)

政法委员:孙登峰(12月任,兼)

人武部部长:石友山

**陶庄镇**

书　记:郏成洋(12月免)

副书记:张大军(12月任)

许普银(12月任)

王如明

袁春岗(12月免)

朱广钱(12月免)

镇　长:张大军(1月任)

副镇长:曹佐明

陈铜山

周建根

人大主席:郏成洋(12月免)

人大副主席:张耀民

纪委书记:陆润芳(12月免)

袁春岗(12月任)

组织委员:陈铜山(兼)

宣统委员:周建根(兼)

政法委员:陈铜山(12月任)

人武部部长:张耀民(兼)

**海南镇**

书　记:陈学明

副书记:王永善

陆树春

夏定祥(12月免)

镇　长:王永善(1月任)

副镇长:顾淑萍(女)

苏凤澄

殷志年

人大主席:孔凡春(12月免)

纪委书记:陆树春(12月免)

夏定祥(12月任)

组织委员:葛　颖(女)

宣传委员:姚桂发

统战委员:姚桂发(兼)

政法委员:夏定祥(12月任,兼)

人武部部长:夏定祥(兼)

**大邹镇**

书　记:陈万健

副书记:张永辉

陈明千

房林森(12月免)

镇　长:张永辉(1月任)

副镇长:邹启达

邹晓春(女)

人大主席:陈万健(兼)

人大副主席:王　峰

纪委书记:邹明祥

组织委员:房林森

宣传委员:邹晓春(女,兼)

统战委员:张圣林(12月免)

邹晓春(女,12月任)

政法委员:邹明祥(12月任,兼)

人武部部长:邹明祥(兼)

**永丰镇**

书　记:张天源

副书记:孙翠华(女)

王同海(12月免)

吴有裕

戴怀闲(12月免)

镇　长:孙翠华(女)

副镇长:王如金

杨日国

倪国富

人大主席:张天源(1月任)

纪委书记:吴有裕(12月免)

戴怀闲(12月任)

组织委员:戴怀闲(兼)

宣传委员:周乐英(女,12月免)

丁文新(12月任)

统战委员:丁文新(兼)

政法委员:吴有裕(12月任)

人武部部长:焦圣泉

**安丰镇**

书　记:常传林

副书记:王晓秋(12月免)

吴吉林(12月任)

范建盈

崔淦才

吴学泉(12月免)

镇　长:王晓秋(12月免)

副镇长:王吉林

孙桂琴(女)

杨锦林

吴文峰

人大主席:胡泽元(12月免)

纪委书记:崔淦才(12月免)

吴学泉(12月任)

纪委副书记:乔　栋(12月免)

组织委员:束长海(12月任)

宣传委员:束长海(12月免)

张圣林(12月任)

统战委员:束长海(兼)
人武部部长:刘凤年

**老圩乡**

书　记:吉天河
副书记:浦　成
　　　陆阳勇(12月免)
　　　朱广钱(12月任)
乡　长:浦　成(1月任)
副乡长:杨友松
人大主席:吉天河(1月任)
人大副主席:许健康
纪委书记:韩彩珍(女)
组织委员:王普国
宣统委员:朱锦山
人武部部长:朱锦山(兼)

**新垛镇**

书　记:倪红香
副书记:曹　慧(女)
　　　陆红旗
镇　长:曹　慧(女)
副镇长:钱稳权(12月免)
　　　葛树干
　　　彭国权
人大主席:陆红旗(12月免)
纪委书记:钱稳权(12月任)
组织委员:刘德军
宣统委员:张照林
政法委员:钱稳权(12月任,兼)
人武部部长:朱　军

**钓鱼镇**

书　记:姚群印
副书记:花再鹏(12月免)
　　　马红祥(12月任)
　　　葛同华(女)
　　　倪洪如(12月免)
镇　长:花再鹏(12月免)
副镇长:杨开涛
　　　房宝才
人大主席:葛同华(女)
人大副主席:孟中华
纪委书记:葛同华(女,12月免)
　　　　倪洪如(12月任)
组织委员:房宝才(兼)
宣传委员:高井红(12月任)
统战委员:高井红
政法委员:葛同华(女,12月任)
人武部部长:顾忙宝(12月免)
　　　　　房宝才(12月任)

**大营镇**

书　记:陆炳祥
副书记:张继华
　　　王　勇(12月任)
　　　陆阳勇(12月任)
镇　长:张继华
副镇长:王书东
　　　陈存松
人大主席:陆炳祥(1月任,12月免)
人大副主席:施春礼
纪委书记:陆阳勇(12月任)
组织委员:瞿同锁
宣统委员:陆玉花(女)
政法委员:王书东(12月任,兼)
人武部部长:王兴门

**下圩镇**

书　记:卞胜平
副书记:唐小进
　　　马　骏
　　　郝林灿(12月免)
镇　长:唐小进
副镇长:薛长柏
　　　唐　坤
人大主席:马　骏(12月免)
纪委书记:马　骏(12月免)
　　　　郝林灿(12月任)
组织委员:刘　坚
宣统委员:唐　坤(12月免)
　　　　王继宏(12月任)
政法委员:马　骏(12月任,兼)
人武部部长:郝林灿(兼)

**沙沟镇**

书　记:杨成楠(12月免)
　　　王广才(12月任)
副书记:阮书凤(女,12月免)
　　　许宏亮(12月任)
　　　程龙喜(12月免)
　　　房卉彩(12月任)
镇　长:王广才
副镇长:汪洪勇
　　　张步新(12月免)
　　　姜正明
人大主席:阮书凤(女,12月免)
纪委书记:程龙喜(12月免)

张步新(12月任)
组织委员:张福文
宣传委员:赵俊林(12月免)
统战委员:赵俊林(12月免)
政法委员:汪洪勇(12月任,兼)
人武部部长:瞿如俊

**李中镇**

书　记:钮月桂
副书记:朱学美
朱洪涛
苏久红(12月免)
镇　长:朱学美
副镇长:朱焕泽
居晓年
人大主席:钮月桂(1月任,兼)
人大副主席:翟正平
纪委书记:苏久红
组织委员:王玉才(女)
宣统委员:赵俊林(12月任)
政法委员:苏久红(12月任,兼)
人武部部长:居晓年(兼)

**西郊镇**

书　记:黄满盛(12月免)
赵桂银(12月任)
副书记:刘金鹏
许宏亮(12月免)
华　实
潘晓健(12月免)
镇　长:刘金鹏
副镇长:周大元
孙桂宝
邵华英(女)
人大主席:黄满盛(12月免)
人大副主席:林发忠(12月免)
纪委书记:许宏亮(12月免)
潘晓健(12月任)
组织委员:陈永松
宣统委员:朱美华(女)
政法委员:孙桂宝(12月任)
人武部部长:周文芳

**周奋乡**

书　记:徐德凤
副书记:赵长河(12月免)
陆殿仁(12月任)
王保荣(12月免)
骆永荣
乡　长:赵长河
副乡长:韩开浩
陈加庚(12月免)
人大主席:徐德凤(1月任)
纪委书记:王保荣
组织委员:陈红言
宣统委员:赵　俊(12月免)
于通洲(12月任)
政法委员:韩开浩(12月任,兼)
人武部部长:骆永荣(12月任)

**中堡镇**

书　记:张久银
副书记:陈　坚
蒋　宏(12月任)
张连桂(12月免)
房卉彩(12月免)
镇　长:陈　坚
副镇长:陆明凯
邹春祥
罗国瑞
人大主席:蒋　宏(12月免)
纪委书记:张连桂(兼)
组织委员:赵宏高
宣统委员:顾春兰(女)
政法委员:蒋　宏(12月任,兼)
人武部部长:房卉彩(兼)

**缸顾乡**

书　记:荀维荣
副书记:刘启元
瞿国平
易　峰(12月免)
乡　长:刘启元
副乡长:罗法华
陈荣才
人大主席:瞿国平(12月免)
纪委书记:易　峰(兼)
组织委员:瞿锦然
宣统委员:潘美华(女)
政法委员:瞿国平(12月任,兼)
人武部部长:谢俊仪

**西鲍乡**

书　记:徐文鑫(12月免)
李玉东(12月任)
副书记:王洪全
王永江
邢大顺(12月免)

乡　长:王洪全
副乡长:钱稳健
　　　　葛育振
人大主席:王永江(12月免)
纪委书记:邢大顺(兼)
组织委员:于通洲(12月免)
宣统委员:沙金霞(女)
政法委员:钱稳健(12月任,兼)
人武部部长:邢大顺(兼)

**城东镇**

书　记:赵桂银(12月免)
　　　　周海霞(女,12月任)
副书记:时育龙(12月任)
　　　　赵　健(12月免)
　　　　王中女(女)
镇　长:周海霞(1月任)
副镇长:唐永琰
　　　　赵仕舜
　　　　张和生
人大主席:赵桂银(1月任,12月免)
人大副主席:沈干俊
纪委书记:王中女(女,12月免)
　　　　　赵仕舜(12月任)
纪委副书记:唐　俊(12月免)
组织委员:赵仕舜(兼)
宣统委员:周　波(女,12月免)
　　　　　唐　俊(12月任)
政法委员:王中女(女,12月任)
人武部部长:唐永琰(兼)

**临城镇**

书　记:吴海盈
副书记:刘宏照
　　　　刘兆龙(12月免)
　　　　任富臣(12月免)
　　　　刘义芹
镇　长:刘宏照(1月任)
副镇长:金禹根
　　　　刘红扬
　　　　王　钟(12月免)
　　　　冯巧岚(女)
人大主席:赵友怀(12月免)
人大副主席:瞿日玉
纪委书记:任富臣(兼)
组织委员:陈少华
宣统委员:刘友宽
政法委员:金禹根(12月任)
人武部部长:任富臣(兼)

**市科技工业园区管委会**

主　任:吴海盈
副主任:任荣根
　　　　王　钟
　　　　谢瑞华

**陈堡镇**

书　记:仲春瑞(12月免)
　　　　黄满盛(12月任)
副书记:刘宝华
　　　　许普银(12月免)
　　　　谢贵春(12月任)
镇　长:刘宝华
副镇长:张武原
　　　　张　宏
　　　　朱军林
　　　　季长进
人大主席:仲春瑞(兼,1月任,12月免)
人大副主席:刘文海(12月免)
纪委书记:许普银(12月免)
　　　　　张　宏(12月任)
组织委员:费　艳(女)
宣统委员:季长进(兼)
政法委员:张　宏(12月任)
人武部部长:张凤鸣

**周庄镇**

书　记:唐永贵(12月免)
　　　　杨成楠(12月任)
副书记:陈新生
　　　　顾林俊
　　　　谢贵春(12月免)
镇　长:陈新生
副镇长:潘卫东
　　　　吴付生
　　　　曹建华
　　　　王　琪(女)
人大主席:时育龙(12月免)
纪委书记:韩兆广
组织委员:顾诗华
宣传委员:王　琪(女,兼)
统战委员:刘彩凤(女)

**垛田镇**

书　记:王　铎
副书记:冯春华
　　　　黄永泉
　　　　仇华勇(12月免)

王春华(12 月免)
镇　长:冯春华
副镇长:仇山元(12 月免)
陈友连
人大主席:王　锋(兼,1 月任)
人大副主席:汪子泉
纪委书记:黄永泉(12 月免)
仇华勇(12 月任)
组织委员:陈友连(兼)
宣统委员:陈　艳(女,12 月免)
人武部部长:王建华

**竹泓镇**

书　记:郑元明
副书记:李玉东(12 月免)
全建国(12 月免)
高保贵(12 月免)
袁春和(12 月任)
镇　长:李玉东(12 月免)
副镇长:赵怀明(12 月免)
汤长新
人大主席:全建国
纪委书记:高保贵
纪委副书记:张鹤峰(12 月免)
组织委员:汤长新(兼)
宣统委员:余粉兄(女)
人武部部长:余淦富

**茅山镇**

书　记:谭世国
副书记:赵长宏
于海翔
陆曙东(12 月免)
镇　长:赵长宏
副镇长:梅　兴
杨常华
金厚峰
人大主席:谭世国(兼)
人大副主席:刘春萍(女)
纪委书记:于海翔(12 月免)
陆曙东(12 月任)
组织委员:陆曙东(12 月免)
刘春萍(女,12 月任)
宣传委员:梅　兴(兼)
统战委员:刘春萍(女,兼)
政法委员:金厚峰(12 月任)
人武部部长:于海翔(兼)

**林湖乡**

书　记:彭中法(12 月免)
花在鹏(12 月任)
副书记:李庆斌
吴俊富(12 月任)
胡　秋(12 月免)
陈建祥(12 月免)
乡　长:李庆斌
副乡长:刘友高
黄海涛(12 月免)
朱干龙
人大主席:吴俊富
纪委书记:胡　秋(兼)
组织委员:窦竹松
宣统委员:王诗琴(女)
政法委员:胡　秋(12 月任)
人武部部长:朱干龙(兼)

**沈坨镇**

书　记:戴荣军(9 月免)
夏爱东(12 月任)
副书记:丁　宏
从安祥(12 月免)
杨文高
镇　长:夏爱东
副镇长:奚春茂
刘新华
人大主席:丁　宏
人大副主席:吴　健
纪委书记:杨文高(兼)
纪委副书记:吴　健(12 月免)
组织委员:刘新华(兼)
宣统委员:袁凯中
政法委员:吴　健(12 月任)
人武部部长:张正伏

**(名称前有△为副局级单位)**

# 农 业

## 综 述

**【农业概况】** 2010年,全市各地围绕农业增效、农民增收、农村小康目标,紧扣“务实抓转型、全力达小康”工作主线,不断提升粮食综合生产能力,推进现代高效规模农业发展,加大农业技术推广力度,加快农产品质量安全建设,全市农业经济呈现良好发展势头。全市实现农业增加值53.19亿元,比上年增长4.7%;农业总产值106.01亿元,比上年增长10.3%。

**【粮食综合生产能力】** 按照“一推四普及”和“五有五统一”要求,抓好粮棉油高产高效创建,当年建成小麦部省级丰产方3个,水稻部省级丰产方4个,油菜部级丰产方1个,棉花部级丰产方1个,市级丰产方14个,总面积达6667公顷。其中:钓鱼镇水稻万亩双高创建方亩产749.7公斤,名列全省第一;钓鱼镇姚家村百亩甬优8号水稻亩产896.3公斤,列全国稻麦两熟水稻单产产量第一。全市当年粮食总产量13.4亿公斤,位居江苏省第一,再次被表彰为“全国粮食生产先进县(市)标兵”。

**【高效规模农业】** 围绕香葱、加工蔬菜、河蟹、青虾、小龙虾、绿色畜禽等特色高效项目,加快推进高效规模农业发展。全市高效种植业面积达3.96万公顷,当年新增0.45万公顷;高效渔业面积3.6万公顷,当年新增0.67万公顷;生猪规模养殖比重70%,当年上升7%,蛋禽规模养殖比重95%,当年上升9%,肉禽规模养殖比重89%,当年上升9%。兴化市连续5年被省表彰为“高效农业规模化先进市”。

水稻超高产试验方

**【农产品质量安全监管】** 推进市农产品质检站项目建设,在20家果蔬生产的重点乡镇和园区配备农药残留快速检测仪,完善农产品安全生产标准化技术体系;建立健全重大动物疫病免疫和疫情监测制度,重大动物疫病防控面达100%,加大对畜产品、兽药饲料生产经营企业等监管力度;实施生物防污治污,加大资源养护力度,增加渔业资源存量,加强渔业生态安全;推进农产品质量认证,全市2010年新增无公害蔬菜生产基地4个、无公害农产品认证42个、绿色食品认证6个、有机食品认证11个。

**【农业技术推广】** 组织实施农民培训、农业科技入户、挂县(市)强农富民工程;普及机插秧、塑盘抛栽、旱育移栽生产技术,控减直播稻面积;推广配方肥、商品有机肥5.55万吨,推广秸秆腐熟剂面积0.82万公顷;推广鱼虾蟹混养、虾蟹鳜混养、虾蟹鳅混养等生态养殖技术,开展高效养殖技术培训2.5万人次;推广插秧机291台,全市插秧机保有量达1530台,实现机插面积1.97万公顷;当年投入各类秸秆还田机具800台套,秸秆机械化还田面积2万公顷,还田率12.2%。 (陈有进)

## 种 植 业

**【种植业概况】** 全市粮食面积18.2万公顷,平均亩产491.6公斤,总产134.42万吨。棉花1.1万公顷,亩产92公斤。油菜子1.38万公顷,亩产164公斤。按照“一推四普及”和“五有五统一”的要求,狠抓粮棉油高产高效创建,把示范方(片)建成新技术应用的先导、专业化服务的亮点、高产增收的样板,促进全市粮棉油持续发展。兴化市再次被农业部表彰为“全国粮食生产先进县(市)标兵”。严格农业执法，全年检查农资经营单位700多家次，抽样439个，立案查处案件75起，涉案货值近千万元，决定罚没53.6万元，结案率100%。办理核发种子生产许可证13份，共受理农业生产事故101起，调处有赔偿的农业生产事故12起，执法大队被市委、市政府表彰为“十佳执法大队”。在全市20家主要果蔬生产乡镇、园区配备农药残留快速检测仪，重点打造钓鱼绿园、安丰金龙及陈堡农技站三家样板速测室。狠抓产地市场监管，以生产基地为抓手，突出农药等农业投入品的规范使用，完善兴化农产品安全生产标准化技术体系，强化日常抽查，牵头组织6次较大规模的专项整治行动。重点抓好金海池蔬菜批发市场日常监管，建立可追溯体系，对进场农产品进行随机抽检速测，杜绝有毒产品进入市场销售，把好批发关口。

**【高效农业】** 全市高效农业面积新增0.45万公顷，设施果蔬面积达到0.43万公顷，新建陈堡绎香园、老圩卫氏西瓜基地等30多个高效农业项目，组织陈堡镇曹黄村申报现代农业示范村，缸顾乡千岛菜花申报全国休闲观光农业示范点，合陈镇舍陈村、缸顾乡东旺村申报省休闲观光农业示范村。兴化市被省农委表彰为“全省发展高效设施农业先进县”。

全市共建成3个小麦部省级丰产方、4个水稻部省级丰产方、1个油菜部级丰产方、1个棉花部级丰产方、14个市级丰产方，总面积达0.7万公顷。其中省长挂钩的钓鱼镇水稻万亩双高创建方，经省级专家验收，亩产749.7公斤，再次名列全省第一，创水稻万亩示范片单产新纪录；钓鱼镇姚家村百亩甬优8号水稻超高产攻关田，亩产896.3公斤，列全国稻麦两熟水稻单产第一。 (周春新)

9月3日，省委常委、副省长黄莉新，泰州市委书记张雷参观钓鱼万亩示范丰产方

**【蚕桑业】** 2010年，全市实有桑园220公顷，实际养蚕面积100公顷，发种3770张，同比增加10.2%；张产39.7公斤，同比下降3.4%；产茧149.6吨，同比增加6.1%；平均每公斤35.6元，同比增加64%；总产值532万元，同比增加73%；亩平效益3546元，同比增加18.8%。蚕茧质量的提高，价格的提升有效地调动广大群众栽桑养蚕的积极性，蚕桑生产出现回升态势，海南、缸顾等地出现适度拓桑的现象。

2010年，兴化市蚕桑站致力于“一村一品”的转型发展思路，在农村土地综合利用上求突破，大力推动品种、技术和服务创新，积极引导农村经济和技术合作，走特色行业发展道路，全面推动蚕桑专业合作，创办合作社，进一步打造蚕桑专业村。“十一五”期间，新增兴化缸顾乡大地蓝、兴罗、海南渭水等蚕桑专业合作社3家，新增桑树栽植规模达33.33公顷的东罗蚕桑专业村1个，目前累计专业村达到3家。 (杨 林)

**【品牌建设】** 推进质量认证，有4个省无公害蔬菜生产基地通过认定，38个品牌的蔬菜、4个大米(稻谷)相继通过无公害农产品认证，另有6个产品通过绿色食品认证、11个农产品通过有机食品认证，实现认证质量与数量的新跨越。

生态大米进入超市

**【科教兴农】** 继续组织实施农民培训、农业科技入户、挂县强农富民工程，全市农民实用技术培训三轮共开班1872场次，参训农民19.32万人次，农民创业培训办班25个，培训农民2658人。普及机插秧、塑盘抛栽、旱育移栽生产技术，有效控减直播稻面积。全年开展肥料试验23项、栽培试验22项、植保试验13项，筛选出一批效果突出的新型药肥。推广配方肥5万吨，涉及全市35个乡镇，4大主要农作物，应用面积252万亩次，推广商品有机肥5482吨，应用面积1400公顷，同时推广秸秆腐熟剂应用面积0.82万公顷，促进土壤有机质的提升。立足生产，强化与科研院所的科技协作，形成一批农业科技成果，其中《枯草芽孢杆菌研究与应用》已通过省科技进步二等奖初审；《蔬菜粉虱暴发规律及种群控制研究与应用》申报教育部科技进步奖；同时，获泰州市科技进步二等奖1项，兴化市科技进步一等奖、二等奖各1项。强化信息服务，与中国农科院合作，推进农技推广服务信息化平台建设，

发放3G上网本50台,实现3G到村、服务到户、指导到田。按期建成视频会议系统并成功运行。推进镇村农业信息服务站点建设,为基层配备电脑和打印机,对镇村136个信息员分期进行培训。 (周春新)

# 水 产 业

**【水产业概况】** 2010年,全市水产养殖面积5.07万公顷,实现水产品总产量2.56亿公斤,比上年增加5.8%;渔业现价产值53.4亿元,比上年增加23.8%;渔业产值增加值23.5亿元,比上年增加4.7亿元。

**【资源养护】** 市委、市政府举行主题为"关爱家乡、呵护生态,科学发展、增殖放流"的2010年兴化市渔业资源增殖放流活动启动仪式,放流里下河流域土著鱼种26万尾、扣蟹10万只,其中包括鲢鱼、鳙鱼、鲫鱼、鲤鱼、河蟹等8个品种。

**【生态修复】** 组织中堡镇示范户和乡镇干部132人赴金坛长荡湖、苏州太湖学习参观湖泊生态渔业建设,有序实施兴化境内大纵湖的生态修复和综合开发,全面改善大纵湖水域生态环境。

**【基地建设】** 建设江苏省兴化现代渔业产业园区面积733.3公顷,辐射带动面积2000公顷。建成永丰66.7公顷虾蟹健康养殖示范基地、李中66.7公顷虾蟹鳜生态养殖示范基地、临城133.3公顷板桥河蟹青虾高效混养示范基地、大垛200公顷荷鲜河蟹龙虾高效混养示范基地、中堡200公顷兴化现代渔业示范园等规模示范基地。全年完成高效渔业面积达到6666.7公顷,累计高效渔业面积超过36000公顷。

省人大农经委主任宋家新率人大代表视察红膏生态园

**【池塘标准改造】** 修建涵闸圩堤、桥梁、水泥路面主干道,全年完成改造鱼池6667公顷,新建改造标准化池塘面积2533公顷,新增设施渔业面积1667公顷。

**【质量建设】** 现场考察全市23个到期的无公害农产品和基地,检查4个进沪水产品养殖企业的养殖基地、苗种生产基地、产地环境质量状况,检查水产苗种场16家,养殖场(户)38家。水生动物疫病防控中心挂牌建设,建设兴化大闸蟹集团有限公司养殖基地、双港合作社养殖基地2个农业部健康养殖示范场,新认证无公害产品3个,市水产局荣获"2010年度江苏省水产品质量安全整治工作先进集体"。

**【河蟹经营】** 组织台湾地区河蟹产品推介活动和金秋国内外大中城市生态河蟹联销活动,金香来大闸蟹有限公司被认定为省级农业产业化龙头企业、获得"江苏省出境水生动物养殖场检验检疫注册登记证书"。

**【合作组织】** 全市渔民专业合作社达到155家。全国第一家水产养殖专业合作社联社兴化市苏兴水产养殖专业合作社联社,由10个农民专业合作社组成正式注册登记成立并在永丰镇挂牌运行,共涉及农户1300户,成员出资总额为8628.5万元。泰州市第一家水产苗种繁育专业合作联社兴化市沙沟郭正湖水产苗种繁育专业合作联社,由富裕、水金、利民、振兴4家水产养殖专业合作社成立,年繁育异育银鲫鱼苗3亿尾、青虾苗0.3亿尾,扣蟹0.2亿只。

**【科技服务】** 组织实施16个部省级渔业科技及服务体系、标准化项目,特邀省推广站研究员、省青虾讲师团、省小龙虾讲师团来兴,举办生态河蟹高效养殖、"太湖一号"青虾生态养殖、小龙虾生态高效养殖培训班等大型培训,全市全年共印发资料222期、58183份,培训人数2.5万人次。

**【渔业执法】** 开展水环境突击整治活动,组织渔业行政执法(安全生产)大检查12次,出动渔业执法小快艇85航次,参加人员348人次,共查获电力捕鱼105起,无证捕捞40起,调处渔业生产纠纷70起、渔业水域污染事故14起,挽回渔业经济损失几十万元,罚没款近10万元,没收电捕工具54件(套),建立渔业行政处罚案卷30份。

(陈如国 周 宏)

# 林 业

**【林业概况】** 全市社会总面积23.94万公顷,耕地面积12.86万公顷,水域面积7.9万公顷。实施绿色江苏活动

8年来，认真贯彻省委、省政府《关于推进绿色江苏建设的决定》，积极发展绿色立业，大力开展植树造林，取得显著成效。8年累计完成成片造林面积2.15万公顷，列全省第十位，其中近五年完成造林面积1.69万公顷，列全省第三；森林覆盖率增幅5.7%，活立木蓄积87.9万立方米，列全省38位，泰州市第一位；2005年至2010年连续5年被评为全省绿化造林先进市（县）经国家第八次森林资源调查，截至2010年底，全市森林覆盖率11%。

**【第二十八届“爱鸟周”活动】** 每年的4月20日至4月26日是全省的“爱鸟周”活动，2010年是全省第二十八个“爱鸟周”，主题是“科学爱鸟护鸟，保护生物多样性”。为做好2010年的“爱鸟周”活动工作，从4月10日开始，落实专人负责，在《兴化报》设立专版，在电视台新闻频道中插播宣传标语。4月20日上午组织大队全体人员到李中水上森林公园举行“爱鸟周”活动启动仪式，向游客发放有关野生动物保护的宣传资料，号召广大市民行动起来，弘扬中华民族爱鸟护鸟的传统美德，积极抵制和检举各种破坏野生动物及其栖息地的不文明的行为，努力营造鸟语花香、绿树成荫的良好生活环境，为建设人和自然和谐相处的美好家园做出应有的贡献。

**【开展普法宣传与行政执法】** 做好本年度正常普法工作外，在年初组织本系统林业人员参加国家林业局普法办举行的年度普法考试，提高本系统人员依法行政能力和水平。3月13日在钓鱼镇举办“林业绿化管护暨法律法规知识讲座”，通过培训增强基层干部和林业大户的绿化意识、法律意识，提升基层干部处理林业与农业矛盾的能力，提高林业大户自我保护的能力。针对2010年林业绿化的重点“四条绿色通道建设”，大队积极配合市林业站和有关乡镇林业站抓好通道两侧林业绿化工程建设，对拔树损树等破坏绿化造林的行为，发现一起，处理一起，确保沿线绿化造林栽植一块，保存一块。全年到场处理的乡镇有：大营、安丰、钓鱼、合陈、昌荣、临城、中堡、李中、荻垛等，协调处理烧树拔树事件10多起，涉及农户30多人。

（杨 林）

## 畜 牧 业

**【畜牧业概况】** 全市累计投入畜牧业发展资金1.5亿元，其中各级财政投入1700万元，养殖企业（个人）投资达1.33亿元。畜牧业经济总产值19.08亿元。全市生猪饲养量84.23万头，同比增长11.2%；母猪栏存2.6万头，同比下降16.1%；家禽饲养量1522万羽，同比增长7.8%；蛋品产量4.4万吨，同比增长13.9%；牛奶产量5800吨，同比增长27.5%；羊饲养量6.49万只，同比增长2.4%。

**【生猪】** 全市生猪达省、市、县规模标准场（户）省标14个，市标52个，县标2163个，共2229个，比2009年的2288个减少59个，规模比重达70%，上升5.2个百分点；生猪收购价平均达到650元／担。

全市拥有经江苏省经贸委批复的桃源畜禽有限公司生猪定点屠宰场、楚水畜禽食品有限公司生猪定点屠宰场、华迅食品有限公司生猪定点屠宰场、兴缘畜禽肉类加工厂、合塔供销合作社迅达食品加工冷冻厂等5家生猪屠宰加工企业，为泰州市首批领取A照的星级生猪定点屠宰企业，并按有关规定获得由泰州市政府核发的泰州市人民政府“生猪定点屠宰证书”和“生猪定点屠宰场标志牌”。根据屠宰场设置规划和市政府关于撤并整合屠宰场、加速推进机械化屠宰的要求，区划调整后的永丰、钓鱼、李中3个乡镇“撤二建一”后戴南中心生猪定点屠宰场组建方案已经获得市政府批准，正在筹建之中。生猪屠宰管理进一步规范有序。城、郊区由市生猪办实行一体化垂直管理：郊区6乡镇建立生猪协管员制度，对辖区小刀手进行有效监管；专职执法稽查队伍坚持每天对郊区6个乡镇进行巡查；有效规范郊区农村生猪屠宰行为，解决城乡结合部管理难的矛盾。农村继续实行属地管理：乡镇组建生猪办，配备执法管理人员，同时制定和完善相关管理制度，一定程度上有效杜绝和制止私屠滥宰违法行为的发生。2010年，城区两家生猪屠宰公司共屠宰生猪12万头，农村屠宰15万头，兴化城郊区的生猪进点屠宰率继续保持100%，农村首次达到96%以上，符合商务部规定要求，全年未发生生猪屠宰和猪肉质量安全事故。

**【家禽】** 全市蛋禽达省、市、县规模标准场（户）省标48个，市标838个，县标478个，共1364个，比上年同期减少436个；规模户累计栏存604.8万只，比上年增加552.1万只；规模比重为95%；肉禽达省、市、县规模标准场（户）省标4个，市标12个，县标463个，共479个，比上年减少95个；规模户累计栏存688.2万只，规模比重89%。蛋鸡、蛋鸭、肉鹅的只平均纯收益分别为16元、22元、10元。

**【奶牛】** 全市奶牛达省、市、县规模标准场（户）省标1个，市标3个，县标18个，共22个，比2009年增加6个；规模户栏存1830头，规模比重持续保持在100%。

**【隆康畜禽有限公司】** 江苏省隆康无公害生猪高效养殖示范区，兴化市隆康畜禽有限公司是苏中地区规模最大的自繁自养瘦肉型猪场之一，是国家生猪扩繁场和生猪储备基地、省首批高效养殖示范区。2008年被省农林厅授予"无公害农产品标准化生产示范基地"和"畜牧生态健康养殖示范基地"是泰州市龙头企业。公司成立于1996年,位于兴化市城东镇开发区,占地面积20公顷,总投资2800万元,现有生产猪舍29500平方米,饲料加工及原料仓库2000平方米,办公及生活后勤1200平方米。公司拥有种猪场、分娩场、保育场、育肥场、饲料厂、屠宰场及专卖店,实现产、供、销一条龙,公司现有员工80人,8名畜牧兽医专业人员,其中高级职称4名、中级职称4名,技术依托于南京农业大学,是江苏畜牧兽医职业技术学院的实习基地。2010年栏存生猪1.68万头,种公、母猪1500多头,仔猪及商品猪15000多头。公猪品种:美系杜洛克、台系杜洛克、加系大约克、丹系长白。种母猪品种主要是长梅和长大二元母猪,商品猪主要是杜长梅和大长梅以及洋三元肉猪,每年向社会提供二元母猪4000多头及商品猪30000多头。公司实行封闭式管理,科学化饲养,集约化经营。主要配套生产技术有:人工授精配种技术、流程式分阶段饲养管理技术、母猪高床产仔保育技术、仔猪早期断奶技术、肉猪分阶段饲养技术、使用全价配合饲料技术等。公司加大品牌开发力度,不断提升品牌档次。2008年"隆康"牌猪肉被评审为江苏省名牌农产品和泰州市名牌产品。2009年"隆康"牌猪肉获中国绿色食品发展中心颁发绿色食品证书。2010年"隆康"牌猪肉被省农委命名为江苏省名牌农产品,被泰州市政府命名为泰州市名牌产品。

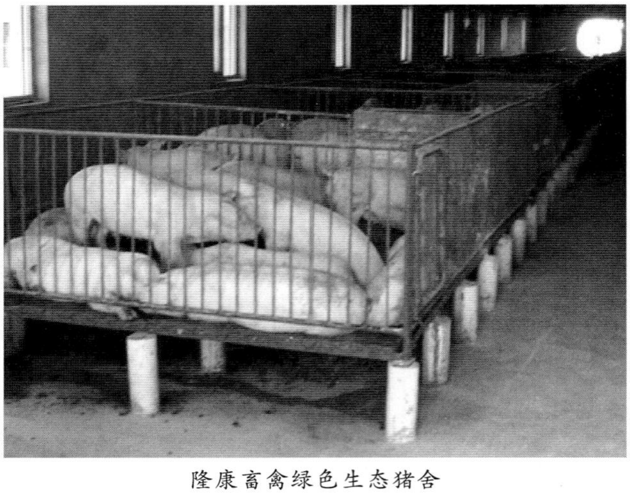

隆康畜禽绿色生态猪舍

**【太子乳业】** 江苏太子乳业有限公司创建于2003年5月。起初企业只有14头奶牛,5名职工,200平方米的简易厂房,年收入20多万元。经过6年的艰苦努力,企业不断发展和壮大。2008年在省级兴化经济开发区——农副产品加工园区投资1460万元,新建一座日产100吨乳制品加工基地,连同牧草种植奶牛饲养基地,公司共占地11.2公顷,注册资本1265.86万元,公司拥有各类资产2755.76万元,其中固定资产1423.47万元。在固定资产中存栏奶牛690头。公司拥有员工96人,其中农民工63人,技术人员28人,高薪引进的高级技术及管理人员5人。拥有标准化牛舍5800多平方米,有先进的乳制品加工生产线3条,是兴化市唯一的乳制品加工及销售、学生饮用奶定点生产的一家企业。公司已连续五年被泰州市评为泰州市级"农业产业化龙头企业",2009年被评为江苏省级"农业产业化重点龙头企业",被兴化市委、市政府列为农业产业化"五五"工程重点培植企业之一。企业已通过HACCP国际食品安全管理体系认证,ISO 9001国家质量体系认证,国家级无公害农产品产地证书。有QS国家市场准入许可证,食品卫生A级单位。2005年被省学生奶领导小组确定为"江苏省学生饮用奶定点生产企业"。2009年被省命名表彰为学生饮用奶定点生产企业质量评比优秀定点生产企业。成为泰州市唯一的上榜企业,名列全省第六位。2007年被工商行政管理部门评为AA级重合同守信用单位,信用资信AAA级企业,2009年被江苏省农林厅评为2009~2011年畜牧生态健康养殖基地。公司现已集奶牛养殖、牧草种植、乳品研究加工、销售为一体农业产业化龙头企业。2010年被江苏省学生奶领导小组命名为省学生奶优秀定点生产企业。2010年公司实现销售3400万元,利税365.76万元。

(杨　林)

太子乳业化验室

## 农业综合开发

**【农业综合开发概况】** 2010年,农业综合开发工作紧紧围绕全市"务实抓转型,全力达小康"工作主线,把加强农业基础设施建设作为提高农业综合生产能力的主攻方向;突出高标准农田建设、不断提升农业产业化水平。农业开发年度财政总投资3431万元,改造中低产田2200公顷,扶持农业产业化龙头企业5家。

【土地治理项目】 实施土地治理一般项目1个，治理面积667公顷，财政投资560万元，涉及茅山、竹泓2个镇；实施土地治理增量项目1个，治理面积667公顷，财政投资680万元，涉及茅山、沈沦2个镇；实施高标准农田示范工程建设项目1个，实施地点安丰镇，建设面积867公顷，财政投资1560万元。新建圩口闸4座、排涝站4座、电灌站14座、机耕桥62座、机耕路71.89公里、低压灌溉面积267公顷、小沟级建筑物530座。

【产业化经营项目】 扶持产业化经营项目5个，其中财政补贴项目2个，财政投资360万元，分别是江苏兴野食品有限和兴化顶能食品公司；财政贷款贴息项目3个，财政投资251万元，分别是江苏楚龙面粉有限公司、兴化新蕾麦芽有限公司和兴化大地蓝绢纺有限公司。

【农业招商】 全年完成农业招商引资550万元，超额完成市委、市政府下达的任务。农业开发项目区招引农业项目2个，总投资1.2亿元，通过农业开发改善农业生产条件，吸引社会资本推动安丰金龙果蔬基地、沈沦蚯蚓养殖基地等农业园区项目的建设。 (周德银)

## 农业机械化

【农业机械化概况】 2010年，全市农业机械化水平稳步提升。至年末，全市农机总动力达93.802万千瓦，同比增长0.61%。三麦、水稻机收水平分别达97%和92%，农业综合机械化水平达到68%，主要粮食作物生产综合机械化水平达到85%。拥有拖拉机12103台(其中大中型拖拉机658台)，联合收割机2883台(其中高性能收割机720台)，水稻插秧机1530台，农用运输车1465辆，播种机8250台，旋耕机10990台，秸秆还田机560台，饲料加工机械1120台，渔业机械14285台，畜牧养殖机械1302台。机耕面积150.7千公顷、机播面积103.6千公顷、机械植保面积169.7千公顷、机收面积156.7千公顷。

兴化市秋季农机工作推进会

【农机购置补贴】 全年补贴销售各类机具共计6242台套，其中：25～80马力大中型拖拉机90台，半喂入联合收割机26台，全喂入联合收割机26台，油菜子收割机34台，步进式水稻插秧机213台，乘座式水稻插秧机24台，育秧播种成套设备5台，动力喷雾机112台，其它植保机械108台，挤奶机1台，秸秆粉碎还田机119台，秸秆气化炉55台，秸秆压块制粒设备4台，铡草机4台，增氧机2074台，其中微孔曝气增氧机11台，投饵机1928台，开沟机660台，其中与大中拖配套的开沟机15台，粮食烘干机15台，清淤机62台，田园管理机556台，油菜播种机117台，大中拖旋耕机9台。使用中央和省级财政资金计910.965万元，市财政补贴350万元，受益人数达2650户，补贴机具销售总额达3507万元。

【农机安全监理】 全年共年检上道路拖拉机1062台，(其中变拖940台)，年检联合收割机423台；注册登记上道路拖拉机93台，(其中变拖74台)，注册登记联合收割机24台；新办拖拉机驾驶证144人(其中变拖112人)，公安转入G证138人，新办联合收割机驾驶证39人，办理联合收割机报废更新手续52台，办理"平安农机通"用户1200多个。全年无农机死亡事故。

【农机作业服务】 全市共有各类农机服务组织57个(其中农机专业合作社16个)，农机作业服务专业户3386个，农机从业人员30425人。2010年，为民农机服务专业合作社被评为全国农机专业合作社示范点，有3家合作社被评为江苏省三星级农机服务合作社。发放跨区作业证520张，夏秋期间全市有900多台次收割机到浙江、安徽、河南、四川及本省各地跨区作业，作业面积5.33万公顷，年创收4800多万元。

【机插秧技术推广及秸秆综合利用】 全年共推广水稻插秧机237台(其中乘座式插秧机24台)，插秧机保有量达1530台，实现机插面积1.97万公顷，占水稻种植面积的22%左右。全年共投入各类秸秆还田机具800台套(其中新增120台套)，秸秆机械化还田面积2万公顷(采用集成技术6000公顷)，还田率达12.2%，涉及34个乡镇和1个经济开发区，380个行政村。建成秸秆机械化还田示范点28个，建成秸秆固化成型基地8处，建立秸秆收贮点11个。 (李权平)

# 工 业

## 综 述

**【工业经济概况】** 2010年,全市上下加快推进“工业强市”战略,着力调整产业结构、产品结构,着力提升经济质态和整体水平,着力破解制约发展的突出矛盾和问题,工业经济整体呈现积极向好的发展势头,超额完成年初确定的各项目标任务。全市工业完成现价总产值1083.5亿元,首次突破千亿元大关,比上年增长25.5%。其中规模以上工业完成现价产值662.3亿元,实现销售647.81亿元,利税69.95亿元,利润41.44亿元,同比分别增长30.2%、29.4%、34.1%和39.7%。规模以上工业占全部工业的比重为61.1%,比上年提高2%。实现工业增加值155.9亿元,比上年增长14.3%,增幅高出地区生产总值0.7%。工业经济对GDP的贡献率达43.7%。兴达、双乐、申源、兴海、博生医用新材料、新宏大集团等9家企业入库税金超1000万元。工业入库税费金18.8亿元,增长33%。

**【产业转型升级】** 2010年,全市上下紧紧围绕结构调整、转型升级主线,以“调高调优调强”为基本取向,大力实施产业“高端化、品牌化、规模化”工程,加快推进工业转型升级步伐。高新技术产业发展进一步提速,2010年高新技术产业产值达106.2亿元,占规模以上工业总量的比重16%。全市不锈钢材料及制品、农副产品加工、机械铸造三大主导产业完成产值521.5亿元,销售511亿元,利税57.8亿元,经济总量占规模以上企业总量的比例78.7%,比上年提高1.1%。不锈钢产业集群获江苏省新型工业化产业示范基地,脱水蔬菜产业集群也跻身于江苏省第一批出口农产品示范区,成为全国最大的脱水蔬菜生产、出口基地。新兴产业开始起步,兴达钢帘线新型金属材料列入“省新材料产业发展规划纲要”,年产2万吨切割钢丝项目已开始实施;新华合金电器公司为核电配套的高合金电阻带,为高铁配套的蒸汽发生器防震条和固定环已投入生产;新宏大公司与加拿大公司合作研制的“低温余热回收系统”项目也已顺利启动。

申源特钢公司加强转型升级

**【节能降耗】** 全市认真落实泰州市关于节能工作的决策部署,围绕“两个确保”,制定实施应急调控方案,以前所未有的力度狠抓节能降耗。自8月起,对全市工业企业实行“开五停二”、部分高耗能企业“开四停三”的调控措施,并严格限定高耗能设备使用时间,切实加强对用电情况的实时监控,为确保泰州市下达的调控计划得到实现,对部分高耗能企业实施“开四停三”。全市共实施节能改造项目19个,总投资3亿元,已竣工9个,项目全部建成后可年节约标煤3.2万吨。依法关停兴化市华盛制革厂等3家落后产能企业,累计督促年耗能3000吨标煤以上重点耗能企业淘汰落后用能设备56台套,总容量8025千瓦。全市压减工业用电负荷约8万千瓦。

【规模企业发展】 规模企业培育取得新成效，全市规模以上工业企业平均单体规模8737万元，比2009年提高1146万元。截至2010年底，全市产销过亿元企业137家，其中过10亿元企业3家，过5亿元企业15家。兴达钢帘线公司实现销售60.3亿元，入库税金5.2亿元，成为亚洲第一、世界第二的钢帘线生产和研发基地。120家“111”工程企业完成产值221亿元，销售215.9亿元，利税23.4亿元，比上年分别增长19.5%、19.1%和29.1%。民营经济不断扩张，全市新登记注册私营企业1883户，个体工商户5491户，新增注册资本金62.1亿元，分别完成年度目标任务的209.2%、109.8%和238.9%。其中注册资本在500万元以上的企业404户，比上年增加260户。

【技术改造】 2010年，全市在建工业项目877项，计划总投资180.74亿元，当年完成投资141.88亿元，同比增长38%，占年度计划的104.3%，高于序时进度4.3%。截至12月底，已有729个项目竣工，累计完成投资126.96亿元，分别占在建项目数及累计投入的82.12%和76.72%。

在实施项目中，投资1000万元以上工业项目420项，同比增加59项，计划总投资147.18亿元，累计完成投资129.85亿元，12月份完成投资107.29亿元。其中：投资3000万元以上的项目171项，比去年同期增加44项，计划总投资106.14亿元，累计完成投资90.73亿元；投资1000-3000万元的项目249项，比去年同期增加15项，计划总投资41.04亿元，累计完成投资投资39.12亿元。2010年，市在建投资亿元以上的重大项目20项(其中：上年转结9项，当年新开工11项)，比上年同期增加5年，计划总投资37.87亿元，累计完成投资34.1亿元，当年完成投资20.65亿元。截至12月底，已有10个亿元项目竣工投产。

【企业创新能力建设】 2010年，全市大力推进科技创新“1234”工程和“十百千万”人才工程，积极开展“企业院校行”、“院校企业行”等系列活动，着力提升企业自主创新能力，提高产品档次和市场占有率。建立国家级研发中心1个，省级研发中心4个。建成省级高新技术企业6家，江苏星火特钢公司成立院士工作站。投资5000万元的国家级不锈钢制品检测中心已建成并投入使用。

市长李伟调研外向型企业运行情况

【企业家队伍建设】 举办企业发展高端论坛，著名经济学家陆德明教授在论坛上为兴化可持续发展支招；承办江苏省中小企业竞争力大讲堂，邀请河海大学商学院及水利水电学院博士生导师、江苏省土地学会理事唐德善教授围绕“经济转型与中小企业发展”主题作了《经济转型时期中小企业发展对策》专题报告。组织30名企业家参加江苏省第20期中小企业主管理研修(泰州)班培训；邀请中信建投证券有限公司银行部高级副总裁郝东旭，中美风险投资集团副总裁汤春雷等专家，组织30家企业负责人，有关乡镇、部门负责人参加培训，举办企业上市培训班；清华大学EMBA兴化班一期学员顺利结业。

## 支柱产业

【不锈钢材料及制品】 2010年，全市不锈钢材料及制品列统工业企业共完成现价产值395.34亿元，同比增长26.4%，占全市列统工业总量的59.69%，占四大支柱产业的总量的71.47%，净增产值82.54亿元；销售收入388亿元，同比增长26.5%，利税46.93亿元，其中利润28.64亿元，同比分别增长36.6%和39.5%。有78家企业产销过亿。其中，兴达钢帘线股份有公司完成产值60.38亿元，销售收入60.29亿元，同比分别增长29.3%和31%。兴达特种金属复合线有限公司产值15.34亿元，销售收入15.61亿元，利税3.65亿元，利润2.97亿元，同比分别增长30.9%、35.7%、287.8%和335.6%。

【农副产品加工工业】 全年列统企业完成产值73.4亿元，同比增长44.5%，实现销售收入71.73亿元，利税5.74亿元，利润3.58亿元，同比增长45.2%、31%和61.5%。其中，脱水蔬菜加工业产值20.44亿元，销售收入20.05亿元，利税1.49亿元，利润8713万元，同比分别增长38.4%、38.1%、69.5%和87.2%。17家企业产销过亿元，其中五得利集团、楚龙面粉产销过5亿元。

【机械制造】 列统工业中，机械制造产业完成产值52.8亿元，同比增长38.3%，销售收入51.26亿元，利税5.17

亿元，利润 2.99 亿元，同比分别增长 37.5%、42.1%和 42.6。润伟机械、兴利达齿轮、雅兰机械、威鹰机械、海陵机械、新宏大集团等企业产销过亿元。

兴达公司生产车间

**【纺织服装工业】** 2010 年全行业列统企业共完成产值 31.61 亿元,同比增长 16.2%,销售收入 30.68 亿元,利税 2.92，利润 1.5 亿元，同比分别增长 16.2%、29.2%和 38.3%。恒发棉业、长新纺织、通裕纺织、大地蓝绢纺、楚水绢纺、万佳制衣、盛源无纺、春龙亚麻等 8 家重点企业产销过亿。

**【其他工业】** 2010 年，其他工业列统企业完成产值 109.18 亿元，占列统工业总量的 16.5%，同比增长 30.7%。其中:电子工业产值 31.86 亿元,化工工业产值 33.45 亿元，医药工业产值 12.86 亿元，建材工业产值 8.29 亿元,轻工业产值 17.06 亿元,造船业产值 4.87 亿元，同比分别增长 36.3%,31.1%,27.4%,23.2%, 25.3%,30%。

## 重要工业活动

**【泰州市表彰兴化工业经济工作】** 全市 2010 年度工业经济工作受到泰州市表彰。其中,江苏兴达钢帘线股份有限公司获泰州市“国税开票销售前十强企业”和“十佳企业”称号,其年产 15 万吨子午线轮胎用钢帘线扩产改造项目获“十佳技改项目”;江苏申源特钢有限公司荣获泰州市“十佳高成长性中小企业”称号。兴海特钢有限公司董事长刘庄明获泰州市“十佳企业经营者”称号,江苏威鹰机械有限公司技术中心主任张太良获“十佳科技创新标兵”称号。兴化市获得民营经济目标考核先进市(区)二等奖。

**【中国中小不锈钢企业战略发展研讨会】** 10 月 19 日～20 日,中国中小不锈钢企业战略发展研讨会在兴化召开,会议由中国特钢企业协会不锈钢分会、国家不锈钢制品质量监督检测中心和兴化市政府联合主办。这是继 2003 年中国民营不锈钢企业战略研讨会之后，第二次专门研究中国不锈钢民营企业和中小企业如何继续发展的会议。与会的专家、学者和企业家代表分别介绍国外中小企业发展的经验和思路,就国内中小企业在中国工业化、信息化过程中如何抓住机遇、选好定位,全面提升中小不锈钢企业和不锈钢产品的竞争力，创名牌战略等有关论题进行了研讨。会议还对兴化市不锈钢产业发展进行支招:戴南不锈钢产业必须走“高、精、特、稀”发展之路,促进产业的转型升级和产业集聚，从而更有力地去开拓未来市场。

中国中小不锈钢企业战略发展研讨会在兴化举行

**【企业上市股权融资推介会】** 7 月 28 日上午,兴化市召开企业上市股权融资推介会。中国比利时直接股权投资基金、美国杰致资本、中科招商基金管理有限公司等 3 家投资机构作了重点推介,分别介绍各自的投资方向、投资要求和投资实践,并表示要加强与本市实体企业的合作,寻求双方的共赢。市博生医用新材料股份有限公司、江苏申源特钢有限公司介绍各自推进上市、股权融资的具体做法和体会。

**【江苏省中小企业信息化应用示范单位】** 江苏明璐不锈钢有限公司和江苏双乐化工颜料有限公司两家企业被省经信委、省中小企业局确认为 2009 年度江苏省中小企业信息化应用示范单位。

**【市铸造行业协会成立】** 4月 29 日,市铸造行业协会成立。铸造行业作为兴化市传统的特色产业,通过近两年的发展,已形成产业集群效应,2010 年进入列统企业的有 80 多家,2009 年铸造产值突破 50 亿元，耐热钢铸件占全国的市场份额超过 80%,成为全国耐热铸造基地。(魏 国)

2010年兴化市工业生产企业利税前50名

表4 单位:万元

| 序号 | 企业名称 | 利税总额 |
|---|---|---|
| 1 | 江苏兴达钢帘线股份有限公司 | 114407 |
| 2 | 江苏兴达特种金属复合线有限公司 | 36549 |
| 3 | 兴化市恒星铜制品有限公司 | 12398.3 |
| 4 | 兴化市米业有限公司 | 10586.6 |
| 5 | 兴化市豪盛铜材制品厂 | 8831.2 |
| 6 | 兴化市芳强机电制造厂 | 8480.7 |
| 7 | 江苏申源特钢有限公司 | 7924 |
| 8 | 兴化市鼎宏金属制品有限公司 | 7672.2 |
| 9 | 兴化市智宇有色金属制品加工厂 | 6828.9 |
| 10 | 五得利集团兴化面粉有限公司 | 6541.1 |
| 11 | 泰州永兴合金材料科技有限公司(南山) | 6439 |
| 12 | 兴化市春达有色金属制品厂 | 6438 |
| 13 | 兴化市兆泰金属材料有限公司 | 6348.4 |
| 14 | 江苏兴海特钢有限公司 | 6190 |
| 15 | 江苏振亚特种螺钉有限公司 | 5788 |
| 16 | 江苏楚龙面粉有限公司 | 5595.1 |
| 17 | 江苏沪宝不锈钢制品有限公司 | 5590 |
| 18 | 江苏兴龙金属制品股份有限公司 | 5390 |
| 19 | 江苏双乐化工颜料有限公司 | 4701 |
| 20 | 江苏新宏大集团有限公司 | 4365 |
| 21 | 江苏天华不锈钢有限公司 | 4039 |
| 22 | 兴化市大地蓝绢纺有限公司 | 3937.9 |
| 23 | 泰州兆丰金属材料有限公司 | 3729 |
| 24 | 兴化市精密铸钢有限公司 | 3709 |
| 25 | 江苏春雨不锈钢有限公司 | 3651 |
| 26 | 江苏博生医用新材料股份有限公司 | 3535 |
| 27 | 江苏新华达不锈钢制品有限公司 | 3503 |
| 28 | 泰州华泽金属工业有限公司 | 3288 |
| 29 | 江苏宏泰不锈钢丝绳有限公司 | 3263.2 |
| 30 | 泰州市泰富金属制品有限公司 | 3243.9 |
| 31 | 江苏星火特钢有限公司 | 3093 |
| 32 | 泰州海大生物饲料有限公司 | 3084.7 |
| 33 | 江苏双蝶集团有限公司 | 3048 |
| 34 | 江苏兴天金属制品有限公司 | 2945 |
| 35 | 江苏申达金属制品有限公司 | 2877 |
| 36 | 兴化市宇程金属材料厂 | 2865 |
| 37 | 江苏双发机械有限公司 | 2849 |
| 38 | 兴化市飞驰玻璃钢船艇有限公司 | 2816 |
| 39 | 江苏海陵机械有限公司 | 2785.9 |
| 40 | 江苏鑫泽不锈钢制品有限公司 | 2782 |
| 41 | 江苏明璐不锈钢有限公司 | 2763.8 |
| 42 | 兴化市楚水绢纺有限公司 | 2759 |
| 43 | 珠海市华丰食品工业(集团)有限公司兴化分公司 | 2679.6 |
| 44 | 兴化顶康食品科技有限公司 | 2631.2 |
| 45 | 兴化市东方机械有限公司 | 2627.1 |
| 46 | 江苏金扬子公司 | 2622 |
| 47 | 江苏九寿堂生物制品有限公司 | 2561.3 |
| 48 | 江苏兴利达齿轮有限公司 | 2559.5 |
| 49 | 江苏京生软管有限公司 | 2499.8 |
| 50 | 泰州市永勤机械有限公司 | 2455 |

2010年兴化市工业“十佳”企业

表5

| 序号 | 企 业 名 称 |
|---|---|
| 1 | 江苏新华合金电器有限公司 |
| 2 | 江苏威鹰机械制造有限公司 |
| 3 | 兴化东华齿轮有限公司 |
| 4 | 兴化市东方机械有限公司 |
| 5 | 江苏京生软管有限公司 |
| 6 | 江苏星火特钢有限公司 |
| 7 | 江苏兴海特钢有限公司 |
| 8 | 兴化市美鑫铸造有限公司 |
| 9 | 江苏振亚特种螺钉有限公司 |
| 10 | 江苏兴利达齿轮有限公司 |

2010年兴化市纳税十强工业企业

表6

| 序号 | 企 业 名 称 |
|---|---|
| 1 | 江苏双乐化工颜料有限公司 |
| 2 | 江苏申源特钢有限公司 |

续表 6

| 序号 | 企 业 名 称 |
|---|---|
| 3 | 江苏博生医用新材料股份有限公司 |
| 4 | 江苏兴海特钢有限公司 |
| 5 | 江苏新宏大集团有限公司 |
| 6 | 兴化市通明电气设备有限公司 |
| 7 | 江苏新华达不锈钢制品有限公司 |
| 8 | 兴化通裕纺织有限公司 |
| 9 | 兴化市同新化工有限公司 |
| 10 | 兴化顶康食品科技有限公司 |

2010年兴化市先进工业企业

表 7

| 序号 | 企 业 名 称 |
|---|---|
| 1 | 江苏双乐化工颜料有限公司 |
| 2 | 江苏博生医用新材料股份有限公司 |
| 3 | 江苏新宏大集团有限公司 |
| 4 | 江苏申源特钢有限公司 |
| 5 | 江苏兴海特钢有限公司 |
| 6 | 兴化通裕纺织有限公司 |
| 7 | 兴化东华齿轮有限公司 |
| 8 | 泰州长新纺织(兴化)有限公司 |
| 9 | 兴化市通明电气设备有限公司 |
| 10 | 兴化锁龙消防药剂有限公司 |
| 11 | 江苏九寿堂生物制品有限公司 |
| 12 | 江苏双蝶集团有限公司 |

驰名、著名商标企业名单

表 8

| 序号 | 单位名称 | 商标 |
|---|---|---|
| 1 | 江苏兴达钢帘线股份有限公司 | 兴达 |
| 2 | 江苏美乐肥料有限公司 | 美乐 |
| 3 | 兴化锁龙消防药剂有限公司 | 锁龙 |
| 4 | 江苏飞月轴瓦有限公司 | 飞月 |
| 5 | 泰州远东纸业有限公司 | 安洁尔 |
| 6 | 兴化市精密铸钢有限公司 | 兴精 |
| 7 | 江苏双乐化工颜料有限公司 | 双乐 |
| 8 | 江苏振亚特种螺钉有限公司 | 振亚 |
| 9 | 兴化市星火不锈钢制品厂 | 高耐 |
| 10 | 江苏博生医用新材料股份有限公司 | 图形 |
| 11 | 江苏新宏大集团有限公司 | NEWHONGDA |
| 12 | 泰州市欣晖食品有限公司 | 欣晖 |
| 13 | 江苏宏泰不锈钢丝绳有限公司 | 宏泰 |
| 14 | 江苏顶能食品有限公司 | 顶能 |
| 15 | 江苏红膏大闸蟹有限公司 | 泓膏 |
| 16 | 江苏兴达钢帘线股份有限公司 | 兴达 |
| 17 | 江苏兴龙金属制品股份有限公司 | 兴龙 |
| 18 | 江苏京生软管有限公司 | 京生 |
| 19 | 兴化市贤人米业有限公司 | 贤人 |
| 20 | 兴化市大地蓝绢纺有限公司 | 大地蓝 |
| 21 | 江苏美乐肥料有限公司 | 美乐 |

**兴化市红色旅游景点**

## 兴化市革命烈士纪念馆

兴化市革命烈士纪念馆地处城区中心，北公园东侧，占地0.43公顷。纪念馆主厅为陈列室，面积240平方米，系仿广州“农民讲习所”造型，庄严古朴。中间正厅陈列革命烈士遗像45帧，中央站牌书禄各战争时期牺牲烈士3115名，东西两厢陈列烈士资料和遗物。2007年10月，兴化市委、市政府将烈士纪念馆定为“金钥匙”工程，新建900多平方米的千秋广场。广场正面是一座高4米、长10米的花岗岩浮雕，重现收复兴化城的壮烈情景。东边70多米长的文化墙显得庄严、肃穆。两侧矗立着沈云楼、严昌荣、周奋、袁舜生、汪仪云、李健、茆健群、朱廉贻8尊革命先烈的花岗岩雕像，增加了广场的庄重气氛。

# 开发园区

## 对外经贸

【对外经贸概况】 2010年,市商务局紧紧围绕“务实抓转型,全力达小康”的工作主线,迎难而上,奋力拼搏,全市开放型经济呈现出全面突破的良好发展态势。全市完成招商引资总额438890万元,完成目标任务的109.72%。协议利用外资26172.48万美元,实际利用外资10414万美元。自营出口32018万美元。新签合同额2550万美元,实现外经营业额2216万美元,新派出国劳务314人。

【行政推动措施】 坚持把招商引资摆上经济社会发展突出位置,实行招商引资、利用外资年度考核“一票否决制”,始终保持招商引资、利用外资高压态势。深入开展机关效能建设,优化服务环境。全面推行政务公开、服务承诺、失职追究、首问负责和限时办结制度,切实提高服务质量和效率。建立重大项目、外资项目绿色通道机制,坚持做到大项目、外资项目土地、信贷、供电等要素优先保障,确保重大项目、外资项目快速落地。先后组织四套班子领导集中观摩招商引资项目建设、多次召开利用外资工作推进会、开展全市利用外资百日赛等系列活动,有效促进全市招商引资、利用外资工作的开展。

【招商引资】 全市引资总额为438890万元,完成目标任务的109.72%。项目平均规模897.53万元。项目当年注册资本金176176万元,完成目标任务的220.22%。新引进和上年结转项目489个,其中,新引进项目304个,引资总额262980万元,上年结转项目185个,引资总额175910万元。工业项目402个,投资额369020万元,占84.08%,服务业项目48个,投资额38730万元,占8.83%,纯农业项目39个,投资额36540万元,占7.09%。到位资金1000万元以上的项目144个,投资额273140万元。不锈钢产业项目52个,投资额88960万元,农副产品加工项目38个,投资额30220万元。

【专题招商】 4月18日,第二届中国·兴化千岛菜花旅游节投资环境说明会在市金融大厦举行。会上签约项目共计48个,项目总投资额21.8亿元。其中利用境外资金项目4个,项目投资额2050万美元;项目投资额5000万～1亿元的项目11个,1亿元以上项目5个;工业项目42个,项目总投资额19.6亿元,农业项目1个,项目投资额0.8亿元,服务业项目5个,项目投资额1.4亿元。

9月26日,市委、市政府在广东省深圳市阳光酒店举行“江苏·兴化(深圳)投资环境说明会”。会上签约项目30个,项目总投资25.8亿元。其中外资项目9个;项目投资额5000万～1亿元的项目13个,1亿元以上项目8个;工业项目27个,项目总投资19.8亿元,服务业项目2个,项目总投资5.6亿元,农业项目1个,项目总投资0.4亿元。

【“三外联动”】 通过外贸引外资、外资促外贸、外经带外贸有机地结合,实现“三外工作”健康快速持续联动发展,不断扩大对外开放领域。

利用外资 以利用外资为突破,改善外贸结构,带动对外经济技术合作。通过招商引资,扩大全市产业规模,壮大产业基础,提升产业层级,从而促外贸、带外经。全市新批外商投资企业31家,注册协议利用外资26172.48万美元,实际利用外资10414万美元,分别完成目标任务的109.72%和130.86%。

对外贸易 以外贸进出口为渠道,扩大利用外资规模,促进对外经济技术合作。以外贸引外资、引合作,以好的出口产品吸引境外资金进入兴化市,以产品走出去带动劳务和技术资金、项目走出去,使外贸进出口的小循环变成“三外联动”的大循环。围绕扩大出口规模、增强创汇能力,突出抓好出口企业、出口大户和出口产品的培育。全市实现自营出口32018万美元,完成目标任务130.86%,完成任务的160.89%,同比增长80.33%。其中,自营生产企业出口13473万美元,同比增长64.41%,外商投资企业出口16609万美元,同比增长98.44%,外贸流通企业出口1936万美元,同比增长62.57%。全市新备案进出口经营企业60多家,一些新获权的企业已发展成为全市出口新的增长点。

外经合作 以对外经济技术合作为纽带,增加外贸出口总量,提高利用外资水平。积极引导企业、人才和劳动力走出去,广泛开展经济技术合作,不断开拓国内外市场。把劳务输出作为外经工作重点，建立了就业服务体系,搞好指导培训、求职登记、信息咨询,千方百计地扩大了劳务输出规模。全市新签外经合同额2550万美元,实现外经营业额2216万美元,新派出国劳务314人,分别完成目标任务的106.25%、123.11%和104.67%。江苏振亚螺钉制品有限公司和兴化春荣亚麻纺织有限公司分别在香港、美国成立境外贸易公司。境外工程分包取得新突破，苏兴公司在塞内加尔首都达卡尔医院大楼项目成功获批。

**【苏州兴化商会成立】** 10月30日,苏州兴化商会成立大会在苏州香格里拉大酒店,来自陕西、天津等江苏商会的负责人和广东、上海等兴化商会代表及苏州兴化商会的353多名会员参加了该会议。商会选举产生一届一次理事会,其中会长1名,常务副会长11名,副会长7名,秘书长1名,副秘书长3名。苏州兴化商会的成立,构建团结互助、资源共享的新平台,将为两地的经济社会发展和进一步振兴提供新机遇。

**【兴化驻外商会工作座谈会】** 10月31日,市委、市政府在苏州香格里拉大酒店举行兴化驻外商会工作座谈会,旨在充分发挥兴化驻外各商会、同乡联谊会桥梁和纽带作用,使在外的兴商形成板块效应,激发商会会员情系故里、报效桑梓的激情,进一步引导会员为推动区域经贸合作、依法维护兴化经济社会发展多做新贡献。广东兴化商会、上海兴化商会、北京兴化商会、扬州兴化商会、苏州兴化商会及部分江苏驻外商会兴化籍领导成员参加座谈。

(史红霞)

## 江苏省兴化经济开发区

**【兴化经济开发区概况】** 兴化经济开发区是1993年11月经省政府批准设立的省级经济开发区,2006年4月,

兴化经济开发区十个工业项目举行集中开工奠基仪式

经江苏省人民政府同意,江苏省农林厅、江苏省外经贸厅联合批准在江苏省兴化经济开发区内设立江苏省兴化农副产品加工区。辖区总面积48平方公里,现园区开发建设面积13.13平方公里，引进各类企业300多家。2010年,全区实现地区生产总值20.3亿元,财政总收入3.5亿元，工业总产值78.4亿元，同比增长分别为24.1%、44.9%和27.5%。

全区坚持走产业特色化发展道路，经过多年的培育发展,现区内初步形成三大特色产业板块:以安井食品、华丰方便面、五得利面粉、盛洲粮油等企业为代表的品牌食品产业,以东华链条、美鑫车桥、兴利达齿轮等企业为代表的汽车配件产业,以精密铸钢、华信达特钢、双发机械等企业为代表的精密铸造产业。

全区按照建设宜居宜业新城区的目标定位，目前正按照“扩容、配套、提升”的建设思路,投资5亿元实施新一轮园区建设,向西向南拓展园区发展空间,全力推进污水处理厂和标准厂房区建设，加快实施文林路一线商贸商住开发，规划建设仓储物流区、综合配套区两大功能区,高标准实施园区绿化亮化美化配套,提升园区综合配套能力和建设品位。

**【企业选介】** 江苏德创制管有限公司　为专业生产厚壁大口径直缝双面埋弧(LSAW)钢管的工业企业,项目总投资1.3亿元,注册资本2700万元,用地80亩,生产厂房

市四套班子领导视察江苏德创制管有限公司

面积3万平方米,现有员工100多人,大、中专以上学历人员占50%以上,技术人员近30人,具备规模化的生产加工能力。整条生产线设计生产能力12万吨,生产线采用具有国际水平的JCOE成型加工技术，配备了3600吨全自动折弯机，以及4条专业生产厚壁大口径直缝双面埋弧焊生产线等具有高效、技术先进的成套设备,可生产直径Φ351毫米～1500毫米，壁厚6毫米～50毫米,长度3米～12.5米，材质为20#、Q235、Q345、Q690等结构钢,X46-X80钢级管线钢以及不锈钢钢管等均可制造生

产，产品广泛用于国内外压力管道（石油、天然气、煤浆等运输）、海上工程、钢结构建筑（钢管混凝土、管桩、管桁架结构等）和机械制辊等领域。公司建立以上海为销售中心覆盖长三角以及华东华中地区的销售网络，组建了具有行业领先的产品研发团队。先后为俄罗斯的铺管船项目、阿尔及利亚高层建筑、河北正定机场以及人民日报社综合业务楼等项目提供产品。公司在“产品质量就是企业生命”的管理理念指导下，陆续配备各种科学、先进的检测设施：如在线超声波自动探伤仪、X射线工业电视、X射线实时成像系统、2000吨静水压试验机、万能材料试验机、光谱分析仪等关键重要的检测设备，为提高公司实力，打造德创制管品牌打下坚实基础，预计近两年将会形成产值达3亿元～5亿元的生产规模。

江苏兴利达齿轮有限公司　位于兴化市五里西路北侧，是1999年经省政府批准建立的合资企业，公司注册资本4000万元，总投资规模6000万元。公司现有员工500人，占地面积80000平方米，建筑面积35000平方米。公司坚持走高起点、高质量的建设发展之路，制造设备精良、技术工艺先进、检测手段齐全。现有以数控、高效、高精度为主的机械加工设备500余台，并拥有多台数控高效切入磨床、高效数控车床及大量高精度齿轮加工、检测设备，热处理采用德国产“2+1+1”配置的IPSEN微机可控气氛箱式渗碳。该公司是中国齿轮专业协会会员，是国内知名的齿轮生产专业厂家之一，拥有较稳定的销售网络，公司生产的各类汽车变速箱齿轮、汽车同步器齿轮和工程机械用高压油泵齿轮主要为重汽、一汽、跃进、临工、江淮等国内知名汽车生产厂家配套，其中油泵齿轮是近年来公司重力投入迅速发展的产品，在国内同类型生产行业中处于领先地位，产品出口欧美市场，数家国际国内知名液压泵企业与该公司配套合作。公司坚持科技创新，2007年被评为“江苏省高新技术企业”、“江苏省高新技术产品”、“江苏省民营科技企业”，公司坚持以人为本、积极营造较好的工作氛围，2008年获得“江苏省和谐劳动关系企业”称号。近几年来，公司每年均以较大增幅快速发展，被兴化市政府列为“五五”工程重点培植企业，被泰州市委、市政府授予“文明单位”、“支持就业十佳企业”称号，并荣获兴化市“工业先进企业”、“五五工程建设先进企业”和“争创兴达式先进企业”的荣誉。公司不断加大技改投入力度，不断提升制造、检测能力，通过引进新技术、新装备、新工艺、解决多项工艺难点，使产品质量不断提升，得到用户的肯定与依赖。通过对市场的研究，结合公司的综合实力，公司产品结构得到了较大改善，呈现了较稳定的汽车变速器齿轮、同步器齿轮和工程机械三角型关系，互补互促，使公司的经济目标逐年上升，特别是工程机械齿轮在国内属前沿位置，在国际市场得到较好的评价与市场空间。公司在不断谋求发展的同时，始终坚持加深企业内涵，在科学管理、员工建设、企业文化等方面不断强化，使公司稳步和谐发展。

泰州新希望农业有限公司　隶属于四川新希农业股份有限公司，为上市子公司，地处兴化经济开发区西环路东侧，地理条件优越，水陆交通方便。公司目前拥有员工90余人，其中专业技术人员23人。公司投资金额1亿元人民币，占地4.33公顷，建筑面积42000平方米，年加工生产20万吨水产、各类畜禽等饲料，年产值5亿元，利税1500万元，为江苏省大型现代化饲料生产企业。公司引进全套“牧羊”专业生产设备。配合饲料和浓缩饲料生产线，采用目前国内最先进的MUT2600制粒机、968-Ⅳ“水滴王”粉碎机、全自动定量包装系统。采用国内最先进的电脑全自动配料系统，集新希望集团近二十多年的营养配方成果，结合国际营养标准，采用国际最先进的电脑配方软件，根据江苏地区养殖种类和养殖习惯，研制开发、生产高档畜禽料和水产料，包含有猪、鸡、鱼、鸭、鹅、牛、兔、鹌鹑等八大系列111个品种。公司在四川新希农业股份有限公司科学、规范的管理模式下，全面推行ISO 9001：2000国际质量管理体系、7S管理、ERP信息系统管理。严格的原料进货质量关，强化的现场质量控制，科学的配方，确保产品生产过程中粉碎细度、调质温度、产品熟化度、颗粒均匀度、计量准确度等过程质量。产品高度环保，无公害、无污染、无残留。公司以一流的经营管理团队和强大的技术力量、先进的工艺设备、完备的质量管理体系、优质的产品体系、完善的售后服务不断致力于饲料生产、鱼、畜禽类营养、养殖生产技术研究与开发，为广大经销商、养殖户搭建致富桥梁。

（董继承　赵朝春）

## 江苏昭阳工业园

江苏昭阳工业园（兴化市私营经济城）始建于2001年底，2002年10月经省经贸委等部门批准为省级乡镇示范园区，2009年初园区科升创业区被明确为省首批重点扶持建设的小企业创业基地。园区位于兴化市城关镇昭阳镇，东临高兴盐公路，南依高兴东公路，北至兴沙公路，大溪河、横泾河等航道河流穿境而过，水陆交通便捷，区位优势明显，绿化景观怡人，配套设施齐全，是兴化城区重要的招商引资载体。

经过近10年发展，园区基础设施累计投入近亿元，完成骨干道路16条、总长15.6公里，桥梁9座，公共绿化面积6.1万平方米，工业厂房建筑面积70多万平方米，有10千伏、35千伏变电所保障双向供电枢纽，供水、排水、通讯、运输畅通，绿化、亮化配套。2009年投资2000多万元，完成连接二区、三区的1.8公里四区主干道一路

东方机械工人在调试摇尾机

四桥建设,实现园区一区到四区的整体贯通。

2010年,累计入园企业163家,其中日本、美国、澳大利亚、新加坡外资企业和中国香港、中国台湾企业9家;企业固定资产总投资16.8亿元,其中外资2899万美元。2009年完成工业总产值60.8亿元、销售收入58.6亿元、出口交货值3.1亿元、利税总额4.5亿元、入库税金2.1亿元,主要经济指标增幅30%以上。初步形成以南山重工、东方机械为基地的耐热耐磨钢制品,以兴纺机械、圣蓝科技为龙头的纺织机械,以兴顺电子为代表的电子元件,以远洋机械、开源船舶为重点的船舶机械四大特色集群经济。江苏圣蓝科技有限公司跨入省高新技术企业行列,兴化市大地蓝绢纺有限公司"梦水乡"蚕丝荣获"中国名牌"殊荣。

(吴　峰)

# 兴化市科技工业园

**【兴化市科技工业园概况】** 科技工业园始建于2001年底,位于新城区南郊临城镇境内,辖有十里、郭家、姜家、新银4个自然村,规划面积407.73公顷。近年来,园区本着"科学规划,分步实施,适度超前,滚动发展"的思路,至2010年底累计投入基础设施建设资金4300多万元,除已建成的"四纵四横"道路及配套设施框架外,新的道路规划即将开工建设,至2010年底入园企业过百家,实现销售近30亿元,从业人员3000多人,形成不锈钢铸造、机械制造、建筑材料等行业为支撑的产业集聚群。2010年共招引工业项目9个,三产项目4个,总投资5.6亿元。科技工业园区已成为全镇经济建设的主战场,招商引资的主阵地,财政收入的主渠道。

**【企业选介】** 兴化市东昌合金钢有限公司　是国家冶金局专门生产耐热、耐磨工业炉用耐热合金铸件的专业工厂,是兴化唯一与南京凯盛水泥设计院合作的配套厂家,具有二十多年的专业生产经验,生产的产品已替代进口配件在上海外高桥热电股份有限公司进口发电组上使用,为用户带来显著的经济效益和社会效益。公司拥有建筑面积近3万平方米,固定资产3000多万元,各种冶金、铸造、精加工设备100余台套,技术力量雄厚,拥有一支技术过硬的科技人员队伍和敢打硬仗的职工队伍。其中:高级工程师6人,工程师14人,高级技师18人,各类技术人员20多人。生产工艺设备先进,日产钢水能力20吨,生产的各种耐磨钢配件适用于火电、钢铁、水泥、化工机械行业,经数百家用户的长期使用,性能好,效益佳、运行安全可靠,赢得用户广泛好评,享有较高的声誉。公司是南方水泥有限公司、中国联合水泥集团有限公司、江西万年青水泥有限公司等企业的中标单位,国家特大型企业上海宝山钢铁公司、攀枝花钢铁公司、首都钢铁公司、唐山钢铁公司、莱芜钢铁公司、济南钢铁公司、上海外高桥热电股份有限公司、石洞口热电股份有限公司是公司产品十多年的长期用户。产品的质量和优良的售后服务赢得用户的信赖,在供需厂家之间形成牢固的合作纽带。理化检测技术齐全,对全厂的生产工艺流程实行全过程监控,2002年公司顺利通ISO 9001:2000认证,建立一套严格的质量保证体系,通过国家质量检验局、国家质量保证中心审查、质量监测中心对公司产品质量的主检。本着"科技就是生产力"、"以人为本、质量至上"的办厂宗旨,力求将最新的科研成果应用到生产实践中,融入公司的产品中,以全新的品质、一流的售前、售后服务,为广大用户创造显著的效益,并为公司的持续发展奠定坚实的基础。

兴化市华伦达铸钢有限公司　是国家建筑材料工业机械标准化技术委员会耐热钢产品定点生产企业,是国家电力总公司(原电力工业部)电站配件网络中心成员单位,专业从事生产各种耐高温、耐磨损、耐腐蚀等特种合金钢制造企业,现形成精密铸造,离心铸造,树脂型砂铸造,锻造和机械加工等综合能力。企业生产工艺先进,技术力量雄厚,理化检测手段齐全,年生产能力可达5000吨,公司积极推行现代企业制度,不断强化以质量,成本为主线的企业内部管理,贯彻执行ISO9000质量标准,企业分别编制了《质量制度汇编》和《计量手册》,并依照国家标准GB8492-87起草实施高于国际的标准,以及《企业规章制度汇编(一)》形成了较为完整的质量保证体系和精干高效的管理体系。企业在原国家建材工业局,上海金属材料研究所,江苏热处理研究中心,东南大学,天津院,南京院,合肥院,成都院等科研单位专家的具体指导下,不断引进新技术,新工艺,新材料,并自主开发研制了多种新型替代材料。其中水泥企业预热器全陶瓷挂片,为本公司专业项目,已广泛推广使用。市场紧缺的易切削钢材料,使用于电力、建材、冶金、机械热处理等行业。企业先后与几大水泥工业设计研究院和近百家1000T/10000T/d

水泥制造企业建立长期业务关系。本厂产品完全可以替代进口,并可根据用户使用不同温度,不同工矿条件设计和选定较为理想的产品。企业连续多年获得泰州科技进步先进单位,泰州市重合同守信用企业,泰州市双文明先进企业,兴化市重点企业等荣誉称号。

兴化市金牛机械铸造有限公司(原兴化市金牛铸造厂) 是国家建筑材料工业机械标准化技术委员会耐热钢产品定点生产企业,专业生产各种耐热、耐磨、耐腐蚀等超强合金钢产品,广泛应用于冶金、化工、球团、新型干法水泥生产线。企业在天津院、南京院、成都院、合肥院等科研单位水泥机械专家的帮助指导下,并转化吸收德国BMH、美国FULLER、丹麦F.L.S等世界著名水泥设备制造公司的先进技术,开发研制了具有国内先进水平的充气梁篦板系列和耐热钢高新材料。公司是海螺集团、南方集团、拉法基瑞安水泥耐热钢框架协议合作方,并常年服务拉法基瑞安、海螺、南方、中联、台泥、华润、川矿等上百家大中型水泥制造集团企业,深受用户的信赖与好评。本公司占地面积23100平方米,其中标准生产厂房5幢计12000平方米。全公司员工186人,其中高级工程师6名,各类中级技术人员18人,营销人员48人。企业生产设备工艺先进,技术力量雄厚,检测项目齐全,具备从研发、铸造、热处理、锻造精加工等一条龙生产能力,目前已形成年高品质耐热钢4000吨。本公司积极推进现代企业管理制度,不断强化质量、成本为主线的内部管理,并顺利通过ISO 9001:2008质量管理体系认证。

江苏锁龙消防科技有限公司(原兴化锁龙消防药剂有限公司) 是国内唯一提供“设计、制造、试验、检测、销售”全过程服务的消防药剂专业制造商。本公司是国家重点高新技术企业、国家火炬计划项目承担单位、中国消防协会首批认定的AAA级信用企业、国家标准化良好行为企业、江苏省质量信用AAA级企业、江苏省名牌企业、江苏省著名商标企业,公司建有全国消防科普教育基地兴化馆,设有省级消防药剂技术工程研究中心,生产的系列产品均已通过公安部消防产品合格评定中心认证以及中国船级社CCS认证和IMO MSC/Circ.670、582、799型式认可。同时通过ISO 9001:2008质量管理体系、ISO 4001-2004环境管理体系通过认证。公司产品是江苏省消防协会、上海市消防协会、上海市消防产业委员会推荐品牌。

兴化市振泰合金钢有限公司 创建于1999年,公司位于素有鱼米之乡的里下河江苏省兴化市,公司注册资金为1008万元,占地面积为30000平方米,建筑总面积为6000平方米,绿化占总面积的4%,是典型的花园式企业。公司现有员工200多人,其中高级职称8人,中级职称10人,生产技术骨干30多人。公司技术力量雄厚,拥有铸造专业的生产设备如1吨的中频炉2台,混砂机4台,自动铸型机1台,等离子切割机5台,精加工设备齐全。每日产钢水能力约8～10吨,年产量3000吨左右,公司最近上了一条陶瓷挂片生产线。公司是国家建材局、南京水泥设计院、合肥水泥设计研究院、新疆凯盛设计研究院指定的生产厂家。产品运用在水泥行业配套用窑口护板、窑尾护板、下料托板、回料勺、摩擦环、预热器旋挂式内筒挂片、翻板阀阀板、篦冷机各种篦板、盲板、边板、护板;喷煤咀头部、锚固件(扒钉)等各种耐热耐磨合金钢。公司加工制造各种耐热耐磨合金钢产品,赢得了各用户单位的一致好评。公司重视加强售后服务工作,建立了售后服务部,组织人员定期走访用户,反馈用户意见和建议,不定期邀请用户到公司座谈,征求用户意见,得到用户的肯定和赞扬。 (顾晓凯)

## 江苏戴南科技园区

**【戴南科技园区概况】** 江苏戴南科技园区始建于1992年。2005年8月,成为国家火炬计划江苏兴化特种合金材料及制品产业基地。园区占地面积8平方公里,已投入4亿元用于园区的配套建设,实现基础设施“八通一平”,并做到绿化、亮化、美化、净化“四化”工程同步进行,绿化率达到35%。目前,科技园区南扩和三园区建设全面推进,兴达新材料产业园正在规划建设之中,为戴南的不锈钢产业发展提供更加广阔的平台。

园区紧紧围绕打造“中国·戴南”千亿级不锈钢产业集群的目标,着力夯实产业基础,一批重大项目相继在园区启动。兴达公司年产2万吨切割钢丝、振亚公司投资1.5亿元新上高速线材项目、万利特钢、天福海油脂公司、华源纺织、富翔公司、红阳公司、兴祥公司等重点项目相继在园区内开工建设。积极争创名牌产品,现已形成4个江苏省名牌产品、10个泰州市名牌产品、1个中国驰名商标、5个江苏省著名商标、9个泰州市知名商标。园区现有规模企业278家,总资产110亿元,职工30200人。形成不锈钢制品、汽车轮胎用子午钢帘线、汽车配件等特色产业集群。

2010年,园区销售收入超亿元的企业32家,其中过60亿元的企业1家,5亿元以上的企业3家,3亿元以上的企业8家,销售总额突破178亿元。

**【企业选介】** 江苏兴达钢帘线股份有限公司 是生产子午线轮胎骨架材料的专业厂家,注册资本13460万元,现企业总资产为68.6亿元,公司主导产品子午线轮胎用钢帘线生产能力已达55万吨,国内市场占有率已达30%,国际市场占有率达10%,现已成为公司是亚洲第一,全球第二的钢帘线生产和研发基地。2010年公司实现销售64.95亿元,实现利税15亿元。公司设有国家博士后科研工作站、国家认可实验室、国家认定企业技术中心及省特种合金制品工程技术研究中心，并与北京橡胶工业研究设计院、南京航空航天大学有长期的合作关系。公司自主研发、并拥有独立自主知识产权的子午线轮胎专用高性能新结构钢帘线生产技术开发成果获得了国家科技进步二等奖。现公司拥有授权专利126项(其中发明专利10项)。是“国家优秀重点高新技术企业”、“江苏省百强高新技术企业”、“江苏省首批创新型企业”。是“子午线轮胎用钢帘线”国家标准制定单位。“兴达”牌商标被评为国家驰名商标、“兴达”牌钢帘线被评为江苏省名牌产品和出口名牌产品。2009年3月28日，年产15万吨子午线轮胎用钢帘线扩产改造项目即公司第九分厂第一期工程正式开工建设。在政府各职能部门的关心支持下，项目成功跻身中央扩大内需新增投资项目，被列入国家重点产业振兴和技术改造(第一批)以及2009年第二批新增中央预算内投资计划中，是江苏省获得国家资金资助最多的项目。在项目建设的过程中，公司本着“抢时间、抢速度、抢市场”的原则，全面筹划，分工负责，紧紧围绕进度，精心组织，统一部署分工负责，责任到人，并严格执行“五定三落实”的考核制度，“五定”，即定项目、定规模、定时间、定责任、定奖罚；“三落实”，即落实任务、落实资金、落实进度。在公司全体员工的共同努力下，只用了不到一年时间就完成了23.8万平方米的主厂房建设，只用了七个月的时间，就完成全部设备的制作、安装、调试，创造中国钢帘线发展史上最快纪录。现十条生产线全部满负荷生产，日产钢帘线已达到450吨，项目于2010年10月达到设计规模，现在正在办理各单项竣工验收。九分厂二期计划总投资8亿元，年新增10万吨钢帘线，现项目已列入江苏省传统产业升级流动实施重点项目计划(2010～2012年)。并已开始实施，项目计划于2012年6月竣工。九厂全部建成达产后，公司将成为全球最大的钢帘线生产制造商。

兴达集团总部大楼

**江苏新宏大集团有限公司** 始建于1992年，现是中国磷肥、硫酸行业设备服务网网络成员，中国有色冶炼设备制造领域的重点骨干企业，丝网除沫器行业标准的编制单位，中国化工工程建设标准选用定点单位，是国家高新技术企业、江苏省民营科技企业、中国专利江苏百强企业、国家火炬计划兴化特种合金材料及其制品产业基地骨干企业、江苏省“扶持重点企业发展加强财源建设”试点企业、江苏省重点培育高成长型民营企业、江苏省科技型中小企业、江苏省中小企业知识产权运用示范企业、江苏省中小企业信息化优秀示范企业、AAA级银行信用企业。公司产品已被广泛应用于硫、磷酸、磷复肥、氧化铝、钛白粉、湿法冶炼等行业，现已参加过近两百项工程的建设，正常业务往来客户600多家。江苏新宏大集团有限公司是一家正在走向国际的机械制造企业。目前公司占地面积17万平方米，拥有标准厂房7.2万平方米，注册资本1亿元，资产总额4.5亿元，其中固定资产7420万元。随着国民经济的快速发展和公司科技创新产品的产业化，公司进入了高速增长阶段。2010年实现销售收入3亿元，上交各项税金1447万元，是兴化市私营企业的纳税大户。公司坚持技术创新，走科技兴企、项目兴企之路。自主开发和合作开发相结合，研制技术国内领先，填补国内空白的机械设备。公司已经与贵阳铝镁设计院、南化设计院、中国有色设计总院、中国科学院金属研究所、合肥通用机械研究院分离机械研究所、英国BEGG COUSLAND公司、瑞典SANDVIK公司、德国Rauschert Verfahrenstechnik公司等多所高等院校、国外企业建立了技术合作关系，并设立江苏分离机械工程技术研究中心和全国最大的搅拌试验中心。通过近年来的努力，公司先后开发出抽屉式丝网除沫器、波形丝网除沫器、边开门式气体电加热炉、转盘真空过滤机、纤维除雾器、深锥浓密机、立式全自动压滤机等产品，其中转盘真空过滤机、纤维除雾器、深锥浓密机、立式全自动压滤机被认定为江苏省高新技术产品，转盘真空过滤机获国家发明专利(专利号ZL02112753.0)，同时被评为中国专利优秀奖，并被立入省火炬计划项目，浓密机、立式全自动压滤机获国家发明专利，纤维除雾器被省科技厅立为省火炬计划项目，搅拌器获得中国有色金属工业科学技术奖三等奖。以上产品通过产业化推广，市场占有率达到高水平，其中三大主流产品——转盘真空过滤机、纤维除雾器、浓密机及搅拌的市场占有率分别为90%、40%和10%左右。目前公司正致力于液压浓密机、陶瓷过滤机的研制和开发，以每年不低于销售收入5%的研发经费投入，确保公司产品在国内外同行业处于优势地位。公司同时注重产品技术保护工作，到目前已申请专利63项，获授权52项(其中7项为发明专利)，使公司产品保持较强的竞争力。公司注重人才队伍建设工作，始终把人才引进和培养作为企业发展的基本战略。现有职工722人，拥有机械设计工艺、制造、自动化控制、化工工艺、工程施工等技术人员221人,其中专家级技术人才20人。经过多年的发展,已形成专业技术结构合理、老中青年龄梯队配备的人才队伍。同时公司关心职工的学习成长,组织职工开展职业道德、机械识图、车、钳、刨、铣、磨以及特殊工种的培训,不断提高员工的技能水平和工作才干。新建新宏大家园,结合员工实际情况,尽最大努力满足员工对住房的需要,并对大部分员工办理养老、医疗、工伤保险。公司坚持"质量第一,顾客至上"的原则,坚持"保持品质国内同行领先、跻身全球市场竞争舞台"的质量方针。强化质量第一意识,视质量为企业的生命,层层落实质量责任制,实行全面、全员、全过程的质量管理,确保产品质量合格率。优良的质量管理和质量保证能力得到客户的一致好评,获得农业部全面质量管理达标证书,并于2009年11月,经英国SGS公司认证,顺利通过换版后的ISO 9001:2008质量体系认证。同时,"新宏大"商标被评定为江苏省著名商标。公司董事长陈爱民同志先后当选为"全国机械工业劳动模范"、"泰州市劳动模范"、"泰州市人大代表"、"泰州市十大杰出青年企业家"。公司注重企业文化的建设,确立了"厚道做人、认真做事、崇尚科学、追求卓越"为厂训,"用责任承载相关利益者的期望,以有效管治保障和谐共赢的实现"为企业的使命,教导全体员工,为公司快速、健康的发展,为振兴地方经济作出应有的贡献。

*江苏兴海特钢有限公司* 位于中国不锈钢名镇—戴南镇,系江苏省民营科技企业,国家火炬计划兴化特种合金材料及制品产业基地和省第一批特色产业集群重点骨干企业,中国特钢企业协会不锈钢分会及中国金属流通协会不锈钢分会常务理事单位,江苏省文明单位,江苏省重合同守信用企业,泰州市50强工业企业,兴化市政府重点培植的"111工程"企业。主导产品为"兴海牌"焊接用不锈钢丝和内燃机气阀钢用钢,分别荣获江苏名牌产品。不锈钢焊丝国内市场占有率达70%以上,是全国最大的不锈钢焊丝生产基地和较大的气阀钢生产厂家,在同行业率先通过ISO 9001和ISO/TS 16949国际质量体系认证。现有员工近600人,其中中高级技术人员89人。拥有总资产1.86亿元,其中净资产1.15亿元。年生产不锈钢产品2.2万吨,2010年实现销售4.4亿元,利税3689万元。企业通过引进消化吸收再创新,已掌握具有自主知识产权的核心技术。采用先进的电炉、精炼炉、电渣重熔、水平连铸、连轧、连拔生产装备,并引进国外先进的微电脑控制技术氢退流水生产线和直进式拉拔生产线,生产高档次、高品位、高性能、多元化、多规格的系列不锈钢焊丝和内燃机气阀用钢。

*江苏星火特钢有限公司* 成立于1991年,地处不锈钢名镇"中国·戴南",是戴南地区不锈钢产业集群中的骨干企业,公司集研发、冶炼、加工、制品和贸易为一体,拥有技术水平先进的装备,品种规格齐全的产品。公司秉承"以质量求生存,靠科技谋发展,凭诚信走天下"的星火精神,历经三次再创业,实现企业的健康快速发展,2010年,公司销售收入和上缴税收比上年增长70%以上。公司高度重视科技发展,靠创新发展蓝海战略,先后获得"江苏省AAA级重合同守信用企业"、"江苏省高新技术企业"、"江苏省创新型企业"、"江苏省首批中小企业创新能力建设示范单位"、"全国乡镇企业创名牌重点企业" 等称号;开发"韧性高铬铁素体合金"、"韧性铁-铬-铝铁素体电热合金"、"高锰低镍纳米析出相奥氏体抗菌不锈钢"、"软磁不锈钢"等专利新产品,其中"韧性高铬铁素体合金"被认定为2010年国家重点新产品,产品替代进口,远销欧美;开发了"不锈钢高速线材控轧控冷连轧生产技术",填补了江苏省内空白,带动了戴南地区不锈钢行业的升级转型。公司十分注重产学研合作,先后与南京工业大学、中国科学院金属研究所、北京科技大学、南京理工大学等高校科研院所进行了广泛合作,建立"南京工业大学教学实习基地"、"陈国良院士工作站"、"江苏省不锈钢材料及制品工程技术研究中心" 等产学研机构;公司投入4000多万元,组建不锈钢新材料中试生产线,进行不锈钢、特种合金新材料的研究与开发,并每年投入不低于4%销售收入比例的研发经费,进行产品开发,已为公司开发专利8项,其中发明专利3项。

*江苏峰霞公司* 建于2009年,专业生产与销售各种不锈钢钢带、钢管,严谨的管理体系,占地面积2.93公顷,建筑面积18000多平方米,总投资8400万元。拥有先进的750轧机2台套,制管机36台套。年生产值可达2亿元,利税1500万元。有雄厚的技术力量,有优秀的专业人才,完善的质量保证构成公司富有特色,持久发展的支撑系统,优质的产品和一流的服务,2011年度全国高科技产业品牌推进创新发展专业委员会授予:全国AAA级诚信单位,赢得广大用户的青睐。秉承"考信誉赢用户,靠质量占市场,靠新品谋发展,靠科技创创未来"的经营理解,对内弘扬公司文化,对外传播企业精神,不断提升品牌形象,积极打造不锈钢精品。

*江苏九胜特钢* 是一家专业的不锈钢材料制造企业,公司位于中国著名的不锈钢之乡——江苏戴南科技园区,紧邻国家级不锈钢监督检验中心以北。公司拥有一支精湛的人才队伍,其中中高级管理人员20人,产品工程师11人,质量工程师8人。公司坚持"不追随别人,做别人没做过的事"这一创新理念,利用人才优势,充分优选、整合和利用戴南当地丰富的不锈钢产业链资源,加上自身精良的技术装备和规范的管理制度,不断地为客户提供优良的产品、服务和解决方案。公司于2003年通过了ISO 9000质量保证体系认证,2008年与上海大学开展产、学、研工程技术合作,依靠上海大学雄厚的技术基

础及丰富的人才资源,成功研究、开发、生产出系列具有自主知识产权的高氮低镍新型经济型高性能双相不锈钢,基本替换304L和316L等奥氏体不锈钢,强度比奥氏体不锈钢提高100%以上,而原材料成本却比奥氏体不锈钢下降50%以上,同样情况下设计用料比奥氏体不锈钢降低100%以上。江苏九胜特钢具有年产6000吨的生产能力,每年国内销售额8000万元人民币,出口销售额3000万美元,主要生产和经营的产品品种有不锈钢热轧酸白圆棒(H.R.A.P.)、冷拉抛光圆棒(C.D.)、研磨圆棒,冷拉六角棒、方棒、扁钢以及热轧角钢等制品,产品牌号有AISI303,304,304L,310,310S,316,316L,316F,321,410,416,420,420F,430,430F,431,630,631,及双相不锈钢2205,2207,F51,F60,329J1等,以及与之对应的JIS、BS、DIN牌号的不锈钢产品,并被广泛应用于气动元件及机器制造,车辆,船舶,化工,食品机械,制药机械等领域,产品质量赢得国内外客商的青睐。江苏九胜特钢是当地规模较大的自营进出口企业之一,公司以其先进的管理理念和服务意识,为海内外诸多制造企业、贸易公司和库存商提供优质的产品和完善的服务,产品出口到美国、加拿大、西班牙、智利、日本、韩国、英国、德国、意大利、澳大利亚等40多个国家。 (周冬平)

## 江苏张郭科技园区

**【张郭科技园区概况】** 江苏张郭科技园区位于兴化市的东南部、张郭集镇的北部,2001年9月被兴化市政府批准设立,2002年10月被省经贸委、省乡镇企业局、省中小企业局,苏经贸中小企业命名为"江苏省乡镇工业小区",同年12月被农业部命名为全国乡镇企业科技园区,辖区面积8平方公里。近年来,始终坚持"科学规划、集约开发、提升品位、构筑优势"的要求,坚持不懈地走集中、集聚、集约发展之路,建成3平方公里的张郭科技园,5万平方米的标准化厂房,实现"六通一平",给水、排水、供电、通信等网络配套设施基本齐全。区内企业180多家,初步形成以电热电器、炊事机械、农副产品出口加工、特种金属材料生产和生物化工、医药包装等为主导的产业,其中外商投资企业1家。2010年累计招引20个项目入园,计划投资总额4亿元。园区经济总量已占全镇工业经济的60%以上,入库税金占全镇工业入库税金的75%以上。

**【企业选介】** *江苏申源特钢有限公司* 组建于2002年5月,是全国最大的主产内燃机气阀钢棒的国家重点高新技术企业,公司注册资本10180万元,资产总额58721万元,固定资产37400万元,产品广泛应用于各类发动机气门、机械、石化、锅炉等制造行业,市场占有率超过35%。近年来,公司始终坚持"以人为本,科技兴企"的理念,执著于为特殊钢使用行业提供优质、高性能合金钢,在核心技术领域上加大研发力度,与首都钢研总院、上海材料研究所、东南大学、武汉理工大学等重点科研院所、高等院校展开技术合作,成功研制开发的5Cr21Mn9Ni4N气阀钢棒荣获省高新技术产品、被国家科技部认定为国家级火炬计划、国家重点火炬计划项目,1Cr25Ni20Si2、1Cr20Ni14Si2、1Cr18Ni9、1Cr6Si2Mo等耐热不锈钢扁钢、圆钢已成为各大锅炉厂指定配套材料,拥有多项自主知识产权,获国家专利2项,产品市场覆盖率达30%以上,企业通过新加坡PSB认证公司的ISO/TS 16949质量认证,先后成为美国伊顿公司、福特公司、日本冈谷机公司的合格供方,成为国内十大气门企业的优秀供方。近年来,该公司积极有序推进2000万支气门生产线项目,投资1.5亿元,新上一条25吨电弧炉、25吨LF炉、AOD炉生产线,投资1500万元新上德国FOERSTER公司全自动涡流探伤机,使公司生产装备、检测装备,以及生产工艺,都处于国内新进水平,具有年产10万吨特殊钢的生产能力,可生产气阀钢、模具钢、轴承钢等系列产品,进一步扩大市场占有率,同时批量进入国际市场,参与国际市场竞争。2010年投资2.4亿元的10万吨内燃机专用气门精品生产线项目已奠基开工建设。全年实现销售7.09亿元,入库税金4193.39万元,分别增长35.99%、增长33.6%。

*江苏双乐化工颜料有限公司* 是一家专业生产铬黄、酞菁系列颜料的江苏省高新技术企业和民营科技企业,是中国涂料工业协会铅铬颜料分会副主任单位、中国染料工业协会有机颜料委员会委员单位。公司占地面积128500平方米,现有员工688人,其中工程技术人员286名。拥有总资产2.97亿元,其中净资产1.4亿元。年生产颜料16000吨以上。主导产品铬黄和酞菁系列颜料,连续多年获"江苏名牌产品"称号,国内市场占有率达30%以上,列国内同行业第一位。产品广泛应用于油墨、油漆、橡胶、塑料、印花色浆等行业,远销美国、日本、德国、意大利、比利时及东南亚等四十多个国家和地区。"双乐"商标被认定为"江苏省著名商标","双乐"牌颜料荣获"江苏名牌产品"称号。公司坚持可持续发展战略,从产品结构调整、设备更新改造、废弃物资源化利用、实施清洁生产、全过程控制污染等方面加强环境和安全管理,全面推进安全生产和节能减排工作,在全国同行业率先通过ISO 9001、ISO 14001、OHSAS 18001质量、环境和职业健康安全管理体系的认证,环保处理水平国内领先,实现了环境效益、社会效益和经济效益的共赢。近年来先后多次获得"江苏省科技先进乡镇企业"、"江苏省质量诚信企业"、"江苏省安全生产管理先进集体"、"江苏省环境保护先进集体"、"泰州市明星企业"、"泰州市花园式工厂"等荣誉称号。2010年完成销售收入4.51亿元,实现利税4701万元。

江苏九寿堂生物制品有限公司　成立于1997年，是一家专业从事水产养殖、食品开发、速冻加工、甲壳类衍生品、医药中间体和天然提取物研发和生产的外向型国家级农业产业化重点龙头企业、江苏省农业科技型企业，企业注册资本2488万元，总资产1.8亿元，现有员工682人，公司下设食品、生化两个产业集群和一个科研所，建有4条国内先进的冷冻食品、水产品加工流水线、4条生化制品生产线、2座冷藏量2500吨以上的冷库、2座先进的实验楼，拥有专利13项，开发出速冻虾仁系列、速冻春卷系列、速冻红鱼系列、速冻斑点叉尾鮰鱼系列、速冻罗非鱼、氨基葡萄糖盐酸盐系列、头孢系列等几十个品种，产品相继通过ISO 9001：2000认证、绿色食品认证、对美HACCP体系认证、欧盟卫生注册通行证和全球食品BRC认证。产品全部销往美国、日本、韩国、澳大利亚、欧盟等国家和地区，科技含量、出口创汇、加工品牌质量、综合效益均居全省同行业前列。九寿堂投资300万美元在美国兴办奥通水产食品公司，成为全省在境外投资的首家水产品加工企业。2006年获得农业部"全国农产品加工业出口示范企业"称号，2007年公司西郊养殖场被认定为农业部"水产健康养殖示范场"，2008年被确认为国家级农业产业化重点龙头企业，2010年被科技厅认定为江苏省农业科技型企业，近两年承担省部级科技项目2项。2010年实现销售2.63亿元，利税2561万元，成为江苏省最大的水产品加工和出口企业。

江苏博生橡塑有限公司　是专业从事药用丁基橡胶瓶塞的生产企业，是目前国内最具现代化的药包材生产基地之一。创办于2001年，注册资本4998万元，占地面积6万平方米，建筑面积4.8万平方米，现有资产总额1.95亿元，其中固定资产1亿元。公司现有员工近500人，其中具有大专以上学历人员110人，从事专业高新技术产品研究、开发的科技人员58人。公司自创业之初，即瞄准国际同行先进水平，走高起点创业之路，经过近几年的快速发展，公司的销售规模、利润水平、品牌优势等综合指标排名已跃居国内同行业前列，成为国内最具现代化的药包材生产基地之一。企业被认定为江苏省民营科技企业，江苏省科技型中小企业，泰州市30家高成长型中小企业，兴化市工业经济"111"工程定向重点培植企业。公司研发中心被列为省级工程技术研究中心。博生公司始终坚持走科技创新之路，视技术创新为企业动力源，不断增加科技投入，研发新产品，积极提高产品技术含金量。公司自主研发的镀膜丁基胶塞、头孢曲松钠专用胶塞，先后被认定为江苏省高新技术产品，其中镀膜丁基胶塞获得国家实用新型专利，被列为国家重点新产品。公司主要产品丁基胶塞荣获江苏省名牌产品，博生商标也被认定为江苏省著名商标。公司始终坚持质量第一的理念，视产品质量为企业生命线，凭借一流的品质和服务，在激烈的市场竞争中脱颖而出，获得大批优质客户的认同。2010年实现销售收入3.17亿元，利税3035万元。

（苏　建）

## 兴化市民政工业园

**【兴化市民政工业园概况】**　兴化市民政工业园，位于宁靖盐高速兴化出口处，高兴东公路南北两侧，创建于2003年7月，同年12月经兴化市人民政府批准，挂靠省级兴化经济开发区，并享受城区"三园"优惠政策。全园总体规划面积280公顷，以高兴东公路为轴，南区完成开发100公顷，基础设施投入累计达1200万元，先后建成兴业路、板桥路、朝阳路、前进路、人民西路等"两纵三横"道路。电力、通信(宽带)、有线电视、桥梁、绿化、给排水等基础设施全部到位；北区67公顷已拉开框架，截止2010年累计投资4000多万元，完成了肖庄路、创业大道等道路的基础设施建设，实现南北区贯通，"一体两翼"的开发格局初步形成。

园区形成有色金属、氧化锌、机械、纺织服装、保温材料等五大支柱产业，入园企业43家(含港资企业1家)，其中南区35家，北区8家。投资5000万元以上规模企业1家，投资2000万元以上的规模企业4家，投资1000万元以上的规模企业25家，园区内从业人员1750人。2010年招引新项目7个，续建项目6个，注册资金1.51亿元，其中完成协议利用外资1800万美元，实际到账资金358万美元；完成工业产值21.6亿元，销售21.3亿元，利税9760万元，占全镇的60%以上，已成为全镇工业经济的"重头戏"。初步实现工业项目向园区集中，投资向工业集聚的目标。

**【企业选介】**　江苏通泰纱线有限公司　公司于2006年9月组建，2008年5月开始试生产，现已投资6000万元人民币，3万棉纺纱锭规模，员工250人，各类生产设施配套齐全。公司现有生产设备均为国内先进水平，部分设备从国外引进。二期规模为3万纱锭，其中：2010年底1万纱锭竣工投产，2011年年底2万纱锭投产。公司主要产品为中高档色纺纱，年产纯棉色纺纱4000多吨，产品质量指标均能达到乌斯特公报25%的水平，部分指标达到5%的水平。公司倡导人性化管理理念，采用先进的生产工艺和产品质量检测仪器，产品质量达到国际一流水平，可承接高技术含量、高质量要求的不同需求的产品订单，极大限度地为国内外客户提供所需产品，并以灵活的多样的形式为客户满意服务。

兴化市正兴齿轮有限公司　公司创建于1998年6月，占地面积2公顷，注册资金500万元，拥有固定资产3000万元，是专业生产各类农用齿轮、汽车齿轮及柴油机齿轮的企业。公司拥有高级工程师等20多名专业技术人员,职工近300名。检测设备齐全。公司生产的齿轮,具有承载力强,传运平稳,齿面耐磨、抗疲劳、噪音低、韧性好等特点。并于2003年6月通过了ISO 9001:2000质量管理体系认证,是中国市场名优企业(产品)。与国内多家主机厂配套,产品畅销全国二十多个省市。

兴化市正兴齿轮有限公司　公司创建于1998年6月,占地面积2公顷,注册资金500万元,拥有固定资产3000万元,是专业生产各类农用齿轮、汽车齿轮及柴油机齿轮的企业。公司拥有高级工程师等20多名专业技术人员,职工近300名。检测设备齐全。公司生产的齿轮,具有承载力强,传运平稳,齿面耐磨、抗疲劳、噪音低、韧性好等特点。并于2003年6月通过了ISO9001:2000质量管理体系认证,是中国市场名优企业(产品)。与国内多家主机厂配套,产品畅销全国二十多个省市。

江苏晁意铝业有限公司　公司创建于2009年10月,由上海金山老板投资3500万元,是一个集研发、生产、销售铝板圆片为一体的民营高科技企业。公司占地面积50亩,首期设备投资500万元,二期设备投资1500万元,配有二套热轧生产线,生产规模达到每月1500吨圆片生产能力,整体装备达到国内领先水平,能根据客户的具体需求,生产、加工各种规模型号的铝板带和圆片产品,产值3.6亿元,企业4月份达产,2010年预计产值过亿元,税收300万元。公司经营的产品涵括纯铝板、合金板、铝圆片、铝系列产品,经营多年来不懈努力,赢得国内外客户的支持和信赖,与国内苏泊尔配套,国外印尼金锋公司、越南东南等国际品牌公司长期友好的合作关系,公司产品远销东南亚、中东、欧美和大洋洲等世界各地。

(顾友春　郭　坚)

## 兴化市双蝶工业园区

兴化市双蝶工业园区位于周庄集镇北侧,系全国农副产品加工创业基地,东依兴泰公路,西傍三级航道卤汀河,交通十分便利。园区规划面积3.2平方公里,建成面积2平方公里,累计投入6400万元。区内基础设施配套,“绿化、亮化、美化、硬化”工程实施到位。

园区现有企业66家,职工人数近5000人。规模企业33家,销售收入超亿元的企业有8家。园区已形成纸板包装、啤酒麦芽、阳极碳素等三大特色产业和电力器材、机械铸造、服装生产等三大重点产业。江苏双蝶集团、泰州正阳麦芽公司、美联碳素公司、江兴公司、永顺泰公司等5家“五五工程企业”较好地发挥骨干支撑作用。

按照“产业集聚、企业集群、主业突出、特色鲜明”的要求,园区投资发展公司将科学合理规划,加大有效投入,实施三期配套工程建设,着力提升园区品位,打造全新招商载体,切实增强园区的集聚、创新和产出三大功能,促进工业经济跨越发展。　(周长青)

## 兴化市安丰镇工业集聚区

安丰镇工业集聚区,由南北两个园区组成,规划总面积4平方公里。南区主要以机械、冶金、纺织、建材等行业为主导产业,规模企业主要有三联特钢、晶鑫纺织、顺贸焊丝、美鑫铸造、智宇铜村等30家私营企业。北区于2003年3月创建,以钢材、服装、电子、轻工等行业为主导产业,规模企业主要有天龙铸造、洁豪针织、伟泰制衣、荣乙塑料等16家中外企业。集聚区注册资本1.56亿元,从业人员4860人,厂房面积135000平方米。其中:年销售亿元以上的企业2家,5000万元以上的企业6家,1000万元~5000万元以上的企业15家,500万元~1000万元以上的企业22家。

该区按照“内联外通、南北联动、相向建设、镇区一体”的总体思路,先后投入建设资金1860万元,实施了水电、路桥、邮电等基础设施建设工程。2009年投入400多万元,先后实施两路两桥和绿化工程。集聚区基础设施建设已实现“六通一平”,并通过ISO 9001质量体系认证和ISO 4000环保认证,正逐步形成布局好、设施全、环境美、特色明的工业集聚区。

为加快集聚区建设步伐,集聚区成立投资服务公司,公司下设办公室、招商部、规划部和服务部,实行“一站式”服务。同时,组建资金担保公司,为进园区企业做大做强提供资金保证。落实以镇主要领导干部为直接责任人,对引进的项目实行“一主三挂钩”的服务承诺和全程跟踪、周密服务的责任网络。　(陆银昆)

**兴化市安丰镇工业集聚区主要开工项目情况**

**表9**

| 项目名称 | 总投资额(万元) | 主要产品 |
|---|---|---|
| 泰州市唐港船舶配套工程有限公司 | 2800 | 船舶配套 |
| 江苏欣得得利铜制品有限公司 | 4000 | 铜制品 |

续表 9

| 项目名称 | 总投资额(万元) | 主要产品 |
|---|---|---|
| 兴化市田岛精工有限公司 | 2500 | 手机芯片 |
| 兴化市东方电器有限公司 | 2000 | 电子元件 |
| 兴化市荣耀海绵有限公司 | 2800 | 海绵 |
| 江苏永诠机器有限公司 | 5000 | 鞋业机械 |
| 兴化市理新机械有限公司 | 11300 | 鞋业机械 |
| 兴化市旭华电力合金有限公司 | 1200 | 电合金 |

## 陈堡工业集聚区

陈堡工业集聚区位于兴泰公路两侧,地理位置优越,交通运输便利。集中区分三个小区,规划占地面积 2.3 平方公里,固定资产投入近亿元,按照“高起点规划,高标准建设”的要求,经过近几年发展,园区内道路、给排水、通讯、电力等设施配套齐全,达到“五通一平”,绿化、亮化、美化工程到位,为招商引资、项目建设构筑了良好平台。

陈堡工业集聚区按照“科学规划、合理布局、滚动发展”的思路,实行东西、南北板块联动发展。区内企业 80 家,主要有铸锻造、电子、建材、服装、纺配、机电、体育器材等产业,精密铸锻造、电子元器件两大产业形成规模特色,区内从事铸造的企业 40 家,电子企业 15 家。全镇销售额 500 万元,利税 50 万元以上的列统企业在区内的有 24 家,其中,兴化市“111”工程企业 3 家,重点骨干企业有江苏威鹰机械有限公司、兴化市雅兰机械制造有限公司、兴化市华兴机电有限公司、泰州市金鹰精密铸造有限公司、兴化市华宇电子有限公司等 24 家。

按照打造陈堡“对外形象的新亮点、招商引资的新热点、经济增长的新高点”的要求,陈堡工业集聚区设立招商、政策、管理、软环境建设等办公室,突出抓好招商引资、项目推进以及基础配套建设。对投资集聚区的项目从项目申办、审批、建设到生产实行“一条龙”全程服务,除明确副镇级以上干部分工蹲点“一对一”挂钩服务外,抽调专业人员实行“一站式”服务,真正构建亲商、安商、利商、富商的良好环境。 (骆根龙)

## 兴化市脱水果蔬产业园

兴化市蔬菜加工园区,创建于 1991 年 3 月,2003 年 4 月经兴化市人民政府正式批准为兴化市级工业园区。2010 年底,园区更名为兴化市脱水果蔬产业园。园区规划总面积 666 公顷,其中工业基地 133 公顷,配套蔬菜生产基地 533 公顷,现已开发利用 181 公顷。

该集聚区坐落在兴化城东郊城东镇,地理位置优越,水陆交通便利,是理想的投资兴业天地,区内现有企业 57 家,其中脱水蔬菜企业 29 家。固定资产总投资 4.5 亿元,年消耗农产品 80 多万吨, 年生产销售蔬菜产品 5 万多吨。2010 年脱水果蔬产业园实现营业收入 25.71 亿元,利税总额 1.85 亿元,出口创汇突破 8000 万美元。脱水果蔬产业作为城东镇的传统优势产业, 经过 20 年的发展,实现了由量的扩张到质的提升, 现已发展成为全省最大的脱水果蔬生产加工和销售集散地, 成为极具兴化地域特色的支柱产业。

近几年来,按照“特色建区、科技强区、环保立区、三业兴区”的发展思路,园区始终坚持以市场为导向,以科技为依托,在“涉农型”企业带动下,创建了一条“公司 + 基地 + 农户”的贸工农一体化、产加销一条龙的经营模式。

交通便捷。园区东邻城东集镇,西距兴化城 4 公里,南临白涂河,省级邮兴盐公路和兴泰一级公路横穿园区。

治安良好。园区设有警务室,实行每天 24 小时巡逻,群防群治成效显著,多年来未出现过重大的治安案件,保证了客商安心、放心、舒心。

设施配套。为改善投资环境, 近两年来, 先后投入 3000 多万元,拓宽改造了园区南路,实施完成了绿禾路和园区中路一期工程,实施了亮化、绿化、美化工程,实现了“六通一平”,“两横四纵”的园区建设框架,开通了园区至城区的公交线路,为招商引资奠定了坚实基础。该区靠近闹市,生活方便,人气旺盛。

服务周到。本着“亲商、商效、廉洁”的宗旨,成立了园区办公室和园区发展中心,尽力为企业排忧解难,为入区企业提供“一站式”、“一条龙”、“保姆式”服务。 (高寿鹏)

# 旅 游

## 旅游综述

【旅游业发展】 2010年,兴化市旅游局深入学习贯彻十七届四中、五中全会精神,坚持以科学发展观为指导,按照《国务院关于加快旅游业发展的意见》的要求,以建设区域性旅游目的地、苏中旅游名城为目标,进一步加大城市旅游开发力度,加快城市旅游设施配套建设,着力提高兴化市旅游业的服务水平,培育项目精品,推进资源整合,创新营销理念,优化旅游环境,实现全市旅游业跨越式的发展。兴化市旅游局被市委市政府评为2010年度服务业先进单位和在第二届中国·兴化千岛菜花旅游节活动中作出突出贡献单位。

【全市旅游工作推进会】 9月29日,兴化市旅游局组织召开全市旅游工作推进会,市委四套班子领导及相关单位领导参加会议,在全市旅游工作推进会上市委书记贾春林、市长李伟等领导作了重要讲话,提出具体要求。进一步明确今后旅游工作的发展思路,更加坚定全市大力发展旅游业的信念。

【旅游形象发布】 菜花节举办前夕,市委、市政府分别组织到南京、上海、扬州等地召开新闻发布会和旅游推介会,菜花节期间这三地来兴旅游的游客占大多数。在中央电视台、人民网投放的《水润·文成》、《走读兴化》等旅游形象宣传片也起到积极的效果。邀请《扬子晚报》、《新华日报》、《江苏经济报》、网易、新浪等20多家知名媒体参加新闻发布会。

【旅游规划编制】 2010年,兴化市旅游局先后完成《十二五全市旅游发展总体规划》、《千岛菜花景区规划》、《李中水上森林风景区旅游规划》、《金东门配套设施规划》、《乌巾荡风景区规划》、《乌巾荡温泉度假规划》等6个方面的规划。并对金东门历史文化街区按规划方案组织实施,"兴化市金东门文化旅游发展有限公司"正式挂牌并开始运作,新建停车场、开通电瓶车专线。金东门历史文化街区的成家大司马府、东岳庙、城内东大街、八字桥广场、儒学广场成为兴化市重要的历史文化景点,已对游客开放。并对相关区域店牌店招的设计进行把关、经营业态进行调整,引导和规范物业的管理工作,使历史街区的旅游特色更加突出。

## 旅游资源

【千岛菜花风景区】 千岛菜花风景区位于缸顾镇境内,为水乡独有的国家五级旅游资源。建设规划面积20平方公里,菜花旅游观光核心区306.67公顷。千岛菜花风景区港汊密集,河如阡陌,千垛风光,万亩菜花,独特的田园生态风光给游人留下了难忘的记忆。泛舟其间,如入水上迷宫,浓郁野香让人陶醉,旖旎风光令人流连忘返。2009年荣获人民网组织评选的"全国最美油菜花海"的第二名,以其"河有弯弯多碧水,田无一处不黄花"和"船在水中行,人在花中走"的美景,赢得了名气,吸引了四海宾朋。

【乌巾荡风景区】 乌巾荡是一块水陆交融,绿意浓密的天然湿地。地处兴化城区北郊,相传南宋名将岳飞在此射落金兀术头巾而得名。这片湿地又被称为施耐庵创作的《水浒传》中梁山泊的原型。风景区规划面积为6.78平方公里,现包括主入口广场、水上竞技区、渔事文化区、芦苇八卦区、温泉度假区等8个功能区。

【李中水上森林】 水上森林位于李中镇境内,始建于上世纪70年代,有林木面积近133.33公顷,为苏中苏北最大的人工生态林。公园内景色迷人,空气清新,为天然氧吧。森林树种以适宜水中生长的池杉为主,林中万鸟飞翔,猫头鹰、野鸭、白鹭、黑杜鹃、草鹦鹉、山喜鹊在此筑巢生息。水中多种鱼类和水生植物共处,生机盎然,是城市人亲近自然和旅游休闲的好去处。

【大纵湖景区】 大纵湖位于中堡镇境内,水面辽阔,景色迷人,有中堡子孝母的神话传说。景区内物产丰富,盛产鱼、虾、蟹、鳖等淡水系列水产品,尤以生态螃蟹闻名遐迩。大纵湖景区融观光、休闲、度假和美食为一体,是苏中里下河生态湖泊美食游胜地，每年都吸引数以万计的游客来此观光旅游。以湖中螃蟹为原料精制而成的中堡醉蟹，曾在清末民初的新加坡南洋物赛会和巴拿马国际博览会上获过大奖，享誉至今。

兴化大纵湖风光

**【徐马荒湿地保护区】** 徐马荒又名"秋雪湖"，位于西郊镇西部，距兴化城区15分钟车程。徐马荒总面积11平方公里。徐马荒是里下河地区少有的在自然生态保护上接近原始状态的一片区域，在荒僻中见古朴，荒芜处有野趣。徐马荒有着大片的芦苇和宽广的荷塘、连片的森林、原始的生态、多样的生物种类。每到秋高气爽之际，水天一片，草木纵横，萧然起色，令人逸兴顿生。

**【郑板桥故居】** 郑板桥故居位于兴化市东城外郑家巷7-8号1983年全面修缮为市级文物保护单位。故居坐北朝南，前后两进。粉墙黛瓦，兰竹萧萧，庭院清幽。整个故居建筑简朴典雅，充分体现了郑板桥生前所写的"室雅何须大，花香不在多"的意境。三方天井点缀着几枝石笋、数竿修竹使人产生无限的幽思。故居内陈列板桥塑像、板桥当年所用家具和有关板桥的生平介绍、研究著作等资料。厢房为书斋、门檐上嵌板桥体"聊避风雨"四字砖刻室内陈列当代名家书画、雕刻及各种工艺品。

**【李园船厅】** 1957年被江苏省人民委员会列为省级文物保护单位的兴化李园船厅，雕刻精致，构造奇特。建于清咸丰年间，是扬州富商李小波私家花园的一部分。整个建筑仿佛一艘大船，船头向西，船尾向东，船厅南侧有一长形踏边，形似跳板，两边是走廊，厅顶为卷棚瓦顶，玲珑精致，船头外面有花台，缠绕的紫藤树干好似缆绳系在岸边，整个船厅一艘装饰典雅的大船，荡漾在花草树木之中。

**【万亩荷塘】** 万亩荷塘位于沙沟镇，面积达1333.33公顷，生动而形象地展现"接天莲叶无穷碧，映日荷花别样红"的意境。万亩荷塘已成为兼旅游观光与休闲度假为一体的生态农业区。

**【乡村旅游点张郭镇】** 张郭镇地处兴化市东南角，镇域面积84.5平方公里，总人口6.6万人，下辖24个行政村、3个居委会。"九五"以来，该镇紧紧围绕"建设和谐的张郭镇、造就幸福的张郭人"的目标，坚持科学发展，着力改善民生，积极构建和谐社会，加快新农村建设，初步探索出一条"经济民办民享，民众创业兴业，城镇绿化美化，社会文明开明"的科学发展之路，先后被命名表彰为全国文明镇、全国卫生镇、全国农业旅游示范点和全国先进基层党组织。目前，全民创业蔚然成风，能人经济、百姓经济、干部经济良性互动发展，民营经济已成为主体经济和富民经济，全镇民营企业突破1000家，吸纳本镇富余劳动力超过1.6万人，外来务工人员超1.5万人，全镇二、三产业从业人员达90%以上，一大批农民走上了富裕小康之路，"家家有产业、户户有项目、人人有事做、个个有钱赚"的良好局面正在形成。该镇始终坚持"不求最大，但求最优最美"的理念，先后启动20多亿元民资建镇，建成区面积从1997年的0.4平方公里扩大到2010年的5.8平方公里，晨秀园、人民广场、农民住宅小区等一批精品力作相得益彰。所有道路、小区硬化、亮化、美化、绿化、净化，全部实行"五线"入地，绿化覆盖率达40%，人均公共绿地20平方米。2000年率先实现镇村道路黑色化和网络化、村村通公交车、户户通自来水，全镇新增通村通乡公路里程213公里，百户家庭电话拥有量超过200部，全镇森林覆盖率达20%以上，有线电视年底可望实现"户户通"。靓丽的城镇风景被中央新闻联播十六大专题片《走向辉煌》栏目选作背景资料，被《求是》杂志选作封面。

**【工业旅游点戴南镇】** 戴南镇是闻名遐迩的"中国不锈钢名镇"，其不锈钢制品和钢帘线产业在全国占有重要地位，现有各类不锈钢生产加工企业1000多家，不锈钢制品种类齐全，产品涵盖40多个系列，1万多个品种。并拥有亚洲第一、全球第三的钢帘线生产基地，戴南不锈钢产业集群入选全国百佳产业集群和江苏省重点培育产业集群，以戴南为中心地跨"三市七镇"的千亿级不锈钢产业集群正在形成。戴南镇也先后被评为全国先进基层党组织、全国文明镇、全国重点镇、全国千强镇、全国村镇建设先进镇和江苏省园林小城镇、卫生镇、新型示范小城镇，并被列为全国小城镇发展改革试点镇。依托不锈钢产业的发展，戴南现代服务也快速提升。（唐 芸 朱瀚威）

## 旅游促销

**【媒体宣传推介】** 菜花节开幕式上邀请到包括中央电视台在内的20多家媒体至兴化采访报道，中央电视台、人民网、人民日报驻江苏记者站、省内外媒体、网站等每天都有菜花节的宣传报道。当年9月,兴化市旅游局对外发布旅游口号和形象标识的征集公告，共收到全国各地的口号8000多条，形象标识100多条。当年接待上海、青岛、南京等近百家旅行社总经理踩线团到兴化市参观、踩线,取得丰硕成果。

【旅游展会推介】 兴化市旅游局先后随团参加世界旅游资源博览会、旅游商品博览会、中国国际旅游交易会、江苏赴东南亚宣传促销会、"台湾江苏周"、"相约世博、畅游江苏"及江苏世博旅游宣传周,利用国际平台,展示兴化市旅游资源和兴化旅游特色形象。并以世博为契机,强化旅游宣传、推介,着力打造"世博在上海,旅游在兴化"的目标,利用上海世博会的辐射作用,吸引国内外游客来兴观光休闲,全年实现境外来兴旅游的游客1000人的目标,其中韩国、日本游客占境外游客总数的90%左右。

【第二届中国·兴化千岛菜花旅游节】 第二届中国·兴化千岛菜花旅游节于2010年4月2日至25日举办，得到社会各界的肯定和广大市民的参与。国内主流媒体、知名网站分别登载兴化旅游专版，在国内权威搜索引擎上的相关网页达1000多篇，提升兴化的城市知名度和影响力,拉动交通运输、商业零售、宾馆餐饮等相关行业。据统计,第二届旅游节期间,全市共接待各地游客48万人次,旅游车辆达5万辆次。实现旅游总收入2.4亿元,同比增长500%。整个菜花节贯穿"以花为媒、经贸唱戏"的办节宗旨,在招商投资说明会上,总招引项目48个,总投资额达21.8亿元,其中外资项目4个,投资额5000万元至1亿元项目11项,亿元以上项目5项。

第二届中国·兴化千岛菜花节开幕式

【"国庆黄金周"活动】 国庆期间,由旅游局、广电局、体育局在乌巾荡风景区联合举办大型运动竞技项目"幸福向前冲",实现游客总接待人数4.1万人,其中参加"幸福向前冲"娱乐活动的1700人。整个娱乐设备运行、游客接待、筹备组织周密细致,安全保卫万无一失,交通指挥井然有序,宣传报道成果明显。国庆期间,李中水上森林游客接待人数2万人,门票收入近20万元,每天在水上森林公园就餐人数达数百人。金东门历史文化街区共接待游客5.6万人,接待市内外旅行社10多家,游客人数同上年相比翻番一倍多。

【兴化车友会】 为方便广大车友出行旅游,由兴化市旅游局牵头,兴化时代广告公司具体负责运营,成立兴化市车友会。车友会的成立进一步加强兴化市车友与外地旅游机构的交流与联系,以更好地宣传兴化市的旅游资源,吸引外地游客来兴旅游观光。

## 旅游设施建设

【乌巾荡湿地公园建设】 乌巾荡湿地公园占地总面积近267公顷，其中水面近200公顷。工程总投资约1.93亿元,是当年兴化市建设面积最大的生态景观。2010年,已完成主入口标志性门楼、景区广场、大型水上舞台、配套服务用房的建设,通过大量芦苇、芦柴、菖蒲等挺水植物,营造水上"深巷",构造荡中"水网",形成一座水上迷宫八卦图。

【乌巾荡温泉度假项目】 乌巾荡温泉于上年10月份打井出水后,兴化市旅游局加强招商引资工作,实施对温泉的开发。进行温泉度假村的规划、公开招标,通过公开挂牌,最后由兴化博源旅游发展有限公司通过竞标摘牌。6月28日举行乌巾荡温泉度假酒店项目奠基仪式。这是兴化市旅游业和服务业发展的重大举措，也是打造兴化休闲度假旅游目的地的重要项目。项目计划建设乌巾荡温泉度假星级酒店,总投资2.4亿元,总建筑面积3.2万平方米,含温泉SPA会所、星级酒店、儿童游乐场、沙滩浴场、高尔夫练习场、游客购物广场、会展中心等设施。

【旅游要素建设】 注重强化旅游"吃、住、行、游、购、娱"相关旅游配套要素建设,5月，兴化市旅游局对全市的旅游商品生产企业进行系统登记,对有特色、上档次、精包装的旅游产品进行推介;对有潜力、高质量的旅游商品进行开发和包装。全市可外销的旅游商品共计四个大类,包括兴化锡器、安丰三腊菜、泓膏大闸蟹等10多种品牌特色旅游商品。当年新增旅游道路指示牌11处。菜花节期间,开通旺季旅游交通专线,联合兴化电视台制作《走读兴化》旅游形象宣传片。积极组织天宝花园大酒店、凤凰大酒店申报为星级酒店的相关工作。鼓励并扶持有能力的酒店、宾馆企业按照相关标准提档、升星。提升兴化市的旅游接待能力。

【旅游项目资金支持】 在旅游项目上争资金建设中,加强与省财政厅、旅游文化等部门的联系，认真包装旅游项目，争取到李中水上森林基础设施建设资金60万元，历史文化名城保护项目资金150万元，乌巾荡风景区80万元和千岛菜花风景区40万元的旅游资金。

## 旅游行业管理

**【旅游安全宣传】** 为营造安全、放心的旅游环境，提高市民旅游出行安全意识，兴化市旅游局组织市旅游行业参与放心消费、平安景区创建和市安监局组织的安全生产月等宣传活动，在四牌楼文化广场为市民提供旅游出行安全咨询，宣传相关安全法律法规知识，发放宣传资料2000余份，受到过往市民的称赞。

**【世博会试运营演练】** 为深入接轨世博、服务世博，了解世博、参与世博，率先零距离感受世博，2010年4月25日，兴化市旅游局组织全市相关旅游从业人员600名参加上海世博会试运营演练活动。整个组织活动周密细致、安然有序，通过这次演练，旅行社、导游和相关从业人员提前积累经验，以更为优质的服务带领游客参观世博会。

**【景区评定】** 邀请省、市旅游主管部门的专家对乌巾荡、徐马荒、上方寺、金东门、李中水上森林等景点进行星级评定及建设标准的指导。

**【行业申报】** 组织全市各旅行社、景点和酒店宾馆参与省、泰州市旅游行业文明单位的申报工作，经择优评选兴化市千岛菜花旅游服务公司、兴化市舜天旅行社获得泰州市旅游行业文明单位的称号。完成千岛菜花风景区“全国休闲农业示范点”的申报工作。促进兴化市旅游行业和现代服务业的软实力建设。 （唐 芸 朱瀚威）

**2010年兴化市主要旅游景区(景点)休闲农庄一览**

**表10**

| 景区名称 | 负责人 | 办公电话 | 传真 | 地 址 |
|---|---|---|---|---|
| 千岛菜花风景区 | 晏忠和 | 83601010 | 83601899 | 缸顾乡东旺村 |
| 李中水上森林 | 魏春堂 | 83861777 | 83863313 | 李中镇 |
| | 张兰妹 | 83863313 | | |
| 金东门文化旅游发展公司 | 刘子俊 | 83231335 | 83233259 | 兴化市牌楼东路 |
| 张郭镇(农业旅游示范点) | 翟卫先 | 83764020 | 83761319 | 张郭镇 |
| 枫林农庄 | 姚建刚 | 83282229 | | 兴化市西过境路兴沙路口南150米(生态观光园内) |
| 兴化市板桥竹石园 | 朱兆桂 | 82290818 | | 兴化市车路河路(英武大桥西) |
| 兴化市森林公园 | 祝 峰 | | 83232696 | 兴化市长安北路加油站旁 |
| 人民公园 | 赵连娣 | 83232696 | 83236913 | 兴化市公园路2号 |
| 拱极台公园 | 时存英 | 83254349 | 83232696 | 兴化市英武北路106号 |
| 昭阳湖 | 刘 峰 | | 83232696 | 兴化市兴化大道东侧八里铺路2号 |
| 兴健园 | 王安军 | 83203230 | 83232696 | 兴化市长安中路长安大桥旁 |
| 阳山公园 | 罗玉梅 | | 83232696 | 兴化市西过境路兴沙路口生态观光园南300米 |

红色旅游资源情况一览

表 11

| 景区名称 | 负责人 | 办公电话 | 传真 | 地　址 |
|---|---|---|---|---|
| 兴化市革命烈士纪念馆 | 曹志武 | 83232506 | 83232506 | 兴化市公园路 26 号锦绣园北侧 |
| 华中二分区革命烈士陵园 | 宋万忠 | 83526040 | | 兴化市安丰镇盛家庄 |
| 沙沟市政府旧址 | 李　俊 | 83581003 | 83581102 | 兴化市沙沟镇后大街大仙堂巷 3-5 号 |
| 苏中公学 | 李红芳 | 83581003 | 83581102 | 兴化市沙沟镇兴隆居委会辖区内虹桥巷 2 号 |

2010年兴化市旅行社

表 12

| 旅行社名称 | 负责人 | 旅游热线 | 传　真 | 地　址 |
|---|---|---|---|---|
| 兴化市春秋旅行社有限公司 | 徐年喜 | 83209989 | 83209989 | 兴化市英武北路 106 号拱极台公园西大门口 |
| 兴化市舜天旅行社有限公司 | 顾　平<br>刘　兵 | 82291766 | 83222708 | 兴化市长安南路东侧 68 号 |
| 兴化市春秋旅行社有限公司 | 徐年喜 | 83209989 | 83209989 | 兴化市英武北路 106 号拱极台公园西大门口 |
| 兴化市舜天旅行社有限公司 | 顾　平<br>刘　兵 | 82291766 | 83222708 | 兴化市长安南路东侧 68 号 |
| 兴化市神州国际旅行社有限公司 | 杨　萍 | 83204511 | 83204161 | 兴化市花园居委会金花园竹苑 3 幢一层商铺 8 号(英武大桥桥北西侧) |
| 泰州金陵商务国际旅行社有限责任公司 | 潘　平 | 83200111 | 83200978 | 兴化市长安中路 79 号 |
| 兴化市华夏国际旅行社有限公司 | 闵志霞<br>樊建民 | 83259168 | 83259002 | 兴化市拱极路 27 号 |
| 兴化市浩澜旅行社有限公司 | 阙亚惠 | 83309960 | 83252767 | 兴化市长安中路 13 号楼西侧国土局对面 |
| 兴化市平安国际旅行社有限公司 | 朱凤昶<br>刘　勇 | 83325058 | 83325058 | 兴化市新区南郊江浙商业广场 B4 临街 39 号 |
| 泰州市青年旅行社有限公司兴化营业部 | 许建军 | 83232200 | 83232700 | 兴化市建设路 195 号 |
| 泰州市光大国际旅行社有限公司兴化营业部 | 王有勇 | 83230800 | 82301033 | 兴化市长安中路 7 号(人大北侧) |
| 泰州天马国际旅行社有限公司兴化营业部 | 韩桂龙 | 82873988 | 83239500 | 兴化市英武路 71 号 |
| 泰州扬子江国际旅行社兴化营业部 | 朱宜萍 | 83225718 | 82870085 | 楚水路 100 号民政局对面 |
| 兴化市中原旅行社有限公司 | 蒋祖然 | 83783141 | 83788776 | 兴化市戴南镇戴泽路 22 号 |

# 商贸流通

## 商业概况

全市实现社会消费品零售总额85.85亿元，当年增量为12.41亿元，比上年增16.9%。其中，主城区零售总额51.47亿元，比上年增15.7%；乡镇零售总额34.38亿元，比上年增18.74%。从限额上看，全年限额以上83家企业和个体实现零售额18.12亿元，占零售额比重为21.1%，比上年增1%。限额以下及个体共实现零售额67.73亿元，占零售额比重为78.9%，比上年降1%。年内，市政府执行"加快转型升级步伐、建设更高水平小康"的战略决策，积极落实各项政策，大力推进新型业态招商，全面促进城乡消费。戴南不锈钢综合物流中心投入1.09亿元，营业面积286万平方米，入场经营户3560家，营业收入78.9亿元，增长52.5%。大润发兴化店全年客流量360万人次，营业额1.5亿元，上缴税收350万元。海德国际商贸区内热点、豪门、至尊等KTV、健身会所项目竣工；金融网点、服装、首饰、烟酒等专卖店开业，总营业面积6.8万平方米。八字桥精品文化旅游商贸区1.8万平方米古街巷营业房、7000平方米广场全面竣工。年内戴南不锈钢市场、江浙商业广场、宝都国际商城、沙沟水产品市场、戴窑粮食市场、金三角市场等8个亿元市场实现商品成交总额104.02亿元，占全市批发零售业商品销售总额的29.5%，比上年增25.12%，辐射拉动作用进一步凸显。深入推进"万村千乡市场工程"，农村现代商品流通体系不断完善，累计建成日用品、农资连锁店749家，实现连锁销售9.5亿元。

（解卫红）

不锈钢交易城物流中心

## 粮油贸易

**【粮食购销】** 2010年，全社会粮食购销总量632.4万吨，比上年增加35.06万吨，增幅5.9%，其中，国有粮食购销企业全年经营总量为212.66万吨，比上年增加2.7万吨，增幅1.3%。周庄、老圩等一批购销总量大、经济效益好、运行质态优的规模购销企业成为全市购销企业排头兵。全市列统粮油加工企业销售收入完成52.5万元，同比增加91.63%。

**【市场监管】** 应急保供机制日益完善，主渠道作用突出，夏粮收购总量连年攀高，达到66万吨历史新高。粮食流通监管日益加强，组织开展粮食流通统计、粮食收购市场准入、夏秋粮收购等专项执法检查，有效维护全市粮食流通市场的稳定。列统企业实现销售52.5亿元。粮食仓储建设成效显著，全面完成仓储建设目标和泰州市"双百工程"任务，全市完好仓容保持在65万吨。兴化现代粮食产业物流集聚区项目一期工程（5万吨仓储项目）进展顺利。启动国有粮食购销企业第三轮改革。周庄、老圩等一批购销总量大、经济效益好、运行质态优的规模购销企业脱颖而出，成为全市购销企业的排头兵。

**【科技兴粮品牌】** 加快组建兴化大米集团和兴化面粉集团，新增"天缘"、"金谷"、"金发"三个品牌申报省、泰州市级名牌和泰州市知名商标。楚龙院士工作站成功培育出糯性小麦"扬糯麦1号"，填补国内空白。服务三农能力不断提高。建设优质稻米生产基地1333公顷，创建兴化市级"放心粮店"9家，泰州市级放心粮油店2家。积极开展"小康示范村"创建和挂钩扶贫，投入各类资金10多万元。

**【粮油工业】** 全市粮油工业列入统计的企业共12家，其中国家级龙头企业1家、省级龙头企业2家、泰州市级龙头企业2家。主要为五得利集团兴化面粉有限公司、江苏楚龙面粉有限公司、兴化市粮食交易市场、兴化市贤人米业有限公司等;获得“江苏省名牌产品”称号4个,分别为江苏楚龙面粉有限公司“楚龙”牌小麦粉、兴化市贤人米业有限公司“贤人”牌大米,兴化市米业有限公司“板桥牌”大米,兴化市祥兴米业有限公司“祥兴”牌大米。2010年,全市粮油工业完成产品销售收入52.6亿元,比上年增加92%;实现工业总产值55.2亿元,比上年增加44%;创利税总额8784万元,比上年增加98%。完成大米生产量112.6万吨,比上年增长35%;小麦粉生产量42.2万吨,比上年增长217%;食用植物油1.2万吨。

(江树青　沈大平)

## 餐饮住宿业

**【餐饮住宿业概况】** 2010年,餐饮业营业收入和税收呈现快速增长(营业收入17.2亿元,同比增长18.7%,实现税收1541万元,同比增长16.7%,),规模企业进一步壮大,全年营业收入500万元以上企业达12家,营造良好的旅游和投资环境,促进餐饮业的环境、品位与档次的提升,加快餐饮业发展的步伐。

**【餐饮住宿业管理人员培训讲座】** 5月12日,由服务业局牵头,在万家灯火酒店举办餐饮住宿业管理人员培训讲座,来自城乡46家餐饮住宿企业的总经理、餐厅部经理、客房部经理参加培训。本次培训特邀江苏嘉銮国际大酒店总经理黄全巧来兴授课,围绕“嘉銮发展历程”和“管理人员必备的12种素质”两大主题,从理论到实践进行深入的讲解。通过培训,对提高兴化市酒店管理人员的综合业务素质,促进餐饮住宿业管理水平和服务档次的提升起到积极作用。

**【参加“会宾楼杯”职工烹饪技能竞赛】** 8月12日,组队参加由泰州市总工会、泰州市人力资源与社会保障局、泰州市烹饪餐饮行业协会主办的“会宾楼杯”职工烹饪技能竞赛,来自四市两区的近100名选手参加角逐,专家评委对参赛菜肴的色、味、形、器、意、养六个方面进行综合评比,兴化市选手史东存、杨光明在比赛中发挥出色,以实用实惠的水乡特色菜品赢得专家评委和现场观众的好评,荣获中式烹调竞赛个人三等奖。获得中式烹调竞赛奖项的人数共为9人,其中:靖江6人、兴化2人、海陵1人,兴化市总成绩在四市两区中名列第二。市餐饮行业借此平台,展示精湛的厨艺和良好的精神风貌,对提升兴化餐饮知名度,加强行业交流,促进餐饮服务业发展起到积极推动作用。

**【公务接待定点酒店评选】** 本着“公开、公平、公正”的原则,通过公开报名,综合考评,从报名申办公务定点的餐饮企业中,择优确定38家酒店作为全市2010年度公务接待定点酒店,定点期限为2010年4月6日至2011年3月31日。38家具体名单为:万家灯火酒店、凤台大酒店、园林大酒店、金石宾馆、金色年华大酒店、国土酒店、金土地酒店、百路大酒店、怡园酒楼、喜来居大酒店、枫林农庄餐饮有限公司、君威大酒店、皇冠大酒店、香格里大酒店、板桥大酒店、天港假日酒店、贵宾楼大酒店、儒学大酒店、新光源大酒店、西门大酒店、鹏飞美食馆、朋来缘酒店、中央大厦、二月花酒楼、凯悦大酒店、苏源大酒店、秦淮人家酒楼、佰富华酒店、开心酒店、陆春兰大酒店、向阳渔港酒店、盛世年华大酒店、故乡情酒楼、六大碗饭店、胜利大酒店、华夏大酒店、清风茶苑、喜相逢酒店。 (解卫红)

**兴化城区主要宾馆基本情况**

**表**13

| 序号 | 单位名称 | 房间数 | 床位数 |
|---|---|---|---|
| 1 | 万家灯火英武路店 | 88 | 157 |
| 2 | 中央大厦 | 62 | 111 |
| 3 | 格林豪泰兴化店 | 59 | 79 |
| 4 | 大兴大酒店 | 59 | 104 |
| 5 | 凤凰大酒店 | 56 | 94 |
| 6 | 神洲大酒店 | 54 | 91 |
| 7 | 楚水宾馆 | 50 | 100 |
| 8 | 板桥宾馆 | 48 | 80 |
| 9 | 皇冠大酒店 | 48 | 65 |
| 10 | 喜来登大酒店 | 43 | 73 |
| 11 | 贵林旅社 | 42 | 84 |
| 12 | 茉莉花假日酒店 | 37 | 57 |
| 13 | 凯悦大酒店 | 35 | 61 |
| 14 | 香格里拉 | 34 | 61 |
| 15 | 春兰宾馆 | 34 | 58 |
| 16 | 天港假日酒店 | 30 | 50 |
| 17 | 国华宾馆 | 28 | 53 |
| 18 | 水利招待所 | 25 | 30 |
| 19 | 南都宾馆 | 24 | 47 |
| 20 | 金石宾馆 | 23 | 38 |
| 21 | 华泰宾馆 | 22 | 37 |
| 22 | 恒运旅社 | 20 | 40 |
| 23 | 向阳旅社 | 20 | 40 |
| 24 | 宇泰旅社 | 20 | 40 |

**续表 13**

| 序号 | 单位名称 | 房间数 | 床位数 |
|---|---|---|---|
| 25 | 南郊旅社 | 20 | 40 |
| 26 | 贵都旅馆 | 20 | 40 |
| 27 | 火锅居旅社 | 20 | 40 |
| 28 | 平安招待所 | 20 | 40 |
| 29 | 鑫和园旅社 | 20 | 40 |
| 30 | 天天旅社 | 20 | 40 |
| 31 | 新城宾馆 | 20 | 30 |
| 32 | 白云旅社 | 20 | 40 |
| 33 | 凯撒煌宫宾馆 | 19 | 28 |
| 34 | 金大地洗浴中心 | 18 | 18 |
| 35 | 园林招待所 | 18 | 20 |
| 36 | 金色年华 | 18 | 34 |
| 37 | 格兰云天宾馆 | 17 | 25 |
| 38 | 如家旅社 | 16 | 32 |
| 39 | 物资宾馆 | 15 | 40 |
| 40 | 金谷宾馆 | 15 | 15 |
| 41 | 盛世年华大酒店 | 14 | 24 |
| 42 | 家外之家宾馆 | 14 | 24 |
| 43 | 亮都宾馆 | 14 | 25 |
| 44 | 兴泰旅社 | 14 | 28 |
| 45 | 慧珍宾馆 | 13 | 16 |
| 46 | 双龙宾馆 | 13 | 21 |
| 47 | 新港湾旅馆 | 12 | 22 |
| 48 | 优家宾馆 | 12 | 16 |
| 49 | 长兴旅社 | 12 | 16 |
| 50 | 金鑫旅馆 | 12 | 23 |
| 51 | 迎春旅社 | 12 | 23 |
| 52 | 好来客旅社 | 12 | 24 |
| 53 | 贵宾旅社 | 12 | 16 |
| 54 | 九角楼宾馆 | 12 | 20 |
| 55 | 海陵大酒店 | 12 | 12 |
| 56 | 春春旅馆 | 11 | 20 |
| 57 | 云清旅店 | 11 | 13 |
| 58 | 海泉旅馆 | 11 | 16 |

**续表 13**

| 序号 | 单位名称 | 房间数 | 床位数 |
|---|---|---|---|
| 59 | 昭阳健身会馆 | 10 | 10 |
| 60 | 金海兰宾馆 | 10 | 10 |
| 61 | 在水一方 | 10 | 10 |
| 62 | 银座宾馆 | 10 | 10 |
| 63 | 新港湾旅社 | 10 | 11 |
| 64 | 仙乐居旅社 | 10 | 12 |
| 65 | 金海池招待所 | 10 | 20 |
| 66 | 北海招待所 | 10 | 10 |
| 67 | 国才宾馆 | 10 | 10 |
| 68 | 海晟宾馆 | 10 | 16 |
| 69 | 喜盈门宾馆 | 10 | 14 |
| 70 | 中兴宾馆 | 10 | 10 |
| 71 | 金悦宾馆 | 10 | 10 |
| 72 | 华联宾馆 | 10 | 10 |
| 73 | 兴泰宾馆 | 10 | 10 |
| 74 | 君悦宾馆 | 10 | 10 |
| 75 | 中原大酒店 | 10 | 10 |
| 76 | 洋洋旅社 | 10 | 10 |
| 77 | 力伟旅馆 | 10 | 10 |
| 78 | 南山旅社 | 10 | 10 |
| 79 | 双华旅社 | 10 | 10 |
| 80 | 鑫鑫旅社 | 10 | 10 |
| 81 | 万盛旅馆 | 10 | 10 |
| 82 | 庭安旅社 | 10 | 10 |
| 83 | 百路大酒店 | 10 | 10 |
| 84 | 华生宾馆 | 10 | 10 |
| 85 | 楚天宾馆 | 10 | 10 |
| 86 | 泰山宾馆 | 10 | 10 |
| 87 | 禧梅居宾馆 | 10 | 20 |
| 88 | 金展宾馆 | 10 | 10 |
| 89 | 梦水乡旅馆 | 10 | 10 |
| 90 | 春安旅馆 | 10 | 10 |
| 91 | 明阳宾馆 | 10 | 10 |
| 92 | 名人居 | 10 | 10 |

续表 13

| 序号 | 单位名称 | 房间数 | 床位数 |
|---|---|---|---|
| 93 | 好旺阁宾馆 | 10 | 15 |
| 94 | 宏程宾馆 | 10 | 12 |
| 95 | 家春秋宾馆 | 10 | 12 |
| 96 | 天都假日宾馆 | 10 | 10 |
| 97 | 禧梅居宾馆 | 10 | 10 |
| 98 | 顺祥旅社 | 10 | 10 |
| 99 | 长安招待所 | 10 | 10 |
| 100 | 比家好旅社 | 10 | 10 |
| 101 | 广源宾馆 | 10 | 12 |
| 102 | 永泰旅馆 | 10 | 10 |
| 103 | 珍慧旅馆 | 10 | 10 |
| 104 | 梦都宾馆 | 10 | 10 |
| 105 | 流金岁月旅社 | 10 | 10 |

**2010年度公务接待定点酒店基本情况**

表 14

| 序号 | 单　　位 | 其中包厢数 | 纳税额(万元) |
|---|---|---|---|
| 1 | 天港假日酒店 | 21 | 46.56 |
| 2 | 凯悦大酒店 | 10 | 7.8 |
| 3 | 金色年华 | 12 | 29.8 |
| 4 | 六大碗饭店 | 7 | 4.43 |
| 5 | 佰富华酒店 | 6 | 3.61 |
| 6 | 鹏飞美食城 | 8 | 5.8 |
| 7 | 故乡情酒楼 | 7 | 6.89 |
| 8 | 胜利大酒店 | 10 | 4.41 |
| 9 | 金土地酒店 | 8 | 18.3 |
| 10 | 开心酒店 | 5 | 5.86 |
| 11 | 香格里大酒店 | 15 | 42.01 |
| 12 | 枫林农庄餐饮有限公司 | 10 | 13.47 |
| 13 | 金石宾馆 | 6 | 9.8 |
| 14 | 陆春兰大酒店 | 8 | 12.32 |
| 15 | 盛世年华大酒店 | 9 | 7.77 |
| 16 | 朋来缘酒店 | 4 | 4.2 |

续表 14

| 序号 | 单　　位 | 其中包厢数 | 纳税额(万元) |
|---|---|---|---|
| 17 | 万家灯火 | 36 | 60.02 |
| 18 | 喜来居大酒店 | 16 | 47.3 |
| 19 | 板桥运业公司大酒店 | 9 | 7.45 |
| 20 | 贵宾楼大酒店 | 8 | 21.08 |
| 21 | 西门大酒店 | 13 | 25.1 |
| 22 | 怡园酒楼 | 6 | 8.99 |
| 23 | 皇冠大酒店 | 18 | 66.74 |
| 24 | 凤台大酒店 | 13 | 15.8 |
| 25 | 百路大酒店 | 15 | 5.2 |
| 26 | 园林大酒店 | 8 | 19.05 |
| 27 | 秦淮人家酒店 | 7 | 4.2 |
| 28 | 君威大酒店 | 4 | 5.2 |
| 29 | 向阳渔港酒店 | 9 | 11.4 |
| 30 | 中央大厦 | 23 | 43.8 |
| 31 | 清风茶苑 | 9 | 4.76 |
| 32 | 华夏大酒店 | 8 | 4.32 |
| 33 | 苏源大酒店 | 10 | 5.97 |
| 34 | 儒学大酒店 | 7 | 9.88 |
| 35 | 国土酒店 | 5 | 15.42 |
| 36 | 新光源大酒店 | 9 | 6.55 |
| 37 | 二月花酒店 | 8 | 3.61 |
| 38 | 喜相逢酒店 | 6 | 3.6 |

# 物　流　业

**【物流业概况】** 以《兴化市2010年度服务业工作要点》要求为总目标，以市场为导向，以信息技术为支撑，以资源整合为手段，以降低物流成本和提高物流效率为目标，努力提高物流业的社会化、专业化和国际化水平。3月17日，泰州市政协副主席王东到戴南镇调研不锈钢物流中心，对加强不锈钢综合物流中心建设、充分发挥信息平台的功能与作用、提高对不锈钢产业的支撑力度提出建议。5月6日，市委、市政府作出建设获垛铜材市场的决策。年底，泰州市发改委批复同意兴化市得胜湖港口物流园区发展规划，这是全市第一个获泰州市批准的现代服务业聚集区规划。至2010年底，全市公路总里程2522.718公里，其中高速公路53公里、一级公路115.725公里、二级公路578.015公里、三级以下公路1776.328公里。有一级车站2座（安达车站、戴南汽车站），衔接城乡的重要枢纽。全市共有道路货运业户3966户，货运车辆4658辆、20605载重吨。其中专业危险货物运输企业1户，拥有危货车辆39辆、315载重吨，其他专业化普通货运公司90余户，车辆220辆、851载重吨。水运企业29家，水运船舶3724艘，1277276载重吨。

**【兴化市得胜湖港口物流园区】** 兴化市得胜湖港口物流园区始建于2010年12月，位于兴化城区东侧，垛田镇得胜湖旁，西靠兴泰公路，南临高兴东公路（S333）及四级航道车路河，东接通榆运河、大丰港，向西通过南官河连接京杭大运河，向南直通长江国家级港口泰州港，规划面积4平方公里。

港区坚持“以港兴城、依城建港”的指导思想，本着科学规划、分步实施的原则，精心打造四大板块：

内河港口作业区　建设两个港池并浚深至-3.5米。一号港池：杂货散装码头，建港口岸线1000米、8个千吨级码头泊位、8台液压式固定吊机，7000平方米堆场，5000平方米仓储用房。二号港池：砂石浮吊港池，建岸线2000米、60艘钢质浮吊作业船（含60台5吨吊机）及办公、卫生、水电、监控等附属设施，可容纳千吨级船舶进出港交易。

内河港口农副产品物流区　集农副产品批发、展示、冷藏、物流、净菜配送、实体交易、电子商务和虚拟市场于一体，建成江苏省乃至华东地区现代农副产品物流中心的亮点和标志性工程。

内河港口建材物流区　重点建设钢材交易市场，经营线材、管材、板材、型材等各类钢材以及不锈钢、彩涂板等高附加值的钢材精品，形成集仓储、交易、配送于一体的大型批发性质的钢材市场。

内河港口船舶产业区　吸引8家现有规模企业进驻港区，以建造4000吨以下船舶为主，形成船舶及系列产品交易、仓储、配送、物流集聚中心，逐步发展壮大船舶产业链。

市领导为港区建设开工剪彩奠基培土

**【兴化市粮食物流集聚区一期工程（粮食仓储）】** 兴化粮食产业物流集聚区一期工程（粮食仓储）位于合陈国家粮食储备库南首，新长铁路东侧，东临204国道和省级航道串场河，南与昌河一级公路相接。项目占地5.6公顷，建设仓容5万吨，布置10幢60×21跨拱板结构平房仓，500吨专用码头3座，检化验中心3000平方米，道路、货场和附属工程；粮食工程设备有：计量、熏蒸、通风、测温和自动控制、计算机管理，功能设施配套齐全。总建筑面积15000平方米，工程总投资4500万元。园区规划设计单位：南京财经大学。工程施工单位：国家粮食局无锡科学研究院。工程监理单位：兴化大地监理咨询有限公司。工程于2009年12月4日开工奠基，计划于2011年底工程竣工完成预验收。　（解卫红）

## 供销合作

**【供销合作概况】** 市供销合作总社下辖71个基层单位，其中直属企业12家、参控股企业15家、行业管理企业3家、基层供销社41家，有从业人员3613人。全系统实现商品销售总额68亿元、农副产品收购总额22.3亿元、利润总额1681万元，缴纳税金1.26亿元，完成招商引资1000万元。市总社被省供销总社表彰为新网工程建设优胜单位、基层社“三位一体”建设优胜单位、农民专业合作社示范社建设优胜单位、为农服务社建设优胜单位、农副产品收购优胜单位，精品商城被评为“十佳商场”，银桥信用担保有限公司被表彰为“优秀企业”，合塔生猪专业合作社、云旭水产养殖专业合作社被评为“‘百佳’农民专业合作社”，大垛镇管阮为农服务中心被评为“‘百佳’为农服务社”。供销社系统在泰州市供销社系统综合考评中名列第一，在全省供销社系统综合考评中名列第十二位。

**【项目兴社】** 供销总社优化社有资产资源配置，发展新兴产业，新建电子商务有限公司，正在筹建兴化市百发小额贷款有限公司。实施项目兴社，投资300万元新上豆制品深加工项目，完成设备安装，试产成功，产品已投放市场；与上海创劲投资有限公司合作的占地20公顷、投资5亿元的兴化农产品批发市场和再生资源分拣整理中心已进入实质性筹建阶段。强化监管，做大做强15家市社参控股企业，实现销售28亿元，总社社有资产资本收益700万元。

**【“两进”民生工程】** 推进“放心超市进校园”，建办常客隆百惠校园超市总数81家，覆盖全市85%以上的学校；

推进“放心豆制品进百姓餐桌”民生工程,在全市城乡设立68个销售点,市场份额占据全市50%以上,日加工黄豆5吨以上,全年为群众消费豆制品节约支出500多万元。市政府对百康豆制品有限公司实行“以奖代补”奖励66.7万元。

**【“新网工程”建设】** 六大“新网工程”覆盖面不断扩大,管理水平不断提高,服务功能不断强化。以供联物回和恒利达再生资源有限公司为龙头的再生资源一体化经营网络,建办4个废金属、废纸、废塑料自有货场,在20个乡镇设有收购站点,建立分散收购、联合销售、统一管理、统一核算的新型再生资源经营网络体系,全年实现销售8亿元,纳税1.26亿元;以新合作常客隆百惠超市有限公司为龙头的日用品连锁经营网络,建办日用品连锁网点总数480家,全年实现连锁网络销售5亿元;以市苏农、金穗农药、欣农公司为龙头的农资连锁经营网络,农资连锁农家店总数269家,建有占地3.33公顷的农资物流配送中心,全年实现农资连锁经营网络销售4.5亿元;以兴化市兴合烟花爆竹有限公司为龙头的烟花爆竹连锁经营网络,设有占地0.67公顷的配送中心和经泰州市有关部门验收合格的标准专用仓库2座计1200平方米,发展配送网点总数350家,全年实现销售1000多万元;市银桥信用担保有限公司注册资本增加到1.02亿元,与市内外8家银行合作,并与261户中小企业、农产品加工企业、农民专业合作社、种植养殖专业户建立稳固的服务关系,形成农信担保服务体系,全年实现担保总额7.5亿元;以兴化市银泉水产品批发市场有限公司、兴化市恒发棉业有限公司、兴化市安丰食品加工厂、兴化市合塔生猪专业合作社等为龙头,形成水产品、棉花、生猪购加销一体化的农副产品经营体系。

**【为农服务体系建设】** 供销社系统新建为农服务社47家,总计594家,基本实现全市行政村全覆盖;建立中心社3家、“三位一体”基层社7家;建办各类农民专业合作社57家,带动农民36000多户联合发展。 (鲁冬一)

## 食 盐 专 营

**【食盐专营概况】** 2010年,市盐务管理局(江苏省苏盐连锁有限公司兴化分公司)履行盐业行政监管和营销双重职能,维护食盐专营秩序,保障人民群众食盐安全。开展“食盐放心消费创建”活动,加强企业自律,提升服务质量,优化盐产品结构,合格碘盐覆盖率达98%以上,全年实现盐销售11054万元,实现销售收入2920万元;坚持标本兼治,重在治本的原则,持续开展“食盐安全访万家”活动和“三进”活动,积极参与“3·15”消费者权益保护日、“5·15”防治碘缺乏病宣传日活动,引导消费者正确使用碘盐。

**【食盐市场管理】** 健全食盐市场管理机制,严厉打击各类盐业违法行为,维护食盐市场的经营秩序。开展多部门的联合执法,形成执法合力。组织盐政人员开展“食盐安全护考”、“金秋护校”、“卤菜用盐专项检查”等行动,全年查处盐业违法案件20起,罚款1.2万元。 (魏红革)

## 烟草专卖专营

**【烟草专卖专营概况】** 2010年,兴化市烟草专卖局(分公司)紧紧围绕全面建设现代烟草“上水平、创一流”和“四个引领”的目标任务,以“更快节奏、更高标准、更实工作、更好状态”的要求,继续深化“三大战略”,大力倡导文化管理和创新管理,通过优秀基层单位和省文明行业“三项”创建工作的深入开展,圆满完成全年工作目标任务,为“十二五”开好局、起好步奠定坚实基础。全年共依法查处各类涉烟案件257起,其中案值万元以上案件20起,捣毁窝点175个;查获各类违法违规卷烟9529条,其中假烟287.5条,取缔无证经营58户,上缴财政罚没款7.48万元,不法烟贩被逮捕5人,刑事拘留9人。通过电访、网上订货对系统外销售卷烟40633箱,同比上升0.88%;销售收入71113万元,同比上升6.79%;实现税利19541万元,同比上升9.51%。

**【专卖管理】** 积极开展全省优秀县级局创建试点单位活动,重点把握“规范、效率、活力”三个要点和“基础建设、软件提升、持续改进”三个关键,注重“依法行政、两个监管、科学发展”三种能力的提升,创建成效、创建亮点得到各级领导和兄弟单位的充分认可和高度评价。8月份,以优等成绩通过省局达标验收。在依法行政上,坚持涉企检查服务卡、行政许可跟踪卡、行政执法监督卡“三卡”制度,企业内外部形象得到明显提升;在市场监管上,坚持开展“双十日查”,注重市场长效管理和端窝打点有机结合,卷烟市场秩序得到进一步整治和规范;在内部监管上,先后采用“家庭走访式检查”、“中途送货突击抽查”、“零售户调查反馈”三种举措,出台实施《关于加强内管和相关责任追究的规定》,内管工作取得较好实效。

**【网络建设】** 围绕“卷烟上水平,税利保增长”的目标任务,坚持“与客户共创成功”和“经营市场”理念,大力倡导并践行“我就是品牌”活动,不断深化“创商业品牌”战略,突出品牌培育、“标准店”建设、卓越服务、客户经理工作平台应用,大力实施差异化服务和应急服务,尽最大努力为客户提供增值服务。认真实施“网上订货”工作，完善和充分运用“批零互动平台”的功能，积极稳妥地推行网上配货和其他订货模式，促进卷烟销量和经济效益的稳定增长。年底，网上订货客户数5907户，网上订货率71.2%。全年未发生一起客户投诉，客户的满意率达到98%以上。

**【企业管理】** 认真抓好“五大体系”建设，以“质量标准体系”为载体，抓好“制度、流程、台账”三位一体工程；以“综合绩效体系”为抓手，坚持定量考核与定性评估；以“标杆典型体系”为平台，营造“比、学、赶、超”的良好氛围；以“效能访查体系”为手段，不断提升行业内外部的满意度和美誉度；以“创新创优体系”为举措，不断增强企业发展的创造力。在自身发展的同时，积极投入社会公益事业，成立了烟草志愿服务队，建立领导班子结对帮扶定期实地调研制度，落实结对帮扶措施，全年，共向社会捐助60万余元，为构建和谐社会作出积极贡献。 （房定华）

省文化厅副厅长尹民参观兴化烟草文化室

## 市 场

**【市场建设】** 2010年，全市市场建设无论是规模、档次还是投资数量都有了迅速发展。戴南不锈钢综合物流中心新增投资1.1亿元，营业面积累计达286万平方米，其中不锈钢交易城年成交额达43.8亿元，被评为江苏省级诚信文明市场。桃源畜禽市场新增投资1800万元，建设2800平方米5000吨冷库。戴窑粮食市场投入1400万元，新建8000平方米的仓储中心，配套烘干及自动上卸设备。嘉鸿农贸市场总投资3000万元，占地近1.1公顷，总建筑面积1.5万平方米，市场竣工开业。农村集镇加大农贸市场和农副产品超市建设和改造力度，周庄农贸市场总投资3600万元，建筑面积2万平方米，其中市场营业房近6000平方米，市场开业；戴南农副产品综合市场投资1000万元，建筑面积4500平方米，项目竣工开业；中堡农贸市场总投资1250万元，8800平方米营业房竣工开业。戴南、大营、合陈、沈坨等镇均加大农贸市场改造力度，改造钢架大棚、建设市场营业房等，有效改善市场环境和形象。

**【市场贸易】** 2010年，市场成交额达160亿元，同比增长23.1%，市场规模日益壮大，贡献份额逐步提高。其中，戴南不锈钢综合物流中心营业收入达78.9亿元，利税9.8亿元；戴窑粮食市场年成交量115万吨，成交额33亿元；江浙商业广场市场成交额超2亿元，上缴各类税金近千万元；楚水招商城年成交额达15亿元。

**【市场选介】** 中国·戴南不锈钢市场 创建于2000年3月，位于江苏戴南科技园区内，宁盐一级公路和宁盐高速公路倚市场东西侧而过，水陆交通十分便捷。“中国不锈钢名镇”戴南镇，2010年有4000多户从事不锈钢原材料采购，有2000多家企业从事不锈钢生产加工，有5000多户在全国各大中城市经销不锈钢产品。为发挥市场优势，放大产业特色，戴南镇投资3000万元创办中国·戴南不锈钢市场。市场共分一场五区（史堡、何姚、董北、顾庄、北朱），主市场占地9万平方米，场内交通方便，设施配套，功能齐全，有近500户入场经营，年不锈钢吞吐量20万吨以上，成交额逾30亿元，已成为全国最大的不锈钢原材料集散地之一。市场创建以来连续八年被泰州市工商局评为“泰州市文明市场”；连续九年被兴化市消费者协会评为“诚信单位”；2007年被省工商局、省文明办评为“四星级文明市场”。

兴化市粮食交易市场 是全国最大的粮食交易市场之一，创建于1991年，位于戴窑镇，地处东台、大丰、兴化三市交界处，东临新长铁路和204国道，西临宁盐一级公路和宁盐高速，南临省级航道车路河，北依兴东公路。市场全长近30华里，面积50多万平方米。现拥有具有国内先进水平的大米加工企业52家，资产投入近1.4万元，其中固定资产8000万元，年加工能力300万吨，2010年成交量达115万吨，销售总额达33亿元。市场先后获得

兴化戴窑粮食交易市场

“江苏省农业产业化龙头企业”、“江苏省质量信用产品”等荣誉称号。市场建有现代化水平的信息中心和检验检测中心，场内设有宾馆、餐饮、邮电、金融、仓储、车船调度、配载、大米包装印刷等服务。“祥兴”、“板桥”、“贤人”等品牌获得“绿色食品”、“无公害食品”、江苏省名牌产品称号。产品畅销江、浙、沪、广州等10多个省市。连续多年被评为省、市文明市场，国家农业部定点市场，江苏省重点农产品批发市场。2009年被省工商局和省文明委评为四星级文明市场，2003～2009年度被国家统计局、商业联合会评为全国同类市场第一名，全国商品交易市场先进单位和中国最大的粮食市场称号。现规划有20万平方米的仓储区，车船配载电子网络服务平台，绿色食品、有机食品生产基地。目标打造区域优势明显，各项功能完善的全国最大的一流市场。

兴化市江浙商业广场　位于兴化城南，长安南路东侧、高兴东公路南侧，紧邻市政府。广场占地8.8公顷，建筑规模7.8万平方米，是目前兴化规模最大、档次最高的家具和装饰建材市场。江浙商业广场的经营业态以二楼家具为龙头，拥有皇朝、顾家工艺、双虎、好风景等家具品牌；以一楼灯具照明、陶瓷洁具、板材地板、水性涂料、墙饰布艺、橱柜、门业、五金、线缆等为主要业种，拥有欧普、诺贝尔、马可波罗、TOTO、大自然地板、多乐士、立邦漆、欧派橱柜等国内一线品牌，以及数百个二三线品牌，装饰建材货品齐全，是兴化城乡居民购买装饰材料的首选经营场所。江浙商业广场开业已近七年，其建设和经营带动周边项目的启动建设，给兴化带来新的开发和经营发展理念，率先在兴化开创品牌经营的先机。由于市场的成功运作，既创造每年持续上升目前已达数亿元的成交额，又带动数千人就业，同时带动周边商业用房的出租经营，给新城区带来繁荣兴旺的气息，推动兴化工业品市场转型升级，走品牌化发展之路。市场开业以来，连续多年荣获兴化“服务业先进企业”，文明办、工商系统“文明诚信单位”，“消防工作先进单位”，在泰州服务业领域颇具影响力。

兴化市金三角市场　地处兴化市城区繁华商业中心地带，是以装饰材料为主要经营特色的工业品综合市场，创办于1998年。市场占地面积7万平方米，集家居饰材、五金电器、陶瓷水暖、灯饰灯具、油漆涂料、布艺窗帘等六大经营区为一体，营业面积4万余平方米，入场经营户460多家，从业人员3000余人。市场交易繁荣，功能齐备，管理规范，名品、精品荟萃，专业家装市场的品牌效应日益显现。十余年创业，金三角市场始终坚持以打造平安市场、诚信市场、文明市场，推进和谐消费为目标，不仅赢得广大消费者的认同，并且多次荣获省、市嘉奖。2003～2004年度获江苏省工商行政管理局授予的“样板市场”殊荣，2005～2006年度和2007～2008年度连续被江苏省文明办、江苏省工商行政管理局授予“五星级文明诚信市场”称号。

兴化市楚水招商城　始建于1991年，地处市区丰收北路东侧商业黄金地段，地理位置优越，水陆交通便捷，是苏中、苏北地区远近闻名的小商品综合市场，素有“城中城”、“购物城”的美称。市场坚持“营造优美购物环境、创建一流品牌商城”的指导思想，从2004年3月起，投巨资对老商城进行以消防为重点的全面改建、扩建，建成一座全封闭、上档次的平安市场。场内建筑面积约5万平方米，其中一、二层共有营业用房1300多个，主要经营百货、服装、副食品、鞋类、床上用品、布匹、针织、箱包等，约有15000多个品种。市场经营方式批零结合，购销两旺。市场辐射面广，有开通直达义乌、柯桥、常熟、杭州四季青等地的班车，截至年底与10多个省、市地区均有紧密业务往来，每天人流量均在万人次以上，年成交额达15亿元。市场倡导管理规范化、服务优质化，被评为省“四星级文明市场”。2010年度又被推荐为江苏省级放心消费创建先进示范企业。市场拟在商城三层以上商业用房开辟宾馆、餐饮和茶叶经营区，从而使商城的品位更加提高，整体优势更加明显，商城的发展前景更加广阔。

兴化市桃源综合市场　创建于2007年，位于昭阳镇工业园区的严家村，市场占地19公顷，规划分设屠宰加工、交易冷藏、物流配送、综合服务四大经营区和检测检疫、电子结算、信息服务、物业监控管理四大中心，是市政府为民办实事的“菜篮子工程”之一。担负着全市百万人口、各大超市和学校的荤素食品、水果配送供应任务。项目总投资1.5亿元，分三期完成。一、二期工程已投入资金8600万元，建有各类生产、经营、生活、办公用房3万平方米，配有全省联网监控的机械化畜禽屠宰设备，科学的检疫检验仪器，达标的环保设施，以及一流的自动选果设施。有效保证肉制品和果蔬食品的质量安全。2010年实现销售8亿元，纳税300万元。产品销售辐射山东、河南、安徽各省及盐城、大丰、东台、海安、高邮、宝应等周边县市。在建的全框架5000T高低温冷库是为市场农产品冷链冷藏、物流配送的二期工程之一，为脱水蔬菜储藏、水果保鲜、鱼虾水产品加工和畜禽深加工、小包装所配套。“十二五”期间市场将实施三期工程，立足服务于兴化现代农业建设，整合区域资源，加强产业链延伸，发展大市场大流通。将加工配送、仓储保鲜、发展连锁超市直接配送作为市场发展方向，提升专业市场档次和竞争力，将市场发展成为全省颇具知名度和影响力的农产品综合市场。市场全面建成后，预计各类产品销售额超100亿元，利税超3000万元。

（王　璐）

2010年亿元以上商品交易市场情况

表 15

| 市场名称 | 主办单位 | 年成交额(亿元) |
|---|---|---|
| 戴南不锈钢交易城 | 兴化市腾飞房地产开发有限公司 | 43.8 |
| 戴窑粮食交易市场 | 兴化市戴窑粮食交易服务部 | 33 |
| 戴南不锈钢市场 | 戴南镇政府 | 32 |
| 楚水招商城工业品综合市场 | 兴化市楚水招商城有限责任公司 | 15 |
| 沙沟水产品批发市场 | 兴化市沙沟水产品批发市场 | 14.6 |
| 桃源综合市场 | 兴化市桃源畜禽有限公司 | 7.2 |
| 昭阳水产品批发市场 | 兴化市昭阳水产品批发市场 | 5.62 |
| 兴化市金三角工业品综合市场 | 兴化市金三角工业品综合市场服务中心 | 3.6 |
| 兴化市城西农贸市场 | 兴化市城西农贸市场有限公司 | 2.9 |
| 江浙商业广场 | 兴化市江浙房地产开发有限公司 | 2.45 |
| 宝都国际商城 | 兴化市宝都房地产开发有限公司 | 1.2 |

**兴化市红色旅游景点**

## 华中二分区革命烈士陵园

华中二分区革命烈士纪念塔位于兴化市安丰镇盛家庄，是兴化近现代历史遗迹及革命纪念建筑物，已辟为泰州市爱国主义教育基地。1986年，兴化县人民政府公布为文物保护单位。1947年冬，为了纪念革命先烈，在全国大反攻即将开始的时候，党和人民政府在当时的华中二分区司令部驻地——原中圩乡盛家庄建立“华中二分区坚持敌后斗争牺牲烈士纪念塔”，纪念为坚持敌后斗争而英勇牺牲的1546名死难烈士。解放以后，曾多次扩建重建。1997年，在盐宁一级公路东侧建造了华中二分区革命烈士陵园，重建了纪念碑以及史料陈列室。新建的纪念碑基座呈六角形，保持原有风格，代表着高邮、宝应、江都、溱潼、兴化和邗江6个县市。重建的纪念碑高19.47米，象征着纪念碑始建于1947年；碑基座高5米，象征着纪念塔存在的50年历史；碑顶高1.997米，象征着纪念碑于1997年重建。2006年底，省政府、泰州市政府、兴化市政府分别拨付专项资金重修华中二分区革命烈士纪念馆。新修建的华中二分区革命烈士纪念馆建筑面积为338平方米，共设有4个展厅，以纪念抗战胜利至1949年5月江苏解放前夕华中二分区所有牺牲的2642名革命烈士(据不完全统计)。

# 金　　融

## 金融综述

辖内金融管理机构有中国人民银行兴化市支行、国家外汇管理局兴化市支局；主要银行业金融机构有中国农业发展银行兴化市支行、中国工商银行股份有限公司兴化支行、中国农业银行股份有限公司兴化市支行、中国银行股份有限公司兴化支行、中国建设银行股份有限公司兴化支行、中国邮政储蓄银行有限责任公司兴化市支行、江苏兴化农村合作银行、江苏银行兴化戴南支行、吴江农村商业银行兴化市支行；主要保险机构有中国人寿保险股份有限公司兴化支公司、中国人民财产保险股份有限公司兴化支公司；新型农村金融组织有永泰诚、兴润、久久红、富联、伟诚等5家小额担保公司及西鲍平安资金互助社等。2010年，全市银行业金融机构抓改革促发展，抓创新促转型，抓管理促效益，各项工作成效明显。至年末，全市银行机构本外币各项存款余额306.25亿元，创历史新高，比年初增加49.37亿元，增长19%，其中储蓄存款余额207.18亿元，比年初增加24.89亿元，增长13.65%；本外币各项贷款余额199.54亿元，比年初增加37.80亿元，增长31.55%。（夏振建）

2010年兴化市银行机构网点情况

表16

| 类别<br>单位 | 支行级机构（个） | 二级支行（个） | 分理处（个） | 储蓄机构（个） | 合计（个） | 从业人员（人） |
|---|---|---|---|---|---|---|
| 农业发展银行 | 1 | — | — | — | 1 | 24 |
| 工商银行 | 1 | 5 | 1 | — | 7 | 140 |
| 农业银行 | 1 | 16 | 1 | — | 18 | 326 |
| 中国银行 | 1 | 5 | 1 | — | 7 | 81 |
| 建设银行 | 1 | 2 | 3 | 2 | 8 | 131 |
| 邮政银行 | 1 | 23 | — | 26 | 50 | 406 |
| 江苏银行 | 1 | — | — | — | 1 | 20 |
| 农商行 | 1 | — | — | — | 1 | 11 |
| 农村合行银行 | 46 | — | 13 | 1 | 60 | 753 |
| 小计 | 54 | 51 | 19 | 29 | 153 | 1892 |

## 银　　行

### ·中国人民银行兴化市支行·

**【市人行工作概况】** 中国人民银行兴化市支行主要职能是贯彻执行货币信贷政策，监测分析辖区经济金融形势，维护金融稳定，提供金融服务，支持县域经济社会发展和服务“三农”。内设机构有办公室、监察室、货币信贷与统计股、国库会计股、外汇管理股。从业人员25人。办公地址在兴化市五里西路3号。2007～2009年度被表彰为江苏省创建文明行业工作先进行业，2010年度荣获人民银行泰州市中心支行行风建设优秀奖、兴化市金融工作先进单位。

**【窗口指导】** 主动向市委市政府汇报金融工作，宣讲货币政策，传递金融形势，以赢得地方党政领导对金融工作的理解和支持；加强与政府经济综合部门的沟通联系，做到信息互通，资源共享，相互理解，合并发力，提高货币政策与产业政策的协调与运用能力。邀请地方党委、人大、政府、政协四套班子领导参加经济金融形势分析会议，研究分析阶段性经济金融运行情况，协调解决经济金融运行中存在的问题。引导金融机构优化信贷结构，均衡适度信贷投向，组织部分重点企业参加金融形势分析会，为金融机构与企业之间谋求合作、双向选择提供平台。召开金融系统信息安全工作会议，进行风险提示，牵头协调成立兴化市金融信息安全管理工作领导小组，建立例会制度。

**【金融稳定】** 加强对兴化农村合作银行专项票据兑付后续监测，促进兴化农村合作银行进一步完善法人治理结构，强化内控管理。指导小额贷款公司、农村资金互助合作社建立健全各项规章制度，执行工作流程，规范经营行为。密切监测全市房地产市场运行情况，落实房地产金融风险评估和预警工作，针对兴化市香娟房地产开发公司资产重组，召集相关金融机构清理开发项目按揭贷款情况，提出具体指导意见和风险防范要求，指派专人参与破产清算工作，及时了解、掌握清算工作进程，宣传金融政策，保护银行债权达1.5亿元。密切跟踪兴化市兴利来公司的生产经营情况，建议政府对该企业实施破产重整，最大限度保护金融债权，维护金融部门整体利益。密切关注担保机构经营情况，联合市经信委、工商局等相关职能部门对全市担保机构进摸底调查，形成《关于融资性担保机构运行状况的调查报告—以兴化市为例》。加强民间借贷监测工作，按季完成《民间借贷利率监测报告》，开展民间融资专项调研。

反洗钱宣传

**【征信管理】** 借助全市金融机构营业网点，向社会提供征信知识宣传资料。先后两次组织"信用记录关爱日"宣传活动，在城区设立咨询台、悬挂横幅、播放录音、散发资料等，营造宣传声势，增强宣传效果。针对农村居民征信知识贫乏，组织农村金融机构，走村串户，深入田间地头，进行宣讲。借助电视、广播、报纸、政府网站等强势媒体，宣传征信的意义和作用，解读征信知识和政策法规，提高全社会对征信管理工作的认识。推进信用体系建设，加强信用数据质量审核，及时更新信用数据库。与环保部门沟通，将企业环保评级信息纳入企业征信系统，为银行机构信贷服务提供更广泛的信息资源，为公用信息的采集作出有益探索。将中小企业信用信息征集完成情况纳入政府对金融机构年度金融工作目标考核的一项重要内容。组织对全市各金融机构分管行长、征信管理部门负责人以及信贷客户经理进行征信知识集中培训，增强征信人员对征信制度的掌握运用能力。

**【金融改革】** 3月14日，省首家农村信用互助协会"金纽带"农村信用互助协会在兴化市董北村成立，协会与兴化农村合作银行共同创建"协会、银行＋农户或企业"合作模式，重点是对农户、小企业提供金融支撑，降低银行信贷风险，实现各方多赢效果。4月6日，兴化市周庄镇惠农贷款担保公司成立，公司是周庄镇政府与兴化农村合作银行合作，为解决农户贷款担保难问题作出的新探索，周庄镇农户向兴化农村合作银行申请贷款，只需担保公司单方提供担保即可，公司不收农户任何费用。11月4日，兴化市兴润农村小额贷款有限公司在昭阳镇正式挂牌营业，这是兴化市第二家经省政府批准成立的农村小额贷款有限公司，公司注册资本1亿元，公司遵循"立足农村、贴近农民、服务农业"的经营方向。12月6日，吴江农村商业银行兴化支行举行开业庆典，支行隶属全国第一家股份制农村商业银行——江苏吴江农村商业银行股份有限公司。

**【金融服务】** 10月12日，协助政府举办兴化市"百企十亿"银企对接项目签约会，市四套班子领导出席，各部门、乡镇主要负责人，各银行机构主要负责人，125家重点骨干企业负责人参加。签约项目125项，涉及企业103家，意向贷款金额16.78亿元。开展"中小企业服务年"和"快通工程"示范市创建活动，成功办理应收账款融资业务、企业网络贷款业务、电子商业承兑汇票贴现业务。推进金融机构与担保机构合作，当年银保合作贷款余额6.30亿元，同比增加2.34亿元。协调全市出租车统一保险工作，解决420多辆出租车参保难问题。办理银行账户行政许可，全年共许可核准类账户12103户，备案类账户5186户，个人结算账户2689194户。规范经理国库，全年办理入库资金64.12亿元，退税9.74亿元。全年共办理贷款卡年审655户。积极组织涉农贷款、小企业贷款和科技贷款财政奖补助资金的申报、审核工作,调动商业银行支持地方经济发展的积极性。开展财政支持农村金融发展的定点观察工作,研究“三农”发展政策措施,探索建立农村金融工作指标体系。

**【支付结算】** 走进“兴化市新春大型创业服务超市”,发放资料600余份,接受咨询150多人次,宣传支付结算新工具,推介金融新产品,传授理财新知识。在农村基层网点、重点乡镇“快通工程”示范点和电视、广播、报刊、网站等媒体开展支付结算知识宣传,让农民知晓各种支付结算工具,强化农民现代支付结算意识。开展银行本票业务人员培训和准入考试,让业务人员熟悉流程、规范操作。加强辖内金融机构电子商业承兑汇票业务指导,成功办理1笔金额2亿元的电子商业承兑汇票贴现业务,这既是兴化辖内第1笔也是泰州辖内第1笔。推进银行卡特色服务,成功发行“兴化市民卡”,将30万新农保纳入银行卡管理。开通“快付通”服务,在6个乡镇73个村安装“快付通”专用机具156台,基本满足农民刷卡、转账、查账等要求。推进公民身份信息核实工作,兴化农村合作银行在辖内率先完成身份信息核实工作,核查数量达88.3万份。

开展外汇政策培训活动

**【外汇管理】** 赴20家企业走访调研,指导企业贸易信贷登记工作。举办外商投资企业外汇年检培训和外汇政策培训各一期,分别有60家外商投资企和100家自营进出口企业接受培训。当年应年检企业67家,实际通过年检企业67家;出口收汇核销7919笔,金额38326万美元,分别比上年增长35%和35%,核销率为95%;进口付汇8287万美元,进口到货10640万美元,分别同比增长10%和40%;外商投资企业外汇登记20笔,开立资本金账户20个;外商投资企业验资询证61笔,金额5478万美元,核准增资2笔,金额350万美元;新签约外债登记初审5笔,金额700万美元,外债提款6笔,金额735万美元,外债还本付息核准初审24笔,金额217万美元;国际收支申报6839笔,金额36453万美元,分别比上年增长117%和84%。当年被兴化市政府表彰为2010年度利用外资先进单位。 (夏振建)

## ·中国工商银行股份有限公司兴化支行·

**【市工行工作概况】** 2010年,中国工商银行股份有限公司兴化支行各项存款余额31.7亿元;各项贷款20亿元,均比年初增加3.2亿元。中间业务收入2853万元,实现拨备前利润8094万元。发放牡丹信用卡5400张、灵通卡42000张,网银交易额352.58亿元,代理销售保险5154.5万元、基金13972万元。被评为江苏省创建文明行业工作先进行业,被兴化市委、市政府授予“2010年度金融工作先进单位”、“兴化市文明机关”。

**【负债业务】** 强化市场意识,打造区域“第一零售银行”,积极争取代发工资市场,落实项目责任制和名录制管理,扩大代发工资单位户数和职工奖金、津贴、分红等个人性收入的代发额。完善公存机制,跟踪维护机构客户,加强信贷客户货款回笼率,对有需求的客户签发全额质押银票,促进银企双赢;对专业市场,围绕银商通、个人经营性贷款等核心产品,加大营销力度。深化与农合行的合作,全方位服务“三农”金融市场,全面推广柜面通业务。网点竞争优势走强,网均增储4571万元,人均增储215万元。

**【中间业务】** 强化措施,重抓落实,中间业务快速增长。拓宽思路,以服务为抓手,以资产、产品、新业务营销带动中间业务收入增长;拓宽方式,致力传统业务与新业务双迈进,推行“1+N”营销、抓新业务发展的“宽度”,早开办、早受益;拓宽渠道,将做大做强、做优做良资产业务作为突破口,抢抓中间业务市场信息,努力扩大中间业务收入来源。成功办理兴化兴达钢帘线集团公司2亿元电子票据贴现业务。

公众教育服务日活动工行人员深入新阳社区进行宣传

【资产业务】 合理配置资源，支持特色产业。年内对不锈钢企业发放贷款9.18亿元，对农副产品加工企业发放贷款2.8亿元，对棉花加工企业适时投放贷款，及时满足旺季收购的资金需求。同时，积极发展商品融资，满足客户资金需求，全年实现商品融资2.8亿元，商品融资业务步入良性发展轨道。大力推广"网贷通"业务，结合企业实际，筛选符合条件的目标客户，成功发放贷款4460万元。"维护"和"渗透"相结合，重点跟踪，快速营销，落实专人渗透挖掘个人贷款市场，做大市场规模，投放个人贷款9.7亿元。

【优质服务】 坚持以"以客为尊，诚信服务"的理念，推介工行品牌，提升服务质量。提升服务技能。开展员工服务技能培训，聘请欧顾德专业培训公司对营业网点人员进行服务管理、客户心理、服务理念及技能全覆盖强化培训。参加周思敏礼仪讲座，提升员工的服务技能；推行"首问负责制"。切实体现"以客户为中心"的服务理念。当客户咨询问题时，第一个接待的员工必须全权负责，给予客户以满意的答复，有"家"的感觉；加大宣传力度。利用报纸、电视台、广告等新闻媒体以及网点LED电子显示屏、宣传橱窗和发放宣传资料等方式，着重宣传效果，提升客户对该行产品的认知度；四是提高业务办理效率，合理安排业务高峰期、午休时间的营业窗口数量，用电子银行、网上银行等渠道疏导客户，缓解客户排队现象。

（沈建华　张顺余）

## ·中国农业银行股份有限公司兴化市支行·

【市农行工作概况】 2010年，市农行秉承"诚信立业，稳健行远"的核心价值观和"以市场为导向，以客户为中心，以效益为目标"的经营理念，以农行上市为契机，不断加大市场拓展力度，狠抓内部管理，提升经营层次和盈利水平，各项工作取得较好成绩。年末，本外币各项存款余额575072万元，比年初净增75310万元；本外币贷款余额306692万元，比年初净增54867万元；实现中间业务收入4779万元，同比增加1661万元，位居兴化同行业第一。

公众教育服务日活动

【负债业务】 进一步树立"做客户"的经营理念，大力拓展中高端客户，培植优质、忠实客户群，中高端客户贡献份额稳步提升，推动负债业务不断向上的发展势头。2010年，全行储蓄存款比年初增加51231万元，对公存款比年初增加24079万元，各项存款增量市场份额居于兴化同业第二。

【资产业务】 进一步加大信贷有效投放和不良资产清收力度，全年实体贷款净增70041万元。成立"小企业金融服务分中心" 加大对中小企业和个人助业贷款的投放力度，年末新增小企业贷款5275万元，新增个人助业贷款9633万元；加大对个人贷款的投放力度，新增个人住房按揭贷款35287万元，净增农户小额贷款2380万元；加大依法清收力度，资产质量进一步提升，累计货币清收五级分类不良贷款3339万元，清收委托处置资产1788.7万元。

【中间业务】 以网点转型为契机，加快中间业务发展，该行全年实现中间业务收入4779万元，同比增加1661万元，同业市场份额达38.93%，位居兴化同业第一。各类产品销售火爆，销售财产险135.45万元，销售寿险5933万元，销售偏股型基金8595万元，销售实物黄金21.12千克，营销本利丰7.02亿元；电子银行、银行卡业务迅速发展，个人网银、企业网银、企业电话、转账电话等产品均完成或超额完成全年目标任务；新增贷记卡6502张，实现卡消费24.5亿元，同比增加8.26亿元；投行业务跨越式发展，全年实现收入1389万元。第三方存管新增开户数1300户，新增银期转账开户数249户；完成国际结算量8118万美元。

【规范化服务】 狠抓基层营业网点规范化服务工作，致力从根本上打造一支文明、规范的服务性团队，规范化服务水平大幅提升。所有网点有专人负起大堂经理职责，落实"一日三巡查"制度，充分发挥大堂经理分流客户、推介产品职能；做到三个"坚持"，坚持每天开晨会，坚持每天总结、点评，坚持每天提示、解决问题；加强柜员业务培训，开展"六比六看"，提高员工素质和业务处理能力，规范文明用语、服务态度，开展"十佳文明服务明星"评选活动，营造文明礼貌、服务规范的良好氛围，服务水平明显提升。

（沈桂祥　吉雨婧）

## ·中国建设银行股份有限公司兴化支行·

【市建行工作概况】 2010年底，全行一般性存款余额达

32.53 亿元，较年初新增 1.74 亿元。各项贷款余额达 25.07 亿，较年初新增 0.62 亿元。全年实现财务利润 7719 万元,中间业务收入 3142 万元。实现全年安全经营无事故的目标。

【存款增量】 以高中端客户为主要目标,以增量扩户为主线,以网点转型升级为契机,通过开展“超标杆网点,创一流佳绩”等主题竞赛活动,实现旺季“开门红”。坚持费用资源向基层倾斜,向业务一线倾斜。加强对增量、质量和超计划业绩的激励,充分激发全行抢抓市场、抢抓存款的积极性。根据不同时期、不同情况,阶段性突击重点市场,春节前后重点抓收入分配市场、个人消费市场、劳务输出市场和证券市场。平时则注意抓拆迁市场、个人贷款市场以及到期转存市场。通过创新服务,提升高中端客户的服务能力,如延长营业时间,增加营业窗口,开辟绿色通道，巩固和拓展部分重点企业、行业及高中端个人客户,有效推进存款的稳步增长。

【竞争发展】 积极围绕本地区经济特点,信贷投放保持戴南、张郭地区重点的同时,延伸到经济开发区和昭阳私营城,形成一批优质中小企业客户。2010 年累计投放小企业贷款 5.5 亿元,在经济开发区创建了特色。政府重点项目和民生工程相继形成投放。新农村建设项目及区域性供水项目都成功形成投放。个人类贷款稳步发展,贷款较年初新增 2.5 亿元,继续保持新增市场份额第二的位次。戴南不锈钢专业市场业务拓展已有良好开端。国际业务稳步推进，当年新开国际结算户 24 户，国际结算量达 8508 万美元,结售汇达 6183 万美元,新增 971 万美元存款。

【中间收入】 以加强产品创新为基础推进中间业务发展,中间业务收入始终保持当地同业较好水平。通过实施挖潜与广开收入渠道并举,用足用活信贷政策,提高议价水平，收入结构由公司类中间业务收入为重调整为各条线增收挖潜的一系列办法和措施，确保今年的中间业务收入的序时增长。 (梅林森)

## ·中国银行股份有限公司兴化支行·

【市中行工作概况】 2010 年,以“负债、客户、效益”为中心,进一步解放思想,创新发展,加快核心人才队伍建设,提高市场竞争能力和赢利能力。人民币各项存款余额 19.3 亿元,较上年增长 10.92%,本外币各项贷款余额 19.22 亿元，较上年增长 8.59%，经营效益大幅提升,国际结算业务量 30249 万美元,连续三年创历史新高,资产质量持续提升,不良贷款余额及不良率实现双降。

5月 18 日,兴化中行英武路分理处搬迁开业

【负债业务】 深化“做客户”战略,以个人中高端客户和公司客户的有效增长,提升网点核心竞争力;通过“智能通”、“存贷通”等新产品做好存量客户挖潜;深入周边乡镇大力拓展水产养殖大户、粮食流通经营户;加强公私联动,利用“代发薪”、“赢利来”等产品做大网点基础客户群,负债业务实现爆发式增长,首季人民币一般性存款较年初新增 5.7 亿元。

【资产业务】 强化资本约束意识,加快内涵式发展。主动退出部分不符合授信政策导向的企业，大力扶持低碳环保、新能源、新材料等新兴产业和有自主创新能力、符合国家产业政策导向的中小企业。创新中小企业授信模式,在脱水蔬菜行业叙做“联保贷”业务;占用金融机构授信额度，在泰州分行审批权限内为企业办理了 240 万元首笔国内融信达。全年新增中小企业授信客户 19 户,新增投放 4726 万元,中小企业贷款余额 28876 万元,在全部公司授信占比进一步提升,达 27.98%。“百企十亿”银企对接项目 15 户,累计投放金额 2.44 亿元,实际新增投放 19300 万元。

提供良好个人金融服务,扩大居民消费、投资渠道,全年新增零售贷款 2.06 亿元,较年初增长 14.5%,其中居民住房按揭贷款净增 1.14 亿元、卡车贷净增 2970 万元。加大农村金融服务支持力度,上报戴窑粮食市场调研报告,向省行争取 5000 万专项个投贷款规模。强化贷后管理,戴南不锈钢专项个投贷款自投放以来,不良率始终为零,贷款后评价工作通过省行验收,贷款专项额度已扩大至 2.5 亿元,成为戴南知名金融品牌。

【中间业务】 以产品创新和服务创新为重点,加快中间业务发展,全年代销保险 3000 万元、非货币型基金 4700 万元,贵金属 700 多万元,人民币理财产品 5.4 亿元,中间业务收入较去年增长 50%。加快理财经理队伍建设,形成专业化理财服务渠道，针对不同理财需求提供个性化服务方案；通过产品推介会、合作公司渠道，细分市场，踏准市场变化节奏，及时推出期限和结构不同的产品，满足居民投资需求，引导客户通过基金定投、理财产品获得较好收益，为客户创造价值。在公司客户中持续开展票据池、现金管理、中银保险卡等公司战略产品的推广，同时做好基金、贷记卡、中银通预付卡等个金产品的交叉营销，实现重点产品全覆盖。国际结算业务继续保持快速增长趋势，新增外汇资本金账户 4 户，国际结算业务量较去年增长 1452 万美元。

**【客户拓展】** 首季开门红期间，全行新增个人 VIP 客户 102 户，其中中银理财客户新增 79 户，中银财富客户新增 18 户，私人银行客户(800 万以上)新增 5 户，私银客户增长在泰州辖内排名第一。实施公司“搜户”行动，开展“三户”争揽及国际结算客户扫盲活动，效果显著，到账外汇资本金 272 万美元、2 亿日元，新拓展有效客户 86 户，多名客户经理获分行“最佳搜户人”称号。与证券公司、基金公司联合举办 VIP 客户投资交流报告会，争揽三方存管户、基金客户，不断扩大基础客户群体。

**【渠道建设】** 深化渠道建设，优化布局，提升网点效能，大力发展电子渠道建设。依据城市规划布局，对低产网点进行迁址，5 月 18 日西霞分理处更名、迁址至英武中路繁华地段，同时在原址建设首家自助银行；下半年长城分理处在原址对面英武财富广场重新选址，并签订租赁协议意向书；深入江浙广场、戴南不锈钢废品收购市场等专业市场开展网银、商务通等产品推广，借助电子渠道实现无形网点增数，全年新增商户通 362 户、网银客户 4600 户，新投放存取款一体机 2 台、更新自助设备 3 台。加快网点转型，兴化戴南支行成功跻身辖内全功能性网点。

**【风险管理】** 定期召开派驻业务经理会议，编发合规内刊，通报上级行业务检查发现问题，进行风险提示；利用晨会、联班会组织学习新版“双十禁”、《员工违规行为处理办法》(2010 年版)等规章制度，参加“两个规定”测试，降低操作风险；发挥自查系统作用，及时发现风险隐患，防患于未然。贯彻落实“三个办法一个指引”实贷实付的要求，做好银监会政府融资平台、银票贴现业务贸易真实性、零售押品管理等高风险环节检查和整改工作；在基层营业网点中开展内控达标建设和“案防制度年”建设工作，倡导合规发展理念，筑牢合规防线，坚持科学发展。

（崔晓舢）

## ·中国农业发展银行兴化市支行·

**【市农发行工作概况】** 2010 年，市农发行以转变发展方式为主线，以改革创新为动力，以提升管理和队伍支撑为重点，主动攻坚克难，强化经营管理，推动持续发展，各项工作取得显著成效。截至 12 月末贷款余额 140250 万元，较年初增长 58512 万元，增幅达 73.7%。各项存款余额 8936 万元，较年初增长 3219 万元，其中企事业单位存款 8074万元，较年初增长 4944 万元，实现中间业务收入 30.48 万元。支农效果更加突出。2010 年该行累计投放贷款 110951 万元，同比增加 26708 万元，增幅达 31.7%。

**【粮棉收购】** 认真做好政策性贷款发放与管理工作，审慎积极地办好商业性信贷业务，准确把握政策，加强贷款营销，有效防控风险，信贷支农力度进一步加大，信贷业务实现科学有效发展。2010 年度夏粮收购信贷工作取得突破性成效。全年投放夏粮贷款 92850 万元，同比增加投放 27850 万元，增幅达 42.85%，创造历史上夏粮收购贷款投放额的新高。支持企业收购小麦 49447 万公斤，价值 9185 万元；大麦 596 万公斤，价值 1000 万元；

2010 年度秋季粮棉收购信贷工作稳健开展。截至 12 月末，该行累计发放秋粮收购贷款 7590 万元，同比增加 997 万元，增幅达 15.11%，支持企业收购稻谷 2903 万公斤，价值 7590 万元；累计发放棉花准政策性收购贷款 1600 万元，同比增加 400 万元，增幅 33%。支持企业收购皮棉 67.52 万公斤，价值 1283 万元，棉籽 114.85 万公斤，价值 317 万元。

**【市场营销】** 积极支持产业化龙头企业发展，加快农业产业化进程。巩固既有客户信贷关系，培植优良客户群。加大营销力度，发展优质客户，扩大客户基础。对于有建立信贷关系意向的企业，在考察落实风险防范措施的情况下，积极营销，积极支持。2010 年发放农业产业化龙头企业贷款 3400 万元，支持江苏楚龙面粉有限公司采购小麦 13000 吨，用于面粉加工；营销江苏九寿堂生物制品有限公司 1000 万元产业化龙头企业短期流动资金贷款项目，该项目贷款已于 8 月发放到位。

**【存款和中间业务】** 存款和中间业务成效显著。各项存款余额 8936 万元，较年初增长 3219 万元，其中企事业单位存款 8074 万元，较年初增长 4944 万元，共吸收非信贷客户存款 2175 万元，吸收同业 3 亿元存款，日均余额达 2100 万元。实现中间业务收入 30.48 万元，同比增加收入 4.32 万元，完成全年任务的 101.6%。对拟准入的客户首先要求其在农发行开立账户，办理存款业务；经常加强沟通与协调，通过向政府汇报、与财政和法院等部门勾通，力争在组织财政性存款方面取得突破；进一步加强对企业回笼资金管理，全市货款归行率达 100%；增加有效信贷投入产生派生存款等工作措施，拉动存款规模扩大；积极开办同业存款业务，当年多次到江苏银行开展宣传工作,在同业存款竞争十分激烈的情况下,吸收江苏银行3亿元同业存款,期限3个月。积极开展非信贷客户存款工作。依托信贷业务,开展代理保险业务营销,在一定程度上增强企业风险意识,提高该行信贷资产安全系数。积极开展其它中间业务营销,在泰州率先拓展财务咨询费的收费项目,为中间业务开辟新的营销渠道。

**【风险防范】** 强化风险管理,进一步提高风险防范能力。规范信贷基础工作和常规管理,防范信贷管理风险。加强对客户的准入管理。通过客观评定企业信用等级和对企业实行统一授信,测算企业经营风险,设立风险警戒线。加强企业库存和资金监管,严格核库、动库还贷管理等信贷措施。用好表外欠息减免政策,推动不良贷款清收工作。当年共为兴化市城区粮油贸易总公司、兴化市戴南轧花油脂有限公司和兴化市伯祥棉业有限公司这三家公司分别减免为58.27万元、81.6万元和36.29万元。多法并举,强力清收和处置不良贷款。截至12月末,已实现现金清收不良贷款490万元,完成全年任务的116.66%。并对兴化市恒发棉业有限公司与兴化市润成棉业有限公司两家资不抵债的企业,向法院提起诉讼,经法院裁定并强制执行,该行共受偿资金43.89万元。 (周 娟)

## ·江苏兴化农村合作银行·

**【市农合行工作概况】** 2010年,江苏兴化农村合作银行紧紧围绕年初确立的"建设一个龙头,谋求四轮齐驱,实现五个同步"的总体工作思路,稳步推进体制改革,着力开拓业务经营,切实加强基础管理,努力提升行业形象,取得改革继续深化、业务快速发展、管理日渐完善、形象持续攀升的喜人成绩,先后获得江苏省"文明行业"、泰州市"文明行业标兵"、兴化市"目标管理综合先进单位"和"作风建设人民满意单位"等殊荣。江苏兴化农村合作银行下辖营业网点60个,在职员工786人。2010年末,各项存款余额115.55亿元,市场份额38.61%;各项贷款余额82.25亿元,市场份额达44.81%;五级分类不良贷款占比2.46%,四级分类不良贷款占比0.87%;经营效益在全市位居首位、全省农村信用社系统第12位,是全市网点分布最广、业务规模最大、支农份额最多、经营效益最好、员工薪酬最高的金融机构。

**【成立"金纽带"信用互助协会】** 年内,兴化农村合作银行积极支持江苏省兴化市戴南镇董北村成立"金纽带"信用互助协会,通过提供担保为所在村196名农民和小企业从当地农村合作银行取得贷款累计达1.99亿元。信用互助协会的成立,有效破解农村、农民贷款"担保难"问题,为农民、小企业贷款开辟一条"新通道"。打消银行放贷因为信息不对称、农村贷款抵押难办、担保对象难找带来的风险顾虑,拓宽银行信贷营销渠道,扩大银行贷款覆盖面。贷款执行利率同等下浮40%,推广"一次授信、随用随贷、周转使用"的信贷业务产品,农民融资成本有效降低,民间高利贷失去市场,当地金融生态环境得到有效净化。截至2010年底,共成立3家信用互助协会,受益农民和小企业达到420户,贷款授信总额达2.82亿,为农民和小企业累计获得贷款3.53亿元。此外,另4家信用互助协会筹建工作正在筹建中,拟授信对象近500户,授信总额3亿元左右。在经济发达村成功试点之后,将逐步在面上进行推广。

**【组建周庄担保有限公司】** 年内,积极探索为农服务新方式,努力打造金融服务新平台,与兴化市周庄镇人民政府携手合作,组建周庄镇惠农贷款担保公司,取得政府、银行、农户、企业、社会和公司自身"六满意"的良好效果。截至2010年12月末,先后为228户农户、专业合作社和个体工商户贷款提供担保,担保贷款总额达2582万元。累计发放笔数417笔,金额累计达到3185万元。从前期运行情况来看,外部环境的支持涉农贷款担保公司在放大支农效应、净化金融环境、密切干群关系等方面发挥积极的作用,同时有效促进发展环境的优化和提升。

**【"兴化市民卡"发行】** 年内,兴化农村合作银行全省率先发行多功能"市民卡"。9月24日,兴化市委、市政府隆重举行"兴化市民卡"发行启动仪式,由此标志着全市首批25.7万户市民将很快持有集多种功能于一体的银行卡,给领取养老保险、涉农补贴、存取资金、刷卡消费、缴纳社会公共费用带来极大的方便。该卡以便民、利民为宗旨,以政府及公用事业服务、消费支付及金融应用三大功能为主体,以规范和整合政府部门和行业单位功能卡为支撑,以个人信息综合数据库为平台,集劳动保障、银行业务、日常消费、政务应用、商业应用、公交出行等多种功能于一体,将广泛适用于社会保障、卫生医疗、民政优抚等政府公共管理和社会事业领域以及公共交通、电信、水电气等公用事业费、商务消费银联交易、小额电子钱包支付等服务行业,同时可将"涉农一折通"业务并入该卡,并与IC借记卡、手机银行卡绑定使用,真正实现"存取一卡、缴兑通用"。目前,除已具备信息记录、身份识别、电子凭证、信息查询和电子支付等基本功能外,还具备养老金领取、低保优抚金、涉农财政补贴发放、社会保障金代缴、城乡医院、超市、药店、商店等经营网点的刷卡支付、电话费、手机费、电费等公用事业费用缴纳等功能。尤其方便的是,"市民卡"可实现卡内存款"活期转定期"、"定期转活期"、"活期转活期"和卡折之间"活期互转",无需另开存单或卡折互转。截至12月末,共发行"市民卡"1800多张。

【“快付通”工程】 年内，兴化农村合作银行推出新的电子支付结算项目——“快付通”，进一步加快农村“支付结算工程”建设，有效改善农村银行卡的使用环境。“快付通”除具有传统电话功能外，还可以实现消费、缴费、转账、余额查询等功能。通过进村布设“快付通”，让农民直接刷卡消费，一方面减少营业窗口兑付量、缓解柜面排长队现象，另一方面也解决农民到银行取款需要行程往返的实际困难。截至12月末，已经在全市46个乡镇604个行政村各类经营网点安装“快付通”专用机具1279台套，基本实现每个自然村安装一台“快付通”专用机具的计划，交易27090笔，交易量9851.25万元。所在村持有兴化市“市民卡”或农村合作银行借记卡的农民足不出村即可在商店和农资门市刷卡消费，得到广大农民的欢迎。

（许 斌）

9月24日，省农村信用社副主任陈友慧、兴化市委书记贾春林为“兴化市民卡”发行启动水晶球

## ·中国邮政储蓄银行兴化市支行·

【市邮储银行工作概况】 2010年，支行人民币各项存款余额38.07亿元，增长3.59亿元，各项贷款余额3.76亿元，增长2.12亿元。累计发卡37.86万户，增长7.83万户。实现利润1632.9万元，完成年计划的101.06%。上年被兴化市人民政府表彰为“城乡居民基本养老保险工作先进集体”、“人力资源和社会保障先进部门”，被泰州市表彰为“2007～2010年度平安金融创建先进集体”。

坚持“服务县域、服务‘三农’、服务中小企业”的市场定位，专注发展小额贷款，致力服务三农，探索出科学发展小额贷款的有效途径，通过电视媒体广告、墙体广告、散发业务宣传单、中邮广告、信用村(单位)挂牌、客户现场签约推介会等多种方式，重点做好农村水产养殖大户和高效种植大户、规模型商贸市场及戴南不锈钢市场的营销宣传工作，提高微小企业主(商户)和农户对小额贷款产品的认知度，小额贷款规模位居全省各级行第二位。培育“阳光信贷”文化，做好贷前调查、贷中审查、贷后检

中国邮政银行兴化市支行2010—2011年度基础金融跨年度竞赛动员大会

查，加强逾期教育，将逾期管理作为一项重要的考核指标，贷款责任实行终身制，将风险控制制度化，程序化。做好还贷温馨提示，与客户保持沟通，共同培育良好的信贷环境。组织“百日攻坚”竞赛活动，加大逾期贷款的催收力度和不良贷款的清收力度，圆满完成竞赛降逾期指标，年末小额贷款不良率为0.37%，贷款质量居全省前列。信贷员郑生英荣获中国邮政储蓄银行总行“金雁奖”优秀客户经理称号。

组织开展跨年度竞赛、季度劳动竞赛等活动，每天通报竞赛完成情况，每月到网点调查走访督促，每季度对柜员加办电话银行、网上银行的业务量进行排名。定期邀请本行与同业优秀的客户经理和理财经理进行专业知识和营销技能培训，代理保险2096.45万元、理财产品11932.4万元、基金1465.76万元、国债3326.48万元。加强公司业务市场调研，梳理目标客户，开拓乡镇财政及旅游业市场，实行一对一服务，大力发展电费归集业务，提供上门送单服务，通过电话回访、征求意见、问卷调查等多种方式，掌握客户的意见和需求，进一步提高客户满意度，在张郭和戴南镇安装POS机，将代收电费业务进一步扩展，全年累计归集电费102826.9亿元。

【风险管控】 结合“业务行为规范年”活动，对照金融资金安全管理《三个规定》，明确各部门风险控制职责，加强审计和安全检查，做到责任到人。加强员工风险意识教育，正确处理业务发展和风险控制的关系，对41个二类、代理网点负责人进行了轮岗，对5个一类网点支行长实施强制休假，按照排查权限每半年组织一次对全行员工进行日常行为排查，从人员体系上防范案件的发生。认真执行省、市分行的培训计划，送外培训71人次；全年举办培训班70期，培训员工1088人次，提升员工的业务技能。重视银行业从业资格考试，年末《公共基础》合格108人，通过率93.1%。规范用工和合同管理，选调业务能力强，有一定的营销能力、人脉关系和较丰富的社会经验的

优秀员工,充实到信贷和公司业务客户经理队伍中去。拓宽劳务工职业空间,做好劳务工转聘的各项工作。完善薪酬体系,实行同工同酬,提高劳务工发展业务的积极性。加强会计结算和头寸管理,合理安排头寸,在保证正常清算的基础上,降低备付率。按照省行清理“小金库”的规定,认真梳理工作流程,在有可能形成“小金库”的环节,采取有力措施,确保“小金库”消灭在源头。开展从业人员警示教育活动,强化责任考核,建立健全邮储银行反腐倡廉制度体系。

**【渠道建设】** 按照商业银行要求加快网点改造,4月份对戴南支行新网点改造后开业,增强对外服务功能,提升综合竞争能力。以人为本,加强信贷队伍建设,将信贷员分为“大师队”、“中坚队”、“小虎队”,签订师带徒协议,由“大师队”对“小虎队”进行传、帮、带,共同发展信贷业务。同时按照构建专兼职营销体系的工作思路,制定业务发展的整体规划和目标策略,形成以市场为导向、以客户为中心的营销体系。加快理财经理、客户经理等专职营销队伍和内部员工兼职营销队伍的建设,2010年有信贷员29人、理财经理5人、专兼职客户经理7人,营销体系基本建成。 (吴 瑾)

# 保 险

## ·中国人民财产保险公司兴化支公司·

**【市人保公司工作概况】** 2010年人保兴化支公司全年实现保费8800万元,完成全年任务的116.3%,比上年同期增长33.3%。其中车险4000万元,非车险2100万元,农险2700万元,三条产品线全部实现赢利,车险市场份额达到50%,非车险市场份额达到70%左右。

**【经营状况】** 实行财务预算制,减少行政费用,加大产业投入,确保上级公司各项财务管理规定得到贯彻执行。提高数据质量。确保数据质量有人抓,重要数据有专管,为公司的经营决策提供坚实的基础。加强应收保费的管控,建立各层级的应收保费责任人制度,定期检查考核,及时解决应收保费管理中出现的问题,降低坏账风险。对流程管理进行梳理。准确掌握和应用工作流程,岗位操作规划,作业支持工具,将量化、细化、标准化管理的理念融入各个岗位工作中。 (刘 云)

## ·中国人寿保险股份有限公司兴化支公司·

**【市寿保公司工作概况】** 全年完成保费收入35705万元,比上年增长0.6%。其中:寿险首年保费收入17230万元,首年期交保费收入3824万元,风险型保费收入9623万元,短险保费1156万元。年内累计处理赔案2640件,给付赔款1202万元。

**【“五有”保险示范村】** 11月,在中国人寿保险股份有限公司全国系统开展的评比活动中,昭阳镇双潭村驻村保险服务室立足本村,服务“三农”,实现“村有主管,组有协管,户户有保单,人人有保障,发展有后劲”的创建目标,成绩突出,被总公司表彰为“五有”保险示范村,是泰州市国寿系统唯一一家获此殊荣的驻村保险服务室。

**【第三届“诚信我为先”主题活动】** 从7月起,公司组织全体销售人员系统接受“客户资料真实性”、“防范代签名”专题教育。组织诚信合规考试,进行新签约销售人员诚信自律宣誓。发短信给消费者进行风险提示。9月16日公司组织“9·16诚信合规日”广场咨询,向社会各界宣传推介中国人寿诚信经营的举措。

**【“优质服务提升品质”征询意见活动】** 10月,公司向全市党政机关各部门,函寄开展“优质服务提升品质”征询意见表140份,重点就改进作风、提高服务质量;加强管理、防范风险;引领行业、规范经营;严格监督、队伍建设等方面,广泛征求社会各界的意见,以切实提高全司行风建设水平。 (陈振红 董维安)

# 证 券

## ·中信建投证券有限责任公司兴化建设路证券营业部·

**【兴化中信建投证券工作概况】** 2010年,中信建投证券有限责任公司兴化营业部立足强化内部管理,深化优质服务和多渠道拓展业务,取得较好经济效益,全年实现利税600万元,实现证券交易量90亿元,新增股民550户。

**【优质服务】** 通过橱窗信息公告栏、投资者教育园地、信息早读、午间荐股、报刊栏等多重媒介为客户提供及时的信息服务。通过组织股民每天收看公司研究所的股市评论、定期召开客户座谈会、定期举办股民学校已经股市沙龙等活动。通过将客户进行分类,为各类客户提供个性化的长效优质服务。

**【业务拓展】** 通过设立基金专柜。举办专题讲座、小区营销等多种方式大力拓展开放式基金销售及股指期货交易模拟竞赛等创新业务的开展,紧紧抓住市场繁重发展带来的潜在业务机会,进一步拓展代理业务空间。 (黄志军)

# 信息服务

## 信息化建设

全市信息化建设持续加速发展，截至年底，城乡有线电视用户35.34万户，比上年增加3.05万户，乡镇有线电视覆盖率100%；计算机宽带网用户9.14万户，比上年增加2.17万户；全市固定电话用户33.11万户，比上年增加2.01万户；全市移动电话用户72.46万户，比上年增加8.35万户。（刘 平）

## 电子政务

**【电子政务概况】** 2010年，市电子政务中心全力推进全市信息化与电子政务的发展，在加强电子政务建设、推行政府信息公开、提高信息化队伍素质等方面做了大量的工作。一年来，政府网站建设全面推进，信息公开不断深化，网上服务功能进一步提升，互动交流逐步增多，内容保障不断加强，政府网站群质量全面提高，有效推动政府职能转变和行政效率提升。2010年，市电子政务中心被市委、市政府表彰为"双十佳市属事业单位"；政府网站被市政府表彰为"语言文字工作先进集体"；在全省政府网站绩效评测中，政府网站荣获县级政府网站B组第一名。

**【电子政务建设】** 2010年，市电子政务中心按照制定的工作目标，先后完成首批列入党政协同办公系统133家单位全接入任务；5月底前实现市人大办、政协办无纸质文件传送任务；以点带面推进成员单位实施网上文件传输；加快推进行政权力网上公开透明运行；举办各级领导干部和机关工作人员培训班共计6次，以提高电子政务系统的使用率和普及率；完善和创新政府外网和内网内容保障、软件改进和深化工作；加强网络技术跟踪服务，提高网络服务质量，确保电子政务网络运行畅通、快捷；强化安全措施落实，推进电子政务安全可靠运行。

**【政府信息公开】** 在政府网站显著位置设置"政府信息公开"专栏标识与入口链接，专栏下设"政府信息公开制度"、"政府信息公开指南"、"政府信息公开目录"、"政府信息公开动态"、"信息公开意见箱"、"依申请公开" 六个二级栏目。现各单位已利用政府信息公开直报系统发布各类政务信息达30000多条。截至2010年底，网站日均访问量在2万多人次；社会对改版后的政府网站满意率达85.5%。

**【网站诉求平台】** 政府网站自开通以来，取得良好社会效应。密切干群关系，化解社会矛盾。据统计，2010年，"书记、市长信箱"及各乡镇、部门单位信箱共收到公众有效信件22245封。其中：书记信箱收到网上信件6268封，市长信箱收到网上信件4300封，办结率、及时回复率均达100%。网上"书记信箱"、"市长信箱"已成为市领导听民言、察民情、知民心、聚民智、解民难的重要载体。据不完全统计，2010年全市日常信访量与上年同期相比下降10.6%，而网上信访比上年同期上升31.8%。推行诉求共享机制，对不涉及工作秘密、个人隐私的公众来信中带共性的问题予以公开，2010年全年向社会公开群众来信回复件3022件。同时，安排专人每天对网民意见和建议进行归类、整理，将网上重点舆情进行汇总，并摘录编辑成《近期网上论坛热议的话题》报送市主要领导参阅。2010年共上报舆情37期，一大批群众反映的热点、难点问题得到及时有效地解决。促进政府为民办实事活动的开展。按照要求，开展百件实事网上办活动，把涉及群众切身利益的医疗、卫生、教育、社保等相关政策、办事机构、办事程序、收费项目等在网上公布，方便群众办事。此外，针对公众存在的疑问、误解甚至谣传等，通过《在线访谈》、《热点聚焦》直播室进行公开解答。2010年，《在线访谈》、《热点聚焦》累计直播或录播21期，访问量达4万人次。实现公众参与，政府与民众在线交流的目的，增强行政工作的透明度，及时有效地化解社会矛盾，保证人民群众的知情权、参与权、监督权，树立党和政府的良好形象，得到市委、市政府和社会各界的充分肯定。

**【贾春林做客政府网《在线访谈》与网友真诚交流】** 2010年11月13日上午9时，中共兴化市委书记贾春林走进中国·兴化政府门户网《在线访谈》直播室,与广大网友围绕“我为兴化发展献一策”主题活动的相关问题展开交流互动。

市委书记贾春林与网友在线访谈

**【网络安全维护】** 不断完善网络安全各项规章制度,加强安全值班、安全检查,排除隐患,保证各项防范措施落到实处。针对局域网内病毒泛滥的现象,安装瑞星杀毒软件,确保局域网的安全。

**【内务管理】** 从抓机关作风建设入手,调整科室的分工。根据工作的需要,成立综合科、技术科,并明确各科室的工作职责。健全各项工作制度,加强政治、业务学习培训,提高工作能力和水平。为改善访谈视频直录播条件,添置视频切换台等办公设备。

**【业务培训】** 2010年,开展不同层次、形式多样、内容丰富的电子政务知识培训,采用走出去、请进来等多种形式,提高专业技术人员特别是领导干部的电子政务意识、网络与信息安全保密意识和信息技术应用技能。组织全市信息管理人员和技术人员进行集中技术培训,不断提高网络与信息管理人员的业务技能,提高全市电子政务专业技术队伍素质,保障全市电子政务工作顺利进行。

**【市长李伟亲切看望慰问政府网全体工作人员】** 2010年2月10日上午,市长李伟一行冒雨来到市政府网站,亲切看望慰问全体工作人员。李伟充分肯定政府网站在过去的一年里,紧紧围绕市委、市政府中心工作,在推进政务公开、加强政民互动、宣传推介兴化、引领网上舆论、鼓劲造势等方面发挥重要作用。李伟说,兴化政府门户网站是全市对外的一个重要窗口,是党和政府通过网络联系广大人民群众的重要平台,是兴化走向世界、走向未来,扩大海内外知名度的重要桥梁,是宣传党的方针政策,凝聚社会共识,传播文明的重要媒体,社会关注度高。李伟殷切希望政府网站全体工作人员,要牢记使命,在新的一年里,以科学发展观为指导,进一步创新工作理念,围绕市委市政府工作中心,围绕创建透明型政府、打造服务型政府、营造民主型政府的目标要求,踏实工作,再创佳绩。以凝聚人心,激发干劲,为加快全市全面达小康、建设“富庶兴化、生态兴化、文化兴化、和谐兴化”进程作出新的更大的贡献。 (陆彩萍)

# 邮　　政

**【邮政概况】** 2010年,兴化邮政实现邮政业务总收入8143.85万元,全面完成跨越发展指标,同比增长16.38%,累计完成收支差额782万元。从三大板块业务收入结构看,邮务类、速递物流类和金融类业务占邮政总收入的比重分别为32.6%、2.7%和64.7%。

**【业务发展】** 代理金融业务做大规模,提高效益。在2009~2010年金融业务跨年度竞赛活动中,邮政金融总余额累计净增4.3亿元,完成率列全区第一;活期余额累计净增2.6亿元,净增额列全区第一,同时是全区唯一完成跨年度竞赛各项指标的单位。在全省60亿专项营销活动中,该局获得累计销量全省第六的好成绩。

邮务类业务稳健发展。函件业务积极发展数据库商函、中邮广告业务;报刊发行业务在做好常年收订的基础上,以高费率、刊物类报刊为重点,主抓校园市场和主题营销项目;集邮业务充分调查本地消费市场,采取因地制宜的营销方式,开展邮币册营销竞赛活动,开发销售上海世博会等相关集邮产品;分销业务以规模促效益,集中优势、做优品牌,“思乡月”、“大富豪”啤酒配送等项目效益显著。电子商务业务开展短信业务跨越发展劳动竞赛活动及电子商务代理航空机票业务等重点项目;国内包裹业务借助“假日经济”和家乡土特产品的营销,有针对性地开展营销活动;在抓好常规包裹业务发展的同时,紧紧把握“爱心包裹”业务,有效拉动国内包裹业务量的增长,在全区率先完成目标计划,计划完成率位居全省第四位。

**【基础管理】** 深入推进全面预算管理,合理配置资源。引导推动专业业务结构调整;全面推进损益核算的实质性运作,强化资金的集中管控、成本费用的集中管理及预算管理。加强项目实施的过程控制,形成科学完善的项目管理机制,确保实施效率和项目效益。实施“双定”标准和细则,降本增效和减员增效做出了实效。通过调整网点对外营业时间,实行梯形排班法、动态排班,城区投递实行以“增量、增收、不增段”等创新盘活途径,不断提升工时利用率和劳动生产率;通过压缩生产辅助人员,充实基层营销队伍。优化人力资源配置，严格执行劳务人员准入制度，规范在岗聘用工管理；建立岗位工资正常调整机制和劳务工薪酬标准，全面推动绩效管理工作，易岗易薪得到有效执行。继续加大支局、所规范化改造，先后对10个营业网点进行标准化改造，所有支局、所统一安装门前电子显示屏，并对部分技防、物防设施进行更新，提高网点安全防范能力。

**【能力建设】** 坚持以服务赢得市场，以服务创造价值，进一步规范提高服务水平。开展"'五心'服务 绿苑如家"品牌创建月活动，通过组织开展自查自纠、教育学习、测评检查、总结评比等措施，窗口营业和投递人员的服务技能、服务效率、服务水平和服务态度都有显著提高。员工整体素质不断提升，全年共有145人参加相关工种职业技能鉴定考试，合格率达36.7%，全局持证率达到66.4%，178名同志取得双岗证书。举办邮储、保险、函件、报刊等重点业务培训24期，参培人员达到976人次，员工履岗能力得到明显增强。

**【"梅兰竹菊"特种邮票首发仪式】** 10月18日，中国邮政集团公司发行《梅兰竹菊》特种邮票，兴化局借助这股"东风"，做大做强"首发式"经济。充分挖掘其中"竹"与"梅"邮票原画作者兴化籍人郑板桥和李鳝的人文价值，结合地方实际，联合市政府、省集邮公司发行以"文化让兴化更美好"为主题，分高、中、低三档的《清风流韵》、《楚水文韵》纪念邮册和《邮票首发式纪念》卡书等系列专题邮品，极大提升邮政企业在地方的社会影响力，销售收入达到200多万元，实现经济效益与社会效益双丰收。（裴丽丽）

《梅兰竹菊》特种邮票首发仪式

## 中国电信股份有限公司兴化分公司

**【网络支撑】** 工程建设以提高宽带网络质量为中心，组织开展"宽带提速"和"光进铜退"两大竞赛活动，共新建宽带接入点307个，调配板卡4000多线，为公司宽带业务的发展提供有效支撑。移动建设方面，完成室外宏站14个，"滴灌点"建设23个，并对330个性能劣化的天线进行更换，有效提高移动网络的信号覆盖，为3G业务的发展奠定良好基础。

**【队伍建设】** 抓好一线员工队伍建设，通过职业生涯管理系统，关心、帮助和指导员工设置和实施职业生涯发展规划；通过教育培训体系帮助员工提升能力；通过关键业绩贡献管理体系调动员工的积极性。抓好支局长队伍建设，一方面根据省、市公司要求，从收入规模、增幅贡献、服务质量等多维度进行综合考评；另一方面积极选拔支局长后备人员，充实专业人员到支局工作，形成人才梯队。抓好管理人员队伍建设，一方面通过关键业绩管理提升管理人员积极性，通过培训提升管理人员素质，通过专项活动效率评估提升管理人员的责任感和使命感；另一方面通过廉政教育提升管理人员和关键岗位人员廉洁从业意识。

兴化电信预防职务犯罪法制讲座

**【电信服务】** 大力倡导"全员服务"理念，将服务转型视为一项基础工作，深入推进"通畅"、"活力"、"会聚"三大工程，完善服务流程，强化服务管控，扎实推进公司、部门、班组、岗位四级服务管理体系建设。坚持以客户体验和感知为导向，合理分工，互相协作，持续提升基础服务水平，实现全程全网运作、全员共同参与、共同承担责任。全面聚焦客户需求，不断优化产品体系，切实加强与客户的沟通，通过服务转型三大工程的推进，进一步深化与社会关键面的战略合作，努力做到合作双方内部实力和外部形象同步提升，推动满意度提升、忠诚度提升和服务口碑提升，营造良好的社会氛围。（张 毅）

## 中国移动通信集团江苏有限公司兴化分公司

**【移动公司工作概况】** 2010年，中国移动通信集团江苏有限公司兴化分公司以为客户创造价值为中心，实施业务和服务的领先战略,以市场为导向,以满足客户需求为出发点,实现企业效益的不断提高。目前已成为兴化地区最大的通信企业运营商,被江苏省精神文明指导委员会授予“2007～2009年度江苏省文明行业”,被省消协授予“诚信单位”,省物价局授予“江苏省价格诚信单位”,被中国移动集团江苏有限公司、中国移动集团有限公司泰州分公司分别授予“先进集体”,被泰州市委、市政府授予“文明单位标兵”,泰州市级“服务质量奖”、泰州市“先进职工之家”,被兴化市人民政府分别授予“服务业先进企业”、“优秀示范窗口”等荣誉。

**【通信建设】** 全年投入通信资金2300万元,用于基站、管道建设,共新建基站43座。管道建设总长度达168公里,光缆皮长2115公里,杆路达1132公里。在网优建设方面,公司打造精品网络和保持技术领先为宗旨,加快基站建设,进一步提高网络覆盖率,累计建设基站共371座,所有基站都用上自己的传输线路,进一步加大网络CQT及DT的测试频次,通过网络维护代维的方式,努力强化网络运行质量和覆盖效果。

**【通信服务】** 在窗口服务上,开展一系列“满意100”的活动,根据不同时期开展“比服务水平,比业务技能,比客户满意”,引入先进的服务方式,通过第三方“神秘顾客暗访制”等手段,不断强化和提高窗口服务水平。在大客户服务上,建立大客户经理和集团客户经理服务制,开通绿色通道,提供“三优服务”,不断提高服务内涵和服务层次。公司除在城区建有3个主营业厅和农村乡镇开办39个自建营业厅外,还在城区和农村乡镇建有143个统一标准的移动指定专营店,进一步提升服务水平。 (段 建)

## 中国联合网络通信有限公司兴化市分公司

**【联通公司工作概况】** 2010年,兴化联通紧抓经营发展主线,通过发挥WCDMA制式的3G网络优势;利用苹果iPhone等智能终端产品的应用优势;强化家庭宽带的网速优势;挖掘无线固话的便捷优势等一系列有力举措,有效提升公司综合业务发展水平。公司设立综合部、营销服务部、集团客户部和建设维护部4个部门,有员工89人,公司共有自建营业厅13个,合作营业厅63个,便利店150多个。

**【市场经营】** 兴化联通坚持以客户需求为导向,不断提升客户满意度,通过市场细分,大力开展移动通信业务的同时,加快固话业务、宽带业务、互联网接入及应用、数据通信、视频监控、家校通、商务总机及增值业务等综合电信业务的发展。同时,公司紧抓3G发展契机,成功推出无线上网、手机电视、手机音乐、可视电话、手机报、手机邮箱、手机搜索、即时通信等3G特色服务。在突出WCDMA的终端、技术、网络、应用等四大优势的同时,展现公司3G服务的优质性、差异性与独创性。年末拥有固网、宽带用户数2万户、移动用户数10.8万户。

**【工程建设】** 兴化联通全年共投资2400万元,新建通信基站64座、室内分布系统32个、新建各类传输设备65套、新铺设光缆260千米,投资50多万元开展网络优化工作,实施网络翻频、天馈线整治,整合网络资源,提升网络通信质量,保障经营发展需要。

**【客户服务】** 公司在服务上大力推行“客户呼声是第一信号,客户需求是第一选择,客户利益是第一考虑,客户满意是第一标准”的服务准则;积极参与全市放心消费创建工作,严格遵循向社会公开做出的八项承诺,精确维系,贴心服务,制定“产品创新服务领先”的服务战略;重点推出“全国一卡充”、“全国统一网上营业厅”等在客户中反响强烈的客户服务平台。与此同时,公司积极参与市作风办开展的机关作风建设活动,进一步改进工作作风,提升服务质量。 (严陈斌)

## 无线电管理

兴化市无管办认真贯彻执行《中华人民共和国无线电管理条例》、《江苏省无线电管理条例》,认真履职,扎实工作,切实加强无线电管理工作,为经济发展服务,为设台单位服务,无线电管理事业健康有序发展。配合泰州无管办开展清理违法对讲机联合行政执法月活动、台站数据清理核查工作,对设台单位进行监测和管理。配合泰州无管办做好重点时期无线电保障工作,联合公安、广电等部门开展防无线电非法插播应急演练,提高应急快反能力,确保社会安全稳定。 (毛文敏)

# 基础设施

## 交 通

【交通概况】 至2010年底,全市公路总里程达2522.72公里,其中高速公路53公里,一级公路115.73公里,二级公路578.02公里,三级以下公路1776.33公里。等级公路密度由“十五”末的1公里/平方公里上升为1.05公里/平方公里。

全市共有航道53条,总里程961.82公里。三级航道62.03公里,四级航道42.69公里,五级航道31.42公里,六级航道90.65公里,七级航道246.23公里;等外级航道41条,488.8公里。

全市现有一级车站2座(安达车站、戴南汽车站),等级车站30个。全市交通运输业发展迅速,共有各类客车525辆,开辟北京、深圳、沈阳、成都等超长线路。全市35个乡镇均开通农公客车,11个乡镇通上农村公交车;全市拥有城市公交车106辆,城市出租车420辆,拥有营运货车4548辆,道路特种货物运输公司1家。全市共有水运资质企业28家,拥有水上营运船舶3724艘,127.73万载重吨。全市运输辅助业迅速兴起,共有汽车维修一、二类企业36家,摩托车等专项修理业户80家,有A级汽车综合性能检测站1家;驾驶员培训学校6家,教练车281辆。

兴化野行大桥主体工程

【交通工程建设】 完成大周公路、张周公路路面主体工程和安保工程。233省道兴化西北绕城段改扩建工程方案设计通过省公路局审查,初步设计获得省发改委批复。放大戴南、张郭效应,开工建设新张公路,完成中桥和60%的路基土方。服务大周公路沿线群众,开工建设林湖和竹泓连接线。策应徐马荒和乌巾荡风景区旅游开发,开工建设西横公路和乌巾荡公园公路;改善千岛菜花节通行环境,实施缸西公路改造工程。实施117个通达项目126.6公里,建成农村公路桥梁89座。积极筹建汽车客运总站,设计方案已获省市审查通过。野行大桥完成主桥与东引桥,完成合陈朱元大桥,钓鱼文远大桥完成下部结构灌注桩。

【道路客运改革】 按照“先农公、后公交、再出租”的改革步骤,加强道路客运经营主体的优化整合,推进公司化经营。

举行40辆城市豪华公交车投运仪式

农村客运改革率先启动,整合成立亨通运业有限公司,注册资本由原来的68万元增至1000万元,更新投放180辆新型公交车;同时通过推进镇村客运通达兼顾学生运输,初步构建学生乘车安全网。

大力实施“公交优先”发展战略。40辆豪华空调公交车更新到位,推行智能化管理,实现市县联网城市公交一卡通服务;突出惠民便民,70周岁以上老年人实现免费乘坐城市公交。

积极稳妥推进出租车改革,4家出租汽车公司实现抱团发展,民生出租汽车公司挂牌成立,首批60辆出租车投入运营。通过深化改革,人民群众的出行环境得到有效改善。

【公路管理养护】 实施兴泓公路、兴沙公路、陈张公路、农业示范园连接线等几条主要县道全线维修,对昌合公路桥头、兴西公路坑塘等重点病害进行处治。对发现的病害隐患,加强预防性养护,特别是沥青路面纵横缝进行灌缝处理。完成农村公路道路和桥梁数据库更新。加强对县道小修保养工程的组织领导,强化对各乡镇农村公路管养现场巡查,严格考核,基本达到"畅、洁、绿、美、安"。

【工程质量监督】 全面推行项目施工和监理招投标制,建立健全招投标监管网络,加强对交通建设市场招投标活动的监督管理,进一步规范招投标行为。对全市重点二级化公路改造项目,乡镇负责实施的农村公路大、中桥梁,县道以上项目实行质量监督全覆盖;乡镇负责实施的农村公路项目与农路办配合,定期对项目进行质量监督检查,确保工程始终处于受控状态。

【交通法制建设】 以组织推进"规范执法提升年"活动为抓手,以规范执法、文明执法为重点,全面落实交通依法行政各项措施,依法行政工作取得明显成效,行政权力网上公开透明运行工作有序推进。全年共办理交通行政处罚(处理)案件2764起,没有发生被行政复议变更、撤销和行政诉讼败诉案件,被兴化市政府确定为全市依法行政示范点。

【行业管理】 圆满完成节假日和新兵运输、学生学业水平测评和中考、高考运输保障任务。精心组织春运期间"维稳定、保畅通"运输市场整治,先后开展打击黑车"春雷行动",交通营运秩序整治活动,冬季黑车整治百日行动,严厉打击非法营运黑车和电瓶三轮车,规范运输经营行为。共检查车辆32458辆次,查处违章案件1232起,其中黑车451辆,维护运输市场秩序稳定。开展1000公里通航水域全面安全大巡查,积极做好世博水上安全监管工作。认真做好船舶吨位复核、复丈工作,开展昆山驻点服务。积极做好水上重大活动安全监管工作,成功处置"2·8"硫酸船沉没事故。开展路域环境集中整治活动8次,清除马路市场3处,清除路障5813立方米,清除流动摊点124处,清除非标悬挂物222块,拆除广告标牌149块,通过整治提升公路通畅水平,改善路域环境开展五次安全大检查活动,共查处安全隐患10多处,及时进行整改,修复防撞护栏37块、立柱26根、支架83个、标志3套,新增警示桩68根,确保道路安全畅通。强化航道巡查,巡查里程25200公里。全年办理航道行政许可15件,查处违法案件8件,查处航道违法取土6起,完成航道扫床53条1234.1公里。

冬季黑车百日整治行动

【安全监督管理】 以"创建平安交通示范点"、"安全管理提高年"活动为载体,不断创新"责任全覆盖、监管全覆盖、保障全覆盖"的新举措,切实加强安全机制、安全能力、安全队伍"三项建设",严格执行安全生产定期检查制度、安全隐患整改督办制度、安全生产例会制度、安全奖惩制度等四项制度,落实安全生产行政首长负责制、安全生产"一岗双责"制,安全责任体系进一步健全。深入开展安全隐患治理专项行动,隐患治理长效机制逐渐完善。科技兴安进一步加强,长途客车、危化品运输车船装配GPS,GPS监控中心运行良好。安全管理力度进一步加大,水上安全专项整治、危化品运输监管成效显著。实现无重大客运交通事故,无重大沉船事故,无火灾爆炸事故的工作目标。

*(汤 澎 杨海斌)*

## 水 利

【水利概况】 围绕全市经济社会发展大局,努力践行可持续发展治水思路,在农村水利建设、农村饮水安全工程建设、水环境整治等方面,都取得显著成效。全市水利建设呈现项目增多、投资增大、发展加快的良好势头,水利服务经济社会的能力进一步提升。全年完成土方1083万立方米,实现水利建设投资28880万元。

【水利规划编制】 按照江苏省水利厅和泰州市水利局统一部署,配合扬州大学设计院编制完成《兴化市农田水利规划》,并于年末通过泰州市水利局评审;编制完成《兴化市2011～2012年农村河道疏浚规划》,已通过省水利厅审查;编制《兴化市水利发展"十二五"规划》,已形成讨论稿,待征求社会各界意思后定稿;编制完成《兴化市小型农田水利重点县建设方案(2011～2012年)》,

并按要求进行申报。按照上级要求，编制完成《兴化市2009年度中央财政新增农资项目建设方案》和《兴化市2010年度小型农田水利专项工程建设方案》以及实施方案，并均已申报成功。同时，结合南水北调里下河水源调整卤汀河拓浚工程的实施，对卤汀河城区段防洪工程项目进行规划。

**【农村水利】** 疏浚县级河道4条，工长61.5公里，土方185万立方米；疏浚乡级河道47条，工长178.1公里，土方307万立方米，占计划任务的104.8%；整村推进完成118个行政村村庄河道疏浚，完成土方426万立方米，占计划任务的106.5%。加修圩堤193公里，完成土方165万立方米。全年新建和改建圩口闸75座。新建和改建排涝站64座/84台，新增和改善排涝能力153立方米/秒，占计划任务的153%。

**【农村饮水安全工程建设】** 6月，对2008年实施的合陈、永丰、戴窑、戴南2个片区4个乡镇的农村饮水安全工程，邀请市发改委、财政等部门参加对工程进行完工验收，基本认定为合格。对2009年实施的安丰、昌荣、老圩、新垛、大营、沈坨、茅山、荻垛、张郭、陶庄等4个片区10个乡镇的饮水安全工程，克服战线长、分布散、工程量大和开工时间迟等困难，切实加强组织领导、业务技术指导和标准质量监督，于6月基本完工，共安装管道560公里，新建增压泵站10座，工程总投资1.189亿元，可解决24.39万人饮水安全问题。

农村饮水安全工程

按照市委、市政府相关会议及文件精神，要求将供水主管道从原计划铺设至行政村改为延伸至所有自然村，农村饮水安全工程建设领导小组决定利用节余资金实施2009年农村饮水安全二期工程，工程共铺设各类管道102公里，总投资1070万元，已于2010年7月完工。根据上级批复，实施周庄、陈堡、大垛、林湖、竹泓、开发区、沙沟、海南等8个乡镇农村饮水安全工程，从9月初开工建设至年末基本完成，共铺设各类管道367公里，新建增压泵站5座，总投资7299万元。启动学校饮水安全工程。根据上级部门安排和批复，2010年实施的周庄、陈堡、大垛、林湖、沙沟、海南、竹泓、开发区、张郭、戴南、缸顾、李中、周奋等13个乡镇的学校饮水安全工程，正在组织施工，可解决3.93万师生的饮水不安全问题。

**【水环境整治】** 为完成市委、市政府提出的三年基本解决全市水环境问题的总体目标要求，市委办公室、市政府办公室于3月上旬联合发布《关于深入开展水环境综合整治活动的实施意见》，明确时间安排、区域分工、资金保障等方面的具体要求，决定成立东南、东北、西北、西南四个督查验收组，落实各组的牵头责任部门，坚持验收标准，每季度对主要骨干河道、道路交通视野范围内的水环境开展一次督查，严格奖补政策。市纪委、监察局分别于3月底和9月底对全市水环境整治情况进行效能监察。各乡镇普遍成立水环境保洁公司，实行市场化运作，专业督查指导小组加强检查督促，做到突击整治与长效管理相结合，取得较好整治效果。据不完全统计，全市共清理市、乡级骨干河道162条，833公里，生产河村庄河道1.6万多条，畅通水系，改善水质。

清理水面漂浮物

**【南水北调里下河水源调整卤汀河拓浚工程】** 11月25日，江苏省南水北调办公室在兴化召开南水北调里下河水源调整动员大会。会议由省水利厅厅长吕振霖主持，省水源公司董事长、总经理邓东升，泰州、扬州、淮安、兴化市相关负责人出席。兴化市卤汀河沿线乡镇负责人，建设管理单位和部分施工单位负责人以及兴化水务系统职工等参加会议。国家南水北调办公室主任、水利部副部长鄂竞平，江苏省委常委、副省长黄莉新先后讲话，标志着工程建设开始启动。

由山东水利工程局中标承建的河道拓浚5标（周庄江孙村至陈堡宁乡村，涉及两个镇6个村庄）的9.8公里的河段,包括8个排泥场施工及影响工程,河道疏浚土方约250万立方米及相关驳岸工程,施工单位已进场组织排泥围堰的施工。

**【中小河流治理】** 按照中央拉动内需的战略,2010年中小河流治理工程主要包括三个项目:一是白涂河治理工程,从城区白涂河大桥至垛田镇跃进河段,疏浚河道5.2公里,复堤5.4公里,兴建挡洪墙1.1公里,拆建排涝闸站1座,核定工程投资1651万元。该项工程经过前期准备已完成招投标工作。二是上官河临城段治理工程,疏浚河道5.2公里,填筑堤防7.42公里,投资2797.29万元。该项工程堤防结合城市防洪工程建设基本完成,河流疏浚将纳入卤汀河整治工程一并实施。三是兴姜河茅山段整治工程。兴姜河是兴化至姜堰的航道河。兴姜河茅山段整治主要是河岸保护范围内进行绿化护坡,穿越集镇及村庄河道采用块石驳岸进行护坡。前期招标的200米防洪驳岸在完成底板基础打桩以后已实施浇筑。

南水北调里下河水源调整工程建设动员会议

**【工程建设领域专项治理】** 按照泰州市水利局和兴化市纪委的部署,开展水利工程建设领域专项治理,重点对在建的城市防洪工程、农村饮水安全工程、沿运灌区(兴化片)续建配套改造工程进行检查,检查内容主要包括项目立项、招标投标、工程监理、安全施工、工程变更、资金拨付等环节。通过检查,发现普遍存在着监理招标、安全台账、征用地手续、设计合同、环境影响评价等方面不够完善,分别按照要求进行补充和完善。 (王树生)

## 电 力

**【电力生产概况】** 2010年,全市电力企业3家,总装机容量7.95千瓦。其中:江苏兴达钢帘线股份有限公司热电厂装机容量5万千瓦时,年发电量1.43亿千瓦时,年供气量57.5万吨;兴化热电有限责任公司装机容量2.4万千瓦;兴化中科生物质发电有限公司装机容量0.55万千瓦。 (魏 国)

**【电力供应概况】** 2010年底,全市现有220千伏变电站5座、主变11台/180万千伏安;拥有110千伏变电所16座,主变28台/139.95万千伏安;拥有35千伏变电所12座,主变24台/26.55万千伏。220千伏线路15条/303.466公里、110千伏线路39条/395.926公里、35千伏线路46条/357.624公里、10千伏线路291条/3954.454公里。2010年,兴化供电公司累计供45.8566亿千瓦时,同期增长22.23%。全社会用电量46.3126亿千瓦时,同比增长21.96%。

兴化市第一座110千伏用户变电所

**【电网工程建设】** 2010年,兴化电网基建投资34824万元,完成220千伏同济变2号主变扩建工程、220千伏帅垛输变电工程及扩建配套工程、110千伏戴泽变2号主变扩建工程、110千伏堡东变3号主变扩建工程、35千伏获垛变升压输变电工程;110千伏英武输变电工程、110千伏唐获(罗么)输变电工程将于近期投运;开工建设35千伏钓鱼、史堡、薛鹏变升压工程。配网投资19205万元,完成配网工程项目1546个。

**【迎峰度夏和世博保电工作】** 2010年,兴化市供电公司认真做好迎峰度夏和世博保电工作,认真编制落实有序用电方案;加强设备巡视和运行维护,优化电网运行方式,增强供电能力和可靠性;编制详细的保供电方案,集中力量解决低电压问题,进一步提高城乡居民的用电质量,确保迎峰度夏和世博会期间的电网安全稳定运行。

(申祝存)

# 经济管理

## 发展计划管理

**【经济运行概况】** 2010年,在中共兴化市委领导下,全市上下认真贯彻落实科学发展观,积极应对挑战,紧扣"务实抓转型,全力达小康"工作主线,大力实施"工业强市、生态立市、人文兴市"战略,全力推进各项工作,较好地完成市十四届人大三次会议确定的各项主要目标。全市实现地区生产总值387.24亿元,增长13.6%。其中一产增加值64.51亿元,增长4.7%;二产增加值173.02亿元,增长16%;三产增加值149.58亿元,增长14.5%。全市完成全社会固定资产投资239.24亿元,增长34.3%。其中第一产业投资额11.94亿元,增长41.0%;第二产业投资额146.58亿元,增长37.5%;第三产业投资额80.72亿元,增长28.0%。全年完成招商引资额44亿元,完成目标的110%。实现协议利用外资2.6亿美元,实际利用外资1亿美元,分别增长46.5和29.9%。完成自营出口额3.1亿美元,增长74.6%。全市供电量46.31亿千瓦时,增长22.0%;用电量46.5亿千瓦时,增长21.9%,其中工业用电量39.1亿千瓦时,增长21.9%。

**【规划编制】** 发展规划编制是发改委一项重要职能。市发改委细化"十二五"规划编制方案,制定推进工作计划,明确工作要求和完成时间,落实责任单位。根据规划编制总体的要求,起草完成全市"十二五"规划框架思路报告(征求意见稿),并在征求领导及各相关部门意见的基础上,不断进行修改和完善。同时,积极做好与省、泰州市"十二五"规划思路的衔接,对前期乡镇、部门上报的"十二五"期间拟实施的重点工程项目,做进一步的梳理、分类、汇总。"十二五"规划时间跨度为2011～2015年,空间布局覆盖全市,人口规模覆盖所有常住人口,内容涉及"十二五"规划基本思路和现代农业发展、先进制造业发展、现代服务业发展、科技进步和自主创新、重大项目建设、开放型经济发展、城市化与城镇体系建设、新农村建设、生态建设与环境保护、财政发展、就业和社会保障事业发展、人才发展、公共安全体系建设等25个专项规划,具体规划已经通过省有关专家评审,并经市"两会"讨论通过。

**【项目审核报批】** 2010年,市发改委窗口共审核、备案项目750个,总投资218.9亿元;其中政府投资247个,计划投资36.9亿元;工业项目417个,计划投资140亿元,其中外资4个,计划投资2.06亿元;房地产86个,计划投资42亿元。总投资过5000万元政府投资项目21个,有戴南生活污水处理工程、交通局汽车客运总站、开发区工业污水处理厂等项目。工业项目超亿元的有23个,如开发区江苏德创制管有限公司大直缝埋弧焊管、戴南镇江苏红阳全月机械制造有限公司精密铸造、机械加工、张郭镇江苏云开线缆有限公司特种复合线、昭阳工业园江苏泰峰精密机械有限公司齿轮箱、变速器、差速器等项目。13个超亿元的房地产项目,如市博源旅游发展有限公司乌巾荡温泉酒店、市联优房地产开发有限公司星海温泉公馆二期工程等项目。

**【项目争取】** 2010年,市发改委单独或会同其他部门共上争项目20个,争取到补助资金1.47亿元。其中中央投资9431.5万元,省级补助5288万元。严格按照要求,加大对新增中央投资项目的监督管理,建立项目库,按时上报项目实施情况,对发现的问题督促项目单位立即整改。多次接待上级检查组的检查工作,均受到好评。(陈晓祥)

**【经济社会发展调查研究】** 针对关系到兴化市全局性、战略性、机制性、结构性的问题,坚持深入调查研究,掌握第一手资料,科学分析,提出建议。为促进全市服务业转型升级出谋划策,撰写《理清思路、凝心聚力,力推兴化服务业转型升级》,被宏观经济观察杂志采用;赴苏州相关企业及泰州有关主管部门调研学习并形成《关于江苏大运交通运输股份有限公司与兴化市顺达道路运输有限公司合作重组的情况调查》,为推动全市道路运输整合发挥积极的作用;赴靖江调研形成《关于靖江市靖城镇撤镇设街道的报告》;依领导指示,为加快戴南不锈钢综合物流中心建设发展,撰写《构建专业特色物流体系,助推先进制造业发展》;为适应宏观形势,突出发展重点,对宏观经济形势作了调查并分析宏观走势可能对兴化市经济带来的影响，并就如何应对提出有深度的建议；定期对全市国民经济计划完成情况进行跟踪检查分析，按月度完成分析报告，准确反映全市经济运行质态，分析经济发展中存在的问题，及时提出合理化建议，为领导决策和部门工作提供参考。 (陈晓祥)

**【体制改革】** 2010年，全市最后一家国有控股企业兴化市热电有限公司完成改制重组，至此，全市列入统计的345家市属企业“三置换一保障”改革全面完成。市属经营性服务类事业单位改革继续稳步推进和调整完善。新一轮政府机构改革实施到位，政府工作部门由原来29个调整为24个。

市属企业改革 2010年先后有兴化热电有限公司和兴化市农业技术推广中心金属铸造厂实施“三置换一保障”改革，兴化市兽药厂依法实施破产，共置换职工身份302人，出让土地15.42万平方米，市热电有限公司由泰州市蓝天科技有限公司整体收购。 (孔繁国)

## 财 政

**【财政工作概况】** 2010年，全市财政总收入完成54.46亿元，比上年增长32.4%；地方一般预算收入完成21.13亿元，比上年增长33.71%。收入总量在泰州四市中列第3位，在全省列第21位。35个乡镇(含开发区)完成财政总收入45.51亿元，比上年增长49.9%；完成地方一般预算收入17.4亿元，比上年增长39.3%。有9个乡镇财政总收入超亿元，其中戴南镇财政总收入达16.7亿元，昭阳镇6.5亿元，开发区3.5亿元。2010年全市一般预算支出41.44亿元，比上年增长34.8%，其中教育、文化、医疗卫生和环境保护等支出增幅均高于一般预算支出平均增幅。

**【惠民政策】** 整合各项财税优惠政策，将优惠政策和资

乡镇财政部门兑付家电下乡财政补贴

金集中于优势产业，全年共兑付品牌奖励、开放型经济奖励、工业“111”工程和服务业“111”工程奖励、科技创新奖励等资金1890万元，办理增值税转型抵扣1.06亿元，再生资源企业退税7.39亿元，支持企业挖潜和技术改造资金2.63亿元，鼓励引导企业投资。认真落实各项惠民政策，年内累计拨付粮食补贴资金920余万元，推进兴化粮食集聚区建设。兑付粮食直补、农资综合补贴、良种补贴等资金1.65亿元。拨付国家成品油价格改革财政补贴、家电下乡、汽车摩托车下乡和家电以旧换新财政补贴8520万元，有力地扩大本市消费需求，推动经济健康发展。

**【上争项目】** 全年共向上争取产业调整和振兴、高效设施农业和农业产业化龙头企业等专项资金8750万元。向上争取重点技术改造、不锈钢特色产业、中小企业信用担保和财政支持农村金融等奖励资金6700万元，引导支持中小企业加快发展，促进经济转型升级。其中：争取财政支持农村金融奖励资金1900多万元，兴化市被财政部确定为全国20个财政支持农村金融工作定点观察县之一。

**【服务“三农”】** 加大对农村基础设施投入，积极实施中央财政小农水项目、农业综合开发土地专项治理和土地开发整理项目，新建农桥281座，改造危桥、险桥199座。着力培育区域性主导产业，努力打造“兴化(蟹田)大米、兴化大青虾、兴化大闸蟹、兴化香葱和兴化啤酒大麦”等特色品牌；扶持下圩镇优质稻米生产基地、安丰镇优质蔬菜高效设施栽培生产基地、小江北果蔬生态园和兴化大闸蟹生态养殖基地建设。积极改善农村生活环境，支持农村饮水安全工程建设，实施农村清洁能源建设工程，加大动植物防控、农产品质量建设的投入力度，确保农作物和食品安全。继续开展“一事一议”财政奖补试点和农业保险试点工作，提高村组织运转经费保障水平。

**【教育优先】** 完善和落实义务教育经费保障机制，免收义务教育阶段公办学校寄宿生住宿费，提高生均公用经费拨款标准，提标后达到小学每生每年450元、初中每生每年650元。补发2009年1～8月份基础性绩效工资5828万元，1～12月份奖励性绩效工资6816万元。为全市中小学校配备专职保安，安装技防设施，拆除重建28所学校88幢D级校舍。向困难学生发放扶困助学经费760万元，受益学生7711人。

**【社会保障】** 资助345个村建设劳动就业服务平台，开展多类型的创业贷款贴息工作，促进就业创业。积极推行新型农村社会养老保险制度，基本实现适龄农民参保和老年农民基础养老金发放两个“全覆盖”目标。提高困难

群体社会保障水平，未参保困难企业退休职工生活补贴从每月305元提高到345元，城乡居民最低生活保障标准分别从每月300元和170元提高到340元和210元，五保户供养标准分别从每年2400元和1800元提高到每年3000元和2500元。解决24900多名困难、破产和改制企业退休职工医疗保险问题，确保全市130万城乡居民参加城乡居民基本医疗保险。启动困难群体物价补贴机制，扩大补贴对象范围，有效缓解物价上涨对低收入群体基本生活带来的影响。对15个乡镇农村敬老院“关爱工程”项目和2万多户农村改厕工程给予足额补助。加大保障性住房建设支持力度。全年投资3.3亿元实施保障性住房建设项目12个，基本建成经济适用房1613套、廉租房110套、公共租赁房532套。

**【绩效管理】** 完善部门预算编制办法，调整公用经费定额标准，着力提高预算规范化、制度化、精细化水平；跟踪研究“扩权强镇”试点改革，高起点编制“十二五”财政发展规划。完善“乡财市管”模式，扩大乡镇国库集中支付范围，增加安丰、临城和大垛三个乡镇，实施乡镇国库集中支付。建立政府投资项目数据库，对城建重点项目委派财务监理。扩大专项资金预算绩效目标管理范围，制定绩效管理办法，强化绩效管理结果应用，对旅游专项资金、路灯资金、省农村留守儿童宿舍建设和农村公益事业“一事一议”财政奖补等项目支出，开展绩效评价。

**【招标采购】** 市财政局招标办围绕“打造阳光招标、发展和谐采购”目标，依法规范招标采购行为，全年进场交易的工程、货物及服务类项目标的总额24.29亿元，实际成交21.1亿元，节约资金3.19亿元，节约率13.13%。在全省建设工程招投标工作考核评比中，兴化市被表彰为2009～2010年度先进集体。

**【财政监督】** 开展财政收支监督、会计监督和内部监督，加大重大财税政策实施情况检查力度。建立完善财政监督信息披露和公告制度。对12个市直单位、6个乡镇财政财务和会计法执行情况进行检查，对104个党政机关及其所属728个事业单位进行小金库专项治理工作回头看，巩固专项治理成果。审结工程项目151个，审结金额8448万元，核减率15%。 (孙云满)

## 国　　税

**【国税工作概况】** 2010年，全市国税部门组织国税收入30.76亿元，比上年同期增收8.06亿元，增长35.51%，完成泰州市局年度考核计划25.44亿元的120.91%。入库政府口径“三税”收入22.5亿元，同比增收4.5亿元，增长25.05%，完成市政府目标22.5亿元的100.04%。国税收入占财政收入的比重继续列泰州四县(市)第一。

**【依法治税】** 征管基础工作得到进一步加强。通过加强登记信息核对管理，清查漏征漏管户368户，有效堵塞税收漏洞。着力推行“双层架构，团队管理”新模式，淡化责任区意识，实现由“属地管理”管户制向“分类、分行业管理”管事制的转变。严格普通发票管理，加大非增值税单位报销发票的数据采集力度，核查出一批“大头小尾”、假票、“克隆票”，并对违法事实严重的纳税人实施稽查和移送公安处理，遏制普通发票涉税违法行为的频繁发生。切实把好“票据流”、“实物流”、“资金流”三关，固定资产进项抵扣审核中转出进项119万元。机关与基层互动的风险应对模式成效明显，发现存在涉税问题的企业78户，其中补税100万元以上的1户，补税50万元以上的5户，补税10万元以上的18户，风险应对中问题发现率达66.7%。6批风险管理重点任务所涉及的企业自查补缴税款1026.2万元，户均补税达8.66万元。

**【纳税服务】** 年内，市局组织开展“百户企业集中服务”活动，对6户重点企业进行逐户调研，针对各企业不同的情况进行有针对性的差别化服务，累计上门服务31户次。在充分调研的基础上，将注销税务登记、非正常户认定以及增值税一般纳税人资格认定等39项县(市)局审批事项全面授权分局处理，市局通过征管信息系统加大监控和考核力度来保证涉税事项审批的合法性，减少纳税人多头跑、多次跑的不良现象，有效降低纳税人纳税成本。组织第19个税收宣传月活动，鼓励分局按照责任区所辖区域建立企业负责人、财务会计的移动飞信群，用好用足飞信平台，及时向纳税人发送最新的税收法规政策，及时向纳税人发送纳税提醒信息，在税收宣传、政策辅导上实现零费用、零距离、零时差、无纸化。大力发挥“12366纳税服务热线”的作用，积极支持纳税人使用“12366热线”，在税收法规政策宣传、纳税辅导上

税收宣传月为纳税人解读税收政策

有了新突破。 (王　萍)

## 地　税

【地税工作概况】 2010年,全市地税系统坚持以组织收入为中心,从提升税收增量、优化税收结构入手,大力实施科学化、精细化管理,建立健全税收分析、税源监控、纳税评估和税务稽查"四位一体"互动机制,累计组织各项收入21.15亿元,同比增长29.46%,实现一般预算收入11.46亿元,占全市一般预算收入的54%,圆满完成市委、市政府和泰州市地税局计划收入任务。

2010年兴化市地税局地方税(费)收入情况

表17

| 序　号 | 项　　目 | 金　额(万元) | 比上年增减(%) |
|---|---|---|---|
| 1 | 总　　计 | 211530 | 29.46 |
| 2 | 一、税收收入合计 | 125272 | 32.46 |
| 3 | 其中:省级 | 5271 | 15.26 |
| 4 | 市县级 | 120001 | 33.33 |
| 5 | 1.营业税 | 50294 | 29.34 |
| 6 | 2.企业所得税 | 20560 | 49.16 |
| 7 | 3.个人所得税 | 18365 | 23.86 |
| 8 | 4.资源税 | 821 | -9.28 |
| 9 | 5.城市维护建设税 | 14184 | 21.02 |
| 10 | 6.房产和城市房地产税 | 3533 | 7.22 |
| 11 | 7.印花税 | 2579 | 37.84 |
| 12 | 8.城镇土地使用税 | 6301 | 24.40 |
| 13 | 9.土地增值税 | 8196 | 108.07 |
| 14 | 10.车船税 | 439 | 56.23 |
| 15 | 11.契税 | 8028 | — |
| 16 | 12.耕地占用税 | 1846 | — |
| 17 | 二、教育费附加 | 8029 | 26.84 |
| 18 | 三、文化事业费 | 121 | 55.13 |
| 19 | 四、社会保险费 | 60313 | 23.03 |
| 20 | 五、各项基金收入 | 7921 | 37.59 |

【纳税服务】 积极参与市政府"创业超市"工程,主动接轨市委、市政府经济战略,加强政策调整、财税改革、热点产业对地方经济和地方税收的影响因素预测,从落实税收优惠政策、提供个性化服务等方面为企业解决一些突出问题,帮助企业走出困境、自强发展;强化服务机制建设。建立健全包括政策咨询与辅导、办税程序与环境、信息发布与管理、权益维护与保障等内容完整的"亲民税务"服务制度体系,加强权力的公开透明运行,接受社会各界监督;全面推广网上CA申报,确保税款实时划缴;加大税法宣传力度,围绕"税收·发展·民生"主题,以《行风热线》、《在线访谈》、《经济视点》、《热点聚焦》等媒体栏目活动为平台,相继开展"亲民税务行"、"纳税人维权360度"等系列活动,宣传税法知识,维护纳税人权益。

【依法治税】 加强税源监控,对全市工业100强重点骨干企业和三产服务业30强企业进行税源监控,加强对不锈钢、脱水蔬菜、建筑、房地产、交通运输、财产拍卖等重点行业税负预警和税负分析,及时实施评估检查,强化管理,堵塞税收漏洞;规范税收管理,对全市建筑安装工程实施精细化管理,适时开展土地增值税清算,确保耕地占用税和契税征管职能划转工作无缝对接,加强对办理产权证环节实行"先税后证"控管,促进房地产业标准化、规范化、一体化管理;加大稽查力度,着重对房地产行业、减免税企业、亏损较大的企业、历年检查发现问题较多的企业进行稽查。全年共查补税收收入达5000多万元,同比增长110%。 (戴中海)

地税人员向广大纳税人和公民宣传发票相关知识

## 审　　计

**【审计工作概况】** 全年实施审计项目单位166个,查出违纪违规金额14520万元,管理不规范金额26846万元,归还资金渠道1.4亿元,收缴市财政528万元,工程审计核减10941.18万元;为各级领导提供审计报告、信息210篇;向纪检及相关部门移送案件线索52件,已立案查处8件,为维护财经秩序、促进经济健康发展发挥积极作用。

**【财政预算执行审计】** 坚持"揭露问题、规范管理、促进改革、提高绩效、维护安全"的审计思路,从传统的揭露和查处问题,向注重揭示体制、机制、制度层面问题转变,积极关注财政绩效审计工作,不断拓宽审计的覆盖面,以"同级审"为笼头,统筹预算执行、专项基金、固定资产投资、领导干部经济责任审计等工作,努力构建财政审计大格局。全面审计2009年度财政预算收支执行和其他财政收支情况,摸清预算编制、管理、执行及结果,揭示财政收支管理中存在的突出问题,并针对审计中发现的部分预算收入未能缴库纳入预算管理、编制的支出预算与实际指标下达不一的矛盾、部分超财政供养范围安排经费、个别专项资金结余未使用以及政府性债务管理中存在的问题,提出审计建议。受市政府委托,局主要领导在第十四届人大常委会第十八次会议上作了《关于2009年度兴化市本级财政预算执行情况及其他财政收支的审计工作报告》,受到市四套班子领导的高度重视;市人大常委会在充分肯定的基础上,专门作出2010年第2号审议意见,市政协听取并协商《审计情况报告》后也提出具体建议。

**【专项资金审计】** 围绕新农村建设、社会保障、环境保护以及涉及群众切身利益问题,加强对专项资金的审计,着力检查资金管理、使用情况和政策措施落实情况。组织实施财政支农项目资金绩效审计,派出4个审计小组对全市35个乡镇及开发区"十一五"期间中央、省和地方配套的农业综合开发项目、小农水项目资金、现代高效农业项目资金、涉农补贴资金等使用、管理和核算情况进行专项审计。审计调查发现,部分乡镇财政支农资金使用不规范、管理不力、监管不到位,查出违纪违规资金2.29亿元,收缴市财政86.47万元,作出《移送处理书》29份,移送案件线索46条。实施兴泰路扩建工程专项补偿资金审计。根据市政府专题纪要,对兴泰路沿线8个乡镇发放各类补偿款情况进行审计,发现少数乡镇未能严格执行补偿标准,补偿资金滞留乡镇财政2215.55万元,部分乡镇多报土地压废面积4.86公顷、挖废面积15.95公顷,多争取补偿资金245.92万元,部分村使用虚假发放清册套取补偿资金57.99万元,大部分资金账外坐收坐支。审计中共收缴市财政63.27万元,移送纪委和检察院案件线索各一起,涉及村干部6人、镇干部2人。市领导针对审计报告中指出的问题作了重要批示,兴泰路沿线8个乡镇已进行认真整改,并出台相关的管理制度,切实维护群众的切身利益。完成市本级2009年政府性债务情况、义务教育绩效工资政策落实情况的审计调查,重点调查市本级政府及其所属部门及机构、经费补助事业单位和融资平台公司等单位,延伸审计调查4所实行义务教育的学校。

**【经济责任审计】** 认真贯彻落实上级关于经济责任审计工作的部署和要求,加大任中审计比重,有序推进"三责联审"。全年组织实施经济责任审计项目10个,其中离任审计7个、任中审计3个。"三责联审"工作全面推进。为加强对党政领导干部权力运行的监督,促进党政领导干部全面正确履行职责,根据上级有关要求,与市委组织部、市编办深入调查研究"三责联审"工作,将"选人用人责任审查、机构编制责任审核和任期经济责任审计" 三项工作有机结合,形成"三责联审"工作制度,出台《兴化市党政领导干部"三责联审"实施办法(试行)》,促进经济责任审计工作的深化、发展。建立完善经济责任审计评价体系。针对审计评价难、审计评价过于宽泛,影响审计结果运用等方面的问题,采取"走出去,请进来"的办法,组织相关人员赴浙江海盐等地学习先进经验,回来后认真研讨,修订和完善兴化市经济责任审计评价办法,为科学界定领导干部任期经济责任奠定基础。充分运用审计成果,找出薄弱环节,堵塞漏洞,防止问题重复出现。审计结果在一定范围内公开,教育、提醒干部当好家,理好财;同时把绩效作为重点内容,明确领导干部任期经济责任绩效审计的对象、目标、审计重点,积极发挥经济责任审计在促进规范财政管理、提高财政资金使用绩效中的作用。

【固定资产投资审计】 全年完成138个工程决(结)算审计,14个工程预算审计,3个地块拆迁审计以及5个重点建设工程的跟踪审计。审计资金总额10.53亿元,核减10941.18万元,其中决(结)算审计7.22亿元,审计核减8339.18万元,核减率11.60%;工程预算审计2.60亿元,调整预算金额1200万元,调整率4.61%;拆迁审计2789万元,核减拆迁成本810万元;跟踪审计3793万元,审计核减592万元。扎实开展拆迁前的审计工作。前移监督关口,有力促进拆迁补偿工作规范化、透明化、效益化,服务城市建设的健康、有序、和谐发展。2010年10月,根据市政府“先审计后补偿”的要求,对部分拆迁补偿金额在100万元以上的拆迁户进行审计,及时纠正多计拆迁面积、高估补偿金额、土地及房屋属性介定等错误,核减拆迁成本810万元。加强竣工结算审计。全年实施兴沙兴丁桥梁改造、兴周、兴茅等7条公路建设资金1.82亿,党校报告厅、职教中心后勤、市一中综合楼等9个项目,教育投入资金1.13亿,城堡片区防洪堤、野行防洪闸等21个项目,城市防洪建设资金3335万元的结算审计或专项审计调查,对施工现场工程量签证真实性进行严格核对,严肃查处高估冒算、虚报工程量、损失浪费等问题。加强对重点工程项目实施跟踪审计和审计调查。坚持全程跟踪的原则,对市图书馆人防工程、垃圾填埋场等12个重点建设项目进行事前、事中、事后的全过程跟踪审计,及时发现和纠正招投标、合同管理、承包发包、现场管理、投资控制等建设环节中常见的或苗头性的问题,完善制度、堵塞漏洞,审计核减592万元,为政府节约大量财政资金。

【绩效审计】 认真开展“绩效审计普及年”活动,不断更新绩效审计理念,把绩效审计运用到审计项目中去,全年完成独立型绩效审计项目3个,结合型绩效审计项目6个。以财政专项资金和当前热点为重点,开展“独立型”绩效审计项目;在传统审计项目中,要求审计人员增强绩效意识,在揭示查处违法违规问题的同时,更加关注资金运用的经济性、效率性和效果性,促进财政资金运用效益的提高,促进科学发展观的贯彻落实。

【审务公开】 积极推进审务公开,向社会公开审计执法的依据职能与职责、权利权限与义务、程序纪律与承诺、办事服务与咨询等社会公众关心的相关事项;逐步实现制度化、规范化操作,对公告范围和形式区别情况、分别对待,选择领导关心、群众关注的热点项目进行公告,工程审计结果除涉及国家秘密、商业秘密及其他不宜对外披露的内容外,全部对社会公告,进一步提高审计透明度,有效地预防腐败,促进提高审计质量,扩大审计影响力。

【审计整改督查】 将整改督查与审计回访相结合、与审计跟踪检查相结合、与建章立制相结合、与审计结果公告相结合、与党风廉政考核相结合,着力从机制层面加强对整改情况的监督,确保落到实处。对审计查出的问题,督促被审计单位按照《审计报告》和《审计决定书》的要求,在规定时间内形成整改结果书面报告;对于审计发现的依法应当由其他有关部门纠正、处理、处罚或者追究有关责任人员行政责任、刑事责任的问题,及时作出《移送处理书》,并积极与有关部门加强沟通联系,整合资源、形成合力。

【审计模式创新】 积极创新审计的组织形式,打破科室界限,实行“审计项目交叉审计,审计人员动态组合”的新型审计模式,取得实在的效果。打破科室界限,项目交叉审计。打破以职能科室划分审计范围的传统,不安排同一科室对同一被审计单位的连续审计,以前审计过的项目,科室之间实行交叉审计。整合审计资源,人员动态组合。针对审计人员固守一地,知识面狭窄,问题难以查深查透的问题,采取“动态组合”的审计模式,随机产生审计组成员,人随事定,事结人离,实现审计资源最优化。分管领导挂帅,现场靠前指挥。所有审计项目的审计组组长一律由局领导班子成员担任,直接分管到审计项目,从审计进点到审计结束,全部在审计现场直接负责与管理,拒绝遥控指挥。领导者直接管理到审计组,减少中间管理层次,有利于政令畅通,提高工作效率,有利于领导作风的转变,有利于审计纪律、廉政规定的执行。在市纪委组织的反腐倡廉建设成果评选中,审计局的“项目交叉审计,人员动态组合”审计工作模式获得创新成果奖,目前泰州各市(区)已普遍采用该模式。 (顾 洁)

审计业务培训

## 统 计 管 理

【统计服务】 加强对经济运行中重点问题的研究,为领导和社会提供统计信息产品,全年共发布统计分析和信息 55 篇,其中《兴化市实施节能调控及影响调查分析》被国家、省统计局采用转发。积极参与全国百强县新闻发布活动,用统计方式对外宣传兴化经济发展新成果,提升兴化的知名度。

**【统计法制】** 深入开展新《统计法》和《处分条例》及《全国人口普查条例》宣传学习活动。认真贯彻落实全国统计执法大检查精神,积极有序推进大检查各项工作,组织召开各类会议 6 次,印发相关文件、工作方案 20 多种,开展现场督查指导 10 多次,发催报通知书 10 份,立案查处违法案件 1 起,大检查活动取得预期效果。

**【第六次人口普查】** 认真组织实施全国第六次人口普查。各级普查机构始终坚持科学普查、依法普查原则,形成高效有序的组织领导体系,营造公众依法支持普查的良好环境,确保现场登记一次成功。从普查初步结果看,全市户籍人口 154.98 万人,常住人口 125.78 万人,全市出生人口 13154 人,死亡 9158 人。

**【小康监测】** 全市紧扣“务实抓转型、全力达小康”工作目标,大力实施“工业强市、生态立市、人文兴市”战略,突出“转型升级、统筹发展、民生改善、队伍建设”四大重点,加快“富庶、生态、文化、和谐、幸福”兴化建设进程,小康创建基本达到省定全面小康指标体系目标值,通过省对兴化市的预调研。 (吴永前)

## 工商行政管理

**【企业登记管理】** 在全系统开展“助转型、提质态、促发展”百日服务活动,全年实现个体工商户转私营企业、新注册私营企业 1883 家,个体工商户 5491 户,净增注册资本 62.12 亿元,被泰州市局授予“助转型、提质态、促发展”百日服务活动先进单位。新登记农民专业合作社法人 132 户,出资总额达 2.6 亿元,179 名村官挂钩全市 35 家农村合作社。成功组建登记“江苏兴化大闸蟹集团”、“江苏兴化脱水食品集团”,促进地方特色产业发展和区域产业结构调整。

**【合同管理】** 建成基层合同指导站 24 个,乡镇覆盖面达 50%以上,指导订立涉农格式合同 400 余份,合同资信协查 25 份,调解争议合同 14 起,查处合同案件 8 件,办理抵押登记 158 份,复查认定重守企业 230 家,新认定 42 家。

**【商标管理】** 新申请注册商标 289 件,全市商标总量达 2426 件,新认定著名商标 4 件,江苏美乐肥料有限公司的“美乐”商标,被国家工商总局商标评审委员会认定为驰名商标,成为兴化市第二件中国驰名商标。

**【环境创建】** 在 20 个乡镇、16 个社区、20 个行业开展放心消费示范乡镇、示范街创建,使放心消费真正成为一项“惠民实事工程”。农贸市场改造升级正式列入政府议题,计划用 5 年左右的时间,完成现有农贸市场的升级改造工作,解决全市居民“菜篮子”消费的数量需求和质量安全,进一步提高农贸市场的规范化水平。2010 年,嘉鸿农贸市场建成开业,长安农贸市场的改建正在实施之中。

**【食品监管】** 先后组织开展滥用食品添加剂、问题奶粉、一次性塑料餐盒、地沟油、校园周边环境等集中整治。在全市食品批发类企业强制使用“一票通”销售票据,在 98 户食品批发企业安装“放心通”系统。实施商品质量监测 15 个商品类型 225 个批次,监测不合格商品 17 件,查处不合格商品案件 23 件,罚没款 9.6 万元。

**【消费维权】** 共受理各类投诉 250 件,投诉办结 250 件,其中,成功调解 229 件,调解成功率为 91.6%;为消费者挽回经济损失 28.63 万元,接待来电、来信、来访咨询 430 人次。编辑消费简报 6 期,在电台、电视及本地报纸上宣传消费知识、警示或提示各 4 次,举办各类消费讲座、培训及座谈共 51 场次,参加人员达 2240 多人次,其中,消费讲座 13 场次,参加人员 580 多人。积极探索建立小额消费纠纷自行和解机制,聘请 145 名大学生村官为消费维权联络员,有力推动消费维权基层网络建设。

放心消费工作现场会

**【市场监管】** 强化对重热点行业的监督和管理,做到重点行业企业标注确认到位、巡查频次到位、督查结果录入到位。以化工生产企业和加油站点为重点,先后与经贸委、安监局、环保局、气象局等单位联合行动,对化工企业、加油站点实地检查 4 次,检查重点化工企业 84 家,加油站点 36 处,共发出整改意见 12 份,关闭化工企业 8

家。开展外资企业出资集中整治专项行动，做到逐户规范、动态监管，对违法出资企业采取事前告知、出资提示、出资公示、出资抄告相关部门等制度，着力提高外资企业的出资率，使出资管理制度化、规范化、常态化。

**【执法办案】** 在调查、核审、归档三个环节分别制定自查表进行规范，明确从立案到结案、核审到归档等整个案件过程中相关人员的责任，做到执法受监督、核审须严格、过错必追究。查办万元以上案件112起，其中5万元以案件10起，树立工商部门的执法权威和社会公信力。

（韩明华）

## 质量技术监督

**【质监概况】** 2010年，兴化质监局坚持以科学发展观为指导，紧扣兴化经济发展脉搏，创新工作模式，探索服务途径，有力推进职能的履行，实现质监工作与社会发展的有机结合。全系统荣获“全国质检系统工作先进单位”称号，是全省唯一获此殊荣的单位；通过省级文明单位考核，再次被确认为省级依法行政示范点，第三次获得全省质监系统“先进单位”称号。

**【名牌战略】** 名牌战略加快推进。4月1日，市委、市政府召开全市品牌战略论坛暨工作推进会，会议邀请江苏省质量奖专家评审委员顾平教授作《实施品牌战略 转变发展方式 促进又好又快发展》的专题讲座，市委书记贾春林作总结报告。全年共有19家企业申报江苏名牌产品，新获批4个，8个通过复评。全市累计拥有1个中国名牌产品，3个国家地理标志产品，23个江苏省名牌产品，49个泰州市名牌产品。

**【食品监管】** 认真履行食品“三分监管”规定，对重点风险产品企业试行“三位一体”监管模式，全年累计巡查企业600家次，发放整改通知书20份，回访20家次。13家食品生产企业新获证，53家企业换证，累计已有277家食品生产企业337类食品获得生产许可证。严把食品添加剂使用关口，积极开展大米、引用纯净水、淀粉、“地沟油”等专项检查。认真落实乳品整治工作，14家乳品生产企业签订质量安全主体责任承诺书。在严格的监管下，顺利通过“省级食品安全示范市”创建生产环节的检查。

**【安全监察】** 出台“黑名单”制度，化解特种设备生产企业拒检难题。夏季高温期间，会同安监、消防、建设、公安等部门，开展气瓶专项整治工作，重点整治充装过期气瓶、报废气瓶、无标识不合格气瓶，打出气瓶专项整治“重拳”。9月新学期开学伊始，组织对14家学校暑期停用的锅炉、电梯等设备逐一过堂检查，并免费发放50多套《校园特种设备安全手册》，全年开展四次安全大检查，发放安全指令书42份，化解一般事故安全隐患23起，整改率达100%。

**【行政执法】** 行政执法开创新局面。全年共出动执法人员2000余人次，查处案件109起，查获假冒伪劣商品货值1240万余元，端掉造假窝点6个，有力打击各类制假售假行为。多次邀请市纪委、检察院、法制局等行家领导来指导工作，把关案卷，提出整改意见，从而规范执法行为，规避风险。全年查办的案件中，行政复议案件仅有2起，无一起败诉。

**【技术机构】** 技术机构迈出重大发展步伐。11月中旬，不锈钢质检中心正式通过国家质检总局“三合一”验收，成为泰州市首家国家级质检中心，实现省局提出的筹建一年完成验收工作的光荣任务。农副产品检测中心自9月份开始正式运行，与全市各农副产品加工企业、各农业专业合作社，开展检测业务，提供技术保障。2010年全年共投入300万元用于计量所和质检所建设，计量所完成10项技术改造项目，添加“无创血压模拟器”、“酸度计检定仪”、“血氧饱和度模拟器”等设备。质检所检测面覆盖到全市种植业、养殖业、农副产品加工业、水质、土壤等领域，计量所在民生计量、医疗计量和工业计量等方面开拓一批新的检定项目。

（史国铭）

## 价格管理

**【价格管理概况】** 从二季度起，居民消费价格不断走高，以农产品为主的生活必需品价格快速上涨。市委、市政府积极采取组织生产，增加供应，发放补贴、控制生产生活成本和加强价格监测预警等措施，较好地控制价格总水平过快上涨，缓解物价大幅上涨对社会困难群体基本生活的影响。商品房价格实行备案管理，涨幅明显趋缓，房地产市场平稳发展。年内，市物价局被表彰为泰州市价格服务工作先进集体，兴化市价格举报中心荣获2009～2010年度全省价格举报工作先进集体，兴化市价格认证中心获得“江苏省规范化价格认证中心”称号，并连续第四年荣获全省价格认证工作先进集体。兴化市新华书店有限责任公司、中国移动兴化分公司、中国联通兴化分公司被省物价局授予“2009～2010年度江苏省价格诚信单位”称号。

**【价格调控补贴】** 市政府分别在二、三、四季度启动价格上涨动态补贴机制。并于四季度完善补贴机制，在原先对城乡低保户发放物价补贴的基础上，将补贴对象的范围扩大到重点优抚对象、农村五保对象、城市“三无”对象和孤儿等人群。发放标准为当年城乡低保月保障标准的25%，即城市对象每人85元，农村对象每人52.5元。资金来源除省财政补贴少部分外，大部分由本市财政负担。全年共发放一次性物价补贴737万元，惠及57000多人，补贴资金通过打卡方式直接打入社会困难群众的银行专折。市物价局约谈相关部门、单位，暂停出台“十一五”自来水第二步调价方案和民用管道燃气价格，减少政策性涨价因素对群众生活的影响；城区农产品市场、集贸市场摊位费及超市农产品进场费实行备案管理，控制农产品经营成本；组织城区大型超市和家电连锁企业开展“稳价保供 让利惠民”活动，对部分米、肉、蛋等群众生活必需的主副食品实行保本销售或微利销售。

**【价格改革管理】** 优化环境资源价格水平。落实天然气价格与油价联动机制，调整工商用管道燃气价格，核定民用燃气延伸服务收费标准。3月底，出台《兴化市区出租汽车运价与油价联动实施办法》，以出租车现行起步价6元/3公里为运价与油价联动的基准运价，当93#汽油每升价格上涨达到6.04元及以上时，实行每车次价外加收1元燃油附加费。从2010年3月26 日零时起，市区出租汽车在运价外向乘客收取燃油附加费1元/车·次，疏导驾驶员预涨心理，稳定出租车运营环境。推进商品房价格管理。6月，市政府转发市物价局、住建局《关于完善商品房价格管理促进我市房地产市场平稳健康发展的实施办法》，召开房地产价格政策提醒会，实施商品房价格备案制度、销售成交价格报告制度、“一价清”制度和明码标价制度；实行“338”原则：即普通住宅房价格重新备案的时间间隔不得少于3个月；重新备案时价格上调幅度应控制在3%之内，下调幅度不限；商品房实际成交的价格不得高于备案价格，也不得低于备案价格的8%。全年受理商品房价格备案9个批次，面积26.5万平方米，其中普通住宅均价3480元/平方米，小高层均价4240元/平方米，别墅均价4610元/平方米。7月下旬，市政府出台《关于进一步加强和规范房地产市场管理的意见》，重申商品房价格管理四项制度。

兴化市房地产价格政策提醒会

**【收费调整治理】** 454个收费单位全部年审，2009年全市行政事业性收费实际总额为51271.7万元，比上年下降10.82%。收费总额占财政收入的12.47%，比重呈下降趋势。对年审中发现有违规问题的8个单位进行立案查处。对家庭困难学生的收费实行减免，明确道路清障施救服务收费标准。核定部分民办学校收费、殡仪收费、农村集镇垃圾处理费标准。开展社团收费规范治理工作，抽查12个社团单位。完善经营性服务收费登记证管理工作。8月初，市政府办转发市物价局、监察局、财政局、地方税务局《兴化市经营性服务收费登记证管理办法（试行）》，对经营性服务收费实施“一点一证”登记管理制度。9月，市政府布置涉企非税收费专项治理工作，依照政策规定，共取消收费项目9项，暂停收费项目10项，降低收费标准项目102项。实施后，年可减少行政事业性收费约500万元、经营性服务收费约800万元。

**【价格监督检查】** 全年立案查处价格违法案件10件，实行经济制裁金额49.8万元。办理举报咨询99件，退款5.22万元，价格举报比上年减少50%。2006至2010年实行经济制裁金额合计793万元。重点开展涉农价费检查。根据群众举报，查处部分乡镇水产技术服务站向渔民乱收费行为；查处农村卫生院和村建办自立项目收费等收费年审移交案件，查出违纪金额52万余元。围绕中国·兴化第二届千岛菜花旅游节等节日开展节庆市场价格检查，旅游服务单位的价格自律意识得到进一步增强。对房地产开发企业的价格备案制度、“一价清”制度、明码标价制度执行情况进行检查，促进房价新政的顺利实施。价格举报工作推行规范化。举报电话实现24小时人工接听，实行重要举报件上门回复。

**【价格公共服务】** 市物价局对粮、棉、油、肥等涉农价格实施重点监测，监测规模达到28大类、694个规格等级品。通过部门网站定期发布城区4个农贸市场3大类22个品种的价格监测数据。调查农民种植意向和茧、麦、稻、棉成本收益预测及收益底线，调研农村土地流转情况、农民建房收费中存在的问题，提出合理化的建议。通过成本监审，核减政府定调商品和服务成本4500多万元。全年办理各类价格认证20份、车损评估91份、司法鉴证43份、刑事案件鉴证409份，完成价格鉴证金额7855万元。在门户网站开辟“货比三家”、“商品房价目表公示”、“经营服务性收费”等栏目，引导生产和消费，受到网民留言称赞。

2010年11月、12月城区主要农贸市场价格

表18

| 品名 | 规格等级 | 计量单位 | 11月 | 12月 | 备注 |
|---|---|---|---|---|---|
| 猪肉 | 去骨腿肉 | 千克 | 23.17 | 24.38 | 表列价格为兴化市城区有关市场的算术平均数 |
| 牛肉 | 熟水牛肉 | 千克 | 67.25 | 81.00 | |
| 草鸡 | 上等母鸡 | 千克 | 27.13 | 28.00 | |
| 鲜鸡蛋 | 杂交鸡蛋 | 千克 | 8.76 | 8.79 | |
| 带鱼 | 0.25千克以上 | 千克 | 10.50 | 10.61 | |
| 鲢鱼 | 1千克左右 | 千克 | 8.83 | 8.25 | |
| 鲫鱼 | 0.2千克左右,活 | 千克 | 13.08 | 12.13 | |
| 草鱼 | 1000克左右 | 千克 | 13.21 | 12.75 | |
| 鳊鱼 | 500克左右 | 千克 | 12.37 | 12.71 | |
| 鲤鱼 | 1000克左右 | 千克 | 7.92 | 7.75 | |
| 鳝鱼 | 活黄鳝 | 千克 | 59.67 | 61.13 | |
| 河虾 | 青虾 | 千克 | 68.92 | 62.67 | |
| 青菜 | 鲜统一等 | 千克 | 1.76 | 1.34 | |
| 土豆 | 鲜统一等 | 千克 | 4.66 | 4.83 | |
| 青椒 | 鲜统一等 | 千克 | 4.82 | 4.31 | |
| 西红柿 | 鲜统一等 | 千克 | 6.25 | 6.03 | |
| 冬瓜 | 鲜统一等 | 千克 | 2.27 | 2.00 | |
| 长豇豆 | 鲜统一等 | 千克 | 7.25 | 8.00 | |
| 四季豆 | 鲜统一等 | 千克 | 6.08 | 7.08 | |
| 韭菜 | 鲜统一等 | 千克 | 5.00 | 5.51 | |
| 苞菜 | 鲜统一等 | 千克 | 3.74 | 3.62 | |
| 大白菜 | 鲜统一等 | 千克 | 2.50 | 1.78 | |
| 黄瓜 | 鲜统一等 | 千克 | 5.38 | 5.50 | |
| 萝卜 | 鲜统一等 | 千克 | 2.83 | 1.99 | |
| 茄子 | 鲜统一等 | 千克 | 5.38 | 5.38 | |
| 莴笋 | 鲜统一等 | 千克 | 4.04 | 3.50 | |
| 大蒜 | 鲜统一等 | 千克 | 8.75 | 4.04 | |
| 莲藕 | 鲜统一等 | 千克 | 5.33 | 5.49 | |
| 黄豆芽 | 鲜统一等 | 千克 | 3.59 | 3.68 | |

续表 18

| 品名 | 规格等级 | 计量单位 | 11月 | 12月 | 备注 |
|---|---|---|---|---|---|
| 蒜薹 | 鲜统一等 | 千克 | 10.16 | 10.61 | |
| 生姜 | 鲜统一等 | 千克 | 11.08 | 11.29 | |
| 豆腐 | 鲜统一等 | 千克 | 0.55 | 0.55 | |
| 百叶 | 水豆腐 | 块 | 7.46 | 7.97 | |

（刘仁耀）

## 食品药品监督管理

**【食品综合监督】** 在食品安全监管职责调整到位之前，兴化食品药品监督管理局继续履行好食品安全委员会办公室职责。强化协调，不断建立健全食品综合监管工作机制。制定下发年度食品安全工作目标考核细则、食品安全工作要点、食品安全整顿工作方案等工作文件；组织召开食安委成员会议、部门工作例会、专项整治协调会议等各层各级会议，统一部署市政府和上级食安委布置的各项工作任务；积极协调各部门做好迎接省和泰州市食品安全整顿工作的阶段性督查、泰州市人大《食品安全法》执法检查等各项迎检准备工作；加强与部门沟通联系，及时掌握监管工作动态和重点工作进展情况。7月份，省级食品安全示范市创建工作顺利通过省专家组的评审验收。突出重点，组织开展食品安全专项整治。围绕全国食品安全整顿工作的总体目标，进一步加强协调和部署，有序推进全市为期两年的食品安全整顿工作，积极牵头开展重大节日食品市场联合督查、保健食品专项整治、学校食堂食品安全联合检查、问题奶粉清查清缴、地沟油专项整治、蛋糕房联合检查等多项联合行动，进一步促进全市食品市场的规范有序。强化宣传，营造良好的食品安全监管氛围。以省级食品安全示范市创建活动为契机，联合各有关部门积极开展“食品安全进社区”、“情系健康，心贴群众”等食品药品安全宣传咨询活动，制作宣传专题片，发表电视讲话，发放宣传资料和画册，组织公众参与全国首届餐饮食品安全知识竞赛，通过报刊、网络等媒体，大力宣传食品药品安全知识、维权法律法规，进一步提高全民食品药品安全意识。

**【药械稽查执法】** 以药品和医疗器械专项整治为重点，着力加大药械市场整治力度，取得显著成效。先后开展邮售假药、避孕类医疗器械、医用氧、零售药店规范经营以及规范处方药销售行为等专项执法检查，共出动执法人员2500余人次，检查规范187家药品经营使用单位，查处各类药品、医疗器械违法违规案件68起，查获假劣药品、医疗器械47个种次，受理并办结群众举报投诉案件24起，各项主要工作考核指标列全省前列，未发生一起行政复议、行政诉讼案件。严格抽验，保障民生，完成监督性抽样200批次，省市级基本药物评价性抽样104批次，确保药品质量及基本药物制度的顺利实施。

**【药品综合监管】** 构建严密的质量保障网络体系。督促企业建立健全内部质量管理体系、药品安全风险评价体系、品种档案体系等药品质量管理三大体系，以特殊药品、生物制品、血液制品、注射剂等为重点，全面监督企业严格按照质量管理规范从事生产经营，降低药品质量事故风险，累计对医药生产流通使用等各环节重点企业进行突击检查8次，认证现场检查5次，帮助企业发现并整改缺陷项目18项，确保药品质量安全可控。积极开展药品不良反应报送工作，新发展药品不良反应在线直报单位26家，全市药品不良反应上报数共142份。强化违法药品广告监测工作，共监测刻制视频违法广告材料560多分钟，移送工商部门处理21个违法广告品种。继续加强诚信建设，深入开展城区药店星级管理、农村药店分级管理活动，完善行业诚信创建制度，全力打造全市药品零售行业诚信机制和体系。开展药品经营企业质量管理知识培训600多人次，着力增强药械经营单位的守法和诚信意识。继续强化规范管理，全面落实药品生产经营企业质量受权人制度，通过召开质量受权人会议、完善药品生产经营企业内部质量责任体系，积极推进“受权人制度”

推进规范化药房创建工作

和“内部质量体系”的深入实施。继续加强服务指导,共组织对14家新办药店的现场验收、30家药店换证验收、100多家药店GSP认证现场指导验收工作,有效保障人民群众的用药安全有效。继续深化“规范药房”、“合格药房”创建工作,与市卫生局联合启动全市医疗机构“规范化药房”的创建活动,通过严把药品采购关、药品在库养护关、药品调配关三个环节,努力提升药品质量管理水平,防止各类药害事故发生。全市已有43家药品使用单位创建成规范药房,全市医疗机构药品质量管理水平进一步提高。

(徐铁军)

## 国有资产监督管理

**【国有资产监督管理概况】** 2010年5月,按照机构改革意见,全省县市级国有资产监管机构统一名称,兴化市国有资产管理局更名为市政府国有资产监督管理办公室,仍为政府一级局建制,与市财政局合署办公。2010年全年完成国资经营收入1.66亿元,是任务数的166%。实现国有资源性资产收益5029万元,其中:广电网络公司2610万元,电视台1100万元,金三角市场1200万元,城管局119万元。

**【清产核资】** 按照省财政厅统一布置,全市于2010年10月建成行政事业单位国有资产管理信息系统。经统计,全市行政事业单位资产总量为47.57亿元,其中,固定资产22.24亿元。全市各类国有公司(企业)资产总额为44.24亿元,其中,负债29.53亿元,所有者权益14.71亿元。

**【资产经营】** 全市国有资产经营实行“五统一”管理,即统一公开竞价出租、统一文本格式合同、统一接受市国资办监管、出租收入统一缴存市财政专户、出租情况统一录入全市国有资产管理信息系统。2010年完成8个批次公有房屋招租,年租金平均增幅达51%。其中,府前街27号门面房经营使用权,年租金由2.8万元上升到5.55万元,上升幅度为98%。2010年11月份江苏省财政厅发文对兴化经营性资产“五统一”管理的做法通报表扬,12月份《光明日报》、《泰州日报》、泰州市政府网站均对兴化国资经营“五统一”的做法作了报道。

**【资产调处】** 对兴化热电厂等8项资产实行公开处置,总收入为6414.11万元。公开处置过程中,资产处置成交价在原评估价的基础上均有较大增幅,如:食品集团冷库资产出让成交价186.5万元,比评估价80万元上升133%。城市及区域供水和城市污水处理体系的国有资产由市水务局划转到市建设局管理,市职教中心校原综合楼按1100万元有偿转让市总工会,市职校原教工招待所按239.5万元有偿转让昭阳镇沧浪社区。另外,核查和审批市法院等六家单位国有资产变更用途。

(沐民德)

## 招投标管理

**【招投标管理概况】** 紧紧围绕“打造阳光招标、发展和谐采购”目标,狠抓措施落实,着力推进招投标工作健康有序发展,取得较好成效,跻身全省招标采购工作先进行列。全年进场交易工程、货物及服务类项目总量3617项,标的总预算24.29亿元,实际成交21.1亿元,节约资金3.19亿元,总节约率13.13%。其中财政性资金项目总预算11.4亿元,实际成交9.43亿元,节约率17.29%。

**【专项治理】** 根据全市建设工程领域突出问题专项治理工作部署和要求,制定并落实整改工作措施:全面推行规模以上政府投资建设工程网上远程评标;优化招标代理操作规程;实行评标专家评审情况信息反馈制度;探索推行小型工程项目随机抽签确定中标人办法。

**【交易信息公示】** 每季度将全市工程、货物和服务项目进场招标采购情况在兴化报、招投标门户网公示,接受社会监督。全年累计公示招标采购项目500多个。

**【两场联动机制】** 将监管工作从场内向场外延伸。市招标办定期组织力量对重点工程标后履约情况进行跟踪监督检查,并对违规行为进行及时通报和处理。全年依法查处建设工程违法违规案件7起,有12家企业被列入兴化市招投标黑名单。开展协议供货标后履约专项检查活动,对7家违规供应商给予严肃处理并敦促落实整改措施。

兴化人民医院新建工程电梯项目开标会

**【规范化建设】** 于11月先后出台并施行《兴化市建设工程变更管理办法》和《兴化市建设工程标后监督管理办

法》，使建设工程变更行为更加规范，标后监管力度进一步强化。

【交易平台建设】 立足服务项目、服务发展，适应全省建设工程远程异地评标"两个全覆盖"目标要求，市招投标交易中心加大软硬件设施建设力度，至年底中心有办公面积2000多平方米，开标厅2个，评标室5个(其中远程评标室3个)，远程评标计算机23台，拥有招投标门户网、电子显示屏、触摸显示屏等信息发布平台，配备实时录像监控系统和移动通讯信号屏蔽系统，被核定为江苏省建设工程一类交易中心。 (潘晓翔)

## 住房公积金管理

【住房公积金管理概况】 2010年，泰州市住房公积金管理中心兴化分中心把服务"住有所居"，发挥住房保障功能和改善民生作为工作的出发点和落脚点，加大住房公积金宣传力度，扩大住房公积金制度覆盖面，规范发展住房公积金抵押贷款业务，努力推进住房公积金管理工作平稳较快发展。

全年住房公积金归集14996万元，同比增长11%，职工提取使用公积金7572万元，占归集量50%，公积金净增长7424万元，公积金归集余额54966万元。新增开户单位81个，新增开户人数3448人。发放个人住房贷款921户，17079万元，完成年度计划171%，个贷占比94%，回收贷款本金6692万元，贷款余额51843万元，个人贷款逾期率由年初0.36‰下降到0.30‰，新增贷款继续保持零逾期。

【政策调整】 市政府办公室分别出台兴政办发〔2010〕133号《关于进一步加强非公企业住房公积金缴存工作的通知》和兴政发〔2010〕134号《关于2010年度住房公积金缴存基数调整的通知》，133号文件明确住房公积金是职工及其所在单位按国务院《住房公积金管理条例》的规定缴存的一种具有强制性、保障性、互助性、属于职工个人所有的长期住房储金。文件要求凡在兴化市设立的行政机关、事业单位；国有企业、城镇集体企业，外商投资企业，港澳台商投资企业，城镇私营企业及其他城镇企业、经济组织等都必须依法建立住房公积金制度，按时、足额缴存住房公积金。凡与上述单位建立事实用工关系的职工，包括各类用人单位的在职职工、劳动人事代理职工、劳务派遣职工以及各类临时用工(包括进城务工人员)都必须纳入住房公积金制度。134号文件规定2010年度机关、事业单位和职工个人缴存比例仍为10%，企业单位(含企业化管理的自收自支事业单位)和职工个人缴存比例在8%～12%幅度内确定。将单位职工住房公积金月缴存工资基数的上限调整为8500元，工资基数的下限以养老保险缴存基数为基数。

【住房公积金归集】 以园区为单位，举办公积金制度座谈会。先后以兴化开发区和戴南工业园区为单位，分别组织召开座谈会，统一思想，凝聚共识，促进园区企业尽快落实住房公积金制度。以规模企业为重点，开展送政策到基层活动。兴化分中心以规模企业为重点，登门走访，与集团高层进行接触，和集团员工进行座谈，宣传公积金政策，推介公积金业务。

【行政执法】 对兴化垛田卫生院采取行政强制措施，冻结银行账户，划扣账户资金。兴化分中心及时将行政处罚决定书和相关政策依据送到城区相关企业和乡镇卫生院，对拒不缴存住房公积金的企业起到一定震慑作用。

(肖　林)

## 安全生产监督管理

【安全生产监督管理概况】 坚持"安全第一、预防为主、综合治理"，深入开展"安全生产年"活动，扎实推进"三项行动"，切实加强"三项建设"，有效促进全市安全生产形势持续稳定好转。全年共发生各类事故132起，同比下降19%；死亡77人，同比下降1.3%；未发生较大以上生产安全事故，安全生产各项工作全面达到泰州市考核要求。

【安全生产责任】 建立健全安全生产目标任务和控制体系，通过签订目标管理责任状、严格检查督查、严格考核等形式，强化乡镇、部门监管主体责任，有效推动安全生产一把手负责制、全员负责制、一岗双责制、行政问责制、一票否决制的落实。强化企业安全生产主体责任，全面实施企业安全生产专项经费提取使用、风险抵押金和工伤保险制度；督促企业加大安全投入，改善安全生产基础条件；推行"安全告知、承诺"、"主要负责人履职报告"和"从业人员准入"等制度，确保企业安全生产主体责任落到实处。加大事故查处和责任追究力度，按照"四不放过"的原则，认真调查处理事故，依法严肃追究责任。

【安全生产宣传】 以"安全发展，预防为主"为主题，开展"安全生产月"和主题咨询日活动，在城区16个社区和7个乡镇同步开展现场咨询，普及安全知识；开展"安康杯"竞赛、"安全生产诚信企业"创建、应急救援现场观摩等活动，提高职工安全素质；开展安全知识"六进"、"安全社区"创建等活动，增强群众安全意识。依法对生产经营单位主要负责人、安全生产管理人员和特种作业人员进行培训考核,重视职工岗前、转岗、复岗和在岗安全教育,切实提高职工安全操作技能和自我保护能力,全年共培训各类人员2000多人。

6月13日,安全生产月集中咨询活动

**【隐患排查治理】** 深入开展隐患排查治理工作,按照“排查不留死角、整改不留后患”的要求,采取全面检查、重点抽查、明察暗访、突击复查等方式,从隐患评估、整改督查到验收销号各个环节进行全程跟踪,确保整改效果,共检查企业4071家(次),排查治理事故隐患12117项。加快重大事故隐患整改进度,泰州市挂牌督办的王毅娱乐城等重大事故隐患,兴化市挂牌督办的金玉建材厂、鑫博合成化工有限公司等10项重大事故隐患已全部整改到位。

**【安全生产标准化】** 在危化品、冶金、造(拆)船、烟花爆竹等重点行业继续推进安全标准化工作,把标准化建设与安全评价、行政许可、安全生产风险抵押以及安全生产责任保险的激励办法结合起来,提高企业本质安全度。

**【安全生产许可】** 依法实行安全生产市场准入,对危险化学品、烟花爆竹等高危行业严格规范安全生产许可制度。组织开展安全许可证换发证工作,严格换发证条件,全市所有危险化学品、烟花爆竹、非煤矿山企业安全许可证领证率100%。依法开展建设项目安全许可和“三同时”工作,远红外元件厂锂片锂带加工等项目通过“三同时”验收,亚德胶粘剂公司技改扩建等项目通过设立审批、安全设施设计审查和试生产评审备案。

**【危险化学品安全监管】** 严格制度化检查,实行专家检查制度,共检查化工企业198家(次),下发《责令改正指令书》93份、《强制措施决定书》5份、《复查意见书》91份,整改事故隐患329项;加强危化品生产企业在安全距离、生产工艺、自动化控制、从业人员素质等环节的监管,依法取缔非法违法企业,关闭兴龙化工厂等8家不具备基本安全生产条件的化工生产企业;开展新一轮重大危险源普查,完善重大危险源数据信息,对10家重大危险源单位实施跟踪管理,落实监控措施和责任。

**【烟花爆竹安全监管】** 联合相关部门对全市烟花爆竹经营单位进行联合执法,严厉打击“四私”违法行为,共检查烟花爆竹经营户1600多家(次),取缔非法烟花爆竹经营户50家,查获非法经营的烟花爆竹双响2300余只、组合响400多箱、籽鞭6000多条、礼花200多箱,集中销毁价值20余万元的“四私”烟花爆竹。

**【非煤矿山安全监管】** 对全市51家非煤矿山企业逐一过堂,充分利用冬季非煤矿山企业停产的时机,督促企业加大安全投入,治理事故隐患,金玉建材厂等3家企业对烟囱进行加箍,鲁宁砖瓦厂等5家企业对大窑进行大修。

**【机械冶金行业安全监管】** 在开展机械冶金企业调查摸底的基础上,组织人员专项督查冶金企业的安全基础工作,通过专项检查和联合检查,督促企业健全规章制度,加强现场安全管理,提升企业安全管理水平。

**【其他领域安全专项整治】** 以解决薄弱环节和突出问题为目的,不断深化安全生产专项整治,深入开展道路交通、水上交通、建筑施工、人员密集场所、学生出行安全等行业和领域的安全生产专项整治,取得阶段性成果。

5月25日,氯气防泄漏应急救援演练

**【应急能力建设】** 健全应急救援体系,整合社会资源,加强应急队伍和救援能力建设,定期组织应急救援培训;强化应急预案管理,修订完善应急预案,按规定及时备案,全市重点行业应急救援预案覆盖率100%;指导同新化工公司、双乐化工公司等单位举行应急救援演练,全力提升全社会的快速反应能力和应急处置水平;成功处置“2·8”硫酸船沉没、“9·21”宁靖盐高速安丰段丙酮泄漏等突发事件,有效预防次生事故的发生。 (董恒伟)

# 城镇建设

## 城镇规划

**【规划概况】** 按照城市面貌“三年大变样”的目标要求，以科学发展观统领城市规划工作，科学编制规划，强化规划引导，严格规划管理，细化规划服务，深化规划检查，主动接受监督，充分发挥城市规划的龙头作用。全年召开规划建设管理联席会议9次，讨论通过规划设计方案36项，出具规划设计要点73份，核发“一书两证”382份。

**【规划编制】** 坚持“高起点、高标准、高品位”规划，加快城乡规划编制进程。完成昭阳湖北侧、五里转盘、人民医院、长安农贸市场等20多个地块控制性详细规划，完成古城墙公园、长安绿岛改造、张阳串心沟景观设计、金东门历史街区整治、北门历史街区整治以及戴南镇总体规划等规划，组织编制戴南—张郭小城市规划和戴南镇中心区城市设计。

兴化新人民医院效果图

**【规划管理】** 坚持“一书两证”制度，全年核发选址意见书53份计183万平方米、建设用地规划许可140份计435万平方米、建设工程规划许可189份计234万平方米。加强规划批后管理，加大批后巡查监管的力度，强化对广场、绿地、停车场和环卫设施等规划管理，坚持执行施工前放验线、施工过程中跟踪巡查、竣工验收阶段严格核实规划条件制度，将规划管理由源头管理、审批管理延伸至项目建设的全过程。加强规划区内村民建房管理，严格规划区内村民建房申请条件和报批程序，规范规划区内村民住房建设行为。

**【规划服务】** 科学设定人民医院南侧、昭阳湖东侧等拟出让地块设计条件，做好土地出让前期工作，引导好项目建设，重点保障安置房、经济适用房建设土地供应。热情接受城市规划信息咨询，主动参与项目规划方案编制，在确定产业和选址定点等方面，做到提前介入，积极为城市建设项目出谋划策、排忧解难，避免项目建设少走弯路。变“坐等式”服务为“跑动式”主动服务，建立沟通协调机制，帮助协调矛盾，促进城市建设项目早开工、早建设。开展规划“三走进、三服务”活动，积极联系省住建厅规划处帮助沙沟镇成功入选中国历史文化名镇，免费为戴南、张郭十几家企业提供测绘服务，免费为老圩乡编制新一轮集镇总体规划，深入社区开展规划法制宣传，努力为基层、群众和企业等办实事解难题。

**【城市测量】** 做好城市测绘服务工作，年内完成经济开发区、昭阳私营园区、临城科技园区内200多个建设项目地段的地形图修补测工作，完成兴化大道南延、英武路南延、沧浪路、文林路等15条城区道路以及海德国际、东方明珠、上海城、西子御园等40多个小区的建设工程放样，完成都市华庭南区、嘉鸿豪庭、城堡安置房三期、苏龙集团等120多个建设工程的竣工测量。

**【城区及戴南张郭1∶1000地形图测绘工程】** 投入资金320万元，利用数字摄影测量工作站采用内业定位、外业定性的内转外成图方法进行数据采集，按设计书要求进行数字化编辑、属性录入、数据格式转换、数据质量检查，形成1∶1000数字化地形图成果，方便城市规划管理利用，并为全市基础地理信息数据库建设做好准备。

**【昭阳湖幼儿园工程】** 由市规划局牵头负责实施。建筑面积6400平方米，按6轨制省级优质幼儿园标准建设，总投资1000万元，年底全面竣工并投入使用，提升新区服务功能，解决新区学龄前儿童入园难问题。

**【新区供电配网建设工程】** 市政府重点城建工程城建工程之一,总投资约8300万元,涉及兴临路、车路河路等8条道路以及长安大桥附近的电缆顶管过河工程,满足新区用电需求,完善新区城市功能。 (王 兴)

# 城镇建设

**【城镇建设概况】** 围绕建设具有水乡特色的生态城、文化城、宜居城、旅游城的目标,坚持以科学发展观引领城乡建设,按照"一年添新景,二年出形象,三年大变样"的思路,全力以赴加快城市建设,城乡建设事业继续保持良好发展势头。

配合新区、开发区建设和旧城改造,建成城市公共停车场15处,增加停车位1500个。加快新区道路、绿化、亮化等功能性配套设施以及医院、学校、农贸市场等公用设施建设,切实改善新区人居环境,提高基础服务质量,增强环境对项目的吸引力。

**【道路桥梁】** 建成南亭路西延、新城北路、南津路、姜堰河路北延、垛田西路北延、千垛路南延、八里铺路西延、城堡三期安置房北入口道路、拱极路、沧浪路、南津桥、前进桥等道路桥梁,完成长安转盘改造及北水关大桥、水乡路东二桥、张家小桥维修改造,实施城市36个地块的低洼区整治。加大市政设施维修力度,全年维修道路面积近7000平方米,更换广场砖1585平方米、窨井盖1146个,新增无障碍通道6个,保障市政设施正常运行。

**【园林绿化】** 全面推进城市园林绿化建设,完成东环线绿化、北过境公路绿化、五里东路绿化、生态园绿化二期、英武大桥东南角绿化及水乡大桥西侧绿化,建成海池河风光带北延完善工程、沿河防洪工程绿化补植和垂直绿化配套等项目,重点园林绿化项目古城墙建成开园,全年共新增各类绿地面积47万平方米,全市绿地总面积达803万平方米,现有绿地率39.17%,绿化覆盖率40.5%,极大地改善全市城市面貌和人居环境,提升城市形象。在城市建设过程中充分融入水的要素,积极推动城市水环境整治,努力打造直港河三期、四期滨河绿化、中和路滨河绿化、姜堰河滨河绿化、沧浪西路滨河绿化等城市沿河风光带,营造具有水乡特色的新景观。

中和路滨河绿化带

**【城市亮化】** 加快新建、改造道路桥梁路灯配套。推进城市亮化建设,全年共安装道路路灯464杆。全面完成后街背巷路灯安装任务,有效保障群众夜间出行安全。

**【供水管网建设】** 建成兴化自来水厂,并与城区自来水管网并网供水,配套建设海池河段和张阳夹沟段污水管网,污水处理厂日处理污水量达14000吨,较好地完成城市水质提升工程管网清洗和管网改造的工作,清洗直径100毫米以上主管道15065米,城市基础设施的服务功能得到进一步增强。全年完成售水量1000万立方米,产值3300万元,实现利税315万元,铺设直径100毫米以上主管道近25千米,新安装用水户8425户,实施供水低压区改造260户,全年自来水水质综合合格率达100%。

**【经济适用房、解困房、安置房建设】** 完成城市两批次15万平方米近2000户拆迁工作。新建"三房"全年共建成交付经济适用房2450套、22.7万平方米,廉租房110套0.6万平方米,拆迁安置房1556套14.56万平方米,有力保障全市广大人民群众住有所居。

兴化城堡经济适用房

**【商品房开发】** 全年新开工房地产项目面积达75万平方米,竣工28.6万平方米;切实加强了房地产市场管理,对开发企业的实力进行严格论证,进一步提高房地产开发企业的市场准入门槛，有力推动全市房地产市场的健康发展。成功举办第八届商品房展销会，全年商品房销售达5540套，销售面积72万平方米，成交额达30.8亿元，同比增长25%。（李振华）

## 城 镇 管 理

**【村镇建设管理】** 坚持统筹城乡发展，在资金、人力、技术和项目上对村镇建设事业给予充分的指导和帮助，使村镇工作继续保持良好发展势头，全年小城镇完成建设投入52.5亿元。积极推进城镇总体规划的调整修编工作，戴南—张郭小城市规划通过省建设厅专家组的评审；深入推进城镇详细规划的编制工作，全年共完成小城镇详细规划42个，有效提高村镇详细规划覆盖率和村庄规划深度；深入推动村镇创建工作，沙沟镇创建国家级历史文化名镇成效显著；切实加强村镇管理工作，严格执行《城乡规划法》的要求，继续加强村民建房管理，积极探索乡镇挂牌出让用地项目参照城区出具项目规划设计要点的新办法。（赵金年　赵　骏）

张郭镇新貌

**【市容管理】** 2010年，城管系统紧紧围绕“构建和谐城管，提升服务发展”开展工作，全面完成年度目标任务，各项工作取得新的成效。全年按照“定点、限时、便民、有序”的管理原则，加强对城区便民、夜市摊点以及年货摊点的规范管理，加强八字桥广场、儒学广场和金东门街区等重要景点的管理，市容环境进一步改善。按计划加快全市城市生活垃圾卫生填埋场建设，填埋场一期工程的四分之一池年底已投入试运行。对城区河道管理区域进行重新划分，组织了新一轮河道管理发包，明确管理范围和职责，有力促进了城区河道保洁质量的提高。顺利通过江苏省住建厅行政执法队伍规范化建设三星级单位验收。当年底，城管系统在全市启动相对集中行政处罚权工作，组建行政执法大队和增挂市城市管理行政执法局牌子，为逐步构建“大城管”格局奠定基础。

2010年4月，市政府出台《兴化市城区街景容貌管理办法(试行)》，对城区街道店牌店招、门楣显示屏、遮阳雨棚等街景容貌制定详细的制作标准，填补兴化市关于街景容貌管理上的空白，具有规范性、实用性和可操作性。（徐祖东）

**【绿化亮化管理】** 对全市绿化、公共绿地、公园分成十个片区，实行三级管护责任制，确保绿化成活率在90%以上，绿化保存率在95%以上。加强绿化执法检查，全年共查处或制止违章案件120多起，有效地保护绿化建设成果。完善路灯巡查和报修制度。（赵金年　赵　骏）

**【相对集中行政处罚权工作】** 根据江苏省人民政府法制办《关于兴化市开展相对集中行政处罚权工作的复函》苏府法函〔2009〕167号和泰州市人民政府《关于兴化市开展相对集中行政处罚权工作的批复》泰政复〔2009〕83号要求，批准兴化市在城市管理领域开展相对集中行政处罚权工作，行使行政处罚权的行政机关的具体职责是，行使市容环境卫生管理方面法律、法规、规章规定的行政处罚权；行使城市规划管理方面有关法律、法规、规章规定的行政处罚权；行使城市绿化管理方面有关法律、法规、规章规定的行政处罚权；行使市政管理方面法律、法规、规章规定的行政处罚权；行使环境保护管理方面法律、法规、规章规定的对在公共场所焚烧杂物的行

执法人员清理废弃电线杆

政处罚权,对向城市河道、水面倾倒工业废渣、城市垃圾和其他废弃物的行政处罚权;行使工商行政管理方面法律、法规、规章规定的对无照商贩经营行为的行政处罚权;行使公安交通管理方面法律、法规、规章规定的对侵占城市道路行为的行政处罚权;行使城市河道管理方面法律、法规、规章规定的对在城市河道范围内擅自设置阻水捕鱼设施、建设项目未经审查同意或者未按审查同意的方案建设的行政处罚权;履行省、市人民政府规定的其他职责。对上述相对集中行政处罚职能,市委、市政府经研究确定,根据兴化市实际情况,对行使公安交通管理方面法律、法规、规章、规定的侵占城市道路行为的行政处罚权暂缓执行。年底前,城市管理行政执法局挂牌成立,兴化市相对集中行政处罚权工作正式启动。

**【环卫体制改革】** 对城区主次干道清扫保洁管理进行改革。实行定岗标价、经费包干、定人定责、考核奖惩的方法,调整和完善环卫保洁工作机制。按照国家建设部道路清扫定额标准和城区主次干道区域面积,将城区清扫面积划分为16个承包区域(95条路,清扫面积1628916平方米),按道路清扫等级和主干道垃圾清运量,分别测出各承包路段区域应配人员定额。以公正公平为原则对各路段进行公开竞标,路段长由参加环卫一线管理工作满五年以上在职人员竞聘上岗。实行路段长负责制,环卫处统一对各路段清扫保洁工作进行统一考核验收,路段长按照清扫、垃圾袋装化收集以及垃圾清运作业标准和要求,对本路段清扫保洁工作进行考核计分,实行奖优罚劣。

(徐祖东)

**【建设市场管理】** 认真开展施工图审查,共审查建筑工程项目72项,建筑面积达136万平方米。成功创建江苏省特级城建档案馆,加强城建档案的信息化管理,全年签订城建档案报送责任书27份,新标准整理上架4716卷工程档案。

**【房地产市场管理】** 全面落实城区商品房买卖合同备案制,积极扶持房地产市场发展,制定《关于促进我市房地产市场稳定健康发展的若干意见的通知》,保持房地产市场的良性发展。加大房产房管市场管理力度,核发商品房(预)销售许可证33份,办理房屋转让手续7944户,颁发"房屋所有权证"15901宗、"房屋他项权证"3755宗,白蚁防治面积达60多万平方米。

**【物业管理】** 加强住宅小区的物业管理工作,规范新建住宅小区物管企业招投标程序,制定完善新建小区附属配套设施监管审核制度,进一步提高物管企业和物管人员从业水平,完成九项危旧房屋改造工作,对小区道路、绿化、下水道、化粪池等进行维修整治,切实改善居民小区住宅环境。

**【"12319"城建热线】** "12319"城建热线是"12345"市长热线二级平台,共接咨询、投诉、建议等各类来电1018起,按时办结率达97%,全年办结率达100%。

(赵金年　赵　骏)

## 建　筑　业

**【建筑业概况】** 2010年,在市委、市政府的正确领导下,在上级部门的关心支持下,继续保持持续、稳定、健康发展的良好局面,全年共完成建筑业总产值168亿元,建筑业增加值42.18亿元,比上年分别增长28%和20%。

2010年兴化市建筑企业获奖情况

表19

| 奖　项 | 工程名称 | 承建单位 |
|---|---|---|
| 江苏省优质工程"扬子杯" | 武汉爱家国际华城一期二区 | 江苏苏兴建设工程有限公司 |
| 黑龙江省优质工程"龙江杯" | 科瑞斯特综合楼 | 江苏新兴建设工程有限公司 |
| 江苏省文明工地 | 沭阳体育中心体育馆 | 江苏苏兴建设工程有限公司 |
| | 苏州慈济园项目工程 | 江苏永泰建造工程有限公司 |
| 泰州市优质工程"梅兰杯" | 兴化市嘉鸿豪庭66#楼 | 江苏平安建设工程有限公司 |
| | 兴化市嘉鸿豪庭61#楼 | 江苏平安建设工程有限公司 |
| | 兴化市嘉鸿豪庭80#楼 | 江苏正林建设工程有限公司 |
| | 兴化市嘉鸿豪庭60#楼 | 江苏正林建设工程有限公司 |
| | 兴化舒园花苑一期42#49-54#60-62#楼 | 兴化市昭阳建筑工程公司 |

续表 19

| 奖 项 | 工程名称 | 承建单位 |
|---|---|---|
| 泰州市优质工程“梅兰杯” | 兴化舒园花苑二期 63# 楼 | 江苏舜诚建设有限公司 |
| | 兴化舒园花苑二期 64# 楼 | 江苏舜诚建设有限公司 |
| | 兴化舒园花苑二期 65# 楼 | 江苏舜诚建设有限公司 |
| | 兴化舒园花苑二期 66# 楼 | 江苏舜诚建设有限公司 |
| | 兴化市福星宏盛家园 6#10#14# 楼 | 江苏正林建设工程有限公司 |
| | 兴化市福星宏盛家 4#5#8#9#12#13# 楼 | 江苏正林建设工程有限公司 |
| | 兴化市盛祥苑 5a、5b、6# 楼 | 江苏金正建设工程有限公司 |
| | 兴化市第一中学学生公寓 | 兴化市昭阳建筑工程公司 |
| 泰州市优质工程 | 锦江之星 - 泰州店 | 兴化市凤凰公寓一期工程 |
| | 江苏永泰建造工程有限公司 | 江苏苏兴建设工程有限公司 |
| | 兴化市嘉鸿豪庭 66# 楼 | 江苏平安建设工程有限公司 |
| | 兴化市嘉鸿豪庭 61# 楼 | 江苏平安建设工程有限公司 |
| | 兴化市嘉鸿豪庭 80# 楼 | 江苏正林建设工程有限公司 |
| | 兴化市嘉鸿豪庭 60# 楼 | 江苏正林建设工程有限公司 |
| | 兴化市沙垛回迁安置小区 1# 楼 | 兴化市新华建设工程有限公司 |
| | 兴化市沙垛回迁安置小区 2# 楼 | 兴化市新华建设工程有限公司 |
| | 兴化市沙垛回迁安置小区 4# 楼 | 兴化市新华建设工程有限公司 |
| | 兴化市沙垛回迁安置小区 5# 楼 | 兴化市新华建设工程有限公司 |
| | 兴化舒园花苑一期 42#49#50#-54# 楼 | 兴化市昭阳建筑工程公司 |
| | 兴化舒园花苑一期 60# 楼 | 兴化市昭阳建筑工程公司 |
| | 兴化舒园花苑一期 61# 楼 | 兴化市昭阳建筑工程公司 |
| | 兴化舒园花苑一期 62# 楼 | 兴化市昭阳建筑工程公司 |
| | 兴化舒园花苑一期 63# 楼 | 江苏舜诚建设有限公司 |
| | 兴化舒园花苑一期 64# 楼 | 江苏舜诚建设有限公司 |
| | 兴化舒园花苑一期 65# 楼 | 江苏舜诚建设有限公司 |
| | 兴化舒园花苑一期 66# 楼 | 江苏舜诚建设有限公司 |
| | 兴化市福星宏盛家园 6# 楼 | 江苏正林建设工程有限公司 |
| | 兴化市福星宏盛家园 10# 楼 | 江苏正林建设工程有限公司 |
| | 兴化市福星宏盛家园 14# 楼 | 江苏正林建设工程有限公司 |
| | 兴化市福星宏盛家园 4# 楼 | 江苏正林建设工程有限公司 |
| | 兴化市福星宏盛家园 5# 楼 | 江苏正林建设工程有限公司 |
| | 兴化市福星宏盛家园 8# 楼 | 江苏正林建设工程有限公司 |
| | 兴化市福星宏盛家园 9# 楼 | 江苏正林建设工程有限公司 |
| | 兴化市福星宏盛家园 12# 楼 | 江苏正林建设工程有限公司 |
| | 兴化市福星宏盛家园 13# 楼 | 江苏正林建设工程有限公司 |
| 泰州市文明工地 | 兴化市凤凰公寓一期工程 | 江苏永泰建造工程有限公司 |
| | 兴化市时代嘉园 23# 楼 | 江苏苏兴建设工程有限公司 |

续表 19

| 奖　项 | 工程名称 | 承建单位 |
|---|---|---|
| 泰州市文明工地 | 兴化市万年青体育健身会所 | 兴化市东兴建设工程有限公司 |
| | 金水湾二期 11# 楼 | 江苏苏兴建设工程有限公司 |
| | 泰州溢景园 A 标 | 江苏苏兴建设工程有限公司 |
| | 京泰汽车客运站工程 | 江苏永泰建造工程有限公司 |

**【劳务输出】** 全市建筑业施工人数为 15 万人,其中外出施工人数 8 万人(出省 2.5 万人),外出施工劳务收入 5.5 亿多元。产值过亿元企业达到 52 家,其中超 5 亿元企业 5 家,超 3 亿元企业 14 家,年内各项经济指标超额完成。

**【资质水平】** 坚持以提高企业资质水平为抓手,狠抓企业资质等级升级工作。2010 年成功晋升一级总承包资质企业 1 家,晋升二级总承包资质企业 8 家、专业承包企业 7 家,新增建筑企业 25 家。截至 2010 年底,全市共有建筑企业 118 家,全部都为民营企业,其中一级总承包企业 3 家、二级总承包企业 13 家、三级总承包企业 40 家,其他均为专业承包及劳务分包企业。

**【产业转型】** 2010 年,建筑企业加快产业转型升级步伐,开始涉足市政、房地产、交通、环保、高效农业等领域。江苏永泰公司在淮安开发的御景天成高档住宅小区面积为 19.8 万平方米。江苏屹峰、新华、明灿、戴南、兴建等几家公司均已进入到房地产开发领域,其中明灿公司还进入道路交通和高效农业开发领域。

**【建筑市场】** 建立健全建筑业企业信用评价体系,落实企业诚信建设管理制度,采用建筑企业信用手册管理办法,落实信用评价计分标准,加大对违反诚信管理办法企业的处罚力度,严格控制其承接工程、外出施工。进一步规范建筑市场秩序,2010 年办理建筑施工许可证 105 份。针对建筑市场进行 4 次集中检查,累计检查建筑面积 756 万平方米;发放停工通知书 10 份,催办通知书 24 份,通过查处取得初步成效,有力地推动市场管理。

**【质量管理】** 进一步完善《工程质量监督报告编制与签发制度》、《工程质量监督抽(巡查)制度》等 16 项制度。严格按照《兴化市建设工程质量安全监督工作联席会议制度》的要求,完善建设工程质量安全监管的举报制度、检查处理制度、曝光公示制度等。加大对参建各方的质量行为的监督力度;加大对工程用原材料、建筑构配件、成品、半成品商品混凝土质量的监控;加大建筑工程保温节能监督;全面推进住宅工程分户验收制度;积极推行"验监分离"监督管理模式,提高质量监督水平;加大建设工程质量检测机构管理,成立市建设工程质量检测协会,形成行业自律,减少恶性竞争,优化检测市场。工程质量巡查和监督抽测工作不断深入。全年共创建省级优质工程 3 项,泰州市梅兰杯工程 10 项,泰州市级优质工程 12 项。市质监站再次被省建设工会工作委员会评为"工人先锋号"。

**【安全管理】** 全市上下坚持"安全第一、预防为主、综合治理"的方针,建筑安全生产工作取得明显成效。全年共开展各类安全培训 8 场次,培训人数达 966 人,从而有效提高从业人员安全生产意识和素质,全年未出现人员伤亡重大事故。2010 年共创省级文明工地 5 项,泰州市级文明工地 13 项。市建筑安全监察站年底顺利通过省住建厅组织安全监察机构考核验收,同年被泰州市建管局表彰为建筑安全生产管理先进集体。

**【建筑人才培养】** 以建筑职工培训中心为基地,全年共举办各类培训班 9 期,培训人数 1136 人,受理申办专业技术人员的技术职称 70 人。组织 85 人参加建工系统技师培训与鉴定,组织 4 名选手参加泰州市举办的技能岗位竞赛,取得较好成绩。 (金庆华)

泰州市建工系统 2010 架子工职业技能竞赛

# 生 态 保 护

## 国土资源管理

【土地国策宣传】 土地国策宣讲活动是市委组织部和市国土资源局共同组织实施，全市200多名大学生村干部参加，共宣讲4000场，听众达10多万人次，达到所在村“宅基地用地管理规范，基本农田保护良好，涉地纠纷化解有力，农民土地合法权益得到有效维护”的目标，为争创“土地执法模范村”夯实基础。该活动被8月12日《国土资源报》法制周刊专版介绍。

大学生村官担当农村土地政策宣传员

【规划编修】 完成新一轮土地利用总体规划修编前期成果、规划大纲、基本农田专项规划成果提交。对已落实年度土地利用计划和挂钩计划的项目不符合乡镇现行土地利用总体规划的，分四个批次与新规划进行衔接性修改，同时对2006至2008年挂钩建新区进行调整。严格规划审查和项目预审制度，全年办理建设用地项目预审48宗，建设用地规划审查204宗。

【耕地占补平衡】 全年筛选耕地占补平衡入库项目36个，项目区建设规模540.3公顷，验收通过项目33个，确认新增耕地面积460公顷。

【省以上投资土地整理和“万顷良田建设工程”试点】 在泰州市率先编制入库涉及五个乡镇的万顷良田建设试点规划方案，戴南、张郭项目已于2009年5月初启动实施。西鲍、临城、陶庄三个乡镇万顷良田建设工程项目通过省厅规划设计方案的评审。2010年全市获批省级以上投资土地整治项目（含万顷良田建设工程项目）4个，项目建设总规模4295.41公顷，新增耕地面积176.68公顷，投资总金额达1.1亿元。全市共申报实施省级以上投资土地整理、基本农田保护示范区整理和万顷良田建设工程项目15个，其中合陈、缸顾、安丰、中堡、永丰项目均通过验收。

【重点项目用地保障】 认真组织城乡建设用地增减挂钩项目实施和验收工作，落实使用往年增减挂钩指标106公顷。对符合独立选址和点供计划项目，积极申报省厅专项计划。申请大周公路等8个独立选址项目，面积206公顷。申请点供计划项目4个，均已通过初审，其中申源特钢项目已获批并供地。全年组织征地报批10个批次，面积148公顷，确保得胜湖综合物流园区大道、城市生活垃圾卫生填埋场、开发区和戴南镇污水处理厂等重大基础设施项目和全市重点急需项目顺利开工建设。

【运行二次土地调查成果运用】 对第二次土地调查标准时点数据库进行整改，建成昭阳、戴南等11个乡镇的城镇地籍调查数据库；开展耕地后备资源调查与评价工作，对全市7296块共10004.01公顷的后备资源进行评价；开展工业用地专项调查，完成3200多宗、近3333公顷工业仓储企业的用地信息调查，为工业系统信息化建设和工业用地效益评价提供支撑。

【土地市场】 全面推行净地上市，全年供地272宗，通过挂牌出让供地226宗，其中：经营性用地挂牌出让96宗，面积121.6公顷，成交总额140014.8万元，高出起始价38014.0万元，比上年增加2宗、76.9公顷、85894.8万元；工业用地挂牌出让130宗，面积161公顷，成交总额23627.0万元，高出起始价246.0万元，比上年增加29宗、66.6公顷、9059.38万元。

【土地卫片执法检查】 认真落实2009年度卫片执法检查工作要求，经过内、外业调查核实，查清卫片监测涉及兴化市的415个图斑的用地状况。认定违法地块20个，面积10.93公顷，其中耕地4.48公顷。对清查出的违法用地，按照“既查事又查人”的原则，加大查处力度，加快整改进程，逐宗进行过堂，除1宗违反规划待法院强制执行外，其余19宗已全部供地到位，合计罚款金额108.46万元，落实处理责任人10人。

**【约谈制度】** 对出现重大违法用地现象的乡镇，除直接与党委政府主要负责人联系，通报情况，督促整改外，还进行专门约谈，暂停该乡镇建设用地审批，促进问题整改。全年向政府主要负责人专题汇报本地区重大的土地违法信息5次；向相关职能单位发出《国土资源共同管理责任函》8份；向土地违法重点乡镇发出《土地执法监察函》15份，并抄送相关部门，促进国土资源共同管护责任的落实。

**【地籍服务】** 全年累计发放“集体土地使用证”1650本，“国有土地使用证”9930本，为2400家企业和个人办理了土地抵押手续，融资金额45.65亿元，为469个宗地办理分割登记，累计发放分割转让许可证13540本。

（徐兴旗）

## 环境管理

**【环境管理概况】** 2010年，市环境保护部门坚持以科学发展观统揽全局，围绕重点工作目标，正确处理服务经济与环境监管、突出重点与统筹兼顾、专项行动与长效管理三大关系，不断强化目标、协调、宣传、落实四种意识，严格环境准入，坚持铁腕治污，落实环保优先，建设生态文明，圆满完成年度目标任务。

**【环境专项整治】** 按照市委、市政府的统一部署，围绕泰州、兴化两级挂牌督办案件的整治，深入开展饮用水源地保护、酸洗行业污泥处置等八项环保专项整治行动。区域供水工程和乡镇集中式饮用水源地、11家涉铅企业、8家化工企业、12家规模化畜禽养殖企业、55家医疗机构、12家三产企业实行专项整治。列入整治的21家重点脱水蔬菜企业均建成废水收集池，蒸煮废水委托城南生活污水处理厂进行深度处理。戴南酸洗污泥按照减量化、资源化、无害化要求落实实施方案，基本处置到位。关闭、取缔57家废旧橡塑、15家“土炼油”加工企业。

**【环境项目管理】** 全年共审批各类建设项目476个，其中环评审批325个，登记表审批151个，拒批涂料生产、绿碳化硅微粉制造、电子拆解等20个重污染项目，拒批金额6.51亿元。发放排污许可证838份。

**【环境宣传】** 以“减少污染，珍爱家园”为主题，通过纪念“6·5”世界环境日文艺汇演、开办《环保在线》电视专栏、组织环保“五进”活动、系列绿色创建等放大环保宣传效应，增强全社会的环境保护意识。积极开展环保进企业、进学校、进社区、进家庭、进乡村“五进”活动，对356家企业环境行为进行公示，9家企业被评定为泰州市绿色企业，名列泰州市第一。4所学校、4个社区分别开展省、市级绿色学校和绿色社区创建活动。邀请省环保厅专家在“昭阳讲坛”开办专题讲座。四期环保专题节目《环保在线》与观众见面，得到社会各界的好评。先后在泰州市级以上各类报纸、杂志、网站发表环保信息43篇。

3月9日，联合市委宣传部、团市委等19家单位、部门在八字桥广场隆重举办志愿者服务日暨“减少污染，珍爱家园”集中行动启动仪式，各级领导及社会各界人士共800余人联名倡议“减少污染，珍爱家园”。

6月5日，联合市委宣传部、文化广电新闻出版局在张郭镇举办纪念“6·5”世界环境日文艺汇演。

减少污染珍爱家园集中行动启动仪式

**【环境监察】** 突出抓好重点企业的日常检查、夜间巡查、突击抽查，对57家违法排污企业进行处罚，罚款金额114.5万元。4月初、11月底，先后联合供电、公安等部门和西鲍、城东、垛田等乡镇，对20多家废旧橡塑加工户采

检查治污设施

取停电、拆除设备等强制措施，依法进行取缔，防止违法行为的反弹与蔓延。5月中旬，对戴南镇区烟尘污染问题进行联合执法检查，一批违法排污企业受到查处。加强环境监察基础工作，完成全市255家重点企业“一厂一档”数据的录入和审核工作。

**【环境监测】** 认真抓好环境质量、污染源监督、突发环境事件、“三同时”验收、限期治理工程验收、环境规划等监测工作。全年共出具各类监测报告520份，获得各类监测数据112700个。加强环境监测能力建设，市环境监测站通过中国合格评定实验室认可委员会组织的复查暨扩项评审，获得新的认可证书，监测能力由原来的87项拓展到119项。

**【规费征收】** 依法征收排污费1500万元，实现监测业务收入106万元。

**【环境信访】** 全年共受理信访投诉774件，查处结案率100%；江都武坚镇境内发生的“2·8硫酸船沉没事件”、“9·24废油偷排事件”、高邮市境内发生的“10·17化工原料偷排事件”等一批突发环境事件得到有效处置，消除污染事故对群众饮水安全造成的影响，维护社会稳定。

## 节能减排与生态建设

**【节能减排】** 组织实施城南生活污水处理厂、张郭镇生活污水处理厂结转项目等七项COD减排工程和江苏申源特钢煤改气等$SO_2$减排工程。积极上争项目资金，推进减排工程的实施。全年共计实现COD减排569吨，$SO_2$减排150吨，淮河流域污染防治工程通过年度省级考核。

兴化市城南污水处理厂环保验收会

**【清洁生产审计】** 积极实施可持续发展战略，4家企业实施清洁生产审计工作。

**【废弃物综合利用】** 12家规模化畜禽养殖企业实现废弃物综合利用，利用量约20000吨/年。秸秆综合利用专业合作社年消化秸秆约30000吨。

**【生态环境规划】** 积极推进特色产业转型升级，大力发展生态工业。重点抓好以兴化经济开发区、戴南张郭工业园区的生态工业园区建设。经济开发区、戴南科技园区已委托泰州市环境科学研究所编制生态工业园区建设规划。认真抓好环保专项规划的编制工作，完成“十二五”环保规划和全市新农村建设“十二五”规划“环保篇”编制工作。5月初，获垛、茅山、海南、西郊四乡镇环境规划通过泰州市环委会专家组评审。戴南国家级生态镇、合陈、安丰镇省级环境优美乡镇创建工作通过考核验收。开展夏秋季节稻麦秸秆的综合利用和禁烧工作。

## 环境质量

**【水质状况】**

水环境质量　2010年兴化市境内总体水质较好，主要河流(卤汀河、蚌蜒河、车路河、白涂河、北澄子河、横泾河、乌巾荡)总体水质符合《江苏省地面水水域功能区划》划字的水质标准。市区自来水一厂、二厂饮用水源水质达标率保持100%。

废水排放　2010年全市工业废水排放总量2233.89万吨，排放达标率为100%；污水排放总量3658.49万吨，其中生活污水排放总量1424.6万吨；化学耗氧量的排放量为7668.3吨。

**【环境空气状况】**

环境空气质量　2010年兴化市环境空气质量状况保持良好，全市空气质量优良的天数占监测天数的90.4%。主要污染物二氧化硫、二氧化氮的年日平均值分别为0.026毫克/立方米、0.016毫克/立方米，分别达国家二级、一级标准；总悬浮微粒年日平均值为0.087毫克/立方米，符合国家二级标准；灰尘自然沉降量平均值为7.4吨/平方公里·月。出现1次酸雨。

工业废气　2010年全市煤炭消费总量为63.94万吨，工业废气排放量为1537071万标立方米，工业粉尘排放量为835.62吨，工业烟尘排放量为1260.86吨，二氧化硫排放量为6522.68吨。

**【声环境质量】**

区域环境噪声　2010年城区噪声环境质量达到相

应功能区标准。城区区域环境噪声平均值为51.9分贝。

交通干线噪声 2010年城区交通干线噪声平均等效声级为67.7分贝。

【固体废物防治】

工业固体废弃物 2010年工业固体废弃物产生总量为32.04万吨,综合利用率为99.8%,基本实现固体废弃物零排放。

(姚 波)

**2010年兴化市饮用水水质监测结果**

表20

| | | |
|---|---|---|
| 城区饮用水源达标率(%) | 一水厂 | 100% |
| | 二水厂 | 100% |
| 乡镇饮用水源达标率(%) | 94% | |

**2010年兴化市环境空气质量监测结果**

表21

| Ⅰ | Ⅱ | Ⅲ | Ⅳ | Ⅴ | 首要污染物 | 空气优良天数点全年监测总天数的百分比 |
|---|---|---|---|---|---|---|
| 优 | 良 | 轻度污染 | 中度污染 | 重度污染 | | |
| 93 | 237 | 33 | 0 | 2 | $PM_{10}$ | 90.4% |

**2010年度兴化市区环境噪声数据**

表22 单位:dB(A)

| 网格大小(米×米) | 测定总数 | Leq | L10 | L50 | L90 |
|---|---|---|---|---|---|
| | | 平均 | 平均 | 平均 | 平均 |
| 400×400 | 134 | 51.9 | 54.6 | 49.7 | 46.3 |

**2010年兴化市降水情况**

表23

| 降水次数 | 降水量(毫米) | 降水pH均值(无量纲) | 其中酸雨 | | | |
|---|---|---|---|---|---|---|
| | | | 次数 | 频(%) | pH均值 | 降水量(毫米) |
| 40 | 978.4 | 6.03 | 1 | 2.5% | 5.43 | 32.0 |

注:酸雨pH临界值为5.60,即pH值小于5.60定为酸雨。

# 科 技

## 科技工作概况

2010年，全市上下以建设创新型兴化为战略目标，不断加大科技创新步伐，努力推进具有兴化特色的区域创新体系建设，取得显著成效。全市研发投入占地区生产总值的比重为1.8%，高新技术产业实现产值106.24亿元，比“十五”期末增长209.7%，新增国家重点新产品2项、省级高新技术产品19项，新增国家级重点高新技术企业1家、省级高新技术企业6家，有7项成果获泰州市级以上科学技术奖。年内，市政府重新修订颁布《兴化市科技创新奖励办法》。戴南镇入选江苏省首批创新型乡镇，兴化特种合金材料科技园区被列入江苏省首批科技产业园。市科技局先后获得省科技创新平台管理工作先进集体、省科技宣传及政务信息工作先进单位等荣誉。

科技创新专题座谈会

## 科 技 兴 农

年内，江苏九寿堂生物制品有限公司、江苏楚龙面粉有限公司被认定为省级农业科技型企业。13个项目列入省级以上农业科技计划，其中，国家星火计划项目6项、省科技支撑计划1项、省高层次创新创业人才引进计划1项、省科技型农业专业合作社2家、省农业科技服务超市3家。

## 产学研工作

年内，组织企业参加上海高校技术市场举办的新材料领域专题洽谈会与机械制造领域专题洽谈会、泰州市企业院校行北线及南线活动等产学研对接活动，与上海、北京、天津、武汉、长沙等地科研院所、高等院校洽谈合作，共签订正式技术合作协议4项，达成初步合作意向12项。全市新建产学研联合体16个，达成正式签约项目41项，解决重大技术难题7项。

## 科技载体建设

年内，建成企业院士工作站1所、省级工程技术中心3家、泰州市级工程技术中心8家。江苏星火特钢有限公司与南京理工大学成功共建全市工业领域首家院士工作站；江苏博生医药新材料股份有限公司获批省医药包装材料工程技术研究中心、江苏锁龙消防科技有限公司获批省泡沫消防药剂工程技术研究中心、江苏兴龙金属制品股份有限公司获批省车用钢丝绳索具工程研究中心。

## 高新技术产业

年内，全市新增国家重点新产品2项、省级高新技术产品19项，新增国家级重点高新技术企业1家、省级高新技术企业6家、省民营科技企业20家。江苏兴达钢帘线股份有限公司入选国家火炬计划重点高新技术企业，江苏星火特钢有限公司入选省创新型企业。全市高新技术产业实现产值106.24亿元，比上年增长39.8%。

**2010年度兴化市新增省级高新技术企业**

**表**24

| 序号 | 企 业 名 称 |
|---|---|
| 1 | 江苏兴龙金属制品股份有限公司 |

**续表** 24

| 序号 | 企 业 名 称 |
| --- | --- |
| 2 | 江苏方通新型不锈钢制品股份有限公司 |
| 3 | 江苏宏利达锂业有限公司 |
| 4 | 江苏海陵机械有限公司 |
| 5 | 江苏华信达特钢科技有限公司 |
| 6 | 江苏圣蓝科技有限公司 |

## 科 技 项 目

年内，全市有41个项目列入省级以上科技计划,其中:国家重点新产品计划项目2项、国家火炬计划项目1项、国家星火计划项目6项、国家创新基金项目2项;省基础设施建设计划项目4项、省创新基金项目2项、省国际合作计划项目1项、省科技支撑计划项目3项、省高层次创新创业人才引进计划项目1项、省高新技术产品计划项目19项,共争取省级以上无偿拨款近1000万元。

**2010年兴化市新增国家级科技计划项目**

**表** 25

| 类别 | 项目名称 | 承担单位 |
| --- | --- | --- |
| 国家重点新产品计划 | 韧性高铬铁素体合金材料 | 江苏星火特钢有限公司 |
| | 2%耐海水高倍数泡沫灭火剂 | 江苏锁龙消防科技有限公司 |
| 国家火炬计划 | 0cr17Ni12Mo2特种膨胀螺钉 | 江苏振亚特种螺钉有限公司 |
| 国家创新基金 | 新型可轴向移动的锥形万向节精锻件 | 江苏威鹰机械有限公司 |
| | 高强度高韧性高速电梯用高氮无镍超级双相不锈钢丝绳 | 江苏亚盛金属制品有限公司 |
| 国家星火计划项目 | 系列功能营养冻干蔬果产品开发 | 江苏省高康冻干食品有限公司 |
| | 五行蔬菜汤的生产技术推广及应用 | 江苏顶能食品有限公司 |
| | 预脱水-冷冻干燥法生产麦绿粉技术与产业化开发 | 兴化市绿禾食品有限公司 |
| | “泓膏”大闸蟹、小龙虾、鳜鱼生态养殖技术示范应用 | 江苏红膏大闸蟹有限公司 |
| | 应用酶技术开发中筋红麦特种专用粉及产业化 | 江苏楚龙面粉有限公司 |
| | 克氏原螯虾加工及三废综合利用技术研究与产业化开发 | 江苏九寿堂生物制品有限公司 |

**2010年兴化市新增省级科技计划项目**

**表** 26

| 类别 | 项目名称 | 承担单位 |
| --- | --- | --- |
| 省科技支撑计划(工业部分) | 新型核电蒸发器用防振合金材料的研制 | 江苏新华合金电器有限公司 |
| | 低碳生物基全降解膜材料技术的应用研究 | 江苏博生医用新材料有限公司 |
| 省科技支撑计划(农业部分) | 出口型大豆芽加工关键技术研究及其产业化 | 兴化市盛源食品有限公司 |
| 省高层次创新创业人才引进计划 | 白由路(中国农科院资源与区划研究所) | 江苏金龙果蔬有限公司 |
| 省科技基础设施建设计划 | 江苏省博生医用包装材料工程技术研究中心 | 江苏博生医用新材料股份有限公司 |
| | 江苏省泡沫消防药剂工程技术研究中心 | 江苏锁龙消防科技有限公司 |
| | 江苏省车用钢丝绳索具工程研究中心 | 江苏兴龙金属制品股份有限公司 |
| | 江苏星火特钢有限公司陈国良院士工作站 | 江苏星火特钢有限公司 |
| 省国际科技合作计划 | 2%高倍泡沫灭火剂及相应试验场 | 江苏锁龙消防科技有限公司 |
| 省创新基金 | 无甲醛无絮凝一次结晶高纯度莱鲍迪甙A | 泰州格瑞生物科技有限公司 |
| | 高氮低镍经济型高性能新型双相不锈钢 | 江苏九胜特钢制品有限公司 |
| 江苏农业科技服务超市分店、便利店 | 江苏农业科技服务超市兴化特种水产产业分店 | 江苏红膏大闸蟹有限公司 |
| | 江苏农业科技服务超市同富水产养殖专业合作社便利店 | 兴化市同富水产养殖专业合作社 |
| | 江苏农业科技服务超市益佳水产品专业合作社便利店 | 兴化市益佳水产品专业合作社 |

# 科技成果

年内,全市获泰州市科学技术奖励7项,全年评定兴化市科学技术奖励69项。

2010年兴化市获泰州市科技进步奖项目

表27

| 序号 | 项目名称 | 完成单位 | 获奖等级 |
|---|---|---|---|
| 1 | 航空航天用超低碳高合金焊丝水平连铸连轧技术与产业化 | 江苏兴海特钢有限公司 | 二等奖 |
| 2 | 里下河地区(兴化)粳稻丰产高效技术集成研究与示范 | 兴化市农业技术推广中心<br>扬州大学农学院<br>泰州市作物栽培技术指导站 | 二等奖 |
| 3 | 超低碳马氏体不锈钢自动焊丝 | 江苏新华合金电器有限公司 | 三等奖 |
| 4 | 铬锰铜钼系奥氏体耐蚀耐磨不锈钢 | 江苏省方通新型不锈钢制品股份有限公司 | 三等奖 |
| 5 | 脑钠肽在冠心病中的应用研究 | 兴化市人民医院 | 三等奖 |
| 6 | 尼美地平对蛛网膜下腔出血后坐骨神经炎性因子表达的影响 | 兴化市人民医院 | 三等奖 |
| 7 | 47例肺肉瘤样癌的特征及预后因素分析 | 兴化市人民医院 | 三等奖 |

2010年兴化市科技进步奖获奖项目

表28

| 序号 | 项目名称 | 完成单位 | 获奖等级 |
|---|---|---|---|
| 1 | 卧式全自动压滤机 | 江苏新宏大集团有限公司 | 一等奖 |
| 2 | 一种钢纤维加工方法及其切割机 | 江苏兴达钢帘线股份有限公司 | 一等奖 |
| 3 | 里下河地区(兴化)粳稻丰产高效技术集成研究与示范 | 兴化市农业技术推广中心 | 一等奖 |
| 4 | Akiyama术治疗胸中、上段食管癌95例临床分析 | 兴化市人民医院 | 一等奖 |
| 5 | 航空航天用超低碳高合金焊丝水平连铸连轧技术与产业化 | 江苏兴海特钢有限公司 | 二等奖 |
| 6 | 317L-Cu耐腐蚀特种紧固件 | 兴化市新迅达不锈钢标准件有限公司 | 二等奖 |
| 7 | 掉道矿车液压复位机 | 兴化市双湖矿山液压机械厂 | 二等奖 |
| 8 | 高品质铜酞菁 | 江苏双乐化工颜料有限公司 | 二等奖 |
| 9 | 注射液用聚丙烯丁基内垫组合盖 | 江苏金扬子包装科技有限公司 | 二等奖 |
| 10 | 头孢甲肟盐酸盐 | 江苏九寿堂生物制品有限公司 | 二等奖 |
| 11 | 水产用三黄散——克菌威的开发应用 | 泰州市春达动物药业饲料有限公司 | 二等奖 |
| 12 | 池塘微孔管道增氧新技术推广 | 兴化市水产学会兴化市科兴水产养殖专业合作社 | 二等奖 |
| 13 | 兴化市提高杨树苗木栽植成活率综合技术 | 兴化市林业技术指导站 | 二等奖 |
| 14 | 蔬菜烟粉虱暴发规律及种群控制研究与应用 | 兴化农业技术推广中心 | 二等奖 |
| 15 | 超声对女童性早熟的诊断价值 | 兴化市人民医院 | 二等奖 |
| 16 | 肺炎支原体肺炎C-反应蛋白检测的临床价值探讨 | 兴化市人民医院 | 二等奖 |
| 17 | C-反应蛋白及其-717A>G多态性与心房颤动的相关性 | 兴化市人民医院 | 二等奖 |

续表 28

| 序号 | 项目名称 | 完成单位 | 获奖等级 |
|---|---|---|---|
| 18 | 急性冠状动脉综合征介入治疗前后脑钠肽变化及对临床预后的判断 | 兴化市人民医院 | 二等奖 |
| 19 | 尿微量白蛋白检测在糖尿病肾病早期诊断中的临床意义 | 兴化市人民医院 | 二等奖 |
| 20 | 彩色多普勒超声观察脐动脉 S/D 值对评估脐带绕颈预后的临床意义 | 兴化市人民医院 | 二等奖 |
| 21 | 后腹腔镜治疗肾上腺肿瘤 18 例临床体会 | 兴化市人民医院 | 二等奖 |
| 22 | 去铁胺干预对脑出血大鼠血肿周围组织的影响 | 兴化市人民医院 | 二等奖 |
| 23 | “清降泄浊方”治疗中青年高血压患者 51 例 | 兴化市中医院 | 二等奖 |
| 24 | 银翘甘露汤治疗水痘 43 例临床研究 | 兴化市中医院 | 二等奖 |
| 25 | 补肾导浊法为主治疗慢性非细菌前列腺炎的临床观察 | 兴化市中医院 | 二等奖 |
| 26 | 脑钠肽与冠脉造影病变关系的研究 | 兴化市人民医院 | 二等奖 |
| 27 | 超低碳马氏体不锈钢自动焊丝 | 江苏新华合金电器有限公司 | 三等奖 |
| 28 | 汽车等速万向节传动轴内滑套系列精锻槽壳 | 江苏威鹰机械有限公司 | 三等奖 |
| 29 | 法兰式万向节槽壳制坯活动凹模 | 江苏威鹰机械有限公司 | 三等奖 |
| 30 | 304N-Mo-Cu特种金属软管不锈钢丝 | 泰州华泽金属工业有限公司 | 三等奖 |
| 31 | 双钩液压水平弯轨机 | 兴化市双湖矿山液压机械厂 | 三等奖 |
| 32 | 热泵干燥技术在酞菁颜料生产中的应用 | 江苏双乐化工颜料有限公司 | 三等奖 |
| 33 | 印花色浆用酞菁绿 | 江苏双乐化工颜料有限公司 | 三等奖 |
| 34 | 钒酸铋 YP-100 | 江苏双乐化工颜料有限公司 | 三等奖 |
| 35 | 多层共挤输液袋用聚丙烯接口 | 江苏金扬子包装科技有限公司 | 三等奖 |
| 36 | DT3G捻股机扭转自动检测调整装置 | 江苏兴达钢帘线股份有限公司 | 三等奖 |
| 37 | 大块料犁式卸料器 | 江苏海陵机械有限公司 | 三等奖 |
| 38 | 紧凑型电液推杆 | 江苏海陵机械有限公司 | 三等奖 |
| 39 | 回收聚酯瓶片生产涤纶彩色预取向丝 | 兴化市科创纺织品有限公司 | 三等奖 |
| 40 | 环氧丙烷专用泡沫灭火剂 | 江苏锁龙消防科技有限公司 | 三等奖 |
| 41 | 大挠度松套球形补偿接头 | 兴化市通科机械有限公司 | 三等奖 |
| 42 | 雾面不锈钢弹簧丝 | 江苏星火特钢有限公司 | 三等奖 |
| 43 | 新型高密封不锈钢 U 形管 | 江苏瀚森不锈钢有限公司 | 三等奖 |
| 44 | 脱水蔬菜蒸汽灭菌的研究及应用 | 江苏顶能食品有限公司 | 三等奖 |
| 45 | 实施小蚕共育规范化　提高蚕桑经济效益 | 兴化市蚕桑站 | 三等奖 |
| 46 | 海带湿敷疗法在静脉血栓形成中的应用 | 兴化市人民医院 | 三等奖 |
| 47 | TiNi形状记忆合金鹰嘴接骨板与张力带治疗尺骨鹰嘴骨折的疗效评价 | 兴化市人民医院 | 三等奖 |
| 48 | 临床护理路径在烧伤患者护理中的应用研究 | 兴化市人民医院 | 三等奖 |
| 49 | 苦碟子、苦黄注射液在黄疸型肝炎中的应用比较 | 兴化市人民医院 | 三等奖 |
| 50 | 手术治疗股骨干合并同侧股骨颈骨折分析 | 兴化市人民医院 | 三等奖 |
| 51 | 47例肺肉瘤样癌的特征及预后因素分析 | 兴化市人民医院 | 三等奖 |

续表 28

| 序号 | 项目名称 | 完成单位 | 获奖等级 |
|---|---|---|---|
| 52 | 尿道内切开治疗尿道狭窄 28 例 | 兴化市人民医院 | 三等奖 |
| 53 | 45例慢性鼻窦炎鼻息肉患者鼻内镜术后复发原因分析 | 兴化市人民医院 | 三等奖 |
| 54 | 儿童脾外伤 12 例非手术治疗体会 | 兴化市人民医院 | 三等奖 |
| 55 | 经胆囊管胆总管探查取石 96 例分析 | 兴化市人民医院 | 三等奖 |
| 56 | 从三则病案看辨证治疗克罗恩病的思路 | 兴化市中医院 | 三等奖 |
| 57 | 王少华辨治脾胃病八法 | 兴化市中医院 | 三等奖 |
| 58 | 自拟芎虫散偏汤合用尼莫地平治疗偏头痛 40 例临床观察 | 兴化市中医院 | 三等奖 |
| 59 | 止嗽散加减治疗咳嗽变异性哮喘 35 例 | 兴化市中医院 | 三等奖 |
| 60 | 老年髋部骨折手术患者的护理 | 兴化市中医院 | 三等奖 |
| 61 | 活血化瘀为主辨证治疗糖尿病皮肤瘙痒 36 例 | 兴化市中医院 | 三等奖 |
| 62 | 吴茱萸汤加味防治顺铂化疗所致迟发性呕吐的临床观察 | 兴化市中医院 | 三等奖 |
| 63 | 电针“扳机点”法治疗三叉神经痛 | 兴化市中医院 | 三等奖 |
| 64 | 托里消毒散为主综合治疗肛周克罗恩病 33 例临床观察 | 兴化市中医院 | 三等奖 |
| 65 | 攒竹穴透刺合中药治疗放化疗后呃逆 | 兴化市第三人民医院 | 三等奖 |
| 66 | 宫腔内人工授精的操作和护理体会 | 兴化市妇幼保健院 | 三等奖 |
| 67 | 液氮冷冻治疗面部扁平疣临床疗效观察 | 兴化市皮肤病性病防治所 | 三等奖 |
| 68 | 联合吸入沙丁胺醇和布地奈德治疗 COPD 急性加重期 68 例临床疗效观察 | 兴化北郊医院 | 三等奖 |
| 69 | 手术联合卡介菌多糖核酸局部注射治疗尖锐湿疣 | 兴化市皮肤病性病防治所 | 三等奖 |

## 知识产权保护

2010 年，全市共申请专利 1257 件，其中发明专利申请 195 件；专利授权 778 件，其中发明专利授权 15 件。江苏兴达钢帘线股份有限公司、江苏新宏大集团有限公司、江苏威鹰机械有限公司入选省专利标准化示范创建单位。营造良好的知识产权事业发展环境，举办知识产权专题讲座，成立市专利保护协会，组织开展专利执法行动，集中打击专利侵权、假冒专利等违法行为。 （姚向东）

知识产权专题讲座

## 气象服务

**【气象服务概况】** 进一步加强气象防灾减灾和应急气象保障服务，基础业务质量稳定高质。全年共发布各类气象服务材料 180 期，手机服务、预警短信发送近万人次。准确及时的气象信息为各级领导和人民群众防灾抗灾、减少损失发挥了重要作用。在梅汛期预报服务、夏收气象服务、持续高温气象预警和“千岛菜花节”气象保障中获得社会好评。

**【业务建设】** 加大气象业务设施建设。市气象科技预报中心正式落成启用。需搬迁的“兴化国家气象观测站”正式立项，开始建设。张郭、缸顾、钓鱼、下圩、老圩 5 个四要

电视台气象宣传

素站和东鲍、荻垛双要素站建成,“十一五”期间全市乡乡有自动气象站的目标全部实现。新建能见度观测仪,气象自动观测能力得到加强。年内先后为全市65个村安装气象显示屏、GPRS气象信息预警接收机。在为高效农业服务的基础上加强科研,全年在《江苏气象》上发表文章2篇,中国气象报发稿4篇。

【依法行政】 开展防雷管理服务下基层活动,主动上门走访双乐、九寿堂、金扬子等企业进行调研、座谈和培训。专题会议研究企业所反映的突出问题和意见,加强对防雷企业申办行政许可的帮助指导,得到广大防雷企业的一致欢迎。气象安全生产宣传教育方式有所创新,在以往与市级安监部门联合宣传的基础上主动延伸,探讨有关施放气球安全宣传和监管措施,组织编写气象防灾减灾宣传材料并在“防灾减灾日”活动中宣传。深入推进气象灾害防御科普知识进社区、进学校、进企业,全年开展培训10多场,培训人员2000人次,通过各类专题活动共计发放气象安全宣传材料6类16000份,接待市民、学校等咨询、参观1000余人次,市民安全意识进一步提高。 (钱慧晔)

## 防震减灾

年内,市地震局在科普宣传周、防灾减灾日、《防震减灾法》纪念日期间,开展系列防震减灾科普宣传活动,大力宣传地震科普知识,让公众认识地震,了解地震。抓好地震群测群防工作,认真落实“三网一员”体系和地震宏观测报点建设,扎实推进地震宏观观测工作。抓好地震灾情速报工作,对4月19日发生的ML2.8级地震、11月26日发生的M3.0级地震,采取有效措施妥善处置,及时做好群众思想工作,稳定群众情绪。加强地震监测台站管理工作,严格执行台站管理制度,确保监测台站的正常运行。重点抓好英武社区地震安全示范社区创建工作,提高社区居民防震减灾意识,增强应急避险和自救互救能力,指导社区组建地震应急救援志愿者队伍,取得显著成效。 (姚向东)

兴化市红色旅游景点

## 沙沟市政府旧址

抗日峰火中的红色政权沙沟市政府,旧址位于沙沟镇后大街大仙堂巷3-5号,是兴化市文物保护单位。1945年2月22日,我新四军一师主力部队攻克沙沟,盘踞在崔垛、中堡、时堡据点的伪军相继撤逃。沙沟解放后,苏中区党委决定成立沙沟“特别市”,直属苏中区党委和苏中行政公署领导。全市含时堡、崔垛、中堡、民主、团结、繁荣、兴隆7个镇,汤董、高桂、合兴3个乡,东西30华里,南北15华里。1945年3月17日,沙沟市政府隆重召开成立大会,沙沟市职工总会、商抗会和工人纠察队、教抗会、职员协会、儿童团、妇救会等抗日群众组织也相继成立。同年9月1日,兴化城解放,经苏中区党委批准,沙沟市与兴化县合并。年底,经华中区二地委批准,重建沙沟县(对外仍称沙沟市),辖中堡、时堡、沙沟区及宝应县射阳区。1946年10月中旬,我军实行主力北移,新四军北撤时,上述机构也随之撤销。

# 教　育

## 综　述

**【教育概况】** 2010年,兴化教育系统积极谋划"教育现代化市"创建总体规划、方法步骤、工作策略。组织局机关人员开展业务培训,全面解读教育现代化16项指标,形成创建工作方案。成立创建办公室,抽调工作人员,逐校开展学校布点、教育信息化调研,建立基础台账资料,精心测算经费投入。启动师德建设年活动,开展师德师风专项整治行动和"师表引领百日活动",着力提升教师师德水平。继续对中高级职称评审推荐办法进行改革,发挥"名特优"教师的传帮带作用。实施"百名教育硕士"培养计划,着力构建兴化教育人才高地。继续推行教学工作检查指导日、教学工作例会等制度,强化对教学过程、教学结果的监控。始终突出教学中心地位,中、高考成绩继续保持上升势头,中考700分以上高分段人数上升明显,高考本科进线数、名校录取数、应届生进线数、高校录取率等主要指标均创历史最好成绩。义务教育学区管理模式正常运行,科学制订2010年城区义务教育阶段公办学校布点及施教区调整方案。楚水实验学校初中部、小学部,实验中学、昭阳实小回归公办,整合城南学校、阳山学校、楚水学校资源,组建公办楚水初级中学、楚水小学,新成立景范学校、新区幼儿园。结合创建教育现代化市、校车公交化改革,启动实施新一轮农村小学布局调整,进一步理顺管理关系,促进义务教育均衡发展。扎实推进平安校园建设,及时、全面、过细开展校园安全大检查。继续深化学校后勤管理改革,启动寄宿制学校学生双休日活动管理方案。积极组织实施校舍安全工程,全面开展校舍安全检测鉴定工作,继续完善扶贫助学体系,组织"情系玉树·爱心助同胞"活动,开展关注民生"大走访"活动。以完善"条块结合、双重管理"的学校党建工作新模式为抓手,召开高规格的学校党建工作会议,出台《关于进一步加强学校党建工作的意见》,着力解决农村学校党建瓶颈问题。创新区域教育督导机制,建立督学巡查制度,开展各类专项督查,取得明显实效。

全市教育工作会议

**【义务教育均衡发展】** 义务教育学区管理模式正常运行,学区内教师教研活动、中心工作督查迈上新的水平。扩大结对帮扶的形式、方法、途径,促进优质学校与薄弱学校之间形成稳定的帮扶机制。抓住4所公办民助学校回归的契机,科学制订2010年城区义务教育阶段公办学校布点及施教区调整方案,拉动城区新一轮义务教育布局调整。楚水实验学校初中部、小学部,实验中学、昭阳实小回归公办,整合城南学校、阳山学校、楚水学校资源,组建公办楚水初级中学、楚水小学,新成立景范学校、昭阳湖幼儿园,并于2010年秋季面向新城区招收新生。严格执行中考招生政策,有效规范招生秩序,精心布置四星高中指标生工作,高中生源外流得到根本扭转,兴化中学新生报到率接近100%。结合创建教育现代化市、校车公交化改革,启动实施新一轮村小布局调整,新调整临城、西鲍、张郭、海南、李中等乡镇法人学校建制,合理配置资源,促进义务教育均衡发展。

**【教育现代化工程全面启动】** 认真学习贯彻省教育厅连云港会议精神,积极谋划"教育现代化市"创建总体规划、方法步骤、工作策略;组织开展业务培训,全面解读教育现代化创建16项指标;在市领导带领下,组织校长和机关人员到姜堰、泰兴、邗江、宝应等地学习取经;成立创建办公室,抽调工作人员,开展学校布点、教育信息化调研,建立基础台账资料,精心测算经费投入,形成创建工作方案。对照16项指标要求,重点在"短板"上求突破:加大取缔非法办园场所工作力度,新创省、市优质园15所,结合城区布局调整,新增5个公办园场所。中等职业技术学校加快内涵发展,通过省四星职校评估;召开全市成教工作会议,完成新垛、周庄等15个乡镇创建泰州市合格社区教育中心准备工作;加强教育装备现代化建设,为46所幼儿园、79所中小学分别配备合格幼儿园器材设备和"龙芯"电脑教室;印发《兴化市中小学、幼儿园校园主题文化建设实施意见》,各校结合实际制定实施本校校园文化建设方案。召开规模大、层次高的全市教育工作会议,部署推进教育现代化工作。联合财政、审计、国土等部门组成联合督察组对创建工作进行适时有效的督查,推动面上创建工作有序展开。

**【教育教学质量】** 分学段召开教学工作会议,推行教学工作检查指导日、教学工作例会等制度,强化对教学过程、教学结果的监控。中、高考成绩继续保持上升势头,中考700分以上高分段人数上升明显,400分以下低分段人数较上年下降3.3%,高中录取最低控制线提高29分,四星高中兴化中学、楚水实验学校录取线上升10分,在泰州同类学校中增幅最大;高考本科进线数、名校录取数、应届生进线数、高校录取率等主要指标均创历史最好成绩,其中应届生本二增加人数占全泰州应届增加人数的91%。实施多元发展战略,创建21所体育特色学校,成立叶江川国际象棋学校,启动普通高中体艺特长生招生工作,优化中等专业学校专业设置,兴化中学开设"国际班"。加强课题研究,"十一五"省级课题基本结题,板桥初中、安丰初中被评为全国综合实践研究先进单位。召开全市小学、初中素质教育现场会,推进素质教育深入实施。2010年,兴化中学在全省数学、物理、生物、作文等学科竞赛中再获15个一等奖,楚水实验学校文体双修班、中等专业学校获泰州市中小学生田径比赛小学组、职教组团体总分第一名,市特殊教育学校在全省残运会上夺得一枚乒乓球银牌,兴化市被教育部、团中央、体育总局通报表彰为"第三届全国亿万学生阳光体育冬季长跑活动"优秀组织单位,兴化籍学生侯逸凡荣获国际象棋世界冠军、李茂鉴荣获世界柔道大奖赛亚军。市教育局被泰州市政府记为集体三等功。

**【和谐校园建设】** 扎实推进平安校园建设,及时、全面、过细开展校园安全大检查;突出工作重点,大力构筑校园安全坚固防线,配齐配强学校保安人员,严格执行外来人员准入登记制度、校园安全保卫巡防制度、教师值班值宿制度;与公安部门密切配合,制订实施全市学校"三防"建设方案;积极开展校园周边环境综合治理工作,由市政法委牵头,与市交巡警大队、城管、工商等职能部门多次召开联席会,加强对学校放学时段的交通安全整治;认真开展安全知识"进校园、进课堂、进头脑"活动,编印安全知识读本;中考、高考组织有力,"平安考试"目标全面实现。继续深化学校后勤管理改革,启动寄宿制学校学生双休日活动管理方案。积极组织实施校舍安全工程,全面开展校舍安全检测鉴定工作,通过全市义务教育阶段年度D级校舍改造方案。继续完善扶贫助学体系,为1700余名义务教育阶段困难家庭寄宿生补助生活费120万元,为2382名高中家庭经济困难学生发放政府助学金357.3万元;为622名高校贫困大学生办理助学贷款,贷款金额累计341万元;通过红十字会提供博爱助学金7.4万元,为全市74名家庭特困学生提供特殊补助。组织"情系玉树·爱心助同胞"活动,捐款总额146万多元。开展关注民生"大走访"活动,参加活动教师6026人,走访各类家庭4万多户。

**【教师队伍建设】** 认真实施市政府关于《进一步加强全市教师队伍建设的意见》,制订实施教师队伍建设年度工作规划。启动师德建设年活动,开展师德师风专项整治行动和"师表引领百日活动",着力提升教师师德水平。组织二轮教师竞聘教学能力测试,8636名教师竞聘上岗。认真借鉴先进地区成功经验,分学科筹建10个"名师工作室",发挥"名特优"教师的传帮带作用。与徐州师范大学合作,实施"百名教育硕士"培养计划,着力构建兴化教育人才高地。建立校长、教师交流制度,试行音、体、美等紧缺学科教师区域走教,选派优秀教师到农村学校支教。挂靠高等师范院校,定向、订单培养紧缺学科师范生7人、男幼儿师范生7人,着力从源头上提高教师队伍素质。2010年,全市教师参加泰州市以上教学比赛290人获奖,参加省级以上教育教学论文评选2162篇获奖,在泰州市均处于领先位置。

组织全市中小学教师参加教职工岗位竞聘考试

## 基 础 教 育

**【幼儿教育】** 全市共有幼儿园 55 所，其中：教育部门办 49 所，民办 6 所。全市幼儿园共有 1073 个班，在园幼儿 35644 人。全市 3～5 周岁幼儿有 38488 人，在园幼儿 35596 人，毛入园率 92.49%。

幼儿教育跨县域结队支教启动仪式

**【小学教育】** 全市共有独立小学 18 所，一贯制学校小学部 39 个(其中：九年一贯制学校小学部 37 个，十二年一贯制学校小学部 2 个)，另有教学点 81 个，进行小学教育的学校布点共 138 个。年内招生数 11361 人。全市小学共有班级 1468 个，年末在校生数 58757 人。学龄儿童入学率 100%、毕业率 100%。特殊教育在校学生数 238 人。其中：聋哑学校 1 所，9 个班，在校学生 102 人；普校随班就读学生数 99 人；普通初中随班就读学生数 37 人。本地区义务教育适龄残疾儿童、少年有 247 人，入学率 96.3%。

市委书记贾春林深入学校调研

**【初中教育】** 全市共有独立初中 16 所，一贯制学校初中部 39 个(其中：九年一贯制学校初中部 37 个，十二年一贯制学校初中部 2 个)，完全中学初中部 1 个，进行初中教育的学校共 56 所。全市初中共有班级 809 个，年内招生 9868 人，年末在校初中学生数为 34390 人。初中入学率 100%、巩固率 99.80%、毕业率 99.84%。

**【高中教育】** 全市共有普通高中 10 所，其中：完全中学 3 所、高级中学 5 所、高中分校 2 所。年内全市普通高中招生 7886 人，毕业 8003 人，全市高中共有班级 451 个，在校高中学生数 24556 人。2010 年，全市共有省四星级高中 2 所、省三星级高中 6 所。　(刘　斌)

## 职 业 教 育

**【职业教育概况】** 坚持"以服务为宗旨，以市场为导向"的职教办学方针，切实加强职业学校基础能力建设。以创建江苏省四星级中等职业学校为主要目标，不断加大基础设施建设力度，促进职业教育专业建设与课程改革。先后投入 350 万元用于兴化中等专业学校电子技术应用示范专业和图书馆建设。6 月，兴化中等专业学校电子技术应用专业顺利通过上级验收，成为新一轮省示范专业；10 月，计算机应用专业成为 2010 年江苏省职业教育课程改革专业实验点。年底参加江苏省职业教育课程改革实验学校答辩会，顺利通过江苏省四星级中等职业学校答辩评审。

**【招生工作】** 2010 年，全市加强职教招生工作力度，有效巩固学生在本市就读率。全年共计招生 8581 人，其中招收省内全日制应届初中毕业生 2620 人，圆满完成泰州市下达招生任务。在努力做好本地职教招生工作的同时，进一步加大与河南、陕西等省外学校的联合办学的力度，东西合作招生 1605 人，继续举办中青年农民技能学历双提升班，招收学员 426 人，职教招生工作取得新突破。

**【技能大赛】** 职业教育着重突出技能教学和学生实践能力培养，年内组织全市 45 周岁以下专业课教师 92 人参加泰州市职校教师技能大赛，做到专业教师全员参赛。在全市中小学信息技术教师专业技能竞赛中，共有 10 名教师获奖，兴化中等专业学校荣获一等奖。在 2010 年泰州市第六、七届职业学校教师学生技能比赛中有 11 名师生获奖。9 名学生在省"创新大赛"中获二等奖以上奖项。在"爱士杰杯"江苏省职业教育创新大赛中，吴成超同学参加中职组工程学学科创作的"自动垃圾桶"获得省优秀奖。在江苏省 2010 年职业学校技能大赛中，共有 4 人获奖，其中车工技术项目获二等奖。省、市教育创新大赛中，中职组的蜗杆、梯形螺纹中径测量辅助工具和快速车削三角螺纹的辅助工具 2 项作品成功入选 2010 年江苏省职业教育创新大赛展评会。

**【兴化中等专业学校戴南分校成立】** 为更好地服务地方经济发展，向企业集中地区辐射职业学校人才培训优势，兴化中等专业学校与戴南镇党委、政府经多次调研论证，联合创办兴化中等专业学校戴南分校。分校于11月9日成立，年内共培训职工750多人，受到戴南企业界的热烈欢迎。

兴化中等专业学校戴南分校成立

## 社 区 教 育

对照创建教育现代化市要求，研究制订《江苏省教育现代化县(市)社区教育现代化实施方案》，进一步加大乡镇社区教育中心创建力度，戴南镇社区教育中心顺利通过省级社区教育中心验收，并得到专家组的高度评价。新垛、茅山等11个乡镇顺利通过泰州市合格社区教育中心

新成长劳动力培训

评估验收。认真落实省、市农村教育培训工作要求，完成全市农村劳动力转移培训30600人、农民免费创业培训905人、“两后双百”培训816人等目标任务，因地制宜举办各种实用技术培训，全年共培训314000人次。

## 民 办 教 育

全市共有民办学校10所，其中义务教育阶段8所，高中阶段2所。正常开展全市义务教育阶段民办学校年检工作，通过发放整改通知书等形式，督促民办学校改善办学条件，规范办学行为，形成办学特色，提高教育质量。召开全市民办非学历教育培训机构负责人会议，组织对民办非学历教育培训机构专项督查，规范招生与广告宣传，落实安全管理责任。全面落实改制学校清理规范工作要求，市实验中学、楚水实验学校(小学、初中部)、昭阳实验小学、永丰朱严学校全部回归公办，推进义务教育均衡优质发展。

## 高 等 教 育

**【普通学校招生考试】** 2010年，全市共有8113人参加全国普通高校招生考试，共有5926人被高校录取，录取率为73%。2010年，全市报名参加全国成人高校招生人数706人，其中本科302人，专科219人，成人高考进线率达74%。

**【自学考试】** 2010年自学考试学历考试报名1453人次，报名门数2792门，有79人取得自考本、专科毕业证书。参加计算机、书法等级证书考试共14016人。

**【泰州广播电视大学兴化分校】** 泰州广播电视大学兴化分校(以下简称电大)，1997年12月挂牌筹建，2000年11月经泰州市人民政府批准和教师进修学校合署办公。电大教育模式为电大开放教育和奥鹏远程教育两种，以成人学历教育为主，兼顾成人职业教育。

2010年，电大开放教育共有在读学生741人，共设置专业16个，年内招生313人，毕业学生142人。电大奥鹏学习中心共有在读学生1001人，共设置专业35个，年内招生465人，毕业学生195人。

# 文 化

## 综 述

**【文化工作概况】** 2010年,市文广新局紧紧围绕建设全面小康社会的大局,认真贯彻落实市委、市政府《关于加快推进文化兴化建设的意见》,以创先争优活动为动力,以"基层文化服务提升年"活动为抓手,解放思想,强化责任,创新举措,扎实工作,圆满完成年初确定的各项目标任务。市文广新局被推荐为全省第三次全国文物普查先进集体,获2010年江苏省文化市场综合执法先进单位和全省新闻出版系统先进集体称号。

**【组建市文化广电新闻出版局】** 5月,根据中共兴化市委、兴化市人民政府《关于印发〈兴化市人民政府机构改革实施意见〉的通知》,组建市文化广电新闻出版局。将市文化局的职责、市广播电视局的职责,整合划入市文化广电新闻出版局。不再保留市文化局、市广播电视局。不再保留市新闻出版局牌子。将市体育局由市政府直属事业机构调整为市文化广电新闻出版局下属事业机构,机构规格相当于副科级。市广播电视台为市文化广电新闻出版局下属事业机构,机构规格相当于正科级。

**【服务体系】** 加强市"三馆"建设。市图书馆晋升为国家(县级)一级图书馆。市文化馆巩固国家(县级)一级馆创建成果,扩大服务功能,群众文化活动出新出彩,全年举办大型群众文化活动28次。市博物馆完成馆藏文物的数据库建设,开展馆藏文物鉴定定级,实现兴化国家一级文物零的突破,为创建国家二级博物馆奠定基础。免费接待各级领导、专家、游客和市民来馆参观近30万人次,对外影响力不断提升。加强农村公益性文化阵地建设。加大乡镇文化站考核力度,积极发挥站房达标效应,充实完善配套设施。加快推进文化信息共享工程基层点建设,实现基本型乡级服务点全面覆盖,增强型乡级服务点不少于20%。建立农家书屋"管"、"用"长效机制,着力完善614个农家书屋配套设施,为542家自建书屋每家新购图书350册以上。全市614个行政村全部建有达标"农家书屋"。按照每个乡镇全年送戏不少于4场,每村每月送电影不少于1场的要求,按时保质保量完成"送电影、送戏、送书"三送工程任务。市淮剧团完成公益性演出任务,营业性演出109场,营业性演出量同比增长80%。

**【文化品牌】** 改进形式,丰富内容,增强系列文化品牌活动的影响力,成功举办迎新春文艺演出、第三届新春舞龙表演大赛、第二届中国·兴化千岛菜花旅游节闭幕式文艺演出、第三届乌巾荡龙舟大赛、首届民歌大赛、青年歌手电视大奖赛等。

倡导文化创新,打造精品力作,郑板桥故事系列戏曲剧本《板桥放粮》、《板桥断鸡》、《板桥卖画》、《难得糊涂》等五部作品获首届全国戏剧文化奖二等奖。以廉政亲民为主题,由兴化市淮剧团表演的板桥系列小淮剧《板桥事亲》、《板桥断鸡》、《板桥卖画》,在央视戏剧频道播放,全市党员干部组织收看。电视散文《感受垛田》(刘春龙撰稿)获全国旅游片二等奖,并在江苏省电视文艺政府奖评选中获电视文学二等奖。在第九届江苏省"五星工程奖"评奖中,兴化选送的表演唱《拉纤号子》、书法《立轴1》分获音乐类和书法类金奖,女声独唱《垛田水乡》和书法《立轴2》分获音乐类和书法类银奖,淮剧小戏《板桥卖画》等4项分获戏剧、美术、书法、摄影类铜奖,周庄"文化大篷车"获服务项目奖。邹国美书画作品获省反腐倡廉美术作品一等奖、省第三次新人美术作品展新人奖。在农业部、文化部、中国文学艺术界联合会共同主办的"中国农民艺术节"期间,"江苏民间艺术之乡"——垛田镇李玉书的

电影水乡行

《四季春》和《放风筝》两件作品获得优秀奖(最高奖),并被中国农业博物馆永久收藏,另外两件作品《丰收曲》和《菜根谈》获入选奖,被江苏省文化馆永久收藏。在第23届全国摄影艺术展览中,兴化摄影家杨天民的作品《放工》获得铜奖,《风雪圣途》和《佛门子弟》两幅作品获优秀奖,杨天民成为地级泰州市成立以来获此殊荣的第一人。

进一步加强文化宣传,拍摄创作《林湖秧歌》、《垛田印象》等MTV,新创歌曲《垛田水乡》,配合拍摄电影《步步惊心》,召开施耐庵文学奖研讨会,搜集、整理、编辑兴化民歌集,编辑出版《文化兴化》第5辑。茅山镇被命名为江苏省"特色文化之乡"、沙沟镇板凳龙文艺演出队被命名为江苏省"特色文化团队"。

**【文化市场】** 组织开展知识产权保护宣传周活动,发放宣传资料5000多份,接受各种咨询2000多人次,产生良好的社会影响。坚持严管、细查、明责、重罚,组织销毁盗版光盘4万多张。坚决查处网吧接纳未成年人等违规经营行为。截至年底,共查处违规经营网吧58家,其中责令停业整顿3家,罚没款21.5万元。坚决取缔无证网吧和游戏机经营场所。取缔无证黑游戏机室75家,收缴赌博机、游戏机140台,主板290余块;查封黑网吧17家,扣押电脑主机等上网设备150余件。深入开展"扫黄打非"专项行动。徐立华被全国"扫黄办"授予"全国扫黄打非先进个人"荣誉称号。戴秀华被全国"扫黄办"表彰为"全国打击互联网和手机媒体淫秽色情信息专项行动"有功个人。

**【文化产业】** 着力营造文化旅游良好态势。兴化市金东门文化旅游发展有限公司正式挂牌运营,编制文化旅游线路,设置旅游标示牌,统一设计、制作、更换金东门历史街区门牌和部分店牌店招,组织文史研究人员编写城区主要文化景点的导游词,并购置观光游览车2辆,雇用人力三轮车20辆。以菜花旅游节为契机,整合旅游资源,吸引八方游客,菜花节期间每日外地游客达1万多人。努力培植本地新兴文化业态,金东门历史街区文化旅游项目上争省补资金150万元。注重发展地方特色文化产业,充分发挥历史文化名人效应,注重打造"板桥"牌、"水浒"牌,开发特色文化工艺品,重点培育书画、音像制品、工艺品、古玩收藏、旅游纪念品等各类交易市场,扎实推进儒学街区文化产业招商工作。

**【文化队伍】** 深入开展"五好五带头"创先争优活动。细化创争标准,落实创争规划,有力推进各项文化工作目标任务的实施,加大对热点、难点、突出问题的整治力度,不断提升人民群众对文化工作的满意度。扎实开展"基层文化服务提升年"活动。不断充实提升局领导班子联系乡镇制度,实行班子成员分片挂钩和重点乡镇挂钩,加强与乡镇党委、政府的沟通、联系和协调。实行文化辅导员定点挂钩,指导、组织特色乡镇、特色村开展文化活动。完善文化人才激励机制。加大对本土文化名人的宣传推介力度,通过举办个人表演专场、作品展览、文化名人电视访谈等,为优秀文化人才提供展示平台。

## 博 物 馆

**【博物馆设施建设】** 完善基础配套设施建设,努力提升展览展示水平,确保免费开放取得实效。全年共免费接待包括中央和省有关领导在内的海内外游客逾30万人次,获得较好的社会反响。

2010年,市博物馆展览展示水平提升工程得到省文物局的充分肯定,在省内进行经验交流发言。先后完成全省首家"非物质文化遗产展示馆"("木雕馆"、"祭言俊烙画馆"、"戏服"、"脸谱馆"、茶座等)和宋县署(范仲淹纪念馆)陈展工作,陈列后的宋县署完全按照宋朝县署的规制,仪门、碑亭、正堂等原样重现。组织《范公断案》情景剧现场表演,为繁荣地方剧种提供交流平台,成为兴化民俗表演的新亮点。

**【展览】** 在办好固定陈列的同时,丰富展览内容,举办各类临时展览。充分发挥爱国主义教育阵地作用,举办"'华氏杯'兴化市师生书画大赛作品展"、"当代名家书画展"、"'八怪遗风'当代书画名家邀请展"、"国庆书画展"、"'双乐杯' 职工书画展"、"首届泰州—兴化集邮联合展览"、"兴化市博物馆馆藏精品书画展"等临时展览。积极组织引进省文物局主办的馆藏文物巡回展《大汉王朝——徐州汉画像石拓片精品展》、《皇家风范——常熟博物馆馆藏清代宫廷官窑瓷器展》,充分体现博物馆的教育职能,取得良好社会效应。

**【文物数据库建设】** 不断丰富藏品数量,加快数据库建设。完成馆藏国家三级品以上文物数据库的建立,通过建立数据库管理系统,切实提高文物保护管理水平。

**【馆藏文物鉴定】** 组织专业人员对馆藏未定级文物认真进行筛选、整理、研究,精选出书法、绘画、陶器、瓷器、铜器等精品文物近200件,经省文物局鉴定专家鉴定,新确认国家一级文物5件、国家二级文物16件、国家三级文物101件。至此,市博物馆馆藏国家三级以上文物总量达到199件,实现国家一级文物零的突破,馆藏文物品位和档次得到提升。

**【馆藏作品征集】** 通过社会广泛宣传发动和个人捐赠,

丰富馆藏。上海客商华邦嵩捐赠黄慎作品《携琴访友图》一幅,经专家鉴定为国家二级文物。市委宣传部和市文联移交第九届中国兴化·郑板桥艺术节"板桥杯"全国书画大赛书画获奖作品19幅。全年共征集地下出土文物石钺、石锛数十件。

【爱国主义教育基地】 市博物馆是江苏省、泰州市、兴化市三级爱国主义教育基地,充分利用阵地优势,积极举办各类活动。与市教育局联合举办兴化市首届"文博杯"师生书画大赛;积极扩大人才队伍建设,建立博物馆志愿者队伍。志愿者队伍由23名地方文史专家、文物鉴赏家组成,定期到馆为游客讲解、鉴赏文物。

市级文保单位赵海仙洋楼(中医博物馆)、成家大司马府(非物质文化遗产展示馆)先后建成对外开放,成功创建为兴化市爱国主义教育基地,并成为兴化文化旅游的主要景点。

## 图 书

【市图书馆概况】 市图书馆为国家一级图书馆,馆舍面积5000多平方米。馆内建有局域网,采编、入藏和各服务窗口全部实行计算机管理。各流通服务窗口全部采用新的钢质书刊架、阅览桌椅,配置电脑查询系统及设施,读者阅读场所进一步美化、绿化和人性化。35个乡镇(开发区)文化中心、城镇16个社区都建有一定规模的图书室。

【共享工程】 8月份市图书馆网站恢复开通,设有读者指南、馆藏资源、共享工程、少儿园地、基层掠影等10个栏目,全年共更新资源信息384条,下载"远古"视频资源70.2GB,网站与全国省市馆联网,其信息资源覆盖广大农村乡镇基层服务点。

实现"乡乡镇镇建有基层服务点"的目标。其中12个乡镇达到增强型服务点建设标准,占全市乡镇总数的34%。全年举办"农家书屋"管理员培训班2期,培训管理人员80多人;帮建"农家书屋"示范点6个,辅导机关部门、学校图书室10个,分编图书80000多册。

【文明图书馆创建】 积极开展省文明图书馆创建活动,组织读者投票评选"窗口文明服务管理员",优化服务环境,做到设备优化、阵地绿化、管理自动化。加强馆员学习培训,提高业务素质。全年有4人参加省组织的馆长、古籍、共享工程等方面的业务学习和培训。专业技术人员中,中级以上职称人员占72%,全年馆员撰写论文67篇,发表在各级图书专业杂志(论文集)16篇,获奖论文37篇,在第五届苏中地区公共图书馆发展战略研讨会上,获论文一等奖1篇、二等奖3篇、三等奖10篇,并获优秀组织奖。

【读者服务】 全年采购图书2526册,征集地方文献128册,订阅报刊147种,持证读者5038人,比去年上升30%,外借流通158340人次,外借图书161168册次,内阅读者40272人次,编辑《信息与决策》12期,新书介绍120种,征集地方文献128册,咨询检索810条,编制二、三次文献24种。共开展各项读书、读者活动33次,参加人数近万人;文史、法制、环保、科技讲座17个,听众1200多人次。

【珍贵古籍名录申报】 积极申报珍贵古籍名录,完成23部古籍文献申报材料,报送国家、省古籍文献保护中心。截至年底,市图书馆共有6部入选省珍贵古籍名录,1部入选国家珍贵古籍名录。

【图书馆服务创新】 突破传统服务方式。社会工作部把"文化小篷车"开进社区,开展图片展览、文娱宣传、专题讲座等活动,受到市民的欢迎。"兴图讲坛"在沙沟镇文化中心礼堂举办"走进沙沟文史讲座",重点介绍沙沟文史和姓氏文化,尝试服务于农民群众。外借流通部门与市军人疗养院开展"馆院共建",帮助院图书室进行分类、编目并捐赠图书230册。阅览部管理人员延伸服务,主动与市人民医院、市中医院联系,充分利用馆藏资源,在18个病区中建立"书香病房"专架,每个专架陈列50本刊物。为住院患者提供精神食粮。少儿部管理人员在服务窗口凸显墙面开辟"七彩世界"少儿园地,布展少儿优秀绘画、获奖征文、手工作品等,并定期更换,深受家长、学生好评。

(刘红兵)

## 广 播 电 视

【广播电视概况】 2010年,市广电系统围绕"质量、效

广电信息技术中心大楼

益、形象、稳定”工作思路,坚持务实创新,全力推动事业产业的发展。广电信息技术中心大楼和159米广播电视发射塔建成并投入使用,广播电视设备设施不断更新升级,节目栏目全新改版,全年广播在省电台用稿40多篇,在泰州电台用稿280篇;电视在省台用稿量继续保持县级电视台前十名,在泰州台传片600条以上。全系统实现收入9174万元,比上年增加3046万元,增长49.7%。

**2010年兴化市广播电视作品获泰州市级以上奖项一览**

**表**29

| 作品名称 | 创作单位 | 主创人员 | 奖　项 |
|---|---|---|---|
| 梨园新生 | 广播节目中心 | 姜　明、赵春玉 | 2009年度广播文艺联播节目奖江苏省三等奖 |
| 城市建设迈大步 千厦万间展新姿 | 广播节目中心 | 张　越、沈　瑜、葛中明 | 2009年度广播专题展播节目奖江苏省三等奖 |
| 中日合作农村分散型生活污水处理项目在江苏戴南正式投入使用 | 广播节目中心 | 葛中明、沈　瑜 | 2009年度泰州市广播新闻奖短消息二等奖 |
| 返乡农民拓新路 “合股大棚”结硕果 | 广播节目中心 | 葛中明、周干祥 | 2009年度泰州市广播新闻奖短消息三等奖 |
| “陶庄模式”谱写丰收乐曲 | 广播节目中心 | 葛中明、沈　瑜 | 2009年度泰州市广播新闻奖长消息三等奖 |
| 戴南实施“零差率” 有效破解百姓看病贵难题 | 广播节目中心 | 刘丽萍、潘　虹 | 2009年度泰州市广播新闻奖长消息三等奖 |
| “九胜公司”的网络传奇 | 广播节目中心 | 刘丽萍、潘　虹、姜　明、赵春玉 | 2009年度泰州市广播新闻奖专题三等奖 |
| 撑起和谐一片天 | 广播节目中心 | 沈　瑜、陈　懿 | 2009年度泰州市广播新闻奖连续(系列)一等奖 |
| 推进城乡防洪一体化 促进农业增效农民增收 | 广播节目中心 | 葛中明、赵春玉 姜　明、刘丽萍 | 2009年度泰州市广播新闻奖访谈节目二等奖 |
| 《辉煌六十年·泰州新跨越》大型新闻行动 | 广播节目中心 | 张　越、葛中明 | 2009年度泰州市广播新闻奖现场直播一等奖 |
| 《兴化新闻》 | 广播节目中心 | 仲大娟、葛中明、赵春玉 | 2009年度泰州市广播新闻奖栏目二等奖 |
| 小巷“总理”和她的《民情日记》 | 广播节目中心 | 赵春玉、黄　为、姜　明 | 2009年度泰州市广播社教奖对象性节目二等奖 |
| 大地般的情怀 | 广播节目中心 | 左　莉、黄　为、李玉梅、姜　明 | 2009年度泰州市广播社教奖对象性节目三等奖 |
| 天网在夜幕下悄悄张开 | 广播节目中心 | 赵春玉、黄　为、姜　明 | 2009年度泰州市广播社教奖公众性节目二等奖 |
| 农业热线 | 广播节目中心 | 沈晓斌、姜　明、陈　懿 | 2009年度泰州市广播社教奖优秀栏目二等奖 |
| 在音乐中感知生活 | 广播节目中心 | 施　思、姜　明 | 2009年度泰州市广播社教奖广播文艺三等奖 |
| 古板桥情思 | 广播节目中心 | 赵春玉、黄　为、姜　明 | 2009年度泰州市广播文艺奖文学节目二等奖 |

续表 29

| 作品名称 | 创作单位 | 主创人员 | 奖 项 |
|---|---|---|---|
| 文化之旅 | 广播节目中心 | 李玉梅 | 2009年度泰州市播音与主持作品奖广播播音作品(文艺)二等奖 |
| 残疾人之声 | 广播节目中心 | 陈 懿、杨 斌 | 2009年度泰州市播音与主持作品奖广播播音作品(社教)三等奖 |
| “霸王”争霸 泓膏大闸蟹荣膺“全能王” | 电视节目中心 | 花 艳、陈锦传 | 2009年度泰州市电视新闻奖短消息二等奖 |
| 董卿“栽倒”兴化 欢乐遭遇雷电 | 电视节目中心 | 花 艳、顾 磊 | 2009年度泰州市电视新闻奖长消息二等奖 |
| 直评“村官” | 电视节目中心 | 胡雪玮、顾 磊 | 2009年度泰州市电视新闻奖专题三等奖 |
| “宠儿”还是“弃儿” 农民资金互助社的“名分受困” | 电视节目中心 | 朱康勇、陈锦传 | 2009年度泰州市电视新闻奖评论一等奖 |
| “110”的欢乐和烦恼 | 电视节目中心 | 花 艳、吴 琼 | 2009年度泰州市电视新闻奖访谈节目一等奖 |
| “民生豆腐”受阻民生市场 | 电视节目中心 | 胡雪玮、顾 磊 | 2009年度泰州市电视新闻奖连续(系列)三等奖 |
| 《兴化新闻》 | 电视节目中心 | 朱康勇、花 艳 | 2009年度泰州市电视新闻奖栏目二等奖 |
| 祈福太平盛世 | 电视节目中心 | 潘 晖、杨 瑾、孔令雯、王 靓 | 2009年度泰州市电视社教奖特别节目三等奖 |
| 妈妈,让我再爱你一次 | 电视节目中心 | 潘 晖、杨 瑾、孔令雯、王 靓 | 2009年度泰州市电视社教奖专题片三等奖 |
| 古镇沙沟 | 电视节目中心 | 朱康勇、潘 晖、杨 瑾、孔令雯、 | 2009年度泰州市电视社教奖系列片一等奖 |
| 茅山号子 | 电视节目中心 | 李骥翔、刁晓辉、吴 剑 | 2009年度泰州市电视文艺奖电视原创歌曲一等奖 |
| 板桥竹 | 电视节目中心 | 李骥翔、夏 阳 | 2009年度泰州市电视文艺奖电视原创歌曲二等奖 |
| 《兴化新闻》 | 电视节目中心 | 朱 瑛 | 2009年度泰州市播音与主持作品奖电视播音(新闻)一等奖 |
| 但愿人长久 | 电视节目中心 | 张 琳 | 2009年度泰州市播音与主持作品奖电视播音作品(文艺)三等奖 |
| 绑架代价 | 电视节目中心 | 沈 阔 | 2009年度泰州市播音与主持作品奖电视主持作品(社教)二等奖 |
| 《楚水风》 | 电视节目中心 | 潘 晖、杨 瑾、王 靓、周 斌、戚 震 | 2009年度泰州市电视社教奖栏目一等奖 |
| 《法治在线》 | 电视节目中心 | 潘 晖、杨 瑾、王 靓、戚 震 | 2009年度泰州市电视社教奖栏目二等奖 |

续表 29

| | 创作单位 | 主创人员 | 奖　　项 |
|---|---|---|---|
| 《单位局域网的构建与管理》 | 技术中心 | 陈曙军、袁　炜、李　松 | 江苏省广电局科技创新奖科普类二等奖 |
| 《经济实用型综合非编网的构建》 | 技术中心 | 赵建民、刘殿辉、林支巧 | 江苏省广电局科技创新奖科普类三等奖 |
| 《走读兴化》 | 技术中心 | 林支巧、李骥祥、沈　鹏、曹　锋 | 江苏省广电局电视节目录制技术质量(金帆奖)二等奖 |
| 《兴化新闻片头》 | 技术中心 | 林支巧、沈　鹏、王　晖 | 江苏省广电局电视节目录制技术质量(金帆奖)三等奖 |
| 《兴化新闻》 | 技术中心 | 林支巧、沈　鹏、朱　波 | 江苏省广电局电视节目录制技术质量(金帆奖)三等奖 |
| 《青春风铃》 | 技术中心 | 陈曙军、姜　明、陈　懿 | 江苏省广电局广播节目录制技术质量(金鹿奖)三等奖 |

**【广播电视宣传】** 先后推出《共建小康　造福百姓》、《转型升级　制胜未来》、《巡礼重点项目》、《新年新起点》、《夺取开门红》等栏目,为全市经济社会发展鼓劲造势。以三农为核心,推出《人勤春早》、《直击三夏一线》、《点击高效农业》等栏目;以做强旅游产业为主线,推出《相聚菜花节》、《带你游兴化》、《千岛菜花　流光溢彩》等栏目;以培树典型、发挥引导作用为目的,推出《城里来的村支书》、《我的青春岁月》、《美丽事业　巾帼英姿》、《五一之星》、《身边的共产党员》、《人才之星》等栏目,深入报道各行各业优秀代表,形成学身边典型、争当时代楷模良好氛围。围绕开展“五好五带头”创先争优活动,开辟《创先争优　共建小康》大型专栏和“我为兴化发展献一策”主题大讨论栏目,全面展示全市乡镇、部门“坚持科学发展、构建和谐兴化”丰硕成果,激发全市干群加快发展的活力和创造力。《神州兴化人》(四川篇)播出后,社会反响热烈。电视专题新开辟《热点聚焦》栏目,摄制完成《走读兴化》、《春天的盛宴》等风光专题片,以及各部委办局专题片 20 多部;电视社教对节目进行重新定位,更新包装形式,拓展节目深度。全年,广播《行风热线》节目和电视《民生直通车》栏目共帮助解决群众生产生活中的民生难事 460 多个(件)。

**【600 平方米演播厅建成】** 2010 年,兴化电视台 600 平方米演播大厅建成并投入使用。演播厅灯光、音控、摄录、彩幕、LED 大屏等设备具有现代化水准,舞台能容纳上百名演员同台表演,观众席有 350 多个座位,能随时录播或直播大型文艺表演等活动。当年在演播厅先后承办社会事业国庆元宵、“五一”职工文艺演出、大爱无疆慈善晚会、国象之家颁奖典礼、党旗在我心中、青年歌手电视大奖赛、学理论知市情知识竞赛等各项活动 19 场次。

**【有线电视入户】** 全市当年新增有线电视用户 2.05 万户,有线电视用户总数 34.34 万户,综合入户率 88.62%,比“十五”末新增用户 16.34 万户,入户率提高 42 个百分点。有线电视“户户通”村工程建设不断推进,全市 200 个村实现“户户通”。

**【调频广播“双入户”】** 当年新开通 145 个行政村调频广播,安装可寻址音柱 1299 只,全市 614 个行政村实现有线广播“村村响”,安装可寻址音柱 6048 只,提前完成市委、市政府提出的“双入户”目标任务。

**【有线电视数字化建设】** 完成城区及城郊有线数字电视整转工作,当年共整转数字电视用户 45663 户,整转率 94.6%,安装机顶盒 74096 台,副机率 162.2%,其中互动机顶盒 6448 台,高清及高清互动 477 台,互动率 19.4%,双向数字用户 33290 户,发展广电宽带用户 1358 户。

**【行业管理】** 健全和完善监听监看、视听评议、审片审稿等各项管理制度,强化节目栏目内容常态监管。认真执行上级抵制低俗之风精神,召开广播电视开门办台座谈会,广泛听取群众意见和建议,接受社会对媒体监督,促进荧屏声频净化和节目栏目质量提升。有线电视网络公司建立 24 小时呼叫服务中心,开通“96296”客服热线,及时处理用户对数字电视、宽带等业务信息咨询、安装预约、故障报修、投诉受理。积极开展创建无“小耳朵”乡镇(社区)活动,组织部门联合整治“小耳朵”47 次,净化全市卫星接收环境全市当年共查处非法销售点 3 个,拆除“小耳朵”962 台(套),查处破坏广播电视设施、偷窃广播电视信号行政案件 26 起,有利地促进广播电视事业健康发展。再次获得省“无小耳朵县(市)”称号。　(刘志龙)

## 新闻信息

【新闻信息工作概况】《兴化报》四开四版，双面彩，周五刊，期发行2万份。一版为要闻版，二版为综合新闻版，三版为民生新闻版，四版为副刊版。2010年共出版244期，累计编发各类新闻1万多篇。

2010年《兴化报》获省级以上新闻奖作品一览

表30

| 序号 | 作品标题 | 作者 | 体裁 | 获奖情况 |
|---|---|---|---|---|
| 1 | 《房奴小记》 | 夏德锦 | 随笔 | 江苏省报纸副刊好作品一等奖 |
| 2 | 《安宁》 | 金　旸 | 散文 | 江苏省报纸副刊好作品二等奖 |
| 3 | 《探亲》 | 王桂国 | 散文 | 江苏省报纸副刊好作品二等奖 |
| 4 | 《草尖上的村庄》 | 陈满意 | 散文 | 江苏省报纸副刊好作品三等奖 |
| 5 | 《若失业，就当放大假》 | 卞冬梅 | 随笔 | 江苏省报纸副刊好作品三等奖 |
| 6 | 《兴龙公司拥有100多名“洋营销员”》 | 顾日升 顾兴燕 | 消息 | 江苏省县市新闻中心好新闻一等奖 |
| 7 | 《“兴化信心”，在中国不锈钢年会上传递》 | 袁开建 张巍巍 | 通讯 | 江苏省县市新闻中心好新闻一等奖 |
| 8 | 《兴化的早茶》 | 王慧骐 | 散文 | 江苏省县市新闻中心好新闻一等奖 |
| 9 | 《红富堡公司孵出9个高效农业生态经济园》 | 顾日升 张永江 | 消息 | 江苏省县市新闻中心好新闻二等奖 |
| 10 | 《顶能：网上直播生产加工现场赢得客户》 | 顾日升 周春松 | 消息 | 江苏省县市新闻中心好新闻二等奖 |
| 11 | 《种哈密瓜的两位女研究生》 | 李祝海 | 通讯 | 江苏省县市新闻中心好新闻二等奖 |
| 12 | 《混合蔬菜块　国外受青睐》 | 顾日升 | 消息 | 江苏省县市新闻中心好新闻三等奖 |
| 13 | 《猪粪产沼气　日发千度电》 | 顾日升 姚桂发 | 消息 | 江苏省县市新闻中心好新闻三等奖 |
| 14 | 《清华学子放弃工作在家唤醒植物人母亲》 | 顾日升 | 通讯 | 江苏省县市新闻中心好新闻三等奖 |
| 15 | 《“小巷总理”和她的民情日记》 | 冯兆宽 吴建仁 | 通讯 | 江苏省县市新闻中心好新闻三等奖 |
| 16 | 《戴南张郭发展路径探索》 | 顾日升 袁开建 | 系列报道 | 江苏省县市新闻中心好新闻三等奖 |
| 17 | 《“金香来”蟹苗9个跟头翻进“央视”》 | 李祝海 | 标题 | 江苏省县市新闻中心好新闻三等奖 |

【新闻宣传】 在《兴化报》和《兴化新闻网》上先后开辟“回眸2009”、“学习先进典型，推进科学发展”、“全面达小康，建设新兴化——贯彻市党代会精神访谈”、“学习十七届四中全会精神组工干部笔谈”、“人才之星”、“纪念三八国际劳动妇女节100周年”、“2009’全面小康年度人物风采”、“共建小康，造福百姓”、“机关作风建设在行动”、“办

好第二届中国·兴化千岛菜花旅游节"、"情系玉树，奉献爱心"、"关爱农村残疾人，建设美好新兴化"、"办好第二届中国·兴化全国国象锦标赛"、"学习干部选拔任用工作四项监督制度论坛"、"五好五带头创先争优"、"优化产业结构，促进转型升级"、"我为兴化发展献一策"、"政法风采"、"十佳村（社区）党组织书记和十佳勤政廉政好干部"、"神州兴化人"、"民生十件实事巡礼"等专栏，切实把党的路线方针政策和市委、市政府重大决策报深、报透、报活、报到位，努力为推进全市经济社会平稳较快发展鼓与呼，唱响主旋律。在宣传中，不断创新报道方式，在改进会议报道、推介典型、加强深度报道同时，按照"三贴近"要求，开辟"百姓故事"、"民生新闻"、"热点关注"、"社会纵横"等专栏，通过建立记者联系点制度，组织记者到基层采访，用特写、访谈、问答等形式，报道人们关注热点和难点问题，在党和政府与人民群众之间架起一座"连心桥"。认真组织对外宣传，在泰州市以上新闻媒体发表新闻作品200余篇(次)，提高兴化知名度和美誉度。

**【《生活周刊》创办】** 从1月7日起增出《生活周刊》，每周四随《兴化报》出版发行。《生活周刊》设置兴化楼市、投资理财、家装天地、美食家、车行天下、康健园、时尚广场、旅游休闲八大主题版面，扩大宣传报道面，增强报纸可读性。

**【《兴化信息》更名】** 经市委常委会讨论通过，从3月18日起，将《兴化信息》更名为《兴化报》，同时对办好《兴化报》作出批示要求。《兴化报》以全新形象呈现在读者面前。

**【《兴化报手机报》正式开通】** 与中国移动兴化分公司联手打造，于1月9日正式开通兴化市第一份手机报——《兴化报手机报》，开设兴化新闻、部门动态、乡镇风采、社会新闻、放眼天下、图片传递、娱乐你我等栏目，每天发稿数十篇(幅)，成为读者及时了解全市和国内外要闻快捷媒体。 (蒋东序)

## 文化遗产保护

**【文物普查】** 第三次全国文物普查取得新成果。共普查文物点229处，其中复查46处、新发现183处，数量和质量继续在泰州处于领先地位。影山头古遗址入选第三次全国文物普查全省十大新发现，垛田文化景观入围全省十大新发现、入选全国重大新发现。

**【文保单位申报】** 上池斋、郑燮墓、施耐庵墓、垛田等4处申报全国重点文保单位，杨家大院、成家大司马府、板桥故居等9处申报省级文保单位。省级文保单位上池斋、李园修缮方案获省文物局批准，上争上池斋维修经费30万元。杨爱国同志获第三次全国文物普查实地文物调查阶段突出贡献个人奖。

**【非物质文化遗产项目申报】** 非物质文化遗产普查、申报工作取得新业绩。民间音乐"茅山号子"继兴化传统木船制造工艺之后成为兴化第二个国家级非物质文化遗产保护项目。沙沟板凳龙舞、施耐庵与《水浒》传说等4项成为省非物质文化遗产保护项目。截至年底，列入兴化市非物质文化遗产保护名录的66项，列入泰州市的23项，列入江苏省的4项，列入国家级2项。公布第一批兴化市非物质文化遗产项目代表性传承人63人。

**【文物保护】** 文物修缮、布展取得新进展。完成宋县署和成家大司马府4个固定展馆陈列布展，对社会正常开放。完成市级文保单位71处保护范围和建设控制地带"两线"划定工作，配合建设部门实施金东门舒家巷、银北门长安北路沿线街面风貌整治工程。沙沟镇被命名为第五批中国历史文化名镇。 (刘红兵)

**【历史街巷修缮】** 高度重视城市历史文化遗存挖掘整理和开发利用，完成金东门历史街区的基础设施配套与整治、大司马府东侧沿街新建、家舒巷两侧等城市文化遗存修复再现，启动银北门街区整治，配套建设一批具有文化气息的城市小品，城市文化氛围进一步增强；加快推进东岳庙改造、八字桥中央广场和儒学广场建设，有效保护城市古街巷的历史原貌。 (李振华)

兴化状元坊

**【影山头文化遗址】** 为中国江淮地区面积最大的一处新石器时代古文化遗址。距今约5500至6300年。2009年

11月，兴化市人民政府公布其为文物保护单位。被列入江苏省第三次全国文物普查十大新发现之一。

兴化影山头位于兴化市林湖乡魏庄东南两里许，南临白涂河，遗址面积约15万平方米。河岸的断面可以清晰地看到文化层，最厚达一米，上限在新石器文化晚期，下限不晚于汉代。在遗址上采集的文化遗物包括石器、陶器、骨角器，器形有石斧、石刀、石纺轮、陶鼎、陶釜、陶盉、陶豆、陶罐、陶壶、陶三足盘以及骨笄、骨镞等；自然遗物有陆生的大型动物麋鹿、家猪和水生的丽蚌、蓝蚬等，其中部分陆生动物骨骼已形成亚化石，整体保存情况良好。影山头遗址的发现，对探索研究兴化地区远古人文地理环境与兴化先民活动的文明进程等具有重大的意义。

**【兴化垛田】** 兴化地处里下河腹部，水网密布，河湖众多，地块低洼破碎。垛田地貌相传秦已有雏形，唐大历年间兴修常丰堰后，兴化发展农耕经济条件有了很大的改进，人们为抵御夏秋季节洪水，垒土成垛，垛上耕种，垛田这种独特的地形地貌在兴化尤其是垛田镇境内大批形成。垛田是一种独特的农田地貌，每块垛田四周都被水环绕，大的几十亩，小的只有几平方米。垛田在不同季节栽种不同品种的瓜果蔬菜、花卉作物，形成垛垛相望、品种各异、四季不同的景观。

**【里下河渔业文化博物馆】** 该馆位于沙沟镇。2010年10月13日开馆。该馆展出提罾、齿罩、花罩、枪船、篦簖、凳篓、大网、弓网、捣网等各种渔具，以及水桶、水瓢、马灯、罩灯等渔民生活用品一百多件，涉及渔民以传统捕鱼方式划分的枪帮、卡帮、网帮、罱帮、篦簖帮等，较系统地再现传统渔业生产及渔民生活场景。随着近年来养殖模式的不断创新，兴化大网、篦簖等传统渔具、渔法濒临失传，先后获得兴化、泰州非遗保护。 （刘红兵）

## 精神文明建设

**【精神文明建设概况】** 全市群众性精神文明创建工作坚持以建设社会主义核心价值体系为根本，以深化文明城市创建为龙头，深入开展群众性精神文明创建活动，扎实推进公民思想道德建设，市民文明素质、社会文明程度得到新的提高。

**【公民思想道德建设】** 印发《兴化市提升市民素质近期行动计划》，通过教、演、画、做、赛五大活动推广文明礼仪，邀请全国“礼仪教母”周思敏来兴做专题辅导，组织文明礼仪文艺汇演，编写《文明礼仪—走向成功的阶梯》漫画教材。此项工作在2010年泰州宣传工作创新案例评比中获得二等奖。发挥兴化市民观察团的作用，对城市存在的不文明现象进行检查。《昭阳讲坛》着力在提升社会影响力上下工夫。开展公民道德建设日系列活动，在全市组织“讲文明、学楷模、做好事”社会道德实践活动。推进社会志愿服务活动的开展，推出“爱心护照”，在社会志愿活动的激励性和保障性方面进行积极探索。制定出台月度新事评选的工作意见，精心组织兴化市全面小康年度人物评选表彰和宣传。精心做好毛如勤事迹挖掘工作，配合中央台“道德观察”栏目进行深入报道，弘扬家庭美德。

**【文明城市创建】** 制定下发《兴化市深化文明城市创建行动计划》，推出文明交通建设、环境卫生整治、基础设施维护、公共秩序优化、文明素质提升、社会文化环境净化等六大行动。污水处理厂、自来水厂、停车场建设取得长足进步，垃圾填埋场年底全面完工。对江浙商业广场东侧和城区农贸市场环境秩序进行综合整治。狠抓交通秩序整治，市民文明交通意识普遍增强。全市共发放交办督办单45份，推动近60项创建问题的解决。

**【系列文明创建】** 开展农村精神文明创建专题调研，全市形成调研报告50篇。结合全面小康示范村和环境优美乡村创建，在各乡镇培树乡风文明建设的示范村，全市着重推介十大特色村创建经验。重新制定下发《关于在全市参创行业中深化“树新风，创品牌、社会满意在我家”竞赛活动的通知》，强化竞赛活动的吸引力和影响力。以省级文明单位检查为抓手，推进行业单位建设，涌现出兴化市烟草公司文化创建园等一批创建典型。开展平面公益广告大赛、文明礼仪节目比赛，提升行业单位创建的水平。进一步深化文明和谐社区创建活动，举办首届社区邻里节。有7家旅行社加入创建行列，千岛菜花景区被推荐为全省首批文明乡村景点。全市45个商品市场参与文明诚信市场评选，泰州市在兴化市江浙商业广场召开诚信市场建设现场会。市兴达钢帘线股份有限公司作为唯一的县级市单位进入省级文明单位标兵表彰名单，泰州4家省级文明村镇标兵单位兴化市有3家跻身其中。

**【未成年人思想道德建设】** 全市上下把未成年人思想道德建设进一步摆上位置，年度10件实事件件得到落实。“国象艺术育新人”2010年获泰州市未成年人思想道德建设工作创新品牌奖，“漫画化人”、“青少年周末快乐驿站”获创新品牌提名奖。扎实推进学校、家庭、社会“三位一体”教育网络建设，学校德育工作进一步走进课堂、融入各项课外活动。网上家教平台进一步拓展，校外辅导站建设成效明显。大力推进未成年人校外活动阵地建设。全市现有爱国主义教育基地20处，已登记特色素质教育基地14处，其他校外活动场所28处。 （周余杰）

# 卫　生

## 卫生综述

2010年,全市卫生服务条件进一步改善,全年共争取卫生系统房屋建设和改造项目专项资金补助3820万元。总投资约4.5亿元的市人民医院迁址建设工程进展顺利;市脑科医院一期工程已经完工,建筑面积7754平方米;市中医院病房综合楼建设已经启动,总投资约4000万元,建筑面积8000平方米。全市有8家乡镇卫生院投资1360多万元,改扩建业务用房10000多平方米。通过业务用房、设备的改造,全市医疗服务功能得到有效提升。公共卫生安全屏障全面巩固,医疗服务能力和水平有了明显的提高,医药卫生体制改革准备工作扎实推进,全市卫生工作获泰州市卫生局综合目标管理一等奖。年末卫生系统有市直医疗卫生单位9个,城市社区卫生服务中心1个,乡镇(中心)卫生院45个,在编人员3680人,其中卫技人员2820人,床位3176张,拥有固定资产6.37亿元。

## 医政管理

**【医院管理】** 通过“医疗质量万里行”、“医院管理年”、“一级医院巡查”、“平安医院”创建等活动的开展,进一步促进全市医疗卫生服务能力提升。全市门急诊人次252万人次、住院8.6万人次、手术3.7万人次。分娩1.2万人次。制定《十二五兴化市医疗机构设置规划》,明确全市医疗卫生机构布局调整和功能定位。在二级医院积极开展临床路径试点工作和“优质护理示范工程”试点工作,市人民医院在临床推行18个病种临床路径,并顺利接受泰州市卫生局组织的临床路径管理试点工作检查。健全医疗急救体系组织网络,加强医务人员急救知识、急救技能培训和医疗急救演练。参与泰州市农村急诊救治适宜技术及急诊服务体系应用示范项目,完成377名医务人员急救培训任务。市中医院顺利通过二级甲等中医院复核验收,推广中医药适宜技术20多项,各级中医药适宜技术推广与临床使用病例1万例以上。继续推进无偿献血工作,加大无偿献血宣传,举行“世界献血者日”大型广场纪念活动,倡导无偿献血。当年全市完成无偿献血6101人次,献血9072单位(同比上涨24.2%),临床用血100%来自无偿献血。

**【医疗机构监管】** 加强对医疗机构监管和指导,坚决查处超范围执业、命名不规范、非卫技人员从事医疗等违法违规行为。结合等级医院复核评审、医疗机构校验现场审核,对一级医院的规范执业、质量管理、医院感染管理、麻醉药品管理等方面进行督查指导。坚持日常管理与集中整治相结合,重点对戴窑、临城、林湖等地医疗市场进行整治,联合当地公安部门执法,对屡教不改和影响较大的“钉子户”依法取缔。对医院机构超范围开展手术情况进行监督检查和整顿规范。

**【卫生队伍建设】** 召开全市卫生队伍建设大会,研究起草《兴化市卫生系统2011年～2015年人才发展规划》,明确“十二五”期间卫生人才队伍建设的工作目标、重点和主要措施。全年引进高层次人才10名,招聘人事代理人员18名,劳务派遣人员12名。联合市委组织部对全市乡镇卫生院院长进行全面考察测评,并分二批对18家卫生院的30名副院长,进行考察、任命,促进干部管理工作的科学化、制度化、规范化建设。

全市卫生队伍建设大会

**【基层卫生机构建设】** 全市已建成506所村卫生机构,占应建总数的100%,其中当年建成101所。有395所村卫生机构通过省卫生厅、财政厅考核验收(其中当年218

家),获得省财政每所 1.5 万元购置设备的资金补助。城区新华社区卫生服务站积极创建省级示范城市社区卫生服务站,顺利通过省卫生厅考核组的评审,获得 15 万元资金补助。

**【市脑科医院投入使用】** 市脑科医院新址迁建工程是 2008 年度政府民生工程。2008 年 7 月开工建设,工程总投资 3500 万元,占地面积 20000 平方米,建筑面积 10170 平方米。该工程分二期建设,一期为 7754 平方米的精神专科病房楼、门诊及附属用房,二期为 2416 平方米的综合楼。2010 年底一期工程竣工并投入运行, 医院设置精神科床位 300 张,现开放床位 150 张。门诊设有:精神科、神经内科、心理咨询治疗科、西医内科、外科、中医科、伤骨疼痛科、放射科、心电图室、音乐治疗室、B 超室、脑电图室、检验科、心理测定室、手术室、药房。医院配备 500mA X 光可遥控电视透视机、18 道数字定量脑电图、GE 彩色超声诊断仪、迈瑞 BC-2800 全自动血液细胞分析仪、CB—171 半自动生化仪、钾钠氯钙锂自动生化分析仪等设备。二期综合楼建设工程顺利开工,将增设病人活动中心、文娱室、健身房、工娱疗室、生物反馈室、音乐治疗室、开放式病房等康复设施。该工程的竣工运行使用,使全市乃至于周边县市精神障碍患者的就医康复条件得到很大改善。

2010年建成投入使用的脑科医院

**【行风建设】** 积极开展"无红包医院"创建工作,制定下发《关于建立卫生行风巡查制度的实施意见》,采用明察暗访的方式,每季度对各医疗卫生单位无红包医院创建、医德医风教育、院务公开及文明创建等 8 个方面的内容进行巡查。今年新创建成"无红包医院"28 家,通过复核检查 17 家。积极参加全国科普宣传周、科普日、"三下乡"等社会公益性活动。全年组织送卫生下乡、进社区、进校园 20 余次,接受诊疗咨询近 3000 人次,发放各类健康教育资料 1 万余份。市人民医院、市妇幼保健院被省委、省政府表彰为 "2007～2009 年度江苏省精神文明建设工作先进单位"。认真执行药品集中招标采购相关规定, 市直 3 家二级医疗机构参加药品集中招标采购总额 11619.88 元, 中标药品占医院采购药品比例达 96.5%, 让利患者 1881.95 万元; 医用耗材网上集中采购 1672.14 万元,节约资金 227.24 万元。

## 医学教育与科技

**【医学教育】** 全年完成全科医师规范化培训 48 名,完成乡村医生全科医学知识转岗培训 402 名;对 81 名青年医师开展注册前培训;分批次、分专业对全市临床类别的青年医师进行"三基"理论考试。举办社会办医疗机构医务人员的处方与病历书写规范培训、护理新概念培训、妇产科诊疗规范培训、医疗与护理病历书写培训等。与市总工会、市社保局联合举办全市医护人员病历书写竞赛、护理操作技能竞赛。17 名医护人员获得"兴化市技术能手"荣誉称号。承办江苏省优秀农村中医临床人才经典培训班。先后对全市 600 多名乡镇医院院中医骨干医生和乡村医生进行中医药适宜技术培训, 中医药人员及乡村医生中医药知识培训参培率 100%,考试合格率 90%以上;积极与好医生网站协作, 开展网上继续医学教育,2010 年有 138 人参加 I 类学分学习。实施手足口病医疗救治、医德医风全员网上培训。

**【医疗科研】** 加强重点学科与科研建设,积极开展医疗科研工作。市人民医院神经内科、肿瘤科顺利通过省二类技术评审。市中医院针灸康复科被国家中医药管理局确定为 "农村医疗机构针灸理疗康复特色专科建设项目",市人民医院心血管内科、骨科、神经外科、市中医院肛肠科为泰州市级中医重点专科。市中医院孔祥文获省中医药科技进步三等奖; 市人民医院 3 个项目获泰州市科技进步三等奖;市人民医院陈祥兴获兴化市科技进步一等奖,另有二等奖 12 项、三等奖 24 项,获奖项目占全市的 52%。

## 卫 生 监 督

全年发放、复核各类卫生许可证 1353 份,其中餐饮服务许可证 865 份,公共场所卫生许可证 463 份,饮用水卫生许可证 16 份,放射诊疗许可证 9 份。立案查处违法案件 43 件,罚款人民币 15 万元,无行政诉讼和行政复议案件; 先后组织开展乳及乳制品、餐饮单位采购索票索证、食用油和学校食堂等专项整治活动。开展全市餐饮和住宿业卫生安全专项整治动活动, 举办学校食堂负责人及学校宿舍管理员培训班。对全市化妆品生产企业进行卫生监督检查并对从业人员进行卫生知识培训。

## 疾病预防控制

加强疫情网络直报建设,组织开展专项监督检查,网络直报率达到100%。对非典、人禽流感、霍乱、结核病、艾滋病、手足口病、血吸虫病、寄生虫病和地方病等加强监测。共报告法定传染病20种3608例,死亡12例,总发病率为240.6/10万。居民死亡报告率98.9%。报告腹泻病21239例,采样检索率15.13%。完成伤寒国家级监测和全国成人烟草流行调查项目、全国第五次结核病流行病学调查点任务,并通过省级验收。落实结核病治管项目病人1017例。加强艾滋病防治工作,检测重点人群标本34630份,检出阳性14例,经泰州市确诊11例。血防查螺32.56万平方米,未发现螺情。各类人群肠道驱虫服药15.3万余人,完成发热病人疟疾血检15594人次,继续开展省级土源性线虫监测工作,顺利通过全省碘缺乏病防治规划(2004～2010年)考核评估。严格执行国家《疫苗流通和预防接种管理条例》,全市计划免疫门诊共接种5种疫苗115879人次,平均接种率为97.53%。12～24月龄儿童五苗覆盖率96.32%。新生儿乙肝疫苗全程接种率94.83%,消灭脊灰强化免疫服苗率达99.46%,麻疹疫苗强化免疫接种率96.03%。

## 公共卫生服务

**【基本公共卫生服务】** 认真执行上级指示精神,印发相关文件,规范和指导各单位免费开展9大类22项工作。抽调专业技术骨干,成立7个技术指导组,定期、定人、定点到基层指导工作。与市电视台合作,制作"访谈"专题节目和新闻节目,宣传项目内容,开展公众健康咨询和讲座活动4242次。积极推进项目工作逐步均等化,顺利通过省卫生厅考核组的评审。累计为近60万名居民建立健康档案,实行计算机管理近50万人,发放各类健教资料226万份,麻风病线索调查141384人,调查率10.28%。对60岁以上老人进行体格检查和健康指导13万余人,规范管理高血压、糖尿病人7.8万余人,规范管理重性精神病人1800余人。全年,项目工作完成率达98%以上。通过绩效考核,累计发放项目补助资金1994.89万元,资金到位率达100.45%,使广大城乡居民的身体健康得到有效保障。

健康教育进社区

**【重大公共卫生服务】** 根据国家有关政策,制定各项目工作方案,积极开展青少年补种乙肝疫苗、农村孕产妇住院分娩补助和农村妇女补服叶酸等重大公共卫生服务项目工作。为6921名青少年补种乙肝疫苗(首针补种2803人),农村孕产妇住院分娩补助受益10940人,上级下达补助任务数11746人,减城市孕产妇分娩数,任务完成率100%,共发放补助资金437.6万元。通过婚前医学检查平台和乡村卫生机构向拟孕和已孕妇女发放叶酸,预防神经管缺陷发生,全年服用叶酸10571人,服用率89.99%,依从率97.16%,随访率96.23%,知晓率达90%以上。

## 妇 幼 保 健

全年孕产妇系统管理率达96.4%;0～2岁儿童保健系统管理率96.2%,孕产妇死亡0人,婴儿死亡率3.62‰,新生儿出生缺陷发生率3.52‰。将新生儿疾病筛查、儿童听力筛查、孕妇产前筛查等工作列入基本公共卫生服务项目考核细则,全年新筛率达90%以上、听筛率达78.7%、产筛率达89.8%,妇女病普查率达88.21%。积极开展婚前医学检查工作,免费为10274对新婚夫妇进行了婚检,婚检率由之前的1%上升为83%。组织全市263名助产技术人员参加省卫生厅举行的母婴保健技术服务人员培训考核活动,考核合格率达95.83%,有效保障全市妇女儿童的身体健康和生命安全。

## 爱 国 卫 生

**【爱国卫生概况】** 积极利用各种宣传媒介,深入城乡,宣讲爱国卫生和健康教育知识。分别在市电视台和广播电台开设《健康伴我行》和《卫生保健之声》专栏节目,邀请专家学者两次开设《昭阳讲坛》,举办健康教育专题讲座。

先后开展春、秋季爱国卫生运动,爱国卫生运动进社区、进窗口、进家园的“三进”活动,城乡卫生面貌和人居环境明显改观。

**【卫生镇村创建】** 结合“全国亿万农民健康促进行动”,通过各种形式、各种渠道广泛开展卫生法律法规、卫生保健知识和“创卫”活动的宣传。张郭镇创建为“亿万农民健康促进行动”泰州市示范乡镇,新垛镇创建为泰州市卫生镇。临城镇砖场村、新垛镇团结村、荻垛镇七子村、戴窑锯家村成功创建成省级卫生村,新垛镇朱彭村、徐高村、新城庄村、缸顾乡瞿冯村、永丰镇永兴村、合陈镇张居村、临城镇宣扬村、大邹镇贾所村、陈堡镇东彭村、周庄镇胡官村成功创建成泰州市级卫生村。

**【农村改厕】** 利用《卫生保健之声》广播节目、《卫生科普》报以及全市614个行政村的健康教育宣传栏,宣传改厕的作用、意义和政府扶持政策。全年完成改厕20152座,涉及全市25个乡镇85个村,顺利通过省爱卫办和泰州市卫生局组织的考核验收。

## 特色诊疗选介

**【特色诊疗一】** 兴化市人民医院心血管内科,建科于1977年,为原扬州市重点专科,泰州市首批重点专科,拥有先进的专科设备,技术力量雄厚、人才梯队合理,有主任医师2名、副主任医师2名、主治医师5名、住院医师2名,其中硕士研究生学历5名,有泰州市突出贡献的中青年专家2名,泰州市医学会心血管内科专业委员会副主任委员和委员各1名。独立开展重点专科诊治项目,如顽固性心衰治疗、心肌梗死的治疗、心脏骤停抢救、风心病诊治、心包穿刺、电击复律、永久起搏术,达到省市水平,现正积极开展射频消融术、冠脉造影术及支架植入术,每年永久起搏术、射频消融术、冠脉造影术及支架植入术手术总数达近200例,居泰州市第二位,仅次于泰州市人民医院。

**【特色诊疗二】** 兴化市人民医院骨科创建于20世纪50年代末,泰州市首批重点专科。现有主任医师2名,副主任医师3名,主治医师5名,住院医师4名,硕士研究生2名,泰州市有突出贡献的中青年专家1人,泰州市医学会骨科专业委员会委员2人,泰州市医学重点人才1人,泰州市“311工程”培养对象3人,兴化市“311工程”培养对象1人。除常规进行四肢骨折的复位手术内固定及各种骨科疾病的手术治疗外,还常规开展人工全髋关节、全膝关节置换手术;脊柱外科系列手术;关节镜下半月板、膝关节韧带损伤微创治疗,近年来独立开展的颈椎前、后路手术治疗颈椎病和颈椎骨折脱位;脊柱滑脱的椎间融合内固定;椎间盘镜下椎间盘髓核摘除术(MED)及经皮穿刺椎体成形术等使兴化市脊柱外科水平又上新台阶。

**【特色诊疗三】** 兴化市人民医院神经外科始建成于1981年,泰州市首批重点专科。拥有先进的专科设备、完整的人才梯队,其中主任医师2名、副主任医师1名、主治医师3名,住院医师3名,硕士研究生3名,学科带头人为泰州市医学会神经外科专业委员会主任委员,年收治病人1000例左右,抢救危重病人450多人次,施行颅脑手术300多台。除常规进行脑外伤手术外,已常规开展大脑半球各类肿瘤的切除手术,小脑半球肿瘤切除、脑动静脉畸形切除术,椎管肿瘤切除术、V-P分流术、高血压脑出血的外科治疗,全脑血管造影,多种材料颅骨成形术,近年在陆续开展垂体瘤切除术、脑动脉瘤夹闭术,听神经瘤切除术等神经外科标志性手术。

**【特色诊疗四】** 兴化市人民医院腔镜外科创建于1999年,2010年有主任医师2人,副主任医师2人,主治医师2人,泰州市有突出贡献的中青年专家1人。学科带头人为江苏省医学会胆道外科专业委员会学组委员、省“333工程”培养对象,泰州市医学会普外科专业委员会副主任委员。创建以来已成功开展各类腔镜手术2万多例。目前正常开展胸腔镜肺大疱切除,肺叶切除,腹腔镜胆囊切除、脾切除、肝囊肿开窗引流、胃底肿瘤切除、胃十二指肠溃疡穿孔修补、结直肠肿瘤根治切除、胆总管探查、经胆囊管胆道镜胆总管取石手术,其中手助腹腔镜脾切除治疗外伤性脾破裂在泰州地区处于领先地位,经脐单孔腹腔镜胆囊切除术更成为一大特色。

**【特色诊疗五】** 兴化市中医院冬病夏治传统疗法,开展冬病夏治,采用穴位敷贴、隔姜灸等中医特色疗法治疗支气管哮喘、慢性过敏性鼻炎、慢性溃疡性结肠炎、小儿消化不良等疾病,取得较好的社会效益和经济效益。冬病夏治在儿科和呼吸内科开展尤为突出,治疗小儿发热、腹泻、肺炎、哮喘、紫癜、多动症等常见病、时行疫病及疑难病,采用中西医结合诊治慢性支气管炎、慢性阻塞性肺病、支气管哮喘、支气管扩张症、肺源性心脏病、气胸、胸腔积液、肺癌以及部分疑难肺部疾病等都取得显著疗效。对于慢性呼吸系统疾病如慢性咳嗽、哮喘及易感冒人群等采用“治未病”与“治已病”相结合,凸现中医药疗效好、副作用小的优势和魅力。 (顾宝勇)

# 体　　育

## 体育概况

2010年，兴化市体育局坚持以科学发展观指导体育事业发展，研究制定“十二五”全市体育事业发展规划，以全面建设小康社会为核心，群众体育为根本，业余训练为基础，体育竞赛为杠杆，体育产业为保障，体育事业和体育产业的各项工作扎实有效推进。2010年，兴化市体育局被国家体育总局表彰为全民健身活动先进单位，被泰州市政府记集体三等功。

## 体育组织与设施建设

**【兴化市体育总会成立】** 3月4日，兴化市体育总会成立大会在中国移动兴化分公司会议室召开。会议审议通过《兴化市体育总会章程(草案)》、《大会选举办法(草案)》、第一届委员候选人建议名单等，选举产生兴化市体育总会第一届委员会主席、副主席、秘书长、常务委员、委员。体育总会的成立，对于推进兴化体育事业发展，积极探索适合兴化实际的体育社会团体发展的新路子，提高兴化各项运动技术水平，营造全社会参与健身运动、参与体育事业的社会氛围将起到重要作用。

**【兴化叶江川国际象棋学校揭牌】** 5月30日，中国首个叶江川国际象棋学校(筹)在市昭阳实验小学举行揭牌仪式。学校由中国国际象棋协会统一协调专业老师任教，市教育部门为学校配备优秀的文化课教师队伍，从而给兴化的国象棋手创造更好的成长环境，进一步促进兴化市国象事业的发展。

**【体育设施建设】** 新区体育馆和全民健身中心于12月10日全面建成并投入使用，总占地面积1.67公顷，建筑面积11408平方米，总投资约4000万元。游泳馆和塑胶田径场工程开工建设。

兴化市体育馆

## 群众体育

**【群众体育概况】** 积极开展全民健身活动，组织乒乓球俱乐部邀请赛，篮球、乒乓球、羽毛球联赛，舞蹈大赛，国民体质测试乡镇行等全民健身月系列群众体育活动。会同有关部门举办舞龙大赛、龙舟大赛、“幸福向前冲”冲关活动，举行老年人健身展示、2010年全国千村健身气功交流展示江苏省启动仪式，并邀请全国著名健身专家赵之心到兴化讲课、指导。全年集中组织的各类群体体育活动达42次。

健全便民健身网络，以社区健身点和万村工程健身点为依托，结合新建体育场馆，打造亲民、便民、利民的健身服务网络。开展“万村工程回头看”活动，合理调整全市城乡体育设施布局，筹集二十多万元资金，用于支持小康村体育设施建设。积极组织国民体质测试工作，完成国民体质测试2500人次，科学掌握兴化市各类人群的体质状况特点，根据体质状况，有针对性的普及相关健身知识。加强健身骨干队伍能力建设，成立市社会体育指导员协会，积极培训社会体育指导员，引导群众科学健身。

构建健身社会化活动网络，以体育总会建设为龙头，引导和鼓励各单项协会创建优秀健身站点，开展体育活动、举办体育竞赛，构建起以体育俱乐部和健身点为点、体育社团为线的点线结合、覆盖面广的体育社会化活动网络。2010年，体育总会筹资数十万元，举办多项赛事，积极指导各类俱乐部开展多种形式的活动，举办乒乓球俱

乐部邀请赛、羽毛球俱乐部友谊赛等赛事

**【兴化市出台首个国民体质监测公告】** 2010年，兴化市国民体质监测中心对3～69岁兴化市民进行抽样监测，抽样人数达2000人，其中3～19岁组426人，成年组1574人，根据监测数据形成公告于年末向社会公布。总体评价结果显示：市民体质一般，50～69岁城市女性各项指标有明显上升趋势，与这个年龄段的城市女性晨（晚）练和广场舞运动密不可分，但同时也暴露出这个年龄段的男性及其他年龄段的人缺乏各种健身锻炼。

**【健身专家赵之心到兴化作知识讲座】** 5月14日，邀请全国健身专家、中央电视台主讲嘉宾、首都体育学院教授赵之心作“向锻炼要健康”讲座，全市近千名健身爱好者聆听讲座。

**【大型互动电视娱乐项目“幸福向前冲”】** 10月1日，大型互动电视娱乐项目“幸福向前冲”在兴化市乌巾荡湿地公园与广大市民正式见面，为市民在长假期间提供一个既健身又娱乐的平台。大型互动电视娱乐活动“幸福向前冲”系集智慧、勇敢、娱乐、运动于一体的体验性项目，共设有疯狂跑道、快乐翻板、滚筒滑翔、水上平衡木、高空双桥、勇攀高峰等6个惊险冲关环节。

**【兴化市第三届龙舟大赛】** 6月16日，兴化市第三届龙舟大赛在乌巾荡公园举行。共有来自全市16个乡镇的代表队参加角逐。最终西郊镇代表队获得冠军，竹泓镇、昭阳镇分获二、三名。

**【首届乒乓球俱乐部邀请赛】** 8月7日～8日，2010兴化首届乒乓球俱乐部邀请赛在兴化市金爽乒乓球俱乐部球馆举行。来自全省的13支代表队参加角逐。东道主金爽乒乓球俱乐部获得冠军，无锡华康文体、常州乒协、淮安乒协代表队分获2～4名。

**【第二个全民健身日活动】** 8月7日，在张郭镇人民广场举办庆祝第二个全民健身日活动，健身活动日主要内容，有欢乐腰鼓、健身操、健身舞、健身秧歌、健身气功、无极健身球、太极柔力球等，参加表演人员来自城区、乡镇、行政村，观众近千人，有力推动镇村全民健身活动的开展。

**【舞蹈大赛】** 8月26日，兴化市2010年舞蹈大赛决赛在兴化中学体育馆举行，来自全市城乡的41支代表队参加决赛。大赛自6月份启动以来，吸引了来自全市城乡的90支代表队参赛，最终合陈镇、儒学社区、比翼双飞和农水口代表队分别获得了交谊舞、交谊舞团体、广场舞和民间舞四个项目的金奖。

**【兴化市市级机关运动会】** 11月13日，兴化市市级机关运动会开幕式暨广播体操比赛在市文正实验学校举行。这次运动会比赛项目有广播操和拔河比赛，扑克牌比赛，国际象棋、围棋、中国象棋比赛，女子800米、男子1500米中长跑比赛，女子跳绳比赛。全市共有91个市级机关部门的600余名运动员报名参加各项比赛。这次比赛是对全市广大机关干部身体素质和精神风貌的一次检阅，在促进兴化全民体育意识的同时，也进一步掀起兴化全民健身的热潮。

## 竞 技 体 育

**【竞技体育概况】** 竞技水平有新提高。通过突出重点、加强组织领导、强化各部门统筹协作，在第十七届江苏省运动会上，兴化健儿获得四金、六银、五铜，总分148.75分的好成绩。兴化籍选手李茂鉴在世界柔道大奖赛中国站比赛中，获得男子81公斤级银牌，这是中国男子柔道在世界级比赛中，获得的最好成绩，也是兴化市运动员获得的第一枚奥运项目世界奖牌。兴化籍棋手侯逸凡在广州亚运会上为中国夺得首枚亚运会国际象棋金牌，也为中国国际象棋实现亚运历史上金牌零的突破，同时这也是兴化籍运动员的夺得的首枚亚运金牌。12月24日，在土耳其进行的2010年女子国际象棋世锦赛上侯逸凡又夺得冠军，成为中国第4位棋后，也是国际象棋历史上最年轻的棋后。这些成绩的取得实现兴化竞技体育的历史突破，创造兴化竞技体育的新辉煌。

打造品牌赛事。2010年共举办4项省级以上比赛，先后成功举办“合行杯”全国国际象棋锦标赛（个人甲组）、华东协作区幼儿国际象棋冠军赛、全国国际象棋少年精英赛和全国象棋甲级联赛（江苏队对山东队）。这些赛事的举办进一步宣传了兴化，提高兴化的知名度，扩大国象影响，促进国象运动发展。

**【侯逸凡成为最年轻世界棋后】** 北京时间12月24日，2010年世界女子国际象棋锦标赛在土耳其安塔基亚落幕。最终，年仅16岁的兴化棋手侯逸凡经过快棋加赛击败队友阮露斐，成为国际象棋历史上第13位世界冠军，同时也是国际象棋历史上最年轻的世界棋后。侯逸凡成为中国继谢军、诸宸、许昱华之后的第四位世界棋后。

侯逸凡，江苏兴化人。8岁时成为中国最小的棋协大师，9岁成为中国国际象棋队有史以来最小的队员，12岁成为参加亚运会年龄最小的棋手，13岁成为世界上最年

中国选手侯逸凡在比赛中

轻的女子特级大师,14岁成为有史以来世界女子棋手中最年轻的“男子特级大师”。

**【侯逸凡获广州亚运会国际象棋女子冠军】** 北京时间11月16日，广州亚运会国际象棋比赛个人赛全部结束，侯逸凡还以9战8胜1和积8.5分的不败战绩，为中国国际象棋实现亚运历史上金牌“零”的突破，同时也是兴化籍运动员夺得的首枚亚运金牌。

**【兴化棋手程鸣成为国家大师】** 7月29日 第七届全国象棋一级棋士赛在中国棋院落幕。兴化棋手程鸣以9战5胜4和积14分的优异战绩夺得男子组冠军，成为2010年度产生的第一位国家大师，并取得申报国家运动健将称号的资格。

**【2010年亚洲青少年国际象棋锦标赛兴化选手获二金三铜】** 在亚洲青少年国际象棋锦标赛上兴化棋手袁烨获得B组女子10岁组冠军。聂昕、刘可心分别获得女子14岁组、12岁组铜牌，她们分别与队友合作获得女子14岁组金牌、12岁组团体铜牌。

**【兴化小将李茂鉴获全国柔道冠军】** 7月16日～18日，兴化小将李茂鉴在2010年全国男子柔道冠军赛中,获得男子81公斤级冠军，这是他首次获得全国最高级别的柔道冠军。也是兴化在奥运项目上获得的首枚成人组金牌。

**【第二届中国·兴化全国国际象棋锦标赛】** 5月23日至6月4日,“合行杯”第二届中国·兴化全国国际象棋锦标赛(个人甲组)在兴化举行。此次比赛由国家体育总局棋牌运动管理中心和兴化市委、市政府共同主办,共有24名男女国象明星参加。国家体育总局棋牌运动管理中心将根据这次的比赛成绩决定参加广东亚运会的名单。经过11轮的激烈角逐，王皓和居文君分别获得男子组和女子组的冠军。兴化棋手侯逸凡、谷笑冰获“兴化国象运动特别贡献奖”。

## 体育产业

**【体育产业概况】** 2010年,充分利用体育资源优势,挖掘体育产业潜力,体育产业取得较好成绩。体育彩票的发行稳步上升,通过加强宣传,强化网点建设,深化内部管理,组织学习观摩等一系列有效措施，促进体育彩票销售总量的逐步递增,体育彩票全年实现7200多万元。重视体育无形资产的开发和利用，提高体育活动市场化运作能力，通过冠名广告宣传等形式，积极筹集比赛和活动经费。

**【兴化中出两注体彩特等奖】** 12月23日，江苏体彩7位数第10200期开奖,当期开出中奖号码“8346264”,中出特等奖1注,泰州12507站点(兴化市长安路)彩民成为当期最大的赢家。这是继12月12日泰州12522站点(兴化邮电局旁）中出10194期7位数500万大奖后,幸运女神再次把500万大奖送给兴化彩民。 (赵婷婷)

**2010兴化籍运动员参加省级以上体育竞赛获奖情况**

**表**31

| 姓　名 | 比赛名称 | 项　目 | 名　次 |
|---|---|---|---|
| 聂　昕 | 亚洲青少年国际象棋锦标赛 | 女子14岁组团体 | 1 |
| 聂　昕 | 亚洲青少年国际象棋锦标赛 | 女子14岁组个人 | 3 |
| 刘可心 | 亚洲青少年国际象棋锦标赛 | 女子12岁组团体 | 2 |
| 刘可心 | 亚洲青少年国际象棋锦标赛 | 女子12岁组个人 | 3 |
| 袁　弈 | 亚洲青少年国际象棋锦标赛 | 男子9岁组B组 | 1 |
| 李茂鉴 | 全国柔道冠军赛 | 男子81kg | 1 |
| 李茂鉴 | 全国柔道锦标赛 | 男子81kg | 2 |

续表 31

| 姓 名 | 比赛名称 | 项 目 | 名 次 |
|---|---|---|---|
| 程 鸣 | 全国象棋一级棋士赛 | 男子组 | 1 |
| 兴化棋协 | 华东协作区幼儿国际象棋比赛 | 男子 7 岁组团体 | 2 |
| 板桥幼儿园 | 华东协作区幼儿国际象棋比赛 | 女子 5 岁组团体 | 1 |
| 板桥幼儿园 | 华东协作区幼儿国际象棋比赛 | 女子 6 岁组团体 | 1 |
| 板桥幼儿园 | 华东协作区幼儿国际象棋比赛 | 男子 7 岁组 | 4 |
| 少年宫 | 华东协作区幼儿国际象棋比赛 | 男子 6 岁组团体 | 3 |
| 少年宫 | 华东协作区幼儿国际象棋比赛 | 男子 7 岁组团体 | 5 |
| 少年宫 | 华东协作区幼儿国际象棋比赛 | 男子 8 岁组团体 | 5 |
| 果果棋院 | 华东协作区幼儿国际象棋比赛 | 女子 5 岁组团体 | 2 |
| 果果棋院 | 华东协作区幼儿国际象棋比赛 | 男子 5 岁组团体 | 2 |
| 周建平 | 江苏省第十七届运动会 | 散打男子 72kg | 1 |
| 鱼 波 | 江苏省第十七届运动会 | 散打男子 65kg | 2 |
| 丁 舟 | 江苏省第十七届运动会 | 摔跤 | 2 |
| 赵 丽 | 江苏省第十七届运动会 | 摔跤 | 3 |
| 储定海 张成洋<br>罗 鹏 吴金路 | 江苏省第十七届运动会预赛 | 96年组 4×200 自 | 1 |
| 储定海 张成洋<br>罗 鹏 吴金路 | 江苏省第十七届运动会预赛 | 96年组 4×100 混 | 1 |
| 储定海 | 江苏省第十七届运动会预赛 | 96年组 100 蝶 | 1 |
| 储定海 | 江苏省第十七届运动会预赛 | 96年组 200 蝶 | 1 |
| 张成洋 | 江苏省第十七届运动会预赛 | 96年组 200 仰 | 2 |
| 薛 宏 | 江苏省第十七届运动会预赛 | 男子青年组铁饼 | 2 |

**2010年兴化市承办市级以上赛事一览**

表 32

| 赛事名称 | 赛事级别 | 比赛时间 |
|---|---|---|
| 泰州市钓鱼比赛 | 市级 | 5月 12 日 |
| “合行杯”第二届中国兴化全国国际象棋锦标赛(个人甲组) | 国家级 | 5月 23 日 |
| “博思特门业杯”华东协作区第四届国际象棋冠军赛 | 省级 | 5月 29 日 |
| 2010年泰州市中小学生围棋、国际象棋比赛 | 市级 | 7月 6 日 |
| 全国象棋甲级联赛(兴化专场) | 国家级 | 9月 21 日 |
| 2010年“博思特门业杯”全国国际象棋少年精英赛 | 国家级 | 10月 2 日 |

# 中共兴化市委

## 市委工作概况

2010年,全市坚持以学习实践科学发展观为指导,牢牢把握“务实抓转型、全力达小康”工作主线,紧扣建设“富庶、生态、文化、和谐、幸福”兴化的发展目标,抢抓发展机遇,科学应对挑战,较好地完成既定的各项目标任务。全年实现地区生产总值380.24亿元,增长13.6%。其中,第一产业增加值53.19亿元,增长4.7%;第二产业增加值183.74亿元,增长16%;第三产业增加值143.31亿元,增长14.5%。完成财政收入54.46亿元,增长32.4%,其中一般预算收入21.13亿元,增长33.7%。全年实现城镇居民可支配收入18409元,增长12.1%;农民人均纯收入8817元,增长13.9%。

## 市委全体会议

**【市委十届八次全体会议】** 8月11日至12日,市委十届八次全体会议召开。11日上午,组织参观城区和有关乡镇经济与社会领域的各个现场;下午召开市委十届八次全会第一会议,与会人员首先观看上半年全市工作回眸专题片,市委书记贾春林代表市委常委会作工作报告,对当前和今后一段时间经济转型、改善民生、党的建设三个方面的重点工作进行部署。市委副书记、市长李伟就贯彻落实全会精神提出具体要求。

**【市委十届九次全体会议】** 12月16日,市委召开十届九次全体会议。会上,与会人员观看“十一五工作回眸”电视专题片《辉煌“十一五”》。市委书记贾春林代表市委常委会作了题为《立足新起点,开启新征程,为建设更高水平小康社会而努力奋斗》的工作报告。市委副书记、市长李伟受市委常委会委托,向全委会就《中共兴化市委关于制定兴化市国民经济和社会发展第十二个五年规划的建议》进行说明。会议审议通过《中共兴化市委关于制定兴化市国民经济和社会发展第十二个五年规划的建议》,表决通过《中国共产党兴化市第十届委员会第九次全体会议决议》(草案)。会议结束前,市委副书记、市长李伟就贯彻落实会议精神提出要求,并对当前工作进行部署。会议由市委常委会主持。

## 市委重要会议

**【全市党代表大会】** 1月6日,中共兴化市党代表大会隆重召开。上午,与会人员首先观看三年工作回眸专题片,市委书记贾春林作市委工作报告,市委常委、纪委书记韩成龙代表市纪委向大会作纪检工作报告。下午,市委常委分别进行述职述廉,现场接受参会代表和社会各界代表的民主直评,并通过电视向全市直播。市委副书记、市长李伟主持大会,并就贯彻落实大会精神提出要求,对当前工作作出部署。

**【全市党风廉政建设和反腐败工作联席会议】** 2月1日,召开党风廉政建设和反腐败工作联席会议。市委书记贾春林就推进惩防体系建设和落实党风廉政建设责任制工作,提出四点要求。市委常委、纪委书记韩成龙传达中纪委第五次全会和省纪委第六次全会精神。市长李伟主持会议并对落实会议精神提出要求。

**【全市工业经济、开放型经济和科技工作会议】** 2月5日,全市召开工业经济、开放型经济和科技工作会议。会议总结2009年相关工作,明确2010年工作的主要目标和工作要点。市委书记贾春林作重要讲话。副市长吉天鹏作工业经济、开放型经济工作报告。市委常委、常务副市长顾跃进作科技工作报告。市委副书记金厚坤宣读表彰决定。市长李伟主持会议并就贯彻落实会议精神提出要求。

**【全市机关作风建设大会】** 3月5日,召开全市机关作风建设大会。与会人员首先观看泰州市警示教育专题片。市委常委、纪委书记韩成龙传达泰州市机关作风建设暨警示教育大会和中央贯彻实施《中国共产党党员领导干部廉洁从政若干准则》电视电话会精神。市委书记贾春林作重要讲话并强调，要把整治不作为、乱作为、慢作为等现象作为开展机关作风建设的落脚点和突破口，以良好的工作作风为完成全年目标任务提供保证。市长李伟主持会议并就贯彻落实会议精神提出要求。

**【全市农村工作会议】** 3月8日，市委、市政府召开全市农村工作会议。会议动员全市上下抢抓机遇，扎实工作，努力促进农业增效、农民增收、农村发展。副市长顾国平作工作报告，市委书记贾春林作重要讲话，市长李伟主持会议并就贯彻落实会议精神提出要求。会议还就农村水环境集中整治突击活动和财政支农项目绩效审计工作进行专题部署，对2009年度环境优美乡村创建先进单位和脱贫攻坚工作先进集体、先进个人进行表彰。

**【全市党建工作会议】** 3月19日，召开全市党建工作会议。会议回顾总结2009年全市党建工作，明确2010年党建工作的总体要求和主要任务。市委常委、宣传部部长徐立华，市委常委、组织部部长万永良，市委常委、统战部部长杨建分别作工作报告。市委书记贾春林肯定2009年的党建工作，并就做好2010年工作提出明确要求，同时总结第二批、第三批学习实践科学发展观活动。市委副书记、市长李伟主持会议。

**【全市信访工作暨世博维稳动员会】** 4月16日，召开信访工作暨世博维稳动员会。市委常委、政法委书记张育林总结2009年全市信访工作，对做好2010年和上海世博会期间信访维稳工作作出部署和安排。市委书记贾春林讲话并指出，要进一步提高信访维稳工作的执行力，为确保平安世博，实现全面小康社会作出积极贡献。市长李伟主持会议。副市长顾国平宣读表彰决定。4家单位作了表态发言。

**【全面小康村建设工作推进会】** 5月7日，召开全面小康村建设工作推进会。会议明确，全年要在已有168个村达标的基础上，新创建200个全面小康村，全市60%左右的行政村达到泰州市全面小康村标准。市委副书记金厚坤对全市全面小康村创建工作作总结部署。市委书记贾春林讲话并提出要求。市长李伟主持会议。

**【全市“五好五带头”创优争先活动工作会议】** 6月4日，召开全市“五好五带头”创优争先活动工作会议，对全市创优争先活动的开展进行研究部署。市委副书记金厚坤作工作报告。市委副书记、市长李伟作重要讲话并提出要求。市委常委、组织部部长万永良主持会议。

**【全市教育工作会议】** 9月8日，市委、市政府召开全市教育工作会议。会上，市委常委、宣传部长徐立华就教育现代化市创建工作进行动员和部署。市委书记贾春林充分肯定近几年全市教育改革和发展所取得的明显成效，并强调要举全市之力创建教育现代化市，确保2011年顺利通过上级的评估验收。市委常委、常务副市长顾跃进宣读表彰决定。市委副书记、市长李伟主持会议。

**【全市村“两委会”换届选举工作推进会】** 9月30日上午，召开全市村“两委会”换届选举工作推进会，回顾总结前一阶段村党组织换届选举工作的经验做法，研究部署下一阶段村民委员会换届选举工作。副市长顾国平作讲话。市委副书记金厚坤强调，各乡镇要认真吸取村党组织换届选举的经验、教训，积极稳妥地推进村委会换届选举工作。市委常委、组织部部长万永良主持会议，并对贯彻落实会议精神提出要求。

**【全市工业企业信息化管理系统建设工作推进会】** 12月2日，市委、市政府召开全市工业企业信息化管理系统建设工作推进会。会议明确，12月20日，全市工业企业信息化管理系统投入试运行。市委书记贾春林讲话并要求，各部门要充分利用好信息化管理系统这个平台，为节能降耗服务、为基础统计服务、为科学决策服务、为阳光税赋服务。市长李伟主持会议，并就贯彻落实会议精神提出要求。

**【全市领导干部集中教育大会】** 12月30日，市委召开全市领导干部集中教育大会，教育引导全市广大党员干部特别是领导干部，进一步增强廉洁从政意识，筑牢拒腐防变的思想道德防线。会上，与会人员观看了《作风提升执行力》专题片。市纪委负责人通报全年兴化市查处的部分典型案件。市委书记贾春林讲话并强调，要以新一轮思想解放推进“十二五”的科学发展，以务实创新廉洁高效的作风推进各项工作的落实。市委常委、常务副市长顾跃进主持会议。

## 市委重要活动

**【省委常委、省纪委书记弘强到兴化调研】** 2月2日，省委常委、省纪委书记弘强到兴化就廉政文化建设、经济社会发展等方面情况进行调研。弘强对兴化以民为本，一手抓经济发展，一手抓党风廉政建设的扎实举措给予充分肯定；对兴化在推进城市化进程中打造文化兴化的做法予以高度评价。她希望兴化进一步挖掘地域文化资源，彰显廉政文化特色，在全社会营造良好的廉政文化环境。泰州市委常委、纪委书记陈国华，兴化市领导贾春林、李伟、韩成龙、梅建成陪同调研。

**【“共建小康,造福百姓”主题教育实践活动】** 2月6日,市委、市政府召开“共建小康、造福百姓”主题教育实践活动动员大会。会议决定,从现在开始到年底,在全市开展“共建小康、造福百姓”主题教育实践活动。市委书记贾春林作重要讲话。市长李伟主持动员大会。会议结束后举行2009兴化市全面小康年度人物颁奖典礼。

**【泰州市委书记张雷到兴化调研】** 3月27日,泰州市委书记张雷到兴化市安丰镇调研小城市建设工作。张雷一行先后视察安丰镇的集镇建设,万亩高效蔬菜生产基地和江苏红膏大闸蟹有限公司,对安丰镇的发展给予充分肯定。张雷指出,建设小城市是统筹城乡发展的重要举措,希望兴化在城乡统筹发展方面走在泰州地区的前列。泰州市领导王守法、丁士宏陪同调研。

7月7日,泰州市委书记张雷率相关部门负责人到兴化,就上半年经济社会发展情况等进行调研。市委副书记、市长李伟代表市委、市政府汇报全市上半年经济社会发展情况,提出下半年工作打算及工作建议。张雷充分肯定兴化市上半年取得的成绩并指出,面向“十二五”,兴化要把产业转型升级作为促进经济发展的根本和主线,寻找未来产业支撑,提升自身核心竞争力。泰州市委副书记王守法参加调研。

11月25日,泰州市委书记张雷、市委副书记王守法一行到兴化调研经济社会发展情况和下一步发展思路,并就正在制定中的泰州市“十二五”规划征求意见。市委书记贾春林代表市委、市政府汇报工作。张雷充分肯定兴化近年来经济社会发展中取得的成绩,并就兴化今后的发展,提出要在培育新兴产业、产业升级、城乡统筹发展三个方面做好文章。

**【宋县署开馆暨历史文化街区启动仪式】** 4月8日,宋县署(范仲淹纪念馆)开馆暨历史文化街区启动仪式在八字桥文化广场举行。市委书记贾春林讲话并与市长李伟一起为宋县署开馆揭牌,市政协主席范学忠、市人大常委会副主任卞正祥为范仲淹纪念馆挂牌。启动仪式由市长李伟主持。

**【江苏里下河湿地保护与生态旅游论坛在兴化举行】** 4月8日,由省林业局、省旅游局主办,兴化市委、市政府承办的江苏里下河湿地保护与生态旅游论坛在兴化举行。多位专家、学者围绕湿地生态保护、湿地生态旅游等方面作了精彩演讲。市长李伟主持论坛。市委副书记金厚坤在论坛上致辞。市委书记贾春林指出,要通过这次论坛,进一步引领兴化旅游业的发展,引领兴化经济的转型升级。论坛上,兴化被授予“江苏里下河湿地省级生态保护示范区”称号。

**【国家粮食局局长、党组书记聂振邦到兴化调研】** 4月9日,国家粮食局局长、党组书记聂振邦就当前粮食收购、加工、销售等情况,到兴化市戴窑粮食交易市场进行调研。省政府副秘书长杨根平,省粮食局局长王元慧、副局长张生彬,泰州市副市长丁士宏陪同调研。

**【省人大常委会副主任丁解民到兴化调研】** 6月29日,省人大常委会副主任丁解民到兴化调研经济社会发展情况。市委副书记、市长李伟汇报兴化当年以来经济社会发展情况。丁解民对兴化取得的成绩给予充分肯定,并希望兴化在加快经济发展方式的转变中全力推进工业化,要围绕规模做大、产品做精、品种做特、技术做高、企业做强的要求,思考企业的整合、市场的整合、科技的整合,做大做强不锈钢产业;要大力发展新兴产业和高技术产业,加快发展方式的转变,通过走新型工业化道路,实现转型发展、科学发展。泰州市人大常委会副主任张正方陪同调研。

10月3日,省人大常委会副主任丁解民一行到兴化市戴南镇视察正在筹建的国家不锈钢质检中心。丁解民认真听取关于国家中心基础建设和筹建进展情况的汇报,并详细察看中心各个实验室。他指出,要进一步加大投入和扶持力度,优化不锈钢产业转型升级。陪同前来视察的两位专家充分肯定质检中心的仪器装备水平和实验室检测能力,要求中心要充分利用国家级检测中心这一品牌资源,加快构建“检学研”公共科技服务平台。

11月24日,省人大常委会副主任丁解民到兴化调研地方储备粮体系建设及粮食流通工作。市委副书记金厚坤汇报相关工作。丁解民希望兴化在粮食生产、储备、流通加工上始终走在全省前列。

**【副省长徐鸣到兴化调研】** 6月30日,副省长徐鸣到兴化就环境保护生态建设工作进行调研。通过实地查看和听取汇报,徐鸣对兴化市区域供水、污水处理等工作表示肯定,他指出,兴化是典型的锅底洼地区,实施区域供水很有必要;要处理好不锈钢产业健康发展与污染治理的关系,实现经济发展与环境发展的齐步并进。省环保厅厅长陈蒙蒙,泰州市市长姚建华、副市长刘励陪同调研。

**【中国共产党成立89周年纪念活动】** 7月1日,兴化市隆重举行“党旗在我心中”庆祝活动。活动中,市领导为“十佳勤政廉政好干部”和“十佳优秀村(社区)党组织书记”颁奖。市委副书记、市长李伟代表市委向全市广大党员致以节日的问候,并要求全市各级党组织、广大党员干部继续发挥先锋模范作用,把共产党员的先进性体现到加快推进全市经济社会又好又快发展中来，努力夺取全面建成小康社会的新胜利，以更加优异的成绩迎接党的十八大胜利召开。

**【全国政协原副主席张怀西到兴化视察】** 7月28日，全国政协原副主席张怀西到兴化视察。张怀西在兴化期间，先后参观郑板桥故居、文博中心、东岳庙等。泰州市政协副主席胡冬生陪同参观。

**【泰州市委副书记、代市长徐郭平到兴化调研】** 8月21日，泰州市委副书记、代市长徐郭平到兴化调研工业项目。市委书记贾春林代表市委、市政府汇报兴化市工业重点项目的推进情况。徐郭平对兴化市近年来经济社会发展取得的成绩给予充分肯定，并就做好今后工作指出，要坚持开放创新双轮驱动，加快重大项目推进速度；要采取切实有效措施，确保完成节能降耗目标任务。

9月16日，泰州市委副书记、代市长徐郭平来到戴南镇赵家村，调研中日合作农村分散型污水处理示范项目。徐郭平在详细了解污水处理的工艺流程、运行成本、排放水质指标等情况后指出，要逐步扩大试点工作，积极探索和推广解决农村环保问题的新途径、新方法。泰州市副市长刘励陪同调研。

10月9日，泰州市委副书记、代市长徐郭平及副市长丁士宏一行到兴化调研农业和农村工作。徐郭平一行先后调研了陈堡镇、临城镇、钓鱼镇、安丰镇，希望兴化市进一步发展高效规模农业，推进农业产业化经营和农村经营机制的创新，更好地促进农村发展、农业增效、农民增收。

**【抗日战争胜利65周年纪念活动】** 9月2日上午，市委、市政府在千秋广场举行抗日战争胜利65周年纪念活动。市委书记贾春林、市长李伟、市政协主席范学忠、市人大常委会副主任卞正祥，代表市四套班子向革命先烈敬献花篮。市委常委、组织部部长万永良主持纪念活动。市四套班子主要负责人、市级机关部门负责人、机关干部代表、学生代表、老干部代表、在城区的抗日老功臣参加纪念活动。

**【省委常委、副省长黄莉新到兴化调研】** 9月3日，省委常委、副省长黄莉新到兴化调研粮食高产增效创建工作和现代农业发展情况。黄莉新先后参观了钓鱼水稻万亩高产增效示范片以及红膏生态休闲园、金龙果蔬万亩蔬菜生产基地等现代农业示范点，对兴化市现代农业发展给予充分肯定，并希望兴化市加快从传统农业向现代农业的转变，为全国粮食生产作出更大的贡献；继续加大农业结构调整力度，推进现代农业更好更快发展。泰州市委书记张雷、市委副书记王守法陪同调研。

**【投资环境说明会在深圳举办】** 9月26日，市委、市政府在广东深圳举办投资环境说明会，来自日本、韩国及台湾、香港地区和珠江三角洲周边地区的60多位客商应邀参加活动。投资环境说明会现场共签订30个协议项目，总投资达25.8亿元。

**【全国国际象棋少年精英赛在兴化开赛】** 10月2日，2010年“博思特门业杯”全国国际象棋少年精英赛在兴化开赛，来自全国12个省、市不同年龄层次的51名男女国象选手云集兴化市一展棋艺。

**【中国中小不锈钢企业战略发展研讨会在兴化召开】** 10月19日，中国中小不锈钢企业战略发展研讨会在兴化召开。会上，国务院参事室特邀研究员、中国民(私)营企业联合会会长保育均等专家学者分别介绍国外中小企业发展的经验和思路。专家们指出，戴南的不锈钢产业必须走“高、精、特、稀”发展之路，促进产业的转型升级和产业集聚，从而更有力地去开拓未来市场。市委书记贾春林表示，兴化将认真吸取研讨会专家、学者的真知灼见，坚定不移地加快不锈钢支柱产业的转型升级步伐。

**【投资环境说明会在沪举办】** 10月21日，江苏·兴化(上海)服务业投资环境说明会在上海宏泉丽笙酒店举行。上海及周边地区的近100位客商应邀参加。会上，共有17个项目签约，总投资达20.8亿元。

**【全面小康村创建工作观摩活动】** 11月5日，市委书记贾春林、市长李伟率市四套班子领导、各乡镇党政负责人和有关部门负责人观摩了11个参加全面小康村创建村的创建情况。观摩结束后，市委书记贾春林用“内容丰富、形式多样、效果实在”作了点评和小结，并就下一步创建工作提出要求，“十二五”期间，全市614个行政村全部完成创建任务，有条件的乡镇2010年完成。

**【国家不锈钢制品质检中心接受专家组现场评审】** 11月13日，国家质检总局组织专家组来到戴南镇，对国家不锈钢制品质检中心进行现场评审。在为期三天的现场评审中，由多位权威专家组成的评审组将结合“计量认证、审查认证、实验室认可”三项内容进行“三合一”现场评审工作，重点就质量体系、力学金相、无损探伤、化学等项目进行考核，并就中心筹建工作提出意见和建议。

**【市委书记贾春林做客中央电视台《对话》栏目】** 11月16日，市委书记贾春林应中央电视台之邀做客《对话》栏目——“学习的力量”。

**【国家知识产权局局长田力普到兴化调研】** 11月23日，国家知识产权局局长田力普到兴化调研。田力普一行先后参观戴南镇国家不锈钢检验检测中心和兴达公司，对兴达公司在创新基础上重视知识产权工作的做法给予高度评价。泰州市委副书记、代市长徐郭平，泰州市副市长廖涛陪同调研。

**【“我为兴化发展献一策”集中交流暨颁奖仪式】** 11月25日，“我为兴化发展献一策”主题活动集中交流暨颁奖仪式在市广播电视台演播大厅举行。6名获奖代表就所提获奖建议和意见进行现场交流，相关市领导及牵头评审单位负责人现场点评。市委书记贾春林对活动开展给予充分肯定，对进一步深化“献一策”活动提出要求。

**【得胜湖港口物流园区建设启动】** 12月1日上午，市委、市政府举行得胜湖港口物流园区开工奠基仪式。该园区总规划面积4平方公里。市委书记贾春林讲话并指出，全市上下要统一思想，合力打造园区，使之成为省级服务业集聚区。市长李伟主持开工典礼。

**【李笃信少将到兴化检查人民武装工作】** 12月1日，省委常委、省军区政委李笃信少将到兴化检查人民武装工作。市委常委、常务副市长顾跃进和市委常委、人武部政委袁祝祥分别汇报兴化基本情况和人民武装工作情况。李笃信少将对兴化市人武工作给予充分肯定并对下一步的人武工作提出明确要求。泰州市委常委、泰州军分区司令员张本印、政委孙庆祥陪同检查。 （陆章华 卜志阳）

# 纪检监察工作

**【纪检监察工作概况】** 2010年，市纪委、监察局按照“服务发展树品牌、体系构建创特色、作风建设求突破”的工作思路，紧扣市委“务实抓转型、全面达小康”的目标要求，坚持从严治党，弘扬优良作风，狠抓监督检查，大力改进作风，切实维护民利，把解放思想、改革创新贯穿各项工作始终，全市反腐倡廉建设取得较好成效。

**【督查工作】** 对市委、市政府作出的一系列关系经济社会发展的决策部署，主动策应，及时跟进，创新督查工作运行机制，建立决策督查、专项督办和督查结果运用“三位一体”的督查工作体系，加大监督检查力度，确保政令畅通。对全市19项新增中央投资项目实施情况开展督查，抽调职能部门专业人员组成督查组，重点检查工程进度、工程变更、建设资金拨付、质量保证体系建立、廉政合同签订等情况，对检查中发现的问题，督促职能部门整改到位，确保项目实施进度，充分发挥新增投资拉动作用。对市新区体育馆、广电大楼、人民医院、兴东水厂、昭阳湖公园等重点工程，派驻专门监察小组，采取横向到边、纵向到底的“全覆盖”监察方式，从立项到工程招投标、政府资金拨付、项目竣工验收、决算审计，进行全程督查。市纪委、监察局领导班子集体多次深入工地现场，对项目的整体情况进行实时、实地督查。2010年，组织督查63次，协调解决矛盾48起，发现存在问题72个，全部督促整改到位。认真组织开展工程建设领域突出问题专项整治工作，按照上级部署，对2008年以来立项、在建和竣工的90个建设项目进行专项检查，并根据泰州市专项检查组抽查发现的41个问题，及时落实整改措施。同时，按照省、泰州市专项治理办公室要求，组织各专项工作组对全市51个500万元以上的政府投资项目、19个扩内需项目、20个3000万元以上的民资项目，进行集中排查，对排查出的358个问题，进行集体交办，明确整改的要求、时间和责任。

**【效能监察】** 督促职能部门提高行政效能，确保市委、市政府的工作部署快速有效落实。对农村饮水安全进行专项督查：查施工进度，看是否按序时进度进行施工；查工程质量，看是否符合工程质量要求；查项目资金，看乡镇资金筹措是否到位。加强房地产市场管理和农村宅基地管理，抓住日常管理中薄弱环节，紧贴民生，研究制定《兴化市房地产市场管理问责暂行办法》，重点督促职能部门提高管理效能，同时对农村宅基地集中规范管理、领导干部农村建房等情况进行检查，督促相关部门加强管理、严肃纪律，促进房地产市场管理和农村宅基地管理的规范有序。加强水环境综合整治，抓住组织安排、资金筹措、工作绩效等关键因素，采取集体督查、专人督查、水陆并查等形式，对162条市乡骨干河道、15000多条乡村河道的清理工作，以及近千万元的资金使用情况，实施全程跟踪督查，及时指出存在问题，提出解决办法，落实长效措施，保证水系畅通、水质改善、水源清洁。

**【软环境建设】** 会同市作风办等部门，在明察暗访、定期通报、督促整改等日常工作的基础上，在市级机关开展“规范程序、公正执罚、提升形象”活动，围绕行政处罚的法律依据、处罚程序、自由裁量、案卷制作、廉洁自律等方面，组织具有行政处罚职能的单位，认真排查问题，切实加以整改，规范行政处罚行为。创新机关作风评议方式，利用网络参与面广、信息传播速度快的特点，在全省率先启用网络评议系统，利用网络平台，采用一对一的方式，由办事群众直接对服务窗口进行评议，对规范行政行为、改进机关作风、提升执法形象、优化经济发展环境起到较大的促进作用。

【惩防体系建设】 2010年底前，形成具有本市特点的惩防体系基本框架：采取“一条主线统领、双轨交叉运行、四轮同步驱动”的模式，推进惩防体系建设工作。“一条主线”，惩防体系“1+5”整体架构模式，以市委建立健全惩防体系任务分工的实施意见为主架构，以拒腐防变教育机制、权力运行监控机制、纠风治乱长效机制、源头治理预防机制、从严治腐惩戒机制等五大机制为支架构。“双轨”，指市、乡镇、村纵向推进与市级机关部门构建本行业系统特色的惩防体系相结合。“四轮”，指基本构建、特色构建、重点构建、责任构建。基本构建，即扎实抓好各项“规定动作”；特色构建，即积极谋求具有兴化特色的“自选动作”；重点构建，即围绕容易滋生腐败问题的重点部位、关键环节完善制度机制；责任构建，即抓好任务分工、责任分解、检查考核。市纪委、监察局围绕五大机制，明确总体目标和重点工作，落实牵头单位和配合单位，对工作任务进行具体分工，将责任和要求落实到各职能室。通过对各项目标任务的完成情况进行逐项检查，明确存在问题整改的时间及要求，并督促市级机关部门总结内控机制建设情况，梳理反腐倡廉制度，完善软件资料。

【案件查办】 严肃查办违纪违法案件，2010年共受理来信、来访、举报电话487件(次)，立案查处违纪案件214件，给予党纪处分210人、政纪处分59人，移送司法机关案件20件，涉及副乡局级以上领导干部案件6件，其中，市林牧业局原副局长葛某等领导干部被查处，3名乡镇长因企业违法占用土地被问责，19名村干部在惠农补贴发放过程中侵害群众利益被查处，在全市引起较大反响。切实加强信访举报工作，充分发挥案件线索主渠道作用，发放信访监督“四书”12份，开展回访活动9次，发挥教育、挽救、爱护干部的综合效应。进一步完善基层主审、分片联审、上级协审、审理助辩工作机制，保证案件查处质量。

【纠风治乱】 牵头开展土地违规行为专项治理，对全市56宗土地违法违规行为涉及的18个乡镇，及时指出问题，督促其积极清查、全面整改。认真开展环保专项整治行动，着力解决危害群众健康、影响可持续发展的突出问题，重点对12家废品加工企业的反弹进行查处，巩固整治成果。对春节期间解困资金的筹措及使用情况进行督查，确保1400多万元解困资金足额发放到位。联合市文广新局等部门，开展网吧和盗版图书等专项整治活动，查处违规经营网吧114家，取缔无证照游戏室、黑网吧146家，进一步净化青少年健康成长的环境。继续加强卫生系统的行风建设，对17家挂牌“无红包医院”进行回头看，巩固创建成效，对未挂牌医院逐一过堂，深入推进创建活动。开展强农惠农资金专项清查工作，共梳理涉农项目24个、资金总额8.2亿元，对发现的12个问题逐一交办整改落实。开展党政机关举办庆典、研讨会、论坛活动清理工作，全市共有7项内容在清理范围。对涉企非税收费情况进行调查摸底，及时通报有关情况，现在已进入审核公示阶段。认真做好“行风热线”工作，围绕“为发展服务、让群众满意”主题，组织47家单位上线，共受理投诉、咨询、举报632件，已办结629件，办结率达99.5%，群众满意率达100%。

【基层民主监督】 扎实推进泰州市农村党风廉政建设合格、示范乡镇、村创建活动，深入34个乡镇、1个经济开发区、45个村督查“双创”工作开展情况，指导和完善创建资料，共申报合格乡镇10个、示范乡镇2个，合格村179个、示范村37个。扎实推进“村民直评村干部”活动，在获垛镇七子村组织召开观摩会，规范直评活动的内容、程序、方式，组织开展督查活动，广泛听取各乡镇对直评活动的意见和建议，及时协调解决村民质询的重要事项。2010年，全市614个行政村都已经开展“直评”活动，实现村村全覆盖，共有3119名村干部进行述职述廉，360273名村民参加“直评”活动，村民共提出质询问题2189个，已整改落实1770个，承诺办理349个。注重直评结果的运用，提拔重用村干部69名，对60名村干部进行诫勉谈话、提醒谈话。扎实推进基层站所作风建设。全市有25家基层站所被评为2009年度“泰州市百佳基层站所”。通过一系列措施，全市基层站所工作人员的服务意识明显增强，工作作风明显改进，群众对基层站所的满意度提升至95.7%。

【纪检监察改革创新】 完善公务用车相关制度，加强留用车辆管理，巩固车改成效。在市四套班子领导中开展公务接待费用改革，规范公务接待行为，降低行政成本，提高行政效能。根据市委安排，在市党代会、人代会、政协会期间，组织党代表、人大代表、政协委员、群众代表，通过“示、访、述、评、改”等程序，对市四套班子及成员进行民主直评，共整理各类询问、建议160条，在市四套班子成员会上进行通报，强化结果的运用，进一步增强领导干部履职尽责的意识，体现市委开明、开放的工作理念，在发扬民主、强化监督方面给基层树立良好榜样。

【反腐倡廉宣传教育】 制定下发反腐倡廉宣传教育工作意见，健全工作机制，明确工作职责，形成齐抓共管的大教育格局。抓住元旦、春节等关键时期，开展“节日话廉政”专题教育活动，约请有关乡镇、部门负责人参加电视访谈;组织撰写言论文章24篇,在《兴化报》上陆续刊发;在电视台播放廉洁从政专题片8部,全市共组织集中收看147场次、参加人员2万多人次。认真开展学习贯彻《廉政准则》活动,通过专题辅导报告、电视访谈、专题约稿、漫画创作等系列活动,教育引导全市领导干部当好廉洁自律的表率。开展"十佳勤政廉政好干部"评选活动,采取事迹报告会、巡回演讲、电视专访等多种形式,广泛宣传先进事迹,树立和弘扬正气,用先进典型引导和激励广大党员干部自觉投身到"全面达小康"的实践之中。举办反腐倡廉美术书法作品展,着力放大"板桥竹风"廉政文化建设品牌效应。发挥"手机廉信通"平台作用,经常性提醒全市党员干部特别是领导干部增强自律意识、筑牢思想防线,目前已编发廉政短信32期。

**【纪检监察队伍建设】** 深入开展主题教育实践活动,在认真开展"共建小康、造福百姓"解放思想大讨论以及"进百家门、知百家情、解百家难"和"我为兴化发展献一策"活动的同时,抓好"做党的忠诚卫士、当群众的贴心人"主题实践活动和"模范履职、文明执纪"集中学习教育活动,针对查找出的7大类、186个问题,分析深层次原因,按照"简易、管用"的原则,确定整改目标、提出整改措施、明确整改责任、狠抓整改落实,促使纪检监察干部提高思想认识,增强服务群众、服务发展的自觉性。邀请泰州市纪委专家为全市纪检监察干部作案件检查工作业务专题辅导;举办业务知识培训班,对信访办理、案件检查、案件审理、教育督导等工作进行集中授课,并进行书面闭卷测试。加强目标管理考核,修改完善目标考核管理细则,对委局领导班子、副局级以上人员、本委各室及工作人员、基层纪检监察组织负责人进行综合考评,充分发挥考核细则奖优罚劣的作用,推动纪检监察干部工作作风不断优化。

(叶建军)

## 组织工作

**【组织工作概况】** 2010年底,全市共有基层党组织3166个,其中党委70个、党工委4个、党组31个、党总支201个、党支部2860个;有党员70894名,农村党员59525名,城区党员11369名;全年新发展党员1009名;党员转出711名,转进1779,增加1333名。有副处级以上干部39名;正副乡局职级干部1378名,其中机关在职553名,乡镇在职336名;退二线干部489名,占乡局级干部人数的35.5%。

2010年,全市广大组工干部紧紧围绕服务转型升级和科学发展,主动跟进,积极作为,统筹推进干部队伍、党员队伍、人才队伍和基层组织建设,各项工作取得新的成绩,干部工作信息公开做法被泰州市委组织部表彰为"十佳"创新创优项目,组工信息宣传工作连续三年位居泰州市组织系统第一名,连续两年荣获全省组织系统信息工作一等奖。

**2010年兴化市党员队伍结构情况**

表33　　单位:人

| 总数 | 性别 | | 年龄 | | | | | 学历 | | | | | | 分布 | | | | |
|---|---|---|---|---|---|---|---|---|---|---|---|---|---|---|---|---|---|---|
| | 男 | 女 | 35岁及以下 | 36岁至45岁 | 46岁至54岁 | 55岁至59岁 | 60岁及以上 | 研究生 | 大学本科 | 大学专科 | 中专 | 高中 | 初中至以下 | 农牧渔民 | 机关 | 企事业 | 非公经济单位 | 其他 |
| 70894 | 60676 | 10218 | 11890 | 14031 | 13716 | 10269 | 20988 | 123 | 4779 | 8139 | 6030 | 16385 | 35438 | 35108 | 3627 | 13897 | 4770 | 13492 |

**2010年兴化市发展新党员情况**

表34　　单位:人

| 总数 | 性别 | | 年龄 | | | 学历 | | | | | | 分布 | | | | |
|---|---|---|---|---|---|---|---|---|---|---|---|---|---|---|---|---|
| | 男 | 女 | 35岁及以下 | 36岁至59岁 | 60岁及以上 | 研究生 | 大学本科 | 大学专科 | 中专 | 高中 | 初中及以下 | 机关 | 企事业 | 非公经济单位 | 学生 | 其他 |
| 1009 | 703 | 306 | 766 | 243 | - | - | 287 | 223 | 84 | 328 | 87 | 58 | 360 | 265 | 13 | 313 |

**【领导班子和干部队伍建设】** 坚持为发展配班子、凭实绩用干部,注重统筹全市干部资源,将发展型干部选配到先发地区和具有明显后发优势的地区,从市综合经济部门和发达乡镇选配发展能力强的干部担任乡镇长。关注基层,倾斜一线,择优选派乡镇党委书记担任市级机关部门"一把手",妥善安排长期在艰苦地区工作的部分乡镇优秀副职到机关任职。结合市乡机构改革,精心谋划和选配乡局级领导班子。全年共调整副乡局级干部273人,其中提拔正乡局职级干部17人,副乡局职级干部48人。围绕开阔发展思路、提升引领发展能力,有针对性举办招商引资等专题培训班,协助举办不锈钢产业发展等领导干部管理论坛,继续深化领导干部读书学习活动,定期播放能力建设系列电视讲座,全年共举办各级各类培训班69期,培训干部15000多人次。加强后备干部培养锻炼,研究出台相关文件,增加乡镇党委书记后备层次,建立"双推双考双培"(群众推荐、组织推荐,理论考试、组织考察,加强培训、培养)工作机制。先后选派8名同志赴省级机关、1名同志到中科院跟班学习,6名乡镇长和2名市级机关部门负责人赴沿江园区挂职锻炼,3名新提拔干部到信访局锻炼,6名同志到戴南镇跟班学习,7名同志到村担任党组织书记。强化干部监督工作,通过组织领导班子中心组学习、举办专题培训班、开展征文活动等方式,认真学习和贯彻干部监督四项制度;拓展监督渠道,构建网络监督平台;有计划对10名市级机关主要负责人实施"三责联审"。实行备案管理,指导并协助相关部门做好中小学校长和基层卫生院院长的考察、配备。

**【干部人事制度改革】** 认真贯彻扩大民主要求,市四套班子领导和全委会成员定岗民主推荐11个涉及机构改革的市级机关部门"一把手"。坚持"民主、公开、竞争、择优"原则,合理设置报名条件,更加注重能力考察,实行全程差额选拔和信息公开,公开选拔6名35周岁以下副局职领导干部。实行两轮民主推荐,开展驻点调研,公推公选7名乡镇党委书记。认真贯彻泰州市委要求,结合机构改革,有11个乡镇实施乡镇党政正职"一肩挑"。

**【基层组织和党员队伍建设】** 精心组织村"两委会"换届选举,在先行试点的基础上,全面推行公推直选和差额选举。选举期间,加强联系沟通,及时跟踪指导,定期交流分析,强化包保责任,会同纪委、民政等部门集中梳理、破解重点村、难点村矛盾。通过全市上下的共同努力,614个行政村"两委会"换届选举全部到位,实现历史性突破。完善村干部保障激励机制,全面落实村干部报酬保险,全市村党组织书记报酬比上年增长14%,所有在编村干部全部办理社会养老保险和医疗保险。注重加强政治激励,实施新一届村党组织书记任期目标"双向"承诺,首批确定30名村党组织书记进入专项事业编制。加强选派到村任职干部培养管理,择优选拔担任乡镇领导干部。统筹推进其他党建工作,大力实施非公有制党建"三化三入"工程,积极开展机关党组织"四进社区"活动,建立并推行"条块结合、双重管理"学校党建新模式。加强党员管理和服务,认真开展市级机关党员进社区和党员义工服务活动,建成覆盖全市站点的"远教e通"信息服务平台,积极实施助推"一村一品"工程和远教"牵手行动"。

深入开展创先争优活动。围绕"务实抓转型,全力达小康"主题,周密安排部署,强化分类指导,以市委常委创先争优"向我看齐"为示范,以开展"比学赶超"活动为载体,指导农村、社区、机关、学校、"两新"组织,结合实际制订工作方案,开展特色活动,引导基层党组织和广大党员在破解发展难题、完成工作目标、落实群众期盼中创先进、争优秀。成立督查组,定期开展督查观摩活动,认真抓好制定目标、公开承诺、领导点评等各个环节工作。结合纪念建党89周年,选树、宣传一批先进典型,在全社会营造基层党组织履职尽责创先进、党员立足岗位争优秀的氛围。实行党群联动,形成全社会齐抓共创的良好格局。

兴化市举行村党组织书记任期目标"双向"承诺活动

**【人才工作和人才队伍建设】** 着眼培大育强不锈钢制品、农副产品加工等支柱产业,引进和培养博士5名,硕士49名,高技能人才256名,熟练技工1350多名,其中1人入选省"双创人才引进计划",2人入选省"企业博士集聚计划"并获专项资助,超额完成"十百千万"人才工程目标。强化高端培训,选派20名企业优秀经营管理人才参加清华大学专题研修班。在电视台开辟"人才之星"栏目,定期宣传优秀人才先进事迹。开展"杰出人才奖"评选活动,引导全社会尊重知识、尊重人才。

**【干部工作信息公开试点工作】** 抓住被省委组织部确定为实行干部工作信息公开制度试点单位的契机,按照省委干部人事制度改革实施意见要求,积极探索"全方位、全过程,分类、分级,适时、适度”公开办法,努力让选人用人工作在“阳光”下运行。建立新闻发言人制度,先后于6月和12月两次召开会议,及时向社会通报干部选拔任用工作情况,积极回应各方关切,并以无记名测评方式进行满意度调查,“满意”和“基本满意”率均达98%以上。完善干部任前公示,增加公示拟提任人选个人简历、拟任职务和照片等。

**【“退二线”干部管理工作】** 制定领导干部“退二线”转岗继续发挥作用若干规定,实行规范化管理、刚性化要求、差别化使用、导向化激励,逐步实现由激励引导向制度规范转变。加强目标管理,全市80%的“退二线”干部重新选定转岗岗位,制定年度工作目标,并在市中心工作或乡镇、部门设置的岗位继续发挥作用。对转岗工作的干部,落实手机和交通补助,专门安排年度评先名额。为加强管理和协调,专门建立“退二线”干部管理办公室。

**【大学生“村官”培养管理】** 把大学生“村官”培养管理纳入新农村和基层组织建设重点,研究制定《兴化市大学生“村官”工作实施细则》,坚持差别化培养、科学化管理、多元化成长,不断指路子、压担子、搭梯子,将他们培养成社会管理型、创业富民型、服务发展型、招商引资型村官,有155人当选为村“两委”成员,9人担任村“两委”正职,36人被列为村党组织书记后备人选,42人创办25个经济实体、带动500多名群众就业,40人被聘为“特约网络招商员”。

(杨　波)

## 宣传工作

**【宣传工作概况】** 全市宣传思想文化工作坚持围绕中心、服务大局,把握导向、开拓创新,较好地完成年度各项目标任务。市委中心组学习、党员冬训工作在全省获奖,群众文化活动、非物质文化遗产保护、文明礼仪学教活动在泰州市获创新成果奖,未成年人思想道德建设工作在泰州市专题会议上作工作交流。

**【理论武装】** 坚持用中国特色社会主义理论体系武装党员干部,扎实推进学习型党组织创建活动。加强基层党委中心组学习制度化、规范化建设,建立由宣传部、组织部、纪委、市级机关工委参加的巡学小组,在全市开展巡学考学活动,总结基层理论学习的做法和成效,召开基层党委(党组)学习经验交流会。突出开展“共建小康、造福百姓”主题教育活动,组织开展解放思想大讨论、务实转型大实践、改善民生大行动、敬业奉献大竞赛。认真做好“领导干部读书月”活动有关工作。加强兴化市理论讲师团、宣传演讲团、文明礼仪推广团、文艺展演团4支宣讲队伍建设,针对不同层面,采取多种形式普及理论,全年到基层开展全面小康等专题理论宣讲活动320多场次。办好昭阳讲坛、领导干部论坛、产业发展论坛,“三坛”联动,构建理论宣传教育的新平台。昭阳讲坛就生态文明、阳光政务等内容举办14期专题讲座。编印《2010年理论学习读本》、《兴化百科》,组织“学理论、知市情”测试和知识竞赛活动。结合理论学习,组织开展“我为兴化发展献一策”活动,市级机关各部门围绕招商引资、农民增收、改善民生等8个主题,广泛开展讨论。

**【新闻宣传】** 紧贴市委、市政府工作中心,强化社会舆论的引导,营造推进又好又快发展的良好氛围。突出加快转变发展方式、建设全面小康等主题,加强重大新闻宣传活动的组织,重点推出“共建小康、造福百姓”、“转型升级、制胜未来”、“巡视重点项目”、“点击高效农业” 等专题专栏。充分利用“行风热线”、“民生直通车”、“热点聚焦”等栏目、节目,加强与市民交流互动,反映群众呼声,回应社会关切,引导公众情绪。推进网络评论员队伍建设,在市民论坛主动设置话题,对社会热点加强网上舆论正面引导。突出兴化的生态、产业等特色,加大外宣力度,全年在泰州市以上电视用稿近500条(其中,省电视台用稿排名县级市前十名),省以上报纸用稿350篇次,网络用稿1000多篇次。第二届中国·兴化千岛菜花节期间宣传部门主动跟进,借助各级媒体平台,图文音像多种形式,充分展示了兴化的生态文化资源。

**【文明创建】** 坚持以文明城市创建为抓手,着力提升市民素质,推进系列文明创建。把文明礼仪作为提升市民素质的突出内容,组织开展文明礼仪学教系列活动,以“教、演、画、赛、做”为载体,即通过主题讲座、文艺汇演、漫画化人、知识竞赛、道德实践等形式,推动文明礼仪宣传教育进机关、进校园、进社区、进农村、进家庭、进企业、进窗口。专门邀请礼仪专家周思敏来兴作市民文明礼仪和职场商务礼仪专题讲座。大力开展志愿者服务活动,推进社会道德实践。成立志愿者服务总会,推进乡镇志愿者服务站、城区行业系统志愿者服务队建设。组织开展文明行业志愿服务进社区、青年文明号志愿服务活动、学生志愿者美化市容活动和交通义务执勤等一系列活动。特别是推广领用“爱心护照”,促进社会志愿服务活动的广泛开展。行业文明创建推出“树新风、创品牌、社会满意在我家”竞赛活动,开展文明特色村、星级社区创评工作,推动系列文明创建深入开展。精心组织全面小康年度人物评选、十大新人新事评选。坚持做好未成年人思想道德建设年度10件实事,推出青少年学法用法系列活动、“周末快乐驿站”、家教案例征集及漫画巡展、校外辅导站建设等特色工作,相关工作得到全国关工委表彰。

**【文化建设】** 加强文化遗产的保护和挖掘，普查文物点229处，新发现183处，数量和质量继续在泰州处于领先地位。影山头古遗址入选全省第三次文物普查十大新发现，垛田文化景观入选“三普”全国十大新发现。民间音乐“茅山号子”继竹泓木船制造工艺成为兴化市第二个国家级非遗保护项目，沙沟板凳龙舞、施耐庵与《水浒》传说等4项成为省非遗保护项目。沙沟镇荣膺国家级历史文化名镇称号。精心打磨板桥系列小淮剧，精彩呈现央视戏剧频道。系列小淮剧4个剧本喜获中国首届戏剧剧本文化奖二等奖。民歌表演《拉纤号子》、新创歌曲《垛田水乡》在省“五星工程奖”评比中夺金摘银。成功举办新春舞龙大赛、端午节龙舟大赛、全市舞蹈大赛、首届民歌大赛、青年歌手电视大奖赛、家庭才艺大赛等赛事。推进“国象进课堂”，举办全国国象锦标赛、青少年精英赛、华东协作区幼儿国象精英赛。市图书馆成为国家一级图书馆，博物馆接待各级参观者30万人次。建立农家书屋“管”、“用”长效机制，完善配套设施。新增有线电视用户18500户。614个行政村实现有线广播“村村响”，提前完成“双入户”目标任务。城区有线电视数字化总体转换基本结束。广电数字中心大楼投入使用。

兴化市青少年周末快乐驿站“乐吾杯”少儿大舞台

**【宣传思想工作制度化建设】** 坚持和完善意识形态联席会议制度，制定《关于加强舆论监督的意见》、《关于加强网络管理的制度等》，进一步推进宣传思想文化工作制度化、规范化。项目化分解落实宣传思想文化工作目标任务，加强对重点项目跟踪检查，督查落实。举办乡镇宣传委员、文明行业创建、宣讲工作等培训班，强化业务培训。在宣传文化系统大兴学习之风，加强调查研究，形成一批调研成果。开展“五好五带头”创先争优活动，开展“人民满意机关”和“抓队伍建设，树文明形象”竞赛活动。

（周余杰）

## 统 战 工 作

**【统战工作概况】** 以“务实抓转型，全力达小康”为工作目标，以培养人物、建好队伍、发挥作用为主线，汇聚力量服务发展，凝聚人心促进和谐，努力推进全市统战工作上新台阶，被泰州市委统战部表彰为“统战工作综合先进单位”、“统战宣传信息工作先进单位”，被兴化市委、市政府表彰为“目标管理综合先进部门”。

**【民主政治建设】** 组织党外代表人士参加2010年全市各界人士迎新春茶话会，协助市政府组织召开各界人士座谈会3次，推荐党外代表人士参加《兴化市国民经济和社会发展第十二个五年总体规划纲要》（草案）征求意见座谈会，鼓励人大代表、政协委员撰写议案、提案和社情民意150多件，经常走访党外代表人士、黄埔同学会会员、民族宗教界代表人士等，广泛征求他们的建议和意见。加强特约监督员制度建设，聘请16名党外人士担任特约检察员、特邀审判监督员和特约行风监督员，拓宽知情渠道，发挥民主监督作用。

**【党外人士工作】** 在兴化电视台推出4期党外代表人物“人才之星”专访，选送5名党外代表人士参加泰州市无党派人士培训班学习。和市委组织部共同做好党外干部的配备工作，提拔使用4名正局职党外领导干部。组织召开各界代表人士“我为兴化发展献一策”座谈会，紧密结合实际，积极踊跃发言，对加快兴化科学发展、和谐发展提出许多意见和建议，归纳后及时报兴化市创先争优活动办公室。

**【非公有制经济人士工作】** 江苏双蝶集团有限公司董事长陈朝银、江苏申源特钢有限公司董事长宫友军、江苏楚龙面粉有限公司董事长郑风平荣获第一届“泰州市优秀中国特色社会主义事业建设者”称号。江苏兴达钢帘线有限公司总经理刘祥、兴化市大地蓝绢纺有限公司董事长戴香莲当选为“2009年度兴化市全面小康人物”；兴化市大地蓝绢纺有限公司董事长戴香莲获兴化市“三八”红旗手荣誉称号；星海置业公司董事长顾国付、振亚特种螺钉公司董事长杭汉林当选为兴化市爱心使者。市脱水蔬菜行业协会被民政部表彰为全国优秀社会组织。6月，在全市开展省和泰州市2009年度民营企业“纳税大户和就业先进单位”评比活动，推荐上报8个纳税大户和6个就业先进单位。

**【自身建设】** 4月，举办兴化市统战干部培训班，全市统战委员、部分宗教教职人员50多人参加业务培训，组织学员赴镇江、常州考察学习。认真开展党员干部读书学习、“创先争优大家谈”、“机关作风大提升”、“共建小康、造福百姓”、“我为兴化发展献一策”、领导点评工作等活动，《发挥统战工作优势，为改善民生作贡献》在全市“我

为兴化发展献一策”评选结果中获二等奖。 (娄秀兰)

## 农 村 工 作

【农村工作概况】 全市农村工作围绕“全面达小康、建设新农村”工作主线,突出以促进农民增收为核心,加快农业结构调整,推进适度规模经营,改善农村环境面貌,创新农村经营机制,落实强农惠农政策,农村经济继续保持平稳较快发展态势。全市实现农村经济总收入1408.78亿元,比上年增长21.1%;农业总产值106.01亿元,比上年增长10.3%;农业增加值53.19亿元,比上年增长4.7%;农民人均纯收入8817元,比上年增加1076元,增长13.9%。

【农村土地承包管理】 继续健全农村土地二轮承包原始档案,对全市8300个土地承包核算单位二轮承包调查核实登记工作进行全面检查验收;出台《关于规范农村土地流转管理工作的意见》,公布片区指导价格,建立土地流转价格增长机制,全面推行省定标准示范合同文本;当年新增土地流转面积5540公顷,累计达26869公顷,新增农业适度规模经营面积3867公顷;重新调整和充实土地承包仲裁委员会成员,修订完善《兴化市农村土地承包仲裁委员会章程》,当年调处农村土地承包纠纷210起。

【农村集体财务与资产管理】 规范和完善村级会计代理制,继续强化村级财务“村账镇管”、村级资源“村有镇管”制度;加快行政村财务核算统一建账改革步伐,合并村并账总数达11个乡镇286个村;继续推行村级财务互审和送审制度,对全市614个村开展农村财务互审,按季对24个乡镇72个村财务进行送审,70个村参加全市农村赛账评比活动;出台《关于加快村级集体经济发展的意见》,推行村级债务化解以奖代补政策,当年化解村级债务6669万元;开展村务“四议两公开”制度建设试点,按季进行村务公开和民主理财,年终重新选聘并培训新一轮村务监督和民主理财代表;加强村级集体资源招投标管理,当年村级资源招标收入9618万元,超过标底价1540万元,增长16%;全市村级集体总收入3.81亿元,总支出3.06亿元,收益0.75亿元,实现收支平衡的村421个,占68.6%。

【农民负担管理】 严格执行农民负担预算方案报批等五项制度,构建农民负担长效管理机制,全市共落实村内公益事业建设一事一议筹资1752万元,人均18.8元,一事一议筹劳工日354万个,劳均7.4个工日,发放农民负担监督卡38.47万份,发放到户率100%,全年未发生一起涉农负担事件。

【支农惠农政策落实】 严格执行各项支农惠农政策,全市落实水稻直补面积8.96万公顷,补贴资金2688万元;农资综合补贴面积9.77万公顷,补贴资金10118万元;良种补贴面积19.8万公顷,补贴资金3715万元;农机具补贴品种38个,补贴资金911万元;查处各类惠农信访件73起。全市有21个乡镇开展一事一议财政奖补试点工作,涉及214个村,项目资金用于农村安全饮用水工程改造,共筹集资金9873万元,其中:财政奖补资金2792万元;小麦、水稻等大宗农产品实现农业保险全覆盖,高效设施农业保险面积681公顷。

【农村扶贫】 突出整村推进扶贫和定点帮扶两项重点,抓好万户结对帮扶、部门挂钩薄弱村和贫困户就业扶贫三项工作,当年向贫困户发放农村小额贷款3000万元、扶持就业贷款2000万元、捐赠款物400多万元,当年全市脱贫人口20957人、脱贫48个村,8个经济薄弱乡镇财政总收入全部达到1000万元以上,全面完成脱贫攻坚工程三年目标任务。

【农民专业合作社发展】 全市累计发展农村合作组织664家,入社成员4.25万户,入社农户比例达11%,带动农户11.88万户;当年新增合作社227家,其中,专业合作社184家、土地合作社27家、社区合作社16家,新增入社农户1.37万户;在永丰镇成立泰州市首家农民专业合作社联社——兴化市苏兴水产养殖专业合作社联社;筛选确定277家合作社建立第一批农民专业合作社名录库;出台《关于开展“五好”农民专业合作社示范社建设行动的实施意见》,当年全市有9家合作社被评为泰州市级“五好”示范合作社,29家合作社评为市级“五好”示范合作社。

【新农村建设】 以全面小康村建设和农村新“5+1”实事工作为抓手,扎实推进新农村建设,全市全面达到小康水

兴化新农村建设示范村大垛双石村

平，全市累计达到小康标准的村有376个，覆盖面达61.24%，其中：当年有206个村达到全面小康村标准。戴南镇董北村、张郭镇赵万村当年被评为“泰州市十强小康村”，当年232个全面小康参创村，共浇筑村庄道路1005条，新装路灯4030盏，新建改建桥梁431座，户厕改造4.71万户，疏浚村庄河道1466条，植树170多万株，拆除违章搭建906处。当年完成农村公路建设122.1公里，新建大中桥梁89座；农村义务教育“两免一补”做到应免尽免，应补尽补；新型农村合作医疗保险参合率首次达到100%；城乡居民养老保险参保总人数达66.83万人。

（陈有进）

## 对台工作

**【对台工作概况】** 2010年，兴化市委台办在市委、市政府的正确领导下，在上级台办的指导下，坚持以邓小平理论和“三个代表”重要思想为指导，深入贯彻党的十七届四中全会精神，以科学发展观为统领，始终坚持“和平统一，一国两制”的对台工作基本方针，紧紧围绕“以经促政、以维促政”这一工作重点，积极发挥对台工作的职能作用，开拓创新，积极进取，圆满完成全年各项工作任务。

**【对台经贸】** 以提高优质服务为抓手，主攻对台经贸这个难点。通过自身努力和良好的服务赢得台商的青睐，全年新批台资企业1家，总投资额为285万美元，实际利用台资200万美元。

**【交流交往】** 以组团赴台为契机，做好交流交往这个热点。全年共接待来兴台胞16批216人，其中探亲、旅游的台胞8批168人，接待台商团组4批25人次，组团赴台人员2批23人次。组团赴台考察。通过推进组团赴台考察，扩大兴化在岛内的影响力，增进两地往来。9月中旬，市长李伟、副市长吉天鹏带领兴化市商会考察团一行12人赴台进行为期6天的经贸考察，在台期间重点考察已在兴化投资的台湾知名企业及其上下游关联企业，围绕打造兴化台湾科技产业园区这一项目，考察团一行先后实地考察台中县清水工业区的佳益科技材料股份有限公司、南投县台菌生物科技股份有限公司和树亿兴业股份有限公司、云林县云林科技工业区的东锵工业股份有限公司、台南县岱稜科技股份有限公司、嵘昌机械股份有限公司和荣刚材料科技有限公司等7家工业企业，增进双方友情，有力推动兴台两地经贸交流与合作。热情接待台胞，使台胞高兴而来，满意而归。在台“四有人物”回乡探亲时，给予了热情接待，向他们介绍兴化日新月异的变化，陪他们参观有关景点及城区的市容市貌，引导台胞为家乡发展多作贡献。

**【涉台教育】** 以“三进”教育为重点，通过区别对象，方法灵活；内容丰富，形式多样；紧贴实际，适时教育等办法，开展进社区、进企业、进学校的“三进”涉台教育，达到很好的教育效果。利用互联网向台湾岛内的朋友定期发送介绍兴化的信息，向岛内传送资料和信息56份。平时注重组织上报各类涉台信息，狠抓信息的数量和质量，做到人人有参与、个个有任务，涉台宣传教育工作得到进一步加强。

（王振安）

## 机关工委工作

**【机关工委工作概况】** 2010年，新成立党支部2个（市红十字会、市编办），新调整3名党组织书记。公推直选党组织17个，新成立党总支1个（市农工办党总支）。全年发展新党员41人，其中，35岁以下31人、占75%，女性13人、占31.67%，批准预备党员转正38人。至年末，市委市级机关工委下辖党总支17个，党支部117个，党员1997人。评出市级机关先进党组织12个，优秀党员106名，优秀党务干部10名。

**【机关党建工作】** 以创先争优活动为切入点，突出抓好学习教育，推进机关党的思想建设。年初，按照市委的要求，牵头在市级机关开展创建学习型党组织活动，制定下发《关于创建学习型党组织的实施意见》，成立专题活动领导小组。12月上旬，牵头举办全市第五期领导干部管理论坛，以“创先争优、推进学习型党组织和领导班子建设”为主题，多方位多渠道地诠释开展创先争优活动所取得的成果。以强化基层组织建设为立足点，固本强基，创新开展党建工作。加强党员队伍建设，执行好发展党员民主推荐制和2次公示制，强化发展源头监督，严格把好党员“入口”关。做好入党积极分子的培养教育工作，全年共组织3次计600多名党员进行集中学习教育。“七一”期间召开表彰大会暨党建工作例会，树立和宣传一批先进典型，发挥示范带头作用。创新工作载体，促进党建工作长效化，推行换届公推直选制度，建立对所属党组织每季工作检查推进制度。

**【机关作风建设】** 以提高行政效能水平为着力点，服务发展，推进机关作风建设。打造特色宣传平台，会同相关部门，在电视台开辟《热点聚焦》栏目，进一步提高《作风建设简报》的编撰质量，认真办好《兴化报》“作风建设在行动”专栏，及时对各机关部门作风建设工作进行总结宣传。扩大评议范围,将列入考核的单位增加到91个部门(单位)和45个重点执法大队(科室)。优化评议组织,每季度组织一次日常评议,对参评部门进行评议,并及时向各部门(单位)反馈。4月28日,正式启动机关作风网络评议系统。强化结果运用,根据2009年度机关作风建设考评结果,对在考评中排名靠后的6个部门(单位)和3个重点执法大队进行集体诫勉谈话,狠抓整改。强化活动组织,进一步规范行政行为,开展"规范程序、公正执罚、提升形象"活动,走访企业活动,"中梗阻"专项整治活动以及"办事效率大提高"专项活动等等。强化队伍建设,8月份面向社会公开选聘40名机关建设监督员和信息员。强化信件督办,本年度共督办书记、市长信箱、领导批办和直接受理的群众来信来访151件,已全部按时办结。强化明察暗访,坚持每季度至少围绕一个主题有针对性地开展明察暗访。

**【机关作风网络评议】** 在全省率先实施机关作风网络评议,网络评议系统于2010年4月28日正式启动,评议对象包括有行政许可职能且设立窗口的26个部门单位。网络评议实行"一人一密,一事一议",每月对评议情况进行汇总,并列入年度机关作风建设考评内容。该活动得到服务对象的积极参与,有力促进窗口服务行为的规范和作风的持续好转。

**【"我为兴化发展献一策"活动】** 为切实加快转型升级、建成全面小康,9月起,在市级机关部门中开展"我为兴化发展献一策"活动,围绕招商引资、改进作风等八个方面的专题广泛征求意见和建议,得到各部门的高度重视,市级机关80%的部门单位主要负责人接受电视专访,广大机关党员干部通过调研问计、积极进言献策,参与率达100%。全市共筛选有价值的建议文章260多篇,确保献一策工作有声势、有质量、全覆盖,真正使思发展、话发展、谋发展的理念深入人心。11月25日,在市电视台演播大厅举办"献一策"现场交流及颁奖仪式,部分获奖者与参会对象进行互动交流,市领导点评发言,市委主要负责同志充分肯定"献一策"活动取得的成效,并对"献一策"的成果转化提出相关要求。

**【公推直选制度创新】** 为充分发扬党内民主,推行党务公开、公平、公正,机关党工委突破班子研究确定基层党组织负责人的传统做法,建立和完善公推直选制度,规范选举流程。公开推荐,采用党员群众推荐、个人自荐与组织推荐相结合的办法,按差额20%的比例推荐党(总)支部委员会初步人员,书记候选人预备人选、副书记候选人预备人选则分别按2∶1和1∶1确定,并将结果及时向上级党组织汇报。

**【《热点聚焦》栏目开播】** 着力整合社会监督、舆论监督和行政监督的力量,于2010年2月,在兴化电视台开辟《热点聚焦》栏目。主要围绕保障发展、改善民生、维护稳定、优化环境、队伍建设等主题,聚焦全市中心工作,关注民生热点、难点,反映机关作风动态。该栏目每月一期,市作风办对反映的问题跟踪督办,得到了机关各部门单位的支持和配合,引起社会的普遍关注和良好评价。

**【首届机关运动会】** 11月,牵头举办首届市级机关运动会,加强组织领导,层层宣传发动,合理设置赛程,精心搞好保障。运动会紧贴兴化特色和机关文化特色,设定广播操比赛、拔河、田径等九个项目的赛事。共有91个市级机关部门单位,600余名运动员参加各个项目的比赛,参赛部门单位达到100%。通过各项活动的开展,充分展示市级机关干部职工的精神风貌,切实增强机关部门的团队意识和集体荣誉感,活跃机关干部职工的文体生活,激发广大机关干部职工锐意进取、奋发向上的热情。

兴化首届机关运动会

**【机关群团工作】** 以构建和谐机关为切入点,丰富载体,推进机关群团建设。围绕市委"共建小康、造福百姓"主题教育活动,在市级机关组织开展"进百家门,知百家情,解百家难" 系列活动;3月组织全体机关副局级以上领导到挂钩帮扶村集中进行走访,4月积极组织市级机关各党组织参加"慈善募捐"活动,5月在市中心广场组织大型劳资法律法规咨询,"七一"前夕组织全体机关干部到社区对老党员进行走访慰问。根据市委"大走访"要求,2010年4次深入到挂钩村进行调研走访,帮助解决实际问题。围绕建设廉洁机关、高效机关、和谐机关主题,开展廉政文化进机关系列活动。紧贴中心、精心策划开展群团活动,3月份组织市级机关女干部与女大学生村官开展结对活动、庆"三八"知识讲座,清明节组织市级机关党员干部代表进行集中祭扫活动,五四期间组织市级机关团员青年参加"减少白色污染"环保志愿者活动;同时还组织500多名机关党员干部和中小学生参加了抗日战争胜利65周年纪念活动。11月,牵头举办首届市级机关运动会。 (徐 璐)

## 老干部工作

**【老干部工作概况】** 以全面落实党的老干部政策，切实维护老干部利益，加强思想政治工作，不断丰富老干部的精神文化生活，为广大老干部安度晚年创造良好的环境和条件，通过七个老干部团体开展一系列活动发挥老干部余热、奉献社会，主要为关心下一代成长、老年人增添学识、乐趣提供平台，也为维护兴化改革、发展、稳定、和谐、幸福大环境作出积极贡献。

**【落实政治待遇】** 加强离退休干部思想政治建设和老干部党支部建设。坚持并完善老干部阅文学习、通报情况、参观考察、走访慰问制度。组织离退休干部深入学习党的十七届四中、五中全会精神，引导他们正确理解和把握中国特色社会主义理论体系。认真贯彻全国、全省离退休干部党支部建设暨思想政治建设经验交流会精神，组织全市老干部党支部和党员开展“五好五带头”创先争优活动。组织部分老干部党支部书记参加泰州市老干部党支部书记培训班。11月16～17日，举办全市老干部党支部书记培训班。全年共组织召开市委工作情况通报会两次，组织四套班子老领导参观考察安丰、自来水厂、新建人民医院等改善民生的重点工程，下半年考察钓鱼、茅山两镇当地社会经济发展的有关情况，组织老同志赴戴南考察地税工作。以抗日战争胜利65周年为契机组织开展系列活动。组织祭扫，召开座谈会，观看电影《步步惊心》，撰写回忆文章等活动。市委组织部、老干部局分组，对39个部门，13个乡镇的市管抗日离休干部共143人登门慰问。

**【落实生活待遇】** 进一步规范医药费保障机制，加强医药费统一使用管理与监督。办理158人次离休干部的特护费，参与8名离休干部祝寿活动，协助处理61名离休干部的丧事，按政策规定办理32名已故离休干部无工作遗孀生活费医疗保险等相关待遇。加大协调和督办力度，认真负责地做好老干部来信处理、来访接待等工作，及时掌握老干部的思想动态，化解矛盾，维护老干部队伍整体稳定。帮助部分老同志协调住房拆迁矛盾，配合有关部门扎实做好改制单位离休干部的管理服务工作，加强与组织、人事、财政、劳动和社会保障等部门的沟通，确保中央和省、市规定的离休干部各项生活待遇落到实处。加大财政支持力度，切实帮助参加革命时间早、家庭负担重、身患重病等有特殊困难的离休干部及遗属解决实际困难。春节前协调解决部分有特殊困难的离休干部和离休干部遗孀的补助。充分发挥社区的功能优势，积极探索为离休干部提供生活照料、家政服务、康复护理和精神慰藉等亲情化服务。

市委工作情况通报会

**【发挥老干部作用】** 把老干部思想和行动统一到中央和省委、市委的重大决策部署上来。加强老干部团体组织管理，经常召开老干部团体负责人会议，听取他们的意见，鼓励和支持老干部发挥作用。市关工委、“五老”志愿者服务团关心未成年人成长，围绕和谐兴化建设在全市青少年中开展爱国主义教育、法制教育等一系列思想道德教育，着力抓好社会主义核心价值体系教育、预防和减少青少年犯罪、建设校外辅导站、网吧监督等重点工作，宣传学习樊才林同志先进事迹。积极发挥老年大学在老同志政治学习、文化娱乐中的主阵地作用。

**【文体活动】** 广泛开展健康娱乐活动，不断加强老干部活动中心和老年大学的管理服务工作。在市委、市政府的关心下，新建一幢6层3000平方米的教学楼，9月初正式启用，现有学员近千人。2010年老年大学积极开展课外活动，到李中水上森林、缸顾参观，丰富校园生活，拓展学员视野，增强学员知识面。举办学员书画摄影展。承办苏中地区老年大学联谊会。市老干部艺术团正常开展活动，在全市首届民歌大赛中市老干部艺术团选送的《张皮垛哭青菜》荣获银奖，在市迎国庆大合唱比赛汇报演出上获特等奖，展示老干部风采，扩大老干部影响，丰富老干部生活；市老干部门球协会月月有比赛，在全省县级门球联谊中获得亚军；市书画协会组织会员到绍兴等地采风；市钓鱼协会在“五一”、重阳期间组织垂钓活动；市棋牌协会正常组织老同志活动。 （薛 峰）

## 史志档案工作

**【史志档案工作概况】** 2010年，全市史志档案工作进一步突出史志档案工作服务社会发展、促进社会和谐的主旋律，进一步调优理念、扎实工作。紧扣年初工作计划，充分挖掘党史资源,顺利征编党史二卷本,及时普查革命遗址;服务现实,注重实效,不断拓展方志年鉴新领域,按时保质编纂兴化年鉴,紧张有序续修《兴化市志》,做好《江苏省志》兴化部分的编纂工作,对《政协志》、《检察志》进行初审,为上述志书的即将出版打下了坚实的基础;广开征集编研渠道继续做好馆藏旧志——明嘉靖三十八年成书的《兴化县志》的整理、标点、考校、注释工作;建设高效档案利用体系,增强档案馆公共服务功能推进档案馆功能不断升级;加强档案规范化建设和年检考核,顺利完成全年工作任务,史、志、档案工作均有新的发展。

**【市人大领导调研宣介史志档案工作】** 上半年,市人大常委会领导带领人大各委主任专程对市史志档案工作进行调研。调研期间,本办对"十一五"规划实施情况进行全面回顾和总结,对"十二五"规划的框架进行初步设想。市人大各位领导在听取汇报后,对该办所取得的成绩表示肯定,一致认为该办在服务经济社会发展进程中,做了大量的工作,作出积极贡献。

**【革命遗址普查】** 在2009年对全市红色旅游资源和党史遗址遗迹情况摸底调查的基础上,按照上级统一要求,制定《兴化市革命遗址普查工作实施方案》,并与组织部联合下发《关于对全市革命遗址进行普查的通知》,从4月开始组织党史联络员对全市革命遗址进行普查,督促各单位按时上报普查材料,对材料进行修改整理,并赴有关乡镇拍摄图片资料。至6月底,革命遗址普查工作全部完成,全市确定上报革命遗址36处。

**【《兴化年鉴(2009)》获全国一等奖】** 11月,在由中国地方志指导小组和中国地方志协会主办的全国地方志系统第二届年鉴评奖工作中,经全国方志专家的严格评审,《兴化年鉴(2009)》因其设计科学、体例规范、记述翔实、装帧美观,被评定为综合一等奖。全国地方志系统年鉴奖每5年评比一次,为国内地方志专业最具权威的奖项。本次评奖,有全国近5年来出版的数千部地方志年鉴与专业年鉴参加评选。此次荣获一等奖的全国县(市)区级地方综合年鉴仅有33部,其中江苏仅有6部。此前,《兴化年鉴(2009)》还荣获首届江苏省年鉴综合优秀奖。

**【《兴化年鉴(2010)》出版发行】** 10月,由兴化年鉴编纂委员会编纂,方志出版社出版的《兴化年鉴(2010)》日前出版发行。2010年卷《兴化年鉴》共设30个栏目,159个分目、42个副分目,973个条目,全书计77万字,随文照片102幅,表格135幅,宣传彩页142个版面。2010年鉴在条目内容上注意关注民生、关注城市规划和建设、关注精神文明建设新人新事,彰显时代特色、年度特色和地方特色,真实记录2009兴化各行各业取得的成就。

《兴化年鉴(2010)》组撰稿工作会议

**【馆藏地情志书整理编研】** 继续做好馆藏旧志——明嘉靖三十八年成书的《兴化县志》的整理、标点、考校、注释工作。前后5次,反复对《兴化县志》校注本进行修改研磨,利用馆藏诸多旧志,相互比对,考订文字的正误真伪。多次邀请兴化文史爱好者、教师、领导对校注本进行补充完善,并对校注本的体式进行重大调整,将校注本改用简化字排印(少数人名及个别容易引起歧义的字除外),将行间夹注改为节后注,为嘉靖《兴化县志》进行词语注释及部分僻字注音,对志书涉及的人名及书名进行简介说明,为志书引文注明出处,对志书中的朝代纪年进行补注,全部标注公历纪年,减少阅读障碍,共计考证出志书原错100余处,注释条目2500余条,注释文字约10万字。已形成校注本的送审本,并已分送外地有关专家、学者审阅,广泛征求意见。

**【档案馆功能升级】** 向上争取资金,加大投入,扩容档案馆四楼库房,新添置密集架达200余立方米,为促进档案馆升级以及迎接新一轮的档案进馆做好准备。对底层车库进行改造,建成档案史料展览厅,面积达200余平方米。为方便群众查阅档案,创造舒心的查阅环境,对接待大厅进行重新设计,并添置美观实用的桌椅。抓好目录数字化录入工作,努力完成目录数据异地备份工程,在做好数据摸底和归并的同时,积极向上争取资金,有序组织目录数据输入。整理最新档案资料。收集整理市委市政府文件资料,整理装订市委市政府文件40本,输入目录2069条,及时更新和充实现行文件中心的上架资料;还整理2009年图书资料报刊,装订6种报纸、14种期刊共计442册,装订图书,形成合订本共计26册。

**【档案规范化建设】** 积极开展档案工作规范化管理活动,组织相关单位档案人员学习和贯彻《江苏省机关团体企业单位档案工作规范》,邀请有关专家对其中的专有名词和计分方法进行重点阐释。对各单位、各门类档案实行标准化管理,广泛动员、悉心指导多个单位依据《规范》开展档案工作创星级测评活动。2010年,经档案星级测评组审核,兴化工商局等8家单位通过了档案工作省一级(三星)测评,9家单位通过档案工作省二级(二星)测评。按照《规范》要求,对全市16家省、市等级证书到期的单位进行重新测评,进一步规范档案管理工作,推动全市档案事业全面协调可持续发展。

【档案年检考核】 3月,针对2009年下半年对全市117家单位的档案工作进行的年检考核,公布考核情况:117家受检单位中,档案工作优秀单位为53家,合格单位为55家,基本合格单位为8家,不合格单位为1家。9月下旬至11月上旬,组成档案年检考核组,分别对乡镇、市级机关、直属单位的档案工作进行年检考核。年检考核的有效实施,强化各单位的依法治档意识,有利于促进档案工作向规范化、现代化方向发展。 (陈　辉)

## 党校工作

【党校工作概况】 围绕《2010～2020年干部教育培训改革纲要》,紧扣全市"务实抓转型,全力达小康"工作主线,积极履行培训轮训党员干部职能,年内,共举办主体班5期,培训415人,组织骨干教员参加市委讲师团下基层宣讲;对过渡期在籍函授学员进行辅导和管理;加强市情研究,组织教研人员深入基层开展调研,有效发挥党校"思想库、智囊团"作用。

【干部培训】 年内,举办全市招商引资培训班1期29人、城区党员发展对象培训班1期190人、第六期新上岗副局职级干部培训班暨第四期人才培养对象政治理论培训班1期107人、全市组工干部培训班1期34人、新上岗公务员初任培训班1期55人。为提高干部培训实际效果,发挥干部创新思维,开拓工作潜能,主体班培训中,采取外地考察、现场观摩、介绍经验、交流体会形式,凸显强化培训、思辨研讨、考察调研、课题研究的特点。全年,接待外地干部参观学习7批213人;组织教员利用入党培训、冬训、干部岗前培训等时机,到乡镇和有关部门作党的十七届五中全会精神、"十二五" 规划建议、科学发展观、社会主义核心价值体系、共建小康等专题报告49场(次),听众8012人。

【函授教育】 年内对现有省委党校函授大专班、本科班学员167人、泰州大专班学员71人进行管理和辅导。开设法律和经济管理2个专业6个学历班课程20门,组织考试31场,毕业大专、本科班学员170人。现有泰州大专班在籍学员68人。

【科研成果】 组织全体教研人员赴全市14个乡镇、7个部门和38家企业开展实践调研并分别撰写调研报告,参加国家级课题组兴化子课题的调研,新建科研基地1个。年内,取得科研成果18项,其中在省级以上报刊发表成果3项,大市级以上刊物发表成果5项,在市党建网站上发表成果10项。《弘扬板桥精神,建设廉政文化》一文获全市优秀纪检监察调研成果三等奖,《加强培训阵地建设,助推创争活动深入》一文获全市党建调研成果二等奖。 (杨定存)

## 信访工作

【信访工作概况】 2010年是市实现小康的决战之年。市信访局认真贯彻中央、省和泰州市关信访工作会议精神,努力服务于大局,积极消减社会不稳定因素,推进信访问题"事要解决"。以实现"平安世博"、"平安亚运"和重要政治敏感期信访稳定为目标,加大信访工作宣传力度,拓宽信访工作思路,创新信访工作机制,规范信访工作秩序,化解信访矛盾问题。全年受理人民来信2613件,同比下降9%,联名信218件,占总数的8%,收到上级转办信件83件,全部按期报结;共接待群众来访2418批9637人次,批次与上年基本持平,人次同比下降15.6%,其中集访475批6305人次,同比分别下降8.2%、16.7%。信访形势总体趋于缓和。

【信访工作机构调整】 5月,根据市委、市政府部署,依据《关于印发〈兴化市人民政府机构改革实施意见〉的通知》要求,信访局由市政府工作部门管理机构调整至市委办公室部门管理机构,不再保留市"人民建议征集办公室"牌子。内设党务机构职能由党组调整为支部。7月,内设机构增设综合法制科。

【信访稳定工作】 作为上海世博会环沪"护城河工程"重要一点,高度重视抓好上海世博会期间本地信访稳定工作。深入排查涉沪涉博不稳定因素,把"七类"人员及涉沪上访人员作为排查的重点,实施动态管理。按照"镇不漏村(居委会)、村(居委会)不漏组、组不漏户、户不漏人"、"横向到边、纵向到底,不留死角、不漏一人"的要求,组织开展信访矛盾纠纷大排查,对排查出来的问题,认真梳理,建立台账,落实到人,做到有领导包案、有专人负责、有稳控措施、有解决时限。在省驻沪工作组的大力支持下,借助世博平台,成功化解8件涉沪、涉博案件,确保世博会的稳定,促进本市信访形势的好转。

【大接访、大下访、大走访】 按照中办、国办和省办“三个文件”要求，落实党政干部定期大接访、大下访、大走访和领导干部集中接访、集中下访制度，参加走访的市四套班子负责人共62人次，其他党政干部9021人次，召开各类座谈会2351场次，走访重点家庭71017户，采集各类社情民意6520条，为群众办实事1158件，帮助农民工追回拖欠工资2216万元；强化信访救助制度，通过信访救助解决16件信访积案问题。市委、市政府把“大接访”、“大走访”作为“民心工程”，市四套班子成员56人次到市接访中心接访，接待来访群众314批1451人次，其中集访101批1037人次，帮助解决问题265件。其中，市委书记贾春林15次接待群众来访，共接待来访群众89批463人次；市长李伟13次接待群众来访，共接待来访群众54批196人次。

【信访积案化解工作】 深化信访积案化解成效，持续推进信访积案化解。通过采取领导包案、协调会办、帮扶救助、信访终结等措施，整合信访资源，创新化解机制，集中力量化解信访积案。其中泰州交办兴化15件，兴化排查包案的14件，均得到成功化解。

【信访工作制度创新】 信访工作机制一系列的创新成果，确保全市信访工作良性发展、科学发展。结合兴化信访工作实情，建立“书记、市长，民生，涉法涉诉，城建管理，涉农”五大专项联合接待制度，规范信访工作秩序，提高接访效率成效。书记、市长信访接待日分别由市委书记、市长负责接待，其他专项接待日由市分管负责人牵头组织。受到省和泰州市信访局领导充分肯定。探索群众民生诉求机制，建立民生联席会制度。全年，共有《借助世博平台，化解信访积案》等三篇文章被《江苏信访》刊载。

【信访“三无”县市和“四无”乡镇创建】 在2009年创建的基础上，深化“三无”县市创建。市委、市政府把创建工作列入重要议事日程，研究解决重大信访问题。党政领导班子率先垂范，通过集中下访和全市领导干部大走访，对重点信访积案实行领导包案，推进信访工作责任落实。加强信访工作宣传力度，通过宣传基层信访工作的经验做法和先进典型，浓厚信访工作氛围。通过创建活动，基层信访工作基础进一步夯实，信访工作资源进一步整合，解决信访突出问题的能力进一步增强，有力控减越级信访量和积案存量，达到无进京集体访和来省重复集体访、无历史遗留信访案件、无因信访问题引发的有影响事件，无进京非访，无重点老户重访的创建标准，17个乡镇被授予“四无”乡镇，连续三年被省表彰为信访工作“三无”县市。

(魏仕磊)

## 保密工作

【宣传教育】 改进保密宣传教育形式，将保密宣传纳入党委宣传工作、党政干部教育、党员培训、公务员培训，加强对各级党政领导干部、保密专兼职干部、涉密人员和机关工作人员的保密形势、法律法规和保密技能的教育培训。5月，开展“保密法制宣传周”活动；5月到8月，联合市委宣传部、市司法局开展集中学习宣传新《保密法》活动，向全市各单位分发新《保密法》、新《保密法释义》及相关学习书籍、宣传挂图；7月，在全市组织开展保密知识竞赛，全市29名市领导、81名市级机关主要负责人、3200多名机关工作人员参加知识竞赛；9月，组织全市100多家单位收看江苏省首届保密知识电视竞赛；全年编发《保密工作简报》6期、在市民论坛上摘发文章，多方式、多渠道宣传保密知识。

【保密管理】 健全全市各级机关单位保密工作体系，督促市级机关各部门成立保密工作领导小组，建立计算机信息系统保密管理员制度，配齐保密工作专(兼)职人员，在全市形成严密的保密工作组织网络。加大保密工作考核问责力度，将保密工作纳入全市四个文明建设年度综合考评，实行保密工作一票否决制。重点抓好党政机关和涉密载体定点复制单位保密管理，修订完善《兴化市市级机关保密制度细则》和《市级机关保密工作台账》；加强涉密计算机网络管理，推广“一机一卡”管理制度；加强信息公开保密审查工作，严格信息上网“三审查”审批程序，规范全市信息公开审查流程，加强对区域内政府网站及公共服务网站的保密检查。4月，配合省保密局对涉密载体定点复制单位进行审核发证；4月到5月，根据上级统一部署，对全市党政机关涉密载体清理情况进行检查，抽查5家重点涉密单位，针对检查出现的问题督促有关单位进行限期整改；8月到9月，联合公安局、商务局、工商局和电信公司，成立工作小组，开展清理取缔涉密文件资料非法交易专项行动，对全市7家废品收购市场进行检查，进一步规范废品收购市场的保密管理；根据《国家教育考试教务安全保密工作规定》，对高考安全保密情况进行全程跟踪检查；做好涉密人员离岗脱密期管理相关工作。

(赵海文)

# 兴化市人大常委会

## 兴化市人大常委会概况

2010年初，全市有市十四届人大代表428人。年内，5人辞去市人大代表职务，2人补选为市人大代表。至年末，全市有市人大代表425人。年内，市人大常委会在中共兴化市委的领导下，紧紧围绕"务实抓转型、全力达小康"的工作主线，深入贯彻落实科学发展观，积极履行宪法和法律赋予的职责，全年召开市人大常委会会议8次，主任会议5次，开展视察7项，较好地完成市十四届人大三次会议提出的各项工作任务。

## 重要会议

**【市十四届人民代表大会第三次会议】** 1月12日至15日举行。大会应出席代表428名，实际到会426名，因事请假2人。列席会议的有市级机关和有关方面负责人，列席人员共189人。会议听取并审议市长李伟所作市政府工作报告，审查并批准市2009年国民经济、社会发展计划执行情况及2010年国民经济、社会发展计划草案的书面报告，审查并批准市2009年财政预算执行情况和2010年财政预算草案的书面报告；听取并审议市人大常委会副主任卞正祥所作市人大常委会工作报告、市人民法院院长吴跃生所作市人民法院工作报告、市人民检察院代理检察长陆红梅所作市人民检察院工作报告。大会期间，共收到代表十人以上联合提出的议案161件，建议、批评和意见71件。会议结束前，市委书记、市人大常委会主任贾春林作闭幕讲话。

兴化市十四届人民代表大会第三次会议

**【市十四届人大常委会】** 年内，市十四届人大常委会举行8次会议。

第十五次会议　2月25日召开。会议审议通过市人大常委会2010年工作要点。

第十六次会议　4月22日召开。会议听取和审议市政府关于贯彻实施《农村五保供养工作条例》情况的报告以及市人大常委会农村工委相关调查报告，听取市政府关于机构改革方案有关问题的说明。会议还通过有关辞职和人事任免事项。

第十七次会议　5月13日召开。会议通过有关人事任免事项。

第十八次会议　6月8日召开。会议听取和审议市财政局《关于兴化市2009年财政决算情况的报告》和市审计局《关于2009年度兴化市本级财政预算执行情况和其他财政收支的审计工作报告》，会议决定批准兴化市2009年财政决算，对审计工作报告中反映的问题，专题作出审议意见。会议听取和审议市政府《关于贯彻实施〈江苏省农村土地承包经营权流转办法〉和〈中华人民共和国农村土地承包经营纠纷调解仲裁法〉情况的汇报》以及市人大常委会农村工委相关调查报告，并作出审议意见。会议通过有关人事任职事项。

第十九次会议　6月21日召开。会议通过关于戴荣军同志的任职决定。

第二十次会议　8月19日召开。会议听取和审议市发改委《关于2010年上半年全市国民经济和社会发展计划执行情况的报告》、市财政局《关于2010年上半年财政预算执行情况的报告》、以及市人大常委会财经工委相关调查报告，听取和审议市政府关于贯彻实施《中华人民共和国土地管理法》的情况汇报以及市人大常委会社事工委相关调查报告。会议原则通过兴化市人大常委会对市政府关于2010年上半年国民经济、社会发展计划和财政预算执行情况报告的审议意见以及对市政府关于贯彻实施《中华人民共和国土地管理法》情况汇报的审议意见。

第二十一次会议　10月26日召开。会议听取和审议市发改委关于兴化市国民经济和社会发展计划“十一五”规划主要目标执行情况以及“十二五”总体规划纲要(草案)编制情况的报告,市统计局关于兴化市全面建设小康社会工作进程情况的报告,以及市人大常委会财经工委相关调查报告,听取和审议市财政局关于兴化市2010年市本级财政支出预算调整的报告,听取市政府办公室关于市十四届人大三次会议代表建议、批评和意见办理工作的情况报告。会议还通过有关人事任免事项。

第二十二次会议　12月23日召开。会议听取市人大常委会副主任卞正祥关于召开兴化市第十四届人民代表大会第四次会议的决定(草案)的说明,市人大常委会副主任薛宏金关于召开市十四届人大四次会议有关事项的说明,市人大办公室关于市人大常委会工作报告的起草说明,以及市政府办公室关于市人民政府工作报告的起草说明。会议听取和初审市发改委关于兴化市2010年国民经济、社会发展计划执行情况和2011年国民经济、社会发展计划草案的报告,市财政局关于兴化市2010年财政预算执行情况和2011年财政预算草案的报告,以及市人大常委会财经工委相关初审意见。会议通过关于召开市十四届人大四次会议的决定以及关于召开市十四届人大四次会议的有关事项,通过市人大常委会、人民政府和“两院”工作报告。会议还通过有关人事任免事项。

**【市人大常委会主任会议】**　5月5日,听取机构改革中有关市政府组成人员人事安排情况的通报。

5月28日,听取市政府关于落实市人大常委会对市政府贯彻执行城乡规划法情况审议意见的情况汇报,提出要进一步加大《城乡规划法》的学习宣传力度、进一步加快规划编制和修编工作、进一步加强《城乡规划法》的执行力度、进一步强化规划执法等建议。

7月27日,听取市人民法院关于开展调解工作情况的汇报以及市人大常委会法制工委相关调查报告。会议建议市人民法院:进一步加大法院调解工作宣传力度、进一步完善调解工作长效机制、进一步提升法官队伍素质、进一步落实调解工作保障措施。

9月8日,听取市政府关于全市河蟹产业发展情况的汇报以及市人大常委会农村工委相关调查报告。会议提出要大力推进科技进步,进一步加强示范基地建设;全面推行标准化生产,进一步完善河蟹安全生产监控措施;积极支持合作经济组织发展,进一步做大做强龙头企业;构建新型产销流通体系,进一步开拓市场营销;加大品牌建设力度,进一步放大品牌效应等建议。

11月22日,听取市人民检察院关于民事行政检察工作情况的汇报以及市人大常委会法制工委相关调查报告。会议建议市人民检察院:加大宣传力度,进一步畅通申诉渠道;加强队伍建设,不断提高民事行政检察工作成效;完善保障机制,为民事行政检察工作创造良好的司法环境。

## 重要活动

**【人大代表视察】**　3月26日,市人大常委会对职业教育工作情况进行视察。听取市政府关于我市职业教育工作情况的汇报,实地察看兴化中等专业学校教学区、实训区、生活区,提出要加大宣传力度,努力营造职教发展的良好环境;创新办学理念,努力形成办学特色;深化职教改革,努力增强职业学校可持续发展活力;强化组织领导,努力推进职教事业健康发展等建议。

5月25日,市人大常委会对农村饮水安全工程建设情况进行视察。实地察看安丰镇农村饮水安全工程增压站建设、永丰镇永兴村村内管网建设和兴东水厂建设等工程建设现场,听取市政府关于全市农村饮水安全工程建设情况的汇报,并进行评议。代表们建议认真履行承诺,按时完成目标任务;加大工程推进力度,严格工程质量监管;创新运行管理机制,确保工程长期发挥效益。

7月13日,市人大常委会对全市开放型经济发展情况进行视察。实地察看江苏兴达钢帘线股份有限公司九分厂、泰州亚德粘胶制品有限公司、泰州东锵塑膜科技有限公司、顶级手套(兴化)有限公司等四家企业,听取市政府关于全市开放型经济发展情况的汇报,并进行评议。代表们建议紧紧围绕加快经济发展方式转变和产业结构优化升级,推动开放型经济发展;抓住机遇,强力推进高效农业、服务业招商引资工作;不断提升产业发展水平,实现开放型经济发展新跨越;重视培育开放型经济人才,增强对外开放的核心竞争力。

10月14日,市人大常委会对全市公安基层所队建设情况进行视察,实地察看开发区派出所、市车管所、西郊派出所、交巡警城区中队等公安基层所队规范化建设现场,听取市政府关于全市公安基层所队规范化建设情况的汇报。代表们建议要始终抓好队伍建设,狠抓执法规范化建设,加大基层所队基础设施建设,进一步加大保障力度。

11月16日,市人大常委会组织部分市人大代表对重点市政工程建设情况进行视察。实地察看城区供水水质提升工程、新城北路、九顷危旧房屋改造、古城墙公园、南津路、长安转盘改造、直港河绿化、五里东路绿化、姜堰河滨河绿化、新区体育馆、兴化大道南延、中和路滨河绿化、南亭路西延、城堡经济适用房(三期、四期)、金大地停车场、老体育场改造等市政工程，听取市住建局关于2010年城市建设重点项目完成情况和2011年城市建设发展思路的汇报，并进行评议。代表们认为近年来，市政府紧扣城市建设“三年大变样”工作目标，采取有力措施，着力打造了一批重点工程和民心工程，城市综合服务功能不断完善，城市形象和品位明显提升，水乡人文特色更加彰显，城区人居环境进一步优化。建议完善规划，提升品质；完善功能，突出民生；建管并重，提升形象。

人大常委会组织部分驻兴化省、市人大代表视察正在运行中的城南污水处理厂

11月25日，市人大常委会组织省、泰州市和部分兴化市人大代表视察城市建设，实地察看王家塘防洪工程、长安转盘改造、直港河滨河绿化、五里东路拓宽改造及一期绿化、城南污水处理厂、五里东路二期绿化、姜堰河滨河绿化、昭阳湖幼儿园、昭阳湖公园、新区体育馆、城堡四期经济适用房、阳山公园、八字桥广场等工程现场，听取市住建局关于三年来城市建设情况的汇报，并进行评议。代表们建议确立崭新的城市发展定位，推动城市建设再上新台阶，努力把兴化打造成生态和谐人文的现代化宜居城市。

**【代表议案和建议、批评及意见办理】** 市十四届人大三次会议期间共收到代表建议145件、议案161件，共306件。其中交由市政府及所属部门办理286件，占93.5%。在办理过程中，市人大常委会领导组织有关机构和人员加强对承办单位的沟通、联系、督查和指导。市十四届人大常委会第二十一次会议听取市政府关于办理工作情况的汇报。截至10月底已经解决和基本解决的有142件，占49.7%；正在解决或列入计划、规划逐步解决的有113件，占39.5%；因条件限制或其他原因，目前难以解决的有31件，占10.8%。

**【主任接待代表日】** 市人大常委会坚持每月5日为主任接待代表日，注重改进接待方式，倾听人大代表意见，帮助基层排忧解难，努力为常委会行使职权掌握第一手资料。一年来，市人大常委会认真贯彻省人大信访工作会议精神，切实做好登记、接访责任落实、回复工作，对重点信访和上级转交信访件及时批转，对办理情况加强督促检查，促使一批信访问题得到解决。

**【人大理论研究工作】** 市人大工作研究会围绕市委工作中心和人大职能，积极开展调研，撰写宣传报道稿件和理论研究文章，全年共有50多篇稿件在地方和全国性报刊上发表。

**【人事工作】** 常委会坚持党管干部原则与人大依法任免的有机统一。重视政府机构改革和机构设置安排，全年任免国家机关工作人员31人次，接受辞职2人，撤职1人，任命人民陪审员59人。坚持对被任命人员的任前法律知识考试、拟任职发言、审议表决及颁发任命书等程序，进一步强化被任命人员的法制意识、人大意识和公仆意识。注重做好代表工作。通过开展代表向选民述职和代表接待选民日活动，加强代表与选民的联系，安排代表参加常委会组织的视察调研活动，邀请代表列席常委会会议等，为代表履职创造条件。密切联系乡镇人大。坚持邀请乡镇人大负责人列席常委会会议，参加人大视察调研活动和业务培训，指导乡镇人大开好人大代表会议，严格乡镇人大工作目标管理考核，较好地发挥乡镇人大的职能作用。继续推进“一个载体两项制度”建设，加强工作指导和督查，进一步发挥代表之家的载体作用。

**【法制工作】** 常委会第十次主任会议专题听取市人民法院关于开展调解工作情况的汇报，第十二次主任会议专题听取市人民检察院关于民事行政检察工作情况的汇报，组织部分市人大代表对公安基层所队规范化建设情况进行视察。常委会十分重视平安建设在经济社会发展、社会和谐稳定中的作用，组织对全市近年来暴力犯罪情况进行专题调研。常委会还对《江苏省农村土地承包经营权流转办法》、《中华人民共和国农村土地承包经营纠纷调解仲裁法》、《土地管理法》、《城乡规划法》等多部法律法规实施情况进行跟踪监督。

**【财经工作】** 常委会第十八次会议听取和审议2009年市级财政决算报告以及2009年财政预算执行审计工作报告，要求继续加强预算管理和收入征管，优化财政支出结构，重视审计成果运用，规范财政收支行为，不断提高依法理财的水平。常委会第二十次会议听取和审议2010年上半年国民经济社会发展计划和财政预算执行情况的报告，要求加快推进经济转型升级和园区载体建设，增强

市人大代表视察昭阳工业园

经济发展质量和后劲；加快推进公共财政建设和社会事业协调发展,确保完成全面小康社会创建目标。常委会组织对财政转移支付资金管理情况进行专题调研，提出要制定和完善制度,加强资金监管等建议。常委会第二十一次会议听取和审议市政府关于“十一五”规划主要目标执行情况和全面建设小康社会工作进程情况的报告，充分肯定市政府在“十一五”时期所取得的重要成效,要求进一步加大全面小康重要指标的创建和宣传力度。常委会初步审议全市“十二五”规划编制情况的报告,要求市政府进一步修改、完善,提交人代会审议。常委会第二十二次会议还对2010年全市国民经济社会发展计划、财政预算执行情况和2011年国民经济社会发展计划、财政预算草案进行初审。

**【农村工作】** 常委会第十八次会议听取和审议市政府关于贯彻实施《江苏省农村土地承包经营权流转办法》和《中华人民共和国农村土地承包经营纠纷调解仲裁法》情

人大调研河蟹产业发展情况

况的汇报,要求继续完善土地二轮承包工作,健全土地流转机制,加大纠纷调解仲裁工作力度,切实维护农民的合法权益。常委会第11次主任会议专题听取市政府关于河蟹产业发展情况的汇报。常委会还组织部分市人大代表视察农村饮水安全工程建设情况。

**【社会事业工作】** 常委会第二十次会议听取和审议市政府关于贯彻实施《土地管理法》的专项工作汇报,提出要强化土地国策意识,加大土地执法力度,积极推进实施城乡建设用地增减挂钩和土地整理，探寻破解土地制约瓶颈的新途径,切实保障全市经济社会健康可持续发展。常委会组织对全市社会保障工作进行专题调研，要求进一步加大社会保障基金扩面、监管力度,优化社会保障事业发展环境,加强社会保障队伍建设,不断推进社会保障事业的健康发展。常委会第十六次会议听取和审议市政府关于贯彻实施《农村五保供养工作条例》情况的汇报,要

人大代表视察兴化中等专业学校

求逐步提高五保供养标准,完善医疗救助机制,提高五保工作组织管理水平,切实保障农村五保困难群体的权益。此外,常委会还视察残疾人综合服务中心在建工程。为进一步规范城乡客运市场,加快推进城乡客运一体化进程,常委会组织人员进行专门调研，提出要把城市公共交通放在优先发展的位置，加快实现行政村客运班车通达全覆盖,稳步推进出租车行业改革,促进行业规范化管理。为督促常委会第六次会议对市政府贯彻执行《城乡规划法》情况审议意见的落实,常委会第九次主任会议专题听取市政府的工作汇报。常委会听取市政府关于全市教育工作情况的汇报,并组织部分市人大代表进行视察,充分肯定市政府在推进振兴兴化教育三年行动计划工作中所取得的成效,提出要进一步深化对教育工作的认识,切实增强责任感和使命感，认真贯彻国家中长期教育改革和发展规划纲要,努力创建教育现代化市。 (王晓鹏)

# 兴化市人民政府

## 市政府工作概况

2010年,市政府及组成部门紧紧围绕“务实抓转型、全力达小康”工作主线,创先争优,扎实工作,较好地完成了市十四届人大三次会议确定的各项任务,“十一五”发展目标圆满实现,达到省定全面小康指标体系主要目标值,全市经济社会进入新的发展阶段。全市实现地区生产总值380.24亿元,增长13.6%。其中,第一产业增加值53.19亿元,增长4.7%;第二产业增加值183.74亿元,增长16.0%;第三产业增加值143.31亿元,增长14.5%。实现财政总收入54.47亿元,增长32.5%,其中地方一般预算收入21.13亿元,增长33.7%。连续四年跻身全国县域经济基本竞争力百强县(市),位次由99位跃升至67位。连续八年被表彰为“全国粮食生产标兵(先进)县(市)。不锈钢产业入选“全国百佳产业集群”,兴达钢帘线公司实现销售60亿元,成为亚洲第一、世界第二的钢帘线生产和研发基地。现代物流服务业发展迅速,加大旅游品牌推介,成功举办第二届千岛菜花旅游节。各项改革顺利推进,农业发展活力进一步释放。开放型经济取得突破,台资招引取得重大进展。城市功能进一步完善,城市面貌明显改观。坚持发展惠民,切实抓好为民办的十件实事,注重保障和改善民生,协调发展各项社会事业,全力维护社会稳定。

## 市政府重要会议

**【市政府第二十四次常务会议】** 1月11日,市长李伟主持召开市政府第二十四次常务会议。会议对市政府领导分工进行调整,听取关于2010年全市重大工业项目用地优惠政策、2010年全市再生资源企业扶持政策、兴化市创建国家现代农业示范区工作方案及全市土地执法监察和规划修编的情况汇报,常务副市长顾跃进,副市长梅建成、吉天鹏、顾国平、马雅斐、陈浩、邓志方参加会议,市人大副主任王小跃、市政协副主席李显运,市人武部政委袁祝祥应邀参加会议,市政府办公室及相关部门的负责同志列席会议。

**【市政府第二十五次常务会议】** 2月26日,市长李伟主持召开市政府第二十五次常务会议。会议听取关于兴化市规范性文件制定与备案管理办法、兴化市乡镇房地产开发经营管理办法、兴化市2010年主要污染物减排实施意见、对全市“十一五”期间各级各类财政支农项目进行专项审计调查的实施方案、进一步加强全市卫生队伍建设的意见、兴化市城乡社会养老保险全覆盖和创业就业工作情况及2009年度全市服务业“111”工程考核情况的汇报,常务副市长顾跃进,副市长吉天鹏、顾国平、马雅斐、陈浩、邓志方参加会议,市人大常委会副主任王小跃、市政协副主席李显运,市人武部政委袁祝祥应邀参加会议,市政府办公室及相关部门的负责同志列席会议。

**【市政府第二十六次常务会议】** 3月26日,市长李伟主持召开市政府第二十六次常务会议。会议听取关于解决城区中低收入家庭住房困难的实施意见、全市节能工作、进一步放宽办理市区及集镇等户口迁移准入条件的暂行规定、对有关人员给予行政处分决定的情况汇报,常务副市长顾跃进,副市长梅建成、顾国平、马雅斐、陈浩、邓志方参加会议,市人大常委会副主任葛鸾英、市政协副主席李显运,市人武部政委袁祝祥应邀参加会议,市政府办公室及相关部门的负责同志列席会议。

**【市政府第二十七次常务会议】** 5月19日,市长李伟主持召开市政府第二十七次常务会议。会议听取关于2010年1～4月财政收入执行情况、乡镇机构改革配套事业单位竞争上岗和人员分流指导意见、加强农村供水管理的实施意见、兴化市城乡居民社会基本养老保险实施办法、兴化市服务业发展引导资金考核奖励办法、兴化市科技创新奖励办法、加快推进工业企业主辅分离发展服务业的试点方案及年终考核记功嘉奖的汇报。常务副市长顾跃进,副市长梅建成、吉天鹏、顾国平、马雅斐、邓志方参加会议,市人大常委会副主任薛宏金、市政协副主席李显运,市人武部政委袁祝祥应邀参加会议,市政府办公室及相关部门的负责同志列席会议。

【市政府第二十八次常务会议】 6月25日,市长李伟主持召开市政府第二十八次常务会议。会议听取关于兴化市2010年重大工业项目用地优惠政策补充意见、市人大代表建议和市政协委员提案办理工作、全市防汛防旱工作以及优先发展城市公交的情况汇报,常务副市长顾跃进,副市长梅建成、吉天鹏、顾国平、马雅斐、陈浩、邓志方参加会议,市人大常委会副主任薛宏金、市政协副主席彭国良,市人武部政委袁祝祥应邀参加会议,市政府办公室及相关部门的负责同志列席会议。

【市政府第二十九次常务会议】 7月16日,市长李伟主持召开市政府第二十九次常务会议。会议听取关于全市酸洗行业污水处理污泥处置的实施意见、兴化市房地产市场管理问责暂行办法以及兴化市文物保护单位"两线"划定方案的情况汇报,常务副市长顾跃进,副市长梅建成、吉天鹏、顾国平、马雅斐参加会议,市人大常委会副主任葛鸾英、市政协副主席李显运,市人武部政委袁祝祥应邀参加会议,市政府办公室及相关部门的负责同志列席会议。

【市政府第三十次常务会议】 8月19日,市长李伟主持召开市政府第三十次常务会议。会议就贯彻落实市委十届八次全会精神,一着不让抓好下半年政府各项工作进行部署。会议听取关于市政府第三次全体(扩大)会议工作报告(讨论稿)、推进残疾人事业发展工作意见的情况汇报,副市长梅建成、吉天鹏、顾国平、马雅斐、陈浩、邓志方参加会议,市政协副主席李显运,市人武部部长王吕忠应邀参加会议,市政府办公室及相关部门的负责同志列席会议。

【市政府第三次全体(扩大)会议】 8月20日,市政府召开第三次全体(扩大)会议。会议要求全市上下进一步认清形势,坚定信心,乘势而上,全力做好稳增长、抓转型、达小康、惠民生各项工作,确保全面完成2010年和"十一五"发展各项目标任务。市长李伟作重要讲话,认真分析2010年以来全市的经济发展情况,对下半年工作提出具体要求。市委常委、常务副市长顾跃进主持会议,副市长梅建成、顾国平、马雅斐、陈浩、邓志方参加会议。市人大常委会副主任王小跃、市政协副主席李显运列席会议。

【市政府第三十一次常务会议】 9月20日,市长李伟主持召开市政府第三十一次常务会议。会议听取关于全市2010年工业、服务业、外资投资情况的汇报、兴化市"十一五"规划完成情况的汇报、今年明春绿化工作情况的汇报、兴化市建筑业发展情况的汇报、城区农贸市场规划建设和升级改造方案、做好国庆安全维稳工作,常务副市长顾跃进,副市长梅建成、吉天鹏、顾国平、马雅斐参加会议,市人大副主任葛鸾英、市政协副主席李显运,市人武部政委袁祝祥应邀参加会议,市政府办公室及相关部门的负责同志列席会议。

【市政府第三十二次常务会议】 10月28日,市长李伟主持召开市政府第三十二次常务会议。会议听取并讨论关于《兴化市国民经济和社会发展"十二五"总体规划纲要(草案)》编制情况报告、关于2011年年城建重点项目初步安排、关于兴化市招商引资产业指导目录、讨论《兴化市燃气管道实施保护管理办法》、关于解除有关人员行政处分的情况汇报。常务副市长顾跃进,副市长梅建成、吉天鹏、顾国平、马雅斐参加会议,市人大常委会副主任葛鸾英、市政协副主席李显运,市人武部政委袁祝祥应邀参加会议,市政府办公室及相关部门的负责同志列席会议。

【市政府第三十三次常务会议】 11月26日,市长李伟主持召开市政府第三十三次常务会议。会议听取关于全市2011年国民经济和社会发展主要目标初步安排、全市工业经济主要目标完成情况、2011年市委市政府为民办十件实事项目征集情况、加快供销合作社改革发展的实施意见以及对有关人员给予行政处分的情况汇报,副市长梅建成、吉天鹏、马雅斐、陈浩、邓志方参加会议,市人大常委会副主任王小跃、市政协副主席李显运,市人武部部长王吕忠应邀参加会议。

【市政府第三十四次常务会议】 12月20日,市长李伟主持召开市政府第三十四次常务会议。会议听取关于《政府工作报告》(征求意见稿)、2010年国民经济社会发展执行情况和2011年计划草案的报告(征求意见稿)、关于2010年财政预算执行情况和2011年财政预算草案的报告(征求意见稿)、关于涉企非税收费专项治理工作其情况的汇报、关于备用饮用水源地建设方案、关于茅山镇设立台商工业园和化工集中区情况汇报、关于《兴化市国土资源管理共同责任暂行办法》,市委常委、常务副市长顾跃进、副市长梅建成、顾国平、马雅斐、陈浩、邓志方参加会议。市人大常委会副主任王小跃、市政协副主席李显运列席会议。

## 市政府重要活动

【企业发展高端论坛】 3月15日,市委、市政府举办兴化市企业发展高端论坛。清华大学特聘教授、博导、著名经济学家陆德明围绕宏观经济形势与企业发展对策,从国际经济形势、国内政策走势、市场运行态势等方面作了精彩演讲,参会人员普遍感觉收益良多。副市长吉天鹏主持论坛,市四套班子在兴领导,各乡镇主要负责人、分管负责人,市各有关部门主要负责人参加论坛。

**【品牌发展战略论坛】** 4月1日,市委、市政府召开全市品牌发展战略论坛暨工作推进会议。会前,江苏科技大学张家港校区党委书记、管委会常务副主任顾平教授作了题为《实施品牌战略、转变发展方式、促进又好又快发展》的讲座。会上,市委常委、常务副市长顾跃进宣读表彰2009年度实施和服务品牌战略先进单位和先进个人的决定,并举行颁奖仪式。市质监、工商、兴达钢帘线公司、双乐化工颜料公司作交流表态发言。市委书记贾春林作重要讲话。

**【里下河湿地保护与生态旅游论坛】** 4月8日,江苏里下河湿地保护与生态旅游论坛在兴化市举行。多位专家、学者围绕湿地生态保护、湿地生态旅游等方面作了精彩演讲,为兴化市开展湿地保护、发展生态旅游指明方向。市长李伟主持论坛。市委副书记金厚坤在论坛上致辞,市委书记贾春林在论坛上发言。兴化市被授予"江苏里下河湿地省级生态保护示范区"称号。

**【东岳庙殿堂落成暨神像开光庆典】** 4月10日,举行东岳庙殿堂落成暨神像开光庆典,来自海内外的众多道教界人士及近千名信教群众参加庆典。市长李伟在庆典上致辞,市委书记贾春林等市四套班子领导为东岳庙殿堂落成剪彩。市政协主席范学忠与中国道协常务理事、江苏省道协会长、茅山道院主持杨世华道长共同为兴化东岳庙结缘为茅山道院下院揭牌。市委常委、统战部部长杨建主持庆典,总政治部原纪检部部长解厚铨少将、中国财产再保险公司原总经理戴凤举等社会知名人士应邀参加活动。

**【第二届中国·兴化千岛菜花旅游节】** 4月2日,第二届中国·兴化千岛菜花旅游节在兴化市缸顾乡开幕。江苏省旅游局副局长左一响、泰州市副市长刘励、泰州市旅游局局长刘宁等出席活动,兴化市市长李伟主持开幕式。兴化市委书记贾春林在开幕式上表示,兴化水清、景美,是休闲观光的理想之地,通过举办中国·兴化千岛菜花旅游节,邀请更多的游客到兴化,看菜花,赏千岛秀色,鉴民风民俗,品农家饭菜,饱览古城新韵,博采人文精华。菜花节期间,共接待游客48万人次,与2009年相比同比增长480%。实现旅游总收入2.4亿元,同比增长500%。在众多的游客中,旅游团队两千家约21万人次,嘉宾6万人次,省厅局级以上领导干部约600人次,境外游客约750多人次,同比增长750%,以日本、韩国、美国为主,其余是自驾游游客及散客。游客以台湾、上海、南京、扬州为主,上海游客约占42%,南京约占35%,扬州约占18%,其余的是苏锡常、南通、镇江、泰州、连云港、山东等地游客,旅游车辆达5万辆次。

**【菜花旅游节投资环境说明会】** 4月18日,市委、市政府举办第二届中国·兴化千岛菜花旅游节投资环境说明会。来自台湾、香港、北京、上海及苏南等地近百名企业家、客商代表,以及兴化驻北京、上海、广东、扬州商会和苏州同乡联谊会的部分负责人参加说明会。会上发布对外合作招商项目信息,举行招商引资项目集中签约仪式,48个项目总投资21.8亿元。

**【第二届中国·兴化全国国际象棋锦标赛】** 5月24日,"合行杯"第二届中国·兴化全国国际象棋锦标赛(个人甲组)新闻发布会暨开幕式在兴化市举行。市委常委、宣传部部长徐立华致欢迎辞,国家体育总局棋牌运动管理中心国际象棋部主任、中国国际象棋协会秘书长叶江川介绍参赛运动员,江苏省体育局棋牌运动管理中心主任、江苏省棋院院长邵震中先生作讲话,市长李伟宣布本次锦标赛开幕,副市长马雅斐主持开幕式。此次锦标赛由国家体育总局棋牌运动管理中心和兴化市委、市政府共同主办。6月4日,"合行杯"第二届中国兴化全国国际象棋锦标赛(个人甲组)经过11轮的激烈角逐后落下帷幕,王皓和居文君分别获得男子组和女子组的冠军,兴化棋手侯逸凡、谷笑冰获得"兴化国象运动特别贡献奖",颁奖典礼于当晚在市广播电视台演播大厅举行。市长李伟在颁奖典礼上致辞,国家体育总局棋牌运动管理中心副主任、中国国际象棋协会副主席范广升,国家体育总局棋牌运动管理中心国际象棋部主任、中国国际象棋协会秘书长叶江川,国家体育总局棋牌运动管理中心国际象棋部副主任、中国国际象棋协会副秘书长白岷,泰州市政府副秘书长刘宏鸣,泰州市体育局局长刘秋平,市领导范学忠、金厚坤、徐立华、马雅斐、李显运、彭国良参加颁奖典礼,并为获奖选手颁奖。

第二届中国·兴化国际象棋锦标赛发布会

【中日合作农村分散型生活污水处理项目】 7月21日，中日合作农村分散型生活污水处理赵家村、董北村示范项目所有权正式移交给戴南镇。在移交仪式后的项目评估与经验交流会上，日方专家就设施运行一年后的评估、今后的维护管理方法以及水质监测的实施方法进行了讲解；中方就设施建设与运行情况进行交流。省环保厅副厅长姚晓晴、环保部污染物总量控制司副处长张震宇、日本环境省水和大气环境局局长鹭坂长美、泰州市副市长刘励、兴化市市长李伟等参加此次活动。

【企业上市股权融资推介会】 7月28日，市政府召开全市企业上市股权融资推介会，邀请26家国内外知名投资机构与市部分重点骨干企业现场交流、洽谈合作。与会人员观看《水润文成·活力兴化》专题片，副市长吉天鹏介绍兴化市投资环境，美国杰致资本、中科招商基金等6家投资机构作重点推介，市企业博生医用新材料、申源特钢介绍各自推进上市、股权融资的具体做法和体会。市长李伟作重要讲话。市委常委、常务副市长顾跃进主持会议，市人大常委会副主任王小跃，市政协副主席、工商联主席余建年，市政府办、经信委、发改委、财政局、商务局等部门主要负责人，戴南、张郭、昭阳等乡镇主要负责人，以及部分重点骨干企业主要负责人参加推介会。

【南水北调里下河水源调整工程】 11月25日，江苏省南水北调里下河水源调整工程建设动员会议在兴化市召开，这标志着省南水北调工程进入全面加快实施的新阶段。国务院南水北调办公室主任鄂竟平，江苏省委常委、副省长黄莉新共同启动工程建设按钮。省水利厅厅长、省南水北调办公室主任吕振霖主持会议。国务院南水北调办公室相关司室，省有关部门负责人，盐城市和扬州市有关负责人，泰州市领导张雷、徐郭平、王守法、丁士宏，兴化市领导李伟、赵旭东、梅建成、顾国平参加会议。（毛文敏）

## 法制工作

【规范性文件】 加强对规范性文件的审查和备案管理工作。2010年，共审查通过并予以制发市政府规范性文件11件，主要涉及交通、民政、建设、国土、计生等领域，按要求及时报送上级政府和市人大常委会备案审查；经审核不予制发的规范性文件草案2件。同时做好乡镇、部门规范性文件的备案审查工作，2010年，督促有关乡镇自行撤销一件有违上位法规定的规范性文件。同时，对1999～2008年10年间市政府(含市政府办公室)发布的规范性文件进行全面清理，宣布废止和宣告实效85件规范性文件。

【行政复议和应诉】 坚持便民利民原则，实行一次性告知制度。2010年共收到行政复议申请35件，其中决定受理33件，不予受理2件。其中维持13件，占结案总数的39%；终止15件，占结案总数的46%；调解3件，占结案总数的9%；驳回2件，占结案总数的6%。依法按时全面完成全年的行政复议工作任务。代表市政府出庭应诉3起，协调处理拆迁纠纷及涉法信访等各类案件数十起。

【行政执法监督】 进一步加强对行政执法的监督。上半年组织召开全面推进依法行政工作座谈会；组织全市2340多名行政执法人员参加申领行政执法证件资格培训考核；开展年度依法行政考核；配合市作风办和市纪委对部分行政执法机关和45个重点科室(执法大队)的行政执法情况进行两次检查；参与市作风办、市纪委和法制办组织的“规范程序、公正执罚、提升形象”的活动和科学发展观教育活动开展情况的督查；完成法治创建中关于依法行政方面的工作任务。（夏洪涛）

## 机构编制工作

【政府机构改革工作】 以转变政府职能为核心，积极推进政府机构改革工作，2010年度，出台《政府机构改革实施意见》。对各部门职能进行详细梳理，共梳理拟增加、取消、下放、调整的职能40项，建立健全基础台账，确保改革工作有的放矢。市政府职能部门由原来的29家调整为25家。认真做好“三定”落实工作，2010年度全市政府部门三定规定的批复工作全部结束。

【乡镇机构改革工作】 按照“积极稳妥、分步实施”的方法，深入细致地调研测算，科学合理地转变职能，严格规范地优化机构，出台乡镇机构改革的实施意见、乡镇党政机关、事业单位机构设置、职能配置、编制核定的规定等，圆满通过省乡镇综改办的检查验收。乡镇机关行政编制、事业编制以2001年机构改革时核定的编制总数为基数，分别精简10%、51%。

【机构编制督查工作】 加强机构编制监督检查力度，认真执行“五不准”规定，严肃机构编制管理。认真开展机构编制实名制管理工作，确保在编在岗实有人员与财政供养人员相一致；加大事业单位年检力度，全年新登记单位12家，变更登记单位30家，全市应年检单位516家，已参加年检单位465家，年检率为90.2%。加强事业单位登记管理制度建设和对事业单位法人的监督管理，提高“事业单位法人证书”的效用性；认真开展登记档案清理，完善事业单位登记档案信息资料。

**【"计划管理"工作】** 为进一步加强机关事业单位用人计划管理,制定出台了《关于加强机关事业单位增长计划管理工作办法》(兴编〔2010〕21号)。《办法》主要从"计划管理"四字入手,严禁机关事业单位无计划或超计划进人。计划管理的范围和对象为:全市机关、事业单位年度内新进科(股)级以下人员,包括调入、面向社会招考、政策性安置人员和引进的高层次人才。国有企业的增人计划管理及其他由市财政性资金负担人员的新增计划管理参照执行。用人单位须在核定的编制限额内,于每年年底向市编办提出下一年度的增人计划使用申请。审核通过后,由市编办下达计划,配发使用通知单,进人单位凭单到市组织人社部门申请办理人员录用、聘用、选调等相关手续。

**【"三责联审"工作】** 按照《兴化市党政领导干部"三责联审"实施办法》(试行),2010年度,对全市10名党政领导干部开展机构编制责任审核工作。通过调查问卷、查阅资料、个别访谈等形式,重点了解党政领导干部贯彻落实上级机构编制政策法规、执行"三定"规定、中层干部职数使用、机构编制实名制、事业单位登记管理、执行机构编制纪律等情况。

**【"双十佳事业单位"管理考核工作】** 下发《2010年度"十佳市属事业单位"和"十佳乡镇事业单位"管理工作目标考核细则》,明确对40个"双十佳"正式候选单位进行共计10项内容的考核打分,明确指出各单位在管理体制、运行机制等方面存在的薄弱环节和不足之处,提出进一步整改的意见和建议,进一步促进全市事业单位管理规范、高效运转。

**【机构设立、编制划转工作】** 核定增加戴南不锈钢综合物流中心管委会行政编制3名,设置4个股级内设机构,进一步加强物流中心的内部管理;同意江苏省不锈钢制品质量监督检验中心使用部分地方自收自支事业编制20名;成立"兴化市残疾人集中托养服务中心";重新核定乡镇(中心)卫生院编制,加强基层卫生医疗队伍建设;整合教育资源,优化学校布局,推动义务教育均衡健康协调发展;加大义务教育阶段学校清理规范工作力度;试行教育系统紧缺学科教师"订单定向"式培养等取得明显成效。

(成　晨)

## 人事工作

**【人才引进工作】** 组织参加泰州市级以上和省外人才市场活动20多场次,接谈各类人才1500多名,其中,本科以上人才1000多名。全年引进博士5名,硕士50名,高级人才350名(其中,海外高层次人才16名),熟练技工3500名。

**【民营企业人才服务】** 针对兴化市"111"工程定向培植企业推出"VIP人才服务",为166家用人单位招聘近千名人才;对到民营企业工作的毕业生免费提供就业服务,为民营企业免费提供人才信息和人才招聘服务;通过兴化人事网、兴化人才网,向民营企业发布人才信息1000多条。

戴南镇董北村人力资源市场揭牌仪式

**【农村实用人才职称评定】** 在泰州市率先创新开展农村实用人才职称评聘工作,农村实用人才在申报职称时,不受户籍、档案、年龄和身份的限制;审核农民高级职称材料2份,评定农民中初级职称25人次。

**【毕业生就业和人事代理工作】** 全年统计汇总毕业生需求信息800多条,接待毕业生2000多人次,为毕业生和各类人才办理就业500人;办理人事代理103人,代理人数累计4000多人;新接受保存人事档案5320份,转出档案312份。

**【公务员队伍管理】** 继续利用网络对全市公务员进行大规模培训,全市有4462名公务员参加培训学习,累计登陆学习达1.4万人次,45周岁以下公务员全部通过考核测试;严格考核奖惩制度,考核总人数为19316人,定优秀等次计3134人,称职(合格)等次18571人,基本称职1人,不称职(不合格)16人,未定等次219人,并将考核结果与奖惩挂钩;按法定程序办理市政府授权管理的领导人员任免手续共25次,计234人;办理奖励事宜5件,办理辞退和开除共计15人。

**【事业单位公开招考】** 继续完善事业单位公开招考机制,先后组织全市2010年度事业单位人事代理公开招考、教育系统师范类毕业生公开招考、卫生系统的公开招考工作,在全省首创事业单位进人面试无特邀考官制度,全年有210人通过公开招考进入事业单位工作。

**【军转安置和困难企业军转干部稳定工作】** 继续推行和完善“立项积分,择优选岗”安置办法,接受安置副团以下军转干部24名;采取主动约访、上门下访的形式接待困难企业军转干部500多人次,达到教育转化、维护稳定的目的。当年全市无一名困难企业军转干部赴省进京上访。

**【专业技术干部队伍建设和专家引智工作】** 全年审核推荐初级职称520人,中级职称498人,高级职称299人;创新继续教育形式,首次组织具有中高级职称或拟报中高级职称的专业技术人员,参加网络继续教育公需科目培训,全年累计培训6386人;全年引进海外智力项目6个,其中工业项目4个、卫生项目2个,实现经济效益与社会效益“双丰收”。

**【工资审批和退休管理等工作】** 组织实施义务教育学校教师绩效工资和机关退休公务员提高生活补贴审批工作,在职教师人均月增资1061元,退休教师人均月增资761元,退休公务员人均月增资560元,2010年春节前全部补发到位;坚持到龄即退,全年为450名机关事业单位到龄人员办理退休手续;开展技术工人晋级培训,全年组织汽车等四个工种159人的初、中、高技术等级晋升考核。

(顾广良)

## 行政服务

**【行政服务工作概况】** 2010年,兴化市行政服务中心积极开展“机关服务效率大提高”活动,进一步整合服务资源,提高服务效率,创新服务方式。共受理各类许可(服务)项目(含分中心)173339件,办结173254件,办结率99.9%,其中即办件166527件,全部当场办结,即办件比例达96.07%,承诺件6812件,办结6727件,承诺办结率98.8%;各类收费1.22亿元;发放群众意见征询表6078份,满意率达100%。

**【办事效率】** 按照“办事项目最少、办事速度最好、服务质量最优”的工作目标,在业务办理过程中,注重把握四个环节:一是精简,降低准入门槛,中心对进驻的窗口部门所有的行政许可(服务)项目进行梳理,经市政府法制办审核,共削减许可(服务)项目近四成。二是联审联办,服务重点项目。将基本建设、外商投资、企业登记、技术改造等四大重点项目纳入审批绿色通道,实行资源共享,加强窗口协作,快速办理。三是方式创新,提高服务效率。“两证一税”实现同台办理,积极实施企业登记“三证一照”的联合办理。为群众买房和企业办证提高了便利。四是加大投入,推进软件升级。为提高窗口的办事速度,规范中心的办件管理,实现行政权力的公开透明运行,起到积极的推动作用。

**【服务机制】** “两集中、两到位”工作有序推进。行政许可网上运行日趋成熟。中心受理的办件项目,无论是承诺件还是即办件,一律使用“行政权力网上运行”平台办理,流转环节能够严格执行规定的程序。促进办事行为的公正透明。对所有办事项目实行全方位的公开,维护办事群众的知情权。尽力为每一位办事者提供方便快捷的服务。增加服务项目,增强服务功能。地税局的二手房交易营业税所得税项目进入中心项目,使群众购房和房屋交易纳税、办证能够配套。

**【制度建设】** 认真执行咨询服务、投诉受理、月度考核等制度。对中心各窗口的效能和执纪情况进行严格的监督、管理和考核。积极推行告知承诺制、政务公开制、首问负责制度、限时办结制等制度,有效约束和规范窗口人员的服务行为。主动接受社会监督。设立意见箱、公开监督举报电话。

(吴　滨)

## 外事侨务

**【服务经济建设】** 2010年,主动与经信委、商务局、发改委等主要经济部门对接,提供有价值的信息20多条,介绍12批25人次客商来兴化市考察投资,全力做好为经济建设服务的桥梁和纽带。开展新一轮侨港资企业调查,目前有近20家侨港资企业,通过上门走访、发放表格、召开座谈会等,对企业存在的困难和建议进行梳理,尽力帮助协调解决。把兴化市现有的外语人才组织起来,筹备建立全市外语人才库。已把大学生村官中的外语人才组织起来,可提供英语、日语、韩语等翻译服务。

**【对外交往】** 巩固加强与日本浪江町的友好关系。6月24日至29日,兴化市政府友好访问团一行6人,兴化市市民代表团一行6人,同时赴日本浪江町进行友好访问。期间,访问团重点考察浪江町政府机关、学校、福利院、企业等,与日本朋友广泛接触、相互交流、加深沟通,推动双方友好关系继续向前发展。7月7～12日,兴化市青少年友好访问团一行25人,赴浪江町进行友好访问,访问团与浪江町的学校、师生进行广泛的接触和交流,兴化市青少年学生体验日本学生的学习和生活,开阔了视野,增长了知识。10月25～27日,浪江町町长马场有、议长吉田数博、教育长畠山熙一郎同时率友好访问团38人、中学生友好访问团17人到兴化市进行访问交流，原日本驻华公使（兴化市与日本浪江町缔结友城的主要牵线人之一）荒义尚、浪江町原町长叶幸一也随团来访。在兴化期间，访问团拜会了市政府，参观市容市貌和重点文化景点，浪江町中学生友好访问团走进板桥初级中学，进行教学观摩和座谈等活动，中日学生一同上课、参加课外活动，互相交流学习与生活情况。25日晚和26日晚，市政府分别为访问团举办欢迎晚宴和欢送晚宴，市四套班子主要负责人分别会见访问团一行。管理服务好兴化市团组和人员因公出访。共办理成行因公出国（境）38批83人次，其中兴化市组团出访8批40人次，非兴化市组团出访17批23人次（教师进修培训13批20人次不包括在内），分赴美国、加拿大、德国、意大利、日本、越南等国家和地区进行水产考察、招商引资、友好访问、参加展览等活动。办理外国人来华邀请，共办理上报对外邀请5批9人次。

7月，兴化市青少年友好访问团访问日本浪江町

**【举办“月是故乡明”侨界人士中秋联谊会】** 中秋节之际，成功举办“月是故乡明”侨界人士中秋联谊会。本次联谊会得到省、市侨务部门，兴化市委、市政府和兴化市广大海外侨胞、归侨侨眷的大力支持。省侨办副主任季俊秋到会并讲话，泰州市侨联、侨办主要领导和兴化市主要领导出席，兴化市侨眷属100多人参加。会上，《情暖侨心》专题片汇报回顾该市当年侨务工作开展情况。兴化籍优秀海外人士、加拿大侨领朱德修、史兆宽特地从国外赶来参加本次活动，向兴化市政府赠送礼品。王存玉、顾丰、郁钧等10多位海外游子通过贺信、贺卡、视频等形式，表达对故乡、对亲人的思念和祝福，表示当祖国和家乡需要的时候，一定会尽自己所能，作出贡献。

**【侨务“五走进”活动】** 创新开展侨务工作“五走进”活动，分别是走进社区、乡镇、企业、学校、家庭，承诺“十条为侨服务举措”，不断提升为侨服务水平。为克服人手少等困难，主动与组织人事部门联系，将兴化市大学生村官和热心侨务事业的人士组织起来，成立为侨服务志愿者队伍，与需要帮助的侨眷属进行结对帮扶。12月，联合市中医院举行侨眷属优惠体检活动，全市有200多名侨眷属代表参与。全年共走访慰问侨眷属重点户、特困户50多户，接受侨务信访24件次，做到件件有答复，事事有落实。

**【海外宣传】** 加强海外宣传，免费争取到《欧洲时报》、《星岛日报》等国外著名华文报纸的部分版面，刊发兴化市产业特色、文化特色、生态旅游和投资合作等方面内容，不断增强该市在海外的美誉度和知名度。建成兴化市外事侨务网站。以服务全市经济社会发展为中心，发布引资引智信息，增强与重点海外人士的互动，吸引广大海外人士，特别是兴化籍华人华侨关心支持家乡的建设与发展。

（朱大华）

## 民族宗教

**【民族宗教工作概况】** 截至2010年底，全市共有少数民族人口1699人，分属42个民族，其中非农户口243人、农业户口1456人。有少数民族流动人员142人。少数民族干部2人。有宗教团体4个，宗教活动场所83处，其中佛教54处，道教7处，基督教21处，天主教1处。年内，市民族宗教事务局认真贯彻执行党的民族、宗教政策、法规，以“促进共同富裕”和“和谐寺观教堂创建”为主线，不断开拓创新，有效维护民族宗教界的和谐稳定。1人被国家宗教局表彰为“全国宗教系统‘五五’普法先进个人”。

**【城市民族工作】** 4月，根据省委宣传部、省委统战部、省民委《关于深入贯彻落实〈关于进一步开展民族团结进步创建活动的意见〉的通知》的要求，与市委宣传部、统战部联合开展少数民族基本情况调研，联合下发《关于进一步开展民族团结进步创建活动的实施意见》，建立健全领导小组和管理机制，发放《党和国家民族政策宣传教育提纲》。成立由民宗、公安、信访以及部分少数民族代表和流动人员代表组成的民族团结工作协调指导小组，先后帮助协调处理3起涉及少数民族流动人员的群体事件。6月，按照《关于加强我市少数民族流动人员服务管理工作的意见》，组织召开由民宗局、公安局、城市社工委、各乡镇（社区）负责人参加的协调会，对全市142名少数民族流动人员的基本情况进行逐一核实、登记、统计，完善在兴少数民族流动人员台账，建立健全信息网络、发放便民联系卡、建立双向联系制度，帮助3名流动人员子女解决入学难的问题，为9名少数民族子女办理族种变更、族籍证明。

**【少数民族扶贫】** 开展基地扶贫。3月，依托陶庄镇华清林木专业合作社新建1处少数民族扶贫基地,接纳30个少数民族户入社参股种植四季花木和发展养鸡、养鸭、养鹅项目,并鼓励他们自筹15万元入股,实现年户增收超万元。开展结对帮扶活动。5月,按照泰州市委统战部扶贫工作座谈会的要求,对全市26个少数民族特困家庭实行一对一帮扶,并签订目标管理责任书,力争两年内帮助他们走出贫困。开展送温暖活动。年初,与宗教团体一起,对28户少数民族困难家庭进行走访慰问,并送去慰问金5800元。

**【和谐寺观教堂创建】** 按照国家、省、市宗教局的要求,积极开展"和谐寺观教堂"创建活动。加强队伍建设。4月,举办一期统战委员(民宗助理)宗教政策培训班,3月、9月,组织了两期基督教教牧人员培训班和一期宗教活动场所负责人培训班,有效提高管理队伍的能力。坚持依法管理。在教职人员的管理中,继续推行"三制"的管理模式,督促各宗教活动场所健全民主管理组织,实行民主管理,并于3月份组织全市宗教活动场所负责人进行述职。对重点活动场所实行"道风承诺制"和"诫勉谈话制"。规范宗教活动场所财务管理。分别于5月、10月,举办两期财务人员培训班,组织他们认真学习国宗局第7号令《宗教活动场所财务监督管理办法(试行)》和《非营利组织会计制度》,并按照要求落实好财务月报制、平衡报表制。加强工作创新,促进和谐创建。下发《关于进一步做好和谐宗教活动场所创建工作的实施意见》,以平安创建为载体,以促进宗教和谐、社会稳定为目的,认真抓好落实、检查、督导、整改,积极营造和谐稳定的社会环境。完善行政权力网上公开透明运行制度。从提高效能、防偏纠错、请示报告和民主监督等四个方面完善工作制度。通过从"机关作风、办事效率、服务态度、严格执法、廉政建设、举报违规"六个方面明确各项检查监督及过错追究制度。建立重大事项风险分析评估制度,通过对重大事项、重要活动进行事前评估,对重大节日和敏感期的民族宗教问题及突发性事件进行评估,以确保民族宗教界的稳定和社会和谐。

**【宗教重点场所建设】** 加强东岳庙场所建设。成功举办东岳庙殿堂落成暨神像开光庆典,进一步完善内部设置,充实文化内涵,使东岳庙成为全市道教对外开放和宣传兴化、推介兴化、扩大交流的重要窗口。结合主城区规划调整,完成宝严古寺门前广场改造。结合乌巾荡风景区的开发,加快上方寺建设,于12月启动上方寺素餐馆工程。按计划实施基督教中心堂的移址重建,并于11月正式破土动工。加快农村重点场所建设。戴南护国寺、张郭报本寺、茅山景德禅寺、沙沟大士禅林等一批有影响的乡镇重点场所的改造工程正在按计划实施。

**【重要宗教活动】** 4月,举行东岳庙殿堂落成暨神像开光庆典;5月,举行基督教中心堂新堂奠基仪式;10月,举行茅山景德禅寺举行山门殿、天王殿、大雄宝殿落成暨开光庆典;12月,为张郭报本寺举行大雄宝殿奠基仪式。

兴化东岳庙开光现场

**【宗教维稳】** 围绕两会和世博会的安全工作要求,积极做好全市宗教团体和场所的安全稳定工作。做好消防安全工作,5月、10月,先后举办以"关注消防 珍爱生命"为主题的消防安全知识讲座和宗教活动场所消防安全演练。开展宗教活动场所安全工作检查,分别于3月、9月,两次开展安全工作检查,与各乡镇民宗助理、宗教活动场所签订民宗工作目标管理责任书、场所管理责任书以及场所安全管理责任书。做好反邪防渗工作,2月,与市委610办公室以崇尚科学、反对迷信、防止渗透、抵制邪教为主旨,联合举办"反邪教警示教育进社区、进乡镇、进村庄活动"。9月,与市委610办公室、公安国保大队先后联合组织2期宗教界反邪教警示教育培训班和抵御渗透培训班,组织开展一期反邪防渗教育巡回展。化解民族宗教纠纷,先后协调处理3起民族矛盾,化解包括宝严古寺、东岳庙、观音庵、复兴庵、基督教中心堂等场所在内的宗教矛盾10多起。 (徐德元)

## 机关事务管理

**【机关事务管理概况】** 2010年,根据兴化市委、市政府《关于兴化市人民政府机构改革实施意见》(兴发〔2010〕26号)的通知精神,市级机关事务管理局(以下简称"事务局")由市政府直属事业机构调整为市政府办公室下属事业机构,机构规格相当于副科级。职能也发生相应调整:将政府采购有关职责划给市政府采购招投标中心;将重大接待有关职责划给市委接待办;增加公共机构节能管理的职责,并增设机关节能科,负责市级机关、乡镇机关节能工作的推进、指导、协调、监督、考核以及资料的统计、搜集工作。

【后勤服务】 完成市“两会”、“第二届千岛菜花节”、招商引资、市三个文明表彰等重要活动的会务服务418场次，服务参会9万余人次。2010年10月份改机关食堂承包经营为自主经营，改自行采购为农副产品统一配送，实行原料采购、质量标准、供应价格三统一，推出每周食堂菜单预告制和水果供应，确保提供营养丰富、搭配合理，变“众口难调”为“调好众口”，年接待就餐达6万余人次。加强对机关大院机动车的进出管理，一律凭证进出，全年共发放通行证800余份，确保公务用车的正常通行和机关的有序办公。加强行政中心的安保服务工作，全年共接待正常来访千余人次，阻止无理取闹人员10余人次。文件交换，报刊发放投送迅速及时，全年为机关大院内的机关单位及个人订阅各类报纸杂志近400种，日正常投递各类报纸和文件3000余份。事务局会同电信部门组建党政机关综合VPN网，将行政中心的内部虚拟网延伸到乡镇党政机关，将办公固定电话、小灵通、天翼手机连成内网，网内通话免费，全年共节约近30万元，还将行政中心的404部电话的月租费作为通话费使用，全年共节省开支14.54万元。

【公车管理】 对各机关单位公务用车的报废、购置、更新等逐一审核，对副局职以上领导干部购买私车、发放交通费补贴严格按照标准审核发放；严格按照政府招标程序确定公务用车定点维修单位，并认真审核控制车辆维修和核定维修费用，全年维修车辆2001辆次，维修费用市场价为390.05万元，采购价为349.24万元，节约近11%；对公车的行驶里程和油耗情况进行管理考核，多方了解征求意见确定各类车型的油耗标准，实行定人定点定卡定量加油，每月初将上个月的油耗情况向使用单位反馈。

【工程建设】 高度重视残疾人康复中心、老年大学这两个交钥匙工程建设，组织严密、规范操作、科学安排、合理分工、健全工程招投标和监督机制，严格工程质量和进度管理，完善资金使用审批制度。残疾人康复中心于2009年4月28日奠基，附属楼2010年10月招标成功，由于该工程多次变更用途，后续工作还在进行中；老年大学于2009年8月6日奠基，并于2010年9月份交付使用。抓好办公用房等国有资产管理及维修改造工程，事务局配合国资部门对市级机关的房产状况进行调查摸底，清理归档，对办公用房的调剂分配提出合理方案；同时针对新一轮机构改革后部分单位职能调整和部门撤并等实际状况，根据需要及时调整办公用房；承办常委会议室、“职工之家”等装修改造工程等都取得较好效果，受到市领导、各单位部门的广泛好评。

【财务管理】 认真履行财政预决算管理责任，严格管理归口的20多单位的财务核算和报支，实现双向管理制度，保证年度经费收支平衡，杜绝人情支出，配合审计部门和有关单位做好干部离任审计工作，为各项工作落实好资金安排。另外严肃财务纪律，从源头上防治腐败，坚决杜绝“小金库”和“账外账”，认真落实“收支两条线”，控制经费支出，执行主要负责人总负责和一支笔审批的运作程序。

【节能管理】 完善全市公共机构节能工作的组织管理机制和联络员机制，认真开展全市公共机构能源消耗统计与台账管理培训工作，首次将公共机构节能工作覆盖到乡镇；悬挂宣传标语，在食堂、楼梯口等显著位置张贴温馨提示宣传节能知识，同时通过开展机关节能工作宣传周，节能知识竞赛和邀请省市专家现场讲学等活动引导机关干部职工提高节能意识；做好水、电、气消耗量统计，对能耗状况进行实时监测，及时发现、纠正能源浪费现象，明确能源消耗规律，每月汇集水、电、气能耗数据，不定期召开能耗分析交流会，同时加强耗能设备使用的培训，及时更换节能设备，建立一套比较合理的考核制度。2010年全市公共机构耗电量12300960千瓦时，共计9958286元；耗水量649948.38立方米，共计1397731.8元；汽油消耗1605047.5升，共计9711935元；柴油消耗158300升，共计97900元，与上年相比统计范围更广，统计数据更多、更准确，实现年人均能耗下降的目标。

【物业管理】 物业管理推行“一扫全保责任制”，行政中心、人大、政协办公楼及昭阳剧院常年保持环境整洁、秩序井然。每楼层定人定点负责，随时清理，形成出现脏乱死角就立即清除的长效机制；定期对行政中心水、电、空调、厕所、网线等系统进行检修，安排专人负责行政中心的绿化及树木的保养和维护。全年共排除用电、网线故障100余次，安装改造50余次，修缮跑、冒、漏等长流水60余次，清除杂草断木10余次，清理卫生死角20多处，清理化粪池10多处、清理阴沟100多米，新建自行车停车棚20多米，新装充电插座30多个。 （高建堂）

# 政协兴化市委员会

## 市政协工作概况

2010年,市政协在中共兴化市委的领导下,牢牢把握团结和民主两大主题,组织和依靠广大政协委员,围绕全市改革发展大局,切实履行政治协商、民主监督、参政议政职能,为全面建成小康社会作出积极贡献。

## 重 要 会 议

**【市政协十一届三次会议】** 1月11～14日,政协兴化市第十一届委员会第三次会议在兴化召开。会议听取和讨论市委书记贾春林同志的讲话;听取和审议市政协常委会工作报告和提案工作报告;列席市十四届人大三次会议第一次会议,对政府工作报告和其他有关报告进行协商讨论;会议对2008～2009年度先进委员小组、优秀政协委员和2009年度优秀提案、优秀社情民意信息和社情民意信息工作先进个人进行表彰;通过大会决议。

市政协十一届三次会议委员分组讨论

**【市政协十一届委员会常务委员会议】** 2010年,市政协十一届常委会共召开6次会议。

第十二次会议 1月14日召开,会议就市政协2010年工作计划要点进行协商,原则通过市政协2010年工作计划要点。

第十三次会议 4月29日召开,会议听取市财政局关于兴化市2009年财政决算情况、市审计局关于财政预算执行及其他财政收支审计情况的报告;听取市政府关于机构改革情况的通报并进行协商;讨论通过《关于先进政协委员小组、优秀政协委员、优秀提案和社情民意信息的评选办法》。会后向市委、市政府报送“关于2009年财政决算及同级财政审计情况的协商意见”。

第十四次会议 7月22日召开,会议听取市政府关于2010年上半年全市经济社会发展情况和财政局关于2010年上半年财政预算执行情况的通报,并就兴化市幼儿教育规范与管理情况进行专题协商。会后向市委、市政府报送《关于我市幼儿教育规范与管理协商情况的报告》。

第十五次会议 9月27日召开,会议听取市政府关于兴化市村级集体经济发展情况的通报,并进行专题协商,表决通过向市委、市政府提出的《关于发展我市村级集体经济的建议案》。

第十六次会议 11月23日召开,会议听取市纪委关于党风廉政建设情况的通报、市检察院关于反贪污贿赂情况的通报、市公安局关于经济案件查处和打击严重刑事犯罪情况的通报;听取市政府关于市政协十一届三次会议提案办理情况的通报;听取全市“十一五”规划执行和“十二五”规划编制情况的通报并进行协商;听取民主评议卫生局和规划局提案办理工作情况的报告。

第十七次会议 12月21日召开,会议协商讨论政府工作报告、财政预决算报告、国民经济和社会发展计划报告以及法院和检察院工作报告的征求意见稿;听取市委办公室关于市政协常委会建议案的答复意见;听取各专委会全年工作汇报;通过召开市政协十一届四次会议的决定;审议决定十一届四次全会有关事项;同意接受常传林、吴海盈、刘允等三名同志辞去政协兴化市第十一届委员会委员职务的请求;撤销赵俊政协兴化市第十一届委员会委员资格;增补金国明、邱传行、沈卫国、舒桂兰、戎晓健、宫友军、乔秀琴、徐福奇、陈纪明等九名同志为市政协第十一届委员会委员。

**【市政协十一届主席协商会议】** 2010年,市政协十一届主席协商会共召开3次会议。

第八次主席协商会议　6月22日召开，会议就全市公安基层所队规范化建设和基层卫生人才梯队建设进行专题协商。会后向市委、市政府分别报送《关于我市公安基层所队规范化建设协商情况的报告》和《关于我市基层卫生人才梯队建设协商情况的报告》。

第九次主席协商会议　8月19日召开，会议听取市政府关于企业污染减排工作情况的汇报，并进行协商。会后向市委、市政府报送《关于加强我市企业减排工作协商情况的报告》。

第十次主席协商会议　11月18日召开，会议听取市文广新局关于金东门街区经营业态情况的汇报并进行专题协商。会后向市委、市政府报送《关于金东门历史文化街区经营业态协商情况的报告》。

## 重要活动

**【主席走访】**　1月29日，市政协主席走访市食药监局和市广电局。

市政协主席走访食药监局

5月27日，市政协主席走访市商务局和市安监局。

7月30日，市政协主席走访市地税局和市交通局。

**【专题活动】**　1月3日，在市政协书画室举行迎新年书画笔会。

2月27日，在市政协书画室举行元宵笔会。

3月16日，市政协之友联谊会召开五届三次全体会议。

4月21日，市政协机关开展慈善捐款活动，共捐款22150元。

5月21日，市政协机关开展为灾区学生捐购“爱心包裹”活动，机关全体人员主动捐赠16份爱心包裹。

9月20日，在市政协书画室举行中秋笔会。

9月21日，市政协主席走访慰问兴化市社会知名人士，祝贺“中秋”、“国庆”双节。

9月下旬，市政协举办国庆书画展。

**【委员视察】**　3月18日，市政协组织部分政协委员视察部分重点企业工程技术中心，了解企业研发工作情况。

4月上旬，市政协组织经济界、工商界部分政协委员视察江苏九寿堂生物制品公司、江苏振亚特种螺钉公司、江苏兴顺电子公司和江苏兴野食品公司等重点出口企业。

政协委员视察

4月22日，市政协组织部分委员视察兴化市文化公共设施建设及文物保护工作。

9月3日，市政协委员视察兴化市旅游文化景点建设工程，并就相关景区的景点打造提出建议。

11月11日，市政协组织部分政协委员视察2010年提案办理落实情况和市政府2010年重点工程建设情况。

**【对口协商】**　6月22日，市政协就推进兴化市中小企业发展与市经信委(中小企业局)进行对口协商。

**【提案办理】**　市政协十一届三次会议以来，共征集各类提案352件，经审查立案348件，分别交57个部门办理。截至2010年10月底，已按要求全部办结。

**【社情民意】**　全年共搜集社情民意信息192件，编报《社情民意》专刊42期，有25件信息被泰州市政协采用，1件信息被省政协采用，4件信息被全国政协采用，其中1件信息得到党和国家领导人批示。

**【学习文史对外联谊委员会工作】**　组织和推动委员开展各项学习活动。组织全体委员开展“委员看兴化”活动，视察乌巾荡湿地公园工程建设现场以及儒学广场、昭阳湖公园、东岳庙、成家大司马府等历史文化街区和景点的建设情况。在上年收集整理基础上完成《兴化政协志》(第一届到第十届)初稿的编写。开展省政协文史资料电子版录入工作和兴化老字号文史资料征集工作。就兴化市景区景点文化内涵建设与相关部门开展对口协商。就市宗教与社会和谐、金东门历史文化街区经营业态和管理情况进行专题调研,形成《以宗教活动场所建设和管理为抓手,努力促进宗教和睦与社会和谐》、《注重文化内涵,促进历史文化街区可持续发展》等调研报告。向海内外兴化籍知名人士寄发了新年贺卡,走访慰问社会各界知名人士。联合相关部门对城区少数民族流动人员进行走访,了解基本情况。举办"元旦"、"元宵"、"端午"、"中秋"书画笔会和"市政协国庆书画展"。

【社会法制(提案)委员会工作】 围绕全市公安基层所队规范化建设、城乡建设的协调发展和职工队伍状况进行调研。就"关爱单亲家庭"、"加强禁毒工作"、"重视企业职工文化建设"等方面组织大会协商发言。组织委员参加平安创建、校园安全、效能监察、法治民生、万人评警、预防职务犯罪和渎职侵权、社会组织管理、拆迁听证、农民工权益维护等活动。组织委员视察法院诉讼服务中心成立以来的运行情况和2010年重点城建工程、交通工程和环保工程的建设情况。利用委员担任审判监督员、人民监督员、作风监督员等社会职务的有利条件,充分发挥民主监督的渠道,对部门工作提出一些建设性的意见和建议。民主评议卫生局和规划局提案办理工作,强化提案的立案审查工作,狠抓提案办理质量和督办力度,提高提案办理实效。

【经济科技委员会工作】 围绕发展大局,组织专题协商,为推进企业减排工作,组织委员专题调研,形成《关于我市企业减排工作情况的调查报告》,提交十一届九次主席协商会议进行协商讨论。围绕加快兴化市村级集体经济发展进行调研,组织常委会协商,形成常委会建议案报市委、市政府。组织委员视察兴达钢帘线等企业的工程技术中心、市重点出口企业,开展"送科技下乡"、"军营一日行"活动,就改善本市中小企业发展环境问题对口协商。为常委会、主席协商会、主席走访等重要协商活动,及时与相关部门对接沟通。牵头做好社情民意信息工作。做好政协机关招商引资工作。

【教育卫生文化体育委员会工作】 组织委员对全市幼儿教育的规范与管理情况进行调研,并开展常委会协商。就加快兴化市卫生人才队伍梯队建设开展调研,召开主席协商会议,进行协商讨论。关注社会事业热点,组织委员参加各类活动。对乡镇卫生院建设、学生体质健康、出租车行业管理等社会事业的热点问题进行专题调研,组织好本委员会对口联系部门的政情通报会、专题协商会、委员座谈会和视察活动。开展送教育、送文化、送医下乡和其他咨询服务活动,为社会主义新农村建设服务。

(林　楠)

**兴化市红色旅游景点**

## 苏中公学

位于沙沟镇兴隆居委会辖区内的虹桥巷2号,是抗日战争胜利前夕苏中军区培养军队和地方干部的校部所在地。2007年,兴化市人民政府公布为文物保护单位。1944年3月,车桥战役胜利后,宝应成为苏中较为稳定的后方。苏中领导机关遂从东台三仓河迁至宝应,为了进一步巩固和扩大苏中抗日根据地,培养抗日救国人才,苏中区党委和苏中军区于2月10日作出决定,在原中国人民抗日军政大学第九分校的基础上,创建苏中公学。新四军一师师长、苏中军区司令员粟裕兼任校长。1945年2月22日,沙沟第一次解放,沙沟特别市委、市政府随之成立,苏中区党委和军区将苏中公学迁驻沙沟。1945年11月1日,苏中公学奉命撤离沙沟迁往大丰台北。苏中公学在沙沟短短的70天,做了大量的宣传发动群众工作,使我党我军的抗日主张深入人心,各阶层群众的抗日斗志日益高涨,沙沟市各项工作有了新的进展,受到苏中区党委和苏中军区领导的表扬。当时的沙沟市因为苏中公学的存在而被人们称为苏北的"乌克兰",给千年古镇的历史增添了光辉的一页。

# 群众团体

## 兴化市工商业联合会

**【市工商联工作概况】** 市工商联在市委、市政府的正确领导和上级工商联、市委统战部的关心指导下，认真贯彻落实科学发展观，围绕“务实抓转型、全力达小康”目标，坚持“团结、帮助、引导、教育”基本方针，深入开展非公有制经济“发展服务年”主题活动，认真履行职能，充分发挥桥梁纽带和助手作用，不断推动全市非公有制经济的健康发展和非公经济人士的健康成长。

**【组织建设】** 增补梦丽酒业董事长乔秀芹、阳泰车业董事长杨高银、顺发化工有限公司董事长刘勇华为市工商联九届常委，吸收市铸造行业协会为本会团体会员。10月30日，兴化市工商业联合会苏州兴化商会在苏州成立。

**【参政议政】** 完成2010年第九次全国私营企业抽样调查、民营企业履行社会责任情况调查、全市行业商会调研、非公有制经济人士思想政治工作调研、全国上规模民营企业调查等调查或调研任务。《明主题，树典型，创载体，扎实推进非公经济人士思想政治工作》的调研报告，在市委内部刊物《兴化快报》以专刊形式刊发。在年初召开的市政协十一届三次全会上，作了题为《部门办公司应审慎而行》的大会发言。

**【履行社会责任】** 西南五省(市)遭受特大旱灾，青海玉树发生7.1级强烈地震后，及时和市慈善总会等部门联合向社会各界发出捐赠倡议，广大民营企业积极响应，纷纷解囊相助，奉献爱心，全市民营企业家慈善捐款超过1500万元。在“八一”建军节到来之际，组织民营企业看望慰问驻兴化部队官兵。

**【非公有制企业服务】** 搞好信息服务，及时向企业传达党和政府关于发展民营经济的最新政策。印发国务院《关于鼓励民间投资健康发展的若干意见》，向广大会员企业宣传国务院促进非公经济发展的“新36条”。向规模会员企业免费赠送每周一期的《江苏经济信息》，为其提供相关经贸政策信息。积极为企业招商引资牵线搭桥，并提供后续服务。成功引进北京现代兴化金鼎汽车4S店落户临城科技工业园。开展培训服务，邀请浙江万向集团的相关人士作了《当前经济形势下，如何运用融资租赁工具实现企业平稳发展》的报告。与市有关部门共同举办兴化市企业发展高端论坛，邀请著名经济学家、复旦大学前经济学院院长陆德明教授，就如何有效应对国内外宏观形势的变化，加快产业转型升级，做强做大企业，促进兴化经济可持续发展作专题演讲。组织民营企业家赴泰州参加“促进民营企业发展”专题讲座，提供融资服务，巩固和扩大浙江万向集团与兴化市申源特钢公司的合作，在一期融资5000万元的基础上，成功促成双方气门钢生产线二期改造工程的合作，帮助申源公司引进技改资金5800万元。加强与金融部门的联系，促进银企合作。配合经信委承办兴化市企业上市股权融资推介会，并组织参会的26家知名投资公司和兴化市30家重点骨干企业进行面对面的交流。加强法律服务，召开非公有制企业仲裁工作座谈会，设立仲裁工作站，在非公有制企业中加快推行仲裁法律制度，并选荐相关民营企业家担任泰州市非公有制经济专业仲裁员。

(耿洪盛)

## 兴化市总工会

**【工会组织建设】** 全年新增各类工会286家，其中独立工会108家，发展会员10742人。全市共有基层工会4062家，会员155836人。深入开展建家评家活动，推进基层工会的规范化建设。3家乡镇工会被表彰为“江苏省模范乡镇职工之家”，4家基层工会被表彰为“江苏省模范职工之家”，6个基层分工会(小组)被表彰为“江苏省模范职工小家”。兴达钢帘线股份有限公司工会被全总授予“模范职工之家”光荣称号，并在省总召开的“全国模范职工之家”授牌表彰大会上作了典型经验介绍。

**【工资集体协商】** 以“要约月”行动为抓手，努力推进工资集体协商工作。全市已建工会的企业签订工资集体协议910份，覆盖企业3782家，职工132856人。10月，市政府召开全市企业工资集体协商工作推进会，总结交流经验，部署落实今后三年工作任务，各乡镇、有关系统和市直单位负责人签订《2010～2012年兴化市推进企业工资集体协商工作目标责任书》，有力促进企业工资集体协商工作的进一步开展。

**【和谐劳动关系】** 认真落实《兴化市创建和谐劳动关系三年行动计划》，全力推进企业与职工“发展共谋、效益共创、成果共享”的利益共同体建设。全市参与创建和谐劳动关系企业达到605家，有143家企业达到和谐劳动关系企业创建标准，有52家企业被泰州市授予和谐劳动关系先进企业，有4家企业被江苏省授予和谐劳动关系模范企业，有4家先进单位获得省厂务公开协调小组的表彰。

**【劳动生产保护】** 全面启动“1+3”安全监控体系推广工作，深入开展“安康杯”竞赛活动，不断强化安全生产管理、安全文化建设和安全健康培训教育，提高广大职工的安全健康意识。深入开展“事故隐患排查月”活动，全市12000名职工参与活动，查找安全隐患1000余条，有效降低事故发生率。江苏兴达钢帘线股份有限公司、江苏申源特钢有限公司被省总工会、省安监局联合表彰为“安康杯”优胜企业，市总工会获得全总“安康杯”优秀组织奖。

**【“职工书屋”】** 积极推进职工书屋建设，投入资金购买图书，送书到企业，建好职工书屋示范点。全市共有18家职工书屋被授予“泰州市职工书屋”称号，3家职工书屋被地税局工会、江苏双东、化工颜料有限公司工会被授予“江苏省职工书屋”称号，2家职工书屋被授予“全国职工书屋”称号。

**【工会文化宣传和文化活动】** 在电视台开设“兴化工会”栏目，在广播电台开通“工会是我家”之声，充分运用新闻媒体的优势，大力宣传工会在文化建设方面的思路和措施，宣传优秀的企业文化、职工文化，有效地扩大工会文化建设的影响力。开展丰富多彩的文化活动，举行“迎五一、颂劳模”大型庆祝活动，策划“工人先锋号”网络文学大赛，收到参赛作品300多篇。举办“与小康同行，读一本好书”读书征文大赛和职工读书演讲比赛，鼓励职工撰写读书心得，畅谈读书感悟，分享读书收获。举办“双乐杯”迎国庆职工书画作品展，共收到职工书画作品102幅，展出60幅，在全市职工中产生良好影响。

**【“工人先锋号”百日赛】** 以工业企业、窗口行业、重点工程为主阵地，分别开展不同内容的“五比五赛”百日赛活动，突出创先争优主题，贴近创先争优实际，丰富创先争优内容，推动形成竞相争创、互相赶超的良好氛围。

**【困难职工帮扶】** 建立挂钩联系帮扶责任制，市总机关每人挂钩联系15户特困职工，定期走访，掌握实情。创新特困职工申报管理，建立与社工委联席会议制度，城区特困职工由原来系统申报改为社区申报。制定新的帮扶救助工作目标，将乡镇特困职工纳入帮扶救助范围，对因病致困的特困职工实行医疗救助，“金秋助学”活动对城区特困职工家庭实行帮扶全覆盖。为14名省级困难农民劳模办理农村养老保险，解决困扰他们多年的生活难题。

**【职工职业技能竞赛】** 在全市举行“万名职工大练兵、十大工种大比武”职工职业技能竞赛，以技能竞赛促进学习提高，在企业形成有利于职工学习的环境和氛围；以技能竞赛替代岗位练兵，引导职工踊跃参加技术革新、合理化建议活动，催生出一批蓝领精英；以技能竞赛为平台，引导职工立足本职，勤学苦练，打造一流技艺，努力成为行家里手，在推进经济转型升级中实现自身价值。江苏兴达钢帘线股份有限公司职工董玉华研发的“一种钢纤维的加工方法及其切割机”，为企业节能降耗816万元，新增利润1450万元，荣获2010年“江苏省职工十大科技创新成果”奖。

(彭词藻　张　婷)

## 共青团兴化市委员会

**【团市委工作概况】** 紧紧围绕“务实抓转型、全力达小康”这一中心，突出青年创业就业和大学生村官工作两条主线，把握引导青年载体建设、“两新”组织团建、青少年维权三项重点，务实履行组织青年、引导青年、服务青年、代表和维护青少年合法权益四项职能。全市共青团工作实现整体性上台阶，共青团综合考评得分泰州第一，预防青少年违法犯罪工作考核名列泰州第一，信息调研工作泰州第一。市预防青少年违法犯罪工作领导小组办公室被省委政法委、团省委表彰为先进单位，团属新媒体建设和应用项目获全省共青团工作创新创优成果二等奖，少先队基层组织建设专项推进工作被省少工委表彰为江苏省少先队工作优秀项目。

**【“我为兴化发展作贡献”五个一活动】** 召开一次“我为兴化发展作贡献”青年座谈会，邀请各界青年代表与市委领导话发展，为转型升级建言献策；开展一次学习贯彻市委主要领导讲话精神的主题教育活动，鼓励各界青年争当“有德、有志、有为”的新青年；开设一个报纸专栏，动态反映广大青年在成长成才和助推发展的所思所为；举办一期电视访谈，展现优秀青年立足岗位、奉献青春的风采；策划一期以“青春在追赶跨越中走向辉煌”为主题的网络在线访谈，邀请机关、企业和大学生村官代表谈作为、话发展,与网友现场在线交流互动。

**【"青春创业主题月"活动】** 以青年创业项目设计大赛为主体,经宣传策划、作品征集、预赛评审和媒体公示四个环节,参赛项目涉及新能源、新材料、高效农业、电子商务和信息服务等5大类别90多个,参赛选手120人,精选10个优秀项目进入"五四"当天举行的现场决赛,共有800余名青年现场观摩。精心汇编并免费发放《兴化市青年创业优秀项目摘编》,示范带动更多有志青年投身创业。

**【"激扬青春、共建小康"电视访谈】** 邀请青商会会员、机关青年、大学生村官代表做客电视台演播大厅,通过与主持人面对面交流、才艺展示和观众现场提问等形式,畅谈如何将青春融汇于建设全面小康社会的大潮中,用他们的历练展示青年才俊奋发有为、积极向上的蓬勃朝气。既放大团务活动影响力,又提升引导青年的实效。节目播出后赢得社会各界的广泛赞誉。

**【青年联谊活动】** 举办大型青年交友会,为千岛菜花旅游节鼓劲造势,积聚人气。共吸引800余名青年男女参加,通过对歌、抛绣球等活泼生动的形式,临时速配成功100对青年,组织他们结对免费游览千岛菜花风景区。组织来自全市三十多个乡镇的百余位大学生村官在楚水学校体育馆开展趣味运动会。增进年轻人之间的友谊,培养他们对兴化的感情。以单身大学生"村官",兴达公司单身员工,戴南镇单身教师、事业单位人员为主体,以丰富多彩的青年男女互动游戏为载体,营造温馨浪漫激情的活动氛围,为单身青年提供展示青春风采的舞台,为他们进一步接触和了解创造条件。

**【志愿服务活动】** 围绕生态兴化建设,召集500名青年志愿者开展以"减少污染,珍爱家园"为主题的环保签名、环保漫画展、免费发放环保购物袋和宣传漫画册、张贴环保小贴士等绿色环保行动。开展文明行业(单位)和青年文明号现场咨询、好书进社区、交通义务执勤等志愿服务。在全市组织开展"让玉树的冬天不再寒冷"大型募捐活动,通过网络募捐、行政募捐、社会募捐等方式,发动广大市民为灾区捐赠过冬物资。活动历时2个多月,共募集3万余件棉衣棉被,发动志愿者利用节假日加班加点对捐献物被进行分拣,筛选出近2万件七成新以上的棉衣棉被,消毒后用专车运送至玉树,向灾区人民奉献兴化人民的一片爱心。

**【大学生"村官"服务】** 坚持公开、公平、公正的原则,以网络视频直播的方式,公开选拔团工委及其支部负责人,接受社会各界监督。活动分为竞聘演讲、现场答题、评委打分等环节,现场和网络即时发布竞聘人员得分,竞选视频当天吸引3000多人次的点击,网友跟帖200余条。在临城镇政府挂牌设立大学生村官团工委办公室。围绕中青报《一名海归大学生村官的感悟》一文,开展"学事迹、话感悟、谈作为"主题活动,通过学习事迹、座谈交流、网络访谈等措施,鼓励他们学习先进、扎根基层,积极参加村两委会选举。通过各种方式引导大学生村官以单独实施或联合实施的方式,自主设计、自行推进一个工作项目。制定并印发"一村官一团建项目"实施意见,分类分层推荐优秀项目,协助村官寻求适宜的工作载体。

**【宣传阵地建设】** 改版升级团委网站,强化引导青年六大载体建设,放大团工作的号召力和影响力。新辟"每周工作"、"文件中心"、"青年社区"、"少先队"、"青商会"和"时尚青年"六个子项,通过网站及时反映全市团队工作动态。开播《青春有约》电台节目。以"今日话题"、"心灵驿站"、"缘分天空"、"就业快车"、"青春风铃"和"青春同路人"六大版块为支撑,每周邀请一位创业青年、大学生村官代表作为嘉宾主持,与青年朋友讨论发展转型、就业创业、人生理想、娱乐热点等方面内容。开通《青年杂谈》网络视频直播节目。开辟网络青年社区,打造凝聚、引导青年的新平台,社区下辖"青年杂谈"、"爱心救助"、"青春有约"三个板块,充分利用网络社区的功能和优势,增强团组织在网络影响力和凝聚力,从而达到引导网络舆论的目的,形成网上网下、团内团外青年之间的有效互动。10月初推出《楚水青年》电子杂志创刊号,收到广泛的好评。

**【青少年违法犯罪预防工作】** 采取市场化办法、零投入的方式,创作以预防青少年违法犯罪为主题的公益广告,并在兴化综合频道的黄金时段播放,呼吁全社会关爱青少年健康成长。制定并印发《兴化市零犯罪村(社区)创建工作意见》、《2010年兴化预防青少年违法犯罪工作要点》、《成员单位工作职责》、《乡镇考核办法》,成立未成年人零犯罪社区(村)创建工作领导小组,召开全市预防青少年违法犯罪暨未成年人零犯罪社区(村)创建工作推进会。召开全市预防成员单位联络员会议,以"未成年人零犯罪社区(村)"创建工作为抓手,精心组织相关活动,从硬件和软件两个方面作好全面细致的自查工作,切实做好相关台账资料收集、整理及管理工作。开展"共青团与人大代表、政协委员面对面"工作。以关爱留守儿童为主题,搭建相互交流的平台,举办共青团与人大代表、政协委员面对面活动,发挥代表委员在青少年维权工作中的重要作用,不断优化关爱留守儿童的社会环境。

**【重点青少年帮扶】** 开辟青年社区爱心救助版块。引导社会热心人士参与青少年公益事业,为捐赠人和受助者构建网络桥梁,拓宽帮扶渠道。深入实施贫困青少年关爱行动。举办戴南不锈钢交易城爱心助学基金发放暨大学生村官与贫困学生结对仪式,募集爱心助学款10万元。继续发放“圆梦大学行动”助学金16.2万元,先后为105名大、中学生解决上学难问题,活动累计发放资金42.2万元。开展大学生村官与贫困学子结对活动,发挥大学生村官建设新农村主力军作用,定期与结对的贫困学生交流,通过电话、网络、走访等互动方式,掌握结对学生在学习、思想、心理等各方面的情况,帮助解决个人成长过程中遇到的各种困难。 (夏 天)

## 兴化市妇女联合会

**【基层组织建设】** 市妇联抓住全市村级党组织和第九届村民委员会换届选举的契机,进一步巩固和加强妇联基层组织建设。8月,市妇联成功举办泰州市推进女性进村“两委”示范培训班。在村两委换届选举中,女性进村两委的比例比往届有明显提高。

**【妇女创业就业】** 积极助推经济发展,深化服务职能,强化培训指导,加大资金扶持,促进城乡妇女创业增收。3月3日,市妇联与市人社局、总工会联合举办“迎三八、送春风、助就业”女性就业专场招聘会,37家用人单位提供就业岗位1600多个。抓住省妇联推动出台小额贷款政策的机遇,与市财政局等部门联合下发《兴化市妇女创业小额担保贷款财政贴息政策实施细则》,主动参与小额贷款支持妇女创业工作,积极帮助妇女解决创业资金难题,全年累计发放妇女小额贴息贷款410万元。7月13日,与人社局、财政局联合举办SYB培训班暨小额贷款推介会,共有50名女大学生村官和女企业家协会会员参加。

**【百年“三八”庆典】** 为庆祝“三八”国际劳动妇女节100周年,市妇联举办大型图片展,展示妇联工作成果,展现广大妇女自强不息、无私奉献的巾帼风采。3月4日,市妇联举办“庆‘三八’·展巾帼风采”事迹报告暨汇报演出。市委书记贾春林作重要讲话。6位妇女代表进行先进事迹汇报,10个妇女集体和63名妇女分别被授予“三八”红旗集体、红旗手称号。

**【关爱女大学生“村官”】** 为进一步提升女大学生“村官”综合素质,市妇联和市级机关党工委组织开展机关女干部与女大学生“村官”结对仪式。8月,市妇联成立女大学生村官联谊会,开展“我参与、我成长、我成功”论坛,泰州市妇联组织市(区)妇联主席、组宣部长参加活动。

**【扶贫助孤】** 市妇联认真做好孤儿申报、核减工作,全年新增孤儿19名,对孤儿实施动态管理,全市在册孤儿313名。2月,市妇联与市教育局、烟草局、新华书店共同组织“爱让冬天更温暖,和你一起过大年”助孤助贫联欢会。8月份,市妇联组织全市百名孤儿代表开展“共享一片蓝天,共度七彩夏日”活动,市委书记贾春林,市委常委、组织部部长万永良等领导参加活动,市委书记贾春林并作重要讲话。市妇联争取全国、省、市妇联资金31万元,创办职教、义务教育阶段“春蕾”班4个,资助200名“春蕾”女童和孤贫儿童。听闻水乡女青年毛如勤与身患尿毒症的丈夫之间的感人事迹后,市妇联与市文明办、市广播电视台联合发起募捐倡议,共筹得善款近10万元。

**【关爱儿童】** “六一”期间,市妇联牵头组织六一庆祝活动,市四套班子领导、市级机关部门负责人走访慰问城乡9所学校,与孩子们共度节日,并带去慰问金6万多元。7月,市妇联在沈坨镇樊荣村挂牌成立全市首家“儿童快乐家园”,向家园赠送一台电脑,为留守儿童提供学习平台。在征集全市成功与失败家教案例的基础上,市妇联将典型案例绘成漫画在全市各学校巡回展出。市妇联成功申报省妇联与美国友邦保险有限公司江苏分公司联合启动的“关爱民工子女”安康计划,将“友邦爱心图书馆”创建工作落实在接受民工子女较多的新生中心小学,该校将获得免费配备的价值10万元左右的万册书籍及电脑、书架等。市妇联发动社会各界人士为省儿基会筹集资金15.6万元。

**【创先争优活动】** 市妇联积极开展创先争优活动,召开专题会议,建立领导机构,制定创争规划。12月,市妇联举办“创先争优比贡献 巾帼建功展风采”演讲比赛,来自各行各业的20名选手参赛,展示全市各条战线上的群体和个人的先进事迹。 (周 聪)

## 兴化市文学艺术界联合会

**【市文联工作概况】** 文联是由市文学艺术家协会组成的社会团体,下属有作家协会、美术协会、书法协会、摄影协会、音乐舞蹈协会、戏曲协会等六个协会和扬州八怪书画院、书法院、楚风文学院、板桥印社、三人行书画工作室、市戏曲之友联谊会、市诗词协会、市民间文艺家协会(筹)、市收藏家协会、市老年书画研究会以及市文艺家俱乐部、市音乐舞蹈家俱乐部、市摄影家俱乐部等十三个非企业文化实体。2010年,市文联围绕市委提出的“文化兴化”建设主题,积极探索新途径、新载体、新方法,组织开展丰富多彩的文化艺术活动,既较好地履行文联联络团结文艺家的职能,又较好地为提升人民群众的文化艺术追求作出积极的贡献。

**【文艺活动】** 书画类 4月1日,组织全市部分书画名家来到市残联,并邀请部分残疾人书画爱好者一同创作,一同研讨。共同为即将落成的市残疾人康复中心创作并捐赠书画作品近60幅。7月4日,组织18位兴化市的书画名家齐聚一堂,共同为兴化气象大楼泼墨作画,营造清廉风气,创作近100幅书画精品。6月,市文联创办的非企业文化实体第一家——扬州八怪书画院成立5周年的时刻,面向全国组织开展“八怪遗风”当代著名书画家学术邀请展,收到并展出作品150多幅,结集出版《八怪遗风全国当代著名书画家学术邀请展作品集》。

文学类 市作家协会召开“诗情飞扬、激情四溢”走进秋天诗歌研讨会、小说创作研讨会、散文创作研讨会、兴化作家“金秋戴南行”集体采风活动。2010年,全市有五位作者的文学作品在《雨花》上发表,有作者刘春龙的《乡村捕钓散记》散文集、王风祥的《智斗“飞马帮”》长篇小说出版发行。成功举办第三届“兴中杯”全国中小学生征文大赛。大赛由上海《少年文艺》、江苏省兴化中学、市教育局主办,市作家协会协办,历时半年多,共评出中小学生一等奖各10名、二等奖各20名、三等奖各30名。

摄影类 市摄影家协会会同市旅游局、缸顾乡政府在我市缸顾乡“中国最美油菜花海风景区”设立兴化市摄影家创作基地。市摄协杨天民同志,7月在北京大众影廊举办“心路 定格”杨天民西部人物个人展;9月,又将“心路 定格”个展移送山西平遥参加国际摄影大展。多幅作品荣获《大众摄影》影像社区月赛金银铜奖,被《大众摄影》杂志社评选为2010年度全国影像十杰和十佳摄影师。在第23届全国摄影艺术大赛中,其摄影作品《放工》荣获铜奖,还有《风雪圣途》、《佛门子弟》两幅作品荣获优秀作品奖。

**【戏剧票友广场演唱大赛】** 市文联牵头与市文化馆、市戏剧家协会共同承办兴化市首届“富得利”杯戏剧票友广场演唱大赛。经过近一个月,分别有京剧、淮剧、其他地方剧等三场预赛、两场复赛、一场决赛的广场演出活动,吸引城乡各个票社近200名戏剧爱好者的参与。

**【“缤纷冬日 书画兴化”百名中小学生艺术体验活动】** 寒假期间,组织近100名热爱书画艺术的中小学生举行集体采风创作活动,先后参观市博物馆内的“楚水流长”、“三绝奇才”、“第九届中国兴化郑板桥艺术节全国书画大赛精品展”三个展厅,游览八字桥文化广场、成家大司马府非物质文化遗产展示馆、上池斋药店、状元坊、赵海仙洋楼、郑板桥故居,还深入临城科技园到企业和高效农业示范区进行写生。 (周余杰)

## 兴化市科学技术协会

**【《全民科学素质行动计划纲要》实施】** 借助省级科普示范市创建成功的有利时机,加大《全民科学素质行动计划纲要》及《兴化市全民科学素质行动计划纲要实施方案》等八个分计划的实施力度。科普文明乡镇创建成效显著。安丰、竹泓、省级经济开发区顺利通过泰州市科普文明乡镇验收。楚水实验学校等5所学校成功创建成泰州市科技教育特色学校。农民素质培训扎实有效。各职能部门联动协作,采取会议培训、专题培训、现场培训、订单培训、结对培训、网站培训、告知培训、媒体培训等多种途径实施;乡镇和各类科普示范基地、专业合作组织也注意发挥自身优势,进行农民素质培训,使培训实现全覆盖、梯次化、适用性。累计全年举办各类规模性培训500余期,培训农民达15万人次。

**【科技下乡】** 根据城东镇农业产业结构特点,针对种养专业户的实际需求,安排高效渔业养殖、种草养鹅及疾病防治、脱水蔬菜加工企业品牌建设及科技项目申报、企业防震减灾、“远教e通”等业务培训。32名科技专家到池边、塘口,进场站、企业,进行相关培训、指导服务,69名种养专业户及多个企业从中受益。

**【科普宣传周】** 科普宣传周实现“零距离”。以主题为“坚持科学发展,走进低碳生活”的第二十二届全国科普宣传周,在活动设计、活动形式、活动内容等方面,实现大众化、平民化、效益最大化。启动仪式从兴化主城区移师城东镇。35名科普志愿者接受3000多名群众的义诊和咨询,发放各类宣传资料近万份(册)。

**【青少年科普】** 先后两次邀请省“科普大篷车”来兴化市戴泽初中、新生中心小学等16所学校巡回进行科教展示品和21世纪健康生活方式图展,1.68万名师生饶有兴趣地动手演示。组织7000多名学生参观生物馆、生命科学馆、气象台、环境监测中心等科普教育基地。举办“节约水资源”、“低碳生活”、“气象知识”等专题科普讲座。组织160多名师生前往江苏科技馆、南京科技馆、南京博物馆、江苏教育电视台等处参观体验。省兴化中学、楚水实验学校等30多所学校的8.56万名学生分别参加“金钥匙”科技竞赛、信息学奥林匹克联赛等八项赛事,获各类奖项1280多个,先进集体奖38个。郭金虎、姚云湖等158名教师被表彰为全国、省、市优秀科技辅导员。

**【科技服务中心】** 围绕经济建设中心,努力提供科技支撑。兴农富民工程扎实推进。以项目为载体,采取“专家+

企业(合作社)+农户”、“专家+种养殖(植)大户+大户带动千家万户”等形式,扎实开展挂钩结对帮扶工作。组织30多名专家结对挂钩18个重点工程项目。全年累计共投入820多万元,开展服务活动193次,举办各类培训讲座217场次,引进推广新品种、新技术186个(项),通过项目实施、带动,新增产值6270多万元。基地辐射带动作用明显。国家级科普示范基地颐鹤林果蔬协会,在助推科普惠农兴村中勇于先行,带头引进新品种、运用新技术,针对农户出现的种种问题,做到“缺技术教技术、缺资金注资金、缺劳力进基地”,深得广大农户的信任和爱戴。到10月底,兴泰线25公里范围内,已建成各类合作社70余家,覆盖面积达733.33公顷,受惠农民10000余户。全线21个行政村已有8个村通过新农村建设验收,基地所在的曹黄村成为全市新农村建设示范村、小康示范村。双平鹅业协会是一个集苗禽孵化、种鹅养殖、饲料加工、凤鹅加工为一体的养殖基地,已发展成年饲养种鹅2.5万套,会员158人,年上市肉鹅100多万只,带动周边11个乡镇的826户共同致富的经济联合体。被省命名为“科普惠农服务站”。为提升不锈钢产业的竞争力,戴南工业园区成立国家级质量技术检测中心,兴达钢帘线成立博士后工作站,星火特钢、楚龙面粉成立院士工作站。在企业和科技人员中开展“金桥工程”、“厂会协作”和“讲比竞赛”三项服务活动,先后申报泰州市立项6项,累计产生经济效益近4亿元。 (王恒太)

## 兴化市残疾人联合会

**【市残联工作概况】** 2010年,兴化残联紧紧围绕全市“务实抓转型,全力达小康”大局,认真贯彻落实省、市和兴化市委、市政府《关于推进残疾人事业加快发展的工作意见》精神,抢抓机遇,奋力开拓,创先争优,扎实工作,加快残疾人社会保障和服务“两个体系”建设,全面完成年初确定的各项目标任务。

**【残疾人社会保障】** 扎实推进残疾人社会保障工作,积极协调民政和财政部门,共同抓好残疾人特殊困难救济补助办法的实施。全年新增901名重残无业人员全额享受最低生活保障待遇,总数达到6001名;为8000多名残疾人购买意外伤害保险;为8001名重残人员发放养老保险补贴;为1256名重残人员发放护理补贴;为重度残疾人落实大病救助;为高中以上教育阶段残疾学生95人发放教育补贴。

**【残疾人康复医疗】** 在2008年成功创建省级白内障无障碍市的基础上,当年申报国家级白内障无障碍市,目前已按计划完成1000多例白内障复明手术,其中免费为250例贫困白内障患者实施复明手术,回访率98%。5月7日,省创建白内障无障碍指导组到兴化市检查指导,对兴化市白内障无障碍市创建工作给予充分肯定。精心组织6岁以下残疾儿童康复训练,到各乡镇对已登记和未筛查的6岁以下残疾儿童进行残疾评定、残疾分析和康复训练指导,建立档案。现有72名6岁以下残疾儿童分别送至泰州市残疾人康复中心、海陵康复机构免费进行抢救性康复训练,训练效果较为理想。为确保国家级康复示范社区的创建,市政府召开专题会议,对创建工作进行部署。分批对乡镇残联理事长、专职委员、卫生院院长进行业务培训。投入经费50万元,创建20个示范社区、20个乡镇级康复技术指导中心(康复室)、60个行政村级康复站。目前已为36520多名有康复需求的残疾人建立服务档案,发放康复知识卡片10000多份,广大残疾人能就近得到不同程度的康复服务。

**【残疾人就业培训】** 全年共安置残疾人就业257名,其中按比例安置105名、个体创业就业42名、集中安置110名,在扬州第三布厂一次性安置残疾人就达45名。着力建设残疾人职业技能培训基地。与市职业中心校联合建成“兴化市残疾人职业技能培训基地”,助残日当天正式揭牌并举行首期残疾人电动车维修培训班开学典礼。分别在昭阳、大营等四个乡镇举办了四期残疾人种养殖技术培训班,近400名残疾人接受培训。

**【残疾人文体活动】** 5月,组织优秀残疾人艺术人才参加兴化市“慈爱无疆,善行水乡”大型慈善晚会演出;9月,与缘酒集团联合举办大型文艺晚会“缘酒之夜”,特邀著名盲人歌手杨光献艺,并现场举行捐赠活动;为全省第六届盲聋培智学校学生汇演精心编排节目,根据真实故事创作的音乐情景剧《冠军》被泰州市残联选中送省参评;积极选拔运动员参加省第八届残运会,兴化市运动员取得了4金、4银、6铜的成绩;在省“残疾人文化活动周”书画摄影比赛中,兴化市参赛作品获得书法一等奖。

**【服务体系建设】** 立足高起点兴建残疾人综合服务中心。市残疾人综合服务中心占地1.4公顷,建筑总面积6481平方米,总投资约2800万元,由康复中心、托养中心、职业培训中心、辅助器具展示中心、文体活动中心、办证大厅和市残联办公区等组成。作为“市政府交钥匙”工程,主体工程已于上半年竣工,计划2011年5月全部投入使用。康复中心、托养中心机构及人员编制已经落实。两个中心都采取政府出资为残疾人购买服务“公办公营”的经营模式。大力推进庇护安养机构建设。在上年“兴化市天怡安养庇护中心”建成并正常运行的基础上,当年根据泰州残联下达市新建乡镇集中托养所10家的任务要求，先后在竹泓、缸顾、大营等10个乡镇建成残疾人集中托养所，按要求配备康复训练器材，并根据建设情况分别给予2万元的奖励，11月中旬顺利通过省残联检查验收。

（刘晓航）

# 兴化市红十字会

**【市红十字会工作概况】** 2010年，市红十字会紧紧围绕市委市政府的工作大局，坚持依法建会、依法治会、依法兴会。不断加大宣传力度，切实提高红十字会的社会知晓度。大力开展红十字青少年工作，江苏省兴化中学、市中等专业学校、市楚水小学、市板桥初级中学等四所学校建立红十字会，学生入会率100%，会费收缴率100%。募捐筹资工作取得新突破，联合市委宣传部等六部门组织开展全市第一次"博爱万人捐"活动，全年共募集资金近180万元，上争项目4个，获项目资金48.76万元。积极开展红十字救灾、救助、救护工作，全年共向各类困难群众发放救助金49.7万元，慰问物资5.3万元。开展校园系列博爱救助活动，组织江苏省兴化中学和市板桥初级中学10名家庭困难但品学兼优的学生游世博，向市特殊教育学校和西北部乡村学校发放1.7万元食品和3.5万元书籍，捐助20万元慰问泰兴幼儿园受害者家庭。组建红十字救护培训中心，面向企业、学校、军营和社区开展各类卫生救护培训工作，全年共举办5期卫生救护培训班，200多人参加培训并荣获红十字卫生救护员证书。无偿献血和造血干细胞采样工作取得新进展。全年共组织4680人次参加义务献血，总量为人均300毫升，造血干细胞采样11例。在各级领导的关心支持和有关单位、社会爱心人士的大力配合下，市红十字会较好地完成年初确定的目标任务，获泰州市红十字系统年度工作考评最高奖——优秀奖。

**【市红十字会第二次会员代表大会】** 1月28日，市红十字会第二次会员代表大会在人大政协礼堂召开。江苏省红十字会党组书记、专职副会长单加海、泰州市红十字会专职副会长徐志明到会祝贺。副市长马雅斐作《深入贯彻科学发展观，努力开创全市红十字事业新局面》的工作报告。大会选举产生市红十字会第二届理事会，并召开二届一次理事会，聘请市委书记、市人大常委会主任贾春林为名誉会长，选举副市长马雅斐为理事会会长，金泉为专职副会长，冯玉荣、陈志云、毛洁、王仪庭、李纲、邹祥龙、江义舟、华荣辉、戎秀兰、周进豪、沈德才、李斌、徐学坚、余建东、王美红等15人为兼职副会长，金泉为秘书长（兼）。大会同时通过《兴化市红十字事业2010～2014年发展规划》。

（罗爱华）

# 关心下一代协会

**【关心下一代工作概况】** 兴化市关心一下代工作委员会在紧紧围绕全市工作大局，密切配合有关部门，着力抓好社会主义核心价值体系教育、预防和减少青少年违法犯罪、校外辅导站建设、网吧监督等重点工作。一年来，全市关工委组织网络进一步健全，"五老"队伍进一步壮大，工作领域进一步拓展，社会影响进一步扩大，为加强和改进未成年人思想道德建设、培养和造就新一代兴化人作出积极贡献。3月，市关工委被全国妇联、全国维护妇女儿童权益暨平安家庭创建协调组表彰为"全国维护妇女儿童权益先进集体"，6月被中央文明办、中国关工委表彰为"全国关心下一代工作先进集体"。

**【关工委组织建设】** 调整充实市关工委班子。市委对市关工委和"五老"志愿者服务总团进行调整充实。市关工委驻会人员由10人增加到15人。调整充实后，明确工作职责，增强活力。强化市级机关部门关工委的工作。召开市级机关部门关心下一代工作会议，讨论市级机关部门关工委工作规则，进一步统一思想，明确今后的任务，有力推动市级机关部门关工委活动的正常开展。组建民营企业关工委有了新突破。召开私营企业关心下一代工作推进会，交流民企关工委组建情况，提出民营企业开展关心下一代工作的要求。全市已组建民营企业关工委295家，其中规模企业181家，中小企业114家。"双创"工作取得明显成效。2010年，全市有77个村被泰州市命名为"泰州市关心下一代工作先进村"，181个村被命名为"泰州市关心下一代工作合格村"。经过努力，全市关工委组织已发展到1121个。

**【"学双百、争三好"主题教育活动】** 市关工委下发通知，编写印发宣讲材料，组织宣讲团，参听人数达10多万人。各乡镇组建领导小组，制定活动计划，精心组织实施，以辅导站为依托开展活动，取得很好的效果。各学校通过举办报告会、讲座、国旗下讲话、读书征文比赛、"双百"人物展等，宣讲英模故事，将"双百"人物的事迹融入教学之中。长安社区"五老"志愿者和实验小学师生一起，举办"学双百、争三好"，塑造美好人生的主题宣讲，开展庆"八一"、争奉献、学英模、讲传统活动，让"双百"人物的精神走进学生的心田。

**【预防和减少青少年违法犯罪工作】** 紧紧围绕创建未成年人零犯罪社区（村）目标，按照"四有一无"要求，坚持

“预防为主,教育为先,关口前移”的原则,协助推进创建活动。经过努力,2010年未成年人零犯罪社区(村)建成率达到90.3%。据法院少年庭统计,大垛、荻垛、竹泓、老圩、下圩、茅山、中堡、大邹、周奋、钓鱼等10个乡镇2010年无未成年人犯罪,其中老圩乡、大垛镇已连续6年以上无未成年人犯罪。

**【网吧监督工作】** 调整充实队伍,不断提高监督水平。健全文化市场监督指导小组。乡镇关工委调整充实了网吧义务监督员队伍,每个网吧都配备1~2名义务监督员,实行对接监督,名单上墙。开展宣传教育,引导未成年人远离营业性网吧。在学校,采取国旗下讲话,组织观看漫画展,宣讲网吧毒害未成年人的典型案例,组织学生在远离网吧的倡议书上签名等形式,开展“远离网吧,健康成长”的主题教育活动。组织巡查调查,摸清实情,提供信息。通过对接查和小组查结合,突出对接查;重点查和普遍查结合,突出重点查;节假日查和平时查结合,突出节假日查,保持巡查的高压态势。2010年,共协助执法部门突击检查44次,查处网吧接纳未成年人70多起,3家营业性网吧受到停业整顿的处罚,取缔黑网吧、无证游戏室186家,收缴游戏机、游戏机主板、电脑主机等非法经营用具1200多件。

**【校外辅导站建设全覆盖】** 召开全市校外教育辅导站建设现场推进会。认真学习贯彻省十部门《关于进一步加强全省城乡社区校外教育辅导站建设的意见》(苏关工委〔2010〕12号文件),参观中堡镇、开发区的中心辅导站,陆家甸村、樊荣村辅导站。市委常委、宣传部长徐立华和市关工委负责人分别在会上讲话,总结全市校外教育辅导站建设的情况,明确今后工作的要求。经过努力,全市已基本实现村(社区)校外辅导站全覆盖。在建站过程中,涌现出一批先进集体和先进个人。2010年6月在中国关工委成立20周年之际,樊才林同志被中央文明办、中国关工委表彰为“全国关心下一代工作先进工作者”。

**【弱势群体和特殊群体青少年关爱工作】** 坚持“以人为本”的理念,把帮扶关爱特殊群体青少年作为一项重要工作纳入日程,力求做出成效,不少青少年的特殊困难经关工委协调得到解决。全市关工委系统筹集助困资金74万元,扶贫助学2106人,其中孤残儿童749人。为了将对弱势群体和特殊群体中青少年的关爱工作做得更好,在“星海集团有限公司”董事长顾国付的鼎力支持下,于2010年底成立“兴化市幸福关爱互助会”。

(邵德成　王焕兵)

# 兴化市哲学社会科学界联合会

**【市社科联工作概况】** 社科联是兴化市哲学社会科学界的学术团体联合组成的群众性学术团体,是兴化市社科界学术团体的业务主管部门,是泰州市哲学社会科学界联合会的团体会员。下属有市外经贸企业协会、税务学会、国际税收研究会、农村金融学会、粮食行业协会、交通运输总会、海外联谊会、餐饮住宿业协会、古迹园林协会、土木建筑协会、建工思想政治工作研究会、燃气协会、建设工程质量检测协会、财政学会、珠算协会、会计学会、版权协会、教育学会、昭阳镇科协、环境科学学会、新农村建设研究会、农机销售行业协会、计划生育协会、金融学会、脱水蔬菜行业协会、不锈钢行业协会、预防医学会、林木协会、社会组织发展促进会、纪检监察学会、法律工作者协会、红十字会、反邪教协会、党建学会、体育总会、青年商会、历史学会等37个学会、协会、研究会。

**【第一次代表大会】** 市社科联第一次代表大会于2010年3月16日下午召开,会议应到代表71名,实到代表63名,会议以举手表决的方式全票通过市社科联第一届理事会理事候选人建议名单,选举马炤龙等32名同志为市社科联第一届理事会理事。接着召开的市社科联第一次代表大会第一届理事会上,到会理事全票通过《市社科联第一届理事会第一次全体会议选举办法(草案)》。第一届理事会会议应到理事32名,实到理事29名,符合会议要求。会议以举手表决的方式全票通过刘定荣为市社科联主席,冯鸿灿、顾晓斌、徐应柏三位为市社科联副主席(兼),史道智为市社科联秘书长。

**【社科成果】** 全年加强课题研究,各学会、协会根据相关选题认真组织人员开展调查研究,精心打造多种形式的社科普及活动载体,不断推动社科普及工作再上新台阶。6月初江苏省第十一届哲学社会科学优秀成果评奖正式启动,泰州市第七届哲学社会科学优秀成果评奖工作将同步进行。全市有陈麟德《进则忧国忧民 退则杜门著述——试论明季兴化史学名儒李清》,王跃进《新形势下兴化市党课教育的调查与思考》,徐应柏、王明宏、高建国《发展高效农业与富庶兴化的思考》,李纲、史道智《以文化兴兴化》,刘定荣、史道智《关于加强我市文物保护工作的调查与思考》,莫其康《跋涉集》,徐圣明《关于县级新华书店服务社会主义新农村建设的几点思考》,余延瑞《李春芳:被后世忽略的“状元宰相”》、《缙绅之渊薮、人才之都会——兴化人文现象研究》等9个社科成果参加泰州市评奖。

(周余杰)

# 政 法

## 社会治安综合治理

【社会治安综合治理概况】 2010年,全市各级党政机关和政法部门围绕“服务经济发展、服务社会稳定、服务人民群众”的工作主题,按照“服务第一要务、履行第一责任、建好一支队伍”的总体思路,扎实推进社会矛盾化解、社会管理创新、公正廉洁执法,全面深化平安兴化、法治兴化、基层基础和政法队伍建设,社会治安综合治理工作绩效继续保持泰州领先,实现省“社会治安安全市”六连冠的目标, 为保障全市经济社会又好又快发展创造和谐稳定的社会环境。

【社会治安综合治理组织领导】 市委、市政府把全力推进政法综治和法治建设工作作为“加快转型升级步伐、建设更高水平小康”的重点工程来抓。市委常委会和市政府常务会议先后两次专题听取综治平安和法治建设工作汇报,研究解决制约综合治理、平安创建和法治建设深入发展的突出问题。3月10日召开全市政法工作暨政法队伍建设动员会议,市委、市政府与各乡镇党委书记、市综治委成员单位主要负责人签订目标管理责任书,层层分解落实工作责任。建立主管领导、分管领导干部综治实绩档案,与干部选拔任用和奖惩紧密结合。市委、市政府于10月14日召开平安创建现场推进会,全年市综治委组织五次规模较大的督查。

市领导视察乡镇政法综治中心

【服务经济发展】 全市政法系统组织广大干警深入开展“警企共建”、“法官检察官挂钩服务企业”和“双促双助”等活动,为广大企业提供法律咨询1000多条,帮助企业化解合同、融资、劳资纠纷200多起,组织企业开展法律讲座100多场次。依法妥善处理金港等企业的破产案件,维护群众利益,确保社会稳定。政法各部门共侦查审结经济犯罪案件67起,侵害群众利益案件31起,挽回经济损失2亿多元, 为整顿和规范全市市场经济秩序作出积极贡献。

【社会稳定工作】 坚持严打方针不动摇,严厉打击八类刑事犯罪、涉黑涉恶犯罪和“两抢一盗”犯罪,刑事案件总量得到有效控制,取得11年命案全破的好成绩。全面推行社会稳定风险评估制度,共实施风险评估项目135个,风险防范化解率达100%,得到国家公安部和省、泰州市的肯定和推广。通过开展“领导大下访、干部大走访、矛盾大调处”活动,采集社情民意6520条,排查化解各类矛盾纠纷2169件,解决民生诉求347件。扎实开展社会矛盾纠纷排查化解活动, 全年排查化解矛盾纠纷2615批次,调处成功率达97.9%,比上年增长3.5%,从源头上控减社会矛盾的发生。深入开展集中清理积案专项行动,共清理积案81件,积案化解率达95%。由市综治委牵头组建三个专项工作领导小组, 专门负责协调处置全市医患纠纷、劳资纠纷和重大交通安全事故,并制定相关处置原则和规范,成功处置疑难纠纷和事故50多起。

【校园安全防范】 市委、市政府先后召开常委会、常委市长联席会、常委扩大会,研究部署校园安保工作。市财政追加700万元,专门用于全市中小学、幼儿园保安配备和技防建设。由市综治委牵头,共组织三次全市范围的校园安全专项督查。由市委市政府与各乡镇、各有关部门,市教育局与全市各中小学校(幼儿园)签订安全责任书,层层落实责任。派遣82名校园治安管理特派员参与校园安保工作。全市各级中小学校(幼儿园)均配齐配强校园专职保安,视频监控、校园110报警系统全部建成,“公交化”接送模式得到全面推广。先后开展校园及周边环境整治、“黑校车”整治、打击涉校涉生违法犯罪等活动。

**【基层基础建设】** 市综治委加大对基层政法综治干部培训力度,先后两次对市综治委成员单位和各乡镇的分管领导、联络员以及综治办专职副主任进行分级培训。镇村两级政法综治组织的规范化建设取得新的突破,乡镇政法综治工作中心“大集中”模式建成率已达24%,基层综治办、派出所、司法所和基层法庭规范化建设达标率达到80%,全市614个行政村“一办两室”规范化建设达标率为75%。全面推广建立治安中心户长制度,基层平安建设的力量得到壮大。“五星级”村(社区)创建活动深入开展,37%以上的村(社区)达到五星级创建标准。以示范点建设为引领,平安企业、平安大道、平安场所等19项系列平安创建工作成效显著,有力促进平安创建整体水平的提升。以“宣传月”活动为载体,在《兴化报》开辟专栏,利用电视、广播、网络宣传报道全市综治创安工作的重大事项、大型活动和专题新闻。在城区主要交通要道口和乡镇入口处设立综治创安宣传广告牌,通过城市户外电子显示屏滚动播放综治创安的宣传标语。移动、联通、电信等部门定期向全市手持机用户发送综治创安短信。各部门、各乡镇悬挂综治创安宣传条幅100余条,村(社区)刷写或印制宣传标语2000余条,提高平安建设的社会认知度和参与度、公众知晓率和满意度。

*7月29日,市人大代表、政协委员在英武社区视察法治民生活动*

**【防控体系建设】** 按照“科学规划、突出重点、提高质量”的要求,以城市设防为龙头,以技防乡镇、技防村(社区)、技防单位建设为基础,全面推进技防网络建设,全市技防镇建成率100%,技防小区建成率90%,技防村建成率达65%,规模企业技防建成率90%,技防场所建成率达80%。“小技防入户”工程深入推进,“平安e家”、“护家警铃”等家庭小技防在城乡范围内得到推广。社会治安巡防力量得到加强,1546名巡防辅警、10088名治安志愿者队伍全部配备和管理到位,提高社会面巡防密度,确保社会面的治安稳定。组织武警官兵、公安干警、保安辅警、治安志愿者等人员积极参与“军警民大联防”,全市共出动军警民7000人,破获各类案件36件,抓获犯罪嫌疑人33人。强力推进老小区环境整治工程,先后完成泰山新村及九顷南村危旧房屋改造任务,提升全市小区的治安防范能力。

**【社会管理】** 在全面强化镇村两级政法综治组织建设的基础上,建立重点部门、学校、医院、规模企业、居民住宅小区综治组织网络,为社会管理服务拓展了新的工作平台。建立刑释解教人员、社区矫正对象“四位一体”管理制度、管控责任查究制度和网络舆情管控引导制度以及精神病患者收治管控制度,推进社会管理服务机制的创新。刑释解教人员、社区矫正对象、流动人口、社会闲散青少年和社会留守儿童等特殊群体的管控措施得到有效落实,刑释解教人员、社区矫正对象的重新犯罪率分别比上年下降0.3%和0.2‰,推行乡镇流动人口“一站式”服务管理模式,安装启动了流动人口社会化采集系统,建立社区民警和户口协管员考核奖惩制度,做到以房管人、以证管人、以业管人。未成年人犯罪总量得到有效控制。成立应对网络突发事件领导小组,制定网络突发事件应急处置办法,建立网络新闻发言人制度和与新闻媒体、网络媒体协调沟通机制,加强网上舆论引导,预防和减少网上负面炒作。

**【法治兴化建设】** 各部门、各乡镇紧扣工作目标,狠抓基础建设、大力培植示范典型,提升法治创建的整体水平,顺利通过泰州市法治县(市)年度考核验收,为2012年争创省法治建设先进市奠定坚实的基础。全市36个部门、乡镇被泰州表彰为法治建设先进单位,184个村被泰州评定为民主法治示范村,行政负责人行政诉讼出庭应诉率达到100%,顺利通过省“五五”普法验收,并被评为省“五五”普法工作先进市。继去年开展“法治惠民”十大行动后,全市政法系统继续打造民生品牌,4月24日举行“法治民生”十大活动启动仪式,政府网站、兴化平安法治网公布活动的详细内容,《兴化报》开设法治民生活动专版,兴化电视台全年制作45期《法治在线》专题节目,市人大代表、政协委员先后多次视察活动开展情况,确保活动取得实效。8月19日召开依法治市领导小组全体成员会议,动员部署法治市创建工作。

**【政法队伍建设】** 扎实开展“政法队伍素质提升年”活

动。通过专题讲座、事迹报告会、理论论坛、上党课等形式,组织开展为期五个月的集中学习教育,提升广大干警的思想政治素质。6月26日召开“公正廉洁执法”主题实践活动动员会议,对主题实践活动进行部署。建立和完善部门内部执法监督和执法责任机制,全面推行阳光执法,扩大警务、检务、审务公开,提高内部执法监管的水平。认真落实案件评查、案件评议和执法巡视制度。11月22日组织开展为期一个月的“万人评警”活动,提高外部监督的实效。进一步强化政法部门党风廉政建设,完善防范、制约和惩处机制,有力促进公正廉洁执法。全年通过组织专家讲课传授、干警跟班实践和现场实战演练等行之有效的多形式岗位培训,提高广大干警的综合执法能力。通过培树和宣传办案标兵、调解能手、部门之星典型,鼓励广大干警争先创优,激发工作动力。通过严格干警考核奖惩、扩大执法公开、狠抓执法监督和组织开门评警等措施的落实,强化政法干警的管理,提升政法队伍的整体形象。在省综治委和统计局政法队伍满意度抽样调查中,位居全省县(市)前列。19个基层政法单位被省或泰州市政法部门命名为执法示范大队或优秀基层所队。(王开忠)

## 公 安

**【公安工作概况】** 2010年,全市公安机关在市委、市政府和上级公安机关的正确领导下,积极应对社会深度变革、经济深度转轨所带来的复杂治安局势,以科学发展观统揽公安工作全局,深入贯彻落实党的十七届四中、五中全会精神,强抓“三项重点”、推进“三项建设”、巩固“三基工程”,全市公安机关国保战略支撑点优势进一步确立,以“命案侦破”为主要特征的破案攻坚品牌效应进一步彰显,公安信息化发展步伐空前加快,基层所队规范化建设进入“快车道”,以执法标准化促进执法规范化的措施得到强有力的落实,综合绩效优势明显,在社会稳定风险评估、严打整治、经侦专项行动、重点地区治安整治常态模式、突发性事件处置、公共安全维护等诸多方面打造新亮点,国保战略支撑点建设和打击发票犯罪专项斗争分别受到公安部国保局、经侦局的表彰,严打整治和命案侦破受到省公安厅表彰,公安队伍正规化建设取得新成效,市局在市级机关作风建设评议的排名大幅跃升,连续第三年被市委、市政府表彰为服务发展突出贡献单位,保持全市社会治安大局的持续稳定,为全市经济社会转型升级、小康社会建设提供服务和保障。

**【维护政治稳定】** 围绕“平安世博”和“平安亚运”的目标,突出重点人群、重点部位、重点领域,通过加强情报信息工作,保持对各类涉众涉稳事件的高度敏感和超前处置;通过加强国保基础工作,保持对重点人员、特殊群体、邪教组织和重点行业的严密控制;通过加强群体性突发性事件处置工作,超前预警、积极处置和妥善化解28起群体性苗头事件,没有一起造成影响或酿成事态;通过加强公安信访工作,积极实施民生信访、说理信访、文化信访“三项工程”,严格执行“涉法信访案件自主办结工作责任制”,化解信访积案9起,妥善调处181起涉法信访案件,初信初访办结率达100%,全市未发生有影响的集访事件,实现重点信访人员“零入沪进京”的目标。在世博和亚运背景审查期间,共审查400多批次30多万人次的背景数据。积极推行涉稳风险评估工作,立足于防范涉稳事件的发生,经过实践和积累,探索形成一套规范化的评估体系和运作模式,实现维稳模式、维稳手段、维稳流程的深刻变革,较好地服务现实斗争,其做法先后被公安部、省委政法委工作简报和省市政法公安机关“三项重点工作”推进会的交流推广,受到省委政法委书记林祥国、泰州市委书记张雷等领导同志的批示肯定。深入推进矛盾纠纷排查化解工作,立足于将矛盾纠纷“化解在基层、化解在初始阶段”的目标,大力推进“公调对接”机制,全面建成乡镇人民调解室和交通事故调解室,健全组织网络,建立常态化的滚动排查机制和重大矛盾督查督办机制,妥善调处1600多起矛盾纠纷,未发生有影响的民转刑案件,有效保障和促进全市社会的和谐稳定。强化网络安全监管工作,建立健全新闻发言人和网评员工作机制,加强舆情导控,完善涉警舆情处置工作机制,坚持正确的网络舆论导向,查处一批网络涉赌涉黄案件,有效化解一批网络舆情风险,保障全市网络环境的安全。年内,国保大队被确定为全国性国保战略支撑点建设示范单位,较好地完成全国、全省“两会”、“您好泰州·走进兴化”、中国兴化第二届千岛菜花旅游节等重大活动期间的安保任务,全市社会政治形势始终平稳可控。

整治交通秩序

【严打整治斗争】 继续做强打防控主业,精心组织开展系列专项斗争和整治行动,进一步严密社会面治安防控工作,取得明显成效。全市公安机关共立刑事案件3384起,破1724起,破案率为50.95%,八类主要刑事案件立33起,破33起,破案率达100%,抓获刑事作案成员1929人,逮捕465人,移诉1088人。狠抓命案侦破工作。坚持从实战出发,创新刑侦、技侦、网侦"三侦联动"联动和信息化深度应用、挂牌督办"三项机制",夯实刑事技术、阵地控制、刑事特情"三个基础",落实组织、经费、奖惩"三项保障",克难奋进,锐意攻坚,成功破获7起杀人案件,其中命案积案2起、现行命案5起,保持十年命案全破战果的延续。根据上级公安机关的统一部署,积极开展"冬季攻势"和反盗抢"一〇行动",强化对两项行动的组织领导、督查指导和内部考核,保证行动的有序推进,相继破获城区系列盗窃烟酒店案件、城区王松林等人系列盗窃案、戴南地区系列性砸汽车玻璃盗窃车内财物案、戴南地区白日闯盗窃案、区域流窜盗窃空关房系列案件等一批侵财案件,两个专项行动的考核成绩均进入泰州四市三区的前三名。集中开展涉毒问题专项整治。共破获毒品犯罪案件34起,摧毁涉毒犯罪团伙4个,抓获各类毒品违法犯罪嫌疑人194名,缴获各类毒品2600余克。共查处吸毒人员172人次,同比上年上升167.5%,其中强制隔离戒毒13人,社区戒毒4人,破获种毒行政案件10起,铲除罂粟236株。其间,在泰州市局相关部门的直接组织指挥下,加强涉毒情报的搜集,长期组织经营,成功破获两个贩毒团伙,抓获涉毒犯罪嫌疑人13名,缴获毒品冰毒2.5千克、查扣毒资15万余元,查处吸毒人员60名,受到泰州市禁毒委表扬。深入推进"打黑除恶"专项斗争。共打掉53个涉恶犯罪团伙,抓获成员331人。经侦专项行动成绩显著。通过专项攻坚,共破案67起,挽回经济损失1.9亿元,抓获违法犯罪嫌疑人67人,其中移送起诉68人,摧毁犯罪团伙1个、成员5人。以金融、财税、城建等领域犯罪为重点,强化破案攻坚,突破一批经济犯罪大要案件,其中成功侦办发生在戴南镇的全市首例担保公司从事资金支付结算业务非法经营案,兴旺电脑公司泰州地区首例POS机套现非法经营案,集中开展打击银行卡、假币和发票违法犯罪三个专项整治行动,建立健全宣传发动、部门联动、组织促动、指导推动"四项机制",取得较好成效。行动以来,先后破案20起,抓获犯罪嫌疑人21人,收缴假币28万余元,破获发票犯罪案件11起,收缴假发票560万余份,有力地维护全市经济秩序和社会稳定,净化经济运行和税收征管环境。

【治安行政管理】 全市公安机关根据上级公安机关的部署,在重点地区整治工作中,全市治安系统共出动警力6000余人次,出动车辆850台次,清查出租房屋3567,登记流动人口3716人,宾馆、饭店451个,娱乐场所735个,清理建筑工地、劳务市场180个,办理暂住证3209人,签订治安责任书3567份;整治重点路段、区域、部位165处,破获各类刑事案件85起、治安案件100余起,抓获各类违法犯罪嫌疑人员387名,其中网上逃犯42名。共排出上访重点人员43名,肇事肇祸行为精神病人35名,治安危险分子16名。集中开展整治赌博机专项行动,查处摆放赌博机场所224处,取缔无证游戏机室101家,查缴各类赌博游戏机2334台,查处涉赌人员179人,刑事拘留涉嫌开设赌场的业主10人,逮捕1人,最大限度地挤压涉赌违法犯罪活动生存空间。集中开展整治娱乐服务场所治安秩序专项行动,共破获涉娼刑事案件37起、治安案件140起,抓获涉娼违法犯罪人员408名,刑事拘留65人,逮捕23人,取保候审45人,收容教育39人,劳动教养4人,行政处罚224人,努力遏制卖淫嫖娼等丑恶现象的蔓延,进一步净化社会风气。根据线索经营,破获一大批有影响的重大恶性案件。在戴窑镇一举抓获以犯罪嫌疑人周某、戴某为首的强迫提供劳务、强装强卸敲诈勒索的社会恶势力违法犯罪团伙,抓获作案成员30名;破获以缪某为首的销售假烟案件,抓获团伙成员15名;捣毁以张某为首的组织卖淫案,抓获51名犯罪嫌疑人等,有力震慑违法犯罪,有效维护社会治安秩序。

【公安安全监管】 持续不断地开展交通秩序整治行动,完善全市道路基础设施建设,强化车辆安全检测和驾驶人安全教育等源头管理措施,强化"四项示范"创建和电动三轮车专项整治行动,深入推进文明交通工程,不断拓展交通安全宣传的层面,广大群众的文明交通的意识明显提高,有效遏制交通事故高发的势头,升幅在可控范围内。不断加强消防监督管理,大力推进"防火墙"工程,增加消防安全检查和密度和频次,大力整改"三合一"场所和各类安全隐患,严把重点消防单位和高层建筑安全审核关,全面深化全市消防安全宣传,消防基础工作进一步夯实。全市共发生交通事故1299起,死73人,伤467人,直接经济损失155.9万余元,四项指数与上年同期比,分别上升30.29%、下降2.67%、下降23.82%、4.6%。共发生火灾事故63起,死亡1人,受伤1人,造成直接经济损失55.3万元,与上年同期比,起数下降20.3%,直损数下降8.6%,死亡人数持平。开展消防监督检查1736人次,填写《消防监督检查》587份,下发《责令改正通知书》318份,责令三停6家,拘留1人,临时查封单位19家,解除临时查封12家,查处消防行政案件141起。加强危险化学品的管理,对涉危涉爆企业进行检查过堂,特别是对受金融危机影响暂时关停的涉危涉爆企业，督促强化安全监管，严格落实各项安全管理措施，没有发生爆炸、中毒或危险化学品被盗丢失事件。发现并整改各类涉危涉爆安全隐患55处，指导办理涉枪刑事案件5起，移诉4人，取保1人；办理涉危案件143起，拘留9人，行政处罚120人；对2家放射源单位进行警告处罚；共接受群众上交及收缴旧炮弹5牧，猎枪28支，气枪34支，钢珠枪2支，军用子弹1000发，民用子弹1200发，仿真枪683把，管制刀具224把，火药302克，烟花爆竹350箱。加强重点内部单位和学校、幼儿园安全防范管理工作，强化人防、物防、技防措施，严密单位门卫安全值守和夜间巡查，保障安全无事故。加强监所管理，开展深挖犯罪工作，积极服务现实斗争，促进全面工作。全年收押各类违法犯罪人员930名，处理各类人员出所889名，确保监所安全无事故。

**【公安队伍建设】** 以纪律作风建设和党风廉政建设为突破口，深入开展“无违纪所队”创建和“廉政文化进机关”活动，建立民警廉政档案，分级实施谈话谈心制度，强化执纪力度。不断深化警务公开，启用窗口服务质量综合评价系统，做强公安门户网站，加强公安宣传工作，进一步争取人大法律监督和政协民主监督的支持，继续拓宽群众监督、媒体监督、舆论监督、信访监督渠道，把外部监督与内部监督有机结合起来，有效促进各项警务活动和执法活动的规范与公正。大力开展深入学习实践科学发展观、“全警进社区、全警大走访”、“双百”和“警民恳谈”、廉政文化进科所队活动，在公安机关内部掀起爱民实践的热潮，有效改善警民关系，提升整体形象。以江苏公安精神和兴化公安精神为引领，大力实施“文化兴警”工程，推行公安宣传工作考核机制，在公安内网开辟警营文化专栏，激发全警文字工作积极性，充实公安机关文化内涵，为公安事业的发展提供强有力的智力支持。 （阮殿树）

## 检 察

**【检察工作概况】** 2010年，市检察院以科学发展观为指导，围绕市委、市政府“务实抓转型，全力达小康”的工作主线，以执法办案为中心，以队伍建设为根本，以创先争优为动力，深入推进社会矛盾化解、社会管理创新和公正廉洁执法三项重点工作，忠实履行检察职能，为全市经济社会发展提供良好的司法保障。

**【查办职务犯罪案件】** 按照力度、质量、效率、效果相统一的办案要求，自觉将查处职务犯罪工作置于经济社会发展大局中谋划和推进。与纪检、监察、审计等部门密切配合，围绕工程建设领域、涉农领域和商业贿赂等职务犯罪开展侦查活动，立案查办贪污贿赂犯罪案件10件14人，其中5万元以上大案9件13人。集中查办船型标准化改造中国家机关工作人员玩忽职守，造成国家专项补贴被骗取的渎职犯罪案件，立案查处3件7人。通过办案为国家、集体挽回直接经济损失200余万元。

**【预防职务犯罪】** 完善教育、制度、管理、监督相统一的预防机制，按照“标本兼治、注重预防”的方针，积极开展个案预防、专项预防、系统预防。对立案侦查的职务犯罪案件，实行审查立案与预防立项同步、案件侦查与犯罪分析同步、建议整改与完善制度同步。组织开展预防调研，撰写预防分析报告和检察建议。举办预防专题讲座和警示教育。完善行贿犯罪档案查询制度，提供查询200多件次，促进社会诚信体系建设。开展“无涉农职务犯罪乡镇（单位）”创建活动，净化农村政务环境。

预防人员实地察看市人民医院大楼施工现场

**【刑事诉讼监督】** 受理提请批准逮捕案件369件493人，审结366件490人（含上年结存2件2人），经审查，批准逮捕269件365人，不批准逮捕125人。受理移送审查起诉案件622件1038人，审结621件1042人（含上年结存20件44人），经审查，向法院提起公诉571件965人，决定不起诉23件34人。与公安、法院密切配合，积极开展“打黑除恶”专项斗争，审查起诉涉嫌聚众斗殴、寻衅滋事、敲诈勒索、强迫交易等犯罪75件281人；依法惩治破坏市场经济秩序类犯罪，审查起诉非法吸收公众存款、串通投标、合同诈骗等经济犯罪82件142人。加强刑事侦查活动监督，组织开展“另案处理”案件专项监督活动，对2008年以来刑事“另案处理”案件进行分类排查，着力解决有罪不究、以罚代刑和违法立案等问题。督促立案14件16人，督促撤案6件15人，纠正漏捕11人，纠正漏诉19人，发出《纠正违法通知书》26份。对刑事判决量刑畸轻的案件，提起抗诉1件，法院依法改判。

【刑罚执行监督】 办理在押人员财产申诉案件,维护其合法权益。开展执法专项检查 12 次,发出检察建议 6 份、纠正违法通知书 2 份。强化羁押期限届满预警制度,继续保持无超期羁押。突出对减刑、假释、暂予监外执行工作的监督,检察减刑 16 人次、假释 3 人次,对不符合条件的 3 名减刑对象作出不予呈报的检察意见,有效维护刑罚执行的公正性。延伸监外执行监督职能,设立社区矫正检察室,开展防止矫正对象脱管漏管专项监督,促进社区矫正工作依法规范开展。

【民事行政检察】 加大民事行政检察职能的宣传力度,开展"宣传月"、"走访周"活动,为社区、企业提供咨询服务,收集线索,拓展案源。立案审查各类民事行政申诉案件 20 件,依法提请或建议提请抗诉 5 件,发出再审检察建议 3 件。依法维护法院正确裁判权威,协助做好息诉服判工作,促成当事人息诉、和解 12 件。主动履行涉及公共利益、弱势群体民事案件的督促起诉、支持起诉职能,针对部分房地产企业拖欠土地出让金的情况,通过督促起诉及协助主管部门催缴等方式,清收土地出让金 5700 万元,有效防止国有资产流失。

【控告申诉检察】 加强涉检信访工作,坚持首办负责、"检察长接待日"等制度。受理群众来信来访 129 件次,均得到妥善处理。组织干警集中下访 100 多人次。发挥乡镇检察室、检察工作联络员的作用,把矛盾解决在当地,化解在萌芽状态。组织开展涉检信访积案化解专项活动,办结信访积案 7 件。对轻微刑事案件、民事行政申诉案件、涉检信访案件等,通过"检调对接"、司法救助等手段促成当事人和解 41 件。

【综合治理】 积极参与"平安兴化"、"法治兴化"建设,维护社会稳定。立足检察职能,认真落实社会治安综合治理各项措施,积极参与构建预防和减少犯罪工作体系,在重点领域、重点环节开展专项整治,帮助有关单位堵漏建制。配合公安、法院,严厉打击严重刑事犯罪,维护人民群众切身利益。保护青少年合法权益,加大对违法犯罪青少年的教育挽救力度,引导青少年学法、懂法、守法。对典型个案和类案进行调查研究,分析犯罪态势、特点和规律,及时总结社会治安存在的突出问题,提出有针对性的预防和遏制对策,为市委市政府加强社会治安综合治理提供决策参考。

【案件监督管理】 成立案件监督管理中心,以办案工作流程为基础,统一受理分流案件、统一监管赃款赃物、统一管理法律文书、统一考评案件质量。推行案件跟踪、反馈制度,发现薄弱环节,及时落实整改。建立执法档案和责任倒查机制,促进办案质量和水平提升。全年所办理案件没有出现错捕漏捕、错诉漏诉、撤回起诉、无罪判决、超期羁押的情形。办案质量在泰州市检察系统居于领先位次。

【检察监督】 自觉接受人大法律监督和工作监督,专题向市人大常委会报告民事行政检察工作。自觉接受政协民主监督,向政协常委会通报反贪污贿赂工作。加强与人大代表、政协委员的联络,主动邀请代表、委员视察反渎职侵权工作。全面推行人民监督员制度,按照规定必须接受监督的案件全部进入人民监督员监督程序。积极拓展接受监督的新途径,聘任 5 名特约检察员参与疑难案件、重大事项讨论。举办"检察开放日"活动,组织社会各界和群众代表参观检察工作。组织检风检纪监督员开展行风评查,征求意见、建议,改进检察工作。

"检察开放日"活动

【检察队伍建设】 开展"恪守检察职业道德,促进公正廉洁执法"主题实践活动,弘扬"忠诚、公正、清廉、文明"的检察职业道德。开展"反特权思想、反霸道作风"专题教育,促进队伍廉洁自律。建立检察官宣誓制度,增强干警从事检察事业的荣誉感和责任心。组织学习执行《检察官职业行为基本规范》和《检察机关文明用语规则》,提高干警文明素养。举办春节联欢会、女干警联谊会、军转干部座谈会等活动,增强队伍凝聚力。成立书友会、合唱团、运动队,通过各类文体活动引领干警兴学习之风、树检察正气。开展创先争优活动,有 5 个部门和 13 名干警受到泰州市级以上表彰,6 个部门和 21 名干警受到兴化市级表彰,5 名干警荣立个人三等功。

【典型案例】 戴学忠受贿案 戴学忠,男,53 岁,汉族,大学文化,中共党员,原系兴化市教育局副局长(正科级),曾任中共兴化市委党校常务副校长、泰州电大兴化分校校长。2006 年至 2009 年间,戴学忠利用担任兴化市教育局副局长兼中共兴化市委党校常务副校长的职务便利，在中共兴化市委党校培训楼和报告厅基建工程招标、工程款拨付和人事安排等方面，接受有关人员请托，为他人谋取利益，多次非法收受他人的贿赂计人民币 11.3 万元。戴学忠被判处有期徒刑七年零六个月，并处没收财产 5 万元。

葛天平受贿、贪污案 葛天平，男，54 岁，汉族，大学文化，中共党员，原系兴化市林牧业局副局长(正科级)兼生猪屠宰管理行业协会会长，曾任中共兴化市海南镇党委书记。2000 年 9 月至 2009 年 12 月，葛天平利用担任兴化市林牧业局副局长(正科级)兼生猪屠宰管理行业协会会长、分管兴化市生猪屠宰管理联席会议办公室的职务之便，在干部人事调整、补助资金发放、生猪屠宰经营等方面为他人谋取利益，多次非法收受他人贿赂计人民币 2.39 万元。2007 年 2 月至 2009 年 1 月，葛天平利用担任兴化市林牧业局副局长兼生猪屠宰管理行业协会会长、分管兴化市生猪屠宰管理联席会议办公室的职务之便，与唐某某(另案处理)共同计议，假借支付补助费、租赁费的名义，共同贪污公款计人民币 4.2 万元。其中葛天平分得赃款人民币 1.8 万元。葛天平被判处有期徒刑两年十个月。 (朱文锦)

## 审 判

**【审判工作概况】** 市人民法院坚持“三个至上”工作指导思想，围绕“为大局服务、为人民司法”工作主题，积极履行审判职能，全年受理各类案件 10682 件，办结 9861 件，结案率为 92.31%。

**【刑事审判】** 受理刑事案件 651 件，其中公诉案件 589 件，自诉案件 62 件，分别审结 568 件和 58 件，判处五年以上有期徒刑 48 件 61 人，五年以下有期徒刑 214 件 469 人。严打危害社会治安犯罪，全年审结涉恶犯罪 45 件，判处罪犯 265 人。依法审理经济领域新类型犯罪，全年审结非法经营和合同诈骗两类案件 41 件，判处罪犯 54 人，追缴违法所得 152 万元，挽回经济损失 265 万元。积极审理贪污贿赂等职务犯罪，全年审结两类犯罪 11 件，判处罪犯 14 人，无一被改判或发回重审。

**【民商事审判】** 受理民商事案件 7270 件，审结 6603 件，解决争议标的 6.19 亿元。全年审结婚姻家庭及相邻关系案件 1281 件，劳动争议案件 756 起，涉及土地流转和农业承包合同纠纷案件 142 件，买卖、租赁、加工承揽、股权转让等合同纠纷 619 件。

**【行政审判】** 受理行政诉讼案件 35 件，审结 32 件，其中经协调，原告主动撤诉的有 16 件。

**【执行工作】** 受理执行案件 2726 件，执结 2600 件，执结率 95.37%，执行到位标的额 1.74 亿元。开展集中清理执行积案活动，清理 823 件重点积案；认真做好新收案件执行，加大制裁拒不履行生效裁判的力度，以涉嫌拒不执行生效判决、裁定罪移送公安部门立案 15 件 15 人，判处刑罚 3 件 3 人，除 2 人仍在上网通缉外，13 件 13 人在法律威慑下履行义务，执行到位的款项达 300 余万元。

**【立案信访】** 加强诉讼服务中心“窗口”建设，完善立案大厅功能，实行立案受理、诉讼指导、司法救助、材料收转、判后答疑等“一站式”服务；加强涉诉信访工作，成功化解 6 起重点信访积案，化解息诉率为 75%。

**【社会矛盾化解】** 加大调解力度，有效化解社会矛盾。充分发挥人民调解工作室的职能作用，积极引导当事人选择人民调解组织先行调解，尽量将矛盾纠纷化解在诉前，解决在讼外。一年来，人民调解工作室受理纠纷 513 件，调解成功率 85.38%；注重加强与工会、妇联、公安等部门的工作对接，成立交通事故、劳动争议巡回法庭，制定相应的工作流程，明确相关的职责权限，努力提高诉调对接工作效率；设立季度“调解能手”奖，营造竞争氛围，完善激励机制，不断提高干警做群众工作的能力和水平。全年民商事案件调解结案和经调解原告撤诉结案 4217 件，调撤率为 63.86%，同比上升 19.5%，列泰州法院系统第二位。

**【社会管理创新】** 创新服务机制，提升社会管理水平。深入开展“百名法官服务百家企业平安共建”活动，通过向企业寄发公开信、实地走访、案件剖析等形式，及时给予司法指导和帮助，促进企业完善管理机制，改进用工方式，防范经营风险；积极开展“院校共建”活动，与市景范学校建立合作共建机制，通过专题辅导、以案释法、组织学生旁听庭审等活动，丰富教育管理模式，共同营造有利于青少年健康成长的法制环境；重视做好司法建议工作，通过与行政机关联合开展调研、加强疑难复杂案件研讨等形式，积极为行政机关提供法律帮助，促进依法行政水平的提高。

**【公正廉洁司法】** 严格规范管理，努力实现公平正义。认真落实各项管理措施，有力推进公正廉洁执法。严格案件质量评查，深入开展“万案评查”活动，定期印发《审判管理工作通报》，不断提升正确裁判水平；完善办案流程，实行电脑随机分案，避免关系案、人情案；强化院、庭长管理职责,实行审限“黄牌”警示,对超审限案件认真排查原因,强化跟踪监督,明确审结期限;加强对诉讼代理权限的管理,严格执行回避制度,限制离任法官在本院代理诉讼,从源头上消除妨碍司法公正的隐患。强化作风监察,组织人员对执行“五个严禁”规定、庭审纪律以及法官业外活动进行不定期检查,认真核查上级机关、“书记市长”信箱转办,以及群众来信来访涉及的违法违纪线索,一经发现严肃处理,保障司法廉洁。

**【接受监督指导】** 自觉接受人大监督,主动向人大常委会汇报工作;主动接受政协监督,邀请市政协委员视察指导工作;开展代表委员联络工作,全年邀请人大代表、政协委员旁听、评议庭审80多人次,办理人大、政协机关转办信件8件。广泛接受社会监督,落实审判公开制度,增强司法透明度;完善人民陪审员制度,推荐选任新一届人民陪审员,全年有51名陪审员参加460件案件的审判。不断强化审判监督,及时受理群众的申诉、再审申请,全年受理申诉再审案件8件。

**【队伍建设】** 深入开展主题教育活动,引导干警牢固树立社会主义法治理念,全院涌现一批执法办案先进典型,共有30人和7个集体受到泰州、省以上表彰。加强司法能力建设,加大对法官审判绩效的考评力度;认真开展业务培训、岗位练兵活动,定期组织评比“办案标兵”、“调解能手”、“服务先锋”。全院年办结案件在200件以上的有15人,案件平均审理天数从上年的58天缩短至39天,列泰州法院系统第三位。加强党风廉政建设,组织干警学习《廉政准则》和《人民法院工作人员处分条例》;建立廉政监督员制度,邀请社会各界代表13人担任党风廉政监督员,实现对审判、执行工作全方位监督。

(万长荣　赵　鼎)

法院、检察院召开民事行政申诉案件抗诉、再审工作联席会议

## 司 法 行 政

**【司法工作概况】** 2010年,市司法局围绕市委、市政府工作大局,突出“社会矛盾化解、社会管理创新、公正廉洁执法”三项重点工作,充分发挥司法行政机关维护社会稳定、服务经济发展、促进公平正义、推动依法治国的职能作用,为建设“和谐兴化、平安兴化、富庶兴化”作出积极贡献。

**【法制宣传】** 创新形式,多措并举开展“五五”普法工作。顺利通过省、泰州“五五”普法考核检查验收。强化部门联动,构建大普法格局,市普法办组织协调16个部门单位,开展“五五”普法巡礼《江苏法制报》专版宣传,会同法治办组织全市各行政执法单位开展“五五”普法成果展,收到良好的社会效果。法制宣传的载体建设实现新跨越,市司法局组织参加全国、全省法制漫画比赛获得全国和全省两个一等奖;法治文化街,法治文化园,法治文化宣传车,法治文化电影队,法律书屋(柜),法治漫画,法治文艺汇演,实现宣传模式多样化,宣传效果精彩化、深入化。当年法制新闻宣传工作名列泰州前茅,被省司法厅表彰为全省“司法行政系统新闻宣传工作先进单位”。

兴化市“法治礼赞”专场文艺演出

**【人民调解】** 紧紧抓住“化解社会矛盾”这一工作重点,充分利用平安创建的大好契机,在人员编制、经费保障、办公条件等进一步落实改善的同时,扎实推进基层司法所创“优秀”、乡镇调处中心创“星级”、基层人民调解组织网络全覆盖等三大基础工程建设,全市35个司法所全都达到规范化要求,20个乡镇调处中心达到市“三星”级标准,乡镇司法所和调处中心软件、硬件及平安创建整体水平明显提高。按照“大调解机制提升年”和市委“服务发展、优化环境、促进和谐”的工作要求,立足服务发展、关注民生、维护稳定职能要求,及时总结提出大调解工作“333制”运作模式,不断深化“法治惠民”行动的

效果,被泰州市司法局评为季度亮点工作。切实加强大调解对接机制的建设,进一步提升驻法院、公安派出所、交巡警大(中)队人民调解工作室效能;在信访局安排律师参与市领导接访,在市调处中心接待大厅设立法律援助窗口,在重点部门设立专业调解室,昭阳镇城市16个社区分别成立个人调解工作室,形成基本覆盖全市的人民调解工作网络格局,全市各类矛盾纠纷得到及时、有效的控制和化解。全市各级调解组织共接待、排查各类矛盾纠纷2615起,受理登记1298件,成功调处1272件,调处成功率为97.99%,人民群众对调解工作满意度达98%以上。

**【法律援助】** 市法律援助中心立足"惠民生、助发展、保稳定"和"应援尽援"工作目标,切实加大对社会弱势和困难群体的法律援助力度,最大限度地维护受援人合法权益,维护法律尊严和社会公平正义,实现办案数量、办案质量、群众知晓度和社会影响力明显提升,当年办理法律援助案件1300件以上,每年为农民工等弱势群体挽回损失2000余万元。多项工作被泰州市司法局评为特色亮点工作,在全省130多个法援中心各项工作评比中位列前列。开通"12348"免费法律咨询专线,方便群众咨询和申请法律援助;针对低保、五保、优抚、特困职工、农民工等不同身份的人员,发放"法律援助证"、"维权绿卡",简化审批程序;先后在全市组织依法维权"百日行动"、法律援助"万户行"等专项活动,有针对性地开展法律援助宣传,有重点地受理土地流转纠纷、群体性讨薪等影响社会稳定的案件,消除社会不安定因素。积极与市调处中心及驻人民法院人民调解工作室、市劳动仲裁院、市信访局等机构协作,着力建立"援调对接"、"援裁对接"工作机制,积极推行"诉前调解",减少对抗,做到办案效果与社会效果的统一。

**【社区矫正和安置帮教】** 紧紧围绕"三项重点工作"把预防和减少"两类特殊对象"(社区矫正对象和安置帮教对象)重新违法犯罪作为首要标准,努力推动社会管理创新,为维护社会稳定发挥积极作用。全年新增矫正对象545人,解除矫正532人。现在矫982人,开展审诉前调查464人次,接收解矫人员264人,安置率98%,帮教率100%。与市检察院成立社区矫正检察室,在全省属于首创,与市公安局建立复合式社区矫正联动工作机制,出台《兴化市社区矫正对象脱、漏管处置办法》。推进社区矫正和安置帮教工作规范化管理、人性化关怀和社会化发展。

社区矫正工作者向矫正对象发放法律知识测试卷

高标准建成市社区矫正教育培训中心,集教育矫正、监督管理、帮扶解困、技能培训等功能于一体,进一步创新教育矫正的载体,丰富矫正工作形式和内容。以市级矫正教育中心建设为龙头,不断加强公益劳动、警示教育、爱国主义教育、技能培训和就业安置基地、法律维权等"五大基地"建设,共建各类基地37个。在全市矫正对象中深入开展"真情回报社会"各类活动,激发矫正对象回报社会的热情,"六项措施强化矫正监管工作"被《法制日报》推广报道,"社区矫正帮'回头浪子'圆了创业梦"被《新华日报》专题报道。

**【法律服务】** 坚持服务经济发展,扎实开展"双促双助"法律服务专项活动,组织全市律师深入680家顾问企业调查摸底,了解企业转型升级期存在的法律问题和法律需求,与企业开展"法企联姻"结对服务活动,先后走访企业3000多家次,发放法律服务联系卡1000余张,发放法律服务函2000余份。针对企业存在的涉法问题,有针对性地提出法律意见240份,为企业修订完善劳动合同4000余份,承办各类案件600多件,排查调处矛盾纠纷500多起,为企业避免和挽回经济损失近10亿元。充分发挥法律顾问团的作用,年内又分别成立经济开发区、昭阳工业园区、临城科技园区三个园区法律顾问团,共参与5个市属重大项目和680次园区企业的法律服务,提供法律意见80余份,参与谈判50余次,协调矛盾纠纷30余起,代理诉讼68起。市公证处积极参与市局开展的"双促双助"和公证文化年建设活动,打造一支"坚持信念、精通业务、维护公证、恪守诚信"的高质量公证队伍,全年共办理各类公证1038件。

(焦华云)

# 军 事

## 人民武装

**【人民武装工作概况】** 大力加强思想政治建设,狠抓国防教育、军事训练、民兵整组、国防动员、双拥共建等工作落实,人民武装工作迈上一个新台阶。年内,市人武部围绕“三个确保”的时代课题,扎实抓好学习型党组织建设,认真开展创先争优工作。结合大项活动,开展使命任务、战斗精神教育,激发广大民兵预备役人员的责任感、使命感、荣誉感。

**【执行任务能力】** 春节期间,全市乡镇武装部组织470名应急分队民兵,参加地方军警民大联防活动,有效地维护社会安全稳定。全市民兵应急分队担负元旦、春节、清明、五一等节日战备值班任务。完成防卫作战、动员支前和人民防空3个基本方案,28个配套保障方案的修订。缸顾乡组织民兵应急分队做好第二届“千岛菜花节”期间的安保工作。5月20日,完成保交护路任务,确保预备役1师赴射阳实弹射击从兴化境内安全通过。8月份,军分区赋予的战术作业试点示范作业,国动委成员单位全部参加,得到上级首长好评。组织10名民兵骨干参加省军区第三批通信兵集训,4名骨干被评为“优秀学员”,代表队被评为唯一的“先进单位”。6月17日,组织市民兵应急分队集训,参加军分区组织的民兵应急分队比武竞赛,本市获得了团体第二、个人综合成绩第一、3个单项科目第一的优异成绩。

**【征兵工作】** 2010年是征兵工作大幅调整之年,首次将高学历应届毕业生作为主体和部队不参与征接兵工作。市人武部紧扣高中毕业以上文化青年征集比例和廉洁征兵这两个重点。在昭阳镇开展全部征集高学历青年试点工作。在征集过程中,严格落实优先征集高学历青年政策,采取大学生体检不作单科淘汰,提高大学生合格比例。对高学历应征青年实行优先审批定兵,合格高中以上学历的应征青年未全部批准入伍前,初中学历的青年不得批准入伍。垛田、沙沟、昭阳三个镇高中以上学历达到100%。为提高征兵工作的透明度,切实将优秀青年送入部队,市人武部会同市纪委、监察局对廉洁征兵提出具体要求,与每名征兵工作人员签订廉洁征兵工作责任书。通过媒体和网络公布举报电话和信箱,并安排人员进行零检查登记和处置。

**【国防动员】** 继续巩固和深化2009年民兵组织建设调整改革成果。整组中,各乡镇能够坚持就近就地、在职在位、注重专业对口和好中选优的原则,确保人员在位率、专业对口率和出动率。根据上级要求,市人武部在充分调研论证的基础上,按照“三时一体”和“一队多用、一专多能”的要求,拟制合成化民兵应急救援分队组建方案。组织地方党政机关和企事业单位领导过“军事日”活动,与以往相比,2010年“军事日”活动由过去单纯组织乡镇领导过军事日向市级机关部委办局和企业家延伸,全年共有1200多人走进军营过“军事日”,通过组织地方领导和专武干部参加“军事日”活动,提高军事素养,进一步增强各级领导国防意识。

**【“三防四反”】** 市人武部把“五个不出”:不出事故、不出案件、不出失泄密问题、不出政治性问题、不出重大违纪问题作为安全稳定工作目标。每月组织一次干部职工学习安全管理的有关制度和规定,及时传达贯彻上级“三防四反”电视电话会议精神、安全工作的通报和指示。结合实际,进行认真梳理,通过讨论辨析,使干部职工澄清模糊认识,校正人生航向,明白今后的努力方向。部党委每季度进行一次安全形势、人员思想状况和预防犯罪情况分析,对检查出的问题和分析出的薄弱环节,及时整改。2009年,先后投资2万多元更换武器库监视器、仓库以及消防器材和电路改造。坚持按条令条例和规章制度管理,制定《干部管理教育规定》、《职工管理规定》、《值班管理规定》、《请示报告规定》、《接待工作管理规定》。

**【双拥共建】** 发挥桥梁纽带作用,顺应构建“富庶、生态、文化、和谐、幸福”新兴化的要求,扎实开展双拥共建活动。部机关对挂钩帮扶的1个贫困村、1个社区、7个贫困户、11名贫困学生和4名大学生进行走访慰问,投入帮扶资金共计3.1万元。积极协调到军分区为钓鱼镇援建一

9月1日，兴化市委常委、人武部政委袁祝祥到沈坨镇调研

所希望小学，投入资金18万元，完成第一阶段援建计划。协调省军区机关出资10万为周奋乡付堡村修一条公路。2009年初，组织干部职工和50余名民兵到汽车站扫雪清路，受到军地领导和群众的好评。组织100余名干部职工和民兵义务献血5万毫升。向玉树地震灾区捐款1万元。组织干部职工和民兵1万余人参加植树活动。组织1万多名中学生军训。协调有关部局出资20万元，帮助沈坨镇沈南村创建小康村，并指导该村在小康村创建过程中，突出文化特色，使该村在创建工作中获得一等奖。

**【民兵歌咏大赛】** 7月30日，市人武部在昭阳剧院举行兴化市民兵预备役"庆祝中国人民解放军建军83周年"歌咏比赛。此次活动得到市文化、教育、民政部门的大力支持，从前期准备到初赛再到最后决赛，历时40余天，准备精心、组织严密，各基层单位积极参与，唱出当代民兵预备役"忠诚于党，热爱人民，报效祖国，献身使命，崇尚荣誉"的坚定信念，活动圆满，社会反响热烈。（沙金华）

## 预备役部队

**【预备役部队概况】** 围绕"平时应急，战时应战"目标，积极参加践行当代革命军人核心价值观和学习军区"何祥美式爱军武标兵"为主题的政治教育，狠抓整组工作，打牢组织基础，积极参加军事训练，圆满完成上级赋予的各项训练任务修订、完善战备方案，做好抗洪抢险准备工作，进一步完善营、连规范化建设，以退伍兵困难家庭和贫困学生为主体，积极开展"双带双扶"活动。

**【政治教育】** 进一步深入学习实践科学发展观，用党的先进理论武装官兵头脑，用理论成果指导解决基层建设中的问题。通过学习实践活动，把科学发展观的要求转化为全营党员干部推进科学发展的坚强意志、谋划科学发展的正确思路，领导科学发展的实际能力，促进科学发展的政策措施、增强党性修养的自觉行动，使思想认识更加统一，行动更加自觉、制度更加完善。利用"到岗日"活动组织全营预任军官看录像，及时抓住地方集会的有利时机相对集中地对预编士兵进行教育，引导全营官兵认清当前形势，坚定听党指挥的政治信念，强化令行禁止的纪律观念，牢固树立"预备必用、用我必胜"的坚定信心。

**【军事训练】** 狠抓整组工作，打牢预备役部队建设基础，按照师、团两级的要求，遵循"编为用、建为战"的目的，按照"有利于组织领导、有利于提高质量、有利于执行任务"的原则，积极开展整组工作。把预任军官作为重点，按照《大纲》要求组织军事训练，认真落实训练计划。把专业分队训练作为提高预备役人员应急能力的抓手，先后组织两批官兵参加省军区和师组织的在镇江第一集团军通信兵、侦察兵集训。5月，根据团军事训练工作指示，组织一个连队官兵在泰州军分区教导队进行为期20天的专业训练。为较好地完成训练任务，做到早筹划、早协调、早准备。及时协调训练经费，乡镇预任军官认真挑选素质高、专业好的预编士兵按时参训，确保训练按时展开。在全体参训官兵的共同努力下，安全圆满顺利地完成专业训练任务，受到团首长的好评。通过训练、集训，提高军事水平，组织指挥能力进一步增强，解决少数预任军官训练中插不上手、说不上话、使不上劲的问题，为基层建设储备人才。

**【基层建设】** 积极开展社会参建活动，落实学习成果。响应政府号召，充分发挥预任军官作用，积极参加地方"三个文明"建设，预任指导员张文彪、于海翔利用担任乡镇领导的岗位优势，积极组织预备役官兵参加植树造林，扶贫帮困，巡逻值勤等活动，树立起预备役军人的良好形象，以实际行动贯彻落实科学发展观，在构建和谐社会中发挥带头作用，受到社会各界的好评。预任指导员谢贵春、王爱兵两名同志参加高炮一师在徐州五团组织的基层政工干部集训期间，谢贵春同志作为团基层代表在大会上作了交流发言，得到预备役师主任沈平的肯定和表扬。进一步完善、补充抗洪抢险所需物资，对各连器材库进行清点、整理，检查过程中受到首长好评。

**【双带双扶】** 积极参加地方"三个文明"建设，组织预备役官兵开展"双带双扶"活动，预任军官与困难退伍军人、贫困学生进行"一帮一"结对帮扶，共帮扶贫困退伍军人20名，中小学生9名，累计投入帮困资金9000余元，为促

进地方经济发展和构建和谐社会作出贡献。 (杨国胜)

# 武 警

**【武警工作概况】** 2010年,武警兴化市中队以《纲要》为依据,按照“打基础,抓经常,求规范,上层次,保中心”的总体工作思路,抓好落实保中心,狠抓部队的正规化建设和执勤处突能力的提高。部队制度落实,秩序正规,规范化建设水平显著提高。

**【思想政治建设】** 组织开展以“培育核心价值观、争做忠诚卫士”、“从严治警”、“创先争优”、“隐患大排查 矛盾大化解”等系列教育;开展密切内部关系、艰苦奋斗、执勤战备、法纪教育、心理健康等经常性教育,以及抗震救灾、世博安保、涉日维稳等具有针对性的随机教育。从规范教育秩序入手,活泼教育形式,注重发挥战士主题作用,发动群众进行自我教育,较好地活跃了氛围,增强了效果。

**【军事训练】** 开展新兵岗前培训暨执勤以老带新活动,认真学习各类执勤法规、规定,强化专勤专训、专哨专训,有效提高新兵执勤能力,在支队结业考核中,所有新兵全部合格。严格依据新《大纲》规定课目,依法组训,科学施训,官兵遂行多样化任务的能力不断增强。在支队组织的半年考核中,中队取得团体第二名的佳绩。7月底,中队出动25名官兵参加处置苏州群体性闹事事件任务,在实战中锤炼部队。开展官兵基本养成教育专项训练,针对需要解决的“十个问题”,结合“从严治警”集训,进一步深化官兵养成训练,部队秩序进一步正规。在支队组织的基本养成训练“网上会操”中,取得第一名的佳绩。

擒敌技术训练

**【内部管理】** 狠抓一日生活制度落实。结合贯彻落实新《条令》,对日常工作的每项内容都严格按作息时间运行,非特殊情况不随意变动时间,克服随意性,较好地规范“四个秩序”。狠抓安全工作落实。结合“暑期百日安全”、“迎大庆、树形象、保安全”等活动,始终按照“主动、反复、较真”的思路,定期对安全隐患情况进行检查和深入分析。建立隐患登记和挂号销账制度,及时有效地消除各类隐患,实现部队安全发展。扎实开展“隐患大排查,矛盾大化解”活动。根据支队统一部署,采取“正、反典型教育、排查隐患、新老兵大交心、干部骨干普遍谈心”等形式,开展密切内部关系、“四反”教育及隐患大排活动,取得较好效果。 (朱仰周)

# 消 防

**【消防工作概况】** 全面构筑社会消防安全“防火墙”,稳步开展社会单位消防安全“四个能力”达标创建,强化消防监督执法,坚决查处各类火灾隐患和消防违法行为,深入开展消防安全“大排查大整治大宣传大培训大练兵”活动,不断提高人民群众的消防安全意识和自防自救能力。认真学习开展主题实践活动、“在警营建功,为党旗添彩”主题教育活动,积极开展执勤岗位练兵,打造消防铁军行动,引导官兵树立“立警为公,执法为民”的服务意识,提高部队“拉得出、打得响、练为战、战必赢”的能力。2010年,消防大队共接警出动307起(其中火灾扑救63起,抢险救援244起),出动车辆616辆次,出动警力2793人次,抢救被困人员43人,疏散被困人员70人,抢救财产价值1210.2万元。

市领导视察消防科普教育基地

**【队伍管理】** 坚持以部队管理正规化建设为契机,将部队精细化管理落到实处,规范一日生活秩序,建立健全队伍形式分析工作制度,定期召开队伍管理工作形式分析会,严格以条令条例和规章制度来管理部队,建立健全全员管理责任机制。坚持“练为战”的思想,发扬公安消防铁军精神,围绕基础知识、基本技能、基本战术、基本体能,有针对性地确定训练重点,突出业务训练和灭火实战合成训练,强化“六熟悉”预案制定、器材装备操作等战术训练,不断健全岗位练兵竞争激励机制。

【防火监督】 全面开展三年构筑社会消防安全“防火墙”工程,培育18家消防安全“四个能力”建设试点单位,召开全市“四个能力”现场会,二级消防安全重点单位中的人员密集场所“四个能力”全面达标;结合戴南镇行政机构改革积极探索农村乡镇消防机构改革试点;开展高层地下建筑、建筑消防设施、消防控制室、中小学校舍、社会福利机构、文物保护单位、建设工程施工现场和施工人员集体宿舍等一系列消防安全专项整治行动;重点开展“世博会环沪护城河”专项消防安全保卫行动;开展冬季防火、高温防火等季节性防火工作,突出重点时段开展“四节两会”等错时制夜查行动;大力开展消防宣传“六进”、消防站开放,与相关部门共同举办安全生产月、119消防宣传周等大型广场宣传活动;成立了泰州市首家县级综合应急救援大队。全年共进行监督检查1884人次,检查单位825家,发现并督促整改火灾隐患961处,下发《责令改正通知书》376份、《重大火灾隐患整改通知书》2份,临时查封22家,办理消防行政案件165起,罚款金额50余万元。 (熊文辉)

## 人民防空

【工程建设】 2010年,全市新立项防空地下室面积18136平方米,比年初目标增长20%;新开工7060平方米,市人防指挥所工程已经开工建设,市人民医院新病房楼医疗救护工程已经建成,李中水上森林防空林投入使用。广润康城、牌楼路人防工程停车场等设备构件同步到位,单建工程建设程序规范,管理严格,质量监督全程跟踪新开工项目工程专业监理符合规定要求。人防工程专业标注已经制作正在安装之中。重视加强对已建人防工程的维护管理,在夏季汛期到来之前对时代广场、供电大楼、综合大楼等9处人防工程普遍组织一次检查和维护。年初预算安排专项维修资金并落实到位,未被挪用或挤占。

【指挥通信】 编制全市重要经济目标防护方案,与市人武部合成编组,建立人防专业队,并按年度计划落实参训人员,开展专业队演练。人防机关军事日活动开展得扎实有效,干部职工国防观点和战备意识得到进一步加强。李中水上森林防空林建设成效明显,兴化市城市人口疏散基地建设规划纳入市“十二五”城市建设发展目标。年内新安装张郭镇防空警报器1台,全市防空警报鸣放效果良好。完成警报集控系统,启动有线数据、图像通信。人防工作向基层乡镇延伸,戴南、张郭两镇人武部主动配合警报安装等相关工作,人防基层组织建设得到市人武部的重视。

【宣传教育】 以开展人民防空成立60周年纪念活动为契机,人防宣传教育形成较强的声势。与兴化电视台联合摄制的《铸起和平的天盾——兴化人防事业发展纪实》电视专题片,在兴化电视台和时代广场、沧浪公园大型电视屏幕上连续播放。《兴化报》、《江苏商报》专版刊登市政府和人防办负责同志的纪念文章,其中人防办的纪念文章被《人民日报》电子版采用并录入专集。组队参加泰州市“民防知识竞赛”活动。城区中小学疏散演练开展得有声有色,全市初中学校,民防知识教育开课率始终保持100%并做到制度化。与市教育行政主管部门联合编制中小学民防知识教育三年规划大纲,编印切合兴化市情的乡土民防知识教材。通过开展民防知识教育图案巡展活动,民防知识教育进社区,进机关、进企业产生较好社会影响。

【依法行政】 人防执法责任制健全落实,学法用法在机关干部职工中得到重视,市人防办所有工作人员经泰州市法制办组织的行政执法人员学法用法考试合格,取得行政执法上岗资格。通过司法途径,查处原金港房地产破产案,依法确认人防工程和规费债权。认真开展省人防知识竞赛活动。坚持行政权力网上运行,市人防办驻行政审批中心窗口多次被市主管部门评为红旗窗口。

【人防建设保障】 2010年,市委、市政府将市人防办列为市规划建设管理联席会议成员单位,对全市每一个建设项目从规划建设管理的源头予以审核把关,进一步规范工程建设项目的审批程序,从根本上杜绝过去城市建设项目土地审批“一口价”,规避人防工程建设和缴费的行为,做到人防工程应建设必足,不欠新账。全年,市人防部门共收取人防经费1200多万元,为全市人防工程建设提供有力支撑和资金保障。 (沙 杰)

# 人民生活

## 收入与消费

**【农民收入】** 2010年,全市各级党委、政府坚持城乡统筹发展工作思路,紧紧围绕“务实抓转型,全面达小康”创建目标,紧扣农村经济发展主题,以切实增加农民收入为落脚点,着力推进现代高效农业规模化、集约化、产业化经营,2010年农村工作各项统计指标全部达省定目标。

收入情况。2010年农民人均纯收入8816.96元,比上年增加1076.25元,同比增长13.9%。其中工资性收入为4398.86元,比上年同期增加497.80元,同比增长12.76%,家庭经营收入为3842.18元,比上年同期增加279.25元,同比增长7.84%,财产性收入为234.46元,比上年同期增加158.90元,同比增长204.9%,转移性收入为339.46元,比上年同期增加140.30元,同比增长70.45%。

**【农民消费】** 生活消费支出情况。2010年农民人均生活消费支出5371.43元,比上年同期增加667.09元,同比增长14.18%。其中:食品支出1971.20元,比上年同期增加190.62元,同比增长10.71%,农民消费的恩格尔系数为36.7%(注:江苏省全面达小康的标准为40%)。衣着消费429.83元,比上年同期增加74.01元,同比增长20.80%,居住433.90元,比上年同期增加25.96元,同比增长6.36%,家庭设备、用品及服务383.94元,比上年同期增加71.05元,同比增长22.71%,交通通信561.91元,比上年同期增加44.94元,同比增长8.69%,文教娱乐用品及服务1057.2元,比上年同期增加111.78元,同比增长11.82%,医疗保健321.98元,比上年同期增加51.41元,同比增长19.0%,其他商品和服务211.48元,比上年同期增加97.32元,同比增长85.25%。

百户家庭主要耐用消费品拥有量、居住住房情况。2010年百户家庭拥有:洗衣机79台,彩色电视机129台,摩托车19辆,电冰箱75台,空调机58台,固定、移动电话262部,家用计算机37台。人均住房面积41.03平方米。

(王殿付)

## 人口和计划生育

**【人口和计划生育概况】** 2010年,全市计划生育率99.05%,出生人口性别比渐趋正常。6月,国家人口计生委、中央电视台专程拍摄兴化市优质服务专题片。8月和11月,分别通过省定14个样本点泰州市复核、省人口协调发展先进市考核评估。建成江苏省优质服务先进市,“十一五”“双先同创”目标圆满完成,全市人口计生工作进入新的发展阶段。

**【流动人口计生服务管理】** 全市将流进人口纳入“市民化”服务范畴,做到管理服务“均等化”。6月,制定出台《关于全面推进流动人口计划生育基本公共服务均等化的工作意见》,明确各乡镇和相关部门的职责。8月下旬,市委市政府召开全市流动人口计划生育服务管理工作现场会。会议以戴窑镇流动人口服务管理创建现场为典型,在全市推广戴窑镇流动人口服务管理工作经验,着力打造“六个协作”、“三个联手”工作机制,构建公安、卫生、计生部门共同携手服务流动人口的新格局。全市以世代服务中心为依托,为流动人口开设一站式“绿色通道”,及时办理各项行政事务。设立20个流动人口免费服务机构,免费为流入人员提供查环查孕、避孕节育、优生优育等免费服务。先后开展流入成年育龄妇女生殖道感染综合防治、

市委、市政府召开全市流动人口计生服务管理工作现场会

宫颈癌早期筛查等生殖健康服务，建立健康档案，对患病人员跟踪落实转诊服务。计生部门规范开展流出人员婚育证明发放工作，加强对外协作，适时把握流出人员孕情信息。计生、公安部门携手合作，规范开展流进人口婚育证明查验。全市流动人口婚育证明发放率、查验率均达98%以上，政策宣传率、免费服务率、生殖道感染查治、宫颈癌筛查率均达90%以上。

**【新农村新家庭计划】** 全市不断巩固"新农村新家庭计划"建设成果。将人口计生宣传教育、利益导向、优质服务、依法行政等各项工作融入社会主义新农村建设，组织引导群众规范开展村民自治。新建婚育新风一条街、婚育新风园和人口文化大院，与群众零距离宣传婚育新风。全市建成9600个计生中心户，成为乡风文明的示范户、村容整洁的带头人。组织村计生协会会员、志愿者、中心户与计生困难家庭开展结对帮扶，加快计生家庭致富步伐。"十一五"期间，新农村新家庭计划在全省有位置，全国有影响。9月，市委、市政府举办"小康兴化·阳光计生"大型文艺演出活动暨颁奖典礼隆重纪念"9·25"《公开信》发表30周年，省人口计生委副主任戴纪生出席活动。演出过程中，市委、市政府专门对"十一五"人口计生工作先进个人给予通报表彰，对3名"人口计生工作好书记"给予表彰奖励。

**【数字化计生建设】** 4月，针对人口信息系统中漏项较多，人口覆盖率不高等问题，组织300多名乡村计生人员，历时1个多月，进村入户，逐人逐户与群众面对面核查人口信息，分别增录育龄妇女信息平台1.5万人、全员人口信息平台5万人。10月，根据全省对育龄妇女信息平台、全员人口信息平台两个人口信息系统合并升级的统一要求，对全市人口信息再次核查，省人口综合信息平台录入育龄妇女42.5万人，全员人口信息系统录入人口信息155.2万人，准确率和覆盖率均达99%以上。在全市建立含育龄妇女、流动人口、批准再生一孩、奖扶特扶、独生子女家庭等完备的全员人口信息数据库，实现人口信息管理的"数字化"。

**【出生性别比综合治理】** 坚持批准再生一孩上划市级管理，每季度为批准生育人员开展孕前一围孕期保健，实现批准再生育审批、怀孕、生育全程监测，有效预防选择性生育。全年批准再生一孩孕情服务率累计达98%以上。计生、卫生每月核校出生人口数据，实时监测出生人口性别比。全市先后在一、三季度开展以孕情服务为龙头的计划生育集中管理服务活动，对已婚育龄妇女开展拉网式孕情服务。建立人口计生综合信息库，切实加强群众结婚、怀孕、生育全程婚育管理，规范育龄群众婚育行为。会同卫生、药监、质监、公安、工商等部门联合开展计生药械服务市场的治理，严打"两非"行为，有效净化技术服务市场，提高出生性别比治理实效。

**【优质服务体系建设】** 2010年，全市"世代服务"体系建设步伐进一步加快，市、乡广泛开展计划生育优质服务示范站创建活动。年初制定全市创建规划，建立示范站创建工作领导小组，明确专人抓督查，对照创建标准，逐乡镇检查。"世代服务"机构在"十一五"从无到有，从有到优。戴南镇世代服务中心为全省首批试点单位，市计生指导站建成全省首家生殖健康检验中心宫颈细胞学筛查基地，各乡镇、示范村均建成世代服务机构，在全省率先实现"世代服务"机构市乡村全覆盖。全市坚持实行季度孕情服务制度，积极拓展服务项目，扎实开展"四项手术"、优生促进、围孕期保健、宫颈疾病、生殖道感染综合查治等服务，宫颈疾病查治累计8.9万人，确诊宫颈癌25例，全部落实治疗措施，优质服务率达98%。

**【计生法律法规贯彻】** 认真贯彻人口计生法律法规，保障群众生育权益。依法审批再生一孩，严格批准再生一孩程序，行政审批权力继续实现网上公开运行；依法开展流动人员管理服务，基本实现流动人口均等化服务；依法落实免费技术服务，"四项手术"服务免费开展；依法征管社会抚养费，4月制定《兴化市社会抚养费征收管理实施办法补充规定》，按工作经费、考核经费、奖励经费定期划拨，确保社会抚养费"征得上、管得严、用得好"，杜绝社会抚养费违规征收。加强"阳光计生"建设，优化政风行风，将人口计生法律法规、"两项纪律"及《行政执法责任制》、《行政执法过错追究制》在乡村政务公开栏公示。免费服务、再生一孩审批、社会抚养费征管、奖扶资金申领等程序和具体情况逐村公示，保障群众知情权。开通"12356"阳光计生热线，进一步畅通群众诉求渠道，热线电话答复率100%。3月下旬，市人口计生委主任周金喜作客行风热线节目，接听、答复群众计生工作建议意见。共接听、解答17名群众关于计生管理、技术服务、政策法规等方面的咨询和投诉，解答1条群众短信咨询。

**【农村计划生育家庭奖励扶助制度】** 依法落实农村部分计划生育家庭奖励扶助制度、独生子女伤残死亡家庭扶助制度和独生子女父母奖励金制度，全市享受奖扶、特扶制度累计39862人次，发放扶助金2237.6万元。5月份，组织开展奖扶、特扶人员资格确认，各乡镇积极组织符合条件的群众开展个人申报，市人口计生委组织人员对申报人员逐一开展走访核实，重点走访村干部和与申请对象年龄相仿的邻居，核清查明申请对象的婚姻、生育和子女存活情况，切实把好资格确认源头关。在市指导站、各乡镇中心站和相关医疗定点单位规范开展计划生育“四项手术”免费技术服务。在全省唯一以市财政出资、银行打卡、“直通车”形式发放独生子女父母奖励金，市财政累计发放独生子女父母奖励金891.8万元。2010年发放奖扶2288人、特扶82人，独生子女父母奖励金4250人。

（茅　清）

# 劳动就业

**【劳动就业概况】** 年内，市人力资源和社会保障局紧抓经济复苏向好发展的机遇，以创建创业型城市工作为抓手，不断完善政策、培训、服务“三位一体”的工作机制，全市就业形势稳定向好。全年城镇新增就业9962人，转移农村劳动力20363人，期末城镇登记失业率为2.85%。建成全省第一家村级人力资源市场，新增5个创业孵化基地和5个就业实训基地，共有523个行政村建成村级劳动保障工作站。累计组织各类就业创业培训33000多人，为企业培养中级以上的熟练技术工人6000多人。全年组织各类大型专项招聘活动41场，“创业就业服务超市”11场，通过公共服务平台，共为城乡居民提供就业岗位2.67万个，达成就业意向8000多人。通过强化困难家庭毕业生和城乡“双零”家庭的就业援助，帮助城乡困难人员就业500多人，基本实现“动态清零”的充分就业目标。

新春招聘会

**【创业就业】** 大力贯彻落实各项扶持创业就业的优惠政策，扩大政策覆盖面，加大对创业者的资金扶持力度。通过《兴化报》和本部门网站宣传小额担保贷款、社会保险补贴和自主创业一次性领取失业保险金等政策规定及其申办流程，并及时公示申请审批情况。全年共新增小额担保贷款1080万元，劳动密集型小企业贷款1500万元，社会保险补贴350万元。推进创建国家级创业型城市工作。提请市政府办公室下发《关于开展创建创业型乡镇、社区（村）工作的通知》，至年底，达到创建标准的乡镇和社区分别达到74%和63%。突出创业培训重点，精心组织农村返乡人员创业培训项目。全年组织4期大学生村官、女企业家创业培训班。在首期妇女创业培训班上，举行巾帼创业小额担保贷款启动仪式。积极推进农村劳动力转移培训，通过与企业联合培训等形式，大力组织各类技能培训，促进农村劳动力就近就地转移，满足企业的用工需求。加大对农村困难群体的技能就业帮扶力度，共对贫困农民实施“五包”式培训1042人。全年新增自主创业10746人，创业带动就业32084人。

**【和谐劳动关系】** 全面落实“双维护、两服务”方针，坚持学法、宣法、执法多着并举，认真组织开展“服务企业百日行”和农民工工资支付、整治非法用工、社会保险专项检查行动，取得积极成效。全年累计主动监察用人单位2089户，立案查处侵权行为215件，敦促用人单位报备劳动合同2.4万份，共帮助4762名农民工追回拖欠工资3170万元，全市无一起因拖欠工资而引发的集访越访事件。认真贯彻落实《劳动争议调解仲裁法》，努力做到快接快立、多调慎裁。全年处理劳动争议案件1243件，调解率达95.5%，按期结案率和准确率均实现100%。

市委书记贾春林慰问福利院老人

**【“创业就业超市”】** “创业就业服务超市”功能不断拓展。农历正月十一在人力资源市场成功举办“迎新春创业就业服务超市”活动，专门举办项目发布会，加大创业投资项目推介力度，城乡创业者和大学生村官等共100多人参加。活动共推出高效农业、服务业、小型制造业和小型科技项目四大类创业项目150多个，共接待创业咨询近1000人次，发放各类资料5000多份。至年末，“创业就业服务超市”在全市9个乡镇和昭阳镇儒学社区成功举办“送政策、送项目、送岗位、送服务”活动，每次活动都在当地引起较大反响，充分满足人民群众的创业就业需求。

（钱雪松）

# 社会保障

【社会保障概况】 2010年，社会保障体系建设取得新突破，全市继2008、2009年先后实现城乡医疗保险一体化和城乡创业就业服务一体化之后，又实现城乡居民养老保险一体化，基本实现"人人享有社会保障"目标。至年末，企业职工养老保险、城镇职工医疗保险、工伤保险、失业保险分别新增扩面10242人、4600人、15276人和17662人。城乡居民医疗保险参保率、筹资率均达100%。全年企业职工医保结报住院19831人次，结报费用

劳动保障政策法规普法宣传

10845万元，政策内补偿比为85%，特殊门诊26649人次，结报费用2185万元；新农合住院结报75521人次，结报费用16814万元，实际补偿比为46.41%；新农合门诊统筹结报1201603人次，结报费用559万元，实际补偿比为11.2%；城镇居民医保结报2068人次，结报费用637万元。生育保险扩大基金支付范围。工伤保险对159家单位实施浮动费率，全市企业工伤保险参保率提升11个百分点。医保基金使用监督管理联席会议职能得到加强，通过强化内控机制，狠抓稽核监管，确保基金安全。全年征收社保基金15.88亿元，支出10.29亿元，当期结余5.59亿元，累计结余16.95亿元。实施参保群体各类免费健康体检近12万人次，制发社会保障卡1.8万张；建立企业退休人员培训学校，开通灵活就业人员银行代缴保费系统，居家养老服务站在城区社区实现全覆盖，退休人员文化生活日益丰富。

【"两个确保"】 基金保障能力不断增强。全年累计征收企业职工养老保险费3.92亿元，争取省级补助9320万元，地方财政配套资金1000万元，确保全市33444名离退休人员养老金100%按时调整和足额发放，当期发放养老金达4.49亿元；累计征收失业保险费2421万元，争取省级补助843万元，确保符合条件的失业人员100%按政策足额享受失业保险待遇，当期发放失业保险金527万元，消除2001年底以来累计长达9年的资金赤字，期末基金结余1925万元。

2010年兴化市参加社会保险情况

表35

| 项目 | 养老保险 | | | 医疗保险 | | | 工伤 | 失业 | 生育 |
|---|---|---|---|---|---|---|---|---|---|
| | 企业职工 | 机关事业 | 城乡居民（新农保） | 企业职工 | 城镇居民 | 新农合 | | | |
| 参保人数（万人） | 9.45 | 0.53 | 68.28 | 16.29 | 6.43 | 123.80 | 11.83 | 7.49 | 5.16 |

【城乡居民养老保险实现全覆盖】 抢抓全省新型农村养老保险全覆盖契机，精心组织，强力推进，掀起以城乡居民养老保险扩面为主要内容的社会保险全覆盖"百日攻坚"活动高潮，全市统筹城乡社会保障取得突破。至2010年底，城乡居民养老保险参保达68.28万人，新增参保46.65万人；当年60周岁以上基础养老金发放24.64万人，参保和发放人数分别完成省、泰州市下达目标任务的161.2%和166%，实现"全覆盖"、"全发放"。市城乡居民养老保险全覆盖工作的成功做法，得到国务院肯定。

【城乡居民医保门诊统筹制度建立】 提请市政府办公室出台《兴化市城乡居民医疗保险门诊统筹暂行办法》，从2010年1月1日起，门诊统筹基金按每人20元／年的标准从城乡居民统筹基金中提取，门诊个人起付线为50元，起步线以上按30%结报，每人每年最高可结报150元。在对一季度参合人员门诊费用结报情况进行分析、研究的基础上，于4月份又提请市政府办公室出台《关于调整兴化市城乡居民医疗保险门诊统筹个人起付线的通知》（兴政办发〔2010〕79号），将城乡居民医疗保险门诊统筹个人起付线由原来的50元／次调整为20元／次，使广大参保人员得到更多的实惠。

【医保政策】 全市城乡居民医疗保险实现参保率、筹资率两个100%,医疗保险参保受益面进一步扩大,参保待遇进一步提高。调整职工医保相关政策,基本医疗保险统筹基金最高支付限额由4万元提高到5万元;城镇职工医保大病救助基金最高支付限额,由15万元调高到20万元。慢性病种范围由原来的16种扩大到33种,并实行分类管理,限额结算。生育保险待遇进一步提高,将妊娠合并症、并发症,计划生育手术费及环情检测,符合计划规定的三个月内的新生儿医疗费用等纳入生育保险报销范围;男职工配偶未参保的生育保险待遇,由原来定额范围内支付50%提高到100%;同时,将一次性营养补助费标准由原来按当地上年职工平均工资的1%提高到2%。提请市政府办公室出台《关于调整城乡居民医疗保险结算标准的通知》。从2010年1月1日起,城乡居民医保结报比例在上年结报比例的基础上,各增加5%(新农合类:起付线~10000元报销60%,10001~25000元报销65%,25001~40000元报销70%,40001~最高支付限额报销75%;城镇居民类:起付线~10000元报销65%,10001~25000元报销70%,25001~40000元报销75%,40001~最高支付限额报销80%)。城镇居民医保结报年最高支付限额由上年的8万元提高到9万元。在最高限额内,城乡居民医疗保险住院最低结报比例在原来的基础上,分别提高5%,即新农合类为25%,城镇居民类为30%。

(钱雪松)

# 民政事业

【城乡低保】 城乡低保自然增长机制进一步完善。从2010年7月1日起提高城乡低保标准,城市低保由每人每月300元提高到340元,人均月补差160元,农村低保由每人每月170元提高到210元,人均月补差100元。适度普惠性的城乡困难群众节日生活补助机制得到落实,全年发放城乡低保节日慰问补助367.1万元、物价补贴633万元。60年代精简职工、未参保困难企业职工和无固定收入重残人员生活补助费同步提高。

【"五保"供养】 按照省"三年脱贫攻坚计划"的要求较大幅度提高五保供养标准,集中供养的由原来每人每年2400元提高到3000元,分散供养由1800元提高到2500元。5月对全市民政供养对象开展全面核查清理工作,重新登记换证,共核减"五保"826人,年底全市在册"五保"总人数为11948人。实施农村五保"关爱工程"配套工程建设项目13家,床位建设1家,新增床位100张。

【社会救助】 修订、出台《兴化市城乡医疗救助实施办法》,对救助标准作了新的调整,加大救助力度,全市城乡困难患者1800人得到救助,累计发放医疗救助资金1200万元。

社会救助服务中心揭牌

【优抚工作】 成功实现省级双拥模范城"六连冠",在泰州市率先组建双拥协会。不断深化"一助一"扶优活动,全年结对重点优抚对象1200户,90%以上的帮扶对象生活明显改善。提高全市优抚对象抚恤、定补、优待、护理费标准,从2010年7月1日起,优抚对象抚恤补助和优待金标准按泰州市新标准执行。不断完善重点优抚对象"五位一体"医疗保障体系,推行优抚对象"一站式"即时结算,将住院医疗保险与重病救助合二为一,实行一站式服务,有效解决医疗报销周期长、垫付难问题。在全省率先实施重点优抚对象百户危房改造工程,安排100万元为139名重点优抚对象进行危房改造,并于10月底全面完成。积极推进"慰烈工程"建设,在调研论证的基础上,通过乡镇试点,以知名烈士墓塔和村级公益性公墓为依托,实行集中安葬,确保"慰烈工程"项目的顺利实施。

【双拥工作】 组织开展双拥宣传月、国防知识宣传周、军营一日、"勿忘国耻、强我国防"、"万名适龄应征青年报效国防"签名、双拥书画笔会、老战士服务团形势报告会等活动,走访慰问连云港海军"兴化艇"和安徽肥东机场空军航空兵"兴化团"。经过全市上下共同努力,顺利通过省级双拥模范城"六连冠"验收。

泰州市民政局局长叶海波走访兴化困难群众

【退役士兵安置】 推行城乡安置工作一体化，对农村退役士兵发放生产生活补助金给予经济补助。动员和组织481名退役士兵报名参加职业技能培训，参培率达95%以上。建立了退役士兵职业技能培训信息数据库。

【民政福利企业】 新办福利企业4家。全市福利企业实现销售收入38.5亿元，入库税金4790万元。新安置残疾职工382名，残疾职工"四险一金"缴纳率达100%。加强福彩销售工作，全年福彩销量达7045万元，进入全省县市销售"十强"。

【区划地名管理】 在全省率先成立地名文化研究会，开展地名科学学术交流活动，宣传普及有关地名管理工作的政策法规和基础知识。兴化市作为全省唯一一家县级市在全省区划地名工作会议上介绍经验，并被表彰为全省地名公共服务工程建设工作先进集体。

【殡葬改革】 加快殡葬事业改革发展，兴化、安丰、茅山3家殡仪馆实行新的集体承包经营管理机制，建立单位发展基金提留制度，实行主办会计委派制度，完善奖金分配制度，使经营承包责任制更加规范和更具活力。狠抓基础设施建设，先后投入780万元，实施全面升级改造。同时合理调整收费标准，拓展殡仪服务项目，积极开展等级馆达标规范建设，三家殡仪馆基础设施水平、内部管理水平、为丧户服务水平得到全面提升。

【婚姻登记】 婚姻登记处成为国家级"婚姻登记规范管理达标单位"，全年结婚登记19457对、离婚登记1435对，登记合格率100%。 (陆 俊)

## 社 会 组 织

【社区建设概况】 城市社工委为兴化市委、市政府派出机构，正科(局)级建制，与昭阳镇党委、政府合署办公，内设综合部、党群工作部、社会事务部、劳动保障福利部四个机构，均为股级建制。共下辖16个社区，辖区面积14.15平方公里，常住人口165536人、57716户，流动人口58642人，登记在册党员3137人，共建单位111个，主要辖区单位149个，居民小区155个，社区工作人员142人，每个居委会有7～9名工作人员，其中大专以上学历的97人，平均年龄41.8岁。

突出"提高市民素质、关爱百姓冷暖、参与城市建设、服务城市管理、丰富社区文化、维护社会稳定"等工作重点，不断完善工作机制，拓展社区功能，加大工作力度，强化社区服务，呈现出持续、稳定、健康的发展态势。先后投入两房建设资金1100多万元，社区两房面积增加4500多平方米，迎丰、长安、文峰、沧浪、景范、五岳、文林、新阳、南沧、牌楼、新义、海池、英武等13个社区"两房"已达标；西霞社区办公大楼主体建设即将完工，正在准备装修；水关、儒学两社区办公用房已初步落实。社区通过开展"传承节日文化、宣传廉政文化、倡导健身文化、弘扬民俗文化、培育家庭文化"活动，推动在广大市民中开展的"理想信念教育、思想道德教育、城市意识教育、法律法规教育、科普知识教育"等五项教育活动，不断丰富居民群众文化生活，努力提高广大市民文明素质，共开展文体活动5500多次，其中被新闻媒体报道的有：兴化市级2500多次、泰州市级390多次、省级150多次、国家级30多次。社区坚持把系列创建作为推进社区"五城同创"的主抓手，贴近社区实际，挖掘整合资源，紧紧抓住市级机关部门结对挂钩社区共建机制，五年来共争取创建工作经费366万元；注重以个性形成特色，以特色促进创建，着力彰显特色，努力打造"一居一品"，16个社区共形成23个特色创建主题，涌现出各类特色社区261家，其中兴化市级129家、泰州市级88家、省级28家、国家级3家。市镇每年落实社区工作经费348万元，比2005年增加142万元；稳步提高社区工作人员的报酬待遇，实行基本工资加工作考核补贴、上下班考勤补贴方式。 (吴 峰)

【基层民主建设】 精心组织兴化市第九届村委会换届选举工作。在泰州市率先开展"村民直评村干部"活动，全市80%以上的村官在选举前接受村民直评，为新一届村委会成员的提名推荐打下基础。扎实开展"两委会"换届工作试点，针对选民外出人员多、候选人资格界定、村党组织书记和村委会主任"一肩挑"等新的选情认真进行探索。修订简明实用的选举工作手册，培训选举工作人员3万多人次。营造公平、公正、公开的选举环境，为全市选举工作做好充分准备。截至11月6日，全市614个行政村全部完成换届选举工作，选举率、选举成功率均达100%。

【民间组织管理】 坚持发展与管理并重，加强社会组织的培育和规范管理。年内新注册登记的社会组织62家(社团23家、民非39家)，全市备案登记的社区社会组织66个。扎实开展治理规范社会团体收费行为工作，对19个社会组织分别作出处理，其中注销社团登记10个，发出行政处罚通知撤销民办非企业单位登记的4个。积极打造社会组织工作品牌，市脱水蔬菜行业协会自建协会网站、自办简报，每月定期召开理事会，积极发挥平台和纽带作用，带动3万多农户共同创业致富，2月被民政部表彰为全国先进社会组织，3月被江苏省社会组织深入学习实践科学发展观活动指导小组表彰为先进单位。

(陆 俊)

# 乡镇概貌

## 昭阳镇

【昭阳镇概况】 昭阳镇是兴化市委、市政府所在地,是一个具有2300多年悠久历史的水乡文化古镇, 人文荟萃, 人杰地灵。行政区域面积50.02平方公里,辖16个社区居委会,11个行政村,总人口15.92万人,其中农业人口2.23万人。有江苏昭阳工业园管委会和城市社区工作委员会两个市局级部门, 与昭阳镇党委、政府合署办公。2010年,全镇实现地区生产总值31.3亿元,其中第一产业增加值0.99亿元,第二产业增加值11.66亿元,第三产业增加值18.95亿元。工业总产值98.53亿元, 增长29.5%。农民人均纯收入实现11290元,财政收入64977万元。2010年度被兴化市委市政府表彰为综合先进乡镇二等奖、泰州市经济工作十强乡镇。

经济建设与发展 全年完成经济总收入234.16亿元。实现工业产品销售收入96.75亿元, 比上年增长32.4%; 规模型、成长型企业和村完成工业销售收入94.29亿元,利税7.95亿元,分别占全镇工业经济总量的97.4%。年末有工业企908家,其中13家销售收入超亿元。民营经济蓬勃发展,新登记注册个体工商户1450户,新登记注册私营企业55家, 民营经济新增注册资本6.5亿元。全年新增工业项目15个,实际到位资金3.7亿元,协议利用外资2108万美元, 实际利用外资501万美元,其中, 投资亿元以上项目2个,5000万元以上项目3个,3000万元以上项目5个, 超额完成市交招商引资和利用外资目标任务。永兴科技、意科赛特、欧泰机械等一批重点项目顺利实施。全年投入近1000万元,配套实施四区电力增容、邮电通讯、绿化亮化、自来水管网、科升桥和园区干道改造工程。继续强化“一站式”服务、副镇级干部挂钩联系重点企业制度,帮助企业有效破解“用工难、用地难、融资难、审批难”等矛盾,园区发展环境进一步优化,承载能力明显提升。充分发挥园区、城区、郊区“三区”联动优势,加快推进特色街区、重点市场建设,大力发展现代服务业,改造提升传统服务业,服务业贡献份额进一步加大, 全年完成服务业增加值同比增长27.8%, 占全镇GDP总量的66%。全镇新增设施农业面积15.33公顷,累计达126.67公顷;西潭葡萄农庄、安洲大棚蔬菜等特色农业发展势头良好;新增高效水产养殖面积53.33公顷,畜禽规模养殖比重提升6.5%,累计达到85%。

江苏大学企业研究生站揭牌

社会事业发展 年末,有学校19所,教师总数2284人,在校学生37266人。有医院6家,社区卫生服务所11家。年初对兴沙路、兴西路和西过境路等沿线环境进行全面整治,拆除公路运输两旁房屋、破旧棚舍21处500多平方米,路边填土1.2万立方米,修建绿化池48个,新栽绿化面积1700平方米。参与城区第一批次、第二批次等9个地段拆迁拆违工作,累计拆迁910户,拆违230户;组织关门坝头、下甸直港河等地段的绿化和环境整治。建成新阳、沧浪、景范、五岳等四个社区“两房”,西霞社区“两房”土建基本结束,累计有14个社区“两房”达标。同时面向社会公开招聘16名社区工作人员,选调16名大学生村官、16名教师到社区工作。镇级“世代服务中心”和6家村级、社区标准化服务室近期建成。“三送”工程成效明显,累计送图书1.1万册,送电影、送戏、送法律105场次,各村、社区建成报刊、宣传栏27处,新增绿化造林面积24.07公顷。全年共接待来信来访406件,办结和调处率100%。

富民工程实施 城乡居民养老保险、医疗保险实现全覆盖,新增参保总人数分别为11500人和46000人;超额完成城镇职工养老、医疗、工伤、生育、失业保险扩面任务。落实专项资金800多万元,用于五保、低保、重残和“1045” 等特困人员的生活保障和救助。计划生育率99.6%以上;全面普及九年义务教育,建成农村、社区卫生服务站9家,建立群众文化活动“以奖代补”专项考核制度,按时完成第六次全国人口普查工作。组织创业就业各类培训班6期，参训人员745人，转移输出农村劳动力617人，新增就业2850人次。

2010年主要经济社会指标

表36

| 指标名 | 单位 | 数值 |
|---|---|---|
| 总户数 | 户 | 67119 |
| 总人口 | 人 | 159219 |
| 乡镇从业人员数 | 人 | 98412 |
| 耕地面积 | 公顷 | 1011 |
| 地区生产总值 | 万元 | 313014 |
| 人均地区生产总值 | 元 | 31231 |
| 农业增加值 | 万元 | 11681 |
| 工业增加值 | 万元 | 85880 |
| 建筑业增加值 | 万元 | 30666 |
| 服务业增加值 | 万元 | 249533 |
| 生猪出栏 | 头 | 27546 |
| 家禽出栏 | 万羽 | 4914 |
| 水产品产量 | 吨 | 7058 |
| 工业企业数 | 家 | 336 |
| 当年到账外引资金 | 万元 | 500 |
| 工业销售收入 | 万元 | 948398 |
| 工业利税总额 | 万元 | 81572 |
| 预算内财政收入 | 万元 | 64977 |
| 一般预算收入 | 万元 | 33560 |
| 私营个体税收 | 万元 | 33758 |
| 居民储蓄存款余额 | 万元 | 697292 |
| 农民人均纯收入 | 元 | 11290 |
| 中小学校 | 所 | 16 |
| 在校学生 | 人 | 37266 |
| 在职教师 | 人 | 2284 |
| 医院 | 所 | 6 |
| 卫生所(室) | 个 | 17 |
| 医生数 | 个 | 531 |
| 病床数 | 张 | 1061 |
| 参加养老保险人数 | 人 | 13080 |
| 参加农村新型合作医疗人数 | 人 | 22345 |
| 享受居民最低生活保障人数 | 人 | 5401 |

2010年骨干企业基本情况

表37

| 企业名称 | 销售收入（万元） | 利税总额（万元） | 法定代表人 |
|---|---|---|---|
| 江苏兴顺电子有限公司 | 12443.2 | 1124.8 | 石冢二朗 |
| 江苏兴纺机械有限公司 | 4222.7 | 261.5 | 武东升 |
| 兴化市东方机械有限责任公司 | 19408.4 | 2320.4 | 王寿年 |
| 兴化市渗铝耐热钢厂 | 4361.3 | 348.9 | 吴应怀 |
| 兴化市恒新机械有限公司 | 1458 | 116.6 | 朱　刚 |
| 兴化市华联冶炼有限公司 | 4734.7 | 378.8 | 潘冬玲 |
| 兴化市恒源特钢有限公司 | 16961.4 | 2118.8 | 刘长松 |
| 兴化市华泰机械制造有限公司 | 703.3 | 56.3 | 陈兆年 |
| 兴化市远洋机械有限公司 | 8878.2 | 538.8 | 邹　健 |
| 兴化市通联纺织机械有限公司 | 1608.5 | 128.7 | 孙舜成 |
| 江苏万佳制衣有限公司 | 9620.1 | 560.9 | 叶旭阳 |
| 兴化拖拉机有限公司 | 1065.5 | 85.2 | 易厚荣 |
| 兴化市中伟铸钢有限公司 | 14007.8 | 1367.7 | 张建中 |
| 兴化市垣泰铸钢厂 | 106726 | 1214.9 | 吴传辉 |
| 兴化一超渔具有限公司 | 11412 | 91.3 | 蔡式彬 |
| 兴化市兴瑞纺织机械厂 | 9767 | 78.1 | 刘成建 |
| 兴化市塑料农膜厂 | 42634 | 335 | 潘成业 |
| 兴化东方工具有限公司 | 46568 | 284.6 | 王明璋 |
| 兴化市大地蓝绢纺有限公司 | 169515 | 2000.3 | 戴香莲 |
| 江苏迈克莱电子有限公司 | 75386 | 554.9 | 吴　瑜 |
| 兴化市华诚纺织机械厂 | 6767 | 54.1 | 朱仁华 |
| 兴化市华辉工具厂 | 60388 | 351.1 | 王恒辉 |
| 兴化市康宁药用包装材料厂 | 16925 | 135.4 | 魏加荣 |
| 兴化市开源船舶机械有限公司 | 83034 | 534.4 | 吴建东 |
| 兴化市亨达再生橡胶厂 | 30305 | 187 | 虞文国 |
| 兴化市欣欣铸钢有限公司 | 59099 | 409.9 | 王　勇 |
| 兴化市星球体育用品有限公司 | 8471 | 67.8 | 潘　国 |
| 兴化市广盛电力器材有限公司 | 13703 | 109.6 | 宋思广 |
| 兴化市富邦机械有限公司 | 18021 | 144.2 | 付成军 |

续表 37

| 企业名称 | 销售收入（万元） | 利税总额（万元） | 法定代表人 |
|---|---|---|---|
| 兴化通裕纺织有限公司 | 198794 | 2185 | 刘峻涛 |
| 兴化市恒发棉业有限公司 | 216829 | 1682.5 | 蒋　林 |
| 江苏楚龙面粉有限公司 | 469389 | 4365.2 | 郑风平 |
| 兴化市自来水总公司 | 17578 | 140.6 | 王　斌 |
| 泰州市百新波纹管厂 | 79496 | 415.9 | 张翠萍 |
| 江苏圣蓝科技有限公司 | 34454 | 248.2 | 吕晨培 |
| 兴化市天健电热机械有限公司 | 17587 | 140.7 | 许帮前 |
| 兴化市华峰塑料有限公司 | 79496 | 240.6 | 张正云 |
| 兴化市金辉塑钢门窗制造有限公司 | 10701 | 85.6 | 杨天民 |
| 兴化市中材铸钢有限公司 | 38255 | 306 | 王桂如 |
| 兴化市五联工具有限公司 | 15872 | 127 | 邹瑞年 |
| 兴化市杰成塑胶有限公司 | 32527 | 260.2 | 王金珏 |
| 泰州市同鑫不锈钢材料有限公司 | 533210 | 4952 | 宗义正 |
| 兴化市三源纺机厂 | 57761 | 462.1 | 刘柏平 |
| 兴化市创鑫蔬菜机械有限公司 | 47538 | 380.3 | 苗玉贵 |
| 泰州市方兴棉业有限公司 | 7316.6 | 472.2 | 周庆贵 |
| 兴化市源隆伟业织造有限公司 | 9326.6 | 600 | 周敦胜 |
| 江苏银花棉业有限公司 | 8473.5 | 553.7 | 张兴林 |
| 兴化市通舟船舶设备有限公司 | 5098.8 | 407.9 | 肖龙付 |
| 兴化名沙食品有限公司 | 3426.1 | 199.3 | 陈礼建 |
| 兴化市福达铸钢厂 | 3948.9 | 315.9 | 钟学勤 |
| 兴化市建伟铸钢厂 | 4299 | 343.9 | 姚建伟 |
| 兴化市钢联齿轮有限公司 | 5715 | 388.8 | 王书鉴 |
| 兴化市四友机械配件厂 | 3650 | 292 | 阮顺喜 |
| 兴化市双盛钓具制品厂 | 2627 | 210.2 | 黄德健 |
| 兴化市新恒达弹簧垫圈有限公司 | 2730.9 | 218.5 | 冀　霞 |
| 兴化市恒明机械有限公司 | 2533.2 | 202.7 | 付仕华 |
| 兴化市华唯传感器件有限公司 | 3217.2 | 257.4 | 魏洪华 |

续表 37

| 企业名称 | 销售收入（万元） | 利税总额（万元） | 法定代表人 |
|---|---|---|---|
| 兴化市恒庆弹簧垫圈有限公司 | 2417.9 | 193.4 | 苏友顺 |
| 兴化市东源机械有限公司 | 2203.9 | 124.2 | 成　烽 |
| 兴化市铁信电子工程有限公司 | 2203 | 176.2 | 陶树林 |
| 兴化新蓝天机械实业有限公司 | 2619 | 209.5 | 姜绍荣 |
| 兴化市名流文体用品厂 | 1081.8 | 86.5 | 吴翠红 |
| 兴化市恒立弹簧有限公司 | 891.4 | 71.3 | 韩　明 |
| 兴化市力恒齿轮有限公司 | 719.5 | 65 | 纪定章 |
| 兴化市光华机械配件厂 | 625 | 55 | 曹　海 |
| 兴化市祥宇机械有限公司 | 521.6 | 40 | 邵　杨 |
| 兴化市金阳不锈钢制品厂 | 532.4 | 40 | 朱卫东 |
| 兴化市新兴电子有限公司 | 549.7 | 55 | 刘　英 |
| 兴化市广宏机械厂 | 531.5 | 40 | 戴广宏 |
| 兴化市丽云机械铸造有限公司 | 501.2 | 40 | 刘日君 |
| 兴化市玉河特种钢厂 | 563.2 | 50 | 周玉河 |
| 兴化市华鑫斯特恩机械配件有限公司 | 554.3 | 50 | 华声国 |
| 兴化市楚水橡胶厂 | 1208 | 160.8 | 周建琪 |

**各居委会基本情况**

表 38

| 居委会名称 | 居委会支书 | 居委会主任 | 户数（户） | 人口（人） |
|---|---|---|---|---|
| 水关 | 王树荣 | 单桂荣 | 4012 | 12356 |
| 迎丰 | 杨应明 | 杨应明 | 3815 | 11892 |
| 长安 | 周建萍 | 周建萍 | 4866 | 11142 |
| 文峰 | 李桂华 | 朱凤安 | 5526 | 16523 |
| 景范 | 吴年涛 | 全洪美 | 1236 | 2134 |
| 五岳 | 朱伯生 | 张春祥 | 2133 | 8541 |
| 儒学 | 戴长年 | 戴长年 | 4265 | 10326 |
| 沧浪 | 孔祥宏 | 卢仁义 | 2584 | 7895 |
| 文林 | 顾　进 | 顾　进 | 4213 | 12698 |
| 南沧 | 马惠荣 | 马惠荣 | 4136 | 11264 |

续表 38

| 居委会名称 | 居委会支书 | 居委会主任 | 户数（户） | 人口（人） |
|---|---|---|---|---|
| 新阳 | 陈增猷 | 朱　晋 | 4507 | 120369 |
| 西霞 | 孙长青 | 舒兴旺 | 2106 | 8865 |
| 牌楼 | 尹文兰 | 尹文兰 | 3882 | 10635 |
| 新义 | 杨晓红 | 邢瑞志 | 2657 | 8965 |
| 海池 | 杨　琴 | 马惠荣 | 3165 | 10021 |
| 英武 | 陆生荣 | 陆生荣 | 4325 | 11789 |

各村基本情况

表 39

| 村名 | 村支部书记 | 村委会主任 | 耕地面积（公顷） | 人口（人） | 工农业总产值（万元） | 农民人均纯收入（元） |
|---|---|---|---|---|---|---|
| 沙甸村 | 吴年涛 | 陈兆兰 | — | 2952 | 28206 | 12152 |
| 五岳村 | 朱伯生 | 刘长树 | — | 1804 | 36469 | 12058 |
| 南阳村 | 王发余 | 庞金洪 | 106 | 2158 | 333901 | 11292 |
| 安洲村 | 冀开东 | 周志华 | 263 | 2260 | 5278 | 10679 |
| 双潭村 | 夏隽莹 | 徐正华 | 270 | 2686 | 6487 | 11412 |
| 阳山村 | 顾炳辉 | 吴玉友 | 119 | 2277 | 270414 | 10579 |
| 城堡村 | 孙长青 | 孙长青 | — | 1789 | 33421 | 11264 |
| 冷家村 | 王建云 | 王建云 | 31 | 988 | 4662 | 11391 |
| 严家村 | 蔡志庭 | 邵爱军 | 144 | 3364 | 124892 | 10475 |
| 新城村 | 王树荣 | 王树荣 | 11 | 1309 | 99105 | 11300 |
| 城北村 | 吴松泉 | 吴松泉 | 62 | 2716 | 38255 | 11514 |

**【力促大学生“村官”成长成才】** 搭建平台，健全大学生“村官”学习培训制度，大力推行“菜单式”课题培训，每年集中培训时间确保在 15 天以上。严格落实福利保障待遇，并结合年度考核结果，由镇财政发放专项考核奖励；健全机制，建立大学生“村官”工作日志、考勤考核、大事报告、月度小结和定期交流等系列管理机制，明确规定大学生“村官”列席党委中心组学习，参加有关重要会议，特聘为网络招商信息员；加强领导，统筹安排落实帮带计划，由副镇级干部、中层干部和村（社区）党组织书记同时联系帮带一名大学生“村官”。实行镇、村（社区）双重考核，凡考核优秀的“村官”，将优先作为副镇级后备干部培养。

重大项目奠基

**【破解工业园区用工难】** 内培外招化解“普通工招收难”。一方面，通过广泛调查排摸，对愿意在园区就业、并符合就业条件的全镇各类闲散人员进行登记造册，加强宣传引导，强化技能培训，满足园区企业用工需求，同时安排镇劳务站主动走出去，帮助企业到经济欠发达地区组织招工；另一方面，制定相关优惠政策，鼓励企业优先安置本地农民务工，积极动员在外务工人员回乡打工。政策激励化解“科技人才引进难”。建立企业人才引进奖励机制，鼓励企业积极吸引吸纳人才。企业每组建一个科技研发中心、院士工作站或博士工作站，由镇财政分别给予20万元的奖励；每引进一名工程师、行业专家或一名硕士本科以上人才为企业服务三年以上的，分别给予 3 万元～5 万元、1 万元～3 万元的奖励。 （吴　峰）

# 戴　南　镇

**【戴南镇概况】** 戴南位于兴化市东南部，地处里下河平原腹地，是一座具有千余年历史的水乡古镇，有着深厚的人文底蕴和丰富的历史遗存。全镇下辖 33 个行政村，5 个居委会，总面积 107.8 平方公里，总人口 9.31 万人，另有外来人口 5 万多人。2010 年实现地区生产总值 102.25 亿元，实现财政收入 16.74 亿元，一般预算收入 4.91 亿元，农民人均纯收入 13979 元。

经济建设与发展　全年完成地区生产总值 102.25 亿元，比上年增长 32.3%；实现财政收入 16.74 亿元，其中一般预算收入 4.91 亿元，分别比上年增长 65.5% 和 40.7%。工业经济实力攀升，全年完成工业产值 286.93 亿元，销售 284.91 亿元、利税 32.93 亿元、利润 21.47 亿元、增加值 64.58 亿元，同比分别增长 25%、25%、43%、50% 和 34%。其中兴达公司实现销售 60 亿元，纳税 5.3 亿元，跻身中国民营企业 500 强。突出招商引资和项目建设，全年共招引项目 28 个，协议利用资金 9.88 亿元，实际到账资金 4.68 亿元，外资项目 5 个，协议利用外资 6800 万美元，实际到账资金 2603 万美元。人才招引力度加大,新引进博士3名、硕士12名、高级工程师7名。自主创新取得突破,全年新申报专利40多项。“兴达”被评为中国驰名商标,兴达钢帘线技术中心成为国家认定企业技术中心,公司被表彰为省优秀民营企业,兴海公司入选2010年度江苏省高成长型中小企业,新宏大公司产品入选省中小企业专利新产品名单,星火公司被评为江苏省创新型企业,兴龙公司被评为江苏省高新技术企业。现代服务业加快发展,全年完成服务业增加值27.43亿元,是“十五”期末的4.5倍。不锈钢综合物流中心的集聚效应明显释放,现代物流、金融保险、房地产及其他服务业加快发展,不锈钢交易城、万源商贸城、金泽商业街、华尔商业街等特色专业市场和商贸区加快繁荣,金泽商业街被命名为江苏省商业示范社区,全国首家肯德基乡镇直营店开张营业。加强对担保中介业的管理。新成立董北、北姜、双沐“金纽带”信用互助协会,新组建农民专业合作组织4个,省级农业双高创建示范方、国家万亩优质粮生产基地建设成效显著,国家万顷良田土地整理项目工程有序推进。

社会事业发展　年末,有学校4所,教师总数622人,在校学生7845人。教育事业得到长足发展,施教区划分、学生接送、校园安全工作取得实效,学前教育、义务教育和高中教育取得长足进步,省级乡镇社区教育中心通过验收。全镇有医院1家,村卫生服务室40家。戴南小城市概念性规划通过新一轮专家论证,总体规划(2009～2030)通过省建设厅专家评审。城市功能不断完善,工农路、团结路拆迁改造工程完成14万平方米拆迁安置公寓楼建设;兴达会议中心、兴达公寓、永丰新村安居房工程建成,护国寺大雄宝殿、金泽·护国坊、金泽·华府、东方名墅小区等项目扎实推进;城中河风光带新增2000米硬质驳岸,泽园按序时进度完成道路、桥梁、景观等项目建设;人民医院、新华书店综合大楼装修工程即将完成,文化艺术中心投入使用。城市管理水平再上台阶,组建城建城管执法大队,建立健全城建城管联席执法会议制度,绿化管护、河道清淤、垃圾转运等环境整治长效管理工作取得新成效。农村环境进一步优化,实现“布局优化、环境净化、卫生洁化、河道清化、村庄绿化、道路硬化、群众文化、班子强化”的目标要求,全面小康村建设通过市验收;完成7个村5151户农村户厕改造工作,董北村名列全省100个新农村建设示范村。环境保护不断加强,扎实抓好污泥转化和污水处理中心管网维修,万吨生活污水处理厂投入试运行。农村精神文明建设不断加强,“农家书屋”实现全覆盖,充分发挥《戴南号》、《戴南简报》、《戴南新闻》和政府网站等媒体舆论宣传作用,积极开展十佳好军属、十佳创业青年评选活动,戴南镇被评为省文明标兵镇,董北村被评为省文明标兵村。孕情见底率和外孕处理率99%以上。社会和谐进一步巩固,“大调解、大防控”机制逐步完善,技防、巡防、消防水平不断提高,被表彰为2006～2010年全省社会治安综合治理先进乡镇。外来人口管理得到强化,圆满完成第六次人口普查工作。

富民工程实施　全年实现农民人均纯收入13979元,“十一五”期间年平均增长14.46%,农民居民储蓄存款余额26.55亿元,比“十五”期末净增18.32亿元。社会保障进一步加强,全面实施城乡居民社会养老保险全覆盖工作,全镇新增参保26800多人,60周岁以上人员全部办理城乡居民基本养老保险;企业职工养老保险新增2500人,工伤保险新增2100多人;继续实施大病再救助方案和药品零差率制度,全年门诊报销14.87万人次、住院报销6063人次,新型农村合作医疗保险和再补偿计3364.11万元;董北村成立泰州市首家村级创业就业服务中心和人力资源市场。完成自来水进村管网铺设,实现区域统一供水,自来水已送达张郭西部及茅山、沈坨、荻垛等乡镇,使30万老百姓吃上安全放心自来水。公交公营逐年完善,群众出行更加方便。

**2010年主要经济社会指标**

**表40**

| 指标名 | 单位 | 数值 |
|---|---|---|
| 总户数 | 户 | 32881 |
| 总人口 | 人 | 93065 |
| 乡镇从业人员数 | 人 | 85765 |
| 耕地面积 | 公顷 | 5085.6 |
| 地区生产总值 | 万元 | 1022547 |
| 人均地区生产总值 | 元 | 88176 |
| 农业增加值 | 万元 | 13053 |
| 工业增加值 | 万元 | 645880 |
| 建筑业增加值 | 万元 | 121733 |
| 服务业增加值 | 万元 | 274257 |
| 生猪出栏 | 头 | 11557 |
| 家禽出栏 | 万羽 | 30.6 |
| 水产品产量 | 吨 | 2228.6 |
| 工业企业数 | 家 | 1160 |
| 当年到账外引资金 | 万元 | 2603 |
| 工业销售收入 | 万元 | 2869286 |
| 工业利税总额 | 万元 | 329270 |
| 预算内财政收入 | 万元 | 167397 |
| 一般预算收入 | 万元 | 49117 |
| 私营个体税收 | 万元 | 95135 |

续表 40

| 指标名 | 单位 | 数值 |
|---|---|---|
| 私营个体税收 | 万元 | 95135 |
| 居民储蓄存款余额 | 万元 | 265512 |
| 农民人均纯收入 | 元 | 13979 |
| 中小学校 | 所 | 4 |
| 在校学生 | 人 | 7845 |
| 在职教师 | 人 | 622 |
| 医院 | 所 | 1 |
| 卫生所(室) | 个 | 40 |
| 医生数 | 个 | 292 |
| 病床数 | 张 | 200 |
| 参加养老保险人数 | 人 | 45632 |
| 参加农村新型合作医疗人数 | 人 | 86258 |
| 享受居民最低生活保障人数 | 人 | 1875 |

**2010年骨干企业基本情况**

表 41

| 企业名称 | 销售收入(万元) | 利税总额(万元) | 法定代表人 |
|---|---|---|---|
| 江苏兴达钢帘线股份有限公司 | 602869 | 114407 | 刘锦兰 |
| 江苏兴海特钢有限公司 | 44953 | 3690 | 刘庄明 |
| 兴化市长利不锈钢材料有限公司 | 19820 | 1481 | 包月琴 |
| 江苏新宏大集团有限公司 | 31143 | 2365 | 陈爱民 |
| 江苏兴龙金属制品股份有限公司 | 33365 | 5390 | 张　宝 |
| 兴化市华晨纺织有限公司 | 6433 | 532 | 李树勤 |
| 江苏新东方特钢有限公司 | 4011 | 410 | 翟宝银 |
| 江苏希尔发集团有限公司 | 18065 | 1384 | 陈文涛 |
| 兴化市南欣特钢有限公司 | 8273 | 684 | 翟培道 |
| 泰州市永勤机械有限公司 | 20034 | 2455 | 朱玉勤 |
| 兴化市南飞不锈钢有限公司 | 5563 | 455 | 徐国亮 |
| 江苏新华达不锈钢有限公司 | 32240 | 4503 | 姚文学 |
| 江苏东明集团有限公司 | 11434 | 1273 | 李卫东 |
| 江苏振亚特种螺钉有限公司 | 36216 | 5788 | 杭汉林 |
| 江苏鑫泽不锈钢制品有限公司 | 19973 | 2782 | 宋洪林 |

续表 41

| 企业名称 | 销售收入(万元) | 利税总额(万元) | 法定代表人 |
|---|---|---|---|
| 江苏沪宝不锈钢有限公司 | 38440 | 5590 | 朱其宝 |
| 江苏天华不锈钢有限公司 | 31040 | 4039 | 姚立科 |
| 泰州兆丰金属材料有限公司 | 23824 | 3729 | 黄　荣 |
| 兴化市新光合金材料有限公司 | 16099 | 2264 | 仲元美 |
| 兴化市正大特钢焊材有限公司 | 14624 | 2050 | 丁正和 |
| 兴化市振兴不锈钢制品厂 | 7602 | 643 | 缪农乐 |
| 兴化市佳利达不锈钢制品有限公司 | 13220 | 2032 | 韩建佳 |
| 江苏春雨不锈钢有限公司 | 25115 | 3651 | 王有清 |
| 兴化市兴津不锈钢制品厂 | 12412 | 1501 | 朱学忠 |
| 江苏星火特钢有限公司 | 23058 | 3093 | 翟世先 |
| 泰州华新航空备品制造有限公司 | 13899 | 2023 | 周仁茂 |
| 兴化市兴宇不锈钢制品有限公司 | 12929 | 2025 | 武　寅 |
| 兴化市环宇焊材有限公司 | 16978 | 2248 | 李永祥 |
| 江苏华丰不锈钢制品有限公司 | 11373 | 1794 | 祝玉峰 |
| 江苏兴天金属制品有限公司 | 21911 | 2945 | 蒋长风 |
| 江苏前进不锈钢有限公司 | 12204 | 1831 | 蒋中才 |
| 兴化市东方不锈钢软管厂 | 5033 | 423 | 朱万华 |
| 兴化市陈氏钉业有限公司 | 6780 | 862 | 陈　剑 |
| 江苏明璐不锈钢有限公司 | 19751 | 2764 | 马爱明 |
| 江苏宏泰不锈钢丝绳有限公司 | 21248 | 3263 | 陈爱红 |
| 泰州市明华不锈钢制品有限公司 | 8194 | 672 | 厉庆华 |
| 兴化市万伟不锈钢制品有限公司 | 11702 | 1827 | 魏万桂 |
| 兴化市宏达不锈钢制品厂 | 7832 | 639 | 单学宏 |
| 兴化市文力不锈钢制品有限公司 | 6909 | 570 | 朱玉文 |
| 兴化市隆生不锈钢制品有限公司 | 14924 | 2104 | 陈苏兰 |
| 江苏波波制钉有限公司 | 4405 | 371 | 顾学甫 |

续表 41

| 企业名称 | 销售收入（万元） | 利税总额（万元） | 法定代表人 |
|---|---|---|---|
| 兴化市华明不锈钢制品有限公司 | 14523 | 1711 | 马立根 |
| 泰州市金马金属制品有限公司 | 6962 | 929 | 马明亮 |
| 兴化市鑫元特钢厂 | 5662 | 467 | 仲元宏 |
| 兴化市联强不锈钢制品厂 | 7175 | 582 | 蒋向前 |
| 兴化市宏云特钢制品厂 | 15021 | 2308 | 刘庆云 |
| 兴化市祥盛特钢厂 | 5172 | 427 | 李　祥 |
| 江苏宏诚不锈钢制品有限公司 | 24656 | 1926 | 朱红桂 |
| 江苏鑫马不锈钢制品有限公司 | 9360 | 801 | 马明旺 |
| 江苏威丽金不锈钢制品有限公司 | 4811 | 388 | 张祥美 |
| 泰州华泽金属工业有限公司 | 23086 | 3288 | 马建华 |
| 兴化市顺通管件制造有限公司 | 9042 | 752 | 徐　进 |
| 兴化市友谊特钢厂 | 4514 | 379 | 姚立仁 |
| 兴化市飞宇合金钢厂 | 7080 | 571 | 郑桂松 |
| 兴化市振东不锈钢制品厂 | 9834 | 832 | 徐国宽 |
| 兴化市戴南镇飞扬不锈钢制品厂 | 5917 | 491 | 杨天赦 |
| 兴化苏源经纬管业有限公司 | 9333 | 770 | 赵宽文 |
| 兴化市圣欣不锈钢制品厂 | 7426 | 599 | 叶圣和 |
| 兴化市星火金属制品厂 | 6200 | 507 | 马一鸣 |
| 泰州市永泰钢管厂 | 6349 | 528 | 章步中 |
| 兴化市亚明特钢制品厂 | 9862 | 1102 | 孙东明 |
| 兴化市创鑫不锈钢制品厂 | 3412 | 276 | 周开松 |
| 兴化市沪联特种合金材料厂 | 6304 | 532 | 徐冬明 |
| 兴化市联创不锈钢制品有限公司 | 7690 | 642 | 刘荣迎 |
| 兴化市盛利不锈钢材料有限公司 | 9448 | 784 | 韩小龙 |
| 江苏德固不锈钢制品有限公司 | 11077 | 1612 | 武智勇 |
| 兴化市腾龙特钢厂 | 9622 | 801 | 蒋圣明 |
| 兴化市永发不锈钢制品有限公司 | 9645 | 1191 | 蒋向军 |

续表 41

| 企业名称 | 销售收入（万元） | 利税总额（万元） | 法定代表人 |
|---|---|---|---|
| 兴化市群鑫不锈钢制品厂 | 4510 | 365 | 韩国明 |
| 兴化市大明不锈钢有限公司 | 13049 | 1856 | 丁佩泉 |
| 兴化市宝富金属制品有限公司 | 3947 | 310 | 沐田宝 |
| 兴化市兴星纺织有限公司 | 7413 | 618 | 徐宝明 |
| 泰州市泰富金属制品有限公司 | 24415 | 3244 | 朱玉文 |
| 兴化市宽宏不锈钢制品厂 | 5395 | 432 | 翟应红 |
| 兴化市南洋不锈钢制品厂 | 4029 | 316 | 杨小俊 |
| 兴化市东鹏不锈钢制品厂 | 16973 | 1221 | 戴卫东 |
| 泰州市长达特钢制品有限公司 | 5289 | 425 | 杭长顺 |
| 泰州市金杰特钢制品有限公司 | 6548 | 530 | 陈　亮 |
| 兴化市祥龙特钢厂 | 5545 | 435 | 李其成 |
| 兴化市文峰特钢材料厂 | 5380 | 430 | 朱文华 |
| 泰州市凯尔利不锈钢有限公司 | 3299 | 259 | 胡　林 |
| 兴化市苏泰不锈钢制品厂 | 3364 | 267 | 朱党林 |
| 泰州市众鑫合金材料厂 | 4453 | 352 | 蒋海卫 |
| 兴化市光明锻造厂 | 4195 | 333 | 蒋春田 |
| 江苏立欣特钢制品有限公司 | 6211 | 513 | 史存富 |
| 兴化市洪利不锈钢异型材厂 | 3833 | 304 | 陈红兵 |
| 兴化市众星金属制品有限公司 | 8312 | 697 | 葛国圣 |
| 兴化市恒鑫不锈钢制品厂 | 7617 | 630 | 崔国权 |
| 兴化市华联不锈钢丝管厂 | 5361 | 452 | 翟国茂 |
| 泰州润源过滤工程设备制造厂 | 8610 | 1212 | 周羽佳 |
| 兴化市龙华不锈钢有限公司 | 7308 | 617 | 杭乐霞 |
| 兴化市戴南冶金铸造厂 | 7098 | 595 | 杭夕旺 |
| 泰州市金帆化工机械有限公司 | 7388 | 619 | 杭志友 |
| 兴化市聚鑫不锈钢有限公司 | 8278 | 1286 | 翟育宏 |
| 泰州市超威机电设备制造有限公司 | 7198 | 601 | 沈根平 |

续表 41

| 企业名称 | 销售收入（万元） | 利税总额（万元） | 法定代表人 |
|---|---|---|---|
| 泰州华鑫不锈钢制品有限公司 | 8277 | 703 | 马存进 |
| 兴化市荣腾达不锈钢管件厂 | 7048 | 590 | 陈应荣 |
| 兴化市亚太不锈钢制品有限公司 | 8720 | 741 | 蒋日东 |
| 江苏延飞特钢制品有限公司 | 13486 | 2157 | 赵德民 |
| 兴化市兴天力不锈钢有限公司 | 7643 | 646 | 朱学旺 |
| 江苏飞龙不锈钢制品有限公司 | 8718 | 1140 | 赵观国 |
| 兴化市炬业金属材料厂 | 4211 | 340 | 姚立标 |
| 兴化市荣银不锈钢制品有限公司 | 6682 | 562 | 朱美良 |
| 兴化市进涛不锈钢制品厂 | 6611 | 556 | 朱根进 |
| 兴化市双盛特钢制品有限公司 | 6038 | 509 | 郑桂加 |
| 江苏科晨不锈钢制品有限公司 | 5281 | 441 | 许东曙 |
| 江苏大维管线有限公司 | 4864 | 407 | 袁维雨 |
| 兴化市光辰特钢厂 | 4731 | 397 | 王桓柏 |
| 兴化市正鑫不锈钢制品厂 | 8203 | 691 | 蒋正武 |
| 兴化市戴南振兴石化丝网厂 | 9228 | 778 | 潘瑞良 |
| 兴化市林华合金钢制品厂 | 6400 | 544 | 翟俊华 |
| 兴化市沪成不锈钢制品厂 | 7040 | 588 | 王海波 |
| 泰州市振兴石化丝网有限公司 | 4248 | 355 | 潘祥方 |
| 兴化市精达不锈钢链条厂 | 5878 | 496 | 马长春 |
| 兴化市新纬不锈钢异型材厂 | 7742 | 650 | 王新俊 |
| 兴化市华发通讯器材配件有限公司 | 7589 | 606 | 徐一发 |
| 兴化市沪光机械配件厂 | 5131 | 431 | 赵登峰 |
| 兴化市振强不锈钢制品有限公司 | 5466 | 461 | 刘小祥 |
| 兴化市戴南轧花油脂有限公司 | 638 | 52 | 沐清华 |
| 泰州市顺意不锈钢制品有限公司 | 8092 | 686 | 朱　彬 |
| 泰州凯特机械有限公司 | 4537 | 377 | 仲爱国 |

续表 41

| 企业名称 | 销售收入（万元） | 利税总额（万元） | 法定代表人 |
|---|---|---|---|
| 兴化市永辉不锈钢材料有限公司 | 7472 | 631 | 赵春勇 |
| 泰州市精业管件有限公司 | 3406 | 271 | 张维东 |
| 兴化市双固建筑装饰工程材料厂 | 4199 | 347 | 丁长明 |
| 兴化市鑫森不锈钢制品有限公司 | 5193 | 439 | 翁国旗 |
| 兴化市利祥不锈钢制品制造厂 | 5019 | 427 | 赵明朗 |
| 江苏亚盛金属制品有限公司 | 8533 | 720 | 蒋东华 |
| 兴化市吉达石化机械配件厂 | 3210 | 263 | 王银喜 |
| 兴化市迅发不锈钢制品厂 | 5252 | 445 | 陈存圣 |
| 泰州荣达金属制品有限公司 | 4615 | 390 | 许根荣 |
| 兴化市新华龙不锈钢制品厂 | 4501 | 381 | 陈少华 |
| 泰州市万象金属制品有限公司 | 5422 | 456 | 蒋民玉 |
| 泰州市嘉信石化机械有限公司 | 3817 | 324 | 夏文艳 |
| 兴化市万鸿不锈钢制品厂 | 6426 | 532 | 陈文生 |
| 兴化市德惠特钢制品厂 | 7363 | 606 | 徐建云 |
| 兴化市新迅达不锈钢标准件有限公司 | 4556 | 382 | 朱根玉 |
| 兴化市晶鑫不锈钢制品有限公司 | 2513 | 202 | 金扣龙 |
| 兴化市星月特钢精密铸造厂 | 3317 | 277 | 李文权 |
| 江苏兴达特种金属复合线有限公司 | 156130 | 36549 | 刘锦兰 |
| 泰州市利泰机械配件有限公司 | 6612 | 1002 | 宋洪林 |
| 兴化市申工不锈钢制品厂 | 4150 | 347 | 徐志文 |
| 泰州市联顺机械有限公司 | 6085 | 502 | 陈吉国 |
| 兴化市恒丰钢丝厂 | 3719 | 311 | 王建勇 |
| 兴化市勇方不锈钢制品有限公司 | 3962 | 334 | 蒋志勇 |
| 兴化市永泰焊材有限公司 | 4295 | 362 | 李其中 |
| 泰州市宇新机械有限公司 | 2584 | 217 | 翁新荣 |
| 泰州天虹不锈钢制品有限公司 | 4157 | 354 | 刘祥众 |

续表 41

| 企业名称 | 销售收入（万元） | 利税总额（万元） | 法定代表人 |
|---|---|---|---|
| 江苏烨森不锈钢制品有限公司 | 5656 | 471 | 范俊华 |
| 兴化市宇强特钢制品厂 | 3205 | 267 | 王国香 |
| 兴化市经久不锈钢制品厂 | 4152 | 355 | 赵宽林 |
| 江苏恒通管件有限公司 | 2749 | 231 | 王爱林 |
| 兴化市恒兴不锈钢制品厂 | 2970 | 248 | 苏同和 |
| 兴化市华祥金属制品有限公司 | 4299 | 367 | 黄　祥 |
| 泰州市佳友不锈钢制品有限公司 | 3215 | 272 | 周加友 |
| 江苏兴利来特钢有限公司 | 2889 | 232 | 赵梓焱 |
| 兴化市康宏通讯器材配件厂 | 1782 | 132 | 徐国涛 |
| 泰州市天盛不锈钢制品有限公司 | 1931 | 159 | 周进民 |
| 兴化市盛辉通讯器材配件厂 | 2575 | 148 | 潘瑞业 |
| 兴化市荣意达机械制造厂 | 2474 | 207 | 严荣来 |
| 兴化市腾龙生物制品有限公司 | 2546 | 170 | 刘正生 |
| 兴化市茂宏金属构件厂 | 1866 | 156 | 徐茂红 |
| 兴化市星辉不锈钢制品厂 | 1646 | 137 | 沈凤山 |
| 兴化市兆泰金属材料有限公司 | 52530 | 6348 | 朱玉勤 |
| 兴化市威远达特种金属材料厂 | 1876 | 156 | 付　军 |
| 泰州市钰泰不锈钢制品厂 | 1874 | 155 | 马井冬 |
| 兴化市富翔不锈钢制品厂 | 1693 | 141 | 翟文豪 |
| 泰州市久立不锈钢制品厂 | 1880 | 158 | 胡　栋 |
| 江苏万兴达石化机械制造有限公司 | 1852 | 156 | 刘志江 |
| 泰州市金阳金属制品有限公司 | 1540 | 129 | 马明阳 |
| 兴化市鑫三环不锈钢制品厂 | 1304 | 109 | 徐桂所 |
| 兴化市华恺不锈钢异型材厂 | 1400 | 117 | 徐国华 |

**各村基本情况**

表 42

| 村名 | 村支部书记 | 村委会主任 | 耕地面积（公顷） | 人口（人） | 工农业总产值（万元） | 农民人均纯收入（元） |
|---|---|---|---|---|---|---|
| 中迎村 | 仲伯胜 | 季永堂 | 224.5 | 4498 | 153786.7 | 15741 |
| 戴泽村 | 蒋正发（10月免）<br>翟应生（10月任） | 郁永涛（11月免）<br>邵海荣（11月任） | 26.1 | 2348 | 48358.12 | 17348 |
| 永丰村 | 翟培成 | 许国良（11月免）<br>翟培成（11月任） | 58.5 | 3961 | 110696.6 | 19278 |
| 南朱村 | 潘瑞宏 | 仲银九 | 111.3 | 2468 | 60740.71 | 14971 |
| 雁伦村 | 李树青（10月免）<br>周正兵（10月任） | 周正斌（11月免）<br>高采平（11月任） | 165.9 | 3381 | 58547.97 | 14112 |
| 北姜村 | 杭淑萍（10月免）<br>朱文华（10月任） | 姚　辉 | 196.1 | 2810 | 187120.6 | 18203 |
| 陈祁村 | 王立华 | 李学安（11月免）<br>陈根旺（11月任） | 111.3 | 1985 | 53428.69 | 15864 |
| 东陈村 | 万俊华 | 刘爱军 | 175.2 | 3710 | 112228.2 | 15917 |
| 罗顾村 | 俞春海 | 杭正林 | 131.8 | 3495 | 172588.5 | 14800 |
| 裴马村 | 杭淑萍 | 刘登付 | 162.4 | 3628 | 57517.12 | 14284 |
| 张万村 | 赵德智 | 赵德智 | 98 | 2112 | 148265.6 | 15660 |
| 赵家村 | 马爱元 | 马爱元 | 100.5 | 2889 | 48673.93 | 15260 |
| 双沐村 | 赵树平 | 赵树平 | 119.7 | 2753 | 44964.22 | 13846 |
| 董北村 | 张文德 | 张明荣 | 90.8 | 3957 | 279841.6 | 23059 |
| 史堡村 | 何金本（10月免）<br>许立春（10月任） | 陈其祥 | 211.9 | 3696 | 286003.2 | 14598 |
| 徐顾村 | 蒋晓斌 | 金玉平（11月免）<br>金正富（11月任） | 95.1 | 1527 | 6012.57 | 11124 |
| 光孝村 | 杨留壤 | 于建亮（11月免）<br>张学鹏（11月任） | 126.3 | 1432 | 1403.09 | 8998 |
| 顾庄村 | 戴爱龙 | 沈志国 | 189.7 | 5354 | 33767.75 | 13904 |
| 姜何村 | 王小波 | 赵洪干 | 198.4 | 4527 | 142285 | 15329 |

续表 42

| 村名 | 村支部书记 | 村委会主任 | 耕地面积（公顷） | 人口（人） | 工农业总产值（万元） | 农民人均纯收入（元） |
|---|---|---|---|---|---|---|
| 帅垛村 | 潘瑞明 | 张克斌（11月免）周洪海（11月任） | 95.8 | 2309 | 65587.69 | 14635 |
| 张合村 | 夏文华 | 滕爱华 | 147 | 1516 | 748.55 | 10202 |
| 黄夏村 | 刘忠民 | 杨春林 | 163.7 | 2279 | 805.62 | 10091 |
| 花杨村 | 张华军（10月免）陈建国（10月任） | 顾根所 | 170.7 | 2067 | 1810.98 | 12884 |
| 季家村 | 任怀平 | 任怀平 | 227.4 | 2547 | 1050.96 | 10166 |
| 孙堡村 | 许应龙（10月免）吉宁春（10月任） | 许应龙（11月免）吉宁春（11月任） | 217.3 | 1858 | 8947.06 | 10522 |
| 石万村 | 马永宁 | 马永宁 | 145.3 | 1416 | 4123.02 | 9981 |
| 北孙村 | 吉来宝 | 唐加宏 | 134 | 1500 | 10465.06 | 11007 |
| 丁吉村 | 徐秋宏 | 费锦旗 | 145.3 | 2150 | 27152.22 | 12031 |
| 小良村 | 王宏岭（10月免）刘　剑（10月任） | 王宏岭（11月免）刘　剑（11月任） | 103.6 | 1030 | 1302.91 | 12123 |
| 刁家村 | 范建伟 | 朱何锁 | 131.2 | 1576 | 747.62 | 10800 |
| 冯田村 | 周春高（10月免）周兴强（10月任） | 陆钱华 | 276.7 | 2696 | 1384.18 | 10616 |
| 管家村 | 范富强 | 邵德林（11月免）王有权（11月任） | 257.3 | 3184 | 1696.28 | 10538 |
| 徐唐村 | 王恒梁 | 殷鹤丰（11月免）王恒梁（11月任） | 276.8 | 2091 | 2437.78 | 11135 |

**【戴南镇成为强镇扩权试点镇】** 2010年4月，中央编办、国家发改委等部门联合下发有关通知，明确在13个省的25个经济发达镇进行行政管理体制改革试点，兴化市戴南镇被列入试点范围。8月5日，戴南镇被省委、省政府确定为首批20个“扩权强镇”试点镇之一，将被赋予县级经济社会管理权限。

**【戴南镇2009～2030年总体规划得到专家首肯】** 4月1日，戴南镇召开“兴化市戴南镇2009～2030总体规划”专家论证会。省专家论证组通过现场踏勘、审阅文本、听取汇报等形式进行认真讨论和评议，形成论证意见。意见认为，规划思路清晰，内容全面，资料较为翔实，规划的内容与深度符合国家和省对城镇总体规划的编制要求；城镇发展目标和功能定位较为适宜，镇区用地发展方向与布局基本合理；规划对镇区物质空间满足城市设计指引，对塑造城镇特色、指导城镇建设具有较好的引导作用。

**【戴南文化艺术中心投入使用】** 年内，戴南文化艺术中心正式投入使用。艺术中心于2008年4月8日正式破土动工，建筑面积为9825平方米，文化广场建筑面积为15200平方米，总投入3300万元。中心由上海规划设计院设计，融明清建筑风格与现代艺术于一体，为全省一流的文化艺术中心。该中心集文化娱乐、艺术培训、图书阅览、职业教育、体育健身、各类展览于一体，成为戴南及周边地区人民群众文艺活动的最佳场所，也是戴南小城市建设的一个新亮点。

**【兴化首个“中国驰名商标”在戴南诞生】** 在国家工商总局2010年1月公布的驰名商标名单中，江苏兴达钢帘线股份有限公司的“兴达 XINGDA”及图商标榜上有名。这是兴化首个驰名商标，也是泰州市拥有的第十件驰名商标。

**【兴达钢帘线跻身中国民营企业500强】** 9月2日，全国工商联公布“中国民营企业500强”名录，本镇江苏兴达钢帘线股份有限公司以47.1亿元的营收总额登上荣誉榜，排名第339位。

**【戴南科技园成为首批“省中小企业产业集聚示范区”】** 10月12日，江苏省经信委、省中小企业局公布的19家第一批江苏省中小企业产业集聚示范区名单中，戴南科技园榜上有名。省经信委(省中小企业局)对入选的示范区的公共设施建设项目，将在专项资金安排上给予优先支持。

**【肯德基全国首家乡镇连锁直营店落户戴南】** 10月25日，无锡肯德基有限公司与江苏嘉德房地产有限公司正式签约，在戴南镇金泽商业街开设肯德基戴南店。这是全国首家落户乡镇的肯德基连锁直营店。肯德基的入驻，标志着戴南镇作为一个新兴的小城市，已经得到国际商业巨头的认可。

**【兴化中等专业学校戴南分校揭牌】** 11月9日上午，兴化中等专业学校戴南分校举行揭牌仪式。市委书记贾春林、市长李伟为新成立的学校揭牌。该校的成立旨在提升戴南职业技术教育水平，帮助戴南人提高职业技能，优化人力资源结构，以人力资源强镇来引领未来戴南率先科学发展，推动全镇经济社会事业再上新台阶。

**【泰州市首家村级创业就业服务中心和人力资源市场在董北村成立】** 12月17日，泰州市首家村级创业就业服务中心和人力资源市场——戴南镇董北村创业就业服务中心和人力资源市场正式成立。省人力资源和社会保障厅就业管理中心主任郁桂萍、兴化市副市长邓志方、泰州市人力资源和社会保障局副局长盛钢、镇党委书记马元连共同为董北村创业就业服务中心及董北村人力资源市场揭牌。 (周冬平)

# 张 郭 镇

**【张郭镇概况】** 张郭镇位于兴化市东南角，镇域面积84.5平方公里，人口6.28万人，辖24个行政村、3个居委会。2010年实现地区生产总值43.93亿元，预算内财政收入3.47亿元，农民人均纯收入12759元，分别增长25.16%、47.20%、40.85%和11.46%。连续两届被省委、省政府命名为江苏省文明镇标兵，2010年再次被中央文明委授予全国文明镇称号。

经济建设与发展 全年实现地区生产总值43.93亿元。实现工业产值124.49亿元，销售121.47亿元，利税13.43亿元，同比分别增长22.69%、23.10%和30.96%。新增私营个体企业注册4.06亿元。列统企业累计实现产值80.89亿元，销售75.99亿元，利税7.66亿元，同比分别增长29.85%、26.35%、24.49%，分别占全镇工业经济的64.98%、62.55%和57.02%，全镇入库税金超千万的企业达4家，申源公司产销超8亿元、上缴税金超4000万元，规模支撑带动作用进一步增强。技改投入势头强劲，实施技改项目32个，完成技改财务支出17.63亿元，同比增长36.80%。其中亿元项目2个，5000万元以上项目7个。申源公司投资2.4亿元新上的内燃机气门生产线项目已奠基开工建设。村级经济发展步伐加快，2010年新增集体经济积累532.03万元。全面落实强农惠农政策，连续保持“三农”投入增加、农业增效、农民增收、农村发展的好形势。高效农业发展实现新突破，招引客商投资3200万元新建陆姜农业生态园。现代服务业快速发展，新建准三星级酒店1家。服务业对经济发展的贡献份额进一步提高。三次产业结构演进为3.51∶80.68∶15.81。

社会事业发展 年末有学校3所，教师总数386人，在校学生3293人，教育教学质量进一步提升。有医院2家，卫生服务站所24家。进一步优化城镇功能，重点实施城镇相关地段配套工程，对8个小区电力线路进行改造，实施唐刘社区转盘改造，安装红绿灯等交通配套设施。投资110万元实施唐戴河、东港河疏浚工程，解决企业大宗货物运输难题；新建两站一闸，防汛抗旱能力进一步提升；新建农桥11座，维修桥梁5座，开工建设郭东、西周、千户等5座公路桥，对刘西垃圾场道路进行硬质化改造，对张戴路、张广路、民营路进行维修，张陶公路路基工程基本结束，农村公路交通安保设施全部配套到位。新农村建设扎实推进。瞄准全面小康村建设目标，组织强企、强村与6个全面小康创建村结对共建，组织实施万顷良田工程，扎实推进新农村建设，赵万村被表彰为江苏省新农村建设工作先进村。加大农村卫生户厕改造力度，新增改厕1800多户。顺利完成农村二次改水，组建供水服务公司。继续大力推进绿化造林，进一步巩固提高小康社会森林覆盖率。绿化覆盖率达40%，人均公共绿地20平方米，初步建成一座具有“水乡特色、文化底蕴、绿色生态”的现代化城镇。继续采取最严格的措施加强环境保护，突出污水治理和监管，规范污水处理厂日常运行管理，完成工业污水处理厂酸洗中心基建工程，促进生态持续改善，巩固全国环境优美乡镇创建成果。

富民工程实施 全镇农民人均纯收入12758元，比上年增长11.46%。足额发放各类涉农惠农补贴。社保扩面工作扎实推进，完成企业职工养老保险扩面878人，城乡居民养老保险扩面16284人，城乡居民医疗保险参保率达99%。高度重视扶贫帮困工作，关爱社会弱势群体，提高五保和低保供养标准，2010年累计筹集发放扶贫解困资金83.7万元。全市庆祝第二个全民健身日活动在张郭镇成功举行，群众精神文化生活日益丰富，幸福指数进一步提升。

**2010年主要经济社会指标**

**表 43**

| 指标名 | 单位 | 数值 |
|---|---|---|
| 总户数 | 户 | 21078 |
| 总人口 | 人 | 62772 |
| 乡镇从业人员数 | 人 | 28747 |
| 耕地面积 | 公顷 | 4125.67 |
| 地区生产总值 | 万元 | 439286 |
| 人均地区生产总值 | 元 | 79877 |
| 农业增加值 | 万元 | 15103 |
| 工业增加值 | 万元 | 300419 |
| 建筑业增加值 | 万元 | 46370 |
| 服务业增加值 | 万元 | 67961 |
| 生猪出栏 | 头 | 22181 |

续表 43

| 指标名 | 单位 | 数值 |
|---|---|---|
| 家禽出栏 | 万羽 | 187525 |
| 水产品产量 | 吨 | 4522.89 |
| 工业企业数 | 家 | 473 |
| 当年到账外引资金 | 万元 | 3850 |
| 工业销售收入 | 万元 | 1214721 |
| 工业利税总额 | 万元 | 134290 |
| 预算内财政收入 | 万元 | 34739 |
| 一般预算收入 | 万元 | 12252 |
| 一般预算收入 | 万元 | 12252 |
| 私营个体税收 | 万元 | 28241.72 |
| 居民储蓄存款余额 | 万元 | 66705.4 |
| 农民人均纯收入 | 元 | 12759 |
| 中小学校 | 所 | 3 |
| 在校学生 | 人 | 3293 |
| 在职教师 | 人 | 386 |
| 医院 | 所 | 2 |
| 卫生所(室) | 个 | 24 |
| 医生数 | 个 | 44 |
| 病床数 | 张 | 40 |
| 参加养老保险人数 | 人 | 28742 |
| 参加农村新型合作医疗人数 | 人 | 53872 |
| 享受居民最低生活保障人数 | 人 | 798 |

**2010年骨干企业基本情况**

表 44

| 企业名称 | 销售收入(万元) | 利税总额(万元) | 法定代表人 |
|---|---|---|---|
| 江苏凯华集团有限公司 | 21848.6 | 2191.2 | 张吕义 |
| 江苏双乐化工颜料有限公司 | 45073 | 4701 | 杨汉洲 |
| 江苏新华化工机械有限公司 | 4009 | 429 | 韩建宇 |
| 江苏飞月厨具股份有限公司 | 1848.8 | 239.6 | 戴文忠 |
| 江苏申源特钢有限公司 | 72771 | 7924 | 宫友军 |
| 江苏京生软管有限公司 | 20555 | 1999.8 | 赵京生 |
| 泰州市精工链条总厂 | 6299 | 648 | 黄国鼎 |
| 兴化市冷轧带钢厂 | 8362.1 | 921.7 | 徐松山 |

续表 44

| 企业名称 | 销售收入(万元) | 利税总额(万元) | 法定代表人 |
|---|---|---|---|
| 江苏金扬子生物工程有限公司 | 25457 | 2622 | 赵京东 |
| 江苏宏利达锂业有限公司 | 5873 | 564.4 | 王　洪 |
| 泰州市佳能工业炉有限公司 | 3478 | 359.6 | 徐玉继 |
| 泰州市捷鑫纺织机械专件有限公司 | 4248.7 | 400.9 | 韩敏杰 |
| 江苏九寿堂生物制品有限公司 | 26308 | 2561.3 | 徐开泉 |
| 泰州市新华特钢材料有限公司 | 4904 | 509 | 陆冬生 |
| 江苏新华合金电器有限公司 | 29344 | 2913 | 华大凤 |
| 兴化市东亚化工厂 | 1651 | 298 | 赵信宝 |
| 兴化市楚水电热电器公司 | 1422 | 273.6 | 戴如南 |
| 江苏板桥厨具有限公司 | 2476 | 255.9 | 陈章映 |
| 兴化市东方电热设备制造厂 | 3102 | 321.2 | 徐咸海 |
| 江苏博生医用新材料股份有限公司 | 31674 | 3035 | 张吕义 |
| 江苏荣明不锈钢制品有限公司 | 12007 | 1217.1 | 徐克荣 |
| 兴化市元华合金材料厂 | 4165 | 434 | 宫元华 |
| 兴化市五星化纺厂 | 1942 | 197 | 陈友军 |
| 江苏春海电热合金制造有限公司 | 7835.8 | 822.2 | 叶世海 |
| 江苏申达金属制品有限公司 | 29581 | 2877 | 黄兴国 |
| 江苏银锡高温线缆有限公司 | 3777.6 | 356.6 | 章　银 |
| 泰州申华电工线材有限公司 | 4441 | 431 | 尤再华 |
| 泰州市星球钨钼材料公司 | 5342.3 | 547.9 | 章应辉 |
| 兴化市特种链条厂 | 1922 | 188 | 刘来所 |
| 兴化市强强染织添加剂有限公司 | 3536 | 364 | 孙爱凤 |
| 泰州市唯特精密机械有限公司 | 3045 | 312 | 史从寿 |
| 泰州市宏伟锂业有限公司 | 4936.8 | 521.4 | 戴日桃 |
| 泰州博力电器有限公司 | 5192 | 528 | 赵京勇 |
| 兴化市顺森金属制品厂 | 5026.5 | 541.9 | 徐开龙 |
| 兴化市双龙电热电器有限公司 | 1952 | 199 | 王龙宝 |

续表 44

| 企业名称 | 销售收入（万元） | 利税总额（万元） | 法定代表人 |
|---|---|---|---|
| 兴化市爱诚不锈钢制品厂 | 6240 | 637 | 陶 诚 |
| 兴化市盛唐不锈钢制品厂 | 2911 | 298 | 徐志凤 |
| 江苏朝阳高温线缆有限公司 | 6600 | 692.2 | 戴呈兵 |
| 兴化市环亚电热仪表有限公司 | 2599 | 260.8 | 叶百发 |
| 兴化市佳华电热元件有限公司 | 4724 | 506 | 邹佳华 |
| 江苏申隆锌业有限公司 | 16737.5 | 1627.5 | 戴 鹏 |
| 兴化市文泰不锈钢制品有限公司 | 6854 | 674.5 | 赵京仁 |
| 兴化市辉煌合金材料有限公司 | 6990.5 | 660.3 | 顾青平 |
| 兴化市银龙不锈钢有限公司 | 4409 | 452 | 蒋大安 |
| 泰州市双工链条制造有限公司 | 2430 | 272 | 徐桂凤 |
| 兴化市航星带钢厂 | 3723.5 | 391 | 徐素秋 |
| 兴化市奉成电热电器厂 | 4024.8 | 357.1 | 何名岳 |
| 兴化市日月管业有限公司 | 3046 | 310.8 | 徐振华 |
| 兴化市楚天商用电器有限公司 | 3143 | 323 | 韩春涛 |
| 兴化市凯昂特钢工具厂 | 2844 | 302 | 徐 凯 |
| 江苏兆龙电气有限公司 | 3063 | 320 | 何兆龙 |
| 泰州市慧通机械工程有限公司 | 3605 | 377.5 | 韩敏映 |
| 上海鹏申高温电线有限公司兴化分公司 | 5735 | 586 | 徐文龙 |
| 泰州惠祥电线电缆有限公司 | 6162 | 625 | 王 军 |
| 兴化市东方石化管件厂 | 1964 | 197 | 纪美兰 |
| 兴化市高顶电热材料厂 | 3895 | 402 | 吴林高 |
| 泰州飞翔线缆有限公司 | 23543 | 2341 | 冯 翔 |
| 江苏双燕裸铜线有限公司 | 8088 | 818 | 何义军 |
| 江苏唐刘兴东不锈钢有限公司 | 2703 | 279 | 曹冬山 |
| 泰州汇能不锈钢制品有限公司 | 7603.3 | 790.3 | 朱增军 |
| 泰州市长联不锈钢有限公司 | 10088 | 962 | 吉红旗 |
| 兴化市芳强机电制造厂 | 74436 | 6780.7 | 赵京存 |
| 泰州永博生化制品有限公司 | 3098 | 319 | 于淮国 |

续表 44

| 企业名称 | 销售收入（万元） | 利税总额（万元） | 法定代表人 |
|---|---|---|---|
| 兴化市三洋纸品包装厂 | 1668 | 155.1 | 高仁祥 |
| 兴化市润泰液压设备制造厂 | 1773 | 181 | 王炳锦 |
| 泰州市环能硅碳棒制造有限公司 | 2190 | 227 | 叶明华 |
| 兴化市远红外元件厂 | 2389 | 236.4 | 戴呈彪 |
| 泰州龙瑞金属制品有限公司 | 9636.7 | 790 | 王金红 |
| 泰州市科华电器有限公司 | 1898.8 | 196 | 陈振海 |
| 江苏鑫顺不锈钢制品有限公司 | 8480 | 879 | 王秀兰 |
| 兴化市丰泉不锈钢材料厂 | 1996 | 205 | 陈文全 |
| 兴化市金鼎电热电器材料厂 | 1641 | 166 | 孙爱明 |
| 泰州枫叶冶金设备有限公司 | 4838.5 | 474.5 | 叶 希 |
| 兴化市楚水锌品厂 | 1839 | 192 | 焦美珠 |
| 泰州明煌电器线缆有限公司 | 1204 | 112.6 | 严长桂 |
| 泰州市华夏特钢有限公司 | 2354 | 238 | 夏兆礼 |
| 泰州航发金属材料有限公司 | 2589 | 247.6 | 徐中法 |
| 兴化市润通不锈钢制品厂 | 1734 | 177 | 黄建华 |
| 泰州新龙翔金属制品有限公司 | 3390.7 | 272 | 王秋桂 |
| 兴化市双杰铸造有限公司 | 1887 | 210 | 陈东明 |
| 兴化市三元不锈钢制品有限公司 | 10075 | 1055 | 顾玉明 |
| 兴化市五鑫耐热钢铸件厂 | 1939.1 | 188.6 | 黄秋平 |
| 泰州市吉申电阻丝有限公司 | 1963.7 | 343.8 | 吴领才 |
| 江苏奥星机械铸造有限公司 | 8512 | 846 | 赵 轩 |
| 泰州市兴龙环保制品有限公司 | 966 | 97.6 | 徐咸龙 |
| 兴化市振明电热电器材料厂 | 1336 | 134 | 夏巧凤 |
| 兴化市东龙电阻材料厂 | 1968 | 199.6 | 汤日东 |
| 兴化市慧兰不锈钢制品有限公司 | 9578 | 992 | 徐国宽 |
| 兴化市富发电热管件有限公司 | 1077.2 | 108.8 | 王长富 |
| 泰州市鑫发塑料制品有限公司 | 960.9 | 101.9 | 叶秋平 |
| 兴化市明涛电热电器厂 | 1341.8 | 137.7 | 徐正明 |
| 泰州市佳乐金属制品有限公司 | 2007.4 | 177 | 苏同卫 |

续表 44

| 企业名称 | 销售收入（万元） | 利税总额（万元） | 法定代表人 |
|---|---|---|---|
| 江苏金日管业有限公司 | 1869.8 | 193.7 | 章和弟 |
| 兴化市飞轮钢管厂 | 1976 | 201 | 徐步远 |
| 兴化市龙利得不锈钢制品厂 | 1865 | 192 | 朱雪梅 |
| 兴化市佳成耐热设备厂 | 1651 | 170 | 邹兴东 |
| 兴化市宏伟特种耐火器材厂 | 6698 | 676 | 张伟国 |
| 泰州市吉祥不锈钢制品有限公司 | 1940 | 197 | 吉德书 |
| 兴化市宏晨不锈钢制品厂 | 1626 | 168 | 陈小凤 |
| 江苏乐神家具制造有限公司 | 1616 | 168 | 葛慧华 |

各村基本情况

表 45

| 村名 | 村支部书记 | 村委会主任 | 耕地面积（公顷） | 人口（人） | 工农业总产值（万元） | 农民人均纯收入（元） |
|---|---|---|---|---|---|---|
| 蒋庄 | 王京宝 | 王京宝 | 129 | 1956 | 117436.7 | 16507.5 |
| 罗么 | 陆冬生 | 华进东 | 139.9 | 2581 | 116653 | 14620 |
| 赵万 | 戴伯明 | 赵信林 | 291.2 | 5279 | 385040 | 16218 |
| 欧家 | 王进如 | 王进如 | 103.9 | 1827 | 13733 | 12848 |
| 同济 | 徐元龙 | 徐海云 | 182 | 2619 | 46565 | 11280 |
| 葛尤 | 张晓骏 | 沈庆付 | 142 | 2401 | 13060 | 9767 |
| 刘纪 | 顾桂华 | 章怀贵 | 182 | 3166 | 102061 | 13130 |
| 五星 | 沈权圣 | 潘恒辉 | 327 | 4915 | 83920 | 12255 |
| 周家 | 夏正东 | 顾田富 | 147.5 | 2092 | 24366 | 13305 |
| 南桥 | 刘如岗 | 沈长征 | 191.7 | 2391 | 10117 | 12566 |
| 草积 | 贺洪钧 | 贺洪钧 | 76.3 | 1165 | 5756 | 11396 |
| 千户 | 秦跃进 | 秦跃进 | 104.6 | 1465 | 7676 | 12880 |
| 陆姜 | 张建民 | 姜　慧 | 155.6 | 1884 | 49002 | 12549 |
| 吁戚 | 许仁礼 | 曹银生 | 221.4 | 2300 | 17313 | 11301 |
| 华庄 | 华国能 | 华国能 | 195.4 | 1791 | 6478 | 12445 |
| 朱家 | 王同乐 | 盛宝东 | 126.6 | 1518 | 3965 | 11200 |
| 港南 | 夏宏广 | 夏宏广 | 216.1 | 2039 | 15174 | 12169 |
| 藕杭 | 王成忠 | 王成忠 | 157.1 | 1755 | 3057 | 12170 |
| 杨家 | 张正高 | 张正仁 | 124.5 | 1305 | 6564 | 11800 |
| 蒲场 | 刘　毅 | 刘　毅 | 138.3 | 1509 | 3306 | 11666 |

续表 45

| 村名 | 村支部书记 | 村委会主任 | 耕地面积（公顷） | 人口（人） | 工农业总产值（万元） | 农民人均纯收入（元） |
|---|---|---|---|---|---|---|
| 唐刘 | 陈金元 | 陈金元 | 165.5 | 2368 | 21330 | 12731 |
| 三舍 | 焦国华 | 焦国华 | 103.5 | 1481 | 5380 | 12867 |
| 东周 | 蔡良太 | 蔡良太 | 262.3 | 2682 | 2937 | 11178 |
| 西周 | 周崇礼 | 周崇礼 | 242.5 | 2265 | 5527 | 11935 |

**【高效农业】** 高效农业发展实现新突破，招引客商投资2300万元新建陆姜农业生态园，该项目占地63.33公顷，分三期工程投资建设，总体规划为“一核、四区、多园”。“一核”以高效农业为核心体现高效农业产业；“四区”为四个功能区域，分别为特色水产养殖区、畜禽高效健康养殖示范区、农业新品种新技术试验区和生态观光休闲采摘区；“多园”由若干个自称体系又相互关联的集锦园组成。目前一期工程正在紧锣密鼓地组织实施之中。

**【蒋家舍古文化遗址】** 蒋家舍遗址位于蒋庄村泰东河两岸，河岸地表以下约1.4米处有厚约40公分的堆积层，南北延伸约1000米，西岸向西放射约400米，占地面积约40万平方米，根据采集和出土的大量陶器、石器、角器、瓷器及亚化石、古井遗存等表明，这处遗址大致经历距今5800年至5200年的新石器时代崧泽文化、距今4200年至2200年的夏商周时期和距今约1000年的北宋后期等三个历史阶段。经省考古专家勘查认定，该遗址具有很高的考古和研究价值，2010年被审定为市文物控保单位。

**【报本寺奠基】** 年底，报本寺举行奠基典礼。报本寺位于镇区东南处，东临泰东河，西傍东港河，南有南荡河，北靠北荡河，重建报本寺，对于弘扬宗教传统、传承历史文化、展现古刹风貌、提供弘法场所、增添城镇建设新亮点、推动旅游观光业发展、扩大对外宗教文化交流将发挥重要的作用。

**【新型医药包装产业园】** 2010年10月创建兴化市新型医药包装产业园，位居张郭镇科技工业园区内，占地面积133.33公顷，西接宁靖盐高速，东邻204国道，省级航道幸福河、泰东河沿境而过，地理位置优越，水陆交通便捷。园区规划科学、布局合理、设施完备、服务周到、研发能力强，拥有江苏博生橡塑材料有限公司、江苏金扬子有限公司、凯华集团等10多家新型医药包装企业，博生公司的丁基胶塞市场占有率位居同行前列，初步形成以药用丁基胶塞、医用多层共挤膜、输液软包装接头组件、药用塑料瓶等为特色的新型药用包装产业。（苏　建）

# 大 垛 镇

**【大垛镇概况】** 大垛镇地处宁靖盐高速与高兴东公路互通出口处，省级航道梓辛河、新塘港河纵横交错，区位优势明显，水陆交通便捷，是兴化城区的“东大门”，已融入长三角和沪宁经济圈；为兴化市十大古镇之一，历史悠久，文化底蕴深厚，是板桥先生的故里，省级文物保护单位——板桥林园坐落于该镇管阮村。全镇镇域面积73.63平方公里，总人口4.29万人，辖有23个行政村，1个板桥社区，1个兴化市民政工业园。近年来，该镇经济建设和社会事业迅猛发展，三次产业结构较好演进，镇村面貌显著改善，群众生活富庶安康。2010年，全镇实现地区生产总值12.17亿元，同比增长16.2%；财政收入首次突破亿元大关，达1.04亿元、一般预算收入3363万元，分别较上年增长34.8%和41.1%。完成全社会固定资产投资6.7亿元，增长43%。年内获得“兴化市综合先进乡镇”、“省级环境优美乡镇”等称号。

经济建设与发展　全年实现工业总产值35.8亿元，增长37.7%。新增列统企业7家，累计达27家。规模以上工业实现产值22.73亿元、利税2.06亿元、技改投入2.65亿元，分别增长34.6%、151.7%和148%，单位地区生产总值综合能耗下降3.6%。新认定省级民营科技企业1家，“汤氏”纺机、“宏联”机械、“宝中宝”化妆品等荣获泰州市知名品牌。全年高新技术产值增长26%，占规模以上工业产值比重47%。纺织服装、机械制造、有色金属、保温建材、量具刃具等支柱产业产值27亿元，占全部工业产值75.4%。全年共实现招商引资1.51亿元，其中完成协议利用外资1800万美元，实际到账资金358万美元；新登记注册私营企业27家，个体工商户156户，注册资金1.12亿。农业利用外资150万美元，利用民资1000万元，新增项目3个。新建农村“三大合作”组织6个。丁家、阮中、陈卞、管阮等村实现农产品销售1亿元，增长32.3%。实现服务业增加值5.54亿元，入库税收1152万元。社会消费品零售总额3.2亿元，增长31%。“东方怡园农家乐”、“品牌连锁专卖店”等一批三产项目落户该镇。管阮村“万村千乡”市场工程继续推进，成为泰州市“亮点”。

社会事业发展　教育教学质量稳步提升，大垛中心校考取兴化中学27人，录取率列全市前三名；板桥高级中学本二层次进线50多人，本科录取125人，高考最高分列全市三星级高中榜首。医疗卫生基础建设扎实推进，中心卫生院新建妇幼保健中心，新建村卫生室5家。投入1000万元新建和改造中兴路、文化南路及人民路，在镇区安装3处交通警示灯，对时代广场、安康憩园进行绿化、亮化的改造。全面推进小康村建设步伐，全年共疏浚各类河道18条，新增绿化造林面积133.33公里，新增农村卫生改厕459户，完成“二次改水”的主管网铺设。其中丁家村投入100多万元，对全村主干道、支路进行修整，巷道硬质化率达100%，增设路灯40盏、景观围墙450米，新建广场8500平方米，新建河道驳岸220米，修建桥梁3座，添置垃圾箱20只，农户安全饮用水率达100%，墙体出新1.1万平方米，新增绿化面积7000平方米，村庄绿化率达35%，荣获当年全市新农村建设一等奖。群众性文化、体育、健身等活动有效开展，组建总规模达100多人的街舞队、健身舞队、腰鼓队，健身舞队获得全市比赛一等奖。人口计生工作成绩显著，人口自然增长率控制在3‰以内，男女性别比为105∶100，连续三年获全市综合一等奖，全国计生委副主任崔丽等专程到该镇调研农村基层出生人口性别比综合治理工作情况。积极推进文化惠民工程，有线电视、宽带、农家书屋实现23个行政村全覆盖。深入开展系列性精神文明创建活动，13个(村、单位)申报省、泰州市和兴化市文明村(单位)。

富民工程实施　2010年全镇农民人均纯收入达10111元，各项存款余额达4.1亿元，分别较上年增长15.2%和18.7%。市、镇两级足额发放各类涉农惠农补贴918万元。建立镇村劳动保障服务平台，加强农民创业就业培训，全年新增就业800人，新增农村劳动力转移1000人。社保扩面工作扎实推进，全镇农村养老保险参保人数达21339人，政府发放社会基本养老金5275人，农村医疗保险参保人数达37520人，基本实现全覆盖。五保低保做到应保尽保，为全镇520户、914人落实了城乡居民最低生活保障，全年共发放生活保障金124.8万元，救助孤儿15名，五保供养老人399人，其中60人入住了镇中心福利院。实行“一对一”结对帮扶，帮助345名援助对象脱贫致富。

**2010年主要经济社会指标**

**表** 46

| 指标名 | 单位 | 数值 |
|---|---|---|
| 总户数 | 户 | 14949 |
| 总人口 | 人 | 42938 |
| 乡镇从业人员数 | 人 | 19898 |
| 耕地面积 | 公顷 | 3641 |
| 地区生产总值 | 万元 | 121664 |
| 人均地区生产总值 | 元 | 32240 |
| 农业增加值 | 万元 | 25198 |
| 工业增加值 | 万元 | 46410 |
| 建筑业增加值 | 万元 | 11100 |
| 服务业增加值 | 万元 | 33731 |

续表 46

| 指标名 | 单位 | 数值 |
|---|---|---|
| 生猪出栏 | 头 | 65161 |
| 家禽出栏 | 万羽 | 1069474 |
| 水产品产量 | 吨 | 7997 |
| 工业企业数 | 家 | 340 |
| 当年到账外引资金 | 万元 | 15100 |
| 工业销售收入 | 万元 | 352240 |
| 工业利税总额 | 万元 | 6986 |
| 预算内财政收入 | 万元 | 10400 |
| 一般预算收入 | 万元 | 3022.3 |
| 私营个体税收 | 万元 | 7000 |
| 居民储蓄存款余额 | 万元 | 25480 |
| 农民人均纯收入 | 元 | 10111 |
| 中小学校 | 所 | 2 |
| 在校学生 | 人 | 6034 |
| 在职教师 | 人 | 227 |
| 医院 | 所 | 1 |
| 卫生所(室) | 个 | 23 |
| 医生数 | 个 | 102 |
| 病床数 | 张 | 70 |
| 参加养老保险人数 | 人 | 17273 |
| 参加农村新型合作医疗人数 | 人 | 38560 |
| 享受居民最低生活保障人数 | 人 | 520 |

## 2010年骨干企业基本情况

表 47

| 企业名称 | 销售收入(万元) | 利税总额(万元) | 法定代表人 |
|---|---|---|---|
| 兴化市宏联纺机有限公司 | 2674 | 231 | 李正海 |
| 江苏贝特服装有限公司 | 933 | 123 | 陈汝平 |
| 兴化忝采制衣有限公司 | 880 | 112 | 虞万意 |
| 兴化市板桥水泥有限公司 | 1142 | 105 | 顾银章 |
| 兴化市兴桂锌品实业有限公司 | 1375 | 101 | 陈友根 |
| 兴化市大垛保温材料有限公司 | 1976 | 128 | 冯世文 |
| 江苏通泰纱线有限公司 | 1958 | 189 | 武东升 |

续表 47

| 企业名称 | 销售收入(万元) | 利税总额(万元) | 法定代表人 |
|---|---|---|---|
| 兴化市兴达锌业有限公司 | 2421 | 181 | 苟永宏 |
| 兴化市星锌冶化厂 | 1693 | 148 | 石建明 |
| 兴化市兴鑫保温材料有限公司 | 2023 | 174 | 刘维同 |
| 兴化市银华锌业制品厂 | 1401 | 107 | 刘三银 |
| 泰州市新晨体育器材有限公司 | 720 | 63 | 刘宝峰 |
| 兴化市鼎宏金属制品有限公司 | 9029 | 849 | 沈　康 |
| 兴化市豪盛铜制品有限公司 | 13509 | 1252 | 叶明发 |
| 兴化市朝阳化工有限公司 | 1091 | 115 | 翟锦学 |
| 兴化市康达锌业制品厂 | 1049 | 93 | 卢日康 |
| 兴化市宝中宝化妆品有限公司 | 650 | 58 | 郭荣东 |
| 兴化市水杉锌业制品厂 | 806 | 79 | 葛凤章 |
| 兴化市宇森稀有金属制品厂 | 2636 | 258 | 何如进 |
| 兴化市兴江锌品厂 | 776 | 69 | 刘兴江 |
| 兴化市正兴齿轮有限公司 | 621 | 58 | 汤　坚 |
| 兴化市神奥耐火保温材料有限公司 | 571 | 52 | 蒋明书 |
| 兴化市华城锌品厂 | 626 | 61 | 刘兴华 |
| 兴化市板桥宠物玩具有限公司 | 864 | 79 | 顾银章 |
| 兴化市亚星量具刃具厂 | 526 | 53 | 赵建文 |
| 兴化市天一塑料制品厂 | 1067 | 96 | 姚昌盛 |
| 兴化市冠群锌业有限公司 | 633 | 59 | 王艳山 |
| 兴化市通联塑胶有限公司 | 514 | 52 | 刘其山 |

## 各村基本情况

表 48

| 村名 | 村支部书记 | 村委会主任 | 耕地面积(公顷) | 人口(人) | 工农业总产值(万元) | 农民人均纯收入(元) |
|---|---|---|---|---|---|---|
| 大何 | 胡文祥 | 颜存银 | 244 | 2071 | 4342 | 8758 |
| 三家 | 刘　俊 | 刘　俊 | 123 | 1140 | 1574 | 8976 |
| 娄庄 | 汪存山 | 汪存山 | 198 | 2075 | 5233 | 9859 |
| 兴芦 | 单爱山 | 单爱山 | 109 | 955 | 1617 | 8536 |

续表 48

| 村名 | 村支部书记 | 村委会主任 | 耕地面积(公顷) | 人口(人) | 工农业总产值(万元) | 农民人均纯收入(元) |
|---|---|---|---|---|---|---|
| 东刘 | 陆荣华 | 周山华 | 182 | 865 | 7517 | 8766 |
| 朱罗 | 唐兴祥 | 唐兴祥 | 101 | 1733 | 1301 | 8468 |
| 大陶 | 任宽政 | 任宽政 | 189 | 1787 | 4101 | 9361 |
| 世联 | 乔克勤 | 高迎喜 | 105 | 1124 | 3173 | 9037 |
| 保宽 | 张明祥 | 邹银龙 | 160 | 1846 | 15113 | 10386 |
| 从六 | 周世宏 | 王金干 | 140 | 2061 | 9883 | 10236 |
| 安民 | 吴国祥 | 吴国祥 | 150 | 2070 | 39008 | 13663 |
| 双石 | 石学林 | 石金锁 | 153 | 1859 | 2035 | 9948 |
| 许马庄 | 石宝良 | 石宝良 | 149 | 1493 | 4535 | 8664 |
| 丁家 | 苟永宏 | 苟永宏 | 80 | 918 | 6809 | 8691 |
| 阮中 | 朱祥华 | 朱祥华 | 122 | 2252 | 4231 | 10078 |
| 管阮 | 李忠林 | 夏兴根 | 159 | 1710 | 6300 | 13350 |
| 双包 | 陈春阳 | 蔡维中 | 191 | 1772 | 3983 | 10860 |
| 陈卞 | 陈恒银 | 陈恒银 | 183 | 1924 | 3162 | 11906 |
| 盛吴 | 李德山 | 李德山 | 203 | 2398 | 9334 | 10054 |
| 肖庄 | 汤云海 | 吴同明 | 217 | 1627 | 7397 | 9299 |
| 吴杨 | 孙鹏飞 | 孙凤林 | 193 | 1776 | 6634 | 9397 |
| 天河 | 虞　帅 | 虞　帅 | 165 | 1721 | 3902 | 10193 |
| 吴岔 | 沈如银 | 李久泉 | 125 | 1551 | 3608 | 10128 |
| 板桥社区 | 吴向东 | 丁　斌 | | 4210 | | |

**【通过省级环境优美乡镇验收】** 2010年2月泰州市组织专家组对该镇创建泰州市级环境优美乡镇情况进行考核验收。专家组通过实地查看该镇集镇建设、新农村建设和工业企业及查阅相关软件资料，对该镇创建环境优美乡镇成果表示肯定，该镇顺利通过泰州市环境优美乡镇验收。此后，该镇积极创建省级环境优美乡镇，并于同年9月通过验收。

丰富多彩的文化活动

**【大学生“村官”创业】** 大垛镇高度重视大学生“村官”工作，在抓好大学生“村官”生活关怀、素质提升的同时，积极鼓励大学生“村官”自主创业，帮他们协调解决好资金、场地、人力等方面问题。吴向东办的电子元件厂，与盐城丰嘉电子有限公司签订长期合作合同，产品日产量8000只，年销售300万元，为40多个村民解决就业问题；潘智伟通过种植特色植物——甜叶菊，帮助农民找到致富的新路子。2010年9月，泰州市委组织部部长李国华到该镇调研大学生“村官”创业情况，《兴化报》也对其创业事迹作了报道。

**【镇区中轴线建成】** 按照镇区“北移西扩”的总体思路，加大镇区基础设施建设力度，2010年末，镇区中轴线道路——中兴路建成通车。道路全长511米，宽36米，其中桥梁总长58米，宽20米，道路两侧绿化亮化工程已全部到位，共栽植大小树木1320株、绿化面积2000平方米，安装路灯36盏。 (顾友春　郭　坚)

# 荻　垛　镇

**【荻垛镇概况】** 荻垛镇位于兴化市东南部，地处宁靖盐公路、宁盐省级公路、高兴东省道交汇处，内有梓辛河、唐港河、盐靖河纵横交错，全镇水陆交通便捷，区位优势明显，发展空间广阔。全镇镇域面积78平方公里，人口4.6万人，辖有21个行政村，1个居委会，2个工业集中区。近年来，全镇通过实施“工业强镇、生态立镇、和谐建镇”的战略，坚持农业、工业、集镇同步走，“四个文明”建设取得丰硕的成果。农业基地建设特色明显，形成日本山华农业科技发展公司的有机水稻生产示范基地、法国大管蒲公英高效生态农业产业化基地等一批优势产业，工业经济快速增长，已聚集形成不锈钢制品、铜材加工、日用化妆品三大优势产业，且呈蓬勃发展之势；集镇建设以“经营集镇、服务群众”为理念，基础设施、社会公益事业日益完善，集镇形象日新月异。

*经济建设与发展* 全年实现地区生产总值6.76亿元，完成财政收入8000万元，一般预算收入2891万元，总体经济实力稳定在全市先进行列。全年共流转土地133.33公顷，蒲公英种植加工基地、山华农业科技发展有限公司、红膏公司养殖基地、高效设施大棚基地等累计400多公顷高效农业基地，成为吸收劳动力、增加农民收入的主渠道。荻垛铜材市场的规划建设、荻垛有色金属行业协会的成立运作，为该镇有色金属产业的快速发展注入持久动力。围绕打造不锈钢铸造骨干企业，以兴东、东

方、华航等企业为代表,全镇6家耐热钢铸造企业全年可实现产量7000吨左右,产值可达3个多亿。后丰花园小区、春达集贸市场、国富商务中心、全国连锁好又多超市、新天地商务会所等一批三产项目陆续进驻该镇,实现服务业增加值2.78亿元。

社会事业发展　教育现代化提上日程,各项规划建设稳步推进。教育资源得到优化整合,中小学校的硬件设施大幅改善,成功创建泰州市合格幼儿园。全镇新增投入千万元,镇区面积从不足2平方公里扩展到4平方公里,形成“三纵五横”的新框架。新区长兴大桥通车,顺利打开镇区发展的新通道,镇南路西延工程顺利完工,梓辛大桥建设完成,连接新老镇区的农修厂主桥梁重建工程顺利建成通车,跨盐靖河的七子桥、联通村庄的郝家桥等均在施工建设。农贸市场商业中心、广电综合大楼、世代服务中心等一批精品项目相继建成并投入使用,成为全镇新的地标性建筑,市民绿化广场及五个休闲广场等成为镇区的新亮点。镇区亮化景观工程顺利实施,新增486盏路灯、景观灯、投光灯,2座灯桥、1座水上彩虹桥,78只彩绘灯箱。集镇以广玉兰、香樟、女贞、桂花为主的绿化面积达到8公顷。认真抓好农田水利建设,加强闸站建设,全镇主体圩的防洪排涝能力均达每万亩5个流量以上。北王、荻垛、七子等多个先行村的创建工作,成效明显,受到市委、市政府的表彰。塾墩村创建工作接受泰州市现场推进会的检查,得到充分肯定。郝家、南北石、南王等村累计投入资金150万元,全面完成整治任务。按照区域供水的规划,大力组织实施镇村自来水支管网二次改造工程,各项工作进展顺利,新成立的自来水公司进入实质运行,确保全镇群众的健康安全用水。

荻垛镇七子村“村民直评村干部”大会

富民工程实施　按照“政府牵头、企业履责、社会帮扶、财政补助”的要求,认真落实农村最低生活保障制度、新型合作医疗保险制度、义务教育阶段农村家庭困难学生“两免一补”政策,开展民政福利企业结对帮扶活动,圆满完成市政府下达的社保扩面、新农保和新农合保险任务。进一步加强社会治安综合治理,防范和严惩各类违法犯罪活动,维护人民群众合法权益,保证人民群众安居乐业。依法处置各类社会矛盾。建立健全社会预警和突发事件应急机制,提高保障公共安全和处置突发事件的能力。精心组织普法教育,增强全民法律意识和法制观念。

**2010年主要经济社会指标**

**表** 49

| 指标名 | 单位 | 数值 |
|---|---|---|
| 总户数 | 户 | 13759 |
| 总人口 | 人 | 45957 |
| 乡镇从业人员数 | 人 | 18848 |
| 耕地面积 | 公顷 | 3469 |
| 地区生产总值 | 万元 | 67634 |
| 人均地区生产总值 | 元 | 18549 |
| 农业增加值 | 万元 | 16801 |
| 工业增加值 | 万元 | 15565 |
| 建筑业增加值 | 万元 | 6249 |
| 服务业增加值 | 万元 | 29019 |
| 生猪出栏 | 头 | 25000 |
| 家禽出栏 | 万羽 | 137.2 |
| 水产品产量 | 吨 | 2878 |
| 工业企业数 | 家 | 237 |
| 当年到账外引资金 | 万元 | 7000 |
| 工业销售收入 | 万元 | 198781 |
| 工业利税总额 | 万元 | 16871 |
| 预算内财政收入 | 万元 | 8000 |
| 一般预算收入 | 万元 | 2648.4 |
| 私营个体税收 | 万元 | 6000 |
| 居民储蓄存款余额 | 万元 | 27700 |
| 农民人均纯收入 | 元 | 9380 |
| 中小学校 | 所 | 4 |
| 在校学生 | 人 | 1691 |
| 在职教师 | 人 | 216 |
| 医院 | 所 | 61 |
| 卫生所(室) | 个 | 20 |
| 医生数 | 个 | 40 |
| 病床数 | 张 | 36 |
| 参加养老保险人数 | 人 | 17037 |
| 参加农村新型合作医疗人数 | 人 | 40449 |
| 享受居民最低生活保障人数 | 人 | 310 |

2010年骨干企业基本情况

表 50

| 企业名称 | 销售收入（万元） | 利税总额（万元） | 法定代表人 |
|---|---|---|---|
| 兴化市春达有色金属制品厂 | 50000 | 4600 | 韩春生 |
| 兴化市五环有色金属制品厂 | 40000 | 3700 | 金　钟 |
| 兴化市兴东铸钢有限公司 | 11000 | 980 | 周长军 |
| 兴化市东方铸钢有限公司 | 11000 | 980 | 周友龙 |
| 泰州润伟机械有限公司 | 8000 | 750 | 陈四江 |
| 泰州市华航精密铸造有限公司 | 6000 | 560 | 严　峰 |
| 兴化市华成机械制造有限公司 | 4000 | 380 | 顾昌华 |
| 兴化市兴成铜业有限公司 | 4000 | 380 | 王兴红 |
| 兴化市天派化妆品有限公司 | 4000 | 360 | 郭荣柏 |
| 江苏蒲公英保健品公司 | 4000 | 350 | 郭兆芹 |
| 兴化市板桥麦芽有限公司 | 2000 | 190 | 张明和 |
| 兴化市雨峰有色金属铸造厂 | 2000 | 190 | 曹增安 |
| 兴化市兴达铸钢厂 | 2000 | 190 | 孙启兴 |
| 兴化市润峰机械制造厂 | 2000 | 190 | 刘学成 |

各村基本情况

表 51

| 村名 | 村支部书记 | 村委会主任 | 耕地面积（公顷） | 人口（人） | 工农业总产值（万元） | 农民人均纯收入（元） |
|---|---|---|---|---|---|---|
| 熟墩 | 周兆禄 | 周桂华 | 155 | 1880 | 6095 | 8416 |
| 郑周 | 周龙山 | 刘安根 | 172 | 2161 | 5413 | 8174 |
| 蒋家 | 高正伦 | 周泽湖 | 148 | 2429 | 11385 | 9979 |
| 富家 | 刘来钊 | 高凤林 | 215 | 2969 | 5894 | 8143 |
| 南王 | 卢　庆 | 高小冬 | 111 | 1165 | 3915 | 8112 |
| 四联 | 陈渐高 | 赵俊德 | 175 | 2510 | 5871 | 8406 |
| 董唐 | 刘彩国 | 刘彩国 | 124 | 1322 | 2776 | 8105 |
| 周吾 | 王晓荣 | 王晓荣 | 160 | 1712 | 2867 | 7955 |
| 荻垛 | 金庆芳 | 董桂兰 | 253 | 2853 | 17091 | 9313 |
| 北王 | 薛洪九 | 陈仁萍 | 195 | 2122 | 5669 | 10150 |
| 周石 | 夏桂宏 | 夏桂宏 | 135 | 2053 | 14770 | 9893 |
| 郝家 | 郝长林 | 郝建荣 | 149 | 1647 | 2825 | 8174 |
| 从刘 | 从友宏 | 从友宏 | 142 | 1580 | 1946 | 8684 |

续表 51

| 村名 | 村支部书记 | 村委会主任 | 耕地面积（公顷） | 人口（人） | 工农业总产值（万元） | 农民人均纯收入（元） |
|---|---|---|---|---|---|---|
| 南北石 | 刘乾洋 | 刘乾洋 | 157 | 2146 | 3552 | 8107 |
| 廷良 | 陈廷灿 | 刘启银 | 231 | 2568 | 3654 | 8338 |
| 西毛 | 谢金宝 | 谢金宝 | 289 | 3255 | 11916 | 9417 |
| 大袁 | 袁世勇 | 陆纯友 | 93 | 1172 | 2236 | 8360 |
| 征王 | 徐应成 | 徐应成 | 132 | 1769 | 2323 | 8446 |
| 七子 | 杨础全 | 杨武飞 | 92 | 1506 | 2031 | 9198 |
| 野陈 | 夏国寿 | 夏国寿 | 184 | 2209 | 3964 | 9425 |
| 新丰 | 黄国强 | 陆一游 | 112 | 1473 | 9022 | 9503 |

（赵继强）

# 戴窑镇

**【戴窑镇概况】** 戴窑镇地处兴化、东台、大丰三市交界，有兴化东大门之称，是泰州市重点中心镇之一。镇域面积96.9平方公里，其中镇区面积4.5平方公里，耕地面积4630公顷。辖行政村32个、居委会3个、村民小组364个。年末，全镇总户数24405户，有户籍人口6.87万人，其中非农人口12387人。另有外来暂住人口1256人。全年实现地区生产总值10.80亿元，同比增长14.5%，其中一、二、三产业增加值分别为2.1亿元、3.7亿元、4.9亿元。全年财政总收入3488万元，一般预算收入1606万元，人均纯收入8543元，全年共引进项目12个，完成招商引资6000万元。

经济建设与发展　全年完成经济总收入84.9亿元。实现工业产品销售收入42.5亿元，利税3.5亿元，分别增长31.3%、32.8%。全镇现有私营企业120家，列统企业13家，年利税超过100万元的3家。粮食市场年成交额33亿元。房地产业持续升温，商品房销售创下新高，全年开发商品房面积6万平方米。仓储物流发展迅速，新增物流配载中心3家。金融担保业发展势头良好，2家小额融资担保公司落户戴窑。2010年，全镇服务税收达到860万元，同比增长87.8%。高效农业成效显现，全年新增农村专业使用组织2家，流转土地36.67公顷，培育发展荷兰豆、食用菌、大棚水生蔬菜3个示范基地。

社会事业发展　年末，有学校5所，教师总数523人，在校学生7758人。有中心卫生院1家，社区卫生服务站32家。集镇建设有力推进，沿河路、三桥路改造工程顺利完工，乐吾路北延工程继续实施，西桐路、西广路、两横工程如期建成，人民路两侧绿化、亮化和管网等设施同步推进。全年累计完成基础设施投入1000多万元。龙锦小区和人民路北侧小区工程有序开发,农副产品超市、圣嘉丽假日酒店建设正在加紧建设。农村二次改水顺利完成,村民吃上兴东水厂的水,镇区自来水管网正在紧张铺设之中。

富民工程实施 全镇农民人均纯收入8476元,同比增长11.1%。加强水利防洪设施建设,全年累计投入资金318万元,新建圩口闸9座,排涝站2座。累计投入1500万元,改造自来水管网120公里。积极推广城乡一体化的社会养老保险、医疗保险。全镇新增城乡居民养老保险近2万人,新型农村医疗保险做到应保尽保,福利中心工程总投资400多万元,初步竣工,全年新增脱贫人数351人。

**2010年主要经济社会指标**

**表** 52

| 指标名 | 单位 | 数值 |
|---|---|---|
| 总户数 | 户 | 24405 |
| 总人口 | 人 | 68677 |
| 乡镇从业人员数 | 人 | 36385 |
| 耕地面积 | 公顷 | 4630 |
| 地区生产总值 | 万元 | 10.80 |
| 人均地区生产总值 | 元 | 19795 |
| 农业增加值 | 万元 | 18650 |
| 工业增加值 | 万元 | 25186 |
| 建筑业增加值 | 万元 | 9100 |
| 服务业增加值 | 万元 | 40480 |
| 生猪出栏 | 头 | 106203 |
| 家禽出栏 | 万羽 | 59 |
| 水产品产量 | 吨 | 3195 |
| 工业企业数 | 家 | 198 |
| 当年到账外引资金 | 万元 | 8400 |
| 工业销售收入 | 万元 | 348970 |
| 工业利税总额 | 万元 | 11386 |
| 预算内财政收入 | 万元 | 3488 |
| 一般预算收入 | 万元 | 1606 |
| 私营个体税收 | 万元 | 1685 |
| 居民储蓄存款余额 | 万元 | 64658 |
| 农民人均纯收入 | 元 | 8543 |
| 中小学校 | 所 | 5 |

**续表** 52

| 指标名 | 单位 | 数值 |
|---|---|---|
| 在校学生 | 人 | 7758 |
| 在职教师 | 人 | 523 |
| 医院 | 所 | 2 |
| 卫生所(室) | 个 | 32 |
| 医生数 | 个 | 179 |
| 病床数 | 张 | 104 |
| 参加养老保险人数 | 人 | 8526 |
| 参加农村新型合作医疗人数 | 人 | 58168 |
| 享受居民最低生活保障人数 | 人 | 840 |

**2010年骨干企业基本情况**

**表** 53

| 企业名称 | 销售收入(万元) | 利税总额(万元) | 法定代表人 |
|---|---|---|---|
| 远东纸业 | 3151 | 83 | 冯元松 |
| 信诚过滤 | 2261 | 156 | 王华桂 |
| 戴窑织布厂 | 2523 | 174 | 唐紫云 |
| 华兴机械 | 2192 | 180 | 王荣昌 |
| 亚泰化工 | 2372 | 398 | 张敦俊 |
| 万隆化工 | 2252 | 185 | 陈莲香 |
| 伯祥棉业 | 18617 | 1290 | 刘伯祥 |
| 三羊自行车 | 2164 | 145 | 吴志国 |
| 诚成棉业 | 11402 | 669 | 陈松林 |
| 贤人米业 | 12540 | 113 | 成凤彩 |
| 华泰服饰 | 1500 | 78 | 唐　勇 |
| 玥成箱包 | 2140 | 80 | 程林福 |

**各村基本情况**

**表** 54

| 村名 | 村支部书记 | 村委会主任 | 耕地面积(公顷) | 人口(人) | 工农业总产值(万元) | 农民人均纯收入(元) |
|---|---|---|---|---|---|---|
| 韩窑 | 徐长春 | 韩业青 | 148 | 2320 | 3096 | 8333 |
| 元友 | 刘少海 | 征洪宽 | 189 | 1796 | 4046 | 8500 |
| 荣进 | 尤仁茂 | 余正华 | 110 | 800 | 3549 | 8535 |
| 古牛 | 王进升 | 吴爱娟 | 181 | 1760 | 3470 | 8477 |

续表 54

| 村名 | 村支部书记 | 村委会主任 | 耕地面积(公顷) | 人口(人) | 工农业总产值(万元) | 农民人均纯收入(元) |
|---|---|---|---|---|---|---|
| 三合 | 陈天干 | 陈天干 | 207 | 1900 | 3465 | 8350 |
| 新唐元 | 于华英 | 于华英 | 127 | 1232 | 3276 | 8686 |
| 新竹元 | 钱福友 | 钱福友 | 171 | 1846 | 5148 | 8397 |
| 钱元 | 高建华 | 高建华 | 147 | 1067 | 4640 | 8089 |
| 灯塔 | 朱正广 | 宗继胜 | 209 | 2136 | 5256 | 8244 |
| 联葛 | 吴正才 | 金永美 | 268 | 2210 | 16063 | 8514 |
| 新花园 | 曹锁林 | 冯俊才 | 158 | 1814 | 17335 | 8733 |
| 青凤 | 陈桂华 | 袁根宝 | 124 | 1556 | 5007 | 9169 |
| 窑东 | 王桂才 | 戴宏宝 | 92 | 1938 | 6807 | 9801 |
| 窑南 | 宗继跃 | 周祥国 | 115 | 1796 | 7167 | 8454 |
| 恒和 | 朱世平 | 丁小兵 | 149 | 2048 | 16081 | 8314 |
| 锯家 | 唐书存 | 唐书存 | 148 | 1542 | 7621 | 8823 |
| 北李 | 蒋桂东 | 蒋桂东 | 120 | 1339 | 2188 | 8581 |
| 胜合 | 夏桂勇 | 苏加喜 | 190 | 1723 | 3168 | 8481 |
| 果园 | 朱志荣 | 朱志荣 | 141 | 1410 | 2833 | 8508 |
| 焦勇 | 芦金玉 | 张大全 | 188 | 2052 | 4406 | 8502 |
| 袁夏 | 张文林 | 张文林 | 96 | 1012 | 2016 | 8405 |
| 永杰 | 顾兆言 | 姚日明 | 137 | 1625 | 1983 | 8347 |
| 洪亮 | 鲁锦林 | 鲁锦林 | 85 | 965 | 1807 | 8303 |
| 刘丰 | 周正华 | 周正华 | 252 | 2376 | 4086 | 8203 |
| 东三 | 吴粉年 | 陆广炎 | 231 | 2750 | 17935 | 9110 |
| 舍王 | 卫永祥 | 卫永祥 | 171 | 1610 | 3213 | 8653 |
| 向阳庄 | 王春香 | 王春香 | 102 | 1015 | 1845 | 8609 |
| 杨林 | 吴会荣 | 郑勇胜 | 143 | 1219 | 2293 | 8526 |
| 叶堡 | 沈朋举 | 曹春阳 | 214 | 2095 | 2860 | 8141 |
| 兴野 | 胡国家 | 潘洪剑 | 182 | 1823 | 2970 | 8108 |
| 唐林 | 唐文刚 | 马桂祥 | 194 | 1614 | 2433 | 8520 |
| 白港 | 李晓荣 | 孙有加 | 199 | 2486 | 3574 | 8065 |

**【戴窑高级中学再次进入全国创意大赛总决赛】** 2010年6月,“尚德电力杯”第四届中国青少年创意大赛泰州赛区选拔赛结果揭晓。戴窑高级中学代表队喜夺该赛区团体一等奖第一名。中国青少年创意大赛由中国教育学会、国家商标局、中国版权协会联合主办,已在全国连续举办四届。此次泰州赛区选拔赛共有来自42所学校的400多名选手参加。经过紧张激烈的角逐,戴窑高级中学代表队最终力挫众多竞争对手脱颖而出,以70.03秒的好成绩夺得团体一等奖第一名,并获赠一套价值十几万元的“中国尚德创意大赛光伏原理教学系统”。

**【水生蔬菜大棚生产基地】** 由戴窑镇“天弘食用菌专业合作社”社长贺洪江、“兴港蔬菜专业合作社”社长李晓荣联手、锯家村支书唐书存带领部分村民共同参股,注册资金500万元的戴窑水生蔬菜大棚生产基地于2010年11月在戴窑镇锯家村正式成立。基地以每年每亩租金1000元的流转金流转成片土地20公顷,基地以长期与韩国合作的浙江省农科院蔬菜研究所作为技术依托,充分利用兴化丰富优质的水土资源、优越的温光条件,采用集成连栋大棚集中育苗,就地大棚生长水生蔬菜。通过选种早熟优质田藕、田菱、双季茭白等特色水生蔬菜,采取无公害高效栽培技术,推进蔬菜产业的升级换代,有效填补蔬菜供应空白季节,从而达到抢占市场先机、调节市场供应、提升经济效益的目的。基地将就近提供周边村民5000人次的就业机会。

**【陈钟石退休十年出书十本】** 10月,兴化市戴窑镇退休教师陈钟石收到自己在中国戏剧出版社出版的人物传记《王艮传》、《高谷传》。至此,陈钟石自2000年退休十年来,先后出版散文集、传记、长篇小说等不同体裁的作品10本。陈钟石老师从小喜爱文学,多年来笔耕不辍。20世纪90年代就先后出版散文集《绿色的磁盘》和《故乡的芦笛》,中篇儿童小说集《圣洁的塑像》。2000年退休以后更加勤奋的投入到自己喜爱的写作中去。先后撰写人物传记《刘熙载》、《戈公振》、《戈宝权》、《韩乐吾》、《王艮传》、《高谷传》;出版长篇历史小说《吴王张士诚》(与人合著)、长篇儿童小说《水乡抗日儿童团传奇》、长篇小说《生命泉》;出版文学评论集《神奇的彩笔》;出版了散文集《神秘的纽带》、《芬芳的一味》。儿童小说被著名作家丁仁祖改编成电影剧本《抗日小英雄——小铁锤和小网锁》。与史进、袁幸福合写的《韩乐吾的故事》被列入泰州市首批非物质文化遗产,还被定为代表传承人。刚刚完稿的长篇人物传记《胡瑗传》、《范仲淹传》,正在修改定稿联系出版。

(袁幸福)

## 合 陈 镇

**【合陈镇概况】** 合陈镇地处兴化市东北部,与大丰市毗邻。东靠沿海高速,西临宁靖盐高速,204国道、串场河穿境而过,水陆交通便利。全镇总面积99.7平方公里,辖27个行政村,1个居委会,5.54万人。境内建有新长铁路“兴化火车站”、兴东水厂、国家亿斤粮库、兴化粮食产业物流集聚区、中石油浙江油田分公司兴泽作业区。是江苏省文明镇、江苏省环境优美镇，省级新型示范小城镇，泰州市园林镇。

经济建设与发展 2010年，全镇经济发展继续保持良好态势。实现地区生产总值5.42亿元，比上年增长16%；实现财政总收入3399万元，占年初目标的113.2%；一般预算收入1500万元，占年初目标的125%，发展速度在全市考核中荣获进位奖。完成工业开票销售2.95亿元，实现利税1.5亿元，工业技改投入1.81亿元。全年新招引项目6个，其中5个被列为全市重大工业项目，合陈齿轮、海星齿轮、众生医用材料、华伟齿轮、耀龙机械等一批项目相继建成投产，完成招商引资任务6600万元，在全市招商引资考核中获得二等奖。原有企业金塔齿轮、鑫博化工、广扬电声、科创纺织、盛达工艺、海星机械、金宝铸件、明丰机械以及三家建材企业等，注重加大技改投入，强化内部管理，提高产品质量，产品的市场竞争力不断增强，实现工商税收1650万元。齿轮制造业得到快速发展，年生产齿轮达400万只，产值近亿元，已成为合陈镇工业主导产业。

合陈油田

社会事业发展 年末，全面完成主管网和村内管网改造，妥善处置原有8家小型水厂，全镇1.8万农户和集镇住户全面吃上清洁卫生的自来水，群众饮水安全问题得到根本解决。投入500多万元，建成向阳南路、袁湾公路等6条通村公路，建设里程16公里，群众出行更加方便快捷，全镇形成“三纵四横”的大交通格局。投入资金450万元，新建圩口闸3座、排涝站1座，清理村庄河道17条，整治乡级河道3条，加修圩堤7500米，挡排能力明显增强。全年经市挂牌出让土地12宗，新增建筑面积4.1万平方米，完成富贵康东区、银龙小区等新型农民住宅小区建设，建成区面积达到5平方公里；累计投入300多万元，建设了民主路东段，完善镇区下水道建设，规划设计市民文化广场，配套绿化、亮化工程，集镇品味不断提高，功能更加完善。

富民工程实施 农民自主创业和从事二、三产业人数明显增多，通过非农产业获得的收入大幅上升。全镇农民人均纯收入9072元，同比增长14%。扎实推进社保扩面工作，新增城乡居民养老保险1.7万人，超过市交目标50.4%。建立五保低保孤儿挂钩帮扶机制，58名五保老人入住镇中心福利院，安度幸福晚年；647名孤寡老人享受五保待遇；779名特困对象被纳入低保。幸福村小康示范村创建顺利通过市级验收，荣获全市二等奖，完成舍陈、高桂、李秀三个村830户农户改厕，人民生活质量进一步提高。

2010年主要经济社会指标

表55

| 指标名 | 单位 | 数值 |
|---|---|---|
| 总户数 | 户 | 19474 |
| 总人口 | 人 | 55387 |
| 乡镇从业人员数 | 人 | 21499 |
| 耕地面积 | 公顷 | 66212 |
| 地区生产总值 | 万元 | 54186 |
| 人均地区生产总值 | 元 | 13459 |
| 农业增加值 | 万元 | 14178 |
| 工业增加值 | 万元 | 15684 |
| 建筑业增加值 | 万元 | 1400 |
| 服务业增加值 | 万元 | 24756 |
| 生猪出栏 | 头 | 43788 |
| 家禽出栏 | 万羽 | 14.27 |
| 水产品产量 | 吨 | 2690 |
| 工业企业数 | 家 | 758 |
| 当年到账外引资金 | 万元 | 6600 |
| 工业销售收入 | 万元 | 213640 |
| 工业利税总额 | 万元 | 15000 |
| 预算内财政收入 | 万元 | 3399 |
| 一般预算收入 | 万元 | 1500 |
| 私营个体税收 | 万元 | 1650 |
| 居民储蓄存款余额 | 万元 | 65000 |
| 农民人均纯收入 | 元 | 9082 |
| 中小学校 | 所 | 3 |
| 在校学生 | 人 | 2595 |

续表 55

| 指标名 | 单位 | 数值 |
|---|---|---|
| 在职教师 | 人 | 190 |
| 医院 | 所 | 1 |
| 卫生所(室) | 个 | 27 |
| 医生数 | 个 | 16 |
| 病床数 | 张 | 40 |
| 参加养老保险人数 | 人 | 25344 |
| 参加农村新型合作医疗人数 | 人 | 48052 |
| 享受居民最低生活保障人数 | 人 | 779 |

2010年骨干企业基本情况

表 56

| 企业名称 | 销售收入(万元) | 利税总额(万元) | 法定代表人 |
|---|---|---|---|
| 兴化市盛达工艺品厂 | 2107 | 365 | 宗俊林 |
| 泰州市明丰机械有限公司 | 2136 | 371 | 吴余明 |
| 兴化市金宝铸件有限公司 | 8632 | 1238 | 施洪存 |
| 泰州市鑫博合成化工有限公司 | 2165 | 375 | 刘荣礼 |
| 兴化市金塔齿轮有限公司 | 2146 | 372 | 陈光华 |
| 兴化市海星超重机械有限公司 | 2009 | 348 | 刘支元 |
| 兴化市科创纺织品有限公司 | 2038 | 354 | 奚　平 |

各村基本情况

表 57

| 村名 | 村支部书记 | 村委会主任 | 耕地面积(公顷) | 人口(人) | 工农业总产值(万元) | 农民人均纯收入(元) |
|---|---|---|---|---|---|---|
| 胜　利 | 杨启闲 | 杨启闲 | 2808 | 2376 | 15156 | 8581 |
| 东向阳 | 马葆林 | 马葆林 | 2654 | 1534 | 7626 | 8842 |
| 东联合 | 吉　宁 | 吉　宁 | 2173 | 1842 | 8186 | 7502 |
| 锦　贤 | 朱占明 | 朱占明 | 1800 | 2003 | 14437 | 9197 |
| 界　牌 | 朱元根 | 刘　伟 | 3116 | 2137 | 17558 | 9150 |
| 娄　子 | 杨桂中 | 杨桂中 | 2376 | 1625 | 8414 | 8138 |
| 凤　存 | 杨　镜 | 杨　镜 | 3439 | 2594 | 13986 | 8016 |
| 朱　甜 | 朱荣旺 | 朱荣旺 | 1638 | 1253 | 7817 | 9007 |
| 朱　陈 | 陈志云 | 陈志云 | 1733 | 1046 | 5995 | 7500 |

续表 57

| 村名 | 村支部书记 | 村委会主任 | 耕地面积(公顷) | 人口(人) | 工农业总产值(万元) | 农民人均纯收入(元) |
|---|---|---|---|---|---|---|
| 陆　谦 | 杨欣峰 | 杨欣峰 | 2224 | 1366 | 7053 | 8997 |
| 红　旗 | 胡晓玲 | 胡晓玲 | 2134 | 1307 | 7662 | 7900 |
| 卜　寨 | 王爱付 | 王爱付 | 4035 | 4003 | 22523 | 8690 |
| 李　秀 | 李存喜 | 李存喜 | 1636 | 1445 | 8051 | 8091 |
| 九里港 | 施玉美 | 施玉美 | 2634 | 2072 | 12812 | 9910 |
| 高　桂 | 沈金根 | 樊远智 | 3188 | 2676 | 15482 | 9526 |
| 许　港 | 金舒春 | 沈前凤 | 2510 | 1734 | 11655 | 9154 |
| 万　沈 | 沈明华 | 沈明华 | 2585 | 2127 | 9136 | 8093 |
| 桂　山 | 刘荣江 | 刘荣江 | 3779 | 2709 | 11567 | 10119 |
| 樊　奚 | 奚玉秀 | 奚玉秀 | 2180 | 1452 | 8626 | 9265 |
| 成　章 | 成文存 | 成文存 | 1305 | 1044 | 8126 | 8285 |
| 舍　陈 | 陈向兴 | 陈向兴 | 3245 | 3407 | 31310 | 10238 |
| 张　居 | 居锦著 | 朱学萍 | 1516 | 1183 | 10695 | 9640 |
| 征　孙 | 征金和 | 赵　鑫 | 2535 | 2026 | 9547 | 8146 |
| 塔　港 | 周喜洪 | 周喜洪 | 2075 | 1692 | 11301 | 9460 |
| 邓　桥 | 邓国美 | 邓国美 | 3078 | 2262 | 19984 | 12556 |
| 幸　福 | 范大林 | 范大林 | 2247 | 1472 | 9190 | 9950 |
| 甘　杨 | 陈根桃 | 陈根桃 | 1569 | 1099 | 7987 | 7941 |
| 居委会 |  | 乔洪海 |  | 7622 |  |  |

**【兴化粮食产业物流集聚区】** 兴化粮食产业物流集聚区是国家级粮食生产基地和“长三角”重要的粮食物流中心，被市委、市政府定位为兴化东部重要经济增长极，已作为重大服务业项目上报省和国家发改委。

2010年，一期工程——粮食仓储项目已完成工程量的80%以上，园区管委会正式成立并开始运作，园区规划设计已全面展开。项目区位于合陈镇境内，串场河西畔，与兴化火车站相邻，规划总面积10平方公里，核心区面积3平方公里。

**【兴化市汽车齿轮产业园】** 2010年，塔子河工业集中区被市委、市政府授牌确定为全市十四家工业园区之一，并以汽车齿轮生产为园区建设的主导定位，命名为“兴化市汽车齿轮产业园”。区内电力、通信、道路配套基本到位，园区项目承载能力明显增强，至年底已有5家企业相继落户园区。

**【高效规模农业】** 高效规模农业呈现新的亮点，大力推广农业新技术、新品种,以百亩生态观光旅游农业——龙泉山庄,千头奶牛养殖基地——康益牧业,以及10万头生猪、2万亩河蟹、20万羽家禽养殖为主体的“百千万”高效农业基地建设得到加强。农业龙头企业迅达食品、康益牧业、苏兴养殖场等农业企业快速成长,迅达食品公司年加工生猪10多万头。康益牧业有限公司已入场奶牛200多头,成功申报农业部示范养殖基地。 (徐 柳)

## 昌 荣 镇

**【昌荣镇概况】** 昌荣镇原名唐子镇,始建于唐朝初年,相传因唐太宗李世民敕封“大唐子民”李姓聚居而得名。后因纪念革命烈士严昌荣而易名为昌荣镇。全镇总面积61.8平方公里,下辖13个行政村、1个居委会,201个村民小组,总人口3.77万人。昌荣镇是一个千年古镇,历史文化悠久、自然风光秀美、生态环境优越,旅游资源丰富。镇内有著名的蒿坡庙、木塔寺及千年紫槿、枯枝腊梅。作为兴化腹部的中心集镇,昌荣镇水陆交通便捷,交通区位优势明显,车路河、白涂河、西塘港河、盐靖河在镇内相交,兴东公路、昌合公路、宁盐一级公路、宁靖盐高速公路穿境而过。

经济建设与发展 昌荣镇经济发展迅速,农民收入大幅度提高。被评为“2010年度发展速度进位乡镇”。高效农业蓬勃发展。按照规模化带动、产业化发展、特色化推进的思路,2010年新发展高效农业近133公顷,安仁村林下套种黄蜀葵药材、朝阳新村辣椒生产、富民村香葱生产等高效农业示范村陆续出现,让农民切实得到实惠。同时,农业招商引资有新突破,浙江农型企业彭氏集团在双星村投资建66.7公顷西瓜基地,全部建成设施大棚,年收益达450万元。全年新增专业合作经济组织4个,带动50多户群众发展高效农业。加强农民创业就业培训,全年新增就业300人,新增农村劳动力转移500人。2010年农业增加值14716万元,农民人均纯收入8182元。推进工业化进程。加大招商引资力度,2010年,招商引资项目4个,引资额达6700万元,实际到位资金4500万元,超额完成市交目标任务。被评为“2010年度招引资先进单位”。加大本地企业培植力度,扩大区域经济总量。2010年,全镇完成工业总产值8.634亿元,销售8.352亿元,利税0.82亿元,实现技改投入1.36亿元。2010年,全镇完成地区生产总值43317万元,工业增加值8740万元,财政收入1547万元,一般预算收入680万元。“三农”工作不断强化。加大投入,在盐西、盐北、盐南三个圩内实施省级土地整理项目,进行道路、桥梁、排涝站等基础设施建设,改造中低产田,增强了农业发展后劲。新建46公里道路、148座桥梁、12座排涝站。大力发展畜禽养殖、苗木花卉栽植等特色农业。流转土地653公顷,发展各类专业合作组织11家。有缘西瓜专业合作社、兴荣洋葱专业合作社、朝阳辣椒专业合作社、昌绿大蒜专业合作社和稼友植保专业合作社取得较好的经济效益和社会效益。

社会事业发展 年内,昌荣镇有学校5所,在职教师187人,在校学生1626人。有医院1家,卫生服务所25家。投入1.6亿元进行集镇基础设施建设,昌唐路、昌华路以及北昌路建设,集镇框架基本形成。新增开发建设面积4万平方米,先后实施昌荣商贸大厦、金水湾商贸城等集镇开发项目建设,新建商品房550多套,门面房400套,规范挂牌国有土地出让22宗,吸引300多户农民进镇居住。不断大力实施集镇绿化、亮化、美化工程,投资200多万元,对盐宁路集镇段进行环境综合整治,新增路灯120盏,新增绿化面积3000多平方米。开展了整、改、填、扩、建,重点抓好道路硬化、垃圾清理、河道整治、改水改厕等基础工作,村庄面貌有了较大改观。推进小康示范村创建和新农村建设工作,富民、欣荣、盐北、唐子、安仁等村先后参加环境优美村、小康示范村等创建工作,并取得了“新农村建设第一名”的成绩。

富民工程实施 加大投入,先后实施通达工程、农桥新建和维修改造等一系列民生工程,按计划推进“二次改水”通村主管道的铺设和村内管网改造工程,把为民办的实事落在实处。社会保障不断加强,扩面工作成效明显,基本形成多层次、广覆盖的社会保障体系。2010年新型农村社会养老保险已达1.74万人,职工养老保险2600人,农村医疗保险32648人,参保率达97%以上,享受高龄补贴达4103人。开展镇干部和部门干部结对帮扶活动,让社会弱势群体切实感受到和谐社会的温暖。深化“平安昌荣”和“法制昌荣”两大载体建设,进一步健全完善全社会矛盾纠纷“大调解”体系。加强基层民主法制建设,“五五”普法成效明显。严格落实信访工作责任制,积极推进“大接访”、“大下访”、“大走访”活动。被评为“2010年度信访先进单位”。加强应急队伍建设,完善应急预案体系,突发事件处置能力得到加强。高度重视安全生产工作,努力营造稳定和谐的社会环境。

2010年主要经济社会指标

表58

| 指标名 | 单位 | 数值 |
|---|---|---|
| 总户数 | 户 | 13757 |
| 总人口 | 人 | 37720 |
| 乡镇从业人员数 | 人 | 17646 |
| 耕地面积 | 公顷 | 3500 |
| 地区生产总值 | 万元 | 43317 |
| 人均地区生产总值 | 元 | 14098 |
| 农业增加值 | 万元 | 14716 |

续表 58

| 指标名 | 单位 | 数值 |
|---|---|---|
| 工业增加值 | 万元 | 8740 |
| 建筑业增加值 | 万元 | 2561 |
| 服务业增加值 | 万元 | 17300 |
| 生猪出栏 | 头 | 10498 |
| 家禽出栏 | 万羽 | 33.42 |
| 水产品产量 | 吨 | 3973 |
| 工业企业数 | 家 | 241 |
| 当年到账外引资金 | 万元 | 4300 |
| 工业销售收入 | 万元 | 85853 |
| 工业利税总额 | 万元 | 9443 |
| 预算内财政收入 | 万元 | 1547 |
| 一般预算收入 | 万元 | 680 |
| 私营个体税收 | 万元 | 97 |
| 居民储蓄存款余额 | 万元 | 89730 |
| 农民人均纯收入 | 元 | 8182 |
| 中小学校 | 所 | 5 |
| 在校学生 | 人 | 1626 |
| 在职教师 | 人 | 187 |
| 医院 | 所 | 1 |
| 卫生所(室) | 个 | 25 |
| 医生数 | 个 | 51 |
| 病床数 | 张 | 65 |
| 参加养老保险人数 | 人 | 17400 |
| 参加农村新型合作医疗人数 | 人 | 33245 |
| 享受居民最低生活保障人数 | 人 | 418 |

### 2010年骨干企业基本情况

表 59

| 企业名称 | 销售收入(万元) | 利税总额(万元) | 法定代表人 |
|---|---|---|---|
| 兴化市新天地机械制造有限公司 | 5176 | 584 | 汤　平 |
| 兴化市黄河水泥制造有限公司 | 4337 | 485 | 姜伟明 |
| 兴化市亚宝食品有限公司 | 4673 | 523 | 王一江 |

### 各村基本情况

表 60

| 村名 | 村支部书记 | 村委会主任 | 耕地面积(公顷) | 人口(人) | 工农业总产值(万元) | 农民人均纯收入(元) |
|---|---|---|---|---|---|---|
| 安西村 | 顾月坤 | 姚月圣 | 169 | 2022 | 2513 | 8009 |
| 安仁村 | 韦　龙 | 韦　龙 | 214 | 2188 | 2368 | 8506 |
| 瞿沈村 | 张志军 | 陈养炎 | 181 | 1624 | 2038 | 8000 |
| 宝宏村 | 朱干进 | 吴小俊 | 222 | 2262 | 3639 | 8137 |
| 欣荣村 | 朱满松 | 朱满松 | 203 | 2040 | 4310 | 8111 |
| 唐子村 | 陈友富 | 陈友富 | 507 | 6496 | 29961 | 8198 |
| 唐泽村 | 顾成兴 | 刘俊松 | 171 | 1527 | 2114 | 7984 |
| 红花村 | 王学礼 | 王康美 | 133 | 1220 | 2371 | 7837 |
| 富民村 | 许长兴 | 朱兰岗 | 250 | 2668 | 16294 | 8692 |
| 双星村 | 梅荣广 | | 328 | 3254 | 7278 | 8120 |
| 盐北村 | 王爱兵 | 吉开平 | 162 | 1515 | 3108 | 8115 |
| 朝阳新村 | 谢庆华 | 吴大德 | 251 | 2685 | 4404 | 8109 |
| 存德村 | 徐向荣 | 徐向荣 | 709 | 6230 | 6202 | 8160 |

**【特色产业】** 放大传统的鸭业和药材优势,进一步改善“基地+协会+养殖户”的运作模式,在禽蛋深加工及高产优质药材上做文章。兴昌蛋鸭养殖基地、翁果药材已成为发展亮点。2010年,全镇蛋鸭养殖34户,规模达34.4万只,年末存栏23万只;药材种植26.67公顷,有效带动农民增收。

兴化市兴昌鸭业基地

**【新农村建设】** 该镇2010年全面小康创建村有4个,分别为:安仁村、双星村、宝宏村、存德村。四个村都能够对照全面小康村创建的五大类20项指标,打造创建特色,全部目标顺利实现。安仁村在加快村庄环境整治方面成绩显著,荣获全市村庄环境整治一等奖。

【世代服务中心落成】 12月底,统一规划设计、统一服务标准、统一运作模式的"世代服务中心"大楼全面落成,大楼主体四层,建筑面积1630平方米,布局合理,内设服务大厅、接待大厅、手术室、接待室、化验室、宣教室等,将发挥计划生育、生殖健康、家庭保健等重要功能,着力构建新的服务体系,创新计划生育服务方式,定期为全镇及周边地区妇女提供服务。 (王彦辉)

# 陶庄镇

【陶庄镇概况】 陶庄镇位于兴化市东部,幸福河北连车路河,南连蚌蜒河,东西方向有梓辛河;高兴东公路穿腹而过,南北走向"新张线"公路正在开工建设,镇区距东台市区仅为10公里,水陆交通便捷。全镇总面积69.5平方公里,耕地面积4133公顷。辖20个行政村,一个居委会。年末,总户数14900户,有户籍人口46112人。2010年全镇实现财政收入2523万元,一般预算收入700万元,农民人纯均收入7188元。

经济建设与发展 全年完成地区生产总值4.82亿元,比上年增长8%,第一产业增加值1.6亿元,增长7.5%,第二产业增加值1.38亿元,增长8.2%,第三产业增加值1.8亿元,增长8.6%,工业技改投入1亿元,招商引资3012万元,财政收入2523万元,比去年增长82.3%,一般预算收入700万元,比上年增长23%,农民人均纯收入7188元,增长11.3%。"梅兰"牌服饰不断向外扩张,琨梦达服装顺利投入生产运营,兔兔制衣、宇能电池、永盛包装彩印等企业的技改投入初见成效。高效农业快速发展,全镇新增高效种养面积133公顷。投资500万元的富邦食用菌生产销售公司正在建设中。畜禽养殖规模不断扩大,新增专业合作社5个。2009年注册的鸿鑫、德信运输公司现已初见成效,完成运输业税金600万元。民营经济发展势头较好,新增私营企业12家,个体工商户86户,新增注册资金3500万元。

社会事业发展 农村"5+1"实事得到进一步落实。"通达工程"完成硬质化路面1.5公里,"新张"公路顺利开工建设,连接线公路得到市政府的立项,新建农桥9座,自来水管网改造全力推进。加修联圩1.95公里,加固险工患段,完成土方13万立方米,村庄河道、生产河疏浚完成土方21万立方米。新建圩口闸1座、排涝站1座,维修2座病险闸和2座排涝站,排涝抗洪能力得到进一步提高。以新农村建设为抓手,实施"一绿三清"工程,完成植树造林面积120公顷,"四旁"植树6.5万株,开展村庄河道整治活动,落实承包责任制,水环境得到改善。扎实开展新农村建设和小康村创建工作并取得初步成效,金戈、罗马等村受到市政府验收组的好评。新型农村合作医疗参保率达98%以上。

富民工程实施 农村剩余劳动力转移步伐继续加快,全年新增转移劳动力621人。社会保障体系不断完善,受惠人数不断增加,全镇参加新农保的人数已达22721人,其中新增加15200人,参加企业职工养老保险的人数已达480人,其中新增80人。新型社会保障政策得到进一步落实,全镇现有五保老人361人,其中集中供养的66人,低保296人,对全镇的低保户发放物价补贴,提高保障标准,187名重残人员的生活有了保障。全镇人民群众的生活水平有了新的提高,农民人均纯收入达7876元,人均比上年增加758元,年末农合银行、农业银行、邮政储蓄余额比年初净增5000万元,总额达4亿元。

2010年主要经济社会指标

表61

| 指标名 | 单位 | 数值 |
|---|---|---|
| 总户数 | 户 | 14900 |
| 总人口 | 人 | 46112 |
| 乡镇从业人员数 | 人 | 18583 |
| 耕地面积 | 公顷 | 4133 |
| 地区生产总值 | 万元 | 48192 |
| 人均地区生产总值 | 元 | 14579 |
| 农业增加值 | 万元 | 15971 |
| 工业增加值 | 万元 | 13837 |
| 建筑业增加值 | 万元 | 1070 |
| 服务业增加值 | 万元 | 18065 |
| 生猪出栏 | 头 | 30000 |
| 家禽出栏 | 万羽 | 26 |
| 水产品产量 | 吨 | 2400 |
| 工业企业数 | 家 | 326 |
| 当年到账外引资金 | 万元 | |
| 工业销售收入 | 万元 | 81077 |
| 工业利税总额 | 万元 | 2918 |
| 预算内财政收入 | 万元 | 2523 |
| 一般预算收入 | 万元 | 700 |
| 私营个体税收 | 万元 | 500 |
| 居民储蓄存款余额 | 万元 | 43000 |
| 农民人均纯收入 | 元 | 7188 |
| 中小学校 | 所 | 6 |

续表 61

| 指标名 | 单位 | 数值 |
|---|---|---|
| 在校学生 | 人 | 2112 |
| 在职教师 | 人 | 226 |
| 医院 | 所 | 1 |
| 卫生所(室) | 个 | 19 |
| 医生数 | 个 | 42 |
| 病床数 | 张 | 40 |
| 参加养老保险人数 | 人 | 23210 |
| 参加农村新型合作医疗人数 | 人 | 42990 |
| 享受居民最低生活保障人数 | 人 | 240 |

**2010年骨干企业基本情况**

表 62

| 企业名称 | 销售收入(万元) | 利税总额(万元) | 法定代表人 |
|---|---|---|---|
| 梅兰服饰 | 4708 | 186 | 陈学龙 |
| 青松农药化工 | 2455 | 97 | 吉安勇 |

**各村基本情况**

表 63

| 村名 | 村支部书记 | 村委会主任 | 耕地面积(公顷) | 人口(人) | 工农业总产值(万元) | 农民人均纯收入(元) |
|---|---|---|---|---|---|---|
| 南　柯 | 赵为刚 | 赵为刚 | 6857 | 3160 | 254 | 8359 |
| 焦　庄 | 徐高明 | | 4105 | 1892 | 154 | 6052 |
| 夏　北 | 徐爱荣 | 袁信高 | 5644 | 2601 | 202 | 6701 |
| 王　寺 | 朱红玉 | 田德华 | 4123 | 1900 | 193 | 8116 |
| 仲冯舍 | 仲春荣 | | 6171 | 2844 | 259 | 6827 |
| 卞　堡 | 顾春宏 | 顾春宏 | 5386 | 2482 | 299 | 8166 |
| 袁　庄 | 周子娟 | 周子娟 | 3209 | 1479 | 137 | 6009 |
| 金　戈 | 许作兴 | 陆益芳 | 5158 | 2377 | 247 | 8210 |
| 潘洋汉 | 王春树 | 武银进 | 4843 | 2232 | 233 | 6827 |
| 罗　马 | 谢奎芳 | 谢奎芳 | 3361 | 1549 | 164 | 9760 |
| 陶　庄 | 陶兴贵 | 陶兴贵 | 5820 | 2682 | 179 | 6001 |
| 焦　舍 | 焦朝华 | 焦朝华 | 3570 | 1645 | 105 | 6103 |
| 潘　戴 | | 刘金富 | 3923 | 1808 | 206 | 6390 |
| 裴　舍 | 裴国才 | 裴国才 | 3444 | 1587 | 94 | 8232 |
| 大　顾 | 季大勇 | 顾德舟 | 10119 | 4663 | 383 | 5586 |

续表 63

| 村名 | 村支部书记 | 村委会主任 | 耕地面积(公顷) | 人口(人) | 工农业总产值(万元) | 农民人均纯收入(元) |
|---|---|---|---|---|---|---|
| 幸福庄 | 陶长伯 | 薛爱军 | 3066 | 1413 | 163 | 8200 |
| 新　徐 | 王宝山 | 王宝山 | 3598 | 1658 | 140 | 6404 |
| 季　平 | 陈井龙 | 陆志俊 | 5570 | 2567 | 342 | 8354 |
| 三和庄 | 顾高元 | 成国付 | 5126 | 2362 | 267 | 8275 |
| 周　冯 | 刘龙春 | 石国平 | 3081 | 1420 | 151 | 6900 |
| 合　计 | | | 96239 | 44321 | 4133 | 7876 |

**【先进模范陈井龙】** 陈井龙,男,54岁,中共党员,现任陶庄镇季平村党支部书记。他担任过村农科组长、生产队会计、队长,民兵营长、村委会副主任,由于工作出色,1990年8月,调到镇担任计生办主任、党支部书记,一干就是10多年,计生工作走在全市前列。2001年6月,他放弃事业单位的工作,回村担任党支部书记,一干又是10个春秋。季平村是由三个自然村合并的一个行政村,当时负债总额达50多万元,干部发不出工资,五保户的生活得不到落实,村里的工作处于瘫痪状态。一心一意要甩掉"落后"帽子的陈井龙,不等不靠,走自我发展之路。他抓招商,发展经济,不但还清村集体债务,还有结余30多万元,将季平村由一个贫困村改变成小康村。他一心一意为民办实事。季平村在全镇率先建设第一条2.6公里的通村公路,近万米的巷道全部实现硬质化,新建农桥11座,维修桥梁10座,新建排涝站3座,圩口闸2座,总投资达120万元。在他的引领下,季平村70%的劳动力在外打工经商赚钱,日子一年比一年强。全村1016户,有600多户住上了宽敞明亮的两层别墅。季平村提前两年实现小康村的目标,连续两年被镇评为综合一等奖,连续四年被兴化市表彰为先进文明村,他自己也连续三年被兴化市委评为优秀共产党员,优秀农村党支部书记,年内,他又荣获全市"十佳村党支部书记"称号。

**【发展战略】** 坚持工业强镇,在新张公路南端积极规划建设33公顷的工业小区,首期工程10公顷,主动接受戴南、张郭的产业辐射。同时加快传统产业转型升级,培大育强服装、造船等优势产业,力争培植产值超亿元企业1个,5000万元以上的企业2个。坚持三产兴镇。加大集镇建设力度,开发建设农贸市场、便民服务中心,抓好集镇美化、绿化、亮化工程,积极招引大型超市和物流企业,以商贸企业的发展带动镇区经济发展。充分发挥运输业优势,力争服务业税收突破1000万元以上。坚持生态美镇。以宜居、宜工、宜商、宜学为目标,努力打造优美镇村环境；以新农村、小康村建设为抓手，扩大创建范围；以新张公路建设为契机，认真实施好“万顷良田”项目，力争新建一个占地66.67公顷的“高效农业”基地。坚持创业富民。积极开展农民工职业技术“订单”式培训，让更多的农民找到自己合适的工作岗位。同时，鼓励“能人办企业，百姓创家业”，拓宽农民致富渠道，提高全民幸福指数。

（周春山）

# 海 南 镇

**【海南镇概况】** 海南镇位距兴化城东北20多公里，东临宁靖盐高速公路，北枕大兴金公路和海沟河，兴盐公路、大周公路、渭水河贯穿南北，水陆交通便捷。全镇土地面积72平方公里，耕地面积3097公顷，行政村18个，居委会1个，总人口36809人。全镇工业经济发展迅速，目前已拥有轧钢拉丝、建材、缫丝、脱水蔬菜、粮食加工、铜制品、包装纸片等多种产业。大力发展高效农业，高效农业园区建设规模不断扩大，形成蔬菜、水果、畜禽、水产、林木、生猪等五大板块，农业产业特色明显。加快环境优美乡镇建设，完成文昌路、兴丝路黑色化工程，新建步行街和文昌桥、文昌东桥，集镇面貌焕然一新。

经济建设与发展　全年实现地区生产总值39715万元，增幅15.7%。其中第一产业增加值13653万元，增幅8.3%；第二产业增加值11209万元，增幅24.7%；第三产业增加值14853万元，增幅16.5%。完成财政收入43091万元，增幅71.5%，其中地方一般预算收入1466.5万元，增幅46.8%。工业主导力量增强。在壮大传统特色项目的过程中，注重发展新兴产业。金岳包装、恒升食品等规模企业累计投入技改资金2000多万元，促进企业生产规模化扩张。全年工业总产值65830万元，其中10个列统工业产值达54200万元，分别增长25%和41%。完成招商引资3060万元，杰安华金属制品项目单体投资达千万元以上，对改善海南镇工业经济结构产生积极影响。农业基础加固。高效农业发展较快，全年新增高效农业面积5200亩。联富食品、民灿禽业等一批农型企业运行平稳，继续发挥带动农业经济结构调整作用。以农技站牵头推广的优质稻米，在市场上广受好评。新建圩口闸2座、排涝站2座，抵御自然灾害的能力进一步加强。认真组织实施土地整理项目，有效扼制乱开蟹池、鱼池行为，提高土地综合利用率和粮食产出率，促进农村经济的可持续发展。服务业发展求稳求快。惠恩物资回收公司坚持规范、健康运行，全年完成税收3420万元，成为财政增长的重要支柱。万乘运输公司积极吸引镇外税源，为财政总量增长发挥积极作用。全年服务业收入达3956万元，比上年增长66.9%。三项产业比由2009年的1.5∶2.5∶1演进为1∶2∶1.5。

社会事业发展　加大集镇建设投入力度。对文昌路、兴丝路进行黑色化改造，新建步行街和文昌中桥、文昌东桥，绿化、照明、电力、通讯、排水改造、标牌架设等配套基础设施同步进行。大力开展全面小康村创建活动。以西荡、新发、苏海等村为重点的村庄环境整治取得明显成效，成为新农村建设的又一批先行者，水环境整治成果受到上级充分肯定。钱垛、娄子两个自然村的户厕改造完成年度目标任务。全力推进基础设施建设，新建通村公路2.3公里，铺设硬质化巷道8.1公里，新建交通桥梁和农桥18座，农村生产生活条件得到更进一步的改善。优化教育资源配置，实施九年一贯制义务教育模式，教育现代化建设工程全面启动。镇村卫生服务网络基本建成，卫生院基础设施日趋完善，投入210万元对镇卫生院办公楼和病房大楼进行综合改造，购进半自动生化仪、日本产白血球计数仪、电子胃镜等先进医疗设备，全院拥有固定资产580万元，位列东北片乡镇前列，群众健康水平不断提高。文化、广电事业稳步发展，较好地丰富群众精神生活。人口计生协调发展，顺利通过上级评估验收。平安法治建设和信访工作成效明显，全镇社会治安形势较为稳定。

富民工程实施　2010年农民人均纯收入达8509元，增幅10.8%。养老、医疗等社会保险扩面和征缴工作成效显著，超额完成市交各项任务。推进创业富民，农民收入稳步增长。认真组织实施脱贫攻坚工作，全面完成脱贫工作目标任务。坚持从解决群众最关心的实际问题入手，推进为民办实事进程，突出重点抓好安全饮水工程，全面启动通村管网铺设，安全饮水问题得到根本解决指日可待。

2010年主要经济社会指标

表64

| 指标名 | 单位 | 数值 |
| --- | --- | --- |
| 总户数 | 户 | 13328 |
| 总人口 | 人 | 36809 |
| 乡镇从业人员数 | 人 | 15162 |
| 耕地面积 | 公顷 | 3097 |
| 地区生产总值 | 万元 | 39715 |
| 人均地区生产总值 | 元 | 16564 |
| 农业增加值 | 万元 | 13653 |
| 工业增加值 | 万元 | 9793 |
| 建筑业增加值 | 万元 | 1416 |
| 服务业增加值 | 万元 | 14853 |
| 生猪出栏 | 头 | 14973 |

续表 64

| 指标名 | 单位 | 数值 |
|---|---|---|
| 家禽出栏 | 万羽 | 20.8 |
| 水产品产量 | 吨 | 5538 |
| 工业企业数 | 家 | 35 |
| 当年到账外引资金 | 万元 | |
| 工业销售收入 | 万元 | 64514 |
| 工业利税总额 | 万元 | 2726 |
| 预算内财政收入 | 万元 | 43091 |
| 一般预算收入 | 万元 | 1466.53 |
| 私营个体税收 | 万元 | 582 |
| 居民储蓄存款余额 | 万元 | 36198 |
| 农民人均纯收入 | 元 | 8509 |
| 中小学校 | 所 | 4 |
| 在校学生 | 人 | 2217 |
| 在职教师 | 人 | 240 |
| 医院 | 所 | 1 |
| 卫生所(室) | 个 | 22 |
| 医生数 | 个 | 9 |
| 病床数 | 张 | 48 |
| 参加养老保险人数 | 人 | 14095 |
| 参加农村新型合作医疗人数 | 人 | 34230 |
| 享受居民最低生活保障人数 | 人 | 574 |

2010年骨干企业基本情况

表 65

| 企业名称 | 销售收入(万元) | 利税总额(万元) | 法定代表人 |
|---|---|---|---|
| 泰州市长远丝绸有限公司 | 1110 | 40 | 朱俊宝 |
| 兴化市长生不锈钢有限公司 | 2943 | 161 | 唐玉明 |
| 兴化市柏林丝绸有限公司 | 2527 | 159 | 陈小芹 |
| 泰州市金岳包装制品有限公司 | 4608 | 194 | 黄志平 |
| 兴化市惠根铜制品加工厂 | 25319 | 549 | 惠土根 |
| 兴化市兴星丝绸有限公司 | 1708 | 91 | 胡玉荷 |
| 兴化市渭水源丝绸有限公司 | 2748 | 168 | 周兰粉 |
| 兴化市鼎足丝制品厂 | 2593 | 132 | 杨永前 |
| 兴化市恒升食品有限公司 | 4118 | 187 | 金秀兰 |
| 兴化市兴吴机械铸造有限公司 | 5443 | 216 | 王惠明 |

各村基本情况

表 66

| 村名 | 村支部书记 | 村委会主任 | 耕地面积(公顷) | 人口(人) | 工农业总产值(万元) | 农民人均纯收入(元) |
|---|---|---|---|---|---|---|
| 金储 | 金天桂 | 张正发 | 147 | 1855 | 896 | 7575 |
| 西荡 | 赵桂华 | 赵桂华 | 199 | 2001 | 1149 | 8150 |
| 东荡 | 蔡德祥 | 蔡德祥 | 149 | 1793 | 1170 | 11040 |
| 胡家 | 阮殿栋 | 阮殿栋 | 260 | 2250 | 873 | 7180 |
| 老舍 | 李朝勇 | 李朝勇 | 131 | 1484 | 957 | 8170 |
| 刘泽 | 张迎来 | 陆树平 | 167 | 1990 | 1414 | 11188 |
| 南蒋 | 陈树荣 | | 138 | 1889 | 1125 | 9008 |
| 北蒋 | 周亚年 | 蒋加圣 | 155 | 2233 | 1116 | 8825 |
| 新伍 | 许桂道 | 许桂道 | 236 | 2701 | 1416 | 10288 |
| 新合 | 刘世圣 | 季治礼 | 188 | 1599 | 803 | 7556 |
| 中兴 | 陈广林 | 陈广林 | 120 | 1287 | 700 | 6899 |
| 张联 | 张　惕 | 张夏宝 | 134 | 1602 | 743 | 7800 |
| 唐良 | 周由华 | | 110 | 1346 | 660 | 7310 |
| 蔡高 | 胡　勇 | 周金奎 | 301 | 3924 | 2730 | 8180 |
| 许马 | 许茂桐 | 许茂桐 | 146 | 1288 | 1048 | 7528 |
| 新发 | 周亚烨 | 周亚烨 | 106 | 1027 | 752 | 8150 |
| 苏海 | 苏建祥 | 苏凤军 | 271 | 2247 | 2321 | 8150 |
| 莫顾 | 吴胜国 | | 139 | 1590 | 948 | 7314 |

**【高效农业】** 高效农业发展较快,全年新增高效农业面积346.67公顷,蔬菜水果、畜禽、水产、林木、生猪等农业特色产业更加突出。联富食品、民灿禽业等一批农型企业运行平稳,继续发挥带动农业经济结构调整作用。以农技站牵头推广生产的"引江河"优质稻米,走进"苏果"等各大超市,在市场上广受好评。

**【镇村环境综合整治】** 加快"泰州市环境优美乡镇"建设,完成文昌路、兴丝路黑色化工程,新建步行街和文昌中桥、文昌东桥,绿化、照明、电力、通讯、排水改造、标牌架设等配套基础设施同步进行,集镇品位进一步提升。在新农村建设方面,突出村庄环境综合整治,大力开展全面小康村创建活动,水环境整治成果受到上级充分肯定。以西荡、新发等村为重点的全面小康村建设取得明显成效。

海南镇步行街

**【天地裕盈合作社产品走进世博会】** 天地裕盈禽业合作社是该镇一家综合性养殖合作社，在长三角地区设有6家农产品专营店，2010年又成功注册“七品板桥”和“新发村”两个农产品深加工品牌，现拥有土猪1万多头，草鸡4万多只，倡导循环农业，生产有机大米、有机大麦茶、野生菜籽油等五谷杂粮。2010年，天地裕盈禽业合作社生产的“板桥”土猪、“板桥”草鸡走进上海世博会。 (姚 莉)

## 大 邹 镇

**【大邹镇概况】** 大邹镇建于元朝，始称“双溪镇”，为兴化十大古老集镇之一。位于兴化市北部，东隔渭水河与下圩镇毗邻，南与钓鱼镇接壤，西隔朱腊沟与中堡镇相望，北与盐城市为邻，是兴化市的“北大门”。全镇占地总面积46.32平方公里，总人口27760人，辖13个行政村、1个居委会、141个村民小组。集镇距市区35公里，拓宽改造后的233省道穿境而过。

经济建设与发展 全年完成地区生产总值2.43亿元，其中农业增加值9161万元，工业增加值6272万元，建筑业增加值663万元，服务业增加值8163万元，完善出台鼓励全民创业、加快经济发展的1号文件，计5大类37条，为激励全民招商发挥了较大效应。全年先后组织开展2次招商引资竞赛活动，共招引项目3个，引资额3500万元，超额完成市交目标任务。年末全镇工业企业数达175家，全年工业销售收入达60626万元，工业利税总额2309万元。在镇村财力建设上，一手抓上争资金和外援资金，一手抓税收征管和房产开发项目，其中集镇开发项目实现零的突破，注重村级资源的管理，推进和规范土地流转工作，全年为村级集体增收150万元，全镇实现财政总收入1436万元，其中地方一般预算收入681.2万元，分别占市交目标任务的120%、105%。注重高效规模农业的发展，全年新增各类农民专业合作经济组织4家，年出栏生猪6550头，家禽出栏9.3万羽，全镇水产品总量达3310吨。

社会事业发展 年末，有中小学2所，在校学生1410人，在职教师168人；医院1所，卫生服务所13家，有医生30名，病床数40张。社区教育中心顺利通过验收，投入160万元兴建镇区中心幼儿园，新建一幢卫生病房楼，完成4个村的卫生服务站建设，全镇有线电视新入户数超额完成市交指标。大力开展群众性文艺健身活动，被江苏省体育局命名为“体育强镇”，高度重视老年工作，月月设有敬老日，节节都搞联谊会，被泰州市表彰为“老年工作先进乡镇”。关心全镇残疾人生活，设立残疾人康复站和托养中心服务所，建成吴家、友谊两个村的村级世代服务室。组织开展各类群众性娱乐活动，参加全市“迎国庆”大合唱比赛和全市青年歌手电视大奖赛，分别获得比赛一等奖、最佳表演奖和民族美声组金奖。集镇建设稳步推进，对镇区主要路段进行硬质化改造，加强对镇区垃圾、车辆、摊位的有效管理，落实长效机制，镇容镇貌有根本性的改变。

富民工程实施 全镇农民人均纯收入7800元，全镇13个行政村共浇筑水泥巷道9万多平方米，安装路灯1300多盏，新建、修建各类桥梁90多座，实现村村通公交车的目标，对全镇的五保户、低保户进行核实清理，对符合条件的141户207人及时按程序申报了低保手续。全镇享受居民最低生活保障人数1801人，参加养老保险人数8142人，参加农村新型合作医疗人数22990人。重视全面小康村创建，完成5个小康村创建、2个薄弱村转化的目标任务。

**2010年主要经济社会指标**

**表67**

| 指标名 | 单位 | 数值 |
|---|---|---|
| 总户数 | 户 | 8100 |
| 总人口 | 人 | 27760 |
| 乡镇从业人员数 | 人 | 12068 |
| 耕地面积 | 公顷 | 2830.53 |
| 地区生产总值 | 万元 | 24259 |
| 人均地区生产总值 | 元 | 12919 |
| 农业增加值 | 万元 | 9161 |
| 工业增加值 | 万元 | 6272 |
| 建筑业增加值 | 万元 | 663 |
| 服务业增加值 | 万元 | 8163 |
| 生猪出栏 | 头 | 6550 |

续表 67

| 指标名 | 单位 | 数值 |
|---|---|---|
| 家禽出栏 | 万羽 | 9.3 |
| 水产品产量 | 吨 | 3310 |
| 工业企业数 | 家 | 175 |
| 当年到账外引资金 | 万元 | 2700 |
| 工业销售收入 | 万元 | 60626 |
| 工业利税总额 | 万元 | 2309 |
| 预算内财政收入 | 万元 | 1436 |
| 一般预算收入 | 万元 | 681 |
| 私营个体税收 | 万元 | 1081 |
| 居民储蓄存款余额 | 万元 | 19910 |
| 农民人均纯收入 | 元 | 7870 |
| 中小学校 | 所 | 2 |
| 在校学生 | 人 | 1410 |
| 在职教师 | 人 | 168 |
| 医院 | 所 | 1 |
| 卫生所(室) | 个 | 13 |
| 医生数 | 个 | 30 |
| 病床数 | 张 | 40 |
| 参加养老保险人数 | 人 | 8142 |
| 参加农村新型合作医疗人数 | 人 | 22990 |
| 享受居民最低生活保障人数 | 人 | 1801 |

**2010年骨干企业基本情况**

表 68

| 企业名称 | 销售收入(万元) | 利税总额(万元) | 法定代表人 |
|---|---|---|---|
| 兴化市万达电力工具有限公司 | 793 | 80 | 张广志 |
| 兴化市永安绝缘工具厂 | 1258 | 180 | 万金俊 |
| 兴化市新安消防器材厂 | 1064 | 90 | 陆海蓉 |
| 兴化市恒威生物有限公司 | 788 | 53 | 万传江 |
| 泰州春达动物药业有限公司 | 785 | 53 | 房元暄 |
| 泰州恒安电力工具有限公司 | 1071 | 114 | 任万忠 |

**各村基本情况**

表 69

| 村名 | 村支部书记 | 村委会主任 | 耕地面积(公顷) | 人口(人) | 工农业总产值(万元) | 农民人均纯收入(元) |
|---|---|---|---|---|---|---|
| 双溪村 | 邹吕荣 | 郝华江 | 209 | 2863 | 5751 | 8102 |
| 渭水村 | 王连咏 | 王连咏 | 198 | 1700 | 3017 | 8053 |
| 友谊村 | 徐明镜 | 徐明镜 | 168 | 1809 | 4031 | 8130 |
| 万家村 | 刘军鸿 | 刘军鸿 | 164 | 1711 | 2990 | 8052 |
| 北艮村 | 江玉祥 | 陆建文 | 120 | 881 | 3246 | 7980 |
| 芦家坝村 | 王卫刚 | 王卫刚 | 174 | 2017 | 2914 | 7970 |
| 复兴村 | 任召阳 | 任召阳 | 221 | 2318 | 2653 | 7650 |
| 沈五村 | 万传和 | 万传和 | 184 | 1906 | 4014 | 8002 |
| 新庄村 | 潘国华 | 潘国华 | 219 | 1996 | 3928 | 7690 |
| 吉耿村 | 张建成 | | 207 | 1926 | 4447 | 7810 |
| 吴家村 | 戴龙华 | 顾孝兰 | 168 | 1864 | 2931 | 7760 |
| 向家村 | 邓春海 | 张兆宏 | 113 | 1036 | 2296 | 7920 |
| 顾马村 | 谭信晖 | 顾荣全 | 148 | 1385 | 2265 | 7756 |

**【大邹镇与周庄镇结对互助】** 7月21日，大邹、周庄两个镇的党政领导班子参观两个乡镇的部分企业，介绍两镇的经济和社会发展情况，举行结对互助共谋发展启动仪式。市委常委、市纪委书记韩成龙提出明确要求：两镇发挥两地优势，走共同发展的道路；解放思想、更新观念，走科学发展的道路；转变作风、营造环境，走和谐发展的道路。

**【招商引资百日赛】** 8月5日，大邹镇组织招商引资百日赛活动。参赛人员为：各行政村党支部书记、自然村负责人、企事业各单位主要负责人以及副镇级以上的领导干部。活动的目标是“五个二”：拜访200名以上的在外能人老板、在苏南等地召开2次以上的家乡情况推介会、筛选20个以上的可洽谈项目、争取2个以上的签约项目。9月11日在昆山市举办中秋联谊会，11月23日在无锡市举办大邹镇无锡同乡联谊会。2010年招引资金3500万元。

**【兴化市双溪农民书画院成立】** 12月5日，大邹镇农民书画家孙兆宏创办的“兴化市双溪农民书画院”在大邹镇成立。书画院的成立旨在继承和弘扬传统书画文化艺术，展示古镇大邹人文荟萃、文化底蕴丰厚的优势，培养更多

的农民书画人才。 （陈晓芹）

# 永 丰 镇

【永丰镇概况】 永丰镇位于兴化东北部。东接合陈镇，南界戴窑镇，西濒昌荣、安丰两镇，北邻安丰、新垛、大营三镇。全镇交通十分便利：西连宁盐一级公路，与宁靖盐高速公路互通；东接新长铁路和204国道，昌合公路途经该镇集镇中心和8个行政村，在镇境内长达8公里。土地总面积76.86平方千米，人口49604人。镇辖居委会1个，行政村26个，村民小组316个。

新中国成立初期，永丰镇属永丰区，1980年曾由永丰公社和林潭公社的一部分划分为永丰公社和徐扬公社；2000年3月在区划调整中由徐扬、永丰两乡合并而成，2000年7月撤乡设镇，镇政府所在地徐扬庄。战争年代，永丰镇为苏北革命红色根据地之一，是新四军、解放军指挥战斗和召开会议的聚集地，素有苏北“小莫斯科”之称。兴化第一所培养教师和革命干部的学校“朱严师范”就是在徐扬庄创办的。被誉为“东方黑格尔”的清代文化名人、著名文学艺术理论家刘熙载墓就在镇政府所在地以东1公里的沙仁村。全镇以河蟹为主，包括龙虾、青虾、桂鱼等水产品养殖面积2667公顷，是全国十个“中国河蟹之乡”之一。徐扬羊肉闻名遐迩。是苏中一带有名的羊肉盛产地，加工的冻羊肉、冻羊糕以无膻味、色鲜味美、香嫩耐品而名扬四方。全年实现地区生产总值43184万元，比上年增15.5%，其中：一、二、三产业增加值分别为14825万元、12458万元、15901万元。按户籍人口计算，人均生产总值8785.1元。全年完成财政总收入1758万元，其中地方一般预算收入731.29万元，分别比上年增24.8%、38.9%。农民人均纯收入8167元，比上年增13%。全镇综合实力在全市的排名从过去的倒数进位到2010年的中上水平。

经济建设与发展 全年完成工业总产值93955万元，其中列统企业总产值11523万元；工业技改投入8200万元，工业开票销售收入8600万元，完成年初目标的109.6%。本着“立足家乡人，争取外来者”的思路，全年招引项目8个，其中完工项目6个，在建项目2个。项目投资3100万元，完成年度招商引资任务的124%。其中招引的泰州大立电子有限公司由台资昆山三力佳电子有限公司投资500万美元、一期工程注册资金100万美元。放大“中国河蟹之乡”和“中国十大名蟹”的效应，促进河蟹产业发展，全年新增养蟹面积453.33公顷，全镇达到2667公顷以上，占全镇耕地面积的66%。兴办3家水产饲料加工企业，河蟹交易市场正在建设之中。成立由10个农民专业合作社组成的苏兴水产养殖专业合作社联社，涉及农户1300多户，实现技术、信息、饲料、防病、服务、销售等方面的资源共享。成为全省第一家水产养殖专业合作社联社。

社会事业发展 中心敬老院二期工程、卫生院综合大楼、时代服务中心三个公建项目已经建成；蔡星、三联、捷行等三个村改厕工作验收达标；永兴村、四合村顺利通过新农村建设示范村验收；镇中心幼儿园顺利通过省级优质幼儿园的验收。全镇有线电视用户数8500户，入户率达67%。代表全市顺利通过省人口协调发展先进市创建验收。省级土地投资整理项目验收达标。开展农村公路养护专项行动，全镇农村公路全面达到“三无四到位”(路面路肩无堆积物，路肩路坡无种植物，路边无新增违章建筑，路肩培土到位，交通标识到位，绿化栽植到位，排水沟渠配套到位)的要求；全镇学生出行实行了公交化；镇村公交客运正常运营。

富民工程实施 全镇农民人均纯收入8167元，比上年增13%。社保扩面工作扎实推进，全镇参加养老保险人数20068人。有5380人享受老年人基础养老金。慰问各类贫困对象4082户，发放慰问金288.2万元。为1195名低保户落实最低生活保障。新型合作医疗参保人数达到45021人。

2010年主要经济社会指标

表70

| 指标名 | 单位 | 数值 |
|---|---|---|
| 总户数 | 户 | 17868 |
| 总人口 | 人 | 49604 |
| 乡镇从业人员数 | 人 | 21242 |
| 耕地面积 | 公顷 | 5122.8 |
| 地区生产总值 | 万元 | 42394 |
| 人均地区生产总值 | 元 | 13843 |
| 农业增加值 | 万元 | 14825 |
| 工业增加值 | 万元 | 11038 |
| 建筑业增加值 | 万元 | 1420 |
| 服务业增加值 | 万元 | 15901 |
| 生猪出栏 | 头 | 28000 |
| 家禽出栏 | 万羽 | 15 |
| 水产品产量 | 吨 | 6100 |
| 工业企业数 | 家 | 386 |
| 当年到账外引资金 | 万元 | 8200 |
| 工业销售收入 | 万元 | 92406 |

续表 70

| 指标名 | 单位 | 数值 |
|---|---|---|
| 工业利税总额 | 万元 | 9114 |
| 预算内财政收入 | 万元 | 1758 |
| 一般预算收入 | 万元 | 731.29 |
| 私营个体税收 | 万元 | |
| 居民储蓄存款余额 | 万元 | 39332 |
| 农民人均纯收入 | 元 | 8167 |
| 中小学校 | 所 | 2 |
| 在校学生 | 人 | 1907 |
| 在职教师 | 人 | 180 |
| 医院 | 所 | 2 |
| 卫生所(室) | 个 | 22 |
| 医生数 | 个 | 94 |
| 病床数 | 张 | 40 |
| 参加养老保险人数 | 人 | 20068 |
| 参加农村新型合作医疗人数 | 人 | 45021 |
| 享受居民最低生活保障人数 | 人 | 1195 |

2010年骨干企业基本情况

表 71

| 企业名称 | 销售收入(万元) | 利税总额(万元) | 法定代表人 |
|---|---|---|---|
| 隆昌敷料有限公司 | 1466 | 223 | 戎朝乾 |
| 润翔内燃机配件厂 | 1385 | 236 | 居桂华 |
| 新艺达香料厂 | 975 | 161 | 沈学中 |
| 华良敷料有限公司 | 1305 | 189 | 宋志良 |
| 瑞鑫金属制品厂 | 1066 | 120 | 沙元勇 |
| 太子乳业有限公司 | 800 | 60 | 沈道平 |

各村基本情况

表 72

| 村名 | 村支部书记 | 村委会主任 | 耕地面积(公顷) | 人口(人) | 工农业总产值(万元) | 农民人均纯收入(元) |
|---|---|---|---|---|---|---|
| 徐扬 | 孙昌兵 | 孙昌兵 | 195.5 | 2039 | | 8407 |
| 桑富 | 征明军 | 征兆荣 | 198 | 2051 | | 7984 |
| 沙仁 | 吉桂青 | 郭玉志 | 110.1 | 957 | | 7966 |

续表 72

| 村名 | 村支部书记 | 村委会主任 | 耕地面积(公顷) | 人口(人) | 工农业总产值(万元) | 农民人均纯收入(元) |
|---|---|---|---|---|---|---|
| 三联 | 全友广 | 全友广 | 189.5 | 1487 | | 8281 |
| 三星 | 张春新 | 刘长道 | 257.6 | 1997 | | 7991 |
| 东倪 | 邵建康 | 黄德俊 | 290.5 | 2268 | | 8241 |
| 府李舍 | 姜学东 | 王友明 | 98.3 | 1228 | | 8003 |
| 永联 | 刘德宏 | 朱文立 | 250 | 2510 | | 8198 |
| 东棒徐 | 倪万宏 | 杨银峰 | 191.9 | 1669 | | 8047 |
| 四合 | 张仁刚 | 张正刚 | 180.9 | 1755 | | 8210 |
| 捷行 | 孙道中 | 陈连圣 | 289.5 | 2523 | | 8377 |
| 捷西 | 朱广明 | 朱广奇 | 173.3 | 1425 | | 8032 |
| 新科 | 成凤山 | 翁　卉 | 222.2 | 1897 | | 8202 |
| 永兴 | 姚大兴 | 孙日同 | 223.2 | 1369 | | 8542 |
| 新虎 | 李春树 | 徐金章 | 206.7 | 1736 | | 8194 |
| 蔡星 | 戴怀渠 | 戴恒才 | 195.6 | 1684 | | 8017 |
| 港中 | 王　华 | 刘　忠 | 177.6 | 1978 | | 7805 |
| 刘葛 | 葛昭和 | 葛昭和 | 214.5 | 1806 | | 8278 |
| 四塔 | 张　明 | 赵玉才 | 183.1 | 1892 | | 7850 |
| 明兴 | 吴有达 | 吴有达 | 152.6 | 1566 | | 8033 |
| 苏扬 | 苏宝进 | 苏宝全 | 195.5 | 1636 | | 8207 |
| 钟祁 | 杨生杰 | 杨生杰 | 252.1 | 2241 | | 8654 |
| 如意 | 陈生才 | 王福安 | 184.5 | 1911 | | 8180 |
| 迎新 | 居爱军 | 居爱军 | 184.4 | 1149 | | 8028 |
| 戚舍 | 戚兴祥 | 戚兴祥 | 137.2 | 1304 | | 7999 |
| 祁吉 | 施文桂 | 戚长富 | 168.5 | 1736 | | 8070 |

**【“飞地招商”实现突破】** 由台资昆山三力佳电子有限公司投资 500 万美元、一期工程注册资金 100 万美元的泰州大立电子有限公司顺利落户市经济开发区并正式投产,实现该镇“飞地招商”零的突破。

**【全省第一家水产养殖专业合作社联社】** 4 月 29 日,兴化市苏兴水产养殖专业合作社联社成立。该联社由“中国河蟹之乡”的永丰镇 10 家水产养殖专业合作社组成,包括永丰水产养殖专业合作社、丰源水产养殖专业合作社、双港水产专业合作社、兴东水产养殖专业合作社等。联社注册资本 8628.5 万元,共有 1300 多个养殖户社员,螃蟹养殖面积6333公顷。成立由10个农民专业合作社组成的苏兴水产养殖专业合作社联社，涉及农户1300多户，实现技术、信息、饲料、防病、服务、销售等方面的资源共享，成为全省第一家水产养殖专业合作社联社。

【农村公路养护】 将农村公路管养工作列入重要议事日程，强化组织领导，深入宣传发动，保证配套资金，采取分片包干，责任到人方法，积极组织实施管养工作。全镇85公里农村公路全面达到“三无四到位”（路面路肩无堆积物，路肩路坡无种植物，路边无新增违章建筑，路肩培土到位，交通标识到位，绿化栽植到位，排水沟渠配套到位）的要求，公路环境焕然一新。 （戴怀渠）

## 安丰镇

【安丰镇概况】 安丰始建于唐朝初期，旧为“兴化十大古镇”之一，现为江苏省重点中心镇。因明代知府安仁治水有功而命名为“安仁”，后清代先民祈盼国安民丰，故名安丰。2010年，全镇实现地区生产总值15.99亿元，同比增长20%，其中：农业增加值2.4亿元，工业增加值5.49亿元，服务业增加值8.1亿元，分别同比增长6%、28%和19%；财政收入2.38亿元，同比增长56%，一般预算收入6034万元，同比增长31%，各项指标均超额完成市交任务。

经济建设与发展 按照“南禽中水北蔬”的发展格局，大力实施省级农业项目示范区建设工程和红膏养殖基地建设工程。全年新增高效农业面积366.67公顷。加快推进金龙果蔬博士后科研工作站申报工作；启动实施投资1亿元、征地8公顷的安丰螃蟹交易市场建设工程。重点产业支撑作用明显。纺织服装、冶炼铸造、机械制造等三大产业集聚效应不断放大。工业总产值实现62.6亿元，同比增长25%；规模企业加速扩张。全镇产销超5000万元的企业20家；招商引资取得突破。加大专业招商、以企招商和以商引商的力度，招商引资工作取得重大进展，新开辟张阳机械工业小区。2010年，全镇共招引项目25个，引资额2.3亿元，同比增长11%。推进小城市基础设施和生态景观建设，小城市面貌显著变化，功能品位不断提升。2010年，重点抓好“四路两桥一河一园”建设工程和一批重点绿化景观建设工程，实施镇区道路红绿灯、垃圾中转站等一批标志性建筑工程。继续大力开展水环境、交通秩序、市容环境等专项整治，小城市管理效能得到加强。加快省级农业项目区建设步伐，启动实施21个自然村的28条道路、30座桥梁的建设工程，有力改善生产生活环境。大力实施农村“5+1”实事工程，扎实推进以中圩、大杨庄为重点的小康示范村创建，村容村貌焕然一新。扎实搞好绿化造林工作，2010年全镇完成绿化造林面积20公顷，绿化覆盖率提高2%。

社会事业发展 重视和加强教师队伍建设，规范学校日常管理，教育教学质量稳步提高，2010年全面启动教育现代化镇创建工作。卫生事业健康发展，社区卫生服务网络基本形成。加快文化基础设施建设，实施文化信息共享工程，安丰三腊菜入选泰州市级非物质文化遗产项目；体育工作取得新的进展，被表彰为“江苏省体育强镇”和“江苏省群众体育工作先进乡镇”。大力推进电视“双入户”和“户户通”工程，开通“安丰新闻”电视节目；人口计生工作成绩突出，建成省人口计生协调发展示范镇，镇计生站被泰州市评为“百佳基层站所”。加强耕地保护，土地集约利用水平进一步提高。

民生工程实施 坚持以保增长、惠民生、促和谐为主线，认真办好民生十大实事工程，着力化解危机给群众生活带来的影响，全年农民人均纯收入10180元，同比增长11%。社会保险扩面成效明显。企业职工养老保险、镇村居民养老保险、工伤保险分别净增368人、19700人和556人。大力实施镇村居民医疗保险一体化政策，镇村居民医疗保险参保率达100%，基本实现多层次、广覆盖的社会保障体系。高度关注弱势群体生活，实施万户结对帮扶工程，全年共结对528户，落实帮扶资金30万元，救助重病户106户，发放救助资金20万元。加大农村安全饮水工程推进力度，投入1280万元，改造村级自来水管网210公里。

2010年主要经济社会指标

表73

| 指标名 | 单位 | 数值 |
|---|---|---|
| 总户数 | 户 | 26704 |
| 总人口 | 人 | 71262 |
| 乡镇从业人员数 | 人 | 31132 |
| 耕地面积 | 公顷 | 5380 |
| 地区生产总值 | 万元 | 159899 |
| 人均地区生产总值 | 元 | 26323 |
| 农业增加值 | 万元 | 24276 |
| 工业增加值 | 万元 | 42854 |
| 建筑业增加值 | 万元 | 11605 |
| 服务业增加值 | 万元 | 81164 |
| 生猪出栏 | 头 | 22850 |
| 家禽出栏 | 万羽 | 67 |
| 水产品产量 | 吨 | 8405 |

续表 73

| 指标名 | 单位 | 数值 |
|---|---|---|
| 工业企业数 | 家 | 1002 |
| 当年到账外引资金 | 万元 | 18200 |
| 工业销售收入 | 万元 | 141398 |
| 工业利税总额 | 万元 | 48357 |
| 预算内财政收入 | 万元 | 23793 |
| 一般预算收入 | 万元 | 6034 |
| 私营个体税收 | 万元 | 15134 |
| 居民储蓄存款余额 | 万元 | 118755 |
| 农民人均纯收入 | 元 | 10180 |
| 中小学校 | 所 | 2 |
| 在校学生 | 人 | 4537 |
| 在职教师 | 人 | 534 |
| 医院 | 所 | 4 |
| 卫生所(室) | 个 | 45 |
| 医生数 | 个 | 262 |
| 病床数 | 张 | 340 |
| 参加养老保险人数 | 人 | 29096 |
| 参加农村新型合作医疗人数 | 人 | 52000 |
| 享受居民最低生活保障人数 | 人 | 1960 |

**2010年骨干企业基本情况**

表 74

| 企业名称 | 销售收入(万元) | 利税总额(万元) | 法定代表人 |
|---|---|---|---|
| 兴化市泰源金属制品有限公司 | 8462 | 620 | 李桂高 |
| 兴化市宝城密封材料有限公司 | 9546 | 737 | 万大祥 |
| 兴化市晶鑫纺织有限公司 | 7775 | 561 | 阎金陵 |
| 兴化市鑫磊不锈钢制品厂 | 8652 | 633 | 陆桂芳 |
| 兴化市永春耐热材料有限公司 | 8663 | 935 | 许国琴 |
| 兴化市春红焊丝材料厂 | 8733 | 639 | 赵国发 |
| 泰州市美鑫铸造有限公司 | 9615 | 704 | 陈文美 |
| 江苏飞月轴瓦有限公司 | 8304 | 599 | 刘仁宽 |
| 兴化市华英机械有限公司 | 7430 | 571 | 杨菊香 |

续表 74

| 企业名称 | 销售收入(万元) | 利税总额(万元) | 法定代表人 |
|---|---|---|---|
| 兴化市宝源特种钢厂 | 7864 | 611 | 沈　军 |
| 兴化市振安麦芽厂 | 574 | 45 | 臧红银 |
| 兴化市东方电器有限公司 | 7726 | 560 | 陈贡堂 |
| 兴化市洁豪针织厂 | 8925 | 1183 | 黄　洁 |
| 兴化市兴安面粉有限公司 | 7177 | 550 | 王吉祥 |
| 兴化市荣盛服装有限公司 | 3043 | 231 | 董志英 |
| 兴化市安丰荣耀海绵制品厂 | 7281 | 558 | 孙跃桂 |
| 泰州长新纺织(兴化)有限公司 | 11057 | 1351 | 倪建新 |
| 兴化市恒星铜制品有限公司 | 96879 | 11798 | 宋志斌 |
| 兴化市顺贸焊丝材料厂 | 8639 | 665 | 胡春红 |
| 泰州市联创船舶设备配件有限公司 | 7512 | 577 | 刘兰英 |
| 兴化炜泰制衣有限公司 | 7180 | 952 | 顾　懋 |
| 兴化市智宇有色金属制品加工厂 | 55045 | 6829 | 智月刘 |
| 泰州市长利丝绸有限公司 | 257 | 17 | 邹忠平 |
| 泰州市兴安浆织有限公司 | 2199 | 166 | 赵　芬 |

**各村基本情况**

表 75

| 村名 | 村支部书记 | 村委会主任 | 耕地面积(公顷) | 人口(人) | 工农业总产值(万元) | 农民人均纯收入(元) |
|---|---|---|---|---|---|---|
| 万耿 | 张广春 | 沙志胜 | 277 | 2686 | 9033.42 | 9731 |
| 万刘 | 邹加好 | 邹加好 | 257 | 2394 | 11383.4 | 10236 |
| 三庄 | 朱　俊 | 吴文桂 | 314 | 2551 | 12498.3 | 10056 |
| 西南 | 周桂喜 | 张仁美 | 200 | 2068 | 11842.95 | 9935 |
| 寺万 | 陆秀军 | 任明煜 | 146 | 1399 | 5734.08 | 9483 |
| 东郊 | 袁钦根 | 袁日爱 | 287 | 2290 | 13828.83 | 9700 |
| 九丰 | 王连和 | 王金付 | 217 | 3239 | 24553.67 | 10040 |
| 新北郊 | 许长龙 | 杨友华 | 261 | 4861 | 37849.32 | 10995 |
| 东新合 | 丁春选 | 丁如满 | 224 | 2291 | 10135.93 | 10237 |
| 塘港 | 刘大明 | 张正道 | 290 | 2731 | 10388.24 | 10203 |
| 五庄 | 赵如鹏 | 赵如鹏 | 206 | 1978 | 10889.19 | 10039 |
| 黄庄 | 赵国云 | 赵国云 | 282 | 2374 | 11306.13 | 10415 |

续表 75

| 村名 | 村支部书记 | 村委会主任 | 耕地面积（公顷） | 人口（人） | 工农业总产值（万元） | 农民人均纯收入（元） |
|---|---|---|---|---|---|---|
| 新夏 | 童芝国 | 陈顺勇 | 176 | 2531 | 8874.48 | 11002 |
| 成其甫 | 杨凤彩 | 杨凤彩 | 184 | 1462 | 4709.96 | 10050 |
| 盛宋 | 赵占山 | 赵占山 | 200 | 1587 | 3891.08 | 10121 |
| 陆宴 | 陆开宏 | 陆开宏 | 156 | 2049 | 4562.5 | 10249 |
| 中圩 | 黄金茂 | 黄金茂 | 304 | 3165 | 11096.6 | 10152 |
| 大杨庄 | 沈志华 | 毛凤勇 | 199 | 2356 | 6917.57 | 10173 |
| 沈曹 | 周长斌 | 裴加群 | 240 | 2236 | 7336.65 | 9792 |
| 四和 | 葛达桂 | 王高志 | 247 | 1872 | 8009.73 | 9926 |
| 张阳 | 陆银昆 | 陆银昆 | 182 | 2403 | 9164.51 | 9971 |

（陆银昆）

## 老 圩 乡

**【老圩乡概况】** 老圩乡位于兴化东北部，与安丰镇毗邻，地域面积 52.44 平方公里，辖 15 个行政村，1 个居委会，常住人口 27396 人，耕地面积 3353.2 公顷。老圩乡境内交通发达，宁靖盐高速、332 省道穿境而过，15 个行政村、36 个自然村全部通硬质路。"十一五"时期，该乡发展迅猛，成就显著。三次产业比由"十五"末的 49∶17∶34 演进为"十一五"末的 35∶28∶37。2010 年财政收入总量达 3233 万元，在全市 34 个乡镇中排列第 17 位，五年前进 12 位，年均增幅达 76.15%，增速列全市第四。

经济建设与发展　全年全面超额完成市交各项目标任务，各项指标在全市考核排名中大幅前移。实现地区生产总值 2.65 亿元，同比增长 29.1%，实现财政收入 3233 万元，地方一般预算收入 1162 万元，分别增长 18.13% 和 60.55%；列统企业和工业开票销售分别增长 256.8% 和 76.8%；全乡新招项目 4 个，实际到位资金 3000 万元，超过目标的 20%；农民人均纯收入 7660 元，比上年净增 1332 元。工业形成铜制品、特钢、机械制造、纺织服装、塑业等五个主打产业。农业结构更加优化，高效农业面积达到 1267 公顷，设施农业呈现出千亩大棚草莓，千亩大棚西瓜，千亩蔬菜基地三个亮点，设施农业在全市具有一定的知名度。以现代物流业为重点的第三产业发展势头良好，2010 年，全乡新组建成立物流公司 2 家，新增各类经济合作组织 12 家，个体工商户已达 495 家，服务业增加值达到 1.06 亿元。

社会事业发展　扎实推进教育、卫生、文化系统改革。深化教育内部改革，优化配置师资力量，完成民办中学回归公办和取缔私办幼儿园工作，学前教育和义务教育更加规范，教育教学质量保持全市领先；深化卫生院内部改革，实行两权分离运行模式，建成乡卫生服务中心和村卫生服务站，公共卫生和医疗服务体系更加健全；大力实施有线电视组组通工程，有线电视入户率达 76%；以文化中心达标建设为标志的文化生活更加丰富，参加全市各类歌舞比赛及群众性健身舞，弘扬社会文明之风，提高全民文化素养；15 个村农家书屋的建成，为群众提供科技文化知识的窗口；以世代服务中心建成运行为转折点的人口计生工作，连续三年获全市先进，连续两年获全市综合考评第一，代表泰州参加省"三基"知识竞赛获优胜奖。

富民工程实施　大力实施医疗保险全覆盖计划，农民医疗保险达到 100%；大力推进社会养老保险、城镇职工保险和城乡居民养老保险扩面工作，参保人数达到 1.7 万人，参保率达到 80%；扎实推进创业富民、就业惠民，农民收入稳步增长，人均纯收入达到 7992 元；开展结对帮扶活动，脱贫攻坚成效显著，劳动力"零转移家庭"得到有效帮扶；高度重视五保低保工作，中心敬老院实施改扩建工程，集中供养率五年增加两倍多，被省民政厅评为"文明敬老院"；实行低保动态管理，基本达到应保尽保的工作目标。为民办实事日见成果。实施安全饮水工程，全乡全部吃上兴东水厂的自来水，有效解决饮水不安全问题；完成新的村庄规划修编，商住楼、别墅区的开发，解决了建房用地难的矛盾；推行新一轮殡葬改革，建成 16 个公益性墓地及烈士园林，复垦土地 9.33 公顷；实施 2213 万元土地整理项目，增加有效土地面积 66.67 公顷，为提高农业现代化程度创造条件；实施户厕改造工程，五年中在 13 个村改厕 4400 多户，农村卫生条件得到新的改进。

2010年主要经济社会指标

表 76

| 指标名 | 单位 | 数值 |
|---|---|---|
| 总户数 | 户 | 10173 |
| 总人口 | 人 | 27396 |
| 乡镇从业人员数 | 人 | 10354 |
| 耕地面积 | 公顷 | 3353.2 |
| 地区生产总值 | 万元 | 26459 |
| 人均地区生产总值 | 元 | 13362 |
| 农业增加值 | 万元 | 9765 |
| 工业增加值 | 万元 | 5063 |
| 建筑业增加值 | 万元 | 1666 |
| 服务业增加值 | 万元 | 10600 |

**续表** 76

| 指标名 | 单位 | 数值 |
|---|---|---|
| 生猪出栏 | 头 | 34870 |
| 家禽出栏 | 万羽 | 398942 |
| 水产品产量 | 吨 | 1468 |
| 工业企业数 | 家 | 59 |
| 当年到账外引资金 | 万元 | 3000 |
| 工业销售收入 | 万元 | 47558 |
| 工业利税总额 | 万元 | 1843 |
| 预算内财政收入 | 万元 | 3233 |
| 一般预算收入 | 万元 | 1162 |
| 私营个体税收 | 万元 | 678.2 |
| 居民储蓄存款余额 | 万元 | 16400 |
| 农民人均纯收入 | 元 | 7660 |
| 中小学校 | 所 | 4 |
| 在校学生 | 人 | 1968 |
| 在职教师 | 人 | 141 |
| 医院 | 所 | 1 |
| 卫生所(室) | 个 | 20 |
| 医生数 | 个 | 48 |
| 病床数 | 张 | 100 |
| 参加养老保险人数 | 人 | 17000 |
| 参加农村新型合作医疗人数 | 人 | 24288 |
| 享受居民最低生活保障人数 | 人 | 943 |

**2010年骨干企业基本情况**

**表** 77

| 企 业 名 称 | 销售收入(万元) | 利税总额(万元) | 法定代表人 |
|---|---|---|---|
| 兴化市中凯精细化工公司 | 726 | 105 | 黄贵忠 |
| 兴化市新蕾铜制品厂 | 22010 | 895 | 蒋殿秀 |
| 兴化市茂锦纺织厂 | 667 | 65 | 朱金鹏 |

**各村基本情况**

**表** 78

| 村名 | 村支部书记 | 村委会主任 | 耕地面积(公顷) | 人口(人) | 工农业总产值(万元) | 农民人均纯收入(元) |
|---|---|---|---|---|---|---|
| 肖家 | 朱澎山 | 肖兰云 | 242 | 2205 | 5815 | 6980 |
| 民乐 | 徐殿根 | 明瑞银 | 265 | 1879 | 3279 | 6869 |
| 联合 | 吴稳祥 | 戴才新 | 173 | 1736 | 3996 | 7120 |
| 韩周 | 顾小芳 | 韩春荣 | 232 | 1500 | 2605 | 7040 |
| 双徐 | 许国江 | 王万俊 | 154 | 1127 | 2372 | 6494 |
| 西凤 | 沈志东 | 沈志东 | 235 | 1666 | 2336 | 6467 |
| 钟南 | 章存义 | 钟开存 | 261 | 2191 | 7505 | 7170 |
| 安东 | 顾国明 | 万再刚 | 251 | 1358 | 4086 | 6620 |
| 孙联 | 王传玉 | 周爱华 | 253 | 1380 | 2694 | 6605 |
| 朱文 | 王桂荣 | 王桂荣 | 197 | 1323 | 2917 | 6640 |
| 葛杨 | 林俊寿 | 葛锦才 | 165 | 1071 | 2466 | 6888 |
| 双葛 | 郭乃安 | 韩建华 | 175 | 1293 | 2723 | 6687 |
| 文邱 | 邱国权 | 戴有余 | 178 | 1232 | 3249 | 6235 |
| 郭徐 | 黄爱平 | 徐庆丰 | 227 | 1346 | 3158 | 6930 |
| 潘王 | 王普林 | 许建春 | 240 | 1453 | 2718 | 7080 |

**【高效农业】** 全乡高效农业面积达1333公顷,占耕地面积的56%,2010年新增高效农业面积240公顷, 新增设施农业面积73.33公顷,并取得较好的经济效益,天山早佳“8424”西瓜,畅销上海、杭州、苏州、无锡等大中城市,亩纯收入高达8000元,宏程草莓全部销往省内外大中超市。2010年下半年,围绕打造“万亩果蔬之乡”,党委政府强势推进,全乡新流转土地200公顷,为推动现代农业规模化发展奠定基础。

农民在收获草莓

**【综合治理】** 以“五无村”创建为抓手,大力开展社会治安综合治理先进乡镇的创建活动,从充实人员、硬件投入入手,创建的硬软件全部达到上级要求,被泰州市评为“社会治安综合治理先进乡镇”。坚持执行机关干部定期接访走访制度,有效地化解社会矛盾,基本实现小事不出庄、大事不出乡的工作目标。强化领导包保责任,甩掉信访重点乡镇的帽子,全乡总体保持稳定。 (林俊淦 夏昀昀)

## 新垛镇

**【新垛镇概况】** 新垛镇位于兴化市境东北,是元末明初大文学家《水浒传》作者施耐庵故里,江苏省文物保护单位施耐庵陵园位于境内施家桥村。全镇总面积49.1平方公里,其中耕地面积2520公顷。辖13个行政村、1个社区居委会。年末,全镇总户数9373户,户籍人口26487人,其中非农人口2399人。全年实现地区生产总值30780万元,其中一、二、三产业增加值分别为10060万元、9255万元、9575亿元。按户籍人口计算,人均地区生产总值13362元。完成全口径财政收入1872万元,其中地方一般预算收入804.72万元。完成全社会固定资产投入16000万元。

经济建设与发展 全年实现工业产品销售收入77849万元;入库税收1492万元;规模型、成长型企业和村完成工业销售收入31754万元,利税3519万元。年末有企业209家,其中24家收入超100万元。2个村销售收入超2000万元。全年完成技改投入14350万元,同比增长11%,完成招商引资4000万元,新增注册资本2000万元。服务业占GDP比重达到27%。年内新组建合作社4家,新增高效农业200公顷,全年实现农业总产值10060万元,粮食和水产品总产量分别达到31253.2吨和2082吨。

社会事业发展 年末,有学校1所,教师总数97人,在校学生1328人。有医院1家,卫生服务站13家。新增各类绿地面积93.33公顷。建成省级卫生村1个和泰州市级卫生村3个。投入100多万元新建农民休闲公园共计13340平方米。投入400多万元新建和整修农村交通、生产桥梁17座,新建6个流量排涝站1座,建成3条6公里的通村公路。清理整治村庄河道27条,工长26公里,土方13.5万立方米。二次改水工程总投资2000万元,共架设内网管道29.57万米,主管道4.4万米,用一年时间全部完成,全镇人民吃上放心水。

富民工程实施 全镇农民人均纯收入8006元,比上年增长13%。4家农村股份合作社实现分红,分红总额99.73万元。全面推行各项涉农补贴“一折通”发放制度,将粮食直补53万元、农资综合补贴208.49万元、水稻良种补贴39.75万元、小麦良种补贴37.5万元、油菜良种补贴6.9万元、棉花良种补贴9.5万元、玉米良种补贴2.04万元、小麦保险赔款15.49万元等补贴资金打入农户“一折通”存折,确保农户能及时享受到上级的惠农政策,其中直接发放给流出土地的当地农户补贴360万元。认真落实国家家电下乡、汽车摩托车下乡政策,确保农户及时领到补贴款,全年累计发放补贴58.4万元。城乡居民养老保险新增9756人,累计12487人。企业职工养老保险新增86人,累计594人。享受农村60岁以上高龄人员基础养老金新增4175人,累计8470人。新型农村合作医疗保险累计参保人数23675人,有68人得到大病风险补偿,补偿金额14万元。新增就业岗位763个。慰问各类贫困对象237户,发放慰问金8万元,为133户低保户落实最低生活保障。

**2010年主要经济社会指标**

**表** 79

| 指标名 | 单位 | 数值 |
|---|---|---|
| 总户数 | 户 | 9373 |
| 总人口 | 人 | 26487 |
| 乡镇从业人员数 | 人 | 10974 |
| 耕地面积 | 公顷 | 2520 |
| 地区生产总值 | 万元 | 30780 |
| 人均地区生产总值 | 元 | 13362 |
| 农业增加值 | 万元 | 10060 |
| 工业增加值 | 万元 | 9255 |
| 建筑业增加值 | 万元 | 1890 |
| 服务业增加值 | 万元 | 9575 |
| 生猪出栏 | 头 | 31677 |
| 家禽出栏 | 万羽 | 28.9 |
| 水产品产量 | 吨 | 2082 |
| 工业企业数 | 家 | 209 |
| 当年到账外引资金 | 万元 | 180 |
| 工业销售收入 | 万元 | 77849 |
| 工业利税总额 | 万元 | 1326 |
| 预算内财政收入 | 万元 | 1872 |
| 一般预算收入 | 万元 | 804.72 |
| 私营个体税收 | 万元 | 1250 |
| 居民储蓄存款余额 | 万元 | 19900 |
| 农民人均纯收入 | 元 | 8006 |
| 中小学校 | 所 | 1 |
| 在校学生 | 人 | 1328 |
| 在职教师 | 人 | 97 |

续表 79

| 指标名 | 单位 | 数值 |
|---|---|---|
| 医院 | 所 | 1 |
| 卫生所(室) | 个 | 13 |
| 医生数 | 个 | 12 |
| 病床数 | 张 | 28 |
| 参加养老保险人数 | 人 | 12487 |
| 参加农村新型合作医疗人数 | 人 | 23675 |
| 享受居民最低生活保障人数 | 人 | 1275 |

2010年骨干企业基本情况

表 80

| 企业名称 | 销售收入(万元) | 利税总额(万元) | 法定代表人 |
|---|---|---|---|
| 兴化市华顺针织服饰厂 | 2050.0 | 258.1 | 金云发 |
| 兴化市泰禾机械厂 | 3002.3 | 193.2 | 高春和 |
| 江苏方通股份有限公司 | 7221.2 | 247.7 | 方荣华 |
| 兴化市鑫泰不锈钢公司 | 3456.1 | 109.9 | 方 华 |
| 兴化市友联纺织公司 | 957.8 | 52.5 | 胡中吹 |
| 兴化市兴能电源配件厂 | 973.1 | 72.2 | 王一琴 |
| 兴化市一禾机械公司 | 1130.3 | 65.1 | 高春和 |
| 兴化市吉隆纺织公司 | 1607.9 | 103.3 | 吴 敦 |
| 兴化市东升油脂公司 | 950.2 | 55.7 | 刘云德 |

各村基本情况

表 81

| 村名 | 村支部书记 | 村委会主任 | 耕地面积(公顷) | 人口(人) | 工农业总产值(万元) | 农民人均纯收入(元) |
|---|---|---|---|---|---|---|
| 丰乐 | 郎宏照 | 王连存 | 191.67 | 1998 | 8403 | 8258 |
| 新城庄 | 潘桂山 | 潘桂山 | 286.73 | 2937 | 3895.1 | 8270 |
| 团结 | 徐志成 | 王宏伟 | 157 | 1365 | 1456.8 | 8250 |
| 孙家 | 张万山 | 倪昌明 | 148.73 | 1247 | 1662.83 | 7316 |
| 庙徐 | 奚茂荣 | 徐文广 | 199.93 | 1710 | 1942 | 7150 |
| 曹吉 | 曹建海 | 张殿桂 | 234.67 | 1877 | 2855.8 | 7544 |
| 新东 | 沈春祥 | 刘元春 | 282.47 | 2265 | 1128.9 | 8210 |
| 荷花港 | 陆彩堂 | 汤文元 | 165.13 | 1396 | 1678.48 | 7260 |
| 施家桥 | 贺春玉 | 贺春玉 | 203.93 | 1772 | 2238.9 | 8124 |

续表 81

| 村名 | 村支部书记 | 村委会主任 | 耕地面积(公顷) | 人口(人) | 工农业总产值(万元) | 农民人均纯收入(元) |
|---|---|---|---|---|---|---|
| 朱彭三庄 | 朱同兵 | 夏存山 | 152.47 | 1521 | 3317.38 | 7560 |
| 徐高 | 王金豹 | 王金豹 | 156.67 | 1457 | 3874.7 | 8260 |
| 李施 | 刘骏威 | 刘骏威 | 170.4 | 1430 | 2663 | 7776 |
| 张高 | 高龙昌 | 吴锦宽 | 178.67 | 1837 | 3322.4 | 8102 |

**【新农村建设】** 年初确定的七个小康示范村建设全面开工，徐高村的小康村创建工作接受市委四套班子领导及各乡镇党政负责人的检查验收,获高度评价。徐高村和新城庄村荣获市二等奖。

**【卫生创建】** 从环境综合整治、健康促进教育、改水改厕、食品卫生管理、传染病防治、环境保护等方面,加大投入、加强管理,全力开展创卫活动,深入推进农村环境综合整治,通过创建泰州市卫生镇工作检查验收。团结村通过创建江苏省卫生村工作检查验收。

省卫生村检查考核组检查验收团结村江苏省卫生村创建工作

**【校园安保】** 校园及周边环境整治效果明显,取缔私人车辆接送,为镇中、小学配备专职保安人员,相关安保设施配套到位,学生接送全面实行公交化。 (刘晨晨)

# 钓 鱼 镇

**【钓鱼镇概况】** 钓鱼镇位于兴化市北部,是历史悠久的水乡古镇,相传因姜太公在此垂钓而得名。如今的钓鱼区位优势独特,水陆交通便利,东临“宁靖盐”高速、西接“京沪”高速、北连“兴盐河”、南通“引江河”,三条省级公路

(332 大兴金、231 兴泰、233 邮兴盐)穿境而过,乡村道路全面硬质化。全镇总面积 73.1 平方公里,耕地面积 4212 公顷。辖 24 个行政村,2 个社区居委会。年末,全镇总户数 15673 户,有户籍人口 4.6 万人。2010 年全镇实现财政收入 1545 万元,一般预算收入 685 万元,农民人均纯收入 7650 元。全镇上下紧紧围绕"务实抓转型、全面达小康"工作主线,较好地完成年初确定的各项目标任务。

经济建设与发展　全年完成地区生产总值 3.64 亿元,比上年增长 13.3%,其中一、二、三产业增加值分别为 1.36 亿元、0.68 亿元、1.6 亿元。年内,镇党委、政府坚持把保增长、调结构、促发展作为首要任务,坚持把投资拉动作为加快发展的重要支撑,强力推进招商引资和项目建设,全年共招引项目 8 个,实际到位资金 3200 万元,初步形成以铝业、纺织服装、机械加工、建材等为主体的产业格局。同时,不断加大对"三农"工作的支持力度,拓宽农民增收渠道,水稻万亩示范片百亩核心方平均高产再创全国第一;绿园蔬菜生产基地扩展到 80 公顷,实现从工厂化育苗到超市、酒店、学校配送的一条龙服务;水明蟹苗培育专业合作社继续发挥引领作用,提升养殖效益。全镇高效农业面积拓展到 2.5 万多亩,新发展各类农民专业合作社经济组织 14 个。

社会事业发展　年末,有学校 3 所,教师总数 302 人,在校学生 2881 人,实现学生出行公交化。新建钓鱼卫生院住院大楼,建设社区卫生服务中心 2 家,卫生服务站 14家,基本满足群众的就医需要。改建"世代服务中心",提升服务水平。加快有线电视"组组通"步伐,全面建成"农家书屋",群众性文化体育活动蓬勃开展;青年歌手孙桂凤获兴化市青年歌手电视大奖赛原生态唱法组银奖。开设村级网站 1 家。实施政府西路等主次干道硬质化建设和集镇绿化、路灯、公厕、垃圾池的建设,新建停车场。积极参加"四村同创"、环境优美乡村创建和全面小康村创建活动,实现村村有行动、村村见实效的目标。开展村庄河道疏浚、水花生清理等水环境整治和公路沿线环境综合整治活动,改善群众的生产生活条件。

富民工程实施　全镇 687 户、1050 个低保对象和 427 个五保户全部落实社会保险;2.21 万人参加社会养老保险,超额完成市交任务;城乡居民合作医疗保险深入推进,实现居民养老保险全覆盖,新建中心敬老院大楼,提高集中供养水平。

**2010年主要经济社会指标**

**表** 82

| 指标名 | 单位 | 数值 |
|---|---|---|
| 总户数 | 户 | 15673 |
| 总人口 | 人 | 45531 |

**续表** 82

| 指标名 | 单位 | 数值 |
|---|---|---|
| 乡镇从业人员数 | 人 | 18824 |
| 耕地面积 | 公顷 | 4212 |
| 地区生产总值 | 万元 | 36438 |
| 人均地区生产总值 | 元 | 11936 |
| 农业增加值 | 万元 | 13595 |
| 工业增加值 | 万元 | 5065 |
| 建筑业增加值 | 万元 | 1768 |
| 服务业增加值 | 万元 | 16010 |
| 生猪出栏 | 头 | 10810 |
| 家禽出栏 | 万羽 | 12.53 |
| 水产品产量 | 吨 | 2650 |
| 工业企业数 | 家 | 80 |
| 当年到账外引资金 | 万元 | 3200 |
| 工业销售收入 | 万元 | 53120 |
| 工业利税总额 | 万元 | 2385 |
| 预算内财政收入 | 万元 | 1545 |
| 一般预算收入 | 万元 | 685 |
| 私营个体税收 | 万元 | 345 |
| 居民储蓄存款余额 | 万元 | 36400 |
| 农民人均纯收入 | 元 | 7650 |
| 中小学校 | 所 | 3 |
| 在校学生 | 人 | 2881 |
| 在职教师 | 人 | 302 |
| 医院 | 所 | 2 |
| 卫生所(室) | 个 | 24 |
| 医生数 | 个 | 20 |
| 病床数 | 张 | 55 |
| 参加养老保险人数 | 人 | 22106 |
| 参加农村新型合作医疗人数 | 人 | 38862 |
| 享受居民最低生活保障人数 | 人 | 1055 |

**2010年骨干企业基本情况**

**表** 83

| 企业名称 | 销售收入(万元) | 利税总额(万元) | 法定代表人 |
|---|---|---|---|
| 兴化市兴亚针织服饰有限公司 | 2029 | 102.7 | 夏殿道 |
| 兴化市永联纺织品有限公司 | 1581 | 69 | 周　钕 |

各村基本情况

表 84

| 村名 | 村支部书记 | 村委会主任 | 耕地面积(公顷) | 人口(人) | 工农业总产值(万元) | 农民人均纯收入(元) |
|---|---|---|---|---|---|---|
| 钓鱼 | 张　建 | 丁红雷 | 400 | 4044 | 9480 | 8540 |
| 同联 | 周凤成 | 周凤成 | 165 | 1427 | 1702 | 6700 |
| 姚家 | 姚玉荣 | 姚瑞祥 | 126 | 1321 | 1764 | 8356 |
| 陆胥 | 姚鹤勇 | 陆长志 | 136 | 1068 | 1437 | 7511 |
| 北芙 | 袁宝珠 | 吴鹤道 | 175 | 2382 | 1447 | 7418 |
| 苏任 | 任胜平 | 任胜平 | 91 | 1049 | 827 | 6476 |
| 洋汉 | 张俊灿 | 张俊灿 | 220 | 2111 | 2605 | 8150 |
| 汤顾 | 孟中华 | 徐焕荣 | 157 | 1173 | 938 | 6985 |
| 春景 | 许正杰 | 陈步前 | 294 | 2505 | 1895 | 6478 |
| 南刘 | 李广德 | 李　榕 | 98 | 772 | 1157 | 7483 |
| 北赵 | 侯春元 | 葛祥新 | 161 | 1216 | 1660 | 8109 |
| 同利 | 朱俊方 | 周广山 | 123 | 1211 | 1462 | 8215 |
| 南北夏 | 孟中才 | 夏纯秋 | 124 | 1150 | 2380 | 8120 |
| 刘陆南 | 查军勤 | 查军勤 | 135 | 1236 | 1566 | 6849 |
| 南旺 | 陆进成 | 赵步全 | 181 | 1804 | 3826 | 8190 |
| 圣传 | 顾四明 | 刘洪宽 | 102 | 1005 | 819 | 7163 |
| 八尺沟 | 丁心亮 | 邹荣宽 | 110 | 1170 | 1296 | 8106 |
| 陈李吴 | 王善泉 | 陈洪善 | 220 | 2122 | 2267 | 8170 |
| 双吉 | 平金华 | 平金华 | 175 | 1776 | 3291 | 7689 |
| 陆杨 | 陆伯祥 | 陆伯祥 | 154 | 1439 | 1709 | 7971 |
| 檀孙 | 吴鹤喜 | 李德军 | 311 | 2560 | 1834 | 7113 |
| 卞张 | 马田华 | 张春雨 | 107 | 1063 | 1114 | 6985 |
| 南赵 | 鲍玉庭 | 仲永奎 | 329 | 2542 | 2437 | 7690 |
| 中朝 | 孙玉成 | 孙玉成 | 259 | 2381 | 4487 | 7801 |

**【百姓新事】** 钓鱼派出所辅警徐天明、居金明被兴化市人民政府授予兴化市“见义勇为先进分子”荣誉称号后，其先进事迹又光荣当选为泰州市“百姓新事”。5月11日上午，泰州市委宣传部派专人到钓鱼派出所，将鲜花和荣誉证书送给该所辅警徐天明、居金明。

2009年11月21日下午，钓鱼镇陆胥村村民陆宝林家中因煤气罐泄漏，点火时不慎引起火灾，大火迅速将三间房屋包围，周围近百名围观群众担心煤气罐爆炸，不敢上前扑救。钓鱼派出所接到报警后，迅速安排警力赶赴现场组织灭火，派出所辅警居金明用灭火器开道，奋不顾身冲进火场，辅警徐天明随后跟进，在灭火器的掩护下，从火场中抱出被大火烧得滚烫的煤气罐，快步跑出100余米，将煤气罐抛入河中，避免一起爆炸事故的发生。

**【《见证变迁》电视专题在钓鱼镇拍摄】** 5月19日，在江苏省委研究室农村固定观察点办公室主任李宏明，江苏省委研究室农村处副处长何巨的带领下，省委研究室《见证变迁》摄制组一行专程来钓鱼镇固定观察点实地拍摄相关资料。

钓鱼镇固定观察点是1984年中央政策研究室、农业部确定的农村固定观察点，全省共6家，里下河地区仅钓鱼1家。25年来，该镇固定观察点的调查员深入农户、企业，与农民一起记录着生产、生活发生的点滴变化。他们所记录、整理、积累的大量第一手材料，为中央决策提供依据，为地方党委、政府决策和农户生产、生活提供服务。固定观察点的工作取得丰硕成果，多次受到省、市的表彰。在钓鱼，《见证变迁》摄制组一行先后到该镇固定观察点办公室，绿园蔬菜生产基地，万亩稻麦高产创建基地，钓鱼村调查户家中，以及新农村建设示范村等进行实地取景拍摄。 (陆照兴　朱俊方)

拍摄专题片

## 大　营　镇

**【大营镇概况】** 大营镇位于兴化市东北角，南濒海沟河，东邻大丰白驹镇，北接大丰市刘庄镇。332省道横贯东西，直达204国道和盐城、沿海和宁靖盐高速，新长铁路穿境而过，通村公路横穿贯通，村与自然庄舍相互连接，境内河流纵横，水乡特色鲜明，是重要的绿色食品基地，有较好的招商投资环境。全镇总面积56平方公里，辖11个行政村，1个社区居委会，185个村民小组，全镇总户数9764户，在册户籍人口27648万人。全年实现地区生产总值2.44亿元，比上年增20%，其中：一、二、三产业增加值分别为10669万元、6200万元、7936万元，分别比上年增长13.9%、29.7%、22%，人均生产总值9721元。完成财政收入1352

万元,比上年增长33.4%,其中一般预算收入551万元,比上年增长17.5%。完成全社会固定资产投资9310万元,比上年增长30%,在去年全市经济总量排列前移11位。

经济建设与发展　全年完成经济总收入91638万元,实现工业产品销售收入55612万元,比上年增长23.8%,入库税收1136万元,比上年增长8.6%,年末有工业企业309家,其中规模企业4家。全年完成技改投入7900万元,新增注册资本1200万元。完成三产增加值7936万元,服务业增加值占GDP的比重为32%。村级资产总额1382万元,村级可用财力256万元,年内成立专业合作社3家,新增高效农业面积540公顷,全年实现农业总产值21338万元,粮经比例由原来6∶4转变为4.5∶5.5。粮食和水产品产量分别达到41392吨和3039吨。

社会事业发展　社会事业的日趋完善,积极策应市政府"社会事业振兴"扎实推进教育、卫生、文化系统改革,年末有学校3所,教师总数120人,在校学生1581人,建成合格医院1家,社区卫生服务室12家,总投资580万元建成合格病房及医疗器械的更新,公共卫生和医疗服务体系更加健全,实施有线电视组组通工程,有线电视入户率达70%以上,以文化中心达标建设为标志的文化生活更加丰富,建成4个农民休闲场所,11个村农家书屋全面建成,不断丰富农民文化生活。

富民工程实施　实施安全饮水工程,全镇全部吃上兴东水厂的自来水,接水率达80%以上,有效解决饮水不安全问题;完成集镇规划修编,依法规范商住楼、别墅区的开发,解决建房无序用地的问题,实行土地一级市场政府垄断;重新修缮烈士陵园;大力实施医疗保险全覆盖,农民医疗保险达100%;大力推进社会养老保险、城镇职工保险和城镇居民养老保险人数达1.2万人,超额完成市交任务;扎实推进创业富民,就业惠民,农民人均纯收入达7194元,比上年增长13.3%,镇村两级足额发放各类涉农惠农补贴539万元;五保全面实行集中供养63人,实行低保动态管理,达到应保尽保;实行结对帮扶549人,不断实行资助贫困学生的学习,共帮扶13名学生;实施户厕改造工程,对4个村1260户进行改厕,农村卫生条件得到新的改进。

2010年主要经济社会指标

表85

| 指标名 | 单位 | 数值 |
|---|---|---|
| 总户数 | 户 | 9764 |
| 总人口 | 人 | 27648 |
| 乡镇从业人员数 | 人 | 11029 |
| 耕地面积 | 公顷 | 3350 |
| 地区生产总值 | 万元 | 24384 |
| 人均地区生产总值 | 元 | 9721 |
| 农业增加值 | 万元 | 10669 |
| 工业增加值 | 万元 | 5700 |
| 建筑业增加值 | 万元 | 500 |
| 服务业增加值 | 万元 | 7936 |
| 生猪出栏 | 头 | 24100 |
| 家禽出栏 | 万羽 | 59.82 |
| 水产品产量 | 吨 | 3039 |
| 工业企业数 | 家 | 309 |
| 当年到账外引资金 | 万元 | / |
| 工业销售收入 | 万元 | 55612 |
| 工业利税总额 | 万元 | 4387 |
| 预算内财政收入 | 万元 | 1352 |
| 一般预算收入 | 万元 | 551 |
| 私营个体税收 | 万元 | 560 |
| 居民储蓄存款余额 | 万元 | 39650 |
| 农民人均纯收入 | 元 | 7194 |
| 中小学校 | 所 | 3 |
| 在校学生 | 人 | 1581 |
| 在职教师 | 人 | 120 |
| 医院 | 所 | 1 |
| 卫生所(室) | 个 | 12 |
| 医生数 | 个 | 40 |
| 病床数 | 张 | 90 |
| 参加养老保险人数 | 人 | 5275 |
| 参加农村新型合作医疗人数 | 人 | 23830 |
| 享受居民最低生活保障人数 | 人 | 852 |

2010年骨干企业基本情况

表86

| 企业名称 | 销售收入(万元) | 利税总额(万元) | 法定代表人 |
|---|---|---|---|
| 兴化市顺达离合器厂 | 1512 | 164 | 刘粉英 |
| 兴化市统全食品有限公司 | 1098 | 99 | 张怀全 |
| 兴化市宏昌机械厂 | 1127 | 123 | 李建宏 |
| 兴化市营丰机械厂 | 1199 | 137 | 吴亚芹 |

各村基本情况

表 87

| 村名 | 村支部书记 | 村委会主任 | 耕地面积(公顷) | 人口(人) | 工农业总产值(万元) | 农民人均纯收入(元) |
|---|---|---|---|---|---|---|
| 大营 | 颜德平 | 张粉荣 | 291 | 3115 | 5015 | 8520 |
| 营东 | 殷道生 | 智日松 | 262 | 2159 | 2317 | 8610 |
| 屯南 | 卞生平 | 阮银华 | 320 | 2195 | 3307 | 5401 |
| 营丰 | 陈　健 | 邵文山 | 278 | 2018 | 2273 | 5377 |
| 屯军 | 朱长征 | 李　佩 | 300 | 2289 | 3350 | 8520 |
| 洋子 | 沈文森 | 束爱明 | 265 | 1826 | 1996 | 5562 |
| 联镇 | 束必胜 | 张本洋 | 305 | 2100 | 1803 | 5414 |
| 屯北 | 史庆国 | 万兆生 | 314 | 2365 | 2279 | 5564 |
| 高港 | 王　锋 | 王珍宝 | 324 | 2126 | 3756 | 8580 |
| 阵营 | 张迎红 | 崔柏良 | 234 | 1167 | 1492 | 5348 |
| 营中 | 董德康 | 朱正所 | 328 | 2470 | 2352 | 8580 |

(董永常)

# 下 圩 镇

**【下圩镇概况】** 下圩镇位于兴化市东北部,东与安丰镇为邻,南和海南镇交界,西邻大邹镇,北与盐城市盐都区隔河相望,2001年底撤乡设镇。全镇总面积49.1平方公里,其中镇区面积0.7平方公里,辖12个行政村、1个居民委员会。年末,全镇总户数9392户,有户籍人口25363万人,另有外地暂住人口124人。全年实现地区生产总值23654万元,其中一、二、三产业增加值10700万元、3795万元和15560万元,按户籍人口计算,人均生产总值12965元,完成全口径财政收入2712万元,其中地方一般预算收入910.5万元,完成社会固定资产投入4500万元。

经济建设与发展　全年实现工业产品销售收入8.6亿元,入库税收2020万元。利税总额2735万元。全年完成技改投入2500万元。村级集体净资产50万元,全镇村级可用财力60万元,村均5万元。年内新组建农机合作社1家、土地股份合作社1家、农民专业合作社2家。稻麦良种全覆盖,农机化水平87%。新增高效农业300公顷,累计达到1500公顷。河蟹养殖每公顷效益超5万元。全年实现总产值2.59亿元。粮食和水产品总产量分别达到21205吨和2458吨。

社会发展事业　年末,有学校2所,教师总数135人,在校学生1134人,有医院1家,社区卫生服务站12家,投入120万元,建成新农村示范点1个。年内,有5个村建成“四有”村部,并通过市委组织部验收。

富民工程实施　全镇农民人均纯收入8300元,比上年增10.5%。市、镇两级足额发放各类涉农补贴480万元。社会保险扩面工作扎实开展,新增城乡参保人数5641人,累计6621人。有5323人享受老年补贴。新增就业岗位125个,慰问各类贫困对象48户,发放慰问金20000元,为426户低保、低保边缘户落实最低生活保障,帮助1户贫困危房户翻建房屋3间。新型合作医疗参保人数22530人,有56名参保对象得到大病风险补偿,补偿金额15万元。

2010年主要经济社会指标

表 88

| 指标名 | 单位 | 数值 |
|---|---|---|
| 总户数 | 户 | 9392 |
| 总人口 | 人 | 25363 |
| 乡镇从业人员数 | 人 | 14250 |
| 耕地面积 | 公顷 | 3140 |
| 地区生产总值 | 万元 | 23654 |
| 人均地区生产总值 | 元 | 12965 |
| 农业增加值 | 万元 | 10700 |
| 工业增加值 | 万元 | 3795 |
| 建筑业增加值 | 万元 | 882 |
| 服务业增加值 | 万元 | 9674 |
| 生猪出栏 | 头 | 0.334 |
| 家禽出栏 | 万羽 | 12.15 |
| 水产品产量 | 吨 | 2458 |
| 工业企业数 | 家 | 35 |
| 当年到账外引资金 | 万元 | 4500 |
| 工业销售收入 | 万元 | 86245 |
| 工业利税总额 | 万元 | 4536 |
| 预算内财政收入 | 万元 | 2712 |
| 一般预算收入 | 万元 | 910.5 |
| 私营个体税收 | 万元 | 102 |
| 居民储蓄存款余额 | 万元 | 11090 |
| 农民人均纯收入 | 元 | 8314 |
| 中小学校 | 所 | 2 |
| 在校学生 | 人 | 1134 |
| 在职教师 | 人 | 135 |

续表 88

| 指标名 | 单位 | 数值 |
|---|---|---|
| 医院 | 所 | 1 |
| 卫生所(室) | 个 | 12 |
| 医生数 | 个 | 55 |
| 病床数 | 张 | 48 |
| 参加养老保险人数 | 人 | 6621 |
| 参加农村新型合作医疗人数 | 人 | 22530 |
| 享受居民最低生活保障人数 | 人 | 598 |

2010年骨干企业基本情况

表 89

| 企业名称 | 销售收入(万元) | 利税总额(万元) | 法定代表人 |
|---|---|---|---|
| 兴化市倚兴金属制品有限公司 | 29956 | 573 | 沈建强 |
| 江苏广接通管业制造有限公司 | 6733 | 264 | 陈汝高 |
| 兴化市鑫源金属制品有限公司 | 58103 | 1095 | 宋永华 |

各村基本情况

表 90

| 村名 | 村支部书记 | 村委会主任 | 耕地面积(公顷) | 人口(人) | 工农业总产值(万元) | 农民人均纯收入(元) |
|---|---|---|---|---|---|---|
| 东港 | 王俊德 | | 150 | 1385 | 1224 | 8205 |
| 李阳 | 邹如明 | 王庆林 | 235 | 1932 | 1689 | 8249 |
| 朝阳 | 薛长炳 | 娄正来 | 220 | 1995 | 1795 | 9758 |
| 双建 | 殷明军 | 殷明军 | 229 | 2505 | 2245 | 8107 |
| 同盟 | 顾昌友 | 顾昌友 | 233 | 1674 | 1298 | 8025 |
| 镇二 | 陈龙德 | 周汉宜 | 167 | 1836 | 1358 | 7950 |
| 洋港 | 徐松宝 | 徐德好 | 295 | 2407 | 2107 | 8213 |
| 刘文 | 孙宝祥 | | 215 | 1963 | 1803 | 8003 |
| 双联 | 陆中宝 | 成 俊 | 253 | 2375 | 2019 | 8105 |
| 联富 | 查长友 | 钟柯华 | 225 | 1947 | 1754 | 8354 |
| 清洋 | 王兆美 | 王兆美 | 199 | 1623 | 1394 | 8165 |
| 镇一 | 陆中海 | 李秀根 | 190 | 1917 | 1652 | 8036 |

**【高效渔业】** 坚持以农民增收为目标,加大力度,顺势推进,大力发展高效养殖业,走挂靠品牌公司之路,招引金香来大闸蟹公司落户下圩,帮助群众养殖、销售,全镇高效提水养殖面积达1500公顷, 亩纯收入达3000元左右。

**【水利建设】** 大力实施加修圩堤、疏浚村庄河道及中心河道为主要内容的水利工程,促进农业增产、农民增收,改善农村生产生活环境。全年共疏浚河道36 条, 土方7.95万立方米,加修圩堤760米,解决群众船只出行难的问题,改善全镇生产河、村庄河道、中心河道的水质,提高联圩防汛抗洪的能力,水利工程综合效益得到充分发挥。

**【新农村建设】** 围绕创建优美乡村,加大村庄环境整治力度,加快新农村建设步伐,镇二村陆祖责任区坚持因地制宜、科学规划,建管并重,投入资金100多万元进行新农村建设, 村庄面貌焕然一新, 群众的居住环境大为改观,顺利通过市环境验收评估小组验收。

**【改厕工作】** 结合创建环境优美村庄工作,在双联村、刘文村推广改厕工作,564户改厕工作全部完成, 取缔露天粪坑,清理卫生死角,改善农村居住环境,控制各种传染源的滋生。

(邹如明)

## 沙 沟 镇

**【沙沟镇概况】** 沙沟镇位于江苏省兴化市的西北部,东邻盐都,西与高邮、宝应毗邻,北与建湖隔河相望,处于五县(市)交界处,是周边乡镇政治、经济、文化、交通中心。全镇总面积70.12平方公里,耕地面积1713.5公顷。辖集镇4个居委会、10个行政村。年末,全镇总户数10022户,总人口30270人。全年实现地区生产总值2.82亿元,比上年增长14.6%; 其中: 农业增加值1.18亿元, 增长10%;工业增加值4166万元,增长15.2%;建筑业增加值2333万元, 增长18.5%; 服务业增加值9966万元, 增长14.8%。完成财政收入1610万元,增长12%,其中,地方一般预算收入851万元,增长43%。农村固定资产投资总额1.93亿元,储蓄余额2.4亿元,发放各类贷款2610万元。2010年11月沙沟镇被正式命名为“中国历史文化名镇”。

经济建设与发展　全年完成招商引资2550万元,占市交任务的102%;争取政策性项目8个,资金620多万元。5月份成功举办常熟经济发展恳谈会,成立招商办事处, 聘请招商信息员, 较好地推动招商引资工作有效开展,促进工业企业加快发展,实现产值1.5亿元,比上年增长15.4%,销售1.35亿元,利税1000万元,完成技改投入4500万元。金莎食品公司投入2300万元兼并兴化冷冻厂，注册资金1200万元，新办江苏润华冷冻食品有限公司，生产加工出口冷冻产品，年产值达3500万元，利税350万元；奥卡服饰有限公司通过改制转股，新成立飞越服饰有限公司，投入450万元，与美国客商合作，生产“波司登”、“雪中飞”等名牌羽绒服，产值利税实现翻番；松鹤化试厂今年通过设备更新、环境改造、强化管理和市场开拓等措施，产销利税同步增长。同时，积极洽谈新的招商项目，利用申沙化工厂闲置厂房新办了电子加工厂。加强管理，规范农贸、建材、渔需物资、小商品等专业市场，不断扩大规模，打造特色。通过招商洽谈，有关客商意向新建大型超市和集餐饮、住宿、休闲为一体的具有一定档次的服务场所。把发展高效农业作为农业产业化的前提和基础，作为发展农村经济、增加农民收入的重要渠道，不断加大宣传引导力度，出台奖励政策，鼓励扶持做大做强。大兴无土栽培新技术2010年已发展到9.33公顷，种植绿色无公害瓜果、蔬菜，已有多个品种直接销售到超市，产品供不应求；高桂、董庄、石梁等村设施农业面积不断扩大，大棚西瓜、蔬菜种植达6.67公顷；张家港老板投资500多万元，在石梁村发展106.67公顷的鱼、蟹、蚌立体混养；水产村以发展设施渔业为主，引进新品种，增加设施育苗养殖21.33公顷。全镇设施农业17.33公顷，高效渔业1066.67公顷，荷藕973.33公顷，芡实38.67公顷。农业资源效益大幅度提高。进一步规范资源管理，公开招标，承包金从三年前亩平300元左右提高到650元，最高达1040元，全年增加农村集体收入650万元。

社会事业发展　年末，有学校3所，教师总数198人，在校学生1823人。加大校园安全整治力度，建成4个学校警务室，配备8名专职保安，教育环境得到改善，教学质量进一步提高，初级中学中考有74人达三星级以上高中录取线，比上年增加20人，中心小学接受新一轮首批学校综合督导评估，被确定为“优秀”等次。创建泰州市级社区教育中心，举办各类技术培训班16期，培训2800人次。有中心卫生院1家，村卫生所(室)6家。集镇建设共投入2852万元，完成备战路西延、迎宾路北延、人民路西延等道路建设工程。拆除新大街违章建筑191处，改造后街背48条、总长9670米，新建、改建公厕12座，新装路灯327盏，镇区自来水管道、下水管道进行全面改造；建成后河、镇南河风光带，建成休闲广场7个、绿化面积5.69万平方米；新建迎宾门、时代服务中心、进士坊，完成程家大院修复等工程，实施新大街改造建设工程，建成南星、垛田两个住宅小区，2010年被确定为泰州市20个重点建设镇之一。农村共投入1500万元，完成严舍公路、北阳公路、镇西路、汤董公路、备战路、董庄路等道路交通工程建设，实现村村通公路的目标。全镇新浇筑村庄道路300多条、总长1万多米；拆除违章搭建150多间，新建公厕72座，安装路灯210盏，新添垃圾房30个、垃圾箱150个；新建沿河驳岸风景带1500米，休闲广场12个，建成村庄绿化2.5万平方米，全镇10个行政村全面完成村庄自来水管网改造工程，6个村获兴化市环境整治综合先进单位，8个村实现泰州市小康示范村，光耀村顺利通过省康居示范村合格验收。结合实施国家级武装圩土地整理项目，全镇新建桥梁61座、改建32座，新建排涝站12座、小型电灌站9座，新建圩口闸3座、维修13座，新修砂石路3000米、机耕大道1.85万米、硬质化渠道8100米，加修圩堤1.2万米，疏浚河道85公里，新增耕地面积2000亩。顺利完成村两委的换届选举工作，认真落实民主议事、民主理财、民主管理等措施，强化村务、财务公开。2010年被上级党组织确定为泰州市、兴化党建工作示范点，顺利创建泰州市党风廉政建设示范镇，同时争创了4个合格村、2个示范村，不断创新干部管理模式，村干部管理“一二三”工作模式得到泰州市组织部的肯定，并在兴化市面上推广。

富民工程实施　全镇农民人均纯收入8211元，比上年增10.6%。建立劳动保障平台，落实五保、低保、特困职工配套资金近200万元；在投入70万元建成镇中心敬老院的基础上，又投入30多万元进行功能配套完善；完成基本养老保险9260人，全镇已有5400多名老人领取基础养老金；新型合作医疗全面完成。高度关心弱势群体，镇机关、学校开展“一助一”活动，对老党员、特困家庭、残疾儿童实行资助，以解决他们的生活、学习困难。

**2010年主要经济社会指标**

**表**91

| 指标名 | 单位 | 数值 |
|---|---|---|
| 总户数 | 户 | 10022 |
| 总人口 | 人 | 30270 |
| 乡镇从业人员数 | 人 | 10369 |
| 耕地面积 | 公顷 | 1713.5 |
| 地区生产总值 | 万元 | 28233 |
| 人均地区生产总值 | 元 | 13022 |
| 农业增加值 | 万元 | 11870 |
| 工业增加值 | 万元 | 3820 |
| 建筑业增加值 | 万元 | 2233 |
| 服务业增加值 | 万元 | 10310 |
| 生猪出栏 | 头 | 3894 |
| 家禽出栏 | 万羽 | 128350 |

续表 91

| 指标名 | 单位 | 数值 |
|---|---|---|
| 水产品产量 | 吨 | 11200 |
| 工业企业数 | 家 | 15 |
| 当年到账外引资金 | 万元 | 3550 |
| 工业销售收入 | 万元 | 25922 |
| 工业利税总额 | 万元 | 1266 |
| 预算内财政收入 | 万元 | 1610 |
| 一般预算收入 | 万元 | 851 |
| 私营个体税收 | 万元 | 15.05 |
| 居民储蓄存款余额 | 万元 | 23830 |
| 农民人均纯收入 | 元 | 8211 |
| 中小学校 | 所 | 3 |
| 在校学生 | 人 | 1823 |
| 在职教师 | 人 | 198 |
| 医院 | 所 | 1 |
| 卫生所(室) | 个 | 6 |
| 医生数 | 个 | 80 |
| 病床数 | 张 | 40 |
| 参加养老保险人数 | 人 | 16231 |
| 参加农村新型合作医疗人数 | 人 | 22831 |
| 享受居民最低生活保障人数 | 人 | 5640 |

2010年骨干企业基本情况

表 92

| 企业名称 | 销售收入(万元) | 利税总额(万元) | 法定代表人 |
|---|---|---|---|
| 松鹤化学试剂厂 | 4155 | 243 | 冯小余 |
| 金莎食品有限公司 | 6593 | 251 | 莫鹏启 |
| 兴华有色金属制品厂 | 2483 | 110 | 王秀琴 |

各村基本情况

表 93

| 村名 | 村支部书记 | 村委会主任 | 耕地面积(公顷) | 人口(人) | 工农业总产值(万元) | 农民人均纯收入(元) |
|---|---|---|---|---|---|---|
| 兴龙 | 王建新 | 王传成 | 239.5 | 2460 | 1537.9 | 8135 |
| 严舍 | 严生华 | 严生华 | 65.3 | 626 | 544.08 | 8512 |
| 官河 | 侍金鸿 | 侍金鸿 | 294.6 | 2381 | 3894.53 | 8734 |

续表 93

| 村名 | 村支部书记 | 村委会主任 | 耕地面积(公顷) | 人口(人) | 工农业总产值(万元) | 农民人均纯收入(元) |
|---|---|---|---|---|---|---|
| 联溪 | 朱玉明 | 汪洪锦 | 120.7 | 1089 | 715.8 | 7001 |
| 水金 | 费金虹 | 季国华 | 69.55 | 2201 | 2451.5 | 8421 |
| 董庄 | 王长美 | 陈文发 | 238.1 | 2114 | 2009.03 | 6593 |
| 光耀 | 王宪龙 | 张广生 | 265.9 | 2425 | 3729.13 | 9008 |
| 高桂 | 高永珍 | 蒋集礼 | 286 | 3088 | 4770 | 8778 |
| 石梁 | 姜绍庆 | 郭国权 | 66.7 | 2573 | 2922.12 | 8548 |
| 沙北 | 王敦荣 | 王进东 | 66.7 | 2235 | 3735.9 | 8500 |

**【沙沟镇被命名为中国历史文化名镇】** 自 2009 年 12 月沙沟镇被批准为江苏省历史文化名镇之后，科学规划，分步实施，积极创造条件，收集整理相关资料，申报国家级历史文化名镇。2010 年 9 月 26 日，住房和城乡建设部、国家文物局联合发文建规〔2010〕150 号《关于公布第五批中国历史文化名镇(村)的通知》，全国共 38 个名镇，其中，沙沟镇名列第 11 位。12 月下旬，沙沟镇党委书记杨成楠应邀专程去北京参加授牌仪式。

市政协副主席彭国良参观古镇

**【做活“水”文章】** 沙沟镇自古四面环水，四周有两湖五荡，具有丰富的水资源。沙沟镇党委、政府根据独特的区位优势，坚持走水路、念水经、发水财，着力做活水文章。拓展水产品批发市场，投入 150 万元，对水产品批发市场扩容增量，向西延伸 560 米的市场大道，建成特水经营区，开发 1.6 万平方米的市场配套服务区。不断提高管理水平，扩大经营规模，使之成为江苏省特色水产品批发市场。加强水资源管理，建立招投标管理中心，规范程序，明确承包期限，加大监管力度。由于管理扎实、有序、到位，有效地促进村级集体经济不断壮大，新农村建设步伐不断加快，全镇百姓的幸福指数不断提升。积极实施改水工程,截至年末,农村庄内管网全面改造到位,通村管网、集镇主管网改造工程正在扫尾,争取实现镇村联网,全覆盖和全日制供水。 (高守峰 姜洪义 张晶亮)

# 李中镇

【李中镇概况】 李中镇位于兴化市西北部,距离城区8公里,东与缸顾乡相接,南与西郊镇为邻,西与高邮市接壤,北与周奋乡毗邻。总面积80.7平方公里,其中有耕地面积3067公顷,基本农田2287公顷,林业用地63.67公顷,水面4753公顷,建设用地总面积474.3公顷。总人口3.5万人,全镇共有30个自然村庄、233个村民小组,1个居委会,2001年5月经兴化市人民政府批准实施行政村合并,全镇共设15个行政村。该镇对外交通便利,大兴金、兴沙公路分别从东西、南北贯穿而过,下官河、龙港河、李中河等多条航道从镇域通过。通村公路全部硬质化,通达每个自然村。

经济建设与发展 2010年,实现地区生产总值48941万元,比上年增长14%,其中,农业增加值20700万元,比上年增长10%;工业增加值6700万元,增长15%;建筑业增加值2000万元;增长28%;服务业增加值19300万元,增长17%,服务业增加值占GDP比重39%,服务业税收收入630万元。财政总收入2010年突破千万元,完成1401万元,比上年增长20%;一般预算收入850万元,比上年增长33%;全社会固定资产投资15020万元,比上年增长53%。

社会事业发展 为建设生态李中,打造人文特色显著、宜居宜商的现代化新型集镇,集镇建设总体规划2010年初通过专家评审;按照"打造精品村、建设重点村、带动一般村"的工作思路,以"八化"为目标,认真落实创建小康示范村、环境优美乡村和绿化合格村工作方案,组建工作组驻村指导示范村创建,因地制宜协助落实村庄环境整治措施,化解各类矛盾,争取创建资金,全镇累计投入村庄环境整治的资金达785万元,村民生产生活环境得到较大改善;整合和优化教育资源,改善教育设施,加强教师队伍建设,努力推进素质教育,中考成绩名列西北片前茅,筹资200多万元,新建李健初中学生宿舍大楼,改造中心幼儿园,学前教育得到规范管理,成功举办李健初中35周年校庆,全镇中学入学率达到99.6%,小学升学率达到100%,应届初中毕业生6人考取重点高中;医疗卫生事业健康发展,建成标准化社区卫生服务站14家;15个行政村均建成"农家书屋";有线电视入户率72%,宽带入户率达21%;投资850多万元实施安全饮用水工程,完成全镇自来水内部管网改造;坚持把植树造林与创建绿化合格村、农田林网、美化环境、保护生态、推进林业产业相结合,不断完善考核奖励措施,全年新植树木10.2万株,成片造林64.47公顷,新增景观苗木基地2处,16公顷,林木覆盖率达到23.8%,苏宋、许季、草东、草西村四个村荣获市绿化合格村;全年共新建通村公路连接线4条,4公里;维修道路4条,6300平方米;增设错车道20处,停车场1处,1500平方米;路肩培土近万立方米;新建桥梁12座,维修改造桥梁9座。

富民工程实施 农民人均纯收入8348元、比上年增长13.8%;2010年城乡居民养老保险全覆盖,新型农村合作医疗保险达到100%;进一步完善农村最低生活保障制度,严格执行低保政策,做好低保对象的审核调整工作,对一部分应保未保的特困村民实行低保,对196名不符合低保的人员予以取消。投资65万元改造李健中心敬老院,改进五保供养老人的居住条件。进一步做好结对帮扶工作,变单一的资金帮扶为带资金、带技术、带销路帮扶,全年共计使36户困难家庭真正脱贫致富。充分发挥农技站、畜牧站的技术力量和服务功能,围绕开展"科普之冬(春)"活动和"农"字号龙头企业送技术下乡等有利时机,邀请市农林牧专家和水产局、兴化泓膏公司技术人员深入村社,广泛开展农业科技知识宣讲,常年举办种植、养殖、劳务输出等各类培训班,全年由劳保等部门牵头,共举办培训班31期,3600多人次,经培训新增就业人数285人,转移农村剩余劳动力632人;逐步引导农民调整产业结构,大力培育和发展粮食、水产、畜禽、食用菌和水生蔬菜等优势特色产业,全年新增高效种植面积233公顷,累计达566.67公顷;新增高效渔业面积240公顷,累计达953.33公顷;积极创新生产经营方式,组织引导职能部门、龙头企业和专业大户共同组建茨实、水产、隆昌鹅、蛋鸭、良种鸡、林业及蔬菜大棚种植等农民专业合作经济组织14家,促进农民增收。

2010年主要经济社会指标

表94

| 指标名 | 单位 | 数值 |
|---|---|---|
| 总户数 | 户 | 10679 |
| 总人口 | 人 | 35011 |
| 乡镇从业人员数 | 人 | 15716 |
| 耕地面积 | 公顷 | 2600 |
| 地区生产总值 | 万元 | 48941 |
| 人均地区生产总值 | 元 | 21984 |
| 农业增加值 | 万元 | 20700 |
| 工业增加值 | 万元 | 6700 |
| 建筑业增加值 | 万元 | 2000 |

续表 94

| 指标名 | 单位 | 数值 |
|---|---|---|
| 服务业增加值 | 万元 | 19300 |
| 生猪出栏 | 头 | 10371 |
| 家禽出栏 | 万羽 | 39.5 |
| 水产品产量 | 吨 | 16553 |
| 工业企业数 | 家 | 86 |
| 当年到账外引资金 | 万元 | — |
| 工业销售收入 | 万元 | 49866 |
| 工业利税总额 | 万元 | 3020 |
| 预算内财政收入 | 万元 | 1401 |
| 一般预算收入 | 万元 | 780 |
| 私营个体税收 | 万元 | 630 |
| 居民储蓄存款余额 | 万元 | 13000 |
| 农民人均纯收入 | 元 | 8348 |
| 中小学校 | 所 | 7 |
| 在校学生 | 人 | 1485 |
| 在职教师 | 人 | 176 |
| 医院 | 所 | 2 |
| 卫生所(室) | 个 | 6 |
| 医生数 | 个 | 52 |
| 病床数 | 张 | 48 |
| 参加养老保险人数 | 人 | 15965 |
| 参加农村新型合作医疗人数 | 人 | 31391 |
| 享受居民最低生活保障人数 | 人 | 545 |

**2010年骨干企业基本情况**

表 95

| 企业名称 | 销售收入(万元) | 利税总额(万元) | 法定代表人 |
|---|---|---|---|
| 兴化市恒丰机械有限公司 | 6788 | 344 | 李德斌 |
| 兴化市波尔曼服饰有限公司 | 565 | 225 | 曹红梅 |
| 兴化市协康纺织有限公司 | 6626 | 422 | 朱康美 |
| 兴化市诚信粮油贸易公司 | 6034 | 226 | 周　梅 |
| 兴化市楚宁电站设备公司 | 7472 | 400 | 宗义正 |
| 兴化市阳谷米业有限公司 | 6256 | 235 | 陈　国 |
| 兴化市鑫源食品有限公司 | 2410 | 180 | 李德全 |
| 兴化市李中服饰有限公司 | 1876 | 252 | 黄德军 |

**各村基本情况**

表 96

| 村名 | 村支部书记 | 村委会主任 | 耕地面积(公顷) | 人口(人) | 工农业总产值(万元) | 农民人均纯收入(元) |
|---|---|---|---|---|---|---|
| 顾赵 | 朱洪勇 | 刘殿铭 | 287 | 3254 | 2541 | 8200 |
| 李南 | 李中根 | 李中根 | 121 | 1633 | 1964 | 8300 |
| 刘沟 | 王玉龙 | 王长宝 | 130 | 2180 | 5680 | 8500 |
| 苏宋 | 宋永昶 | 马景阳 | 153 | 2861 | 4376 | 8500 |
| 许季 | 吴彬昌 | 周元台 | 230 | 2133 | 2774 | 8500 |
| 草东 | 单祝祥 | 葛开志 | 145 | 2276 | 2938 | 8300 |
| 草西 | 王会屹 | 王益波 | 152 | 1935 | 2548 | 8500 |
| 黄花 | 沙志涛 | 沙志涛 | 131 | 1220 | 1239 | 8200 |
| 翟家 | 翟小祥 | 翟德昌 | 129 | 1278 | 1718 | 8300 |
| 黑高 | 季春雨 | 王传芳 | 135 | 2881 | 2312 | 8200 |
| 铁陈 | 李有专 | 李有专 | 85 | 956 | 1822 | 8200 |
| 天鹅 | 蒋定钟 | 邵　荣 | 232 | 2325 | 3012 | 8300 |
| 黄邳 | 王长荣 | 孙庆高 | 380 | 4603 | 6610 | 8500 |
| 陆家 | 李开琪 | 郭仁志 | 116 | 1344 | 1429 | 8200 |
| 兴健 | 王善勤 | 朱珍勇 | 177 | 2399 | 1808 | 8200 |

**【打造国家“AAAA”级景区】** 李中水上森林生态园区原是人工生态林基地，始建于20世纪80年代初期。总面积100公顷，其中林地面积70公顷，2010年新的李中水上森林景区总体开发建设规划，由江苏省交通规划设计院城市景观设计所规划设计，本次规划遵循“整体规划、尊重自然、突出重点、优化布局、开发运行”和体现整体协调统一、生态自然、因地制宜、人与生态自然相和谐的理念。规划的景区总面积约246公顷，共分为入口接待区、森林

水上森林

休闲村、水上游乐区、森林氧吧区、生态农业体验区和森林观光游览区等6个板块。其中核心景区面积100公顷,为水上森林游览观光区。于11月27日正式开工建设。整个景区建设共分三期工程组织实施,力争三年内打造成国家AAAA级景区。其中一期工程是建设核心景区,主要建设内容包括景区主入口广场建设(能同时容纳200辆大巴、200辆小型机动车停放的生态停车场),游客接待中心、商务会议中心、宾馆及餐饮中心以及休闲会所及水上运动中心和景观塔、游船等景区内部景点建设,总投资约5000万元。二期工程主要建设内容为森林休闲村和生态疗养健身区。三期工程主要建设生态农业体验区。项目总投资在2亿元以上。

**【村级目标精细化管理】** 李中镇在年初推行村级目标精细化管理,对村干部述职测评内容定型。通过调查研究,将落实村级年度工作目标管理责任制摆上重要位置,拟定村级制定年度工作目标管理责任制框架,要求各村根据自身实际和工作基础,认真制订全年工作目标和措施,主要内容有:经济社会发展目标,为民办实事项目,实施项目的具体时间、措施和责任人以及每个村干部分工分线、签订的目标责任书,提交党员、村民代表大会讨论通过,再由蹲村镇干部审核把关,报镇考核办审批后进行张榜公示。年终,村干部按照目标责任书逐项逐条述职,党员、村民代表依据镇反馈的日常工作检查验收的情况,对村干部所述职的内容进行测评。

**【建立信访考核机制】** 积极探索创新信访工作新机制,按照"抓基层、打基础、保稳定、促发展"的有效做法,完善镇、村干部信访稳定考核机制,把关注民生、平安创建作为稳定工作的重点来抓,健全群众工作网络体系和服务平台,推行"四定四包"、信访工作责任制和领导轮流接访、包村干部挂牌服务等有效机制,积极预防并妥善处置群体性、突发性事件,切实保障群众的合法权益,确保小事不出村、大事不出镇,全镇共排出民间纠纷315起,成功调处301起,成功率达95.6%。为全镇经济发展和社会稳定积极创造条件。

**【创建全面小康村】** 2010年,李中镇不断深化新农村建设成果,指导草东、草西两个村理清发展思路,制定当前和今后五年的经济社会发展规划,两村按照"生产发展、生活宽裕、乡风文明,村容整洁、管理民主"二十字新农村建设方针,筹资480余万元对村庄各主要道路进行硬化、绿化和亮化,先后建成沿河驳岸650米、农民休闲广场两处、健身广场2处、80米文化长廊、生活桥梁2座,配置垃圾池和垃圾箱,环境面貌焕然一新。两村建设定位准确、组织得力、特色突出、亮点较多、成效显著,均获市二等奖。

(马　松)

# 西　郊　镇

**【西郊镇概况】** 西郊镇地处兴化城郊,交通便捷,兴西公路、兴沙公路纵横全境,省设航道下官河、大溪河平行而过,东依环城公路,西接扬州高邮,建设中的西横线215县道、322省道在该镇腹地经过。这里民风淳朴、民俗风情浓郁,徐马荒湿地自然风光优美,有江苏"香格里拉"、"苏中沙家浜"之美誉。西郊镇辖17个行政村,210个村民小组,9805户,总人口2.9万人,总面积73.6平方公里,耕地面积3259公顷,林地面积1666.7公顷,养殖水面1667公顷。农业资源丰富,生态优势明显,森林覆盖率达22.8%,是"苏中意杨之乡"。

徐马荒景区

经济建设与发展　2010年,全镇当年实现地区生产总值5.82亿元,同比增长14%,其中,农业增加值1.9011亿元,工业增加值1.702亿元,三产增加值2.103亿元,同比分别增长9%、21%和14%;财政总收入4255万元,同比增长52.3%;全年实现工业产品销售收入16.75亿元,比上年增长28.3%;入库税收3772万元,比上年增49.3%。年内招商引资到账资金7980万元,现有规模型、成长型企业15家,其中10家企业利税超百万;建材工业集中区建设顺利推进,全年投入1500万元用于区内基础设施建设;服务业占GDP的比重加大;全镇农业机械化有力推广,农机化综合水平进一步提高,新增高效农业52公顷,累计达327.53公顷。

社会事业发展　年末有学校5所,教师总数184人,在校学生1133人,幼儿入园率为92.8%,中小学生入学率达100%,社教中心工作开展有序,被评为泰州市合格社教中心。年末有公立医院1家,医护人员85人,床位20张,村级卫生服务站17个,全镇有26738人参加农村新型合作医疗保险;社教、文化、体育、卫生等工作成绩显著,社区教育培训中心顺利通过泰州市级验收,文化站组队参加市龙舟大赛并夺得冠军,有线电视"进组入户"工程取得新突破,全年共新增580户,完成率列全市第一,农村卫生、饮用水安全有了很大改善,加紧实施二次改水工程,已完成30个自然村的村庄主管网改造任务。

富民工程实施 2010年,农民人均纯收入9627元,比上年增长10.9%。积极推广城乡一体化的城乡居民养老保险和医疗保险,参保率分别达95%和99%,医疗保险筹资工作获得市政府表彰。社区教育培训中心顺利通过泰州市级验收。平安创建活动深入开展,社会矛盾大调解机制日趋完善,政法综治工作中心正常运转,“法制乡镇”创建成为市一级示范点。

2010年主要经济社会指标

表97

| 指标名 | 单位 | 数值 |
|---|---|---|
| 总户数 | 户 | 9805 |
| 总人口 | 人 | 29135 |
| 乡镇从业人员数 | 人 | 19241 |
| 耕地面积 | 公顷 | 3259 |
| 地区生产总值 | 万元 | 58200 |
| 人均地区生产总值 | 元 | 26183 |
| 农业增加值 | 万元 | 19011 |
| 工业增加值 | 万元 | 17020 |
| 建筑业增加值 | 万元 | 1136 |
| 服务业增加值 | 万元 | 21033 |
| 生猪出栏 | 头 | 25122 |
| 家禽出栏 | 万羽 | 23 |
| 水产品产量 | 吨 | 13976 |
| 工业企业数 | 家 | 279 |
| 当年到账外引资金 | 万元 | 7980 |
| 工业销售收入 | 万元 | 167502 |
| 工业利税总额 | 万元 | 10560 |
| 预算内财政收入 | 万元 | 4255 |
| 一般预算收入 | 万元 | 1675 |
| 私营个体税收 | 万元 | 3772 |
| 居民储蓄存款余额 | 万元 | 34650 |
| 农民人均纯收入 | 元 | 9637 |
| 中小学校 | 所 | 5 |
| 在校学生 | 人 | 1133 |
| 在职教师 | 人 | 184 |
| 医院 | 所 | 1 |
| 卫生所(室) | 个 | 17 |

续表97

| 指标名 | 单位 | 数值 |
|---|---|---|
| 医生数 | 个 | 85 |
| 病床数 | 张 | 20 |
| 参加养老保险人数 | 人 | 17300 |
| 参加农村新型合作医疗人数 | 人 | 26583 |
| 享受居民最低生活保障人数 | 人 | 1292 |

2010年骨干企业基本情况

表98

| 企业名称 | 销售收入(万元) | 利税总额(万元) | 法定代表人 |
|---|---|---|---|
| 兴化市兴源铸钢公司 | 8465 | 405 | 卜正兴 |
| 兴化市三江食品公司 | 8361 | 560 | 魏加安 |
| 泰州市中亚木业公司 | 4882 | 480 | 徐建和 |
| 兴化市环城脱水机械厂 | 860 | 105 | 王善仪 |
| 金色江南金属材料厂 | 25490 | 1743 | 沈宝仁 |
| 戴园建材公司 | 9675 | 728 | 符仁俊 |
| 兴化市蓝盾家具公司 | 957 | 90 | 刘广进 |
| 如松植物油公司 | 4435 | 492 | 张如松 |
| 兴化市金宇机械厂 | 2730 | 245 | 刘　还 |
| 兴化市志峰商品混凝土公司 | 6490 | 515 | 刘俊银 |
| 泰州市泰发金属制品有限公司 | 7450 | 158 | 虞克丰 |
| 楚皇食品有限公司 | 930 | 70 | 董晓亚 |

各村基本情况

表99

| 村名 | 村支部书记 | 村委会主任 | 耕地面积(公顷) | 人口(人) | 工农业总产值(万元) | 农民人均纯收入(元) |
|---|---|---|---|---|---|---|
| 陈杨 | 王洪中 | 陈付棣 | 137 | 1674 | 3682 | 8727 |
| 金焦 | 戴永旺 | 戴永旺 | 77 | 1288 | 3620 | 8573 |
| 丁沙 | 沙广俊 | 丁玉林 | 195 | 1783 | 4801 | 9076 |
| 荡朱 | 付俊和 | 付俊和 | 153 | 1912 | 3284 | 8894 |
| 北沙 | 朱春信 | 陶　健 | 121 | 1678 | 4110 | 9506 |
| 徐圩 | 邵茂同 | 徐顺年 | 142 | 1803 | 3158 | 9254 |
| 马港 | 孙桂余 | 纪恩玉 | 249 | 1723 | 3858 | 9189 |

续表 99

| 村名 | 村支部书记 | 村委会主任 | 耕地面积(公顷) | 人口(人) | 工农业总产值(万元) | 农民人均纯收入(元) |
|---|---|---|---|---|---|---|
| 姜戴 | 付加桂 | 戴学健 | 228 | 1509 | 4255 | 10946 |
| 夏许 | 黄金道 | 周荣林 | 211 | 1780 | 3257 | 9025 |
| 侯管 | 邹会明 | 邹会明 | 144 | 1698 | 3411 | 9285 |
| 郑朱 | 刘仁鹏 | 刘瑞才 | 205 | 1673 | 3304 | 8771 |
| 刘联 | 高和斌 | 刘同友 | 142 | 1515 | 2885 | 8748 |
| 北兴 | 杨华桂 | 刘春付 | 124 | 1326 | 2902 | 9259 |
| 西郊 | 王启年 | 王启年 | 94 | 949 | 2461 | 8915 |
| 华南 | 刘仁良 | 刘仁良 | 203 | 2293 | 4423 | 8749 |
| 孙张 | 李银富 | 刘仁庐 | 195 | 1709 | 2893 | 8923 |
| 兴西 | 李祥均 | 单宝华 | 174 | 1489 | 3284 | 8733 |

**【高效农业】** 2010年,新增高效农业面积60公顷,其中兴禾、文政葡萄专业合作社新栽植葡萄11.33公顷,年末全镇高效农业面积达到327.53公顷,占耕地面积比重12.91%。重点实施葡萄农庄为主体的千亩核心区建设和西部特种水产品基地建设。葡萄农庄已成为泰州市农业龙头企业,正积极申报省级农业龙头企业。一禾西瓜、西郊哈密瓜、葡萄等瓜果实现规模化生产、品牌化经营、产业化运作,金花菜、黄日葵、百合等特种经济作物面积不断扩大,"太湖青虾一号"、南美白对虾、泥鳅等特种水产养殖业效益显著,全镇区域产业特色日益凸显。

**【镇村建设】** 按照"建设重点村、改善大环境"的工作思路,组织开展创建优美乡村活动,新农村建设扎实推进。2010年又申报6个小康示范村,全镇各行政村全部通过小康村的创建验收。突出兴沙线、兴西线、荡横线、集镇等为重点的综合环境整治,组织观摩示范村及召开全镇村庄环境整治动员大会,巩固成果,落实长效机制。镇区的垃圾处理、路面保洁和绿化养护等工作有明显成效。重点实施了6个自然村1150户的改厕工作,农村环境面貌有所改观。

(王长华)

# 周奋乡

**【周奋乡概况】** 以烈士英名命名的周奋乡,地处兴化市西北部,位于高邮、宝应、兴化三市县交界处。全乡区域面积57.3平方公里,耕地面积2524公顷,养殖水面1635公顷。下辖10个行政村1个居委会,总人口2.8万人,其中非农人口1690人。乡政府驻地李中河开发区,距市区26公里,主河道为子婴河、李中河、下官河,陆上临沙公路、兴沙公路穿境而过。境内河湖纵横,水网密布,气候宜人,空气清新,水土无污染,自然条件十分优越,水面资源得天独厚,建有"特水混养基地"、家禽养殖基地、万亩"双低"油菜种植基地、万亩河藕种植基地和"无公害优质大米、蔬菜生产基地",是全市重要的水产品生产基地,也是粮食、油料、蔬菜、畜禽的集中产区,农副产品资源十分丰富,素有"鱼米之乡"的美称。

经济建设与发展 2010年全乡实现地区生产总值2.16亿元,比上年增长9.8%,农民人均纯收入7885元,比上年增长14.3%,财政收入实现1014万元,比上年增长46%,一般预算收入350万元,比上年增长32%,近年来,全乡紧扣"打造生态农业、建设绿色周奋"方略,大力发展意杨产业,林木总数突破90万株,成片造林1002公顷,森林绿化覆盖率达26.7%,通过泰州市"小康绿化"乡镇达标验收,年内新组建周奋"金荡粮食"、"农喜植保"2个专业合作社,稻麦良种实现全覆盖,农机化综合水平达到90%,新增高效农业215公顷,设施农业58公顷,建设高标准农田80公顷,新发展特色农业基地4家。粮食和水产品总量达到15690吨和2210吨。强力推进工业经济和劳务经济,加大招商力度,个私经济蓬勃发展,呈现出喜人的局面,4月通过"飞地"方式招引投资的8500万元泰州欧泰机械铸造有限公司落户市昭阳四区,征地2.53公顷,注册资本1700万元,一期工程建设投入4000万元左右,主要从事机械配件的精密铸造和加工。全乡现拥有"泰州市欧克尔粉末合金制造"、"庆祥鞋业"、"兴亚电工器材"、"鸿腾制衣"等大小44个企业,产品涉及服装、鞋帽、电子、增压器配件等几大门类,上百个产品。"打工经济"成为农民致富的支柱产业,劳务输出呈现出专业化、规模化、区域化"三化"趋势,并初步形成以东部崔垛、斜沟的熟食餐饮、中部时堡的增压器销售、西部孙留的建筑装潢这三支主流队伍,从业人员5900多人,占全乡外出务工人员的一半以上。

社会事业发展 基础设施不断完善,社会事业协调发展,年末有学校6所,师生总数1273人,有医院1家,社区卫生服务站4个,全年共投入800万元用于实事工程建设,全乡浚深河道28条,总长17.8公里,加修联圩9600米,完成崔二圩、子北西圩孙留段、子南东圩圩堤的加修,新建农桥6座、交通桥1座,排涝站1座,圩口闸2座,兴建硬质化道路2100米,驳岸工程1300米,栽植绿化物5500多株,安装路灯80盏,兴建公厕30座,加快农村管网改造,完成"二次改水"工程。

富民工程实施 推进"全面小康村"建设。对三界、仲南、仲北、时堡4个小康试点村开展村庄环境整治。建成10个行政村文化活动室,实现农家书屋全覆盖,新增3处农民娱乐健身点。社保扩面工作扎实推进,社会参保率达99%,有1680人享受老年人补贴,新增就业岗位1230个,对115人进行挂钩帮扶和推荐就业,为676名五保、低保户落实最低生活保障。

2010年主要经济社会指标

表100

| 指标名 | 单位 | 数值 |
|---|---|---|
| 总户数 | 户 | 8106 |
| 总人口 | 人 | 27856 |
| 乡镇从业人员数 | 人 | 12117 |
| 耕地面积 | 公顷 | 2524 |
| 地区生产总值 | 万元 | 21655 |
| 人均地区生产总值 | 元 | 12038 |
| 农业增加值 | 万元 | 1320 |
| 工业增加值 | 万元 | 1475 |
| 建筑业增加值 | 万元 | 800 |
| 服务业增加值 | 万元 | 6151 |
| 生猪出栏 | 头 | 6355 |
| 家禽出栏 | 万羽 | 48.7 |
| 水产品产量 | 吨 | 7802 |
| 工业企业数 | 家 | 44 |
| 当年到账外引资金 | 万元 | 360 |
| 工业销售收入 | 万元 | 13158 |
| 工业利税总额 | 万元 | 655 |
| 预算内财政收入 | 万元 | 1014 |
| 一般预算收入 | 万元 | 343.4 |
| 私营个体税收 | 万元 | 235 |
| 居民储蓄存款余额 | 万元 | 166680 |
| 农民人均纯收入 | 元 | 7885 |
| 中小学校 | 所 | 5 |
| 在校学生 | 人 | 1121 |
| 在职教师 | 人 | 152 |
| 医院 | 所 | 1 |
| 卫生所(室) | 个 | 7 |
| 医生数 | 个 | 52 |
| 病床数 | 张 | 15 |
| 参加养老保险人数 | 人 | 10270 |

续表100

| 指标名 | 单位 | 数值 |
|---|---|---|
| 参加农村新型合作医疗人数 | 人 | 24240 |
| 享受居民最低生活保障人数 | 人 | 667 |

各村基本情况

表101

| 村名 | 村支部书记 | 村委会主任 | 耕地面积(公顷) | 人口(人) | 工农业总产值(万元) | 农民人均纯收入(元) |
|---|---|---|---|---|---|---|
| 崔一 | 陈大勇 | 陈大勇 | 160.5 | 1966 | 1018 | 7170 |
| 崔二 | 杨　勇 | 杨　勇 | 102 | 1599 | 1855.7 | 6320 |
| 崔三 | 王志勇 | 王志勇 | 114.9 | 1398 | 2046.4 | 7239 |
| 崔四 | 金鸿斌 | 王柏全 | 169.5 | 1967 | 2188.1 | 7177 |
| 斜沟 | 严玉海 | 吕志杰 | 152.6 | 2771 | 1829.4 | 6811 |
| 付堡 | 乔秀满 | 付炳仁 | 157.5 | 1863 | 2096.9 | 7385 |
| 时堡 | 赵堂坚 | 赵堂坚 | 392 | 5531 | 8843.9 | 8150 |
| 仲南 | 陈万兴 | 王红妹 | 292.6 | 3345 | 4858.5 | 8160 |
| 仲北 | 林国宏 | 周　鑫 | 251.5 | 2972 | 5539.5 | 8200 |
| 三界 | 刘生会 | 张广义 | 280.6 | 2893 | 5023.7 | 8120 |
| 集镇 | | 张志标 | | 1551 | 2210 | 7885 |

**【劳动模范王红妹】** 仲南村仲三责任区支书王红妹工作10多年来,勤勤恳恳、兢兢业业,并坚持十年如一日照顾痴呆的婆婆和残疾的小叔,在当地被传为美谈,她继上年被市表彰为感动"泰州十大新闻人物、泰州市孝亲之星"后,4月,再次当选为泰州市劳动模范。

**【农民艺术节】** 利用传统的两个庙会,由乡文化站牵头,指导农民由带有迷信色彩的传统方式向现代文艺活动过

农民庙会

渡，以现实生活中身边人和事编排成群众喜闻乐见的文艺节目,寓教于乐,丰富群众的文化生活,宣传党的方针政策,加强思想道德建设,把庙会办成农民艺术节。真正让群众做到寓教于乐,前来赶会的群众近10万人次。

**【泰州军分区慰问】** 5月,泰州军分区来仲寨希望小学慰问,看望挂钩贫困的学生,给孩子们送来节日礼物,捐赠近1000册图书,援助资金4万元。几年来,泰州军分区累计投资40多万元建一幢教学楼,一座水冲式厕所,捐赠2000多册图书,建起微机房、实验室、音乐室、美术室等,并先后资助29名贫困生。 (张志标)

# 中堡镇

**【中堡镇概况】** 地处兴化市西北部生态湿地核心保护区中堡镇,镇域总面积84.1平方公里,辖13个行政村,1个居委会,205个村民小组,境内湖泊水面资源丰富,现拥有水产养殖面积3333.3公顷,各类水产品年上市总量近2万吨,列泰州市各乡镇之首。大兴金公路贯穿全镇,兴泰公路扩建北延至镇内,水陆交通十分便捷。大纵湖生态养殖保护区,生态环境优美,自然风光独特,为兴化市市级风景名胜区。

经济建设与发展　全年实现地区生产总值46805万元,比上年增长15%,占市交任务104%。其中农业增加值23575万元，工业增加值6985万元，建筑业增加值3140万元，服务业增加值13000万元，分别比上年增长15%、20%、12%和13%。实现财政收入1597万元,比上年增长60.3%,占市交目标的133%,其中一般预算收入735万元,比上年增长59%,占市交目标的113%。全年共招引项目5个,完成招商引资2200万元;工业技改投入8100万元，比上年增长32.7%；全社会固定资产投资15000万元,比上年增长31.5%;工业企业开票销售4500万元,比上年增长15.4%;农民人均纯收入9056元,比上年增长13.2%,全镇各业经济保持平稳较快发展,各项指标均比“十五”期末有较大幅度增长。交通建设取得新进展,兴泰公路顺利北延,大兴金穿境而过,全镇所有主要对外通道均达二级化以上。工业经济继续保持较快发展,新矿山液压机械厂、永鑫食品有限公司等企业发展迅速。全年新增农民专业合作社2家，高效规模农业增加133.33公顷以上。

社会事业发展　年末，有学校6所，教师总数155人,在校学生1280人,有医院1家、卫生室15所,医生总数达80人,床位80张。投资近500万元新建一座泰州市级幼儿园,招引资金1200元,新建农贸市场一座。全年新增绿地总面积超过5000平方米，建成小康示范村2个。镇世代服务中心正常运转，全镇所有自然村实现出行公交化,二次改水完成村内管网铺设。圩堤加修目标全面完成,总长超过1000米;新建1座圩口闸和1座排涝站;对5条行洪河道9处障碍进行清理;上官河东皋段驳岸改造顺利完成。农村改厕工作通过验收,集镇垃圾填埋场正式启用,中庄花园二期工程顺利建成。大纵湖综合整治,退渔还湖、生态修复工作正式启动。

富民工程实施　全镇农民人均纯收入达9056元,比上年增长12%。市镇两级发放各种惠农补贴621.38万元。社会养老保险工作扎实推进，全年新增加保险人员12000人,实现全覆盖。中心敬老院常驻老人超过80人,全镇60岁以上老人全部领取高龄补贴。全镇所有农户均参加医疗保险,有246名参保对象获得大病风险补偿,补偿金额66.45万元。慰问各类贫困对象420户,发放慰问金17.4万元。为55户贫困户落实最低生活保障。

**2010年主要经济社会指标**

**表**102

| 指标名 | 单位 | 数值 |
|---|---|---|
| 总户数 | 户 | 11222 |
| 总人口 | 人 | 34933 |
| 乡镇从业人员数 | 人 | 14441 |
| 耕地面积 | 公顷 | 2835 |
| 地区生产总值 | 万元 | 46805 |
| 人均地区生产总值 | 元 | 21226 |
| 农业增加值 | 万元 | 23575 |
| 工业增加值 | 万元 | 6985 |
| 建筑业增加值 | 万元 | 3140 |
| 服务业增加值 | 万元 | 13000 |
| 生猪出栏 | 头 | 5136 |
| 家禽出栏 | 万羽 | 20.15 |
| 水产品产量 | 吨 | 16966 |
| 工业企业数 | 家 | 117 |
| 当年到账外引资金 | 万元 | 2200 |
| 工业销售收入 | 万元 | 42078 |
| 工业利税总额 | 万元 | 5960 |
| 预算内财政收入 | 万元 | 1597 |
| 一般预算收入 | 万元 | 776.96 |
| 私营个体税收 | 万元 | 320 |
| 居民储蓄存款余额 | 万元 | 8510 |
| 农民人均纯收入 | 元 | 9056 |

续表 102

| 指标名 | 单位 | 数值 |
|---|---|---|
| 中小学校 | 所 | 6 |
| 在校学生 | 人 | 1280 |
| 在职教师 | 人 | 155 |
| 医院 | 所 | 1 |
| 卫生所(室) | 个 | 15 |
| 医生数 | 个 | 70 |
| 病床数 | 张 | 80 |
| 参加养老保险人数 | 人 | 16525 |
| 参加农村新型合作医疗人数 | 人 | 30942 |
| 享受居民最低生活保障人数 | 人 | 1174 |

2010年骨干企业基本情况

表 103

| 企 业 名 称 | 销售收入(万元) | 利税总额(万元) | 法定代表人 |
|---|---|---|---|
| 兴化市永鑫食品有限公司 | 5698 | 870.2 | 张永宽 |
| 兴化市双湖矿山液压机械厂 | 1911.5 | 319.5 | 李锦山 |

各村基本情况

表 104

| 村名 | 村支部书记 | 村委会主任 | 耕地面积(公顷) | 人口(人) | 工农业总产值(万元) | 农民人均纯收入(元) |
|---|---|---|---|---|---|---|
| 戚家 | 张国喜 | 周广丰 | 345.3 | 3530 | 5490 | 7287 |
| 东皋 | 陆照方 | 沈加明 | 188.7 | 1730 | 2321.6 | 8700 |
| 朱野 | 朱兆存 | | 167.53 | 1720 | 2211 | 8384 |
| 夏李 | 王如林 | | 136.1 | 1530 | 2452.2 | 8400 |
| 陆家甸 | 王金才 | | 130.5 | 1952 | 4825 | 9179 |
| 沙湾 | 钮世桂 | 张殿来 | 136.6 | 1510 | 3096.4 | 8615 |
| 长安庄 | 张启书 | 徐金江 | 361.9 | 3450 | 5909.1 | 9341 |
| 西孤 | 房广照 | 房德监 | 209.1 | 2408 | 4889 | 9505 |
| 东荡庄 | 房桂道 | 顾传健 | 190.7 | 1701 | 2289 | 9024 |
| 夏宏 | 王武明 | 何鹤华 | 160.7 | 1597 | 4485 | 9607 |
| 中堡 | 钟　翔 | 王业坤 | 487.3 | 5110 | 7842.3 | 8507 |
| 龙江 | 张长杰 | 沈春余 | 429.1 | 3993 | 8873 | 9608 |
| 水产 | 宗桂华 | 陈加剑 | 93.4 | 1115 | 1163.2 | 8600 |

**【大纵湖生态修复工作全面启动】** 大纵湖是我市西北部乡镇的母亲湖，是里下河地区重要的湖泊，它在水利调节、生态平衡，包括水产、水利方面具有十分重要的意义。根据常委市长联席会议精神，为修复好大纵湖的生态，中堡镇制定较为详细的大纵湖修复计划。整治共分三步实施：第一步为生态修复，第二步为生态养殖，第三步为生态旅游。力争通过一年时间的综合整治，把大纵湖的生态恢复到20世纪80年代的水平。

**【中堡镇党委荣获四星级党委】** 2010年，中堡镇党委把以“五好五带头”为重点的争先创优活动作为全年党建工作的中心，努力在立足岗位争先进上下工夫，收到较好效果。镇党委在一系列的党建活动中，带头树样子、做表率，在广大人民群众中树立起丰碑形象，得到上级党委及全镇人民的赞誉，荣获2010年度四星级党委。

**【投资500万建设中心幼儿园】** 3月，中堡镇出资500万元建现代化的中心幼儿园。中堡镇原有13个幼儿园，其中，12个是家庭式的私立幼儿园，13家幼儿园都不合格，既不安全，又易贻误幼儿学前的智力开发和身心发展。为确保广大幼儿的身心健康，让所有幼儿都能享受优质学前教育，镇党委、政府在充分调研的前提下，整合资源，由政府出资500万元新建一座现代化的中心幼儿园，将全镇幼儿集中到中心园就读，既保证孩子的安全，又促进幼儿身心发展。

**【小康示范村创建再获佳绩】** 围绕小康示范村创建开展工作，重点突出镇村环境综合整治，打造新型宜居集镇。对重点村陆家甸村，镇里专门建立创建指挥部和工作小组，明确职责分工，任务到人，通过集中突击整治和分段实施，共拆除违章建筑32处、猪圈77间、草堆125个，浇筑硬质路面2600平方米，平填臭水沟4个、计980平方米，植树3000株、新增绿地面积2500平方米，累计投入资金120余万元。陆家甸村在全市环境优美乡村创建评比中获得西北大片一等奖。镇党委荣获“小康示范村”创建先进乡镇。

**【中庄花园二期工程顺利完工】** 通过招商引资建设的中庄花园二期工程顺利完工，总建筑面积超过20000平方米。花园城集住房、商贸等功能为一体，可入住住户超过150户，带动经济消费十分可观。中庄花园城的建成，标志中堡镇的小城镇建设迈上一个新台阶。 （卞殿荣）

## 缸 顾 乡

**【缸顾乡概况】** 千岛菜花之乡——缸顾，地处兴化市西北部,两湖两河环抱,省二级大兴金公路穿境而过。全乡总面积48平方公里,其中耕地面积1258公顷,水面2000公顷,辖8个行政村,1个社区居委会。年末,全乡总户数6744户,总人口21191人,全年实现地区总产值32385万元,比上年增14.4%,人均生产总值28631元,完成财政收入1449万元,其中一般地方预算收入852万元,分别比上年增长31.2%和34.1%,全年化解乡村债务200余万元,被兴化市政府列为西北部湿地保护乡镇。

经济建设与发展　坚持发展第一要务,招商引资第一要着不动摇,发挥政策优势,大力开展招商引资活动,组织开展招商引资百日赛活动,一批企业先后招引落户,2010年实现工业产值5.51亿元,较上年增长28.4%。充分发挥农业资源优势,继续走建基地、创特色、树品牌、产业化、合作社发展之路,流转土地30公顷新增葡萄园产业项目;兴罗桑蚕合作社初具规模,并成功申报省农业开发项目;坚持湿地保护与开发相结合的策略,以独特的千岛菜花为依托,成功举办中国兴化第二届千岛菜花旅游节,推动全乡三产的升级发展。

社会事业发展　规范医疗机构管理,完善社区卫生服务网络,规范建立农村卫生服务室8个;优化教育布局,实施教师竞争上岗,2010年评审为泰州市优质幼儿园、泰州市社区教育中心。健全社会治安“大防控”体系,全乡安装防盗防控探头23处,校园监控探头11处,缸顾警务室被省厅命名为一级警务室。2010年,房石水、夏广、万旺三个村全面实施小康村创建活动,通过市级综合奖验收;乡政府加速与缸顾村的连接,开发建设新世纪花园南侧空地;各村全面建成农家书屋,图书阅览室正常对外开放,依法圆满完成村两委会换届选举。

富民工程实施　全乡农民人均纯收入9028元,比上年增10.2%。按照年初“两会”通过的为民办实事方案,投入资金300多万元,6件为民办实事项目全部按计划实施到位,并实现乡南公路拓宽黑色化,对大兴金公路集镇区实施高品位亮化工程。足额发放各类涉农惠农补贴225.93万元,慰问各类贫困对象154户,发放慰问救助金35.6万元,为654户低保、低保边缘户落实最低生活保障;年末新型合作医疗参保率达99%,社会养老保险参保率达70%以上,2362人享受老年人养老保险待遇。

2010年主要经济社会指标

表105

| 指标名 | 单位 | 数值 |
|---|---|---|
| 总户数 | 户 | 6744 |
| 总人口 | 人 | 21191 |
| 乡镇从业人员数 | 人 | 9615 |
| 耕地面积 | 公顷 | 1258 |

续表105

| 指标名 | 单位 | 数值 |
|---|---|---|
| 地区生产总值 | 万元 | 32385 |
| 人均地区生产总值 | 元 | 28631 |
| 农业增加值 | 万元 | 10350 |
| 工业增加值 | 万元 | 6615 |
| 建筑业增加值 | 万元 | 2250 |
| 服务业增加值 | 万元 | 11050 |
| 生猪出栏 | 头 | 6785 |
| 家禽出栏 | 万羽 | 18 |
| 水产品产量 | 吨 | 12790 |
| 工业企业数 | 家 | 143 |
| 当年到账外引资金 | 万元 | — |
| 工业销售收入 | 万元 | 54000 |
| 工业利税总额 | 万元 | 4796 |
| 预算内财政收入 | 万元 | 1449 |
| 一般预算收入 | 万元 | 852 |
| 私营个体税收 | 万元 | — |
| 居民储蓄存款余额 | 万元 | 6800 |
| 农民人均纯收入 | 元 | 9029 |
| 中小学校 | 所 | 2 |
| 在校学生 | 人 | 775 |
| 在职教师 | 人 | 98 |
| 医院 | 所 | 1 |
| 卫生所(室) | 个 | 8 |
| 医生数 | 个 | 20 |
| 病床数 | 张 | 38 |
| 参加养老保险人数 | 人 | 8408 |
| 参加农村新型合作医疗人数 | 人 | 21072 |
| 享受居民最低生活保障人数 | 人 | 808 |

2010年骨干企业基本情况

表106

| 企业名称 | 销售收入(万元) | 利税总额(万元) | 法定代表人 |
|---|---|---|---|
| 兴化市楚水绢纺有限公司 | 23000 | 2760 | 戴保发 |
| 兴化市绝缘材料厂 | 2300 | 276 | 魏传兴 |
| 兴化市威隆食品有限公司 | 2800 | 336 | 金保安 |
| 兴化市千岛菜花油脂有限公司 | 2900 | 348 | 胡可天 |

各村基本情况

表 107

| 村名 | 村支部书记 | 村委会主任 | 耕地面积（公顷） | 人口（人） | 工农业总产值（万元） | 农民人均纯收入（元） |
|---|---|---|---|---|---|---|
| 缸顾 | 袁中林 | 范雪祥 | 464 | 5964 | 17129 | 8953 |
| 房石水 | 顾世洪 | | 108 | 1882 | 3248 | 8773 |
| 瞿冯 | 陆钦亮 | 沙晓凤 | 154 | 2192 | 5696 | 9180 |
| 夏广 | 葛根兴 | 葛根兴 | 88 | 1383 | 2468 | 8785 |
| 东罗 | 罗保田 | 罗保田 | 143 | 2363 | 6818 | 9418 |
| 仲家 | 陆正国 | 陆正国 | 78 | 1092 | 2648 | 9030 |
| 东旺 | 陈中斌 | 蒋传春 | 130 | 4291 | 5790 | 9154 |
| 西旺 | 蔡道鹏 | 袁金国 | 93 | 1583 | 1779 | 8700 |

**【农家果蔬产业】** 发挥农业资源优势，继续走建基地、创特色、树品牌、产业化、合作社发展路子，流转土地 30 公顷新建千岛果园、葡萄园项目，增设钓鱼休闲、农家土灶餐饮等项目，实现高效、设施、休闲于一体。

**【放大千岛菜花旅游效应】** 坚持湿地保护与开发相结合的策略，以独特的千岛菜花为依托，以千岛菜花旅游服务公司为龙头，加大延伸木栈道，新建船舫、索桥，增加游船、游乐设施等项目投入，不断完善景区服务接待功能，举办中国兴化千岛菜花旅游节，吸引海内外游客观光旅游。

**【小康示范村创建】** 房石水、夏广、万旺三个村开展全面达小康示范创建活动，全方位集中整治村庄环境，实施巷道硬化、水面洁化、村庄绿化、亮化、美化等工程，年终通过市级综合奖验收。（蔡道鹏）

## 西 鲍 乡

**【西鲍乡概况】** 西鲍乡位于兴化城区北郊，南与风景秀丽的乌巾荡公园和古刹上方寺毗邻，北与“千岛菜花”旅游胜地接壤。兴泰公路和省道 233 纵横全境，省级航道上、下官河纵贯南北，白涂河、海沟河、建口线横穿东西，交通便捷，区位优势独特，已融入城市规划区。全乡总面积 53 平方公里，2800 公顷耕地，800 公顷水面滩涂，下辖 17 个行政村，1 个居委会。年末，全乡总户数 9840 户，人口 28755 人，其中非农人口 1615 人。全年实现地区生产总值 28235 万元，比上年增 11%，其中一、二、三产业增加值分别为 12146 万元、5853 万元和 10236 万元。人均地区生产总值 11478 元。完成财政收入 5629 万元，其中地方一般预算收入 1165 万元，分别比上年增 306.4% 和 87%。完成全社会固定资产投入 1.33 亿元，比上年增 47%。

*经济建设与发展* 全年实现工业产品销售收入 3.42 亿元，比上年增 26.7%。年末有工业企业 50 多家，其中销售收入超千万元企业 11 家。积极应对土地政策的调整，盘活现有土地存量资产，规划利用原废品市场土地，破解工业用地难题，加快北贺、窦家两个工业集中区基础设施建设。利用兴泰公路北延、兴西公路、S233 公路以及城郊优势，制定优惠扶持政策，引导各村通过土地有序流转、组建专业合作社、典型示范带动，建立农业型企业原材料种植基地等措施，引进本地和外地资本投资种植业、养殖业和观光农业，以高效种养业的路径推动高效农业发展。全年实现农业总产值 2.17 亿元，粮食和水产品总产量分别达到 39189 吨和 2514 吨。

*社会事业发展* 年末，有学校 5 所，教师总数 158 人，在校学生 1135 人。有医院 1 家，社区卫生服务站 1 家，世代服务中心 1 家，17 家村级卫生卫生所。全乡 17 个行政村都建成“农家书屋”和体育健身场所。完成全乡村内自来水管网改造；启动万顷良田建设工程，获得项目批准；完成便民服务大厅前期报审工作；落实西鲍与兴泰公路连接线规划申报工作；完成农村户改厕示范村工程。投入 60 多万元，完成兴西路全线亮化工程。浚深河道 19 条，总长 21 公里，土方 18.7 万立方米；加修联圩 5.1 公里，土方 4.5 万立方米，修建圩口闸 3 座，新建农桥 6 座，改建危桥 4 座。结合市菜花节沿线工程建设，拓宽改造周韩公路，对巾荡路、新民路、陆鸭路、新陆路进行公交化改造。

*富民工程实施* 全乡农民人均纯收入 7720 元，比上年增 14%。社保扩面工作扎实推进，新增农村养老参保人数 8000 多人，累计近万人。“五保”、低保应保尽保。培训劳动力 570 人，新增劳务输出 420 人。截至年底，全乡外出务工人员达 10000 多人，占劳动力总数的 68%，全乡劳务收入达 1 亿元，对农民人均纯收入的贡献达 44.2 %。以餐饮、家政、加工、搬运等为特色的初级服务业正在不断发展壮大。

2010年主要经济社会指标

表 108

| 指标名 | 单位 | 数值 |
|---|---|---|
| 总户数 | 户 | 9840 |
| 总人口 | 人 | 28755 |
| 乡镇从业人员数 | 人 | 16765 |
| 耕地面积 | 公顷 | 2946 |
| 地区生产总值 | 万元 | 28235 |

续表 108

| 指标名 | 单位 | 数值 |
|---|---|---|
| 人均地区生产总值 | 元 | 11478 |
| 农业增加值 | 万元 | 12146 |
| 工业增加值 | 万元 | 3335 |
| 建筑业增加值 | 万元 | 2518 |
| 服务业增加值 | 万元 | 10236 |
| 生猪出栏 | 头 | 8500 |
| 家禽出栏 | 万羽 | 19 |
| 水产品产量 | 吨 | 4425 |
| 工业企业数 | 家 | 51 |
| 当年到账外引资金 | 万元 | 3000 |
| 工业销售收入 | 万元 | 34245 |
| 工业利税总额 | 万元 | 2014 |
| 预算内财政收入 | 万元 | 1181 |
| 一般预算收入 | 万元 | 1165 |
| 私营个体税收 | 万元 | 293 |
| 居民储蓄存款余额 | 万元 | 16334 |
| 农民人均纯收入 | 元 | 7720 |
| 中小学校 | 所 | 5 |
| 在校学生 | 人 | 1135 |
| 在职教师 | 人 | 158 |
| 医院 | 所 | 1 |
| 卫生所(室) | 个 | 17 |
| 医生数 | 个 | 26 |
| 病床数 | 张 | 10 |
| 参加养老保险人数 | 人 | 9800 |
| 参加农村新型合作医疗人数 | 人 | 26292 |
| 享受居民最低生活保障人数 | 人 | 519 |

**2010年骨干企业基本情况**

表 109

| 企业名称 | 销售收入(万元) | 利税总额(万元) | 法定代表人 |
|---|---|---|---|
| 兴化隆城渔具有限公司 | 2769 | 145 | 广冈利彦 |
| 兴化市恒大混凝土有限公司 | 2400 | 180 | 王劲松 |

**各村基本情况**

表 110

| 村名 | 村支部书记 | 村委会主任 | 耕地面积(公顷) | 人口(人) | 工农业总产值(万元) | 农民人均纯收入(元) |
|---|---|---|---|---|---|---|
| 牛陆 | 鲍　枫 | 金明佐 | 199 | 1624 | 968 | 7146 |
| 肖垛 | 梅广利 | 梅广利 | 132 | 1404 | 870 | 8067 |
| 胡杨 | 胡泽琪 | 胡泽琪 | 132 | 1608 | 1588 | 6865 |
| 西鲍 | 范月平 | 范月平 | 340 | 3511 | 5526 | 7820 |
| 张舍 | 洪大安 | 唐明祥 | 94 | 1092 | 947 | 8106 |
| 沙陆 | 刘进富 | 刘进富 | 92 | 1144 | 2278 | 7022 |
| 窦泊 | 窦柏杨 | 窦发荣 | 102 | 1212 | 6722 | 7500 |
| 新王 | 王长广 | 王长广 | 93 | 999 | 496 | 8607 |
| 新民 | 王祯才 | 王祯才 | 110 | 1312 | 987 | 8212 |
| 北贺 | 夏永东 | 夏永东 | 110 | 1324 | 6633 | 8104 |
| 高垛 | 舒永喻 | 马本华 | 85 | 1461 | 4592 | 8100 |
| 平旺 | 袁江华 | 徐小平 | 230 | 2781 | 14152 | 7328 |
| 陆鸭 | 陆庆文 | 陆庆文 | 104 | 1013 | 2193 | 8301 |
| 周家 | 周庆泉 | 周庆泉 | 145 | 1484 | 1160 | 7508 |
| 韩家 | 韩先浪 | 韩先浪 | 168 | 1915 | 2512 | 8655 |
| 朱家 | 朱华玉 | 朱华玉 | 180 | 2149 | 1190 | 7230 |
| 巾荡 | 黄卫文 | 张美付 | 209 | 2563 | 1011 | 7544 |

**【原废品市场整治】** 为推进城郊环境综合整治,彻底消除原废品市场安全和环境污染隐患,加快原废品市场地区的经济社会发展,在2009年拆除原废品市场西区的基础上,今年对废品市场东区和北区进行全面拆除,同时做好市场土地平整和规划利用,并对前期市场西区拆除后出让的土地依法进行挂牌出让,扬中市华晟置业有限公司成功获得8公顷土地的出让权,用于商住楼的建设。该项目落户对于提升地区竞争力,改善农民居住环境,发展当地经济具有十分重要意义。

**【兴西公路全线亮化】** 西鲍乡地处城郊,是传统的农民工输出之乡,进城务工人员较多。进出城区主要道路的兴西路,长期没有安装路灯,给夜行的农民工带来很多不便,也增加交通安全隐患。为改善兴西公路的交通环境,方便群众的出行,提升对外形象,西鲍乡对兴西公路全面实施亮化。在做好前期材料采购的基础上,各部门倾力配合,沿线各村配合亮化工程的实施,组织人员开挖好线路埋设沟;乡农路办工作人员积极做好路灯架设施工的安全工作；供电所工作人员克服气温高、施工难度大的困难，利用近1个多月的工作日，做好线路的连接和路灯调试工作。

【调整结构促招商】 废品市场关闭取缔后，对工业经济造成一定的影响，西鲍乡及时调整招商思路，放弃高污染、规模小、效益低的废旧橡塑行业，主攻无污染、规模大、市场前景好的优质项目，优化工业经济结构促招商。该乡把招商引资的方向放在原市场业主转产和外地客商两个方面，引导本地有一定实力的业主加快转型，在经过市环保部门严格的"环评"认证的基础上，新上塑料制品项目，乡招商办认真做好调查摸底，强化跟踪服务，实行一站式服务，对需要转产的业主帮助办理各项手续、负责矛盾协调，解决土地征用等问题。同时通过以商招商的方式，强化亲情招商，服务招商，招引更多的外地客商到西鲍投资创业。通过流转土地，挂牌出让，对工业集中区规模进行适度扩容，投入一定的资金加快道路、桥梁、水电的配套，让签约项目尽快落户，夯实工业基础，培植新的经济增长点。

【劳动力培训】 推进培训内容多样化。结合本乡实际，认真制订农民劳动力培训年度工作计划，在内容上紧贴本乡企业和市场，丰富培训内容，并实施"订单式"、"套餐式"培训，提高农民就业本领。推进培训方式多样化。该乡创新培训方式，在劳服所牵头下，组织本乡企业有一定技术的师傅和市培训老师开展送技能到企业、到农村、到基层活动，通过技能培训，提高缺少劳动技能农民工的就业能力，提高外来劳务工的就业技能，提高边缘就业农民以及残疾人就业技能。推进培训工作实效化。该乡将推进培训工作实效化作为工作的重点，主动与本乡企业对接，了解企业劳务需求，开展专题培训活动。结合本乡及周边蔬菜脱水厂、渔具加工厂、服装加工厂等较多的实际，主讲相关劳动技能，使农民了解生产关键环节，掌握生产技能。推进培训工作制度化。该乡把培训工作纳入年度考核，与其他工作同实施、同推进、同考核。按照培训工作的计划要求，适时开展督查工作，对部分村、单位组织不力，提出整改意见，确保农民培训工作制度化、常规化。

（林中健）

## 城 东 镇

【城东镇概况】 城东镇地处兴化城东郊，辖16个行政村，172个村民小组，1个居委会，2个市级养殖场，1个市级脱水果蔬产业园，9386户，30451人，总面积55.2平方公里。2010年实现地区生产总值4.67亿元，比上年增长16.1%，其中一、二、三产业增加值分别为1.75亿元、1.82亿元和1.10亿元，分别比上年增长8.9%、23.2%和17.5%。全社会固定资产投资1.55亿元，增长7%。完成财政收入3170万元，增长31%，其中一般预算收入1239亿元，增长28.7%。农民人均纯收入8971元，增长12%。被市委、市政府表彰为"发展速度进位乡镇"。

经济建设与发展 全年完成经济总收入25.95亿元，实现总产值12.04亿元，比上年增长28.7%，工业产品销售收入11.81亿元，比上年增长27.9%；税收2780万元，比上年增长25.9%。年末有工业企业57家，其中6家销售收入超4000万元，1家超亿元，2家超7000万元。全年完成技改投入1.19亿元，比上年增长33.9%。农业经济特色明显，实现农业增加值1.75亿元。通过调整优化农业结构，大力发展现代高效农业，农业经济稳步发展，新增高效农业面积4000公顷，新增农民专业合作社6家，建成钱戴村20公顷绿泉果蔬合作社。全镇现有666.67公顷绿色无公害蔬菜基地、333.33公顷蟹田无公害大米生产基地、2万头二元瘦肉型生猪养殖基地、1533公顷鱼虾蟹立体种养基地、500头奶牛养殖基地、100万只菜鹅养殖基地、10万只菜鸡养殖基地、66.67公顷林果基地等八大基地，形成优化组合的绿色板块。大力推行农业标准化生产，放大"隆康"生猪、"康太"奶牛、"羽富"菜鹅、"水浒"牌大闸蟹的知名度不断提高。蔬菜、畜牧、水产等特色产业的规模、质量、效应得到较大提升。完成2000公顷高标准农田建设规划和万亩高标准粮田项目规划。"隆康"牌猪肉被中国绿色食品发展中心授予"绿色食品"称号，全省仅此一家。全年实现农业总产值3.02亿元，粮食和水产品总产量分别达到26350吨和8310吨。充分发挥区位优势、城郊优势、产业优势，打造服务业新亮点。继续发展餐饮业、建筑、运输，大力发展房地产开发、农家乐休闲游、物流中心等新兴产业，促进三产全面繁荣，打造具有明显产业特色的城郊卫星镇。全年实现服务业增加值1.10亿元。

社会事业发展 年末，有学校两所，教师总数162人，在校学生1683人。2010年中考升学考试名列全市乡镇第6名，有14名同学被兴化中学录取，考取四星级高中41名。规范幼儿教育，取缔10家私办幼儿园。有医院1家，社区卫生服务站10家。实施完成集镇中心河东侧的驳岸工程和有关道路的绿化、美化工程建设。扎实开展林业绿化工作，新增造林面积51.73公顷，森林覆盖率新增1.5个百分点。加快文化事业发展，新增有线电视用户271户，入户率达149%。努力改善生态环境，完成原废品市场23户经营户临时建筑和附属用户拆除任务，有效防止整治后的反弹。不断改善村庄面貌。按照小康村建设和新农村建设要求，以东北村为带动，全面推进小康村建设。东北村被市委、市政府评为小康村建设一等奖，东鲍南村被评为三等奖。

**富民工程实施** 全镇农民人均纯收入8971元，比上年增长12%。社保扩面工作扎实推进,新增城乡居民养老保险人数12555人，参加农村新型合作医疗参合人数27810人,城镇居民医疗保险参保40人,职工工伤保险参保51人,企业职工养老保险参保71人。享受居民最低生活保障人数730人。建立健全社会困难群众救助体系,逐步提高低保补助和五保老人供养标准。投入40多万元,新建镇中心敬老院和湖北敬老院的食堂、浴室等,使五保老人生活条件得到较大改善。年内,东北村、钱戴村分别召开在外能人新春联谊会,联谊会上,在外能人和社会各界人士踊跃捐款,支持家乡新农村建设,分别收到捐款40多万元和20多万元。

**2010年主要经济社会指标**

**表** 111

| 指标名 | 单位 | 数值 |
|---|---|---|
| 总户数 | 户 | 9386 |
| 总人口 | 人 | 30451 |
| 乡镇从业人员数 | 人 | 14082 |
| 耕地面积 | 公顷 | 2745 |
| 地区生产总值 | 万元 | 46700 |
| 人均地区生产总值 | 元 | 21042 |
| 农业增加值 | 万元 | 17500 |
| 工业增加值 | 万元 | 14890 |
| 建筑业增加值 | 万元 | 3253 |
| 服务业增加值 | 万元 | 11530 |
| 生猪出栏 | 头 | 21190 |
| 家禽出栏 | 万羽 | 84 |
| 水产品产量 | 吨 | 8310 |
| 工业企业数 | 家 | 88 |
| 当年到账外引资金 | 万元 | |
| 工业销售收入 | 万元 | 118047 |
| 工业利税总额 | 万元 | 6818 |
| 预算内财政收入 | 万元 | 3170 |
| 一般预算收入 | 万元 | 1373 |
| 私营个体税收 | 万元 | 968 |
| 居民储蓄存款余额 | 万元 | 231000 |
| 农民人均纯收入 | 元 | 8971 |
| 中小学校 | 所 | 2 |
| 在校学生 | 人 | 1683 |
| 在职教师 | 人 | 162 |
| 医院 | 所 | 1 |
| 卫生所(室) | 个 | 10 |
| 医生数 | 个 | 30 |
| 病床数 | 张 | 25 |
| 参加养老保险人数 | 人 | 12555 |
| 参加农村新型合作医疗人数 | 人 | 27810 |
| 享受居民最低生活保障人数 | 人 | 730 |

**2010年骨干企业基本情况**

**表** 112

| 企业名称 | 销售收入(万元) | 利税总额(万元) | 法定代表人 |
|---|---|---|---|
| 兴化市碧莹食品有限公司 | 4344 | 293 | 朱荣奎 |
| 兴化市富强食品有限公司 | 3478 | 241 | 王孝善 |
| 兴化市长盛食品有限公司 | 3108 | 236 | 曹金树 |
| 兴化市绿禾食品有限公司 | 15457 | 957 | 王建善 |
| 兴化市长虹食品有限公司 | 7885 | 574 | 邓金明 |
| 兴化市联发食品有限公司 | 6428 | 272 | 王笛庭 |
| 兴化登峰塑料造粒厂 | 2293 | 166 | 徐洪根 |
| 兴化市永兴塑业公司 | 2214 | 88 | 倪　伟 |
| 泰州市中岛文体用品公司 | 2030 | 159 | 张长松 |
| 兴化市东奥食品有限公司 | 3676 | 261 | 刘兆桂 |
| 兴化市嘉禾食品有限公司 | 3031 | 214 | 赵其东 |
| 兴化市瑞盛食品有限公司 | 3175 | 177 | 步志堂 |
| 兴化市丰洪塑料造粒厂 | 1330 | 58 | 周丰洪 |
| 兴化市星源渗铝钢制品厂 | 1977 | 175 | 芦学星 |
| 兴化市金达电器厂 | 8466 | 523 | 倪高金 |
| 兴化市天禾食品公司 | 2320 | 93 | 王善成 |
| 兴化市康华食品公司 | 5589 | 238 | 王昌华 |
| 兴化市润禾食品公司 | 3773 | 165 | 罗世金 |
| 兴化市润佳源食品公司 | 2225 | 129 | 张友许 |
| 兴化市永虹塑料制品厂 | 1848 | 86 | 赵加永 |
| 兴化市兴友塑料公司 | 4621 | 417 | 顾庭桂 |

续表 112

| 企业名称 | 销售收入（万元） | 利税总额（万元） | 法定代表人 |
|---|---|---|---|
| 兴化市长安脱水厂 | 1227 | 56 | 金明畅 |
| 兴化市茂盛食品公司 | 1128 | 55 | 姚春华 |
| 兴化市神牛骨制品公司 | 1221 | 59 | 张友凤 |

各村基本情况

表 113

| 村名 | 村支部书记 | 村委会主任 | 耕地面积（公顷） | 人口（人） | 工农业总产值（万元） | 农民人均纯收入（元） |
|---|---|---|---|---|---|---|
| 东北 | 罗世金 | 罗世金 | 215 | 2315 | 9956 | 9007 |
| 东鲍南 | 吕天旺 | 吕天旺 | 106 | 1684 | 9961 | 9002 |
| 东鲍西 | 葛达祥 | 罗传金 | 113 | 1387 | 4442 | 9075 |
| 腊树 | 居明华 | 居明华 | 202 | 1932 | 3595 | 8963 |
| 跃进 | 蒋风良 | 蒋风良 | 138 | 1665 | 2649 | 8986 |
| 西湖 | 王太前 | 王太前 | 185 | 2045 | 1947 | 9053 |
| 恒刘 | 周年本 | 胡正书 | 136 | 1605 | 1945 | 8996 |
| 周蛮 | 李如太 | 李如太 | 156 | 1323 | 1040 | 8980 |
| 沈沟 | 赵吉刚 | 赵学满 | 234 | 2702 | 1852 | 8957 |
| 赵献 | 单　祥 | 王宝燕 | 288 | 2389 | 3507 | 8869 |
| 塔头 | 冯洪飞 | 冯洪飞 | 140 | 1776 | 5435 | 9007 |
| 灶陈 | 翟玉林 | 翟玉林 | 16 | 1415 | 1262 | 8967 |
| 联发 | 付洪安 | 王广海 | 221 | 2065 | 47212 | 9014 |
| 孙唐 | 朱桂炎 | 唐建军 | 186 | 1489 | 1733 | 8830 |
| 新南 | 张和华 | 朱同和 | 132 | 1336 | 26465 | 8968 |
| 钱戴 | 沙国平 | 沙国平 | 127 | 1710 | 4001 | 8879 |

**【园区建设】** 按照“特色建区、科技强区、环保立区、三业兴区”的建设思路，加大投入，加快建设，先后投入3000多万元，拓宽改造园区南路（老233省道），实施完成绿禾路和园区中路一期工程，并实施园区的美化、亮化、绿化工程，提升园区标准档次，吸引更多能人投资兴业。园区企业已发展到57家，其中脱水蔬菜企业29家，与之配套的蔬菜生产基地已扩大到1333.33公顷，为加工企业提供较为充足的生产原料，提高种植业效益，增加农民收入。年底，园区更名为兴化市脱水果蔬产业园。

**【高效农业】** 坚持以农民增收为目标，加大力度，强势推进，大力发展高效农业，“隆康”生猪、“康太”奶牛、“羽富”菜鹅、“水浒”牌大闸解的知名度不断提高，蔬菜、畜牧、水产等特色产业的规模、质量、效益得到较大提升。全镇新增高效农业种植面积达400公顷，高效农业面积达1500公顷；高效渔业养殖面积达1500多公顷；奶牛养殖500多头；菜鹅养殖100多万只；生猪存栏3万多头。

**【新农村建设】** 围绕创建优美乡村，加大村庄环境整治力度，加快新农村建设步伐。东北村坚持因村制宜、科学规划、建管并重，荣获全市村庄环境综合整治一等奖，东鲍南村荣获三等奖，带动全镇新农村建设。 （高寿鹏）

# 临 城 镇

**【临城镇概况】** 临城镇位于兴化市南郊，有兴化城南大门之称，城郊优势、交通优势、区位优势明显，全镇总面积96平方公里，其中耕地面积4294公顷，辖27个行政村，338个村民小组，1个居委会。年末全镇总户数16567户，有户籍人口5.59万人，全年实现地区生产总值11.95亿元，比上年增21.77%，其中一、二、三产业增加值分别为2.21亿元、5.66亿元和3.71亿元，按户籍人口计算，人均生产总值26357元，完成全口径财政收入1.88亿元，其中地方一般预算收入0.61亿元，分别比上年增67.8%和79.4%，完成全社会固定资产投入7.51亿元，比上年增34.1%。年内获泰州市发展高效农业“十佳乡镇”称号。

经济建设与发展　全年完成经济总收入56.7亿元。实现工业产品销售收入41亿元，比上年增36.7%，入库税收2.31亿元，比上年增19%。年末有工业企业335家，其中4家销售收入超亿元。有不锈钢铸造、机械制造、亚麻纺织、建筑材料等特色产业。全镇33家不锈钢铸造企业，已成为临城的基础产业、支柱产业、税源产业和特色产业。2010年完成招商引资额2.84亿元，招引2000万元以上重大项目10个。协议注册利用外资668万美元，实际利用外资302万美元。民营经济蓬勃发展，2010年新登记注册私营企业30家，新增注册资本7500万元。投入600多万元完善基础设施配套，拓宽兴临路，建造好顺达西路一期工程。投入100多万元完成园区绿化、亮化和洁化工程，入园企业达100多家，从业人数4000多人。“兴化市合金铸造产业园”的挂牌为临城工业经济提供了更为广阔的空间。服务业2010年实现增加值3.8亿元，占GDP比重的32.5%，服务业入库税收7300万元，招引三产项目4个，投资额1亿元。建筑业发展势头良好，2010年实现增加值1.05亿元。全镇现有13家农民专业合作社、8家土地股份合作社和5家社区合作社及桃花岛观光,兰韵生态农庄,紫滕园果蔬种植、弘膏集团水产养殖、特色畜禽、花卉苗木种植等区域化、特色化农业。

社会事业发展　年末,有中小学校16所,在职教师298人,在校学生3199人,有医院2家,卫生所(室)21家,建立“计卫”合一村级服务室。群众的文化体育活动进一步丰富,“农家书屋”“体育健身路径”全覆盖,临城中心校的“打莲枪”,砖场村的龙舟队,陆横村的舞龙队在市举办的文体活动中均取得较好成绩。有线电视和调频广播“双入户”,实现“村村响”。投入150万元完成十里亭路、兴临路广场、镇政府东大门两侧和十里亭大桥北坡两侧广场砖2447平方米铺设工程;十里亭大桥两侧桥坡道路维修、育才路基础设施配套及部分道路浇筑等工程。

富民工程实施　全镇农民人均纯收入9945元,比上年增12%,涉农惠农补贴581.05万元,社保扩面工作扎实推进,参加养老保险人数16742人,农村新型合作医疗人数4.96万人。全镇向玉树灾区捐款60多万元,各类衣服200多件。财政投入15万元改造敬老院食堂和新建两间浴室,定做150床棉被和100件棉袄,镇敬老院入住人员达到109人。2010年7月敬老院被评为“江苏省文明敬老院”。

**2010年主要经济社会指标**

**表** 114

| 指标名 | 单位 | 数值 |
|---|---|---|
| 总户数 | 户 | 16567 |
| 总人口 | 人 | 55885 |
| 乡镇从业人员数 | 人 | 23713 |
| 耕地面积 | 公顷 | 4294 |
| 地区生产总值 | 万元 | 119480 |
| 人均地区生产总值 | 元 | 26357 |
| 农业增加值 | 万元 | 22110 |
| 工业增加值 | 万元 | 44606 |
| 建筑业增加值 | 万元 | 12013 |
| 服务业增加值 | 万元 | 37060 |
| 生猪出栏 | 头 | 21500 |
| 家禽出栏 | 万羽 | 71.4 |
| 水产品产量 | 吨 | 5380 |
| 工业企业数 | 家 | 355 |
| 当年到账外引资金 | 万元 | 2416 |
| 工业销售收入 | 万元 | 410000 |
| 工业利税总额 | 万元 | 23134 |

**续表** 114

| 指标名 | 单位 | 数值 |
|---|---|---|
| 预算内财政收入 | 万元 | 18836 |
| 一般预算收入 | 万元 | 6143 |
| 私营个体税收 | 万元 |  |
| 居民储蓄存款余额 | 万元 | 23000 |
| 农民人均纯收入 | 元 | 9945 |
| 中小学校 | 所 | 16 |
| 在校学生 | 人 | 3199 |
| 在职教师 | 人 | 298 |
| 医院 | 所 | 2 |
| 卫生所(室) | 个 | 21 |
| 医生数 | 个 | 105 |
| 病床数 | 张 | 58 |
| 参加养老保险人数 | 人 | 16742 |
| 参加农村新型合作医疗人数 | 人 | 49603 |
| 享受居民最低生活保障人数 | 人 | 642 |

**2010年骨干企业基本情况**

**表** 115

| 企业名称 | 销售收入(万元) | 利税总额(万元) | 法定代表人 |
|---|---|---|---|
| 江苏春龙亚麻纺织有限公司 | 11030 | 987 | 罗春荣 |
| 兴化市呈堂机械厂 | 2208 | 210 | 高呈堂 |
| 兴化市光明蓄电池厂 | 6367 | 589 | 荣光明 |
| 兴化市荣鑫电源厂 | 4340 | 404 | 荣光明 |
| 泰州宇杰液压设备有限公司 | 3912 | 386 | 陈日和 |
| 兴化市金象纺织机械厂 | 4071 | 789 | 吕福祥 |
| 兴化市亚宇机械厂 | 2006 | 182 | 张根龙 |
| 兴化市龙牌机械厂 | 5674 | 561 | 徐建中 |
| 江蓉苏美特机械有限公司 | 7008 | 622 | 徐建中 |
| 泰州凌丰合金铸造有限公司 | 4501 | 425 | 葛文丰 |
| 泰州宇锋机械有限公司 | 4842 | 450 | 刘建锋 |
| 兴化市润凌机械有限公司 | 2035 | 190 | 葛俊斌 |
| 兴化市聚达机械有限公司 | 2161 | 192 | 叶伯旺 |
| 兴化市美全食品有限公司 | 6042 | 526 | 王昌贤 |
| 兴化市康莹食品有限公司 | 3379 | 305 | 仇山群 |

**续表** 115

| 企 业 名 称 | 销售收入（万元） | 利税总额（万元） | 法定代表人 |
|---|---|---|---|
| 泰州市兴丰建材有限公司 | 2015 | 174 | 任安章 |
| 泰州明森混凝土制品有限公司 | 2747 | 239 | 成玉森 |
| 江苏展业节能建材有限公司 | 2783 | 242 | 朱宥先 |
| 兴化市双华渔具有限公司 | 5071 | 441 | 王田华 |
| 上海耀春玻璃兴化分公司 | 3628 | 332 | 丁春荣 |
| 兴化市通明电气设备有限公司 | 13859 | 1225 | 冯志坚 |
| 兴化市海鸿不锈钢制品有限公司 | 2031 | 177 | 徐红兵 |
| 兴化市耐特磨料磨具有限公司 | 2089 | 182 | 张德生 |
| 兴化市东瑞机械厂 | 2583 | 225 | 陈东瑞 |
| 兴化锁龙消防药剂有限公司 | 14515 | 1293 | 潘德顺 |
| 兴化市浩斯精细化工有限公司 | 2093 | 182 | 黄桂钟 |
| 兴化市长城铸钢有限公司 | 6577 | 572 | 黄建军 |
| 兴化市伟炎机械厂 | 2086 | 181 | 顾少伟 |
| 兴化市三维电热设备厂 | 2533 | 220 | 王森宝 |
| 兴化市华东铸钢有限公司 | 2048 | 178 | 王建岗 |
| 兴化市联盛精密铸钢有限公司 | 2726 | 244 | 任宝臣 |
| 兴化市华伦达铸钢厂 | 4046 | 352 | 周国元 |
| 兴化市明辉铸钢有限公司 | 2017 | 175 | 王友明 |
| 兴化市板桥铸钢有限公司 | 3816 | 332 | 朱增学 |
| 兴化市金鹏合金钢有限公司 | 4003 | 348 | 王　镛 |
| 兴化市振泰合金钢有限公司 | 11591 | 1008 | 李德江 |
| 兴化市瑞诚合金铸造有限公司 | 5797 | 485 | 王正美 |
| 兴化市丰润机械制造有限公司 | 5794 | 525 | 李永丰 |
| 兴化市同步铸造有限公司 | 4216 | 367 | 冯庆如 |
| 兴化市金牛机械铸造有限公司 | 7308 | 635 | 顾海泉 |
| 兴化市三强机械制造有限公司 | 3501 | 314 | 姚广明 |
| 兴化市恒鑫机械有限公司 | 4596 | 399 | 蒋义来 |

**续表** 115

| 企 业 名 称 | 销售收入（万元） | 利税总额（万元） | 法定代表人 |
|---|---|---|---|
| 兴化市东昌合金钢有限公司 | 5029 | 431 | 李冬取 |
| 兴化市振南合金机械有限公司 | 2096 | 182 | 金华楠 |
| 兴化市金程机械制造有限公司 | 2421 | 228 | 金加淦 |
| 兴化市鼎盈机械制造有限公司 | 2075 | 181 | 顾小平 |
| 兴化市大德铸钢有限公司 | 3186 | 277 | 袁军德 |
| 兴化市恒翔合金钢有限公司 | 2065 | 180 | 孙美中 |

**各村基本情况**

**表** 116

| 村名 | 村支部书记 | 村委会主任 | 耕地面积（公顷） | 人口（人） | 工农业总产值（万元） | 农民人均纯收入（元） |
|---|---|---|---|---|---|---|
| 三赵 | 陆铁柱 | 陆铁柱 | 149.13 | 1600 | 7500 | 9413 |
| 王梅 | 王羊虎 | 尤社艮 | 148.07 | 1700 | 2266 | 9200 |
| 朱中 | 花丙生 | 袁太忙 | 235.40 | 2243 | 3917 | 8917 |
| 刘陆 | 刘美成 | 刘希龙 | 127.53 | 2206 | 13750 | 10190 |
| 大王 | 蔡建荣 | 单瑞忠 | 180.00 | 2470 | 4095 | 8158 |
| 陈里 | 费学好 | 费学好 | 63.27 | 752 | 2076 | 8604 |
| 西浒垛 | 荣庆扣 | 王锦志 | 261.47 | 3293 | 3710 | 8828 |
| 秦家 | 孔令智 | 吴松稳 | 123.73 | 1105 | 1571 | 8217 |
| 三王 | 高鼎荣 | 陈礼涛 | 248.53 | 3855 | 13500 | 10337 |
| 花沈 | 李迎庆 | 张国祥 | 273.00 | 2568 | 7687 | 9817 |
| 老阁 | 顾巧年 | 刘风华 | 184.47 | 2264 | 15006 | 12858 |
| 瓦庄 | 宦洪昌 | 陆年喜 | 149.80 | 1792 | 4257 | 9816 |
| 曹垛 | 刘强斌 | 刘强斌 | 144.27 | 1552 | 3508 | 9246 |
| 砖场 | 陈　强 | 陈　强 | 168.80 | 2115 | 9585 | 10449 |
| 南娄子 | 周大方 | 周大方 | 158.80 | 1619 | 3121 | 9975 |
| 袁舍 | 赵桂粉 | 袁仁德 | 76.00 | 703 | 886 | 8108 |
| 新银 | 刘佰银 | 殷秧选 | 127.07 | 1198 | 7021 | 9725 |
| 陆横 | 王永兴 | 陆长庭 | 214.53 | 2859 | 10487 | 12078 |
| 任家 | 任兆华 | 任冬章 | 208.00 | 2163 | 6105 | 9736 |
| 古庄 | 单德华 | 刘玉明 | 117.40 | 1850 | 2377 | 8254 |

**续表** 116

| 村名 | 村支部书记 | 村委会主任 | 耕地面积(公顷) | 人口(人) | 工农业总产值(万元) | 农民人均纯收入(元) |
|---|---|---|---|---|---|---|
| 宣扬 | 冯远生 | 周祝明 | 96.67 | 1430 | 2535 | 10545 |
| 临东 | 张兆海 | 顾涛发 | 151.27 | 2323 | 7350 | 8300 |
| 十里 | 王永生 | 王永生 | 53.60 | 1236 | 9684 | 12427 |
| 八里 | 王大喜 | 王大喜 | 55.00 | 1188 | 6203 | 9773 |
| 姜家 | 孙鹤玉 | 顾久红 | 98.60 | 1967 | 10527 | 11347 |
| 陈口 | 陆田沐 | 陆春茂 | 51.73 | 1060 | 5080 | 10557 |
| 郭家 | 朱文淦 | 顾金俊 | 84.20 | 2347 | 6203 | 11248 |

(顾晓凯)

# 陈 堡 镇

**【陈堡镇概况】** 陈堡镇地处兴化市西南,总面积80.5平方公里,辖17个行政村,1个居委会,4.5万人口,陈堡生态优良,物产丰殷,以兴泰公路沿线两侧高效农业“全覆盖”为中心,全镇万亩蔬菜、万亩水产品、万亩农业示范方、百万只家禽形成“一线两区三园四基地”的现代高效规模农业新格局。“红富堡”、“绿食缘”品牌果蔬,“裕明”草鸡闻名大江南北。陈堡工业基础雄厚,精密锻铸造、电子元器件、冶金机电、体育器材等产业特色明显。陈堡石油资源丰富,江苏省最大的内陆油田——陈堡油田年产原油40万吨。陈堡基础设施日臻完善,公路、水上运输发达,南距泰州市28公里,北距兴化城19公里,东距宁靖盐高速公路15公里,西距规划建设中的苏中机场40公里,省级航道卤汀河、兴泰公路穿境而过,交通十分便捷。陈堡镇是全国婚育新风进万家活动先进乡镇、江苏省文明乡镇、江苏省新型示范小城镇、江苏省群众文化先进乡镇、江苏省体育先进乡镇,江苏省环境优美乡镇、江苏省科技创新特色镇。2010年被中共兴化市委、市政府表彰为目标管理先进乡镇三等奖;被中共泰州市委、市政府表彰为泰州市争创经济工作“十强乡镇(街道)”活动先进单位、泰州市发展高效农业“十佳乡镇”。

*经济建设与发展* 2010年,全镇实现地区生产总值9.70亿元,增长28.7%。三次产业结构比由“十五”期末的36.2∶37.9∶25.9演进为22.5∶44.1∶33.4。完成财政总收入1.04亿元,增长43.4%,地方一般预算收入4415万元,增长94.3%。2010年,农民人均纯收入10290元,比“十五”期末增长86.4%。工业总产值突破24.9亿元,是“十五”期末的3.7倍。全镇精密铸造企业30家,对工业经济贡献份额达45%以上,成为兴化市除戴南不锈钢和城郊农副产品加工的第三大支柱产业。2010年完成招商引资1.96亿元,招引2000万元以上重大项目9个。外资项目取得新的进展,协议注册利用外资158万美元,实际利用外资168万美元。民营经济蓬勃发展,“十一五”期间累计新登记注册个体工商户420户,新登记注册私营企业40家,民营经济新增注册资本16.3亿元。全镇形成“一线二区三园四基地”高效规模农业发展新格局。兴泰公路沿线高效农业基本实现全覆盖,成为兴化市、泰州市高效规模农业发展的一道亮丽风景线。全镇建有13个农民专业合作社。果蔬种植、水产养殖、菱角生产、草鸡养殖、花卉苗木种植等区域化、特色化农业生产规模日益扩大。建筑业发展势头良好,2010年实现增加值0.97亿元,是“十五”期末的3.1倍。2010年实现服务业总产值3.1亿元,服务业入库税收2275万元。招引三产项目1个,建立了4家贸易型企业。全年共发放家电、汽车等下乡补贴94.21万元。全镇经济结构和财税结构进一步优化。

*社会事业发展* 组织实施科技、教育、文化、卫生等各项事业三年行动计划,加快社会事业全面发展。科技兴农、科技兴企步伐加快,成功创建“江苏省科技创新特色镇”,威鹰公司成为国家级“高新技术企业”。大力推进教育现代化,精心打造教育品牌,教育教学质量取得新突破,中心幼儿园通过省优质幼儿园验收。积极发展医疗卫生事业,村村建成卫生服务室,镇卫生院通过省三级甲等和泰州市“无红包医院”验收。2010年顺利完成全镇老年农民健康体检,参检7738人。改厕工作成效明显,2010年累计改厕1438座,顺利通过兴化市和泰州市验收并被拍成电视专题片在全市推广。文化工作成效显著。“风动水车”、“乐书吹打”被泰州市列为非物质文化遗产项目。“农家书屋”实现“全覆盖”。文化站被泰州市评为“十佳文化站”。组织开展省文化共享工程创建,成效显著。全镇组建乒乓球、舞龙舞狮、龙舟等10支文化健身队伍,参加泰州、兴化市级比赛多次获奖。成功举办国庆60周年文艺展演,丰富全镇人民精神文化生活。加快实施有线电视和调频广播“双入户”工程,三个村完成户户通工程任务,集镇数字电视整体平移工作有序推进,被泰州市评为有线电视达标镇。人口计生工作成绩突出,基础工作不断加强,服务水平明显提升,全镇计划生育整体水平位居全市前列。加强耕地保护,土地集约利用水平进一步提高。

*富民工程实施* 切实加强集镇建设管理,推进集镇做大、做优、做美。2010年初步建成晟和园高档小区二期、新园商住小区南区、府东花园小区、悦和小区等安居工程。加强集镇路桥修建,实施交通路北延工程,全长1145米的交通北路由3.5米拓宽至10米,完成集镇大转盘以东和陈东驳岸绿化美化工程。加强老集镇改造,拆

除危房3处,新建公厕3座,建成绿化小广场1处。大力实施农村"5+1"实事工程,深入开展环境优美乡村和全面小康村创建活动,"四村同创"、"环境优美乡村"创建工作各具特色,蒋庄、陆陈、曹黄、四林、向沟等村新农村建设和村庄环境整治得到省、泰州市和兴化市领导的充分肯定,省市媒体多次予以宣传报道,提升陈堡在省内外知名度。"十一五"期间全镇建成农村公路32公里。积极开展绿化造林工作,"十一五" 期间累计植树800公顷,60万株,森林覆盖率20.06%。认真编制并严格执行《陈堡镇环境保护规划》,成功创建为江苏省环境优美乡镇。坚持以人为本,突出关爱民生,按照"保增长、惠民生、促和谐"要求,扎实抓好实事工程。着力扩大养老、医疗保险和社保覆盖面,"十一五"期间全镇完成居民养老18000人、企业社保980人,每年新型农村合作医疗均完成市交任务。严格规范程序和报批手续,核查登记公示五保、低保和重残人员,对低保户实行动态管理,做到应保尽保、应退尽退。深入开展扶贫帮困活动,扶贫攻坚取得新进展,三年脱贫攻坚任务基本完成。新建、改造中心福利院和武泽分院食堂、浴室等附属设施并通过省市验收,入住五保老人98人。开展结对帮扶活动, 扶助弱势群体工作效果明显,全镇"一对一"结对帮扶309人,帮扶资金18.4万余元。

**2010年主要经济社会指标**

**表** 117

| 指标名 | 单位 | 数值 |
|---|---|---|
| 总户数 | 户 | 14821 |
| 总人口 | 人 | 45413 |
| 乡镇从业人员数 | 人 | 30279 |
| 耕地面积 | 公顷 | 3555 |
| 地区生产总值 | 万元 | 96965 |
| 人均地区生产总值 | 元 | 26837 |
| 农业增加值 | 万元 | 20725 |
| 工业增加值 | 万元 | 34353 |
| 建筑业增加值 | 万元 | 9691 |
| 服务业增加值 | 万元 | 31206 |
| 生猪出栏 | 头 | 57387 |
| 家禽出栏 | 万羽 | 243.55 |
| 水产品产量 | 吨 | 8911 |
| 工业企业数 | 家 | 153 |
| 当年到账外引资金 | 万元 | 158 |
| 工业销售收入 | 万元 | 243160 |

**续表** 117

| 指标名 | 单位 | 数值 |
|---|---|---|
| 工业利税总额 | 万元 | 17835 |
| 预算内财政收入 | 万元 | 10350 |
| 一般预算收入 | 万元 | 4415 |
| 私营个体税收 | 万元 | 5556 |
| 居民储蓄存款余额 | 万元 | 46422 |
| 农民人均纯收入 | 元 | 10290 |
| 中小学校 | 所 | 9 |
| 在校学生 | 人 | 2352 |
| 在职教师 | 人 | 262 |
| 医院 | 所 | 1 |
| 卫生所(室) | 个 | 17 |
| 医生数 | 个 | 109 |
| 病床数 | 张 | 79 |
| 参加养老保险人数 | 人 | 13995 |
| 参加农村新型合作医疗人数 | 人 | 39746 |
| 享受居民最低生活保障人数 | 人 | 896 |

**2010年骨干企业基本情况**

**表** 118

| 企业名称 | 销售收入(万元) | 利税总额(万元) | 法定代表人 |
|---|---|---|---|
| 兴化市华兴机电有限公司 | 13491.1 | 1021.7 | 黄骐 |
| 兴化市华宇电子有限公司 | 9943.5 | 805.2 | 钱宝龙 |
| 江苏威鹰机械有限公司 | 12400 | 629.7 | 张华文 |
| 泰州市金鹰精密铸造有限公司 | 7735.6 | 628.3 | 朱德本 |
| 泰州环海不锈钢制品有限公司 | 5582.3 | 592.6 | 周文晖 |
| 兴化市金盛电子有限公司 | 6692.5 | 574.2 | 唐正权 |
| 兴化市雅兰机械制造有限公司 | 12590.7 | 541.3 | 张雅岚 |
| 兴化市鸿泰服饰有限公司 | 3807.6 | 475.6 | 王鸿庚 |
| 泰州华业精密铸造有限公司 | 3839.8 | 432.8 | 王友良 |
| 泰州市凯特精密铸造有限公司 | 5897.8 | 401.5 | 荀永勤 |

续表 118

| 企业名称 | 销售收入(万元) | 利税总额(万元) | 法定代表人 |
|---|---|---|---|
| 泰州市凯特精密铸造有限公司 | 5897.8 | 401.5 | 荀永勤 |
| 泰州市博世特精密铸造有限公司 | 6222.3 | 385.9 | 张凤祥 |
| 江苏麒麟铸业有限公司 | 1980.8 | 351.6 | 黄　骐 |
| 泰州康达机械制造有限公司 | 3871.7 | 343.1 | 沈万康 |
| 兴化市凯利达铸造有限公司 | 3562.2 | 291.4 | 钱井富 |
| 兴化市华升交通器材有限公司 | 4183.6 | 289.3 | 张华文 |
| 兴化市鑫锐精锻厂 | 2637 | 243.6 | 闵大明 |
| 兴化市天华机电有限公司 | 3100.2 | 244.7 | 张长天 |
| 泰州永航精密铸造有限公司 | 2689.5 | 224.8 | 朱桂高 |
| 泰州市和仁服装有限公司 | 2746 | 220.3 | 周殿羊 |
| 泰州安邦精密铸造有限公司 | 3041.6 | 210.3 | 金万忠 |
| 泰州中亿洁具有限公司 | 3058.3 | 191.2 | 房长林 |
| 江苏海宇机械有限公司 | 3547.7 | 189.2 | 顾成义 |
| 泰州鹏盛机械制造有限公司 | 1961.3 | 170.3 | 程友根 |
| 泰州市绍山体育用品有限公司 | 2338.2 | 168.3 | 严绍山 |
| 泰州荣业机械制造有限公司 | 2292 | 159 | 陈广荣 |
| 泰州赛龙电子有限公司 | 4036 | 147.9 | 吴加杰 |
| 泰州市恒瑞金属制品公司 | 1949.8 | 147.5 | 朱素华 |

各村基本情况

表 119

| 村名 | 村支部书记 | 村委会主任 | 耕地面积(公顷) | 人口(人) | 工农业总产值(万元) | 农民人均纯收入(元) |
|---|---|---|---|---|---|---|
| 东南 | 董强书 | 周祥贵 | 103.1 | 1925 | 17787 | 11090 |
| 镇郊 | 董殿楷 | 时俊如<br>张静波 | 215.5 | 2241 | 13299 | 10730 |
| 向沟 | 乔茂来 | 乔茂来 | 180.1 | 1743 | 9013 | 8560 |
| 校果 | 孙广友 | 雷志富 | 156.4 | 1720 | 12022 | 9180 |
| 宁乡 | 闵往宏 | 袁文俊 | 201.9 | 1698 | 9821.6 | 9610 |
| 唐庄 | 王加功 | 王加功 | 282.7 | 2882 | 13765.3 | 9580 |
| 蒋庄 | 姚长勇 | 姚长余 | 275.2 | 3317 | 11840.2 | 10310 |
| 曹黄 | 杨粉根 | 杨粉根 | 183.3 | 1750 | 11602.3 | 9300 |

续表 119

| 村名 | 村支部书记 | 村委会主任 | 耕地面积(公顷) | 人口(人) | 工农业总产值(万元) | 农民人均纯收入(元) |
|---|---|---|---|---|---|---|
| 武泽 | 唐天书 | 唐传宝 | 325.1 | 3498 | 12827 | 8780 |
| 四林 | 邹小安 | 钱金凤 | 198.1 | 2277 | 10760.6 | 8580 |
| 蔡堡 | 刘长淦 | 刘长淦 | 346.7 | 3404 | 18053.3 | 8770 |
| 陆陈 | 李步友<br>钱银海 | 钱银海 | 160 | 1973 | 10197 | 8780 |
| 沈芦 | 周长海 | 李　晔 | 159.8 | 2329 | 10143 | 9190 |
| 东彭 | 王正高 | 王正高 | 149.3 | 1768 | 10045 | 9410 |
| 袁家庄 | 刘金华 | 刘金华<br>倪卫国 | 209.3 | 3195 | 28722 | 10350 |
| 里堡 | 郑友书 | 张春来 | 187 | 2404 | 11585.2 | 8990 |
| 高里庄 | 周中兴<br>李　红<br>周立宏 | 周立宏<br>沈　萍 | 221.9 | 2479 | 12745 | 9340 |

**【张雷视察调研“三农”工作】** 3月3日上午,泰州市委书记张雷到陈堡镇调研高效规模农业、新农村建设等工作。兴化市委书记贾春林、市长李伟、副市长顾国平陪同。在旺华果蔬专业合作社,张雷一行认真听取能人马爱华的介绍。多年从事番茄种植的马爱华积累资金与市场经验后,在曹黄村创立拥有基地40公顷、入股资金300万元的旺华果蔬专业合作社。合作社育苗大棚里“雾气”弥漫,采用电热丝轻基质穴盘育苗技术培育的甜瓜苗长势正旺。张雷对马爱华“科技春耕”的做法予以肯定,希望吸引更多的农民成为合作社社员。新农村建设也是张雷关注的重点,曹黄村2009年投入110万元开展村庄环境整治,村民生活环境得到明显改善,张雷对曹黄村开展新农村建设工作表示充分肯定。调研期间,张雷还察看了绿松果蔬合作社、颐鹤林果蔬合作社等高效农业基地。

**【创建江苏省环境优美乡镇】** 坚持规划先行。在江苏省建筑设计院对集镇总体规划进行全面修编的基础上,聘请泰州市规划院再次对环境规划和园区规划进行修编,体现针对性、实际性、科学性。坚持环境先行。坚持环境立镇,按照集镇总体规划方案,一方面重点加快新区建设,通过运作土地资本,大力吸引外来投资,实施晟和园小区、新园小区、府东小区、悦和小区等多项重点工程,完成工业集中区道路硬化、绿化、亮化以及水电网工程,全面实施人民路亮化更新工程,对裕堡路、育才路、迎宾路进行全面整治。坚持实施生态文明村建设工程，深入开展农村环境整治活动，对17个村村庄环境普遍实施综合整治。坚持实施绿化美化工程，大搞植树造林，培育绿化景点，建设环境优美文明小区、文明街道。开展以绿化家园、绿化田园为主题的植树造林活动，实施村庄绿化、街道绿化、河塘绿化、联圩绿化、河边隙地绿化和机耕路绿化。坚持整治先行。把工业企业治污整治作为创建重点，招引项目，坚持严入口，注重把关。坚持严格监管，强化责任，对重点产业、重点项目，重点企业实行社会各方面协同抓、共同管，消除监管盲区，不断探索环保工作新机制。把集镇环境整治作为创建重点，积极开展“清洁集镇、美化环境”综合整治活动，突出卫生环境、交通秩序、户外广告的整顿，狠抓车辆乱停乱放、摊点占道经营、违章设置户外广告整治。建立“创卫”长效管理机制，制定环境保护目标，出台环境保护规章制度和长效管理措施。

**【教育现代化建设】** “名师工程”普遍化。开展以教书育人、为人师表、爱岗敬业、乐于奉献为主题的教育实践活动，严格规范教育教学行为，倡导廉洁从教、文明施教、依法执教，着力提升全体教师思想政治素质和职业信念；鼓励教师以研促教，广泛开展校本研究，充实教科研队伍，培养教坛能手；设立教育专项奖励基金，制定了发表文章、各项参赛、课题研究、教学质量、名师达标等五项奖励细则，对教育教学成果实行奖励，个人奖励标准最高达5000元。教育质量管理现代化。加强教育管理信息库建设，引进集教育、人事、档案、教科研于一体的管理软件；加强信息技术教育，对管理人员进行培训，提高管理人员计算机应用水平，逐步实现教育管理技术和手段现代化；坚持分层实施、分类指导的原则，运用“迂回推进、先易后难、分步到位”战略，因校制宜，构建“点、线、面”结合教育管理现代化渐进模式，切实把握实现教育现代化主动权。教育管理信息化。在“三新一亮”、“六有工程”、“校校通”、“四配套”等工程的基础上，对照教育现代化标准，加大财政投入，整合学校资源，完善硬件设施，抓好现代化教学设备配备，推进教育管理信息化建设，为实现教育现代化目标提供保障。

**【发放高龄老人生活补贴】** 为弘扬中华民族“尊老、敬老、爱老、助老”传统美德，体现对高龄老人的关怀和照顾，切实提高高龄老人的晚年生活水平，陈堡镇党委政府研究决定，从2011年1月起对全镇80周岁以上老人发放生活补贴：80～90周岁的每人每年补贴300元，90～99周岁的每人每年补贴600元，100周岁以上的每人每年补贴1200元。每年春节前由镇财政所采取“一人一折”方式委托兴化农村合作银行代为发放。 （骆根龙）

## 周 庄 镇

**【周庄镇概况】** 周庄镇位于兴化市南部，是泰州市重点中心镇。全镇总面积91平方公里，其中镇区规划建设面积8平方公里，耕地面积4436公顷。辖24个行政村，2个社区居委会。年末，全镇总户数17873户，总人口56183人。全年实现地区生产总值18.4亿元，比上年增长17.6%，其中一、二、三产业增加值分别为2.4亿元、8.87亿元、7.13亿元。完成预算内财政收入12002万元，一般预算收入3881万元，分别比上年增长27.1%和37.1%。

经济建设与发展　全年实现工业销售收入50.5亿元，比上年增长12.5%，完成工业开票销售收入9亿元，比上年增长28.4%。江苏双蝶集团等33家骨干企业完成工业销售收入27.1亿元，占全镇工业经济总量的53.6%。年内新招引的天诚精密铸造、赛特电子、众擎汽车配件等工业项目开工建设，泰州宏凯铝业公司投资6000万元的冰箱蒸发器、冷凝器项目建成投产。双蝶工业园区内的道路桥梁、供水排水、绿化亮化等配套设施工程相继完工，园区品位显著提升。开天宾馆、宏凯假日酒店等重大服务业项目启动实施。服务业增加值占GDP比重达38.8%，全年完成服务业税收收入2600万元，比上年增长185.7%。年内新组建农民专业合作社4家，新增高效农业面积200公顷。兴泰线高效农业六大示范基地辐射功能逐渐显现。双洋罗氏沼虾育苗基地和双平禽业肉鹅深加工项目建成营业。年末，全镇农民人均纯收入10800元，比上年增长13.6%。

社会事业发展　全年投入650万元，实施集镇（社区）3路1桥工程、河道驳岸工程、部分道路绿化亮化工程。投资4000万元的集镇中心农贸市场投入运营。集镇开发建设有序推进，新建住宅小区5处，新开发商品房78000平方米。建成伍张、大同、农兴等村通村公路连接工程，新建通村（组）公路5公里，周张公路建成通车。土地复垦项目全面竣工，新增耕地面积25公顷。疏浚整治村庄河道21条，完成土方12.3万立方米，邬牛村的中心村建设步伐加快，东浒、胡官等重点村的小康村建设通过达标验收，创建省优美乡镇通过考核验收。完成教育现代化基础设施工程规划招标工作，建成2所泰州市优质中心幼儿园，镇财政投资35万元落实4辆新公交接送学生。投资80万元的镇文化中心达标工程通过验收。周庄镇文化站自编自演的歌舞节目《纤夫号子》，荣获省“五个一工程”金奖。实施广播有线电视“双入户”和“户户通”工程，有线电视用户数11850户。村级改厕有序推进，完成胡官、夏泊等2个村320户改厕任务，村（社区）医疗卫生服务站实现全覆盖。计划生育管理和服务水平不断提升，村村建成世代服务室。全力打造平安周庄，投资180万元的政法中心工程开工建设。

富民工程实施　全镇筹集资金600万元，组织实施安全饮水工程，24个村全面完成村内水管网改造任务，主管网通村工程完成进度达80%。完善社会保障机制，全镇参加城乡居民基本养老保险21600人，新农合参保人数达44800人。关注弱势群体，落实救助措施，全镇享受低保人数1446人，审核上报五保人数566人，中心敬老院集中供养五保老人94人。强化机关部门结对帮扶，推进脱贫攻坚工程，年内有42户贫困家庭脱贫。

**2010年主要经济社会指标**

**表** 120

| 指标名 | 单位 | 数值 |
|---|---|---|
| 总户数 | 户 | 17873 |
| 总人口 | 人 | 56183 |
| 乡镇从业人员数 | 人 | 27069 |
| 耕地面积 | 公顷 | 5426 |
| 地区生产总值 | 万元 | 184022 |
| 人均地区生产总值 | 元 | 40386 |
| 农业增加值 | 万元 | 23979 |
| 工业增加值 | 万元 | 73328 |
| 建筑业增加值 | 万元 | 15406 |
| 服务业增加值 | 万元 | 71309 |
| 生猪出栏 | 头 | 4791 |
| 家禽出栏 | 万羽 | 22.3 |
| 水产品产量 | 吨 | 7586 |
| 工业企业数 | 家 | 349 |
| 当年到账外引资金 | 万元 | 20000 |
| 工业销售收入 | 万元 | 505186 |
| 工业利税总额 | 万元 | 44587 |
| 预算内财政收入 | 万元 | 12002 |
| 一般预算收入 | 万元 | 3881 |
| 私营个体税收 | 万元 | 4180 |
| 居民储蓄存款余额 | 万元 | 31794 |
| 农民人均纯收入 | 元 | 10800 |
| 中小学校 | 所 | 5 |
| 在校学生 | 人 | 5860 |
| 在职教师 | 人 | 486 |
| 医院 | 所 | 2 |

**续表** 120

| 指标名 | 单位 | 数值 |
|---|---|---|
| 卫生所(室) | 个 | 36 |
| 医生数 | 个 | 151 |
| 病床数 | 张 | 215 |
| 参加养老保险人数 | 人 | 21600 |
| 参加农村新型合作医疗人数 | 人 | 44800 |
| 享受居民最低生活保障人数 | 人 | 1446 |

**2010年骨干企业基本情况**

**表** 121

| 企业名称 | 销售收入(万元) | 利税总额(万元) | 法定代表人 |
|---|---|---|---|
| 江苏双蝶集团公司 | 35901 | 3048 | 陈朝银 |
| 永顺泰(泰州)麦芽有限公司 | 17559 | 1702 | 杨广宁 |
| 兴化市美联碳素化工厂 | 19627 | 1784 | 陆友华 |
| 泰州市茂华蜂窝纸制品有限公司 | 14601 | 1330 | 祝耀华 |
| 江兴电力器材有限公司 | 14544 | 1241 | 张兆华 |
| 兴化市康华碳素制品有限公司 | 14802 | 1359 | 伏海坤 |
| 兴化市人和金电有限公司 | 5308 | 482 | 颜茂山 |
| 兴化市天泰制衣有限公司 | 9200 | 826 | 王洪祥 |
| 兴化市金盛胶业有限公司 | 3264 | 294 | 徐金文 |
| 兴化市鸿运铜业有限公司 | 9400 | 855 | 朱玉俊 |
| 兴化市润成棉业公司 | 6800 | 615 | 王顺荣 |
| 兴化市健康脱脂棉有限公司 | 7312 | 666 | 张世平 |
| 兴化市边城染织公司 | 7800 | 711 | 陈松山 |
| 兴化市振兴碳素制品有限公司 | 11700 | 1070 | 盛金平 |
| 兴化市正阳水泥有限公司 | 2579 | 190 | 曹建民 |
| 泰州市正阳麦芽有限公司 | 17295 | 1631 | 曹建民 |
| 兴化市新飞机械制造有限公司 | 4901 | 445 | 殷正飞 |
| 兴化市明威化工有限公司 | 7801 | 709 | 袁怀萍 |
| 兴化市江中电力器材厂 | 4065 | 370 | 严俊勤 |
| 兴化市轻工机械厂 | 5400 | 444 | 颜玉国 |
| 兴化市华盛木业有限公司 | 5813 | 527 | 沈小华 |
| 兴化市苏中泵业有限公司 | 5793 | 530 | 刘　劲 |

续表 121

| 企业名称 | 销售收入(万元) | 利税总额(万元) | 法定代表人 |
|---|---|---|---|
| 泰州宏凯铝业有限公司 | 15002 | 1369 | 沈卫宏 |
| 兴化市远东节能回收利用有限公司 | 5610 | 507 | 纪兆宏 |
| 兴化市双马木业有限公司 | 2899 | 266 | 徐金国 |
| 兴化市海平机械厂 | 2602 | 241 | 颜玉国 |
| 泰州市金海食品有限公司 | 1200 | 111 | 顾立新 |
| 兴化市中联橡胶制品厂 | 893 | 83 | 戴仁智 |
| 兴化市华燕棉业有限公司 | 3565 | 324 | 刘　勇 |
| 泰州市未来食品有限公司 | 2001 | 176 | 丁宏山 |
| 泰州市恒步金属制品有限公司 | 894 | 83 | 徐恒亮 |
| 泰州茂翔电子器材有限公司 | 2013 | 186 | 颜婷婷 |
| 裕达隆电子器材有限公司 | 3094 | 187 | 严俊勤 |

**各村基本情况**

**表** 122

| 村名 | 村支部书记 | 村委会主任 | 耕地面积(公顷) | 人口(人) | 工农业总产值(万元) | 农民人均纯收入(元) |
|---|---|---|---|---|---|---|
| 周郊 | 史明忠 | 高怀军 | 141.2 | 1425 | 5960 | 8898 |
| 薛庄 | 陈朝银 | 陈　伟 | 62 | 1674 | 39310 | 10752 |
| 邬牛 | 武庆祝 | 武庆祝 | 177.8 | 2028 | 5030 | 8750 |
| 农兴 | 刘九林 | 孙　杰 | 80.4 | 1030 | 2890 | 8873 |
| 边一 | 苗武宏 | 顾荣桂 | 169 | 1828 | 4440 | 8825 |
| 边二 | 沈全荣 | 徐凤宝 | 98.9 | 1643 | 4500 | 8200 |
| 腾马 | 曹洪亮 | 曹洪亮 | 110.5 | 1018 | 2380 | 9900 |
| 西边城 | 周小庆 | 卞国栋 | 150.8 | 2023 | 3760 | 8800 |
| 黄界 | 许长征 | 许长征 | 266 | 2572 | 4880 | 7503 |
| 大同 | 樊三林 | 樊三林 | 128 | 1223 | 1920 | 7988 |
| 伍张 | 李金峰 | 李来扣 | 256.8 | 2452 | 5620 | 8100 |
| 夏泊 | 於树彬 | 李克宝 | 204.6 | 2072 | 5150 | 8200 |
| 周北 | 周洪清 | 赵帮森 | 188 | 1929 | 3330 | 8100 |
| 官庄 | 倪新扬 | 凡免山 | 361.2 | 2988 | 6360 | 8100 |
| 胡官 | 丁　蔚 | 朱泽民 | 139.9 | 1256 | 3420 | 8200 |
| 东浒 | 汤金龙 | 汤建春 | 227 | 2076 | 5905 | 9500 |

续表 122

| 村名 | 村支部书记 | 村委会主任 | 耕地面积(公顷) | 人口(人) | 工农业总产值(万元) | 农民人均纯收入(元) |
|---|---|---|---|---|---|---|
| 西浒 | 吴金堂 | 吴金堂 | 219.7 | 2233 | 5725 | 8120 |
| 东坂伦 | 滕珍九 | 滕移山 | 200 | 2074 | 5530 | 8400 |
| 西坂伦 | -- | 李珍梅 | 279.6 | 3241 | 9600 | 8120 |
| 江孙庄 | 江国盛 | 王金钊 | 196.6 | 2478 | 7003 | 11884 |
| 祁沟 | 韩向前 | 韩兆罗 | 173.2 | 1648 | 5340 | 8230 |
| 颜吕 | 陈士银 | 颜登海 | 191.2 | 1951 | 4320 | 8600 |
| 殷庄 | 周志银 | 王仲山 | 169.9 | 1909 | 4050 | 8800 |
| 周泽 | 季大勤 | 姜小平 | 243.2 | 1970 | 5045 | 8700 |

**【惠农担保公司】** 该公司系全省首家惠农担保公司，由政府、龙头企业、村干部、农民经纪人出资入股组建，注册资金300万元，可担保贷款3000万元。本着“政府引导、村干参与、合行扶持、农户得益”的原则，为全镇符合农合行贷款条件并经调查认可的从事种植业、养殖业、加工业、手工业、商业、服务业的农户及农民专业合作社贷款提供担保，切实解决农民创业过程中贷款难、担保难、手续繁问题。从而有力促进农业产业结构调整，带动农民致富增收，保持金融市场稳定。

**【东浒村环境整治】** 该村以创建全面小康村为契机，整治村庄环境，切实改善民生，打造“和谐东浒”。实施路桥工程。投入资金160万元，铺设硬质化道路3640米，改建新建桥梁6座，方便群众生产生活。实施“双清”工程。疏浚整治村庄河道5600米，新建前河驳岸600米，并落实长效管护措施；取土12700立方米填平废河废塘，建成停车场4处和农民健身广场1处。落实村庄环境“见新工程”。全村拆除违建146处，墙面刷新26000平方米，铺设自来水管网11000米，新建水冲式公厕20座，新建垃圾池36座，配备垃圾桶49只，垃圾实行集中清运，统一处理。实施“绿化美化亮化工程”。新增绿化面积8600平方米，栽植各类树木38000株，建成路旁花圃600平方米。维修安装路灯312盏，村容村貌焕然一新。

**【数字电影放映队】** 2010年，周庄文化站投资5万元购置数字电影和135提包机放映设备，建起兴化市农村第一个数字电影放映队。在圆满完成公益性电影放映任务，提高放映质量的同时，该队开动脑筋，捕捉商机，每次正片放映前，通过字幕、《科教片》等形式，为有关部门开展政策法规宣传，取得经济效益和社会效益的双赢。 (周长青)

# 垛田镇

【垛田镇概况】 垛田镇素称"千岛之乡",位于兴化城的东南部,随着兴化城区的南移东扩,垛田镇已逐步纳入城区。全镇总面积60平方公里,耕地面积2133公顷,水面养殖面积2067公顷,境内河沟纵横交错,如水网平铺,垛岸星罗棋布,似千万小岛荡漾于水面之上。历史上就以种植蔬菜为主,年产蔬菜26万吨,因此,垛田又有"蔬菜之乡"的美称。辖22个行政村1个居委会,总户数17332户,总人口56976人。2010年实现地区生产总值6.77亿元,比上年增长19%;其中完成工业增加值2.89亿元,农业增加值1.676亿元,建筑业增加值2900万元,服务业增加值2.01亿元,财政总收入8612万元,同比增长88%;其中,一般预算收入5690万元,同比增长93%。农民人均纯收入8265元,同比增长10.1%。

经济建设与发展 实现地区生产总值6.866亿元,比上年增长19%,实现工业产品销售收入29.77亿元,比上年增27.2%,入库税收7924亿元,比上年增95.6%。工业经济克服各种不利因素,保持良好的运行质态,增加对公共财政的贡献份额。自营出口总额实现3500万美元。脱水蔬菜加工企业开始步入强强联合、抱团发展、规模经营之路,组建成立"兴化市脱水食品集团"。全年完成技改投入2.45亿元,同比增长40%,企业通过建立蔬菜研究所、公共技术发展中心等科研机构,增强产品研发能力和市场竞争能力。完成市交6000万元的招商引资任务,招引项目6个,洽谈项目3个,拟报批项目2个;全年新发展私营企业16家,民营经济净增注册资本实现5600万元,同比增长12%。通过政策鼓励、强化服务、引导发展,促进农业增效和农民增收。不断调整优化种植和养殖业结构,蔬菜种植围绕企业需求,不断优化品种结构,城郊地区的反季节蔬菜种植围绕市场需求,调整品种结构,精细化、规模化的程度进一步提高;水产养殖中的青虾养殖得到巩固与发展,新培植鳜鱼养殖项目373公顷。全镇共有专业合作社30家,其中2010年新增4家,蔬菜和水产品的销售手段更加灵活,销售渠道更加多样,销售市场得到进一步拓展。全年共新增小型耕田机450台,水产养殖机械470台,清淤机械10台,全镇农民共享受国家农机补贴110万元。三产服务业规模得到扩展,结构更趋优化,对经济和财税的贡献更加突出。新区房地产企业纳税比上年有较大幅度的增长。水运业税收征收力度加大,全年完成290万元。全年新增个体工商户75户,新增从业人员约300人。

社会事业发展 年末,有学校7所,教师总数276人,在校学生2050人,有医院1所,社区卫生服务室22家。年初确定8个村参加小康村创建,其中解楼、张庄、得胜为重点参创村。各参创村因地制宜制订规划,发动群众积极参与,想方设法筹措资金,精心组织环境整治,村庄面貌焕然一新,已经顺利通过市里的检查验收。三村共新建硬质路面4460米,健身休闲广场10处,公厕21座,新建、改造农桥3座,新增绿化面积4250平方米,栽植花木11000多株,拆除大小房屋79间,疏浚河道28条4300米,清除灰堆草垛茅坑382个,清运垃圾500多吨,投入资金250多万元。其他小康村的创建工作也取得初步成效。年内共新建圩口闸3座、排涝站2座,大修改造排涝站4座;加修圩堤3600米、完成土方4.2万立方米;新修、改造乡村道路6000米,新建、改造农桥9座;完成2个村的电气化改造。通村公路得到较好养护。国家南水北调东线卤汀河整治工程前期工作有序推进。二次改水的施工进度不断加快。年内已有7个行政村、17个自然村全面完成内部管网改造,其余15个行政村、23个自然村已经制定改造及施工方案。环境整治工作有力。共投入2080条船只、8450个劳力,用一个月左右的时间,按照"两无两有"的标准,进行水花生打捞,一次性通过市检查验收;对王横、高家荡等6个村庄的河道进行疏浚,完成土方5.6万立方米;清除主干河道渔具网簖,保证泄洪通道和水上运输的畅通。环境保护不断加强,小橡塑整治行动有力,秸秆禁烧成效明显。民主管理稳步推进。通过进一步推行政务公开、村务公开、财务公开,不断推进民主管理。制定完善各项制度,汇编成册。进一步完善资源、资产和资金管理制度,使管理工作有章可循,按章办事。积极开展科技推广、农民培训和科技入户工作,全年共举办农技培训2期,农民经纪人电脑培训班1期,初级园艺工培训班2期,举办劳动力技能培训3期,劳动力转移培训2期;250人通过初级园艺工职业技能考核鉴定。落实国家和省级农业科技入户项目3个,建立科技示范户362个,省渔业科技示范户20户。邀请省、市两级农科院所进行香葱、芋头两大作物连作障碍研究实验。中心幼儿园按照省级优质幼儿园的建设标准,完成迁址改造的前期工作,拟进入招标阶段。镇社区教育中心顺利通过泰州市的检查验收。农家书屋实现全覆盖,并作为兴化市唯一重点抽查乡镇,顺利通过省新闻出版局的检查验收。4幅农民画在首届中国农民艺术节获奖,11位作者的作品在江苏省第五届农民美术书法大赛中获奖、入围,居泰州第一。大学生村官才艺比赛获全市一等奖。"耿家垛遗址"、"垛田景观"、"沈云楼故居"被列为市级文保单位,"垛田景观"入选全国第三次文物普查重大新发现,正在推荐申报第七批全国重点文保单位。广播电视事业有力推进,年内共新增有线电视用户689户。完成调频音柱入村任务,通过市局检查验收。完成4个村的光缆改造和传输升级,为数字电视转换打下较好基础。16个社区卫生服务站全面推行“四制六统一”的管理模式,卫生服务转型工作初见成效。高龄参保人员免费体检活动正常进行,已婚育龄妇女免费体检工作全面开展,人口信息系统全面完善,出生婴儿性别比102.4:100,步入正常轨道;计划生育率98.9%,期内长效硬措施落实率82.6%,批准照顾二孩集中服务率95%。户厕改造试点在征六自然村全面完成,并通过省级验收。

富民工程实施　全镇农民人均纯收入8116元,比上年增10.1%,市、镇两级足额发放各类涉农惠农补贴220.68万元。新农合医疗保险和养老保险扩面工作全面推进,新型农民养老保险参保人数达到23600人,登记发放60岁以上老人基础养老金6865人,新型农村合作医疗保险筹资238.495万元,参保率达99%,全年新农合报销819人次、139.6万元,职工养老保险、职工医疗保险均超额完成市交任务,在14个村建立村级保障平台,社会保障体制初步形成,保障水平明显提高。全面落实农村五保供养政策和弱势群体帮扶政策,五保老人生活费及时、足额发放,有254户652人纳入低保,基本完成年初确定的296户690人的脱贫任务。军烈属和伤残退伍军人等优抚政策得到有效落实,优待金、生活补助及时足额发放,有特殊困难的及时给予帮助。敬老院三期工程投入使用,新增床位100个。年初镇人代会确定的为民兴办8件实事全部完成。

**2010年主要经济社会指标**

**表** 123

| 指标名 | 单位 | 数值 |
|---|---|---|
| 总户数 | 户 | 17332 |
| 总人口 | 人 | 56976 |
| 乡镇从业人员数 | 人 | 32733 |
| 耕地面积 | 公顷 | 2132 |
| 地区生产总值 | 万元 | 67706 |
| 人均地区生产总值 | 元 | 12298 |
| 农业增加值 | 万元 | 16760 |
| 工业增加值 | 万元 | 28900 |
| 建筑业增加值 | 万元 | 2900 |
| 服务业增加值 | 万元 | 20100 |
| 生猪出栏 | 头 | 0.478 |
| 家禽出栏 | 万羽 | 39.4 |
| 水产品产量 | 吨 | 11000 |
| 工业企业数 | 家 | 296 |
| 当年到账外引资金 | 万元 | 6000 |

**续表** 123

| 指标名 | 单位 | 数值 |
|---|---|---|
| 工业销售收入 | 万元 | 297712 |
| 工业利税总额 | 万元 | 16453 |
| 预算内财政收入 | 万元 | 8612 |
| 一般预算收入 | 万元 | 5690 |
| 私营个体税收 | 万元 | 7924 |
| 居民储蓄存款余额 | 万元 | 15580 |
| 农民人均纯收入 | 元 | 8265 |
| 中小学校 | 所 | 7 |
| 在校学生 | 人 | 2050 |
| 在职教师 | 人 | 276 |
| 医院 | 所 | 1 |
| 卫生所(室) | 个 | 22 |
| 医生数 | 个 | 103 |
| 病床数 | 张 | 68 |
| 参加养老保险人数 | 人 | 1657 |
| 参加农村新型合作医疗人数 | 人 | 47886 |
| 享受居民最低生活保障人数 | 人 | 650 |

**2010年骨干企业基本情况**

**表** 124

| 企业名称 | 销售收入(万元) | 利税总额(万元) | 法定代表人 |
|---|---|---|---|
| 江苏盛飞食品有限公司 | 3645 | 208 | 唐爱玲 |
| 江苏华科塑业有限公司 | 6114 | 393 | 潘广林 |
| 江苏顶能食品有限公司 | 17500 | 903 | 王祝善 |
| 江苏高康冻干食品有限公司 | 9524 | 537 | 陈　平 |
| 泰州欣晖食品有限公司 | 13993 | 616 | 赵德宽 |
| 兴化市东宝食品有限公司 | 4272 | 237 | 王一余 |
| 兴化市大林食品有限公司 | 4341 | 252 | 王一林 |
| 兴化市宏升食品有限公司 | 4626 | 268 | 王一宏 |
| 兴化市联发食品有限公司 | 4762 | 268 | 王笛庭 |
| 兴化市康华食品有限公司 | 4901 | 279 | 王昌华 |
| 兴化市联升食品有限公司 | 4288 | 235 | 刘兆海 |
| 兴化市联富食品有限公司 | 16524 | 896 | 刘　剑 |
| 兴化市金鑫食品有限公司 | 3145 | 132 | 吴本松 |

续表 124

| 企业名称 | 销售收入(万元) | 利税总额(万元) | 法定代表人 |
|---|---|---|---|
| 兴化市金三叶食品有限公司 | 4456 | 255 | 赵吉来 |
| 兴化市味野食品有限公司 | 3315 | 187 | 郑同庆 |
| 兴化市盛源食品有限公司 | 3717 | 218 | 王齐善 |
| 兴化市天龙卫生材料厂 | 2522 | 144 | 王同根 |
| 兴化市鑫阳混凝土有限公司 | 2005 | 119 | 陈国平 |

各村基本情况

表 125

| 村名 | 村支部书记 | 村委会主任 | 耕地面积(公顷) | 人口(人) | 工农业总产值(万元) | 农民人均纯收入(元) |
|---|---|---|---|---|---|---|
| 芦洲 | 王永明 | 王永明 | 122.92 | 7432 | 31470 | 8028 |
| 南园 | 陈鹤进 | 朱国俊 | 96.14 | 2158 | 4600 | 8402 |
| 征北 | 殷洪如 | 严文根 | 63.95 | 1915 | 3820 | 8620 |
| 孔长 | 孔令帅 | 孔令帅 | 70.82 | 2146 | 8520 | 8130 |
| 杨荡 | 韩兆巧 | 韩兆巧 | 58.52 | 1497 | 4600 | 8023 |
| 高家荡 | 杨庆勇 | 顾玉宏 | 56.82 | 3625 | 6600 | 8150 |
| 王垛 | 王开跃 | 王开锦 | 45.26 | 1314 | 2290 | 7655 |
| 张庄 | 张永华 | 沈国栋 | 55.77 | 2893 | 26590 | 8316 |
| 水产 | 许恒胜 | 许恒胜 | 10 | 723 | 15280 | 7018 |
| 张皮 | 邵国祥 | 张日长 | 61.61 | 2367 | 4760 | 7556 |
| 南仇 | 徐国华 | 庞辉怀 | 45.40 | 1565 | 4300 | 7427 |
| 新联合 | 仲大江 | 沙才智 | 49.36 | 3050 | 16410 | 7904 |
| 解楼 | 解加俊 | 解加俊 | 39 | 1820 | 6120 | 8600 |
| 凌翟 | 翟拥军 | 翟拥军 | 10.42 | 1327 | 13000 | 8922 |
| 城东 | 钱世华 | 钱世华 | 13.52 | 2708 | 5380 | 8562 |
| 杨花 | 徐兴付 | 王爱英 | 25.08 | 1710 | 3710 | 7926 |
| 新徐庄 | 徐殿海 | 王　明 | 39.53 | 2737 | 3130 | 7109 |
| 三羊 | 张学胜 | 张学胜 | 21.23 | 1353 | 5600 | 7590 |
| 得胜 | 周祝杰 | 周祝杰 | 67.61 | 3269 | 5930 | 8360 |
| 申家佃 | 单建才 | 赵玉忠 | 55.07 | 1946 | 2570 | 8050 |
| 王横 | 华培忠 | | 266.30 | 4408 | 73150 | 10425 |
| 湖西口 | 盛华平 | 董加成 | 85.87 | 3175 | 10440 | 7370 |
| 集镇 | 解德荣 | 严正才 | | 1837 | | |

**【泰州市委组织部领导调研垛田大学生村官创业】** 9月15日下午，泰州市委常委、组织部部长李国华在兴化市委副书记金厚坤、市委常委组织部部长万永良等人陪同下，来到垛田镇张庄村，实地察看由大学生村官蒋富干牵头创办的惠民蔬菜专业合作社。在合作社的交易码头，李部长详细了解合作社的创办经历、经营情况和面临的困难。他对大学生村官从当地实际出发创办经济实体的做法给予充分肯定，勉励蒋富干好好经营，干出成绩，服务群众，致富一方百姓。随后，李国华一行还来到张庄村村部，仔细察看村部设施，了解村部的建设和运转情况。

**【江苏兴化脱水蔬菜食品集团成立】** 8月18日上午，“江苏兴化脱水食品集团”揭牌仪式在江苏顶能食品有限公司南厂区隆重举行。集团的成立，标志着垛田乃至全市的蔬菜加工行业走出强强联合、抱团发展、集约经营、转型升级的重要一步。

**【垛田喜诞一对清华学子】** 2010年度高考中，垛田镇新联合村高俊培和芦洲村戎瑶被清华大学录取，两村干部群众纷纷前往祝贺，垛田镇党委政府给两位同学送去贺信及奖励金。

**【《王横村史》出版】** 8月25日，垛田镇第一部村史——《王横村史》出版发行。该书叙及王横村的自然地理、历史变迁、生产生活、民俗文化、人物事件等方方面面，时间跨度则从王横建村的北宋年间叙至2010年6月。文字、列表、图片编排有序、搭配得当，全方位、有系统地介绍王横村的发展轨迹。《王横村史》是由该村教师王一兆和退休干部徐义国两人，历经5年的走访调查、收集资料、业余写作、多方征求意见、反复修改而成。 (顾生尧)

## 竹泓镇

**【竹泓镇概况】** 竹泓镇位于江苏省兴化市区东南部，是兴化市中心镇之一，全镇社会总面积64.5平方公里，其中镇区面积101.2公顷，由4个行政村、2个居委会组成。全镇耕地面积2760公顷，下辖17个行政村、2个居委会。2010年末，全镇总户数12099户，有户籍人口3.97万人，其中非农人口0.29万人，另有外来暂住人口302人。全年实现地区生产总值3.74亿元，比上年增12.6%，其中一、二、三产业增加值分别为9760万元、12508万元和15144万元。按户籍人口计算，人均生产总值13383元。全年完成财政收入2693万元，其中地方一般预算收入1250万元，分别比上年增14.3%和18.7%。完成全社会固定资产投入1.58亿元，比上年增32%。年内获“运输业先进乡镇”、“人口和计划生育工作先进乡镇”、“民政工作先进乡镇”、“征兵工作先进乡镇”、“文化宣传工作先进乡镇”等称号。

经济建设与发展　全年完成经济总收入22.39亿元。实现工业产品销售收入17.86亿元，比上年增30.25%；入库税收1682万元，比上年减少15.05%。规模型、成长型企业完成工业销售收入11.6009亿元，利税1.0599亿元，分别占全镇工业经济总量的64.96%和72.42%。年末有工业企业385家，其中5家销售收入超500万元。年内，总投资超6000万元的天祥光电等2个项目落实供地指标。全年完成技改投入1.138亿元。飞驰玻璃钢船厂研究开发的海上玻璃钢高速巡逻艇获得两项国家专利，并为上海世博会提供强有力的海上安全和救生服务，新开发的豪华游艇成为海上休闲的新宠。年内新批办私营个体企业10家，新增注册资本4360万元。服务业占GDP的比重达到40.48%。村级经济持续增长，全镇村级可用财力438.6万元，村均25.8万元，基本实现村村可用财力超20万元。年内新组建各类专业合作社6家、土地股份合作社1家。稻麦良种实现全覆盖，全年发放各类田亩补贴350.75万元，农机化综合水平达到80%。新增高效农业233.33公顷，设施农业83.33公顷。竹二猪业养殖基地建成投产。泓海果蔬、宏源果蔬、根忠奶牛、迎客食用菌合作社等特色农业每亩效益超3000元。全年实现农业总产值2.804亿元，粮食和水产品总产量分别达到39666吨和4250吨。集镇建设顺利推进，全年投入568万元用于集镇道路等基础设施建设。创业西路竣工通车，集镇总体规模大幅提升。

社会事业发展　2010年末，全镇有镇中心小学一所，村小学3所、初中一所。镇中心幼儿园通过泰州级标准园的验收。教师总数224人，在校学生2827人。有镇中心卫生院1家，社区及村级卫生服务站10家。建成市级文明村2个。年内，强化村级监控示范点，刑事发案率比上年下降5.1%。镇中心“世代服务室”和竹二村“世代服务室”建成启用。新增村级农民书屋18家，镇龙舟队参加全国镇江龙舟大赛获三等奖，全镇17个行政村村村通上公交车。镇中心敬老院整体功能得到进一步提升，获得“省级文明敬老院”和“国家模范敬老院”称号。

富民工程实施　全镇农民人均纯收入8306元，比上年增14.9%。8家农村社区土地股份合作社实现分红，分红总额150万元。市、镇两级足额发放各类涉农惠农补贴513万元。社保扩面工作扎实推进，新增城乡参保人数14463人，累计近18648人。有5423人享受60周岁老年人补贴。新增就业岗位83个，帮助236名贫困对象和7名征地居民实现就业。慰问各类贫困对象69户，发放慰问金2.04万元。为78户低保、低保边缘户落实最低生活保障，帮助8户贫困危房户和重点优抚对象翻建房屋19间。新型合作医疗参保人数达到35841人，有59名参保对象得到大病生活救助补偿，补偿金额39.2万元。有5名困难家庭的学生得到慈善助学金2000元，顺利圆了大学梦。年内，竹泓镇党委、人民政府举行“九九重阳节、浓浓敬老情”慈善捐赠活动，共获得善款14万元，为镇福利事业的发展增添后劲。

**2010年主要经济社会指标**

**表** 126

| 指标名 | 单位 | 数值 |
|---|---|---|
| 总户数 | 户 | 12099 |
| 总人口 | 人 | 39651 |
| 乡镇从业人员数 | 人 | 17328 |
| 耕地面积 | 公顷 | 2760 |
| 地区生产总值 | 万元 | 37423 |
| 人均地区生产总值 | 元 | 13383 |
| 农业增加值 | 万元 | 9760 |
| 工业增加值 | 万元 | 11420 |
| 建筑业增加值 | 万元 | 1288 |
| 服务业增加值 | 万元 | 14944 |
| 生猪出栏 | 头 | 32000 |
| 家禽出栏 | 万羽 | 55 |
| 水产品产量 | 吨 | 4250 |
| 工业企业数 | 家 | 389 |
| 当年到账外引资金 | 万元 | 6000 |
| 工业销售收入 | 万元 | 178953 |
| 工业利税总额 | 万元 | 14636 |
| 预算内财政收入 | 万元 | 2693 |
| 一般预算收入 | 万元 | 1250 |
| 私营个体税收 | 万元 | 1682 |
| 居民储蓄存款余额 | 万元 | 14850 |
| 农民人均纯收入 | 元 | 8307 |
| 中小学校 | 所 | 5 |
| 在校学生 | 人 | 2827 |
| 在职教师 | 人 | 224 |
| 医院 | 所 | 1 |
| 卫生所(室) | 个 | 34 |
| 医生数 | 个 | 50 |
| 病床数 | 张 | 42 |
| 参加养老保险人数 | 人 | 14740 |
| 参加农村新型合作医疗人数 | 人 | 39120 |
| 享受居民最低生活保障人数 | 人 | 891 |

2010年骨干企业基本情况

表 127

| 企业名称 | 销售收入(万元) | 利税总额(万元) | 法定代表人 |
|---|---|---|---|
| 兴化市宏辉金属材料厂 | 17446 | 1240 | 潘连民 |
| 兴化市飞驰玻璃钢船艇有限公司 | 15312 | 2816 | 冯荣富 |
| 兴化市信达塑编有限公司 | 4292 | 855 | 林银贵 |
| 兴化市宇程金属材料厂 | 39309 | 2865 | 李从江 |
| 兴化市盛源无纺材料厂 | 13130 | 1165 | 徐　峰 |
| 兴化市今世香油脂有限公司 | 26520 | 1658 | 朱宝荣 |

各村基本情况

表 128

| 村名 | 村支部书记 | 村委会主任 | 耕地面积(公顷) | 人口(人) | 工农业总产值(万元) | 农民人均纯收入(元) |
|---|---|---|---|---|---|---|
| 竹一 | 王大来 | 王大来 | 202 | 3037 | 8210 | 8190 |
| 竹二 | 周四洋 | 周四洋 | 193 | 2658 | 7107 | 9220 |
| 竹三 | 吴玉宏 | 吴玉宏 | 166 | 2069 | 3844 | 8270 |
| 竹四 | 刘长道 | 周四明 | 112 | 1648 | 3016 | 8150 |
| 冯家 | 解冬祥 | 冯玉才 | 167 | 1796 | 2271 | 7959 |
| 西刘 | 丁纯峰 | 陈荣兵 | 98 | 1208 | 2834 | 8350 |
| 赵徐沈 | 徐德权 | 赵增祥 | 130 | 1905 | 2448 | 8408 |
| 志芳 | 刘国鉴 | 徐顺中 | 125 | 1892 | 3003 | 8427 |
| 九港 | 王　震 | 周宝阳 | 128 | 2252 | 1624 | 8175 |
| 北张 | 汪友本 | 汪友本 | 164 | 2178 | 2047 | 8107 |
| 尖沟 | 余海富 | 陈友勇 | 152 | 1946 | 1565 | 8500 |
| 丁刘 | 刘志胜 | 刘志胜 | 93 | 1253 | 1546 | 8484 |
| 舒余 | 李友荣 | 朱永年 | 283 | 2906 | 3516 | 8506 |
| 白沙 | 张堂文 | 张堂文 | 173 | 2102 | 1800 | 7985 |
| 竺陆张 | 陆崇武 | 陆崇武 | 112 | 1487 | 1086 | 7974 |
| 解徐王 | 解长银 | 解长银 | 240 | 3110 | 1968 | 8108 |
| 东高魏 | 杨　峰 | 高友得 | 159 | 2083 | 2690 | 8260 |

**【镇区总体规划】** 2010年11月27日，竹泓镇镇区总体规划(2010-2030)顺利通过专家评审。拟定镇区规划包含“一镇两区”，面积扩大至280公顷左右。按规划要求，将来竹泓镇将建设成为水乡特色的“文化古镇”和“以造船业为主导的工贸型小城镇”。

市长徐克俭视察竹泓天祥光电企业

**【兴化市光伏制品产业园】** 年末，竹泓镇工业集中区得到市委、市政府授牌，定位为兴化市光伏制品产业园。该园位于高兴东路、大周公路交会处西南侧，交通便捷、设施完善，规划用地面积100公顷，园区内现有企业24家，其中规模企业4家，年产值18.23亿元，利税1.46亿元。

(熊武川)

# 茅　山　镇

**【茅山镇概况】** 茅山镇具有两千多年的文明史。汉景帝时，咸阳茅氏三兄弟(茅盈、茅衷、茅固)来此修道，故名“三茅山”，简称“茅山”，又称“北茅山”。茅山镇地处兴化、东台、姜堰三市交会中心，地理位置优越，水陆交通便捷。水上交通要道唐港河和兴姜河穿境而过，贯穿全镇东西的茅顾公路向东仅五分钟车程接宁靖盐高速，西接兴泰一级公路，距泰州火车站半小时车程，与上海、南京、杭州等城市时空距离均在三小时以内，是中国戴南不锈钢产业集群重要的生产、研发、物流、信息、金融中心。全镇土地面积42.7平方公里，辖10个行政村，1个居委会，总人口30417人，非农人口4114人。2010年实现地区生产总值37136万元，比上年增15.8%，其中农业、工业、建筑业和服务业增加值分别为8566万元、9528万元、3966万元和15376万元，分别比上年增13.7%、17.8%、4.2%、18.9%。全年实现财政总收入5124万元，其中地方一般预算收入1786万元，分别比上年增64.1%、56.4%，完成全社会固定资产投入31977万元，比上年增30.5%，2010年农民人均纯收入达9069元。年内获“江苏省特色文化之乡”、“发展速度进位乡镇”、“招商引资先进单位”、“利用外资先进单位”等称号，《茅山号子》入选国家级非物质文化遗产保护项目名录。

经济建设与发展　2010年全镇招引项目7个，引资额达1亿元，超额完成市交5000万元目标任务，实际利用外资465万美元，协议利用外资600万美元。亚德胶粘、东锵塑膜、欣佳模具、江苏科森、泰州艾德、瑞美机械、阳光汽配等7家生产加工企业全部竣工投产。嘉通电缆、垣睿机械、江苏大唐三期工程、泰州东锵二期工程都已进入征地挂牌阶段。工业经济各项指标均超额完成,实现工业总产值11亿元,销售10.8亿元,利税1.21亿元,实现技改投入1.987亿元,分别比2009年增长33%、32%、36%和32.9%。全镇规模企业上升至14家,已初步形成胶粘制品、不锈钢制品、汽车配件、机械制造、轻纺服装等五大支柱产业。2010年被市委、市政府表彰为"利用外资百日赛先进乡镇"、"利用外资先进单位"。太阳红水果、玉麟西瓜和景德果蔬等三家专业合作社建成营业,全年实现销售额850万元,解决农村剩余劳动力240人。

市委十届八次全会代表到茅山镇太阳红专业合作社参观

社会事业发展　按照建管并重的原则,不断加大集镇开发管理力度,全年新增开发建设面积2万平方米,集镇新增定居近200户,基本完成客运中心和中心敬老院食堂、浴室的建设任务,建设并改造公厕3座,新增路灯130盏,全面完成兴姜河集镇段的驳岸工程和两个农贸市场棚顶的维修工作,集镇形象进一步提升。顾冯村、南朱庄村、茅山西村、纪荀村等4个村全面小康示范村创建工作顺利通过市考核验收。各村围绕创建规划,通过整、改、填、扩、建等方式,着重抓好道路硬化、垃圾清理、河道整治、改水改厕等基础工作,浇筑硬质巷道8500米,维修桥梁4座,新建停车场8处。卞东、卞西两个自然村完成改厕306户,村庄面貌焕然一新。孙王村、薛杨村卫生服务中心建成并投入使用。总长3.6公里的西薛线、孙王线、茅山北线建成通车,1.4公里的朱南线建设进展顺利,给人民群众的生产生活带来极大的便利。

富民工程实施　2010年,全镇15项民生实事工程即:沿运灌区"123"工程、兴姜河驳岸建设工程、农桥建设和危桥改造工程、通村公路建设工程、敬老院改造工程、农业园区建设工程、景德禅寺建设工程、改水改厕工程、台商工业园建设工程、集镇环境整治工程、客运中心建设工程、农村社区卫生服务站建设及广电入户工程、农村客运公交化工程、农业综合开发工程、全面小康村创建及扶贫攻坚工程,均按照序时进度稳步推进,本年度项目已全部完成,阶段性项目成效明显。

**2010年主要经济社会指标**

**表** 129

| 指标名 | 单位 | 数值 |
|---|---|---|
| 总户数 | 户 | 10462 |
| 总人口 | 人 | 30417 |
| 乡镇从业人员数 | 人 | 11847 |
| 耕地面积 | 公顷 | 2760 |
| 地区生产总值 | 万元 | 37136 |
| 人均地区生产总值 | 元 | 13615 |
| 农业增加值 | 万元 | 8566 |
| 工业增加值 | 万元 | 9528 |
| 建筑业增加值 | 万元 | 3666 |
| 服务业增加值 | 万元 | 15376 |
| 生猪出栏 | 头 | 8520 |
| 家禽出栏 | 万羽 | 15.37 |
| 水产品产量 | 吨 | 1168 |
| 工业企业数 | 家 | 76 |
| 当年到账外引资金 | 万元 | 465 |
| 工业销售收入 | 万元 | 108132 |
| 工业利税总额 | 万元 | 12173 |
| 预算内财政收入 | 万元 | 5124 |
| 一般预算收入 | 万元 | 1786 |
| 私营个体税收 | 万元 | 1207 |
| 居民储蓄存款余额 | 万元 | 27933 |
| 农民人均纯收入 | 元 | 9069 |
| 中小学校 | 所 | 4 |
| 在校学生 | 人 | 1510 |
| 在职教师 | 人 | 183 |
| 医院 | 所 | 1 |
| 卫生所(室) | 个 | 10 |
| 医生数 | 个 | 81 |
| 病床数 | 张 | 48 |
| 参加养老保险人数 | 人 | 11252 |
| 参加农村新型合作医疗人数 | 人 | 26651 |
| 享受居民最低生活保障人数 | 人 | 540 |

2010年骨干企业基本情况

表 130

| 企业名称 | 销售收入(万元) | 利税总额(万元) | 法定代表人 |
|---|---|---|---|
| 兴化市阳光汽配厂 | 2866 | 318 | 蔡永林 |
| 兴化市永隆不锈钢制品厂 | 3197 | 351 | 秦永龙 |
| 兴化市众心棉业有限公司 | 9906 | 1078 | 陈春根 |
| 兴化市东亚铜业器材厂 | 3504 | 391 | 陈文生 |
| 江苏省大唐不锈钢制品有限公司 | 11258 | 1251 | 吴育唐 |
| 兴化市三海船舶灯具电器厂 | 2088 | 231 | 孙勇山 |
| 泰州市亚德胶粘制品有限公司 | 4195 | 466 | 何炎昌 |
| 兴化市跃义不锈钢制品厂 | 2781 | 300 | 朱学旺 |
| 兴化市宏甫不锈钢制品有限公司 | 10095 | 1132 | 陈光甫 |
| 兴化市凯阳金属制品有限公司 | 2183 | 234 | 王春林 |
| 兴化市巨丰不锈钢制品有限公司 | 2034 | 223 | 王兴华 |
| 兴化市欣佳模具有限公司 | 2247 | 254 | 杨卫星 |

各村基本情况

表 131

| 村名 | 村支部书记 | 村委会主任 | 耕地面积(公顷) | 人口(人) | 工农业总产值(万元) | 农民人均纯收入(元) |
|---|---|---|---|---|---|---|
| 茅山东村 | 冯夏余 | 冯夏余 | 151 | 2596 | 3222.3 | 9058 |
| 茅山西村 | 金厚勇 | 金厚勇 | 180 | 2365 | 8339.8 | 9080 |
| 姜太村 | 刘长法 | 刘长法 | 231 | 2541 | 1459.5 | 9076 |
| 纪荀村 | 金加友 | 冯余涛 | 273 | 3924 | 8656.3 | 9103 |
| 茅山北村 | 蔡三宝 | 蔡三宝 | 244 | 2699 | 2330.7 | 9033 |
| 朝阳庄村 | 许秀国 | 罗卫民 | 172 | 2048 | 2161.9 | 9042 |
| 薛杨村 | 王　炜 | 朱祥荣 | 291 | 3181 | 4720.3 | 9066 |
| 孙王村 | 张志平 | 张秧桂 | 222 | 2625 | 4391.4 | 9063 |
| 顾冯村 | 沈红林 | 张维德 | 190 | 2661 | 1937.9 | 9076 |
| 南朱庄村 | 蒋明香 | 蒋明香 | 126 | 1663 | 1247.7 | 9080 |

**【“茅山号子”被列为国家级非物质文化遗产保护项目】** 5月,“茅山号子”入选国家级非遗名录传统音乐类。这是茅山镇特色文化建设取得的新突破。9月,茅山镇(民歌)被省文化厅命名为“特色文化之乡”。民歌手陆爱琴入选非物质文化遗产“茅山号子”项目传承人。10月,蔡爱方一家带着茅山号子进京演出,登上央视《欢乐一家亲》节目,荣获由全国妇女联合会和中央电视台颁发的“影播纪念奖”。为弘扬民间优秀传统文化,宣传推介好茅山号子,放大特色文化之乡创建效应,进一步推动“文化兴化”建设,茅山镇党委政府与兴化市文广新局共同制定《国家级非物质文化遗产保护项目——茅山号子宣传推介方案》,并于9月13日举办茅山号子宣传推介方案听证会,旨在通过广泛宣传和加快整合以茅山号子为重点的特色文化资源,将茅山号子、茅山会船、茅山庙会、景德禅寺等特色文化与能人经济、台商经济有机结合,建设集生态文化、民俗文化、宗教文化、实景表演、休闲娱乐为一体的特色文化旅游项目,服务茅山经济发展。

**【景德禅寺大雄宝殿、天王殿、地藏殿落成暨佛像开光庆典隆重举行】** 10月5日上午,茅山景德禅寺大雄宝殿、天王殿、地藏殿落成暨佛像开光庆典隆重举行。市领导贾春林、范学忠、韩成龙、卞正祥、葛鸾英、邓志方、彭国良出席庆典活动并参加方丈室奠基动土仪式。中国佛教协会咨议委员会副主席、常州天宁禅寺方丈松纯大师、扬州大明寺方丈能修大和尚及诸山长老为大雄宝殿、天王殿、地藏殿举行佛像开光法会。 (吴海棠)

# 林　湖　乡

**【林湖乡概况】** 林湖地处兴化市腹部,东邻盐靖宁高速,南接高兴东公路,西傍大周公路,北依昌合公路。塘港河、林海河、渭水河及白涂河、车路河、梓辛河等三纵三横穿境而过。因境内有名湖“得胜湖”和名庵“东林庵”而得名,是江淮地区史前文化的主要发祥地之一,江苏省提线木偶戏的发源地,里下河著名的民歌之乡,兴化最早的抗日革命根据地(老区)之一。全乡土地面积62.93平方千米,拥有水面1600公顷,总人口3.73万人。2010年地区生产总值2.62亿元,财政预算内收入1645万元,地方一般预算收入895万元,分别比上年增长11.8%、26%和27.8%。林湖乡人文历史悠久,文化底蕴深厚,现有古遗存13处,红色革命遗址8处和市级文物保护单位2处。其中影山头遗址2009年被评为江苏省全国文物普查“十大新发现”,“林湖乡民歌”和“戴家舍提线木偶”成为兴化市非遗保护项目。

经济建设与发展　全乡实现地区生产总值26248万

元,其中一产10195万元、二产6903万元、三产9150万元,分别比上年增长11.8%、8.4%、17.9%和11.3%。完成财政收入1376万元,比上年增长26%,地方一般性预算收入895万元,比上年增长27.8%。全乡完成工业总产值6.569亿元,同比增长12.5%,开票销售1.81亿元,同比增长14.6%。工业主要指标均超额完成市交目标任务。工业用电量达1500万千瓦时,同比增长50%,全乡7家列统企业实现工业总产值2.88亿元,同比增长12.9%,成为全乡工业经济的"半壁江山"。2010年招商引资工作取得新的突破,经过紧密跟踪、多轮洽谈,兴化市广福金属制品有限公司最终签约落户。该项目总投资1.1亿元,注册资金2000万元,是继兴化市华成镀锌管件有限公司之后又一个投资过亿元的重大项目。全乡工业经济规模不断壮大,已形成以锌品为主,不锈钢制品、调味品、纺织为辅的四大支柱产业。西丁村无核葡萄发展迅速,葡萄面积新增15.33公顷。朱胖、万朱、戴家等村养鸭产业异军突起,江南二号蛋鸭达25.6万只,年饲养量5000只以上的规模养殖户有28户,养鸭产业正向集约化、专业化、规范化迈进。

*社会事业发展* 年末,有学校8所,教师总数165人,在校学生1685人。在平安校园创建上,强化学校安全责任制,做到校车接送学生和校园管理规范有序。兴化市"大周"公路沈坨段至海南段11月底全线贯通,该段纵穿林湖乡,途经湾朱、姚富、朱陈庄和西丁等四个行政村。全乡投入71万元分别在马家村、朱陈村、强胜村和西丁村共建设三座排涝站和两座闸站。通过积极与主管部门上争,实施政法大楼改扩建工程和中心敬老院的"关爱工程"。总投资50万元的中心敬老院"关爱工程"于12月20日完工。全乡共清理打捞市乡村各级河道630条。朱陈庄村是小康创建重点村,共投入资金71万元,在村庄内新建了4座公共厕所,对12条巷道进行硬质化改造,在全村23条主要道路上安装90盏路灯,同时对全村4条共460米长的主要河道进行疏浚清理,在清理的原露天厕所、草堆、环境死角以及违章建筑地上共植树5200株景观树,年终顺利通过市级考核验收。

林湖乡春季水环境整治

*富民工程实施* 全乡农民人均纯收入7447元,比上年增长14.9%。市、乡两级足额发放各类涉农惠农补贴431.45万元,其中良种补贴37万元。社保扩面工作扎实推进,新增养老保险人数13784人,累计达16708人,有4731人享受老年人补贴。新型合作医疗参保人数达到33813人,有54名参保对象得到大病风险补偿,补偿金额11.6万元。慰问各类贫困对象470户,发放慰问金15.6万元。乡民政办为全乡18名贫困学生发放助学金3.6元。全乡共有五保老人390名,其中集中供养五保达69人。

**2010年主要经济社会指标**

**表** 132

| 指标名 | 单位 | 数值 |
|---|---|---|
| 总户数 | 户 | 14777 |
| 总人口 | 人 | 37278 |
| 乡镇从业人员数 | 人 | 13687 |
| 耕地面积 | 公顷 | 3487 |
| 地区生产总值 | 万元 | 26248 |
| 人均地区生产总值 | 元 | 11042 |
| 农业增加值 | 万元 | 10195 |
| 工业增加值 | 万元 | 5401 |
| 建筑业增加值 | 万元 | 1502 |
| 服务业增加值 | 万元 | 9150 |
| 生猪出栏 | 头 | 9180 |
| 家禽出栏 | 万羽 | 4.5 |
| 水产品产量 | 吨 | 440 |
| 工业企业数 | 家 | 163 |
| 当年到账外引资金 | 万元 | -- |
| 工业销售收入 | 万元 | 63290 |
| 工业利税总额 | 万元 | 4506 |
| 预算内财政收入 | 万元 | 1645 |
| 一般预算收入 | 万元 | 895 |
| 私营个体税收 | 万元 | 960 |
| 居民储蓄存款余额 | 万元 | 20700 |
| 农民人均纯收入 | 元 | 7447 |
| 中小学校 | 所 | 8 |
| 在校学生 | 人 | 1685 |
| 在职教师 | 人 | 165 |

续表 132

| 指标名 | 单位 | 数值 |
|---|---|---|
| 医院 | 所 | 1 |
| 卫生所(室) | 个 | 9 |
| 医生数 | 个 | 41 |
| 病床数 | 张 | 32 |
| 参加养老保险人数 | 人 | 16708 |
| 参加农村新型合作医疗人数 | 人 | 33813 |
| 享受居民最低生活保障人数 | 人 | 858 |

2010年骨干企业基本情况

表 133

| 企业名称 | 销售收入(万元) | 利税总额(万元) | 法定代表人 |
|---|---|---|---|
| 兴化市三圆锌品有限公司 | 14323 | 1018 | 王文兵 |
| 兴化市天伦化纤纺织有限公司 | 1776 | 124 | 胡晓明 |
| 兴化市汇通精细化工厂 | 1312 | 91 | 王文满 |
| 兴化市东华镀锌管件公司 | 4471 | 313 | 葛满全 |
| 泰州市可达锌业有限公司 | 2578 | 184 | 赵庆善 |
| 兴化市鑫兴锌业有限公司 | 2186 | 154 | 沈春平 |
| 兴化市富强氧化锌厂 | 1443 | 99 | 陆增祥 |

各村基本情况

表 134

| 村名 | 村支部书记 | 村委会主任 | 耕地面积(公顷) | 人口(人) | 工农业总产值(万元) | 农民人均纯收入(元) |
|---|---|---|---|---|---|---|
| 魏东村 | 张步飞 | 王国安 | 295 | 2982 | 1962 | 6388 |
| 魏西村 | 杨乔秋 | 吴俊桂 | 279 | 2977 | 1999 | 6432 |
| 铁陆村 | 陆步群 | 陆步群 | 112 | 1397 | 994 | 6130 |
| 西丁村 | 陈泽奇 | 丁元堂 | 240 | 2917 | 1960 | 6219 |
| 强胜村 | 夏长海 | 雍学华 | 275 | 3213 | 2516 | 8275 |
| 朱陈庄村 | 徐宝华 | 徐宝华 | 202 | 2213 | 1577 | 8120 |
| 马家村 | 李万种 | 朱柏玉 | 143 | 2569 | 1521 | 6173 |
| 姚富村 | 陈福堂 | 徐志林 | 196 | 2527 | 1984 | 8651 |
| 湾朱村 | 徐永勤 | 徐荣金 | 166 | 2263 | 1393 | 6520 |
| 朱胖村 | 刘恩彩 | 苏兴明 | 109 | 1574 | 1204 | 8113 |

续表 134

| 村名 | 村支部书记 | 村委会主任 | 耕地面积(公顷) | 人口(人) | 工农业总产值(万元) | 农民人均纯收入(元) |
|---|---|---|---|---|---|---|
| 湖东村 | 杨天华 | 王启根 | 176 | 3295 | 1453 | 6676 |
| 戴家村 | 沈永平 | 王林元 | 313 | 5317 | 5530 | 8181 |

**【得胜湖蛋禽合作社】** 林湖得胜湖蛋禽合作社成立于2010年1月,注册资金328万元,是以分散饲养、统一防疫、统一加工为主要规模养殖模式,集生产、供应、销售于一体的农民专业合作组织。截至年底拥有社员65名,养殖面积达333.33公顷,总投资2980万元。9月份被江苏省农业委员会认定为“江苏省无公害农产品产地”。

**【戴家舍提线木偶申报非遗】** 2009年发现林湖戴家舍提线木偶戏的曲词工尺谱后,引起相关专家的关注,兴化市有关部门着手将戴家舍提线木偶戏申请为非物质文化遗产。工尺谱是中国民间传统记谱法,因用工、尺等字记写唱名而得名,在民间的歌曲、曲艺、戏曲、器乐中应用广泛。对中国传统民间器乐演奏艺术的研究、兴化地区民歌俗曲的研究等有着重要的参考价值。兴化市文化部门同时对戴家舍提线木偶戏进行调查考证。提线木偶戏是兴化古老的地方剧种,它的音乐、唱腔、道白、偶人造型、提线方法及舞台艺术等都别具一格,清末民初就已享誉大江南北,是宝贵的戏剧文化遗产。

**【农家好姑娘毛如勤】** 林湖乡戴家村农家姑娘毛如勤,面对身患重症的丈夫和贫困的家庭不离不弃。丈夫逼她离婚,但她却离婚不离家,一边打工,一边捡垃圾卖钱,收入全部用于丈夫血透。她用瘦弱的身躯承担起家庭的重担,演绎一出人间大爱,被中央电视台《道德观察》栏目组报道,她的事迹传遍水乡大地,得到社会广泛好评和赞扬。

(钱德桂)

## 沈 垞 镇

**【沈垞镇概况】** 沈垞镇地处兴化市中心地带,距兴化城20公里,紧傍宁靖盐高速公路,10分钟可至高速公路戴南互通口,30分钟可至宁启铁路泰州站,省二级公路大周公路、省级航道蚌蜒河、姜堰河穿境而过,可直接与上海、泰州等港口相通,水陆交通便捷,地理位置优越,直接受上海、苏南、戴南等发达地区的经济辐射,将沈垞与“长三角”经济圈和戴南等周边地区的时空距离拉近。沈垞镇镇域面积49.58平方公里,辖13个行政村,1个居委会。淳朴的民风、良好的基础设施、优惠的招商条件,初步形成空调、船舶、橡塑、机械、服饰等特色产业集群，越来越受到客商的青睐。

经济建设与发展　2010年，全镇实现地区生产总值2.55亿元，社会固定资产投资1.03亿元，经济运行呈现出速度加快、质量提高、结构优化、后劲增强的良好态势，财政收入突破千万元大关，2010年实现财政收入1882万元；农民人均纯收入7780元，年平均递增16.8%。2010年，共招引工业企业11家，投资总额达1.2亿元。沈坨镇招商引资的基本做法是：适时制定党政干部重点项目联系负责制度，实行目标管理责任追究制，确保各个项目建设的迅速推进。至年底，亿科精密铸造、舜泰服饰、强胜不锈钢、九鼎管业、浩天铸造、翔宇铸造、祥美装饰材料、立忠不锈钢等8个项目已经建成投产，极大地拉动沈坨镇镇域经济的发展。2010年，沈坨镇荣获全市招商引资工作三等奖。社会事业发展科学规划，拉开框架。新一轮《沈坨镇总体规划(2010～2030)》分别于2010年12月通过专家评审。在新规划引领下，不断加大集镇基础设施建设的投入力度，先后建成沈坨大道、沈南路、东风桥、富民桥、沈北桥等重点工程项目，2010年用于基础设施建设的资金投入就达420万元。积极吸引民间资本参与新区开发建设，2010年完成商品房开发面积达1.6万平方米，新增商品房100多套，新增绿化面积6万平方米。高度重视文化阵地建设，文化站站房达标工程顺利通过省厅验收，“农家书屋”和“万村体育健身”工程村村全覆盖。因地制宜实施校点布局调整，教育教学资源得到整合，完成华谈小学、樊荣小学等村小撤并工作，新建薛鹏小学教学楼，中心校报告厅建成投入使用。采取多方筹资、多轮驱动的办法，精心组织实施全镇安全饮用水工程建设，全镇13个行政村和集镇全部接通安全、卫生的自来水，稳妥处置12个村级小水厂和1个集镇水厂。加大卫生硬件设施建设力度，中心卫生院住院大楼顺利建成，实施医院的整体搬迁，门诊大楼正在抓紧施工建设。在全市率先建成8家社区卫生服务站，解决群众就医困难，改善医疗条件。不断加大水利设施投入，农田水利基础设施进一步夯实。新建排涝站8座、防洪闸18座，新建和改造农桥、危桥42座，疏浚村级河道52条，防汛减灾能力明显增强。

富民工程实施　积极开展小康示范村创建活动，创建工作成果丰硕。把村庄环境整治与国学文化的宣教传播有机结合在一起，形成各自的文化特色，沈南村在2010年全市创建工作评比中获得一等奖，安塘村、姜朱村在2010年创建中获得三等奖。姜朱、沈南、安塘三个村的成功创建，不仅带来村容村貌的改变，而且带来村风民风的根本好转，为全镇新农村建设提供了可资借鉴的宝贵经验。积极改善交通条件，实施通村公路路芽培土工程67公里，新建错车道206处，穿境而过的大周公路于2010年底顺利建成通车。有组织、有计划地开展走访慰问老人活动，实施中心敬老院住房改造工程、附属用房新建工程以及残疾人康复中心工程建设，极大地改善敬老院入住老人的生活条件。

2010年主要经济社会指标

表135

| 指标名 | 单位 | 数值 |
|---|---|---|
| 总户数 | 户 | 9475 |
| 总人口 | 人 | 28057 |
| 乡镇从业人员数 | 人 | 11810 |
| 耕地面积 | 公顷 | 67.8 |
| 地区生产总值 | 万元 | 25580 |
| 人均地区生产总值 | 元 | 12871 |
| 农业增加值 | 万元 | 8902 |
| 工业增加值 | 万元 | 3018 |
| 建筑业增加值 | 万元 | 1558 |
| 服务业增加值 | 万元 | 12102 |
| 生猪出栏 | 头 | 7038 |
| 家禽出栏 | 万羽 | 31 |
| 水产品产量 | 吨 | 2474 |
| 工业企业数 | 家 | 86 |
| 当年到账外引资金 | 万元 | 5380 |
| 工业销售收入 | 万元 | 35274 |
| 工业利税总额 | 万元 | 1903 |
| 预算内财政收入 | 万元 | 1822 |
| 一般预算收入 | 万元 | 417 |
| 私营个体税收 | 万元 | |
| 居民储蓄存款余额 | 万元 | 24467 |
| 农民人均纯收入 | 元 | 7780 |
| 中小学校 | 所 | 3 |
| 在校学生 | 人 | 1034 |
| 在职教师 | 人 | 149 |
| 医院 | 所 | 1 |
| 卫生所(室) | 个 | 13 |
| 医生数 | 个 | 78 |
| 病床数 | 张 | 63 |
| 参加养老保险人数 | 人 | 9529 |
| 参加农村新型合作医疗人数 | 人 | 25324 |
| 享受居民最低生活保障人数 | 人 | 719 |

2010年骨干企业基本情况

表 136

| 企业名称 | 销售收入（万元） | 利税总额（万元） | 法定代表人 |
|---|---|---|---|
| 兴化市祥和制药厂 | 1000 | 300 | 蒋为东 |
| 兴化市强胜不锈钢 | 700 | 60 | 黄晓祥 |
| 兴化市鑫航机械厂 | 600 | 90 | 全方荣 |
| 泰州市舜泰服饰 | 800 | 150 | 毛爱民 |

各村基本情况

表 137

| 村名 | 村支部书记 | 村委会主任 | 耕地面积（公顷） | 人口（人） | 工农业总产值（万元） | 农民人均纯收入（元） |
|---|---|---|---|---|---|---|
| 关华复 | 董华龙 | 奚爱民 | 202.40 | 2156 | 1817 | 8000 |
| 李默 | 高凤舞 | 高凤舞 | 352.83 | 1984 | 1555 | 7620 |
| 薛鹏 | 朱亚兵 | 顾世荣 | 185.77 | 4236 | 3723 | 7149 |
| 金唐纪 | 顾　强 | 唐金根 | 177.35 | 2079 | 1319 | 7760 |
| 樊荣 | 张金玉 | 张荣华 | 161.30 | 2000 | 868 | 7492 |
| 沈家 | 沈万华 | 沈万华 | 70.40 | 1050 | 2012 | 7460 |
| 柏九 | 刘登桂 | 刘登桂 | 168.38 | 1877 | 1534 | 8150 |
| 姜朱 | 姜宝青 | 姜宝青 | 93.52 | 1473 | 2024 | 8200 |
| 张谭 | 姜素梅 | 廖扣贵 | 151.63 | 1320 | 1283 | 6870 |
| 沈南 | 曹庆林 | 邵爱民 | 145.25 | 1740 | 2347 | 8510 |
| 沈北 | 冯凤华 | 孙金才 | 181.25 | 1570 | 2917 | 8160 |
| 安塘 | 俞春华 | 俞春华 | 202.67 | 1758 | 1841 | 8465 |
| 冒家 | 龚进贵 | 龚进贵 | 120.80 | 1210 | 763 | 6495 |

**【道德模范樊才林】** 2010 年，本镇樊才林又当选为2008～2010 年感动泰州十大模范人物暨泰州市道德模范。退休医师樊才林，长期关注未成年人思想道德建设，创建了“关情书苑”，设有青少年社会主义教育活动室、农家展览馆，更好地加强青少年的传统文化教育，开展革命传统教育，培养下一代的友善、诚信、包容意识。

樊才林同志先进事迹报告会

**【培训新型职业农民】** 8 月 5 日，沈坨镇农技站聘请市农业局等相关单位部门农技专家，为全镇 200 多名农民经纪人、大棚果蔬种植户举办高效农业知识培训班。通过对农民开展高效农业知识技术的培训，提高农民的产业化水平，打造新型职业农民。

**【改善招商环境】** 8月 1 日，市恒峰新型建材有限公司完成在沈坨镇工业集中区厂区的道路建设，将动工兴建 1.08 万平方米的厂房。此项目注册资本 800 万元、总投资 4000 万元，由李默村南王责任区在外能人陈养山投资。沈坨镇地处偏僻，发展相对滞后。为改变闭塞的交通状况，2010 年，该镇打通与茅山镇的通道，融入戴南、茅山的区域板块。同时，该镇抓住正在建设的大（大邹）周（周庄）公路从沈坨镇区东部通过的机遇，适时规划 65 公顷的工业集中区。一期工程 30 公顷区域内已完成路、电、水等“六通一平”配套设施建设。此外，这个镇还出台政策，对入园企业实行在用地上的差价补贴、财政收入的优厚返还；对建设标准厂户，政府负责帮助引资，如两年内不能租出的，从第三年起由政府按建设价逐年赎买，确保建设方不受损失。沈坨镇 2010 年已有 9 位本地能人返乡，在镇工业集中区兴办工业企业，累计固定资产投资 1.67 亿元。

**【试栽百亩“富硒稻”】** 沈坨镇樊荣村的鲍友喜承包安塘村近 7 公顷水稻田。硒是人体必需的功能性元素，具有防癌抗癌、抗氧化、提高免疫力等生物学特性，被誉为“抗癌之王”。大米实现富硒后，具有多重保健功效，市场前景极为广阔。鲍友喜承包的近百亩“富硒稻”试种基地，由武陵粳 1 号、宁粳 3 号、南粳 46 号三个品种组成。通过在齐穗至灌浆结实期喷施硒元素，可增加大米的硒含量，人们吃饭可达到补硒的目的。沈坨镇计划在 2010 年试验成功的基础上，2011 年拿出安塘村 100 多公顷种植“富硒稻”，并做到“四统一”，即统一供种、统一病虫害防治、统一收购、统一销售。

（王卫明　董华龙　田兆祥）

## 江苏省兴化经济开发区

**【兴化经济开发区概况】** 江苏省兴化经济开发区位于兴化市域西南部，是全市对外开放的窗口和承接外来资本

东华集团配套产业项目签字仪式

的重要载体。全区总面积48平方公里,其中园区开发建设面积13.15平方公里、耕地面积1627.5公顷。全区下设一处、两局、三办、9个行政村。年末,全区总户数8187户,有户籍人口2.34万人,其中非农人口3700人。全年实现地区生产总值20.29亿元,比上年增25.05%,其中一、二、三产业增加值分别为6210万元、154053万元和42666万元。按户籍人口计算,人均生产总值86327元。完成全口径财政收入3.55亿元,其中地方一般预算收入1.59亿元,分别比上年增44.9%和37.5%。完成全社会固定资产投入19.52亿元,比上年增39%。年内荣获全市综合考评一等奖,并被泰州市委、市政府表彰为先进开发园区。

经济建设与发展　全年完成经济总收入91.7亿元。实现工业产品销售收入77.36亿元,比上年增25.77%;入库税收1.84亿元,比上年增17.20%。66家列统企业销售收入46.59亿元,利税5.03亿元,分别占全区工业经济总量的60.22%和82.95%。年末有私营个体企业526家,其中15家销售收入超亿元,8家企业进入全市工业企业纳税30强。全年共招引项目30个,其中投资超亿元项目有东华链条、美鑫车桥、鑫伟环保,外资项目有梅帝亚包装材料、日成金属制品、大立电子等,东华齿轮、鑫伟环保设备、世友精密铸造、苏锐机械、双驰箱包、盛大铸钢、亨威机械、广德机械、亮前衡器、博思特二期等10个重点项目落实供地指标,于5月份进行集中开工。年内打通贯通园区南北、连接主城区的经一路主干道,通过BT方式启动污水处理厂建设,完成热电公司资产重组,实施五里转盘西北角、兴洋公司"退二进三"和葛家马场基三个地块的拆迁开发。年内新批办三资企业11家,私营个体企业38家,新增注册资本2.55亿元。利用外地资本10.5亿元,完成投入5.5亿元。全年村集体总收入900.79万元,村级可支配收入695.79万元。年内新组建农民专业合作社3家,社区合作社1家。稻麦良种实现全覆盖,农机化综合水平达到80%。新增高效农业266.7公顷,设施农业33.3公顷,累计分别达到934公顷和66.7公顷。发展土地规模经营140公顷,累计435.7公顷。建设高标准农田1730公顷。新发展特色基地和农业企业5家。全年实现农业总产值1.48亿元,粮食和水产品总产量分别达到36877吨和2491吨。

社会事业发展　年末,有学校5所,教师总数82人,在校学生674人。有医院、医疗点11个,医生134人。农村生活垃圾处理实现"村集中、区中转、市处理",通村公路全面改造到位,学生接送实现公交化,中心敬老院建成投入使用,全区城乡居民养老保险和新型农村医疗保险实现全覆盖,农村二次改水顺利完成,水利工程建设按期完工,以开源村为重点的村庄环境整治取得较好成效。

学生接送专用车公交化

富民工程实施　全区农民人均纯收入10745元,比上年增13.9%。3家农村社区股份合作社实现分红,分红总额132余万元。市、区两级足额发放各类涉农惠农补贴297.35万元,其中兑付粮食直补和农资综合补贴215.02万元。社保扩面工作扎实推进,新增城保参保人数8956人,累计11376人。有4096人享受老年人补贴。新增就业岗位3357个,开发公益性岗位125个,帮助256名援助对象和890名征地居民实现就业。慰问各类贫困对象213户,发放慰问金6.39万元。为270户低保、低保边缘户落实最低生活保障,落实配套资金14万元。新型合作医疗参保人数达到2.08万人。年内,开发区为7名在校贫困学子发放助学金1.6万元。

**2010年主要经济社会指标**

**表** 138

| 指标名 | 单位 | 数值 |
|---|---|---|
| 总户数 | 户 | 8187 |
| 总人口 | 人 | 23394 |
| 乡镇从业人员数 | 人 | 10497 |
| 耕地面积 | 公顷 | 1627.5 |

**续表** 138

| 指标名 | 单位 | 数值 |
|---|---|---|
| 地区生产总值 | 万元 | 202929 |
| 人均地区生产总值 | 元 | 56369 |
| 农业增加值 | 万元 | 6210 |
| 工业增加值 | 万元 | 124293 |
| 建筑业增加值 | 万元 | 29760 |
| 服务业增加值 | 万元 | 42666 |
| 生猪出栏 | 头 | 18920 |
| 家禽出栏 | 万羽 | 354016 |
| 水产品产量 | 吨 | 2430 |
| 工业企业数 | 家 | 564 |
| 当年到账外引资金 | 万元 | 2625 |
| 工业销售收入 | 万元 | 773686 |
| 工业利税总额 | 万元 | 61560 |
| 预算内财政收入 | 万元 | 35485 |
| 一般预算收入 | 万元 | 15868 |
| 私营个体税收 | 万元 | 18376 |
| 居民储蓄存款余额 | 万元 | 20552 |
| 农民人均纯收入 | 元 | 10745 |
| 中小学校 | 所 | 5 |
| 在校学生 | 人 | 674 |
| 在职教师 | 人 | 82 |
| 医院 | 所 | 1 |
| 卫生所(室) | 个 | 10 |
| 医生数 | 个 | 134 |
| 病床数 | 张 | 123 |
| 参加养老保险人数 | 人 | 13131 |
| 参加农村新型合作医疗人数 | 人 | 20832 |
| 享受居民最低生活保障人数 | 人 | 381 |

## 2010年骨干企业基本情况

**表** 139

| 企业名称 | 销售收入(万元) | 利税总额(万元) | 法定代表人 |
|---|---|---|---|
| 五得利集团兴化面粉有限公司 | 70733 | 6541 | 魏民乐 |
| 泰州海大生物饲料有限公司 | 36526 | 3085 | 姜建兵 |
| 兴化市锦鑫特钢有限公司 | 31724 | 846 | 谢吉祥 |
| 兴化市精密铸钢有限公司 | 23693 | 3709 | 龚井华 |
| 兴化市万恒特钢有限公司 | 21145 | 2234 | 陈川平 |
| 江苏海陵机械有限公司 | 18716 | 2786 | 李文奇 |
| 江苏双发机械有限公司 | 16841 | 2849 | 王大亮 |
| 珠海市华丰食品工业集团有限公司 | 16224 | 2680 | 李　东 |
| 顶级手套(兴化)有限公司 | 16161 | 1427 | 林伟才 |
| 兴化顶康食品科技有限公司 | 15962 | 2631 | 许敦杰 |
| 兴化市福鑫机械制造有限公司 | 15485 | 1171 | 姜爱萍 |
| 兴化市同新化工有限公司(高新) | 15002 | 1453 | 刘庆华 |
| 江苏美乐肥料有限公司 | 11729 | 1050 | 朱永华 |
| 江苏兴利达齿轮有限公司 | 10756 | 2560 | 仇九松 |
| 江苏新蕾麦芽有限公司 | 9488 | 471 | 费　晖 |
| 兴化东华齿轮有限公司 | 9043 | 914 | 金耀民 |
| 江苏瑞德机械有限公司 | 8268 | 665 | 宗　玻 |
| 兴化市志友染织有限公司 | 7380 | 589 | 袁怀志 |
| 江苏博思特门业有限公司 | 6023 | 760 | 陈汉义 |
| 江苏兴野食品有限公司 | 5147 | 722 | 张卫明 |
| 江苏华信达特钢科技有限公司 | 4685 | 460 | 张光富 |
| 江苏时创机械有限公司 | 3708 | 380 | 樊建华 |
| 江苏日升电力机械有限公司 | 3524 | 402 | 徐日平 |
| 兴化市李工蔬菜机械有限公司 | 3464 | 546 | 李　勤 |
| 江苏瑞宇医疗用品有限公司(高新) | 3116 | 256 | 戎朝乾 |
| 兴化市长友铸钢有限公司 | 3084 | 536 | 王长洪 |
| 江苏奥瑞凯板桥矿山机械有限公司 | 2876 | 389 | 周涛山 |
| 泰州市水冶机械有限公司 | 2862 | 262 | 王鹤寿 |
| 兴化中天灯具有限公司 | 2477 | 405 | 王继泉 |
| 兴化市华荣食品有限公司 | 2444 | 203 | 胥广荣 |

续表 139

| 企业名称 | 销售收入（万元） | 利税总额（万元） | 法定代表人 |
|---|---|---|---|
| 江苏华立自控仪表有限公司 | 2206 | 287 | 刘正海 |
| 兴化市豪格渔具有限公司 | 2079 | 260 | 温文豪 |
| 兴化市三诚精密锻造有限公司 | 2073 | 215 | 严才高 |
| 兴化大铭渔具有限公司 | 2007 | 232 | 王耀森 |
| 兴化市盛大精密铸钢有限公司 | 2003 | 247 | 张大荣 |
| 兴化市中兴电动工具厂 | 1991 | 319 | 赵银玉 |
| 兴化市顺风机械科技有限公司 | 1939 | 276 | 汪洪云 |
| 兴化市天中塑料有限公司（高新） | 1915 | 408 | 咸明勇 |
| 江苏银联铸钢有限公司 | 1903 | 275 | 刘永荣 |
| 兴化市兴洋电热机械有限公司 | 1875 | 324 | 程舜生 |
| 兴化引春机电有限公司 | 1823 | 253 | 李荣英 |
| 兴化市恒械机械有限责任公司 | 1822 | 259 | 高文道 |
| 兴化市方正机械有限公司 | 1655 | 254 | 丁正大 |
| 泰州赛登制衣有限公司 | 1581 | 227 | 盛长明 |
| 江苏海普瑞饲料有限公司 | 1568 | 86 | 石风春 |
| 兴化市大河机械制造有限公司 | 1517 | 206 | 卞发桂 |
| 兴化市源鑫机械厂 | 1477 | 206 | 蔡国元 |
| 兴化市兴发商品混凝土有限公司 | 1452 | 170 | 许红兵 |
| 兴化市金鼎消防器材厂 | 1442 | 154 | 解加福 |
| 兴化巨能标准件有限公司 | 1366 | 199 | 陈良玉 |
| 兴化市工具制造有限公司 | 1366 | 189 | 姚家俊 |
| 兴化市恒发纺织机械厂 | 1343 | 197 | 王德田 |
| 兴化市兴鹏合金钢有限公司 | 1329 | 153 | 王　鑫 |
| 兴化市金茂消防器材有限公司 | 1292 | 163 | 王洪茂 |
| 兴化市泰龙消防器材有限公司 | 1169 | 153 | 徐永康 |
| 兴化市登峰机械汽配有限公司 | 1119 | 192 | 宋　玛 |

续表 139

| 企业名称 | 销售收入（万元） | 利税总额（万元） | 法定代表人 |
|---|---|---|---|
| 兴化市银焰机械有限公司 | 1046 | 115 | 陈景明 |
| 兴化市经达纺织机械有限公司 | 1019 | 152 | 赵　俊 |
| 兴化市中辰机械有限公司 | 979 | 109 | 吴建中 |
| 兴化市亚标金属制品有限公司 | 974 | 126 | 陈付阳 |
| 兴化裕华机械有限公司 | 651 | 162 | 朱　斌 |

**各村基本情况**

表 140

| 村名 | 村支部书记 | 村委会主任 | 耕地面积（公顷） | 人口（人） | 工农业总产值（万元） | 农民人均纯收入（元） |
|---|---|---|---|---|---|---|
| 开创 | 陈　芬 | 陈　芬 | 286.3 | 2752 | 36951 | 10692 |
| 开拓 | 刘太世 | 刘太世 | 273.7 | 2832 | 15437 | 9873 |
| 开明 | 武　英 | 武　英 | 281.6 | 2641 | 26460 | 9519 |
| 开泰 | 周祥玉 | 朱有冬 | 240.3 | 2231 | 5112 | 8206 |
| 开富 | 张益华 | 赵银步 | 249.9 | 3040 | 102742 | 11582 |
| 开放 | 李永红 | 董恒丰 | 168.7 | 3027 | 78944 | 11010 |
| 开源 | 史寿明 | 陈阳春 | 115.1 | 1729 | 29589 | 9150 |
| 开发 | 邹大祥 | 葛文庆 | 3.7 | 2947 | 384248 | 14085 |
| 向阳 | 许兴红 | 王开旺 | 8.2 | 1683 | 119348 | 13215 |

**【资产经营管理】** 在现有的25幢工业标准厂房中除预留2幢用于大项目招引外，其余23幢全部出租，全年实现国有资产经营收入386万元；围绕“规范操作程序，解决突出问题，夯实管理基础，增加集体收入”的要求，认真组织开展村级资源管理专项整治活动，规范村级资源管理发包行为，增加村级集体收入106万元。

**【开发区队伍建设】** 争得市里支持，在全市公开选调三名年富力强的同志进入领导班子，加强招商引资、项目服务力量；制定出台人才工作意见，在机关部门推行达标上岗，在企业实行人才引进、职工培训奖励办法，积极培养和引进人才；在经济发展公司实施人事分配制度改革试点，增强工作人员爱岗敬业和争先创优意识；精心组织村两委会换届选举，配齐配强村级班子，规范各村用人行为。

（董继承　赵朝春）

# 人物·荣誉栏

## 新任市领导

**袁祝祥** 1966年10月出生,江苏宝应人。中共党员,研究生学历。现任中共兴化市委常委、兴化市人武部政治委员。

1983年11月,南京军区司令部警卫营战士;1993年5月,南京军区司令部警卫营副连职助理员;1996年1月,南京军区司令部丹阳湖农场农业队正连职队长;1997年12月,南京军区司令部西村养殖场副业队副营职队长;1998年9月,南京军区司令部管理局管理处副营职干事;2000年12月,南京军区司令部管理局管理处正营职干事;2002年12月,南京军区司令部直属工作部管理局管理处副处长;2006年6月,南京军区司令部第二老干部服务处正处级助理员;2009年3月,江苏省兴化市人武部政治委员;2010年8月,中共兴化市委常委、兴化市人武部政治委员。

**戴荣军** 1975年9月出生,江苏兴化人。中共党员,省委党校研究生学历。现任兴化市人民政府副市长、党组成员。

1997年12月,兴化市委台办台胞接待站办事员、秘书;2000年12月,兴化市委台办台胞接待站秘书(副股级);2003年5月,兴化市委台办台胞接待站副站长;2004年3月,兴化团市委副书记(主持日常工作,试用期一年);2005年4月,兴化市西鲍乡党委副书记、乡长;2008年10月,兴化市沈坨镇党委书记;2010年6月,兴化市人民政府副市长、沈坨镇党委书记;2010年9起,兴化市人民政府副市长、党组成员(其间:2010年6月至今援藏,任西藏自治区曲水县副县长)。

## 2010年全面小康年度人物

**王跃进** 市福利院院长、党支部书记 王跃进把每一位入住敬老院的老人看作自己的亲人,让他们感受到亲人般的关怀、儿女般的亲情。20年来,每年除夕之夜,他都和老人们一起度过;每年的大年初一,他都要向每一位老人拜年,送上祝福。王跃进先后"送"走100多位孤寡老人,当了100多次孝子。他先后被表彰为"全国敬老之星"、"全国模范养老院院长"。兴化市福利院被誉为"幸福院"、"长寿院",先后被评为全国模范敬老机构、江苏省养老服务示范机构、省级巾帼示范岗单位,泰州市和兴化市"文明单位"。

**成开华** 江苏省兴化中学教师 成开华在兴化中学工作十多年,所任班主任的班级多次受到上级表彰,所教数学学科在高考中名列前茅。2007年开始钻研数学竞赛,辅导的汤天池同学获江苏赛区一等奖,填补了兴化中学近十年数学奥赛的空白。2008年负责学校数学竞赛辅导工作,取得了较好的成绩。2009年辅导的学生有12名获江苏赛区一等奖,2010年有11名同学获江苏赛区一等奖,其中两人次入选国家集训队,3人获清华、北大等名校保送资格。他撰写的教学论文有5篇在省级杂志上发表,先后被表彰为泰州市教学能手、兴化市十佳人民满意教师。

**杨础全** 获垛镇七子村党支部书记 杨础全担任七子村党支部书记时，村里负债100多万元，矛盾纠纷多，社会秩序乱。他理清工作思路，发展集体经济，强化招商引资，投入资金110多万元，综合整治村庄环境。经过几年的努力，七子村由全镇倒数跃为新农村建设排头兵，连续两年获镇综合评比一等奖、兴化市创建环境优美乡村一等奖，被评为关心下一代先进集体、兴化市文明村、泰州市卫生村。杨础全也多次被评为镇优秀共产党员和先进个人，2010年被市委市政府表彰为“优秀村党组织书记”。

**李　宏** 兴化市江浙房地产开发有限公司总经理 2002年，李宏作为一个外来投资拓荒者，在我市新区成立了“江浙房地产开发有限公司”，兴建江浙商业广场。2004年9月，江浙商业广场试营业，开业率不足10%。面对困境，李宏坚持不找市长找市场，到缝隙中求市场，寻求错位发展的思路，逐渐形成“大方做人、规矩做事”的企业理念，她靠诚实守信，团结了职工，赢得了市场。江浙商业广场日前开业面积已近8万平方米，经营户348户，年经营额2.1亿元，年上缴税金181万元。她具有强烈的社会责任感，多次向敬老院和贫困儿童伸出援助之手，创造就业岗位，安置下岗失业工人。江浙商业广场先后被江苏省文明办、省工商局授予“四星级文明市场”称号，被泰州市评为诚信单位、兴化市服务业先进企业。

**沈贵荣** 市交通运输局副局长，市得胜湖港口物流园区建设指挥部办公室主任 2010年度，沈贵荣在得胜湖港口物流园区建设过程中，取得了显著的成绩。12月1日，得胜湖港口物流园区正式开工建设。有三个项目正在抓紧实施：一是疏港大道已经开工建设。该道路为双向四车道一级公路技术标准，总投资近1个亿。二是投资1个亿的港口作业区项目，已经完成航道疏浚、50艘钢质浮吊作业船的订造，港池开挖也即将开工。三是投资5个亿的港口综合物流区项目正在积极争取供地，预计明年上半年可开工建设。这三个项目的实施将成为推动全市经济发展的新的增长极，为打造苏中地区水陆物流集聚区、现代物流示范区奠定坚实的基础。

**张仁刚** 永丰镇四合村党支部书记 四合村曾是一个无集体资源可用的经济薄弱村，村庄内无一米硬质化巷道。去年年初，该村被镇内列为全面小康建设先行村，围绕“路畅、水清、岸绿、景美”的创建要求，张仁刚注重加强领导，激发内在动力，采取教育引导，开拓融资渠道，带领全村凝心聚力，新建村交通桥4座，大型宣传墙4处，完成河道清淤1600立方米，铺设自来水管1530米，硬质化路面1615米，达到全覆盖。建成混凝土停车场2个775平方米，垃圾池3个，新建和修改厕所28座，围庄林绿化带110亩，花圃园地2个742平方米……彻底改变了四合村落后的面貌，“全面小康村”创建工作初见成效。

**张恩波** 江苏博生医用新材料股份有限公司总工程师 张恩波自主研发的注射液用聚对二甲苯镀膜溴化丁基橡胶塞和头孢曲松钠专用橡胶塞，经江苏省科技查新咨询中心查新，该二类产品属国内首创，其技术水平达国际先进水平，先后被认定为江苏省高新技术产品、国家重点新产品，2009年分别实现销售4400万元和4200万元，利润650万元和440万元，取得了较好的经济效益和社会效益。他研制开发的聚异戊二烯橡胶垫片、镀膜丁基橡胶塞等5项新产品获国家实用新型专利。几年来，公司规模连年翻番，对社会的贡献不断提升，2008年上缴国家税金1500多万元，2009年上缴国家税金1400多万元，连续名列兴化市私营企业纳税前五名。张恩波辛勤劳动得到了上级部门的好评和奖励，2009年8月被表彰为医药包装事业突出贡献个人，2010年被评为泰州市有突出贡献的中青年专家。

**陈爱民** 江苏新宏大集团有限公司董事长、工程师 泰州市十佳企业经营者，泰州市十佳科技创新标兵，泰州

市劳动模范。原有的20多人的小作坊在陈爱民的带领下，已经发展成为江苏新宏大集团。公司现为国家高新技术企业，国家火炬计划特种合金材料及其制品产业基地骨干企业。致富不忘回报社会，陈爱民先后为家乡通村公路、群众娱乐场所捐资10多万元；连续8年为62名孤寡老人每人每年春节发放慰问金200元；在戴南高级中学设立了30万元新宏大奖学金；连续两年向市慈善总会捐赠100万元。

**徐方流**　江苏兴达钢帘线股份有限公司九厂厂长、工程师　在徐方流的协调指导下，公司国产电镀线一次性试产成功，为公司今后继续引进国产电镀线奠定了技术基础。他2009年任九厂厂长，为了九厂的快速发展，做了大量工作，从设备安装到正式投产，再到成品入库量350吨/天的好成绩，九厂连续三个月荣获公司“五比五看，创先争优成本标兵”荣誉称号。该厂率先实施在线焊接、在线装箱工作，提高产品质量，优化管理，减少用工，预计2011年底全面实施在线焊接、配箱，在成本方面可减少重卷的工作量20吨/天，减少使用重卷机床约30台，减少用电量约20万度左右/年，减少使用半成品标识约50万张/年，减少物流工6人/万吨/年，减少重卷工24人/万吨/年，减少装箱工2人/万吨/年，生产效率能由前期的83.5%提高到目前的85%。无论工作有多繁忙，徐方流每天都会到厂区的各个角落，实地查看指导各项工作。他本人先后获得了戴南镇先进个人、兴达公司2010年度“五带头”党员等荣誉称号。

**樊才林**　沈坨镇樊荣村关工委常务副主任　他长期关注未成年人思想道德建设工作，十多年前，将自家4间房子腾空，自费建立青少年活动中心。2009年，活动中心扩建，取名“关情书苑”，成为兴化最大的家庭式校外辅导站。他牵头建立兴化市第一个民间爱心组织——“樊荣村爱心互助会”，资助特困、孤残儿童98名，先后被江苏省、泰州市、兴化市文明委表彰为先进个人，2009年荣获泰州市十大新人新事和兴化市“爱心使者”称号，2010年，被中央文明办、全国关工委表彰为“全国关心下一代先进工作者”，其创办的校外辅导站被省文明办、省关工委表彰为“先进校外教育辅导站”。他本人被评为泰州市2008～2010“感动泰州”十大人物、泰州市道德模范。

# 荣　誉　栏

## 先进集体名录

### 兴化市获得的综合荣誉

**表**141

| 获奖单位 | 荣誉称号 | 授予单位 | 获奖时间 |
|---|---|---|---|
| 兴化市 | 江苏省扫黄打非先进模范市 | 江苏省扫黄打非领导小组 | 2009－02 |
| 兴化市 | 高效农业先进单位 | 江苏省农委 | 2010－01 |
| 兴化市 | 江苏省计划生育优质服务先进单位 | 江苏省人口和计划生育委员会 | 2010－02 |
| 兴化市 | 江苏省语言文字工作评估达标县(市、区) | 江苏省教育厅 | 2010－03 |
| 兴化市 | 全国粮食生产先进县标兵 | 农业部 | 2010－12 |
| 兴化市 | 2010年度泰州市安全生产工作先进集体一等奖 | 泰州市政府 | 2011－01 |
| 兴化市 | 江苏省现代渔业建设先进县 | 江苏省海洋与渔业局 | 2011－02 |

## 获国家部级表彰的先进集体

**表** 142

| 获奖单位 | 荣誉称号 | 授予单位 | 获奖时间 |
| --- | --- | --- | --- |
| 市为民农机专业合作社 | 全国农机专业合作社示范点 | 农业部办公厅 | 2010—05 |
| 市总工会 | 《工会信息》发行二等奖 | 工人日报社 | 2010—06 |
| 市总工会 | 2009年度市级工会财务先进集体 | 全国总工会 | 2010—07 |
| 市总工会 | 《中国工运》宣传通讯工作先进集体特等奖 | 全总办公厅 | 2010—08 |
| 市委农工办 | 全国农村固定观察点系统"先进观察点" | 中共政策研究室、农业部 | 2010—08 |
| 蔡爱方家庭 | 影播纪念奖 | 全国妇女联合会、中央电视台 | 2010—10 |
| 竹泓镇敬老院 | 国家模范敬老院 | 民政部 | 2010—11 |
| 《兴化年鉴(2009)》 | 全国地方志系统第二届年鉴评奖一等奖 | 中国地方志指导小组办公室、中国地方志协会 | 2010—11 |
| 市体育局 | 2010年全民健身活动优秀组织奖 | 国家体育总局 | 2010—12 |
| 大垛镇 | 全国计划生育协会先进单位 | 中国计划生育协会 | 2010—12 |
| 大垛镇管阮村 | 全国人口与计划生育基层群众自治示范村居 | 国家计生委、中国计生协会 | 2010—12 |
| 市公安局经侦大队 | 深入打击整治发票犯罪专项行动成绩突出集体 | 公安部经侦局 | 2010—12 |
| 市公安局交警大队 | 全国五一巾帼标兵岗 | 中华全国总工会 | 2011—02 |

## 获省委、省政府、省军区表彰的先进集体

**表** 143

| 获奖单位 | 荣誉称号 | 授予单位 | 获奖时间 |
| --- | --- | --- | --- |
| 市人民医院 | 2009～2010 年度江苏省精神文明建设先进单位 | 江苏省委、省政府、省文明委 | 2011—03 |
| 市妇幼保健院 | 2009～2010 年度江苏省精神文明建设先进单位 | 江苏省委、省政府、省文明委 | 2011—03 |

## 获省厅、局、条线表彰的先进集体

**表** 144

| 获奖单位 | 荣誉称号 | 授予单位 | 获奖时间 |
| --- | --- | --- | --- |
| 市文广新局 | 江苏省非物质文化遗产普查工作先进集体 | 江苏省文化厅 | 2009—12 |
| 市文广新局 | 全省"农家书屋"工程建设先进集体 | 江苏省新闻出版局 | 2009—12 |
| 市建筑安装管理处 | 江苏省建筑管理先进单位 | 江苏省建筑工程管理局 | 2010—01 |
| 西鲍乡 | 江苏省体育强镇(乡) | 江苏省体育局 | 2010—01 |
| 海南镇 | 江苏省体育强镇(乡) | 江苏省体育局 | 2010—01 |
| 大垛镇 | 江苏省体育强镇(乡) | 江苏省体育局 | 2010—01 |

**续表** 144

| 获奖单位 | 荣誉称号 | 授予单位 | 获奖时间 |
|---|---|---|---|
| 戴南镇董北村 | 社会主义新农村建设示范村 | 江苏省农村工作领导小组 | 2010—01 |
| 市财政局 | 2009年度防洪保安资金征收先进单位 | 江苏省财政厅 | 2010—03 |
| 市总工会 | 2009年度经费收缴工作优胜单位 | 江苏省总工会 | 2010—03 |
| 张郭镇团委 | 江苏省五四红旗团委标兵 | 共青团江苏省委 | 2010—03 |
| 戴南镇 | 江苏省新农村建设档案工作示范镇 | 江苏省档案局 | 2010—03 |
| 市总工会 | 全省“安康杯”竞赛优秀组织奖 | 江苏省总工会 | 2010—03 |
| 市教育局关工委 | 全省关心下一代工作先进集体 | 江苏省教育厅 | 2010—03 |
| 市卫生局 | 全省基层医疗卫生单位深入学习科学发展观活动指导工作先进集体 | 江苏省卫生厅 | 2010—03 |
| 陈堡中心小学 | 江苏省平安校园 | 江苏省教育厅、综治办、公安厅 | 2010—04 |
| 市总工会 | 全省工会财务会计工作竞赛评比一等奖 | 江苏省总工会 | 2010—04 |
| 市总工会 | 《中国工会财会》先进征订发行单位 | 江苏省总工会 | 2010—05 |
| 市纪委、监察局 | 2009年度全省纪检监察信息工作二等奖 | 中共江苏省纪委办公厅 | 2010—05 |
| 市教育局 | 江苏省推动厂务公开民主管理工作先进单位 | 江苏省教育厅 | 2010—06 |
| 市财政局 | 第四批省级廉政文化示范点 | 江苏省纪委 | 2010—07 |
| 市总工会 | 新闻舆论宣传先进单位 | 江苏省总工会 | 2010—07 |
| 沙沟镇板凳龙文艺演出队 | 江苏省“特色文化团队” | 江苏省文化厅 | 2010—08 |
| 茅山镇 | 江苏省“特色文化之乡” | 江苏省文化厅 | 2010—08 |
| 西郊镇司法所 | 2008～2010年度江苏省优秀人民调解委员会 | 江苏省高级人民法院、司法厅 | 2010—09 |
| 《兴化年鉴(2009)》 | 首届江苏省年鉴奖综合优秀奖 | 江苏省政府办公厅 | 2010—09 |
| 市公安局刑侦大队 | 集体二等功 | 江苏省公安厅 | 2010—11 |
| 陈堡初级中学 | 江苏青少年科技教育先进学校 | 江苏省教育厅 | 2010—11 |
| 竹泓镇敬老院 | 省文明敬老院 | 江苏省民政厅 | 2010—11 |
| 合塔生猪专业合作社 | “百佳”农民专业合作社 | 江苏省供销合作总社 | 2010—12 |
| 云旭水产养殖专业合作社 | “百佳”农民专业合作社 | 江苏省供销合作总社 | 2010—12 |
| 大垛镇管阮为农服务中心 | “百佳”为农服务社 | 江苏省供销合作总社 | 2010—12 |
| 市外办 | 《江苏外事》通联工作先进单位 | 江苏省外办 | 2010—12 |
| 大垛镇 | 2007～2009年度江苏省创建精神文明乡镇工作先进乡镇 | 江苏省精神文明建设指导委员会 | 2010—12 |

续表 144

| 获奖单位 | 荣誉称号 | 授予单位 | 获奖时间 |
|---|---|---|---|
| 缸顾乡东罗村 | 2007～2009 年度江苏省创建文明村工作先进村 | 江苏省精神文明建设指导委员会 | 2010—12 |
| 市工行 | 2007～2009 年度江苏省创建文明行业工作先进行业 | 江苏省精神文明建设指导委员会 | 2010—12 |
| 大地蓝绢纺有限公司 | 2007～2009 年度江苏省精神文明建设工作先进单位 | 江苏省精神文明建设指导委员会 | 2010—12 |
| 大垛镇管阮村 | 2007～2009 年度江苏省文明村 | 江苏省精神文明建设指导委员会 | 2010—12 |
| 市农合行 | 2007～2009 年度江苏省文明行业 | 江苏省财政厅 | 2010—12 |
| 市财政局 | 2009年度地方金融企业财务决算报表工作通报表扬 | 江苏省文化厅 | 2010—12 |
| 市文广新局 | 2010年全省新闻出版(版权)系统先进集体 | 江苏省新闻出版局 | 2010—12 |
| 市供销社 | 基层社“三位一体建设优胜单位” | 江苏省供销合作总社 | 2010—12 |
| 大垛镇 | 江苏省“新农村新家庭”示范镇(乡) | 江苏省人口与计划生育委员会 | 2010—12 |
| 市广播电视台数字化工作部 | 江苏省广播电视技术维护先进集体 | 江苏省广播电视电影局 | 2010—12 |
| 周庄镇广播电视站 | 江苏省广播电视技术维护优秀乡镇广播电视站 | 江苏省广播电视电影局 | 2010—12 |
| 大垛镇工会 | 江苏省模范乡镇(街道)职工之家 | 江苏省总工会 | 2010—12 |
| 市疾控中心 | 江苏省农村饮水监测工作先进集体 | 江苏省疾病预防控制中心 | 2010—12 |
| 新垛镇团结村 | 江苏省卫生村 | 江苏省爱卫会 | 2010—12 |
| 市城市管理行政执法大队 | 江苏省住房和城乡建设系统行政执法队伍规范化建设三星级单位 | 江苏省住房和城乡建设厅 | 2010—12 |
| 市供销社 | 农副产品收购优胜单位 | 江苏省供销合作总社 | 2010—12 |
| 市供销社 | 农民专业合作社示范社建设优胜单位 | 江苏省供销合作总社 | 2010—12 |
| 市科技局 | 全省科技创新平台管理先进集体 | 江苏省科学技术厅 | 2010—12 |
| 市物价局 | 全省收费统计工作先进集体 | 江苏省物价局 | 2010—12 |
| 市社保处 | 全省养老保险宣传工作先进单位 | 江苏省社保中心 | 2010—12 |
| 精品商城 | 十佳商场 | 江苏省供销合作总社 | 2010—12 |
| 市供销社 | 为农服务社建设优胜单位 | 江苏省供销合作总社 | 2010—12 |
| 市供销社 | 新网工程建设优胜单位 | 江苏省供销合作总社 | 2010—12 |
| 银桥信用担保有限公司 | 优秀企业 | 江苏省供销合作总社 | 2010—12 |
| 市医保处 | 2008～2010 年度优质服务窗口 | 江苏省人力资源和社会保障厅 | 2011—01 |
| 市安监局 | 2010年度江苏省非煤矿山安全生产工作先进集体 | 江苏省安全生产监督管理局 | 2011—01 |
| 市侨联 | 2010年度侨联组织建设先进单位 | 江苏省侨联 | 2011—01 |
| 市科技局 | 2010年度全省科技宣传与政务信息工作先进单位 | 江苏省科学技术厅 | 2011—01 |
| 市文广新局 | 2010年江苏省文化市场综合执法先进单位 | 江苏省文化厅 | 2011—01 |

续表 144

| 获奖单位 | 荣誉称号 | 授予单位 | 获奖时间 |
|---|---|---|---|
| 陈堡中心小学 | 江苏省绿色学校 | 江苏省环保厅、教育厅 | 2011—01 |
| 张郭镇赵万村 | 江苏省新农村建设工作先进村 | 省农村工作领导小组 | 2011—01 |
| 市公安局经文保科 | 空军招收飞行员先进集体 | 南京军区空军政治部、江苏省公安厅 | 2011—01 |
| 大垛镇安监办 | 全省安全生产监督管理先进单位 | 江苏省安全生产监督管理局 | 2011—01 |
| 市农业局 | 全省发展高效设施农业先进县(市、区) | 江苏省农业委员会、海洋与渔业局、财政厅 | 2011—01 |
| 市农业局 | 全省粮棉油高产增效创建工作先进单位 | 江苏省农业委员会 | 2011—01 |
| 市侨办 | 全省侨务系统侨政工作先进单位 | 江苏省侨办 | 2011—01 |
| 市劳动监察大队 | 省清欠工作先进单位 | 江苏省清理拖欠工程款和农民工工资协调领导小组办公室 | 2011—01 |
| 老圩乡计生站 | 省人口与计生优质服务示范站 | 江苏省人口与计划生育委员会 | 2011—01 |
| 老圩乡敬老院 | 文明敬老院 | 江苏省民政厅 | 2011—01 |
| 市价格举报中心 | 2009～2010 年度全省价格举报工作先进集体 | 江苏省物价局 | 2011—01 |
| 市价格认证中心 | 2010年度全省价格认证工作先进集体 | 江苏省物价局 | 2011—02 |
| 市散办 | 2010年江苏省散装水泥工作三等奖 | 江苏省散装水泥办公室 | 2011—02 |
| 市安监局 | 2010年全省安全生产宣传先进单位 | 江苏省安全生产监督管理局 | 2011—02 |
| 市人社局 | 新农保推进工作先进单位 | 江苏省人力资源和社会保障厅 | 2011—02 |
| 市农保处 | 新型农村社会养老保险业务档案管理先进单位 | 江苏省人力资源和社会保障厅 | 2011—02 |
| 市疾控中心 | 职业病防治科研培训先进集体 | 江苏省疾病预防控制中心 | 2011—02 |
| 市信访局 | 全省信访系统“优秀集体” | 江苏省信访局 | 2011—03 |
| 市人行 | 2007～2009 年度江苏省创建文明行业工作先进行业 | 江苏省精神文明建设指导委员会 | 2011—03 |
| 市粮食局 | 2010年度江苏省粮食系统财务联系点工作优胜单位 | 江苏省粮食局 | 2011—03 |
| 市粮食局 | 2010年度全省粮食流通监督检查工作先进单位 | 江苏省粮食局 | 2011—03 |
| 市公安局看守所 | 安全文明示范监所 | 江苏省公安厅 | 2011—03 |
| 张郭镇刘纪村 | 江苏省创建文明村工作先进村 | 江苏省委、省政府、省文明委 | 2011—03 |
| 张郭镇 | 江苏省文明乡镇标兵 | 江苏省委、省政府、省文明委 | 2011—03 |
| 中堡镇西孤村 | 江苏省现代渔业示范村 | 江苏省海洋与渔业局 | 2011—03 |
| 市水产局 | 全省海洋与渔业信息工作二等奖 | 江苏省海洋与渔业局 | 2011—03 |
| 老圩乡计生站 | 省药具管理先进乡镇 | 江苏省人口与计划生育委员会 | 2011—03 |
| 张郭镇赵万村 | 泰州市全面小康建设“十强村” | 共青团江苏省委 | 2011—03 |
| 市社保处 | 养老保险经办管理工作先进单位 | 江苏省社会保险基金管理中心 | 2011—03 |
| 市退管中心 | 养老保险经办管理工作先进单位 | 江苏省社会保险基金管理中心 | 2011—03 |

### 获泰州市委、市政府、军分区表彰的先进集体

表 145

| 获奖单位 | 荣誉称号 | 授予单位 | 获奖时间 |
|---|---|---|---|
| 江苏兴达钢帘线股份有限公司 | 国税开票前十强企业 | 泰州市政府 | 2010—03 |
| 江苏兴海特钢有限公司 | 节能工作先进集体 | 泰州市政府 | 2010—03 |
| 戴南镇 | 十佳工业先进乡镇 | 泰州市政府 | 2010—03 |
| 江苏兴达钢帘线股份有限公司 | 十佳企业 | 泰州市政府 | 2010—03 |
| 茅山镇中心小校 | 泰州市首批管理规范达标学校 | 泰州市政府 | 2010—04 |
| 新垛镇孙家村 | 农村党风廉政建设示范村 | 泰州市委、市政府 | 2010—06 |
| 市体育局 | 集体三等功 | 泰州市政府 | 2010—12 |
| 昭阳镇 | 泰州市经济十强乡镇 | 泰州市政府 | 2010—12 |
| 市财政局 | 2010年“泰州市学法用法”先进集体 | 泰州市政府 | 2011—01 |
| 陈堡镇 | 2010年度争创经济工作十强乡镇活动先进单位 | 泰州市委、市政府 | 2011—02 |
| 新垛镇 | 安全生产十佳乡镇 | 泰州市政府 | 2011—02 |
| 陈堡镇 | 2010年度发展高效农业十佳乡镇 | 泰州市委、市政府 | 2011—03 |
| 陈堡镇 | 2010年度泰州市社会治安安全乡镇 | 泰州市委、市政府 | 2011—03 |

## 先进个人名录

### 获国家部级表彰的先进个人

表 146

| 姓名 | 工作单位 | 荣誉称号 | 授予单位 | 获奖时间 |
|---|---|---|---|---|
| 郑生英 | 兴化邮政银行 | 全国金雁奖优秀客户经理 | 中国邮政储蓄银行 | 2010—02 |
| 葛玉林 | 市植物保护站 | 全国先进工作者 | 国务院 | 2010—04 |
| 樊才林 | 沈坨镇 | 全国关心下一代先进工作者 | 中国关工委、中央文明办 | 2010—06 |
| 陈如国 | 市水产局 | 全国农业科普先进工作者 | 中国农业协会 | 2010—06 |
| 许晓明 | 市水产局 | 全国农业科普先进工作者 | 中国农业协会 | 2010—06 |
| 高乾德 | 市委农工办 | 全国农村固定观察点系统“模范调查员” | 中共政策研究室、农业部 | 2010—08 |
| 纪瑞成 | 茅山镇中心小学 | 全国优秀班主任 | 教育部 | 2010—09 |
| 张　彤 | 市人民医院 | 2009-2010“金域杯”中国最具惠民精神的基层医院院长 | 中国医院院长杂志社 | 2010—11 |

续表 146

| 姓名 | 工作单位 | 荣誉称号 | 授予单位 | 获奖时间 |
|---|---|---|---|---|
| 戴秀华 | 市文广新局 | 全国打击互联网和手机媒体淫秽色情信息专项行动有功个人 | 全国"扫黄打非"工作小组 | 2010—11 |
| 解绍东 | 市总工会 | 全国工会系统"五五"普法先进个人 | 全国总工会 | 2010—12 |
| 徐立华 | 市委 | 全国扫黄打非先进个人 | 全国"扫黄打非"工作小组 | 2011—05 |

**获省委、省政府、省军区表彰的先进个人**

表 147

| 姓名 | 工作单位 | 荣誉称号 | 授予单位 | 获奖时间 |
|---|---|---|---|---|
| 刘　祥 | 戴南镇 | 第三届"江苏创新创业人才奖" | 江苏省委、省政府 | 2010—06 |
| 陆爱琴 | 茅山镇 | 非遗"茅山号子"传承人 | 江苏省政府 | 2010—09 |
| 唐玉银 | 陈堡镇 | 第六届江苏省农业技术推广奖(克氏原螯虾工厂化繁育及标准化养殖示范推广二等奖) | 江苏省政府 | 2011—04 |

**获省厅、局、条线表彰的先进个人**

表 148

| 姓名 | 工作单位 | 荣誉称号 | 授予单位 | 获奖时间 |
|---|---|---|---|---|
| 周天林 | 市水产局 | 全省海洋与渔业先进工作者 | 江苏省海洋与渔业局、财政厅 | 2009—10 |
| 宫友军 | 申源公司 | "江苏省青年创业奖"金奖 | 共青团江苏省委、省人力资源和社会保障厅 | 2010—01 |
| 杨加安 | 市委政法委 | 江苏省优秀政法干警 | 中共江苏省委政法委员会 | 2010—01 |
| 周金泉 | 市水政监察大队 | 优秀水政监察员 | 江苏省水利厅 | 2010—01 |
| 丁广余 | 大垛镇安民村 | 全省基层计划生育协会优秀会员 | 江苏省计划生育协会 | 2010—03 |
| 沈　沉 | 市司法局 | 全省法律援助工作先进个人 | 江苏省司法厅 | 2010—03 |
| 张万华 | 永丰镇司法所 | 2009年度人民调解"防激化"工作先进个人 | 江苏省司法厅 | 2010—04 |
| 卞文斌 | 市法院 | 全省法院调研工作先进个人 | 江苏省高级人民法院 | 2010—04 |
| 阮殿树 | 市公安局 | 江苏省优秀共青团干部 | 共青团江苏省委 | 2010—05 |
| 张　娟 | 市法院 | 优秀基层人民法庭庭长 | 江苏省高级人民法院 | 2010—05 |
| 徐定华 | 市财政局 | 全省重点产品国际竞争力调查先进个人 | 江苏省财政厅 | 2010—06 |
| 戴宏喜 | 陈堡镇 | 从事人口与计生工作 30 年荣誉奖 | 江苏省人口与计划生育委员会 | 2010—07 |
| 樊才林 | 沈纶镇 | 全省城乡社区校外辅导站工作先进个人 | 江苏省文明办、关工委 | 2010—07 |
| 姜玉建 | 市文广新局 | 全省新闻出版(版权)系统"五五"普法先进个人 | 江苏省新闻出版局 | 2010—08 |

续表 148

| 姓名 | 工作单位 | 荣誉称号 | 授予单位 | 获奖时间 |
|---|---|---|---|---|
| 刘兆来 | 获垛司法所 | 人民调解工作先进个人 | 江苏省高级人民法院、司法厅 | 2010—09 |
| 李亚平 | 城东镇 | 人民调解工作先进个人 | 江苏省高级人民法院、司法厅 | 2010—09 |
| 解绍东 | 市总工会 | 全省“诉调对接”工作先进个人 | 江苏省高级人民法院 | 2010—09 |
| 鲍建民 | 市法院 | 全省“诉调对接”工作先进个人 | 江苏省高级人民法院 | 2010—09 |
| 王　军 | 市总工会 | 江苏省“安康杯”工会劳动保护先进个人 | 江苏省总工会、安监局 | 2010—10 |
| 万长荣 | 市法院 | 全省法院宣传工作先进个人 | 江苏省高级人民法院 | 2010—10 |
| 贺洪平 | 市总工会 | 江苏省第十七届运动会职工部比赛组队工作先进个人 | 江苏省总工会 | 2010—11 |
| 邵日高 | 陈堡镇 | 江苏省青少年科技教育先进个人 | 江苏省教育厅 | 2010—11 |
| 周永桢 | 陈堡镇 | 江苏省优秀青少年科技教育校长 | 江苏省教育厅 | 2010—11 |
| 徐广山 | 竹泓镇敬老院 | 五保工作先进个人 | 江苏省民政厅 | 2010—11 |
| 舒桂兰 | 市外办 | 《江苏外事》优秀通讯员 | 江苏省外办 | 2010—12 |
| 张　彤 | 市人民医院 | 2010年“恒瑞杯”优秀医院管理工作者 | 江苏省医院协会 | 2010—12 |
| 周信学 | 陈堡镇 | 2010年江苏省优秀教学课件比赛一等奖 | 江苏省教育学会 | 2010—12 |
| 陈曙军 | 市广播电视台 | 江苏省广播电视技术维护先进个人 | 江苏省广播电视电影局 | 2010—12 |
| 洪　梅 | 陈堡镇 | 江苏省群众喜爱的社会体育指导员 | 江苏省体育局、社会体育指导员协会 | 2010—12 |
| 顾素珍 | 陈堡镇 | 江苏省优秀青少年科技教育辅导员 | 江苏省科协 | 2010—12 |
| 孙为平 | 市科技局 | 全省科技创新平台管理先进个人 | 江苏省科学技术厅 | 2010—12 |
| 陈茂贵 | 市农机局 | 全省农机化科技推广工作先进个人 | 江苏省农业机械管理局 | 2010—12 |
| 李权平 | 市农机局 | 全省农机化宣传信息工作先进个人 | 江苏省农业机械管理局 | 2010—12 |
| 袁　兵 | 市财政局 | 全省企业财务信息工作先进个人 | 江苏省财政厅 | 2010—12 |
| 姚向东 | 市科技局 | 2010年度全省科技宣传与政务信息工作先进个人 | 江苏省科学技术厅 | 2010—12 |
| 陈华翔 | 市财政局 | 财政系统先进工作者 | 江苏省财政厅、人力资源和社会保障厅 | 2011—01 |
| 蒋　松 | 市建筑安装管理处 | 建筑业管理工作先进者 | 江苏省住建厅 | 2011—01 |
| 刘桂友 | 新垛镇政府 | 江苏省安全生产监督管理先进个人 | 江苏省安全生产监督管理局 | 2011—01 |
| 蒋　林 | 市粮食局 | 江苏省粮食系统先进工作者 | 江苏省人力资源和社会保障厅、省粮食局 | 2011—01 |
| 舒桂兰 | 市外办 | 全省侨务系统侨政工作先进个人 | 江苏省侨办 | 2011—01 |

续表 148

| 姓名 | 工作单位 | 荣誉称号 | 授予单位 | 获奖时间 |
| --- | --- | --- | --- | --- |
| 曹逸锋 | 市安监局 | 全省危险化学品安全监管工作先进个人 | 江苏省安全生产监督管理局 | 2011—01 |
| 王　芳 | 市工行 | 2009～2010 年度先进工作者 | 江苏省工行 | 2011—01 |
| 杨　斌 | 市价格举报中心 | 2009～2010 年度全省价格举报工作先进个人 | 江苏省物价局 | 2011—02 |
| 倪　文 | 市粮食交易市场 | 2010年全省优秀价格监测定点单位和采报员 | 江苏省物价局 | 2011—02 |
| 雷　辉 | 市公安局 | 全省公安机关巡防标兵 | 江苏省公安厅 | 2011—02 |
| 沙成堂 | 市农保处 | 新农保推进工作先进个人 | 江苏省人力资源和社会保障厅 | 2011—02 |
| 冯　勇 | 市安监局 | 2010年度全省安全生产培训工作先进个人 | 江苏省安全生产监督管理局 | 2011—03 |
| 王　隽 | 市安监局 | 2010年度全省安全生产培训工作先进个人 | 江苏省安全生产监督管理局 | 2011—03 |
| 杨丽春 | 市工行 | 2010年度服务工作先进个人 | 江苏省工行 | 2011—03 |

**获泰州市委、市政府、军分区表彰的先进个人**

表 149

| 姓名 | 工作单位 | 荣誉称号 | 授予单位 | 获奖时间 |
| --- | --- | --- | --- | --- |
| 陈金礼 | 市劳动监察大队 | 泰州市劳动模范 | 泰州市政府 | 2010—04 |
| 彭国平 | 市公安局 | 泰州市劳动模范 | 泰州市政府 | 2010—04 |
| 侍金鸿 | 沙沟镇政府 | 泰州市劳动模范 | 泰州市政府 | 2010—04 |
| 陈华翔 | 昭阳镇财政所 | 泰州市劳动模范 | 泰州市政府 | 2010—04 |
| 王红妹 | 周奋乡政府 | 泰州市劳动模范 | 泰州市政府 | 2010—04 |
| 王传柳 | 市公安局 | 征兵工作先进个人 | 泰州市政府 | 2010—09 |
| 陈如国 | 市水产局 | 2010年有突出贡献中青年专家 | 泰州市政府 | 2010—11 |
| 余大海 | 市体育局 | 三等功 | 泰州市政府 | 2010—12 |
| 徐柏元 | 市公安局 | 泰州市安全生产工作先进个人 | 泰州市政府 | 2011—01 |
| 刁信群 | 市安监局 | 2010年度泰州市安全生产工作先进个人 | 泰州市政府 | 2011—01 |
| 冯美海 | 市安监局 | 2010年度泰州市安全生产工作先进个人 | 泰州市政府 | 2011—01 |
| 顾晓斌 | 市建筑安全监察站 | 2010年度泰州市安全生产工作先进个人 | 泰州市政府 | 2011—01 |
| 邓新桃 | 市人民医院 | 2010年泰州市有突出贡献的中青年专家 | 泰州市政府 | 2011—01 |
| 朱学军 | 市公安消防大队 | 2010年度泰州市安全生产工作先进个人 | 泰州市政府 | 2011—01 |

# 文件选编

## 市委重要文件选编

### 中共兴化市委　兴化市人民政府 关于进一步推进脱贫攻坚工程的意见

（2010 年 3 月 8 日）

2010 年是我市实施三年脱贫攻坚工程的最后一年，是全面完成脱贫攻坚目标任务的决战之年。为全面贯彻落实省委、省政府关于脱贫攻坚工作的要求，进一步推进脱贫攻坚工程，打好脱贫攻坚战，确保 2010 年底我市基本消除农村贫困人口和经济薄弱村绝对贫困现象，现提出如下意见：

**一、2010 年脱贫攻坚工程的总体要求和目标任务**

总体要求：以党的十七届三中、四中全会精神为指导，深入贯彻落实科学发展观，紧紧围绕三年脱贫攻坚工程总体目标，坚持以促进贫困农户增收脱贫和加快经济薄弱村发展为核心，继续加大挂钩帮扶力度，深入实施好产业化带动扶贫和劳动力培训就业扶贫，落实好社会救助扶贫，加强经济薄弱村“八有”建设，促进经济薄弱村加快发展，加大推进力度，狠抓各项政策措施的落实，确保年底前全面完成脱贫攻坚各项任务。

目标任务：

1. *农村贫困人口全面脱贫*。通过有针对性帮扶措施的落实，使全市有劳动能力的贫困农户，至少有一名劳动力转移就业或有一个致富项目，没有劳动力的贫困农户，全部纳入社会保障和救助体系，确保 2010 年底我市农村贫困人口人均纯收入达到 2500 元以上。

2. *经济薄弱村发展目标*。农村贫困人口相对集中的经济薄弱村逐步达到有“双强”班子、有科学规划、有高效农业、有特色产业、有配套设施、有保障机制、有清洁村容、有文明新风的“八有”目标；村级集体经济年收入全部达到 5 万元以上。

**二、以更大的力度抓好脱贫攻坚各项措施的落实**

今年脱贫攻坚工作要继续坚持重心下移、扶贫到村、落实到户的扶贫开发基本思路，加大工作力度，全力以赴抓好各项措施的落实。

1. *围绕实现“八有”目标，进一步强化整村推进项目扶贫*。一要加强“双强”班子建设。要把经济薄弱村“双强”班子建设放到更加突出的位置，着力提高村“两委”班子特别是党组织书记的“双带”能力。重视到村任职高校毕业生的培养使用，大力支持机关干部任职村的工作，选好配强经济薄弱村党组织书记。二要完善发展规划。按照实事求是、因地制宜、分类指导的要求，统筹当前和长远发展，坚持扶贫和开发并举，合理安排基础设施、社会事业、产业发展、集中居住点建设，科学规划、分期实施、逐步到位。三要选准选好帮扶项目。项目选择要以贫困农户增收为目标，以市场为导向，坚持因地制宜，尊重农民意愿，努力做到投向准确、操作公开、成效明显。四要发挥典型示范作用。突出帮扶重点，打造帮扶亮点，彰显帮扶特点，充分发挥整村推进典型的示范带动作用。对已经实现脱贫攻坚目标的村，要继续给予适当扶持，巩固脱贫成果。

2. *围绕增强村级综合实力，进一步加快发展村级集体经济*。一要大力拓宽集体经济增收渠道。支持有条件的村开发自然资源，增加资源性收入。鼓励有一定集体资产的村通过租赁、拍卖、招投标等方式，盘活集体闲置资产，增加资产性收入。有条件的地方可以通过多渠道筹措资金，在乡镇工业集中区内建设一定规模的标准厂房，作为村级集体资产，实行租赁经营，既增加了村级集体经济收入，又带动了贫困劳动力就业增收。要支持帮助有条件的村大力发展农民合作服务组织，开展劳力服务、环保服务、中介服务、水电配套服务、物业服务等，增加村级集体经济的服务性收入。二要切实加大政策扶持力度。对经济薄弱村兴建标准厂房的出租收入、新成立村级经济组织的经营性收入等，要研究并落实税收免交、缓交、先征后奖等优惠办法。要坚持开源与节流并重，健全集体资产、资源、资金管理制度，防止平调、侵占、挪用村级资金。着力减轻村级负担，应由政府承担的事项不得转嫁给村，严禁向村摊派各类费用。采取以奖代补办法，鼓励经济薄弱村积极化解债务。建立健全“一事一议”村级公益事业建设的激励机制，杜绝举债建设村级公益项目。三要增强综合服务中心为农服务功能。村级综合服务中心是村级党组织活动阵地和服务村民场所,要争取有关方面的支持,进一步完善各项服务功能,不断扩大服务领域。

3. 围绕挖掘农业内部增收潜力,进一步强化产业化带动扶贫。在贫困农户劳动力中,有不少年龄偏大、技能偏低、不具备转移就业的条件,支持和帮助他们发展设施大棚、经济林果、畜禽养殖等高效农业项目,是实现增收脱贫的有效途径。要抓住加快发展高效农业的机遇,用足用好各项扶持政策,依托现代农业产业园区、合作经济组织、种养加大户等,引导和带动贫困农户发展高效设施农业项目,充分挖掘农业内部增收潜力。对特别贫困的农户,可由乡镇、村集体经济组织或帮扶单位投资建设设施大棚和养殖大棚,零租金或低租金提供给他们使用。加强农业实用技术培训,提高贫困农户劳动力发展高效设施农业的能力。要积极发展"一村一品"、"一品一社",大力培育优势特色产业,并努力向"多村一品"、"一镇一品"发展,力争具备区域规模、拥有知名品牌、发挥特色效应。大力发展农民专业合作组织,鼓励他们为贫困农户提供种苗、技术、销售等方面的服务,带动贫困农户增收脱贫。各级安排的交通、水利、通信以及农业综合开发等项目,要向经济薄弱村倾斜,优先惠及贫困农户,改善他们发展生产的条件。继续保持脱贫攻坚贴息贷款规模,加大投放力度,仍按兴扶办发〔2009〕3号文件要求投放扶贫贴息贷款,努力解决贫困农户发展生产的资金需求。

4. 围绕扩大转移就业,进一步强化贫困劳动力技能培训。继续加大技能培训力度,提高贫困劳动力就业创业能力。按照"面向市场、准确定位,发挥优势、形成规模"的要求,积极探索有特色的培训和转移就业模式,培育一批具有乡镇特色的劳务品牌,提高在劳务市场上的竞争力。采取订单培训、定向培训、协议培训等方式,建立技能培训与转移就业的联动机制,以就业带动培训,以培训促进就业。做好培训后就业跟踪管理和服务工作,努力构筑贫困劳动力稳定就业、持续增收的长效机制。继续鼓励工商企业、农村合作经济组织和种养大户吸纳贫困劳力就业,仍按兴扶办发〔2009〕4号文件给予用工工资补助和社会保险补助。

5. 围绕贫困户脱贫标准,进一步提高五保低保供养水平。市民政部门要每季度分别对五保户、低保户人员组织一次复核,实现应保尽保、应退尽退。对五保户严格按照上级有关规定,及时调整供养水平,市、乡镇财政确保经费及时保足。对低保户实行动态管理,按照政策规定,逐步提高标准,按实补差到位。

6. 围绕增强脱贫攻坚工作合力,进一步调动社会各方面参与扶贫开发的积极性。要继续坚持"政府推动、社会参与、政策激励、合作共赢"的思路,广泛动员各方面力量与经济薄弱村和贫困户开展挂钩帮扶。对贫困户的帮扶仍按照兴委办发〔2009〕70号文件的要求,继续落实好"万户结对"帮扶工作;对薄弱村的帮扶,采取市四套班子负责人挂钩,市有关部门结对帮扶的新的帮扶办法(另行文下发)。各乡镇要积极组织工商企业、合作经济组织、社会能人参与村企挂钩、结对帮扶活动。要健全激励机制,充分调动各方参与脱贫攻坚工作的积极性,对工作成效明显的企业和典型人物要大力宣传表彰。要本着优势互补、共同发展的原则,推动富裕村与经济薄弱村结对帮扶,通过资金支持、产业合作、吸纳劳动力就业等,带动经济薄弱村加快发展。要引导和鼓励有一定资金、技术和经营管理经验的外出务工人员回乡创业参与脱贫攻坚。要发挥科技扶贫作用,动员组织各类科技人员与薄弱村和贫困户挂钩,充分发挥科技在扶贫开发中的带动作用。要动员和组织扶贫开发协会、慈善总会等社会团体参与脱贫攻坚,积极发挥他们的作用。

**三、进一步提高脱贫攻坚工作的组织领导水平**

1. 进一步明确乡镇工作职责。各乡镇党委、政府要坚持不尚空谈,多干实事,不搞形式主义,不做表面文章,坚持从实际出发,实事求是,因时因地制定脱贫攻坚工作计划,把工作有成效、低收入户脱贫和村级集体经济收入有大幅度增长作为衡量脱贫攻坚工作成败的唯一标准,狠抓薄弱村"八有"建设,特别注重抓"双强"班子建设,把人作为生产力中最活跃的因素摆上突出位置,配强、配优薄弱村班子成员,加强对农村党员干部的教育引导,提升干部素质,培养"双强型"村干部,为脱贫攻坚战打造一支过硬的干部队伍。狠抓发展,谋求突破,把发展作为脱贫攻坚工作主抓手,科学规划,合理决策,充分利用村级的闲置资产,发展二、三产业,结合传统产业优势,培育高效农田,发展高效、特色产业,充分发挥产业区的辐射带动作用,提升农业的品位和层次。

2. 落实脱贫攻坚工作责任。实施脱贫攻坚工程是全面建设小康社会的一项硬任务。各乡镇党政主要负责同志承担第一责任,各帮扶单位的主要负责同志是本单位结对帮扶的第一责任人,实行包保责任制。各乡镇各部门要把脱贫攻坚列入全年工作计划,在人力、物力、财力等方面做出安排,实行目标管理。有脱贫攻坚任务的村和贫困农户要发扬自力更生的精神,自加压力,激发动力,争取早日实现脱贫目标。

3. 切实做好督查考核工作。要坚持定期督查制度,建立脱贫攻坚督查指导小组,每月汇报交流一次情况,半年组织一次全市督查活动,年终组织对各乡镇、各挂钩帮扶部门进行考核验收,对考核结果进行通报,严格奖惩。对各乡镇、市级机关各挂钩部门完成脱贫攻坚目标情况,纳入全年综合考核,考核成绩将作为各乡镇、各部门党政领导干部考核任用的重要依据;对各村党组织书记的专项考核,仍按照兴委办发〔2009〕71号文件要求进行考核奖励。

# 市政府重要文件选编

## 市政府关于印发兴化市科技创新奖励办法的通知

（2010 年 6 月 1 日）

各乡镇人民政府，市各委办局（公司），市各直属单位：

《兴化市科技创新奖励办法》已经市政府研究通过，现予印发，希遵照执行。

## 兴化市科技创新奖励办法

为深入实施“科技兴市”战略，进一步调动和激励企事业单位和个人科技创新的积极性和创造性，切实增强企业自主创新能力，建设创新型兴化。根据国家、省、市有关政策规定，结合我市实际情况，特制定本办法。

**一、奖励范围及标准**

本市范围内符合下列条件的单位或个人可申报科技创新奖励：

1. 获得省级以上各类称号企业：对首次获批的国家级、省级高新技术企业，分别给予 30 万元、20 万元的一次性奖励；对首次获批的国家级、省级创新型企业，分别给予 20 万元、10 万元的一次性奖励；对首次获批的国家级、省级农业科技型企业（合作社），分别给予 10 万元、5 万元的一次性奖励；对首次获批的省级民营科技企业，奖励 0.5 万元。

2. 获批泰州市级以上科技创新载体（平台）的：首次获批国家级博士后工作站和院士工作站的，一次性给予企业 50 万元奖励；首次获批国家级重点实验室、企业技术中心、工程技术研究中心或省级工程技术研究中心、企业技术中心和各类科技公共服务平台的，分别一次性给予 30 万元、20 万元奖励。对首次获批泰州市级工程技术研究中心，给予 1 万元的一次性奖励。

3. 实施的省级以上科技计划项目：实施省级以上星火、火炬计划并通过验收的项目，实际财务投入在 1000 万元（含 1000 万元）以上，年新增纳税销售收入达到实际投入 3 倍以上（农业项目均按一半计算），经评审组评审和现场验收确认后，给予实施项目的企业 5 万元的一次性奖励；获批并实施国家级、省级重点领域企业和行业知识产权战略推进计划项目的承担单位，分别给予 10 万元、5 万元的一次性奖励；获批并实施省级专利实施计划项目承担单位或列入省级企业知识产权管理标准化示范创建单位分别给予一次性奖励 5 万元。

4. 认定为省级以上的新产品：认定为国家级重点新产品、省级高新技术产品，分别给予 5 万元、1 万元的一次性奖励；对通过省部级会议鉴定的产品给予一次性奖励 2 万元。

5. 专利申请和授权奖励：申请并获得受理的 PCT（国际专利）申请给予其申请费及实审费 50% 的资助（每件最高不超过 2 万元）；申请并获得受理的国内发明专利给予其费用减缓后的申请费及实审费全额资助；获得国内授权的发明专利、实用新型专利、外观设计专利分别给予一次性奖励 6000 元、3000 元、500 元；单位或个人年内申请专利总量 30 件以上（其中申请发明专利 5 件以上），在上述奖励基础上另行奖励 2 万元；单位或个人年内申请专利总量 50 件以上（其中申请发明专利 10 件以上），在上述奖励基础上另行奖励 3 万元。

6. 优秀专利和泰州市级以上专利发明人称号获得者：被评为国家、省级优秀专利，分别给予一次性奖励 3 万元、2 万元；获得“江苏省十大杰出专利发明人”、“江苏省十大优秀专利发明人”、“泰州市十佳专利发明人”称号，分别给予一次性奖励 3 万元、2 万元、1 万元。

7. 各级科技进步奖获得者：对获得本市级以上科技进步奖的单位或个人给予一次性奖励。其中：国家级一、二等奖每项分别奖励 100 万元、50 万元；省级一、二、三等奖每项分别奖励 5 万元、3 万元、1 万元；泰州市级一、二、三等奖每项分别奖励 1 万元、5000 元、2000 元；本市级一、二、三等奖每项分别奖励 5000 元、3000 元、2000 元。

**二、评审程序**

1. 兴化市科技创新奖每年度评审一次。凡是受奖的单位，其研发投入必须达到或超过高新技术企业的认定标准。即：5000 万元以下占销售收入的 6% 以上，5000 万元—2 亿元占销售收入 4% 以上，2 亿元以上的占销售收入 3%。

2. 申报科技创新奖的单位或个人按规定组织申报材料，整理后报送市科技局。

3. 市科技局对申报的创新奖项进行审核并提出奖励方案。

4. 市科技局、财政局对项目申报资料进行核查或到实施单位现场考核评审。评审以批准文件、认定证书等为重要依据。

5. 评审通过的项目，按规定履行奖励审批手续。

**三、经费安排及管理**

设立兴化市科技创新奖励基金，纳入财政预算，奖励资金实行财政专户管理，专款专用。凡因弄虚作假套取奖励资金的，一经查实，立即追回，并追究相关责任人的责任。

**四、附则**

本办法自发文之日起施行，凡是与本办法有冲突的以本办法为准，由市科技局负责解释。

# 市政府关于解决城区中低收入家庭住房困难的实施意见

(2010年7月20日)

各乡镇人民政府,市各委办局(公司),市各直属单位:

住房问题是重要的民生问题,直接关系到广大人民群众的切身利益,关系到社会的和谐稳定。加强城区住房保障体系建设,着力解决城市中低收入家庭住房困难,是政府履行公共服务职能的重要职责。为认真贯彻落实党的十七大精神,根据《国务院关于解决城市低收入家庭住房困难的若干意见》(国发〔2007〕24号)和《省政府关于解决城市低收入家庭住房困难的实施意见》(苏政发〔2008〕44号)以及2010年省住房保障工作电视电话会议的要求,结合城区实际,提出如下实施意见:

## 一、指导思想、基本原则和总体目标

(一)指导思想。全面贯彻党的十七大精神,以邓小平理论和"三个代表"重要思想为指导,深入贯彻落实科学发展观,按照全面建设小康社会和构建和谐兴化的目标要求,把解决城区中低收入家庭住房困难作为维护群众利益的重要工作和住房制度改革的重要内容,作为政府公共服务的一项重要职责,加快建立健全以廉租住房制度为重点,多渠道解决城区中低收入家庭住房困难的政策体系,全面实现党的十七大提出的"住有所居"的目标。

(二)基本原则。坚持立足兴化城区实际,满足基本住房需要;坚持政府主导,社会参与;坚持统筹规划,分步实施;坚持全面覆盖,应保尽保;坚持适时调整,动态管理。

(三)总体目标。力争"十二五"期末,人均住房建筑面积在20平方米以下、人均月收入在1200元以下的城区中低收入家庭和农民工等外来务工人员以及新就业人员等其他住房困难群体,通过廉租住房制度、经济适用住房制度、经济适用房租售并举制度、限价商品住房制度以及公共租赁房、职工(农民工)公寓等保障措施,住房条件得到明显改善。

## 二、进一步建立健全城区廉租住房制度

(四)逐步扩大廉租住房制度的保障范围。城区廉租住房制度是解决低收入家庭住房困难的主要途径。要逐步降低廉租住房保障"门槛",让更多的低收入家庭享受到廉租住房制度的保障。

(五)合理确定廉租住房保障对象和保障标准。廉租住房保障对象的家庭收入标准、住房困难标准以及保障面积标准实行动态管理,由市政府根据统计部门公布的城区家庭人均可支配收入和人均住房水平以及财政承受能力等因素统筹研究确定,每年向社会公布一次。在"十二五"期末对城区人均住房建筑面积15平方米以下、人均月收入900元以下的住房困难家庭实施廉租住房保障。

(六)不断完善廉租住房保障方式。城区廉租住房保障实行以实物配租为主、租赁补贴和实物配租相结合的方式。低收入住房困难家庭每平方米租赁补贴标准由市政府根据其经济发展水平、市场平均租金、保障对象的经济承受能力等因素综合确定。

(七)多渠道增加廉租住房房源。采取政府新建、收购、改建以及鼓励社会捐赠等方式增加廉租住房供应,同时加大廉租住房建设力度。新建廉租住房套型建筑面积控制在50平方米以内,主要在经济适用住房以及普通商品住房小区中配建,并在用地规划和土地出让条件中明确规定建成后由政府收回或回购。实物配租廉租住房实行轮候制度,优先考虑城市低保、低收入无房家庭和孤、老、病、残等特殊困难家庭以及其他急需救助的住房困难家庭。

(八)多渠道筹集和安排廉租住房保障资金。市政府根据廉租住房工作的年度计划,落实廉租住房保障资金:一是市财政通过本级预算予以安排;二是住房公积金增值收益在提取贷款风险准备金和管理费用后的全部余额用于廉租住房保障;三是土地出让金以宗地按国家政策和政府规定提取住房保障资金;四是经济适用住房上市转让补缴的土地增值收益;五是经济适用住房租售并举中个人购买公有产权份额的资金;六是社会捐赠和其他多渠道筹集的保障资金;七是廉租住房租金收入实行收支两条线管理,专项用于廉租住房的维护和管理。住房保障资金实行专款专用,专项用于住房保障的实施,财政部门应每年向社会公布住房保障资金的筹集、安排、使用和管理情况。

## 三、改进和规范经济适用住房制度

(九)规范经济适用住房供应对象。经济适用住房供应对象为城区中低收入住房困难家庭,并与廉租住房保障对象相衔接。严格控制经济适用住房购买对象,严禁以经济适用住房名义变相进行商品房开发。城区房屋拆迁安置用房,不属于经济适用住房,不得占用经济适用住房建设项目计划。经济适用住房供应对象的收入标准和住房困难标准,由市政府确定,实行动态管理,每年向社会公布一次。中低收入住房困难家庭要求购买经济适用住房的,由该家庭按规定程序提出申请,有关单位按规定的程序进行审查,对符合标准的纳入供应对象范围,并实行轮候制度。经济适用住房供应对象中未享受过房改政策的老职工(1998年11月30日以前参加工作),可以优先购买经济适用住房。已享受过福利分房或购买过经济适用住房、拆迁安置房的家庭,不得再申购经济适用住房。在"十二五"期末,对城区家庭人均住房建筑面积20平方米以下、人均月收入1200元以下的住房困难户家庭实施经济适用住房保障。

(十)合理确定经济适用住房标准。要按照"经济、适

用、节能、美观”的要求设计、建设经济适用住房，要严格经济适用住房建设管理，确保工程建设质量。经济适用住房可以由住房保障实施机构组织建设，也可以采用市场化的方式委托开发企业进行建设。经济适用住房套型建筑面积原则上控制在75平方米左右，三代以上家庭，可适当增加，但不得超过小康居住面积标准。

（十一）严格经济适用住房上市交易管理。经济适用住房属于政策性住房，购房人拥有有限产权。已购买经济适用住房取得《房屋所有权证》和《国有土地使用证》（以下简称“两证”）未满5年，不得直接上市交易，购房人因特殊原因确需在5年内转让经济适用住房的，需经市住房制度改革办公室核准，由政府按照原价格并考虑折旧和物价水平等因素进行回购。取得“两证”满5年，购房人可转让经济适用住房，出售时当事人要向政府补缴土地出让金，政府可优先回购；购房人向政府交纳土地出让金后，取得完全产权。上述规定应在经济适用住房购房合同中予以明确。政府回购的经济适用住房，除用于廉租住房外，只能向符合申购经济适用住房条件的中低收入住房困难家庭出售或租售并举，售价不能高于届时经济适用住房销售价。受让的经济适用住房产权性质不变。

（十二）不断扩大经济适用住房租售并举范围。租售并举的经济适用住房是指专门面向城区既不符合廉租住房保障条件、又买不起经济适用住房的城市低收入住房困难家庭销售的经济适用住房。凡家庭人均月收入在城区最低工资标准线以下，且人均住房建筑面积在低收入家庭住房保障面积标准以下，或被拆迁房屋的市场评估价低于市区最低补偿标准且户口与被拆迁房屋一致的家庭，均可申请购买租售并举的经济适用住房。个人购买住房面积一般不低于所购住房面积的60%。实施租售并举的经济适用住房按当年经济适用住房竣工总量的10%左右配置，在开发建设的经济适用住房房源中统筹安排。根据每年实施租售并举的经济适用住房房源情况和保障总量，对申请经济适用住房租售并举的家庭，按照其经济收入和住房情况实行梯度保障的原则，市政府每年公布一次当年的保障范围。实施经济适用住房租售并举的保障资金，由市政府根据当年确定的保障情况，在廉租住房保障资金中安排。租售并举经济适用住房的销售价格和租金标准，由市物价部门会同市住建局审核后报市政府批准，并向社会公布。

（十三）实行置换房屋产权或使用权的保障方式。对少量有私有房屋，但住房面积达不到住房保障标准的低收入住房困难户，采取被保障户与政府等面积、等价置换房屋产权或使用权，不足保障标准的面积由政府保障，以解决被保障户居住面积不足的问题。置换后的房屋用于廉租住房配租。置换房屋产权或使用权在住房保障合同中明确相关条件。

（十四）加强单位集资合作建房管理。单位集资合作建房只能由距离城区较远的独立工矿企业和住房困难户较多的企业，在符合城市规划前提下，经市政府批准，并利用自用土地组织实施。单位集资合作建房一律纳入经济适用住房供应计划，其建设标准、供应对象、产权关系等均按照经济适用住房的有关规定执行。在优先满足本单位住房困难职工购买基础上房源仍有多余的，由市政府统一向符合经济适用住房购买条件的家庭出售，或以成本价收购后用作廉租住房。各级政府机关一律不得搞单位集资合作建房；任何单位不得新征用或新购买土地搞集资合作建房；单位集资合作建房不得向非经济适用住房供应对象出售。

**四、改善其他住房困难群体的居住条件**

（十五）加大限价商品住房（简称“限价房”）建设力度。根据经济发展状况和居民住房条件，通过限定销售价格、限定套型面积、限定建设标准、限定供应对象、限定转让交易时间、竞出让地价的方式，每年建设一定数量的限价商品住房。限价房的套型建筑面积原则上控制在90平方米左右，销售价格控制在同地段普通商品住房价格的80%左右。供应对象为城区无房或人均住房建筑面积较小的中等、中低收入家庭以及城区被拆迁户。该房取得“两证”未满5年不得上市，满5年的可按普通商品住房上市交易。

（十六）积极解决新就业人员住房问题。认真落实新就业人员住房公积金政策，允许新就业人员提取住房公积金支付个人住房租金。同时，参照经济适用住房政策，采用配建或集中建设的方式，每年建设一定数量的公共租赁房屋，以合理的租赁价格提供给具备条件的新就业人员租住。强化用人单位责任，用人单位应帮助新就业人员解决住房困难。

（十七）加快城区危旧房改造。对城区集中成片的危旧房，制定改造计划，积极实施改造。危旧房改造要符合以下要求：困难住户的住房得到妥善解决；住房质量、小区环境、配套设施明显改善；困难家庭的负担控制在合理水平。

（十八）继续实施旧住宅区出新综合整治工程。遵循政府组织、居民参与的原则，积极进行房屋维修养护、配套设施完善、环境整治和建筑节能改造；对社区积极性较高、整治违章建筑较好、长效管理机制落实到位的旧小区优先安排整治出新工程。

（十九）多渠道改善农民工居住条件。用工单位要向农民工提供符合基本卫生和安全条件的居住场所。在农民工集中的开发区和工业园区，以及在进行城中村改造时，要考虑农民工的居住需要，按照集约、节约用地的要求，在符合城市规划和土地利用总体规划的前提下，集中建设向农民工出租的集体宿舍，但不得按商品住房出售。有条件的可以比照经济适用住房建设的相关优惠政策，实行政府引导、市场运作,建设符合农民工特点、生活设施配套的公寓性住房,以成本加合理利润的原则,确定指导性租金标准向农民工出租。

**五、落实和完善住房保障的配套政策**

(二十)科学制定住房保障发展规划和年度计划。根据中低收入家庭住房状况,科学制定城区住房保障"十二五"规划和年度计划,进一步明确实施方案。

(二十一)落实建设用地和优惠政策。廉租住房和经济适用住房(含租售并举)建设用地实行行政划拨方式供应。优先安排廉租住房、经济适用住房(含租售并举)、限价商品住房和90平方米以下中低价位、中小套型普通商品住房建设用地,其年度供应总量不得低于住宅用地供应总量的70%。其中,对于廉租住房、经济适用住房(含租售并举)、限价商品住房建设用地要单独列出。廉租住房和经济适用住房(含租售并举)、危旧房改造、旧住宅区整治一律免收各项行政事业性收费和政府性基金,中介服务费按下限的一半收取。社会各界向政府捐赠廉租住房房源的,执行公益性捐赠税收扣除的有关政策。社会机构投资廉租住房或经济适用住房建设(含租售并举)、危旧房改造、旧住宅区整治的,可同时给予相关的政策支持。

(二十二)规范发展城区住房租赁市场。鼓励房地产开发企业等民间机构开发建设租赁性住房,采取扶持政策,扩大住房租赁市场。要积极培育和发展租赁市场,加强对租赁市场的规范和管理,鼓励住房出租经营。要引导居民树立科学合理的住房消费观念,提倡适度的、分层次、有差别的消费,引导城区低收入住房困难家庭租房居住。

(二十三)强化住房保障工作动态管理。组织对城区中低收入家庭的住房和收入情况进行调查,建立城区中低收入家庭住房保障档案和住房保障管理信息系统,将廉租住房、经济适用住房(含租售并举)建设用地、建设标准和保障对象及家庭成员住房情况等纳入信息系统进行管理。规范廉租住房保障、租售并举保障和经济适用住房供应的管理,建立健全"三级审批、两级公示"制度;严格做好申请人家庭收入、住房状况的调查审核,完善轮候制度,特别是强化廉租住房和租售并举的年度复核工作,建立健全进入和退出机制,确保各项政策得以公开、公平、公正实施。

**六、切实加强对住房保障工作的组织领导**

(二十四)完善领导机构、管理机构和实施机构。成立"兴化市住房保障工作领导小组",负责研究解决城区中低收入群体住房困难的重大事项,提出解决的政策、措施、建议。领导小组下设办公室,办公室设在市住房制度改革办公室,具体承担领导小组的日常工作。

(二十五)明确相关部门工作职责。住房保障是党委和政府的重要职责,市发改、住建、财政、规划、国土、民政、监察、物价、审计、税务、总工会、房改办、社工委、住房公积金中心、金融等部门要履行好各自职责,共同做好解决城区中低收入家庭住房困难的相关工作。市发改委要认真编制城区各类政策性保障类住房的年度投资计划,确保城区政策性保障类住房优先立项;市住建局要及时做好保障性住房的政策调整、规划编制、计划落实;市财政局要认真落实住房保障资金,确保财政预算安排的资金、公积金增值收益、土地出让净收益等全部落实到位,加强对住房保障中国有资产管理的监督,确保国有资产保值增值;市规划局要根据城市居住区规划的总体要求,把政策性保障类住房建设纳入城市建设的总体规划,及时配合住房保障部门编制政策性保障类住房项目的详细规划;市国土局要按照本意见的要求,在土地供应计划中优先安排各类政策性保障类住房的建设用地,并在申请年度用地指标时单列;市物价局要按照城区实际,合理确定城区各类政策性保障类住房价格,并向社会公布;市民政局要做好城区中低收入家庭的资格认定;市审计局要对住房保障的筹集、安排、使用及管理情况实行年度审计;市房改办具体负责廉租住房、经济适用住房和租售并举经济适用住房的审核、退出以及廉租住房和经济适用住房租售并举的租金收缴以及房屋修缮等日常事务;城市社工委要做好辖区内住房保障对象的入户调查和初审工作,对已纳入保障家庭实施跟踪检查、动态管理;泰州市住房公积金管理中心兴化分中心要将提取贷款风险金和管理费用后的增值收益,全部用于廉租住房保障;金融部门要按照本意见的要求,尽快出台对城区中低收入家庭住房贷款的优惠政策;市监察局应会同有关部门负责对本意见执行情况进行监督检查,对工作不落实、措施不到位的部门和单位,要通报批评,限期整改,情节严重的,追究有关领导责任,对在解决城区中低收入家庭住房困难工作中以权谋私、玩忽职守的,要依法依纪从严查处。

(二十六)继续抓好关于房地产市场各项调控政策措施的落实。进一步贯彻落实国务院和省政府关于房地产市场各项宏观调控政策措施,要加大住房供应结构调整力度,认真落实《国务院办公厅转发建设部等部门关于调整住房供应结构稳定住房价格意见的通知》(国办发〔2006〕37号),重点发展中低价位、中小套型普通商品住房,增加住房有效供应。要加大住房需求调节力度,引导合理的住房消费,建立符合市情的住房建设和消费模式。要加强市场监管,坚决整治房地产开发、交易、中介服务、物业管理及房屋拆迁中的违法违规行为,维护群众合法权益。要加强房地产价格的监管,制定价格备案实施细则,抑制房地产价格过快上涨,保持合理的价格水平,引导房地产市场健康发展。

凡过去文件规定与本意见不一致的,以本意见为准。

# 市委重要文件题录

表 150

| 文号 | 文　件　题　目 |
|---|---|
| 兴发〔2010〕5 号 | 关于开展“共建小康、造福百姓”主题教育实践活动的意见 |
| 兴发〔2010〕11 号 | 关于公开选拔领导干部工作的实施意见 |
| 兴发〔2010〕14 号 | 关于进一步推进脱贫攻坚工程的意见 |
| 兴发〔2010〕17 号 | 关于进一步加强全市“两新”组织党建工作的意见 |
| 兴发〔2010〕19 号 | 关于在全市基层党组织和党员干部中开展“五好五带头”争先创优活动的意见 |
| 兴发〔2010〕20 号 | 关于贯彻《中共共产党党员领导干部廉洁从政若干准则》的实施意见 |
| 兴发〔2010〕22 号 | 关于推进全面小康村建设工作的实施意见 |
| 兴发〔2010〕24 号 | 关于印发《关于领导干部“退二线”转岗继续发挥作用的若干规定》的通知 |
| 兴发〔2010〕26 号 | 关于印发《兴化市人民政府机构改革实施意见》的通知 |
| 兴发〔2010〕32 号 | 关于印发《兴化市乡镇党委书记考核考评试行办法》的通知 |
| 兴发〔2010〕33 号 | 关于命名履职能力“星级”领导班子的决定 |
| 兴发〔2010〕34 号 | 关于推进残疾人事业加快发展的工作意见 |
| 兴发〔2010〕37 号 | 关于加快发展村级集体经济的意见 |
| 兴发〔2010〕41 号 | 关于今东明春全市林业绿化工作的实施意见 |
| 兴发〔2010〕42 号 | 关于印发《兴化市乡镇机构改革实施意见》的通知 |
| 兴发〔2010〕44 号 | 关于加强应急管理工作的实施意见 |
| 兴发〔2010〕46 号 | 关于全面开展河道综合整治的实施意见 |

# 市政府重要文件题录

表 151

| 文号 | 文　件　题　目 |
|---|---|
| 兴政规〔2010〕6 号 | 市政府关于印发兴化市城区街景容貌管理办法(试行)的通知 |
| 兴政规〔2010〕7 号 | 兴化市人民政府关于印发进一步放宽办理市区及集镇等户口迁移准入条件暂行规定的通知 |
| 兴政规〔2010〕8 号 | 兴化市人民政府关于加强农村供水管理的实施意见(试行) |
| 兴政规〔2010〕11 号 | 市政府关于印发兴化市城市地下管线管理办法的通知 |
| 兴政发〔2010〕10 号 | 市政府关于印发《兴化市 2010 年重大工业项目用地优惠政策》的通知 |

续表 151

| 文号 | 文　件　题　目 |
| --- | --- |
| 兴政发〔2010〕56号 | 市政府办公室关于印发兴化市现代农业开发区建设工作意见的通知 |
| 兴政发〔2010〕128号 | 市政府关于做好2010年粮食直补和农资综合补贴工作的通知 |
| 兴政发〔2010〕167号 | 市政府关于印发《兴化市科技创新奖励办法》的通知 |
| 兴政发〔2010〕228号 | 市政府关于印发兴化市2010年重大工业项目用地优惠政策的补充意见的通知 |
| 兴政发〔2010〕267号 | 市政府关于进一步加强和规范房地产管理的意见 |
| 兴政发〔2010〕269号 | 市政府关于解决城区中低收入家庭住房困难的实施意见 |
| 兴政发〔2010〕270号 | 市政府关于印发《兴化市城区住房保障三年(2010～2012)行动计划》的通知 |
| 兴政发〔2010〕307号 | 市政府关于印发《兴化市2010年村级公益事业建设"一事一议"财政奖补工作实施方案》的通知 |
| 兴政发〔2010〕325号 | 市政府关于教育现代化建设工作的意见 |
| 兴政发〔2010〕420号 | 市政府关于进一步加强饮用水源保护工作的实施意见 |
| 兴政办发〔2010〕2号 | 市政府办公室关于印发《兴化城乡医疗救助实施办法》的通知 |
| 兴政办发〔2010〕14号 | 市政府办公室关于印发《推进农村信息化工程加快建设全面小康社会工作实施方案》的通知 |
| 兴政办发〔2010〕29号 | 市政府办公室关于印发《实施农村移动电话入户工程加快建设全面小康社会工作实施方案》的通知 |
| 兴政办发〔2010〕35号 | 市政府办公室关于印发《兴化市现代农业开发区建设工作意见》的通知 |
| 兴政办发〔2010〕39号 | 市政府办公室关于切实做好麻疹、风疹等传染病防治工作的通知 |
| 兴政办发〔2010〕49号 | 市政府办公室关于下达2010年度村镇建设考核指标的通知 |
| 兴政办发〔2010〕72号 | 市政府办公室关于调整2010年度兴化市城区住房保障标准的通知 |
| 兴政办发〔2010〕79号 | 市政府办公室关于调整城乡居民医疗保险统筹个人起付线的通知 |
| 兴政办发〔2010〕81号 | 市政府办公室关于切实加强水环境整治拦污卡口管护的实施意见的通知 |
| 兴政办发〔2010〕84号 | 市政府办公室关于印发《2010年农机购置补贴实施意见》的通知 |
| 兴政办发〔2010〕98号 | 市政府办公室关于印发《推进工贸企业主辅分离发展服务业实施意见(试行)》的通知 |
| 兴政办发〔2010〕106号 | 市政府办公室转发市人力资源和社会保障局、市财政局《关于兴化市城乡居民社会基本养老保险实施细则》的通知 |
| 兴政办发〔2010〕142号 | 市政府办公室关于调整2011年度城乡居民医疗保险个人缴费标准的通知 |
| 兴政办发〔2010〕165号 | 市政府办公室关于进一步加强城镇职工基本医疗保险慢性病、特殊病门诊管理的通知 |
| 兴政办发〔2010〕168号 | 市政府办公室关于印发《兴化市2010～2012年度推进企业工资集体协商工资规划》的通知 |
| 兴政办发〔2010〕178号 | 市政府办公室关于印发《兴化市农村饮水安全工程质量监督管理办法》的通知 |
| 兴政办发〔2010〕195号 | 市政府办公室关于明确南水北调卤汀河疏浚工程征地拆迁和移民安置补偿标准的实施意见 |

# 统计资料

## 全市行政概况

表 152

| | 计量单位 | 2010年 |
|---|---|---|
| 乡镇个数 | 个 | 35 |
| 建制镇 | 个 | 29 |
| 乡 | 个 | 5 |
| 开发区 | 个 | 1 |
| 村民委员会 | 个 | 614 |
| 居民委员会 | 个 | 70 |
| 其中:昭阳镇 | 个 | 16 |
| 土地总面积 | 平方公里 | 2393.35 |
| | 万亩 | 359 |
| 其中:耕地 | 亩 | 1912777 |
| 水面 | 万亩 | 87 |
| 总户数(户籍) | 户 | 540335 |
| 总人口(户籍) | 人 | 1561175 |
| # 男 | 人 | 814326 |
| 女 | 人 | 746849 |
| 年平均人口(户籍) | 人 | 1560299 |
| 出生人口 | 人 | 19747 |
| 出生率 | ‰ | 12.66 |
| 死亡人口 | 人 | 20606 |
| 死亡率 | ‰ | 13.21 |
| 自然增长率 | ‰ | -0.55 |
| 总人口(常住) | 万人 | 125.38 |

## 主要综合指标

表 153

| | 计量单位 | 2010年 | 2009年 | 2010年比 2009 年（±%） |
|---|---|---|---|---|
| 一、地区生产总值(GDP,增幅为可比价) | 亿元 | 387.11 | 320.48 | 13.6 |
| 第一产业增加值 | 亿元 | 64.51 | 57.42 | 4.7 |
| 占 GDP 比重 | % | 16.7 | 17.9 | |
| 第二产业增加值 | 亿元 | 173.02 | 145.32 | 16.0 |
| 占 GDP 比重 | % | 44.7 | 44.7 | 45.4 |
| # 工业 | 亿元 | 147.7 | 125.76 | 14.3 |
| 建筑业 | 亿元 | 25.32 | 19.56 | 27.9 |
| 第三产业增加值 | 亿元 | 149.58 | 117.74 | 14.5 |
| 占 GDP 比重 | % | 38.6 | 36.7 | |
| 人均地区生产总值(按常住人口) | 元 | 30919 | 25692 | 13.2 |
| 二、农林牧渔业总产值(可比价) | 万元 | 1013359 | 900395 | 12.5 |
| 农林牧渔业总产值(现价) | 万元 | 1091187 | 960700 | 13.6 |
| ①农业产值 | 万元 | 530237 | 470880 | 12.6 |
| ②林业产值 | 万元 | 12968 | 12160 | 6.6 |
| ③牧业产值 | 万元 | 128217 | 125100 | 2.5 |
| ④渔业产值 | 万元 | 355715 | 293060 | 21.4 |
| ⑤农业服务业 | 万元 | 64050 | 59500 | 7.6 |
| 三、粮食产量 | 万吨 | 1344192 | 1324979 | 1.5 |
| 其中:夏粮 | 万吨 | 493618 | 476369 | 3.6 |
| 秋粮 | 万吨 | 850574 | 848610 | 0.2 |
| 棉花产量 | 吨 | 15111 | 13375 | 13.0 |
| 油料产量 | 万吨 | 35629 | 36740 | -3.0 |
| 四、生猪饲养量 | 万头 | 84.23 | 75.75 | 11.2 |
| 上市量 | 万头 | 49.78 | 44.85 | 11.0 |
| 圈存量 | 万头 | 34.45 | 30.90 | 11.5 |
| 家禽饲养量 | 万羽 | 1751.84 | 1625.72 | 7.8 |
| 上市量 | 万羽 | 1044.00 | 981.05 | 6.4 |
| 存栏量 | 万羽 | 707.84 | 644.67 | 9.8 |
| 羊饲养量 | 万只 | 6.49 | 6.34 | 2.4 |
| 上市量 | 万只 | 4.08 | 4.00 | 2.0 |
| 水产品总产量 | 吨 | 246026 | 216755 | 13.5 |
| 蚕茧产量 | 吨 | 104 | 140 | -25.7 |
| 禽蛋产量 | 吨 | 44045 | 38680 | 13.9 |

续表 153

| | 计量单位 | 2010年 | 2009年 | 2010年比 2009 年（±%） |
|---|---|---|---|---|
| 五、全部工业总产值 | 万元 | 10834550 | 8635718 | 25.5 |
| 其中:规模工业 | 万元 | 6623262 | 5085218 | 30.2 |
| 全部工业销售收入 | 万元 | 10634417 | 8452228 | 25.8 |
| 其中:规模工业 | 万元 | 6478112 | 5007025 | 29.4 |
| 全部工业利税总额 | 万元 | 997474 | 754383 | 32.2 |
| 其中:规模工业 | 万元 | 699534 | 521740 | 34.1 |
| 全部工业利润总额 | 万元 | 588881 | 427275 | 37.8 |
| 其中:规模工业 | 万元 | 414437 | 296680 | 39.7 |
| 六、全社会固定资产投资完成额 | 万元 | 2392401 | 1781580 | 34.3 |
| 其中:城乡规模以上 | 万元 | 1392215 | 1021422 | 36.3 |
| 工业投资 | 万元 | 1463849 | 1064350 | 37.5 |
| 工业技改财务发生数 | 亿元 | 141.88 | 102.79 | 38.0 |
| 七、社会消费品零售总额 | 万元 | 858523 | 734452 | 16.9 |
| 批零贸易销售总额 | 亿元 | 427.75 | 337.28 | 26.8 |
| 八、对外贸易 | | | | |
| 1.年末实有三资企业数 | 个 | 63 | 43 | |
| 2.当年新批协议注册外资 | 万美元 | 26244 | 17747 | 47.9 |
| 3.累计实际到账注册外资 | 万美元 | 42367 | 31953 | 32.6 |
| 当年实际到账注册外资 | 万美元 | 10414 | 7706 | 35.1 |
| 4.进出口总额 | 万美元 | 42694 | 24401 | 75.0 |
| 其中:出口总额 | 万美元 | 32018 | 17755 | 80.3 |

续表 153

| | 计量单位 | 2010年 | 2009年 | 2010年比 2009 年(±%) |
|---|---|---|---|---|
| 九、公路客运量 | 万人 | 1386 | 1179.26 | 17.6 |
| 公路货运量 | 万吨 | 761 | 648.46 | 17.3 |
| 内河港口货物吞吐量 | 万吨 | 1551 | 767 | 102.2 |
| 水上货运量 | 万吨 | 3046 | 2342 | 30.1 |
| 十、财政总收入 | 万元 | 544652 | 411166 | 32.5 |
| 1.一般预算收入 | 万元 | 211266 | 158000 | 33.7 |
| 2.基金收入 | 万元 | 147631 | 104267 | 41.6 |
| 3.上划中央级收入 | 万元 | 185755 | 148899 | 24.8 |
| 财政支出 | 万元 | 527157 | 418353 | 26.0 |
| 十一、金融机构各项存款余额 | 万元 | 3036692 | 2551826 | 19.0 |
| 其中:企业存款 | 万元 | 296366 | 417078 | -28.9 |
| 储蓄存款 | 万元 | 2069359 | 1820258 | 13.7 |
| 1.城镇 | 万元 | 1799939 | 1140259 | 57.9 |
| 2.农户 | 万元 | 269420 | 679999 | -60.4 |
| 金融机构各项贷款余额 | 万元 | 1989715 | 1615667 | 23.2 |
| 其中:工业贷款 | 万元 | 731330 | 656214 | 11.5 |
| 外币存款余额 | 万美元 | 3899 | 2484 | 57.0 |
| 其中:储蓄存款 | 万美元 | 374 | 387 | -3.4 |
| 外币贷款余额 | 万美元 | 866 | 255 | 239.6 |
| 十二、保险业务收入 | 万元 | 79901 | 65021 | 22.9 |
| 财产险 | 万元 | 14880 | 11521 | 29.2 |
| 人寿险 | 万元 | 65021 | 53531 | 21.5 |
| 十三、年末在岗职工人数 | 人 | 52020 | 51720 | 0.6 |
| 在岗职工工资总额 | 万元 | 152731 | 131253 | 16.4 |
| 在岗职工年平均工资 | 元 | 29379 | 26083 | 12.6 |
| 城镇居民人均可支配收入 | 元 | 18409 | 16422 | 12.1 |
| 农民人均纯收入 | 元 | 8817 | 7741 | 13.9 |

## 各乡镇总户数、总人口、出生、死亡情况

**表** 154

| 区乡镇 | 村委会个数 | 村民小组个数 | 总户数 | 总人口 | | |
|---|---|---|---|---|---|---|
| | | | | 合计 | 男 | 女 |
| 合　计 | 614 | 8310 | 540335 | 1561175 | 81436 | 746849 |
| 戴窑镇 | 32 | 361 | 24405 | 68677 | 35751 | 32926 |
| 合陈镇 | 27 | 388 | 19474 | 55387 | 28590 | 26797 |
| 永丰镇 | 26 | 316 | 17868 | 49604 | 26079 | 23525 |
| 大营镇 | 11 | 185 | 9764 | 27648 | 14323 | 13325 |
| 新垛镇 | 13 | 95 | 9373 | 26487 | 13752 | 12735 |
| 老圩乡 | 15 | 208 | 10173 | 27396 | 14181 | 13215 |
| 安丰镇 | 21 | 344 | 26704 | 71262 | 36736 | 34526 |
| 下圩镇 | 12 | 185 | 9392 | 25363 | 13217 | 12146 |
| 海南镇 | 18 | 234 | 13328 | 36809 | 19624 | 17185 |
| 钓鱼镇 | 24 | 273 | 15673 | 45531 | 24195 | 21336 |
| 大邹镇 | 13 | 141 | 8100 | 27760 | 14323 | 13437 |
| 沙沟镇 | 10 | 145 | 10022 | 30270 | 15678 | 14592 |
| 周奋乡 | 10 | 169 | 8106 | 27856 | 14421 | 13435 |
| 缸顾乡 | 8 | 138 | 6744 | 21191 | 11422 | 9769 |
| 中堡镇 | 13 | 205 | 11222 | 34933 | 18673 | 16260 |
| 李中镇 | 15 | 233 | 10679 | 35011 | 18604 | 16407 |
| 西郊镇 | 17 | 210 | 9805 | 29135 | 15417 | 13718 |
| 城东镇 | 16 | 172 | 9386 | 30451 | 15576 | 14875 |
| 西鲍乡 | 17 | 158 | 9840 | 28755 | 15002 | 13753 |
| 临城镇 | 27 | 338 | 16567 | 55885 | 29551 | 26334 |
| 林湖乡 | 12 | 198 | 14777 | 37278 | 19857 | 17421 |
| 垛田镇 | 22 | 383 | 17332 | 56976 | 30159 | 26817 |
| 竹泓镇 | 17 | 173 | 12099 | 39651 | 20996 | 18655 |
| 沈坨镇 | 13 | 155 | 9475 | 28057 | 14630 | 13427 |
| 大垛镇 | 23 | 223 | 14949 | 42938 | 22661 | 20277 |
| 荻垛镇 | 21 | 260 | 13759 | 45957 | 24678 | 21279 |
| 陶庄镇 | 20 | 205 | 14900 | 46112 | 24593 | 21519 |
| 昌荣镇 | 13 | 201 | 13757 | 37720 | 19915 | 17805 |
| 茅山镇 | 10 | 180 | 10462 | 30417 | 15997 | 14420 |
| 周庄镇 | 24 | 373 | 17873 | 56183 | 28490 | 27693 |
| 陈堡镇 | 17 | 329 | 14821 | 45413 | 23294 | 22119 |
| 戴南镇 | 33 | 488 | 32881 | 93065 | 48128 | 44937 |
| 张郭镇 | 24 | 348 | 21078 | 62772 | 33065 | 29707 |
| 昭阳镇 | 11 | 137 | 67119 | 159219 | 80278 | 78941 |
| 开发区 | 9 | 159 | 8184 | 23394 | 12165 | 11229 |

续表 154

| 区乡镇 | 出生 | | 死亡 | | 自然增长 | |
|---|---|---|---|---|---|---|
| | 人数 | 出生率(‰) | 人数 | 死亡率(‰) | 人数 | 自然增长率(‰) |
| 合计 | 19747 | 12.66 | 20606 | 13.21 | -859 | -0.55 |
| 戴窑镇 | 887 | 12.94 | 1022 | 14.91 | -135 | -1.97 |
| 合陈镇 | 360 | 6.49 | 426 | 7.68 | -66 | -1.19 |
| 永丰镇 | 696 | 14.04 | 727 | 14.67 | -31 | -0.63 |
| 大营镇 | 381 | 13.82 | 234 | 8.49 | 147 | 5.33 |
| 新垛镇 | 442 | 16.91 | 439 | 16.80 | 3 | 0.11 |
| 老圩乡 | 410 | 14.98 | 294 | 10.74 | 116 | 4.24 |
| 安丰镇 | 887 | 12.37 | 1290 | 17.98 | -401 | -5.62 |
| 下圩镇 | 231 | 9.16 | 129 | 5.12 | 102 | 4.05 |
| 海南镇 | 695 | 18.92 | 593 | 16.15 | 102 | 2.78 |
| 钓鱼镇 | 1057 | 23.30 | 664 | 14.64 | 393 | 8.66 |
| 大邹镇 | 214 | 7.68 | 280 | 10.05 | -66 | -2.37 |
| 沙沟镇 | 229 | 7.91 | 281 | 9.71 | -52 | -1.80 |
| 周奋乡 | 175 | 6.32 | 143 | 5.16 | 32 | 1.16 |
| 缸顾乡 | 438 | 20.77 | 107 | 5.07 | 331 | 15.70 |
| 中堡镇 | 594 | 16.90 | 957 | 27.24 | -363 | -10.33 |
| 李中镇 | 470 | 13.39 | 462 | 13.16 | 8 | 0.23 |
| 西郊镇 | 413 | 14.13 | 458 | 15.67 | -45 | -1.54 |
| 城东镇 | 744 | 24.49 | 627 | 20.64 | 117 | 3.85 |
| 西鲍乡 | 163 | 5.67 | 134 | 4.66 | 29 | 1.01 |
| 临城镇 | 1218 | 21.89 | 967 | 17.38 | 251 | 4.51 |
| 林湖乡 | 713 | 19.05 | 336 | 8.98 | 377 | 10.07 |
| 垛田镇 | 1057 | 18.56 | 1121 | 19.68 | -64 | -1.12 |
| 竹泓镇 | 200 | 5.03 | 214 | 5.38 | -14 | -0.35 |
| 沈纶镇 | 417 | 14.75 | 648 | 22.92 | -231 | -8.17 |
| 大垛镇 | 739 | 17.25 | 742 | 17.32 | -3 | -0.07 |
| 荻垛镇 | 704 | 15.29 | 1026 | 22.28 | -322 | -6.99 |
| 陶庄镇 | 607 | 13.04 | 1246 | 26.77 | -639 | -13.73 |
| 昌荣镇 | 134 | 3.59 | 38 | 1.02 | 96 | 2.57 |
| 茅山镇 | 334 | 10.88 | 392 | 12.77 | -58 | -1.89 |
| 周庄镇 | 271 | 4.83 | 433 | 7.72 | -162 | -2.89 |
| 陈堡镇 | 293 | 6.45 | 292 | 6.43 | 1 | 0.02 |
| 戴南镇 | 893 | 9.57 | 1498 | 16.05 | -605 | -6.48 |
| 张郭镇 | 818 | 12.90 | 745 | 11.75 | 73 | 1.15 |
| 昭阳镇 | 1686 | 10.58 | 1485 | 9.32 | 201 | 1.26 |
| 开发区 | 177 | 7.75 | 156 | 6.83 | 21 | 0.90 |

## 全社会固定资产

表 155

| 指标名称 | 2010年实绩 | 2009年实绩 | (±%) |
| --- | --- | --- | --- |
| 合计 | 2392401 | 1781580 | 34.29 |
| 一、城乡规模以上项目投资 | 1392215 | 1021422 | 36.30 |
| 二、房地产开发投资 | 169938 | 114809 | 48.02 |
| 三、城乡规模以下项目投资 | 660528 | 516972 | 27.77 |
| 四、城乡居民私人建房投资 | 169720 | 128377 | 32.20 |
| 在总计中： | | | |
| 一、一产投资 | 119380 | 84650 | 41.03 |
| 二、二产投资 | 1465849 | 1066150 | 37.49 |
| 其中：工业投资 | 1463849 | 1064350 | 37.53 |
| 三、三产投资 | 807172 | 630780 | 27.96 |

投资完成情况(按投资类型分)

表 156

单位:万元

| 2月 | 3月 | 4月 | 5月 | 6月 | 7月 | 8月 | 9月 | 10月 | 11月 |
|---|---|---|---|---|---|---|---|---|---|
| 156820 | 390548 | 646260 | 816660 | 1041646 | 1215229 | 1449558 | 1700125 | 1898775 | 2117771 |
| 61297 | 201685 | 314288 | 434273 | 580342 | 677119 | 787808 | 904584 | 1000978 | 1195790 |
| 23983 | 35892 | 51042 | 65384 | 80844 | 95760 | 107793 | 121971 | 136067 | 151881 |
| 62590 | 124561 | 233250 | 263560 | 309760 | 357680 | 448257 | 549420 | 628950 | 628950 |
| 8950 | 28410 | 47680 | 53443 | 70700 | 84670 | 105700 | 124150 | 132780 | 141150 |
| 3675 | 28420 | 34418 | 42560 | 52220 | 59660 | 67050 | 81090 | 91320 | 100580 |
| 104465 | 245238 | 376062 | 464192 | 627020 | 713905 | 870428 | 1018985 | 1158250 | 1371651 |
| 104465 | 245238 | 375562 | 463392 | 626120 | 713005 | 869428 | 1016985 | 1156250 | 1369651 |
| 48680 | 116890 | 235780 | 309908 | 362406 | 441664 | 512080 | 600050 | 649205 | 654800 |

## 全市地区生产总值(当年价)

表 157　　　　单位:亿元

| | 2010年 | 2009年 | 2010年比2009年(±%) |
|---|---|---|---|
| 地区生产总值 | 387.11 | 320.48 | 13.6 |
| 第一产业 | 64.51 | 57.42 | 4.7 |
| 农、林、牧、渔业 | 64.51 | 57.42 | 4.7 |
| 第二产业 | 173.02 | 145.32 | 17.2 |
| 工业 | 147.70 | 125.76 | 15.6 |
| 采矿业 | | | |
| 制造业 | 141.92 | 120.84 | 15.6 |
| 电力、燃气及水的生产和供应 | 5.78 | 4.92 | 15.4 |
| 建筑业 | 25.32 | 19.56 | 28.4 |
| 第三产业 | 149.58 | 117.74 | 14.5 |
| 交通运输、仓储和邮政业 | 28.07 | 22.46 | 21.5 |
| 批发和零售业 | 25.18 | 19.41 | 14.5 |
| 批发业 | 18.37 | 15.27 | 14.9 |
| 零售业 | 6.81 | 4.14 | 13.0 |
| 住宿和餐饮业 | 7.69 | 6.46 | 16.9 |
| 住宿业 | 1.19 | 1.16 | 2.9 |
| 餐饮业 | 6.5 | 5.3 | 19.9 |
| 金融业 | 11.84 | 7.53 | 12.9 |
| 房地产业 | 27.87 | 20.52 | 8.6 |
| 房地产业(K门类) | 11.73 | 8.59 | 13.5 |
| 居民自有住房折旧 | 16.14 | 11.93 | 5.0 |
| 其他服务业 | 48.93 | 41.36 | 13.8 |
| 营利性服务业 | 16.9 | 13.53 | 22.0 |
| 信息传输、计算机服务 | 3.92 | 3.83 | 2.7 |
| 其他营利性服务业 | 12.98 | 9.7 | 29.6 |
| 非营利性服务业 | 32.03 | 27.83 | 10.6 |
| 公共管理和社会组织 | 16.1 | 13.85 | 11.1 |
| 其他服务行业 | 15.93 | 13.98 | 10.0 |

注:增长速度为2005年不变价格。

**农、林、牧、渔产值构成**

**表** 158

单位:万元

| 项　　目 | 按现行价格计算 | | |
|---|---|---|---|
| | 2010年 | 2009年 | 2010年比 2009 年(±%) |
| 农、林、牧、渔产值 | 1091187 | 960700 | 13.58 |
| 一、农业产值 | 530237 | 470879 | 12.61 |
| 1. 粮食作物 | 299379 | 247943 | 20.75 |
| 2. 棉花 | 18187 | 14312 | 27.08 |
| 3. 油料 | 16848 | 15325 | 9.94 |
| 4. 蔬菜及园艺作物 | 111168 | 95669 | 16.20 |
| 5. 水果 | 8236 | 7638 | 7.83 |
| 6. 其他 | 76419 | 89992 | -15.08 |
| 二、林业产值 | 12968 | 12161 | 6.64 |
| 三、牧业产值 | 128217 | 125100 | 2.49 |
| 1. 牲畜的饲养 | 2428 | 2316 | 4.84 |
| 2. 猪的饲养 | 60967 | 57218 | 6.55 |
| 3. 家禽饲养 | 46745 | 43006 | 8.69 |
| 4. 其他畜牧业 | 18077 | 22560 | -19.87 |
| 四、渔业产值 | 355715 | 293060 | 21.38 |
| 1. 鱼类 | 104320 | 91857 | 13.57 |
| 2. 虾蟹类 | 241503 | 193356 | 24.9 |
| 3. 其他 | 9892 | 7847 | 26.06 |
| 五、农业服务业 | 64050 | 59500 | 7.65 |

## 兴化市乡镇工业主要指标完成情况表

表 159　　　　单位:万元

| 乡镇 | 产值 | | 销售 | | 利税 | | 利润 | |
|---|---|---|---|---|---|---|---|---|
| | 本期 | 增幅(±%) | 本期 | 增幅(±%) | 本期 | 增幅(±%) | 本期 | 增幅(±%) |
| 合计 | 10834550 | 25.5 | 10634417 | 25.8 | 997474 | 32.2 | 588881 | 37.8 |
| 戴窑 | 442612 | 26.8 | 431390 | 26.8 | 34527 | 26.2 | 13406 | 36.4 |
| 合陈 | 218043 | 27.2 | 213640 | 27.2 | 27398 | 81 | 18953 | 134.9 |
| 永丰 | 93955 | 29.7 | 92406 | 28.9 | 9114 | 39.8 | 6288 | 61.1 |
| 大营 | 56527 | 25.2 | 55612 | 23.9 | 5865 | 26.1 | 4387 | 25 |
| 新垛 | 77849 | 25.6 | 75606 | 27.1 | 8380 | 25.7 | 5236 | 25.3 |
| 老圩 | 48335 | 35.5 | 47558 | 35.8 | 2850 | 54.6 | 1557 | 59.7 |
| 安丰 | 626989 | 25.1 | 626989 | 29.1 | 48357 | 27 | 30050 | 22.4 |
| 下圩 | 105685 | 0.6 | 101779 | 1.5 | 2192 | -72.2 | 1179 | -69.1 |
| 海南 | 65830 | 25.3 | 64514 | 24.9 | 2726 | 30.2 | 1449 | 32.2 |
| 钓鱼 | 55150 | 26.6 | 53120 | 28.3 | 2385 | 27.5 | 1750 | 26.8 |
| 大邹 | 62858 | 25.7 | 60626 | 26.3 | 2309 | 31.6 | 1187 | 32.3 |
| 沙沟 | 26729 | 39 | 25922 | 39.9 | 1266 | 46.9 | 756 | 67.6 |
| 周奋 | 13556 | 24.9 | 13158 | 25.8 | 655 | 28.4 | 340 | 28.3 |
| 缸顾 | 55102 | 28.5 | 54000 | 27.2 | 6480 | 27.2 | 4212 | 27.2 |
| 中堡 | 42665 | 23 | 42078 | 28.4 | 5967 | 21.7 | 4490 | 24.4 |
| 李中 | 53020 | 29 | 49866 | 28 | 3026 | 28.7 | 2013 | 28.4 |
| 西郊 | 171016 | 28.1 | 167502 | 28.3 | 10560 | 32.6 | 7758 | 31.6 |
| 城东 | 120362 | 28.7 | 118047 | 27.9 | 6818 | 25.6 | 4039 | 25.3 |
| 西鲍 | 35900 | 26.3 | 34245 | 26.8 | 2014 | 26.6 | 1255 | 74.8 |
| 临城 | 380249 | 27.4 | 375746 | 27.8 | 24969 | 28.7 | 15756 | 28.5 |
| 林湖 | 65690 | 25 | 63290 | 26.8 | 4506 | 25.4 | 2323 | 25.8 |
| 垛田 | 305518 | 26.8 | 297712 | 27.2 | 16453 | 32.9 | 5903 | 37.7 |
| 竹泓 | 182335 | 25 | 178953 | 25.7 | 14636 | 25.4 | 7382 | 27.6 |
| 沈纶 | 36750 | 31.8 | 35274 | 30.2 | 1903 | 37.9 | 882 | 40.7 |
| 大垛 | 357809 | 26.3 | 352240 | 26.3 | 38098 | 40.2 | 18506 | 39 |
| 荻垛 | 207061 | 26.1 | 198781 | 26 | 16871 | 22.5 | 8944 | 13.3 |
| 陶庄 | 82200 | 24.7 | 81077 | 24.8 | 2918 | 24.8 | 1500 | 24.9 |
| 昌荣 | 86721 | 25 | 85853 | 25 | 9443 | 25 | 5152 | 27.1 |
| 茅山 | 104989 | 26.9 | 103132 | 26.6 | 12173 | 37.2 | 5522 | 28.8 |
| 周庄 | 519441 | 18.1 | 505186 | 18.3 | 44587 | 16.7 | 20959 | 18.5 |
| 陈堡 | 249860 | 29.4 | 243160 | 27.8 | 17835 | 30.3 | 8513 | 37.2 |
| 戴南 | 2869286 | 25.4 | 2849149 | 25.2 | 332770 | 35.9 | 216409 | 43.8 |
| 张郭 | 1244881 | 22.7 | 1214721 | 23.1 | 134290 | 31 | 72171 | 33.5 |
| 昭阳 | 985268 | 29.5 | 948398 | 29.8 | 81572 | 34.7 | 45469 | 34.2 |
| 开发 | 784309 | 27.5 | 773687 | 28.1 | 61561 | 40.3 | 43185 | 53.6 |

## 兴化市列统工业主要经济指标完成情况表

表 160

单位:万元

| 乡镇 | 列统计单位数 | 产值 | | 销售 | | 利税 | | 利润 | |
|---|---|---|---|---|---|---|---|---|---|
| | | 本期 | 增幅(±%) | 本期 | 增幅(±%) | 本期 | 增幅(±%) | 本期 | 增幅(±%) |
| 合计 | 758 | 6623262 | 30.2 | 6478112 | 29.4 | 699534 | 34.1 | 414437 | 39.7 |
| 戴窑 | 15 | 202168 | 25.7 | 197662 | 27.6 | 14428 | -11.8 | 9299 | 34.4 |
| 合陈 | 7 | 21670 | 72.2 | 21233 | 75.6 | 3423 | 66.7 | 1099 | 95.6 |
| 永丰 | 7 | 12173 | 71.1 | 11813 | 68.3 | 1451 | 78.3 | 850 | 85.6 |
| 大营 | 4 | 5567 | 41.9 | 5436 | 45.5 | 523 | 37.3 | 335 | 39 |
| 新垛 | 9 | 21744 | 35.2 | 21862 | 36.6 | 1158 | 50.4 | 388 | 52.2 |
| 老圩 | 3 | 23213 | 231.6 | 22868 | 230.7 | 1013 | 130.8 | 614 | 136.2 |
| 安丰 | 28 | 337018 | 32.5 | 326357 | 33.9 | 32705 | 36.5 | 15645 | 36.1 |
| 下圩 | 4 | 100308 | 1.5 | 96526 | 2.5 | 2014 | -73.9 | 1070 | -71.2 |
| 海南 | 10 | 54200 | 41.4 | 53117 | 41.9 | 1897 | 40.7 | 960 | 39.1 |
| 钓鱼 | 4 | 8106 | 35.1 | 7893 | 35.2 | 675 | 39.5 | 459 | 68.1 |
| 大邹 | 6 | 6489 | 9.3 | 6259 | 11.4 | 533 | 9.2 | 234 | 8.8 |
| 沙沟 | 3 | 13233 | 34.3 | 13009 | 36.1 | 604 | 51.8 | 372 | 81.5 |
| 周奋 | | | | | | | | | |
| 缸顾 | 3 | 29309 | 43.8 | 28725 | 42.6 | 3447 | 42.3 | 2241 | 42.3 |
| 中堡 | 3 | 10696 | -1 | 10480 | -1.7 | 1753 | -2.7 | 1396 | 7.8 |
| 李中 | 6 | 36898 | 36.9 | 34710 | 32.8 | 1879 | 33.7 | 1185 | 33 |
| 西郊 | 11 | 74208 | 32.2 | 73275 | 33.2 | 5730 | 33.8 | 4814 | 61.5 |
| 城东 | 13 | 64665 | 33.8 | 63504 | 33.4 | 4360 | 56.8 | 2662 | 57.4 |
| 西鲍 | 2 | 5201 | -9.4 | 5170 | -9.7 | 326 | 42.4 | 193 | 5.5 |
| 临城 | 48 | 214485 | 38.3 | 212517 | 39.1 | 19344 | 41 | 11888 | 40.7 |
| 林湖 | 7 | 28880 | 31 | 28089 | 34 | 1983 | 31.3 | 951 | 34.3 |
| 垛田 | 19 | 116626 | 31.5 | 114201 | 31 | 6184 | 42.4 | 2192 | 44.9 |
| 竹泓 | 6 | 118369 | 30.1 | 113310 | 26 | 10599 | 34.1 | 4698 | 35.2 |
| 沈纶 | 2 | 1861 | 40.7 | 1768 | 49.5 | 173 | 60.2 | 86 | 32.3 |
| 大垛 | 27 | 227343 | 32 | 223629 | 33.4 | 20060 | 31.9 | 9301 | 32.9 |
| 荻垛 | 15 | 152952 | 31.8 | 147013 | 31.7 | 12781 | 4.2 | 6615 | 12.5 |
| 陶庄 | 2 | 7250 | 30.4 | 7163 | 30 | 283 | 31 | 195 | 26.6 |
| 昌荣 | 5 | 22720 | 30.3 | 22450 | 30.8 | 2514 | 33.2 | 1340 | 33.2 |
| 茅山 | 12 | 58686 | 46.6 | 57762 | 46.9 | 6229 | 34.7 | 2584 | 45.4 |
| 周庄 | 36 | 288374 | 19.5 | 281752 | 20.2 | 25289 | 20 | 11170 | 16.9 |
| 陈堡 | 27 | 139338 | 31.4 | 135299 | 31.8 | 10081 | 24.6 | 5145 | 52 |
| 戴南 | 175 | 2331420 | 25.4 | 2304890 | 25.5 | 324654 | 42.6 | 210873 | 43.1 |
| 张郭 | 100 | 808936 | 29.9 | 776671 | 29.2 | 76574 | 24.5 | 38338 | 28 |
| 昭阳 | 73 | 624509 | 38.2 | 605113 | 38.9 | 55343 | 46.1 | 28277 | 46 |
| 开发 | 66 | 454649 | 31.6 | 446587 | 31.2 | 49524 | 39.2 | 36970 | 59.8 |

# 服务指南

## 投资指南

【优惠政策】 面上政策。凡到兴化投资新办鼓励类的生产性外商投资企业,在国家规定所得税“二免三减半”的基础上,后三年征收的另一半企业所得税,属于兴化市所得部分,由财政部门给予全额奖励。新办的非生产性的外商投资企业、市外内资企业,自获利年度起五年内,企业所得税属兴化市所得部分,由财政部门给予前两年先征收后奖励、后三年先征收后奖励一半的优惠。外商投资企业、市外内资企业缴纳的增值税从生产销售之日起三年内,按国家规定属兴化市留成部分,由财政部门给予50%的奖励。凡在兴化市新办生产性外方注册资本在50万美元以上的外商投资企业,所需取得土地使用权的,除上缴省、泰州的各种税费金和按规定付给农民补偿费外,其他属兴化市收取的费用一律免缴。凡在兴化市兴建外商投资鼓励类生产性的项目,在办理各种开业手续和建设过程中,对兴化市有权处置的行政性和事业性收费,一律实行“零收费”。对兴化市经济建设及社会发展有重大推动作用的投资项目,采取“政策随项目走”的办法给予特殊优惠。外商来兴化投资,实行“牵头联办”、“限期办理”、“责任追究”等制度,由项目的承办单位或项目所在部门、乡镇负责代为办理全部审批手续。城区三个工业园区的政策。市政府制定出台《鼓励在城区工业园区投资创业的实施办法》。规定凡在兴化市经济开发区、私营经济城、科技工业园区兴办生产型企业,除享受国家、省规定的有关优惠政策外,同时享受以下优惠:1.进园区企业兴办鼓励类生产型项目经营期在10年以上的,从获利年度起,按企业实际缴纳的所得税,前五年由园区按兴化市留成部分的全额给予奖励,后五年由园区按本市留成部分的50%给予奖励。2.外商投资的产品出口企业,在依照税法规定免征、减征企业所得税期满后,凡当年出口产品产值达到当年企业产品产值70%以上的,按现行税率征收企业所得税后,园区按其缴纳所得税数额的50%给予奖励。对外商投资的技术先进企业,按规定减免税期满后,经审核确认,园区延长五年按其缴纳企业所得税中兴化市留成部分的50%予以奖励。3.进区企业从生产销售之日起三年内,缴纳的增值税由园区按本市留成部分的50%给予奖励。在已投资的企业中增资扩股,增资额达原投资30%以上的,其新增的增值税,视同新办企业予以奖励。4.对进园区的企业,实行服务承诺制,所有项目由园区明确专人跟踪服务,代为办理全部审批手续,协调解决遇到的问题。让每一位投资者感到在兴化办事高效、运作规范、收费低廉、创业安心。服务不断优化。近年来,兴化市加大了经济发展环境的综合整治力度,主动适应市场经济发展要求,加快转变思想观念、转变政府职能、优化工作作风,提高办事效率,建立经济环境监察中心、行政服务中心,对引进项目实行一站式、一条龙服务,做到政策宽松、服务到位、审批从简、收费低取,努力营造“亲商、富商、安商”良好环境。对每一位来兴化投资兴业的海内外客商,都进一步大开城门、降低门槛,承诺兑现投资优惠政策、提供快捷优质的服务。

【物产、人力资源】 兴化土地资源丰富,全市总面积2393.35平方千米,境内东西、南北跨度各约55千米,国土面积位居泰州市第一,江苏省第四。现有耕地12.8万公顷,水面4.5万公顷,滩地1.13万公顷,辖34个乡镇、1个省级经济开发区。兴化是一个人口大市,劳动力资源十分丰富。全市人口156万人,名列江苏省第3,城乡劳动力72万人,且受培训的程度较高。

兴化农副产品资源丰富,盛产粮、油、禽蛋、畜产品、水产品,是闻名全国的商品粮、优质棉、脱水蔬菜基地。年产粮食、棉花、油料生产总量分别稳定在110万吨、4万吨、3.7万吨左右。中国最大的粮食市场~戴南粮市年交易额居全国粮油市场第一。兴化的水产品总量连续20年全省夺冠,也是中国河蟹养殖第一县(市)。

兴化是省级历史文化名城,素有“汉唐古都、淮海名郡”之美称。兴化的历史悠久,人文荟萃,文化底蕴丰厚,是扬州八怪代表人物郑板桥、《水浒传》作者施耐庵、“嘉靖七子”之一的宗臣、晚清著名学者、美学家刘熙载等众多历史名贤的故里。历代有进士93人,明代曾有3人官至宰相。境内名胜古迹120多处,列为省、市文物保护单位的70多处,市区的四牌楼为全国仅存的三座四牌楼之一。

兴化是新兴的工业城市。机械、冶金化工、医药、纺织、食品及农副产品加工业为主导产业,现有大型企业3家,中型企业16家,省级企业集团4家。全国最大的不锈钢产业物流交易市场—戴南年成交额逾50亿元,亚洲最大的钢帘线生产企业—兴达钢帘线股份有限公司钢帘线产能世界第一。兴化具有优越的区位交通优势,鲜明的产业特色优势,理想的资源环境优势,已成为中外客商投资的热土。兴化经济开发区、私营经济城、科技工业园区的各项设施配套齐全、实行零收费优惠政策,成为兴化对外开放的窗口,已有美国、日本、韩国、新加坡等国家和中国香港、台湾地区的知名企业落户。 (史红霞)

# 便民信息

## 部分单位网址

兴化市政府门户网站:www.xinghua.gov.cn
财政局:www.xhcz.gov.cn
发改委:www.xhdpc.gov.cn
公安局:www.xhga.gov.cn
工商局:www.jsxhaic.cn
教育局:www.xhedu.cn
国土局:www.xhgt.gov.cn
环保局:www.xhhb.gov.cn
人社局:www.xhhrss.gov.cn
卫生局:www.xhws.gov.cn
民政局:www.jsxhmz.gov.cn
农业局:www.xhagri.gov.cn
水务局:www.xhswj.gov.cn
商务局:www.xhwjmj.gov.cn
物价局:www.xhwjj.gov.cn
史志档案办:www.xhszda.gov.cn
组织部:www.xhdj.gov.cn
宣传部:www.xhxc.gov.cn
广播电视台:www.xhtvnews.com.cn
行政服务中心:www.xhxz.gov.cn
交通局:www.xhjtj.gov.cn
监察局:www.xhjbw.gov.cn
经信委:www.xhjxw.gov.cn
安监局:www.xhsafety.gov.cn
科技局:www.xkw.gov.cn
国税局:www.jsxhtax.gov.cn
地税局:www.xhdsj.gov.cn
药监局:www.xhfda.gov.cn
文广新局:www.xhwhj.gov.cn
规划局:www.xhgh.gov.cn
粮食局:www.xhls.gov.cn
疾病预防控制中心:www.xhcdc.cn
农工办:www.xhngb.gov.cn
团市委:www.xhyouth.gov.cn
招标采购中心:www.xhzbcg.com

## 常用急用热线电话

**表** 161

| 名称 | 单位 | 电话 |
|---|---|---|
| 报警服务台 | 公安局 | 110 |
| 火警 | 消防大队 | 119 |
| 急救中心 | 医院 | 120 |
| 交通事故处理 | 交警大队 | 122 |
| 气象预报 | 气象局 | 96121 |
| 邮政服务 | 邮政局 | 11185 |
| 电信服务 | 电信局 | 10000 |
| 法律咨询 | 司法局 | 12348、83225148 |
| 供电报修 | 供电局 | 95598、83211150 |
| 供水报修 | 自来水总公司 | 83233150 |
| 有线电视报修 | 有线电视台 | 83236975(城区) |
| 新闻热线 | 电视台 | 83320373、83320386 |
| 查档热线 | 史志档案办公室 | 83326599 |
| 信访热线 | 信访局 | 83326780(接访科) |
| 税收咨询 | 地税局 | 12366 |
| 汽车班次咨询 | 长途汽车站 | 83321223 |
| 救助热线 | 救助管理站 | 83232121 |
| 消费者投诉 | 消费者协会 | 12315 |
| 价格举报 | 物价局 | 12358 |
| 环保举报 | 环保局 | 12369 |
| 干部任用公示 | 组织部 | 83326178 |
| 职务犯罪举报 | 检察院 | 83242000 |
| 法院热线 | 法院 | 83329559 |
| 安全生产举报 | 安监局 | 83227000 |
| 教育乱收费举报 | 教育局 | 83217751 |
| 粮食流通管理举报监督 | 粮食局 | 83229783 |
| 水上搜救报警 | 海事处 | 12395 |
| 交通运输投诉 | 运输管理处 | 83273110 |

**兴化市公交公司营运线路**

**表** 162

| 线路 | 起 讫 站 | 沿 途 主 要 停 靠 站 点 |
|---|---|---|
| 1路 | 管家村－美乐肥料（西十里）<br>每趟80分钟<br>间隔13分钟 | 管家村(起点站)→明升双语学校→北郊停车场→严家七队→特殊教育学校→北郊眼科中心→市二院→老年大学→体育场→香港城→海德国际(森达专卖)→金花园→楚水湾雅居→板桥大酒店(人民医院)→张家口→五里转盘北(锦润家园)→板桥驾校→顶康食品公司→葛家村→开发区管委会→向阳村→太子乳业有限公司→城南路→西十村→美乐肥料(西十里)(终点站) |
| 2路 | 江浙商业广场－瑞景蓝湾<br>每趟75分钟<br>间隔8分钟 | 江浙商业广场(起点站)→市政府→市法院→长途车站→大润发南→电视台→五里转盘(锦润嘉园)→张家口→板桥大酒店(人民医院)→都市华庭→西城门口→金兴花园→四牌楼→八字桥(皇冠大酒店)→中医院→环保局→联通公司→兴化中学→福利院→瑞景蓝湾(终点站) |
| 3路 | 农公站－城东镇<br>每趟75分钟<br>间隔11分钟 | 农公站 (起点站)→金三角市场→楚水招商城→龙腾湾→民政局→规划局→新世纪嘉园→瑞景蓝湾→市四院→南贺村→高垛村→孔介村→杨方村→王横村→曹介村→城东镇政府→城东中心小学→城东镇(终点站) |
| 4路 | 职教中心－关门城<br>每趟72分钟<br>间隔11分钟 | 职教中心(起点站)→天水华庭→昭阳工业园→庞家村→北山子→二水厂→昭阳镇政府(正大家具)→城堡小桥→农公站→金三角市场→楚水招商城→金兴花园→四牌楼→八字桥(皇冠大酒店)→中医院→环保局→联通公司→兴化中学→福利院→瑞景蓝湾→新城液化气站→关门城(终点站) |
| 5 路 | 农公站－荡 朱<br>每趟70分钟<br>间隔11分钟 | 楚水招商城(起点站)→金三角市场→农公站→城堡小桥→昭阳镇政府(正大家具)→北郊停车场→明升双语学校→工业园区(侯家)→西邹村→王家村→焦家村→杨家村→丁家村→荡朱→北沙村(终点站) |
| 7路 | 农公站－楼房村<br>每趟100分<br>间隔15分 | 农公站(起点站)→金三角市场→楚水招商城→西城门口→都市华庭→人民医院→楚水实验学校→幸福小城→九角楼→车管所→庞家村→昭阳工业园→天水华庭→南北新→单家村→任白村→宦胥家→魏家村→院墙村→刘家村→红星村→南孙村→陈家村→董家村→陈元村→赵何村→瑞德机械厂→→楼房村(终点站) |
| 8 路 | 五角广场－芦洲村<br>每趟70分<br>间隔12分 | 五角广场(起点站)→富康花园→中医院→八字桥(皇冠大酒店)→国土局(市三院)→沧浪公园→移动总公司→城东村西站→城东村东站→垛田镇政府→凌翟村→垛田卫生院→解娄村→渡口→塑料发展公司→旗杆荡→芦洲西站→芦洲村(终点站) |
| 9 路 | 上方寺－临城镇<br>每趟80分钟<br>间隔10分 | 上方寺 (起点站)→乌巾荡公园→北郊眼科中心→市二院→老年大学→民政局→规划局→新世纪嘉园→五角广场→富康花园→中医院→八字桥(皇冠大酒店)→国土局(市三院)→沧浪公园→移动总公司→时代嘉园→市法院→嘉鸿豪庭→文正学校→宝都国际商城(凤凰公寓)→郭家路口→临城开发区→十里转盘→临城镇(终点站) |
| 10 路 | 金花园－孔戴村<br>每趟 70 分<br>间隔 12 分 | 金花园(起点站)→海德国际(森达专卖)→四牌楼→国土局(市三院)→沧浪公园→移动总公司→时代嘉园→江浙商业广场→上海城→香荷人家(新悦家园)→南北凡→张家→垛田中学→六公里转盘→水产村→杨家荡→王垛小桥→孔戴村(终点站) |
| 11路 | 农公站－西 鲍<br>每趟 70分钟<br>间隔 11分钟 | 农公路 (起点站)→金三角市场→楚水招商城→龙腾湾→民政局→规划局→新世纪嘉园→瑞景蓝湾→新城液化气站→关门城→窦家村→曹柏村→平旺村→沙家村→张家村→胡鲍村→肖家村→西鲍(终点站) |
| 12路 | 龙腾湾－砖场村<br>每趟90分<br>间隔 30分 | 龙腾湾(起点站)→体育场→香港城→海德国际(森达专卖)→金花园→大润发东→大润发南→东五里村→香缇别墅(东方巴黎)→药沈村→八里村→十里转盘→新舍村→袁家村→油坊村→南娄子→砖场村(终点站) |
| 15路 | 龙腾湾－泗洲村<br>每趟120分<br>间隔 45分 | 龙腾湾(起点站)→楚水招商城→金三角市场→农公站→城堡菜市场→昭阳镇政府(正大家具)→二水厂→北山子→南山子→袁家→安基→泗洲村(终点站) |

续表 162

| 线路 | 起 讫 站 | 沿 途 主 要 停 靠 站 点 |
|---|---|---|
| 16路 | 农公站－农公站<br>内环线(双向)<br>每趟 45 分钟<br>间隔 15 分钟 | 农公路(起点站)→城堡小桥→经一路→国际华城(上海风情)→楚水实验学校→人民医院→楚水湾雅居→大润发东→长途车站→时代嘉园→移动总公司→沧浪公园→国土局(市三院)→八字桥 (皇冠大酒店)→中医院→富康花园→新世纪嘉园→规划局→民政局→龙腾湾→楚水招商城→金三角市场→农公站(终点站) |
| 17路 | 金花园－临东村<br>每趟 120 分<br>间隔 50 分 | 金花园 (起点站)→大润发东→长途车站→江浙广场→上海城→东方明珠→锦绣文华(府东花园)→昭阳湖公园→宝都国际商城(凤凰公寓)→郭家路口→姜家村→吴家村→养殖场→陆横村→水产村→任家村→宣扬村→临东村(终点站) |

**兴化市农村公共汽车班次一览**

表 163

| 起 点 | 讫 点 | 发车班次和时间 |
|---|---|---|
| 兴化 | 戴窑 | 6：00(冬季 6：30,夏季 5：40)至 17：30(冬季 17：30,夏季 18：20),间隔 10 分钟一班 |
| | 戴南 | 6：00(冬季 6：30,夏季 5：40)至 17：30(冬季 17：30,夏季 18：20),间隔 10 分钟一班 |
| | 合陈 | 7：48　8：30　9：16　9：44　10：20　11：10　13：34　14：20　15：06　15：46　16：30　17：00 |
| | 陶庄 | 7：56　8：45　9：30　10：00　10：50　11：34　14：20　15：06　15：46　16：20　16：50 |
| | 林潭 | 8：12　9：00　10：36　11：56　13：08　13：42　14：20　15：24　16：30 |
| | 林湖 | 6：40 至 17：30,间隔 30 分钟一班 |
| | 大垛 | 6：45 至 17：30,间隔 15 分钟一班 |
| | 周庄 | 6：00(冬季 6：30,夏季 5：30) 至 17：30(冬季 17：30,夏季 18：20),间隔 15 分钟一班 |
| | 茅山边城 | 7：00 至 17：30,间隔 20 分钟一班 |
| | 沈坨 | 6：20 至 17：20,间隔 20 分钟一班 |
| | 沙沟 | 6：00(冬季 6：30,夏季 5：30) 至 17：30(冬季 17：30,夏季 18：20),间隔 20 分钟一班 |
| | 缸顾 | 7：30　8：00　8：30　9：50　10：20　11：00　11：50　12：40　13：20　14：00　14：30　15：00　15：30　16：00　17：00 |
| | 李健 | 6：00 至 17：30,间隔 25 分钟一班 |
| | 汤庄 | 7：00 至 17：30,间隔 40 分钟一班 |
| | 临泽 | 9：00　12：20　15：50 |
| | 舜生 | 6：20 至 17：30,间隔 20 分钟一班 |
| | 下圩 | 8：50　10：30　15：30　16：30 |
| | 中堡 | 6：00(冬季 6：07,夏季 5：07)至 18：20(冬季 17：40,夏季 18：40),间隔 32 分钟一班 |
| | 大邹 | 6：00 至 17：30,间隔 13 分钟一班 |
| | 北芙 | 6：10 至 17：30,间隔 30 分钟一班 |
| | 安丰 | 5：40(冬季 6：07,夏季 5：07)至 18：20 (冬季 17：40,夏季 18：20),间隔 7 分钟一班 |
| | 平胜 | 6：30 至 17：30,间隔 30 分钟一班 |
| | 横泾 | 7：00 至 17：30,间隔 30 分钟一班 |

**续表** 163

| 起 点 | 讫 点 | 发车班次和时间 |
|---|---|---|
| 兴化 | 刘陆 | 6：30 至 17：30,间隔 20 分钟一班(公交) |
| | 三王 | |
| | 曹垛 | |
| | 西浒 | |
| | 竹泓 | 6：15 至 17：30,间隔 20 分钟一班 |

**兴化安达汽车客运站客运班车明细**

**表** 164

| 起 点 | 讫 点 | 发车时间、途经站点、终点站 |
|---|---|---|
| 兴化 | 上海(浦东) | 5：40/20：00(终点站:上海浦西) |
| | | 7：00/8：00/9：00/11：50/12：25/13：00/13：40/14：25/15：40/17：00/ 途经:上海浦西 /(终点站:浦东) |
| | 青浦 | 9：55/13：30/ 途经:千灯(终点站:青浦车站) |
| | 松江 | 7：30/11：30/ 途经:花桥(终点站:松江车站) |
| | 苏州 | 7：00/9：10/10：30/12：40/13：50/(终点站:苏州北站) |
| | 无锡 | 6：20/7：00/7：55/9：00/10：00/11：00/12：00/13：10/14：00/15：30/16：25 |
| | 常州 | 6：30/7：40/8：50/12：30/13：40/14：40(终点站:常州车站、武进车站) |
| | 镇江 | 6：20/7：05/11：10/13：00/15：10/(终点站:镇江南站) |
| | 句容 | 8:10/ 途经:镇江、(终点站:句容汽车站) |
| | 南京 | 5：50/6：30/7：20/8：15/9：10/10：30/12：30/13：10/14：00/15：00/16：00/17：30 |
| | 太仓 | 5：20/ 途经:常熟(终点站:太仓长途汽车站) |
| | 昆山 | 6：40/8：00/9：50/11：30(终点站:昆山长途客运站) |
| | 胥浦 | 13：20/ 途经：江都、仪征(终点站:胥浦汽车站) |
| | 宜兴 | 11：10/ 途经:槽桥(终点站:宜兴汽车站) |
| | 张渚 | 7：30/ 途经:丹阳、金坛、宜兴(终点站:张渚汽车站) |
| | 扬中 | 6：40/12：25/ 途经：高港(终点站:三茅汽车站) |
| | 扬州 | 7：00/8：00/8：40/9：10/9：40/10：15/11：00/12：10/12：40/13：00/13：30/14：00/14：30/ 15：10/15：45/16：45/17：50/ 途经：江都(终点站:扬州东站) |
| | 高邮 | 7：00/8：10/9：00/10：00/10：40/12：25/13：20/14：30/15：40/16：30 途经:三垛(高邮客运站) |
| | 宝应 | 6：45/9：40/12：30/15：00/ 途经:汜水(终点站:宝应汽车站) |
| | 金湖 | 11：20/ 途经：地龙(终点站:金湖汽车站) |
| | 盐城 | 6：05/7：05/8：05/9：05/10：05/11：50/12：50/13：50/15：20/16：20/(终点站:盐城客运站) |

续表 164

| 起 点 | 讫 点 | 发车时间、途经站点、终点站 |
| --- | --- | --- |
| 兴化 | 南通 | 6∶30 /7∶30 /11∶05 /12∶30 / 途经:海安、如皋(终点站:永兴汽车站) |
| | 徐州 | 7∶40 / 8∶05 / 途经:泗阳、宿迁、睢宁(终点站:徐州南站) |
| | 新浦 | 7∶10 / 13∶40 / 途经:阜宁、滨海、响水、灌云(终点站:新浦客运站) |
| | 淮安 | 6∶40 /7∶50/13∶10/ 途经:楚州(终点站:淮安汽车站) |
| | 嘉兴 | 5∶30/12∶30/ 途经:盛泽(终点站:嘉兴北站) |
| | 杭州 | 6∶20/17∶00/(终点站:杭州北站) |
| | 湖州 | 7∶10/ 途经:长兴 (终点站:湖州总站) |
| | 海宁 | 7∶20/12∶50/ 途经:桐乡 (终点站:海宁汽车站) |
| | 宁波 | 8∶40/(终点站:宁波客运中心) |
| | 济南 | 8∶00/ 途经:新沂、临沂、泰安(终点站:济南长途客运中心) |
| | 青岛 | 13∶00/ 途经:日照、胶州(终点站:青岛四方长途汽车站)(隔日) |
| | 天津 | 14∶40/ 途经:德州、沧州(终点站:天津天环客运站) |
| | 北京 | 16∶35/(终点站:北京丰台区丽泽桥车站) |
| | 太原 | 8∶50/ 途经:石家庄(终点站:太原迎宾车站) |
| | 沈阳 | 9∶00/ 途经:秦皇岛、锦州、(终点站:沈阳) |
| | 深圳 | 7∶30/ 途经:广州(终点站:深圳福田汽车站) |
| | 武汉 | 15∶30/(终点站:武汉港长途客运站) |
| | 汕头 | 8∶20/ 途经:福鼎、福州、厦门(终点站:汕头总站) |
| | 长沙 | 10∶10/ 途经:岳阳(终点站:长沙南站)(每月逢单发车、逢 31 日停开) |
| | 成都 | 8∶30/ 途经:郑州、西安、绵阳(终点站:成都五块石车站)(每月逢双发车) |
| | 江阴 | 7∶00/10∶10/14∶20/16∶10/(终点站:江阴西门车站) |
| | 靖江 | 9∶30/16∶00 / (终点站:靖江汽车站) |
| | 姜堰 | 11∶30/(终点站:姜堰汽车站) |
| | 泰州 | 首班 6:10、末班 18:10、中间每隔 15 分钟左右一班(终点站:泰州南站) |
| | 东台 | 6∶40/7∶40/8∶40/9∶40/11∶20/13∶40/14∶40/15∶30/16∶20/17∶40/(终点站:东台汽车站) |
| | 大丰 | 6∶05/7∶05/8∶05/9∶00/10∶00/11∶00/12∶00/13∶00/14∶00/15∶00/16∶00/16∶45 (终点站:大丰汽车站) |
| | 平望 | 12∶05/(终点站:平望汽车站) |
| | 淄博 | 9∶10/(终点站:淄博长途车站) |
| | 南昌 | 11∶10∶00/(隔日终点站:南昌长运车站) |
| | 建湖 | 9∶00/15∶30(建湖汽车总站) |

**泰州火车站列车时刻表**

**表** 165

| 车次 | 类型 | 始发站 | 始发时间 | 查询站 | 到站时间 | 发车时间 | 终点站 | 到站时间 |
|---|---|---|---|---|---|---|---|---|
| 5072/5073 | 普快 | 南京 | 11：58 | 泰州 | 14：51 | 14：54 | 南通 | 16：58 |
| 5074/5071 | 普快 | 南通 | 06：12 | 泰州 | 07：41 | 07：45 | 南京 | 09：52 |
| 5075/5078 | 普快 | 盐城 | 06：55 | 泰州 | 08：44 | 08：47 | 南京 | 11：15 |
| 5076/5077 | 普快 | 南京 | 10：43 | 泰州 | 13：21 | 13：24 | 盐城 | 15：22 |
| 5116 | 普快 | 南京 | 05：51 | 泰州 | 05：51 | 08：09 | 南通 | 05：51 |
| K224/K221 | 空调快速 | 泰州 | 15：23 | 泰州 | 始发站 | 15：23 | 广州 | 18：00 |
| K245/K248 | 空调快速 | 扬州 | 11：00 | 泰州 | 11：51 | 11：55 | 成都 | 22：33 |
| K246/K247 | 空调快速 | 成都 | 21：41 | 泰州 | 05：43 | 05：48 | 扬州 | 06：28 |
| K384/K381 | 空调快速 | 泰州 | 18：45 | 泰州 | 始发站 | 18：45 | 汉口 | 09：13 |
| K415/K414 | 空调快速 | 扬州 | 09：30 | 泰州 | 10：10 | 10：14 | 青岛 | 21：36 |
| K416/K413 | 空调快速 | 青岛 | 08：15 | 泰州 | 20：06 | 20：10 | 扬州 | 20：50 |
| K419/K418 | 空调快速 | 泰州 | 16：57 | 泰州 | 始发站 | 16：57 | 兰州 | 18：31 |
| K568/K569 | 空调快速 | 南通 | 15：28 | 泰州 | 16：51 | 17：15 | 重庆北 | 05：02 |
| K570/K567 | 空调快速 | 重庆北 | 21：57 | 泰州 | 09：06 | 09：08 | 南通 | 10：28 |
| K8454/K8455 | 空调快速 | 南京 | 14：04 | 泰州 | 16：16 | 16：21 | 南通 | 18：00 |
| K8456 | 空调快速 | 南通 | 08：48 | 泰州 | 10：43 | 10：46 | 南京 | 13：08 |
| K8502/K8503 | 空调快速 | 南京 | 08：32 | 泰州 | 10：35 | 10：46 | 南通 | 12：23 |
| K8504/K8501 | 空调快速 | 南通 | 14：30 | 泰州 | 16：14 | 16：18 | 南京 | 18：22 |
| K94/K91 | 空调快速 | 泰州 | 16：53 | 泰州 | 始发站 | 16：53 | 深圳西 | 14：40 |
| T157/T156 | 空调快速 | 泰州 | 18：02 | 泰州 | 始发站 | 18：02 | 哈尔滨 | 17：11 |
| T158/T155 | 空调快速 | 哈尔滨 | 08：49 | 泰州 | 07：54 |  | 泰州 | 07：54 |
| T7788/T7785 | 空调快速 | 泰州 | 11：30 | 泰州 | 始发站 | 11：30 | 杭州 | 20：35 |

# 索　　引

## 说　明

本索引为综合性主题索引。包括正文部分27个栏目(不包括年度要事、重要文献、大事记、人物·荣誉栏、文件选编、统计资料、服务指南)的内容。索引标目按汉语拼音字母顺序,同音字按声调顺序,同音同声者按第二字拼音字母顺序。标目后数字为页码,字母a为左栏,b为右栏。

## A



## B



## C

# D

# E



# F



# G

# H



# J

# K



# M

## N



## P



## Q

# R



# S

# T

## W



## X

## Y

# Z

（赵爱华）

# 兴化市城东镇

党委书记、镇长：周海霞

兴化市城东镇地处兴化城东郊，辖16个行政村，172个村民小组，1个居委会，2个市级水产养殖场，1个市级脱水果蔬产业园，9386户，30451人，总面积55.2平方公里。全年实现地区生产总值4.67亿元，比上年增长16.1%，其中一、二、三产业增加值分别为1.75亿元、1.82亿元和1.10亿元，分别比上年增长8.9%、23.2%和17.5%。全社会固定资产投资1.55亿元，增长7%。完成财政收入3170.1万元，增长47.2%，其中一般预算收入1342.5万元，增长40.7%。农民人均纯收入8971元，增长12%。被市委、市政府表彰为“发展速度进位乡镇”。

市长徐克俭来我镇绿禾食品公司调研

市纪委书记马雅斐来我镇调研教育工作

脱水蔬菜生产车间一角

# 江苏省兴化经济开发区

管委会主任：李　斌

兴化经济开发区为省级经济开发区，区内设立了江苏省唯一的省级农副产品加工区；辖区总面积46.3平方公里，下辖9个行政村、26个自然村；工业园区按照“企业集群化、产业链条化、园区特色化、发展差别化”的发展思路，着力打造品牌食品、汽车配件、精密铸造三大特色产业板块，现已开发建设13.15平方公里，引进各类企业300多家。

2010年，全区主要经济指标实现较快增长,圆满完成各项目标,在全市综合考评中荣获一等奖，并被泰州市委、市政府表彰为先进开发园区（一等奖）。全年实现地区生产总值20.3亿元，财政总收入3.5亿元，一般预算收入1.6亿元，同比增长分别为24.1%、44.9%和37.5%，财政总收入实现两年翻一番。招商引资取得较大突破，成功招引了东华链条、美鑫车桥、鑫伟环保等一批投资规模较大的项目。加速推进项目建设，年内新引进的30个项目实现当年引进当年开工建设，德创制管、双发机械、丰顺阻燃、新希望饲料、盛洲粮油等一批重点项目建成投产，全年项目建设实际到位资金5.6亿元。加快园区建设步伐，打通了贯通园区南北、连接主城区的主干道，通过BT方式启动了污水处理厂建设，完成了热电公司资产重组，实施了五里转盘西北角、兴洋公司“退二进三”和葛家马场基三个地块的拆迁开发。大力实施人才兴区战略，制定出台人才工作意见，在经济发展公司实施人事分配制度改革试点，精心组织村两委会换届选举。强化社会稳定工作，一年来，全区社会治安秩序良好，各类矛盾得到妥善处置，天水华庭实现重整经营，企业安全形势保持稳定。

市委书记贾春林带领市相关部门负责人到江苏德创制管有限公司看望高温季节下生产一线的工人

西过境路

开发区十个工业项目举行集中开工奠基仪式

开发区重点企业之一——五得利集团兴化面粉有限公司

江苏德创制管正式投产运行

经济开发区总结表彰暨招商引资动员大会

开发区重点企业——泰州新希望农业有限公司

# 泰州市经济工作十强乡镇

## 兴 化 市 昭 阳 镇

党委书记：翟云峰

镇长：唐永贵

昭阳镇是兴化市委、市政府所在地。是一个具有2300多年悠久历史的水乡文化古镇，人文荟萃，人杰地灵。行政区域面积51.02平方公里，辖16个社区居委会，11个行政村，总人口16.5万人，其中农业人口2.23万人。2010年，全镇实现GDP31.6亿元，其中第一产业增加值0.99亿元，第二产业增加值11.66亿元，第三产业增加值18.95亿元。农民人均纯收入实现11290元，财政收入64977万元。2010年度连续为兴化市综合先进乡镇、泰州市经济工作十强乡镇。

安洲村村部规范化建设实施图

市委书记贾春林考察昭阳镇企业

市长徐克俭调研昭阳工业园区建设情况

市政协主席范学忠为昭阳镇李工机械公司“江苏大学企业研究生工作站”揭牌

市人大组织离退休老同志深入昭阳镇企业调研

镇领导班子民主生活会现场

农业科技培训

国象大师侯逸凡回家乡省亲

# 兴化市张郭镇

党委书记：徐学坚

镇长：王 龙

张郭镇地处兴化市东南边缘，是江苏率先科学发展的水乡名镇之一。全镇面积84.5平方公里，总人口6.6万人。近年来，镇党委、政府紧紧围绕“实现全面小康、建设幸福张郭”的目标，坚持工业强镇，民营经济成为主体经济和富民经济，全镇民营企业突破1000家，吸纳本镇富余劳动力超过1.6万人，外来务工人员超1.5万人，全镇二、三产业从业人员达90%以上，一大批农民走上了富裕小康之路，“家家有产业、户户有项目、人人有事做、个个有钱赚”的良好局面正在形成；坚持镇村统筹建设，城镇建成区面积从1997年的0.4平方公里扩大到4.8平方公里，所有道路、小区硬化、亮化、美化、绿化、净化，绿化覆盖率达40%，人均拥有公共绿地20平方米，初步建成了一座具有“水乡特色、文化底蕴、绿色生态”的小城市，新农村建设步伐不断加快，基础设施日益完善，通村公路建设名列泰州市前茅，可与苏南先进乡镇媲美。建成了泰州市首批小康社会森林覆盖率达标乡镇，初步探索出一条“经济民办民享，民众创业兴业，城镇绿化美化，社会文明开明”的科学发展之路，先后被命名表彰为全国文明镇、全国卫生镇、全国农业旅游示范点、全国环境优美镇和全国先进基层党组织。连续两届被省委、省政府命名为江苏省文明镇标兵,2010年再次被中央文明委授予全国文明镇称号。靓丽的城镇风景被中央新闻联播十六大专题片《走向辉煌》栏目选作背景资料，被《求是》杂志选作封面。2010年，全镇实现地区生产总值43.92亿元，预算内财政收入3.47亿元，农民人均纯收入达12578元。

**全国文明镇、卫生镇　全国农业旅游示范点**
**全国先进基层党组织　全国环境优美镇**
**江苏省文明镇标兵　泰州市经济工作十强乡镇**

市长徐克俭在党委书记徐学坚的陪同下来我镇视察

外地领导来张郭参观学习

镇区入口大道

精致的农民别墅区

“励志青春放飞梦想”文艺汇报演出

庆祝建军“八十三”周年文艺演出现场

清澈见底的镇区河道

镇区鸟瞰图

干净整洁的镇区大道

镇重点企业——江苏申源特钢有限公司

优美的镇区环境

镇重点企业——江苏博生公司

# 兴化市临城镇

党委书记：吴海盈

镇长：刘宏照

临城镇位于兴化市南郊，有兴化城南大门之称，城郊优势、交通优势、区位优势明显，全镇总面积96平方公里，其中耕地面积4294公顷，辖27个行政村，338个村民小组，1个居委会。年末全镇总户数15080户，有户籍人口5.11万人，全年实现地区生产总值11.58亿元，比上年增21.77%，其中一、二、三产业增加值分别为2.21亿元、5.66亿元和3.71亿元，按户籍人口计算，人均生产总值22110元，完成全口径财政收入1.88亿元，其中地方一般预算收入0.61亿元，分别比上年增67.8%和79.4%，全年完成经济总收入56.7亿元。实现工业产品销售收入41亿元，比上年增36.7%，入库税收2.31亿元，比上年增19%。年末有工业企业335家，其中4家销售收入超亿元。完成全社会固定资产投入7.51亿元，比上年增34.1%。年内获泰州市发展高效农业“十佳乡镇”称号。敬老院被评为“江苏省文明敬老院”。

生态农业园草莓基地

桃花岛生态观光酒店

蓬勃发展的汽贸业

正在建设中的小江北生态庄园

副省长黄莉新（左二）在泰州市委书记张雷的陪同下来临城镇调研高效农业工作

泰州市领导来临城镇调研农业工作

市委书记贾春林等领导参观临城镇消防科普馆

市长徐克俭等领导参观临城镇紫藤园农业发展有限公司

上级领导视察临城镇新农村建设工作

## 江苏重点中心镇　泰州市级小城市　兴化城市副中心

# 兴化市安丰镇

党委书记：常传林

镇长：吴吉林

安丰始建于唐朝初期，旧为“兴化十大古镇”之一，现为江苏省重点中心镇、泰州市级小城市和兴化城市副中心。因明代知府安仁治水有功而命名为“安仁”，后清代先民祈盼“国安民丰”，故名“安丰”。近年来，全镇上下紧紧围绕“加速推进新型工业化、财政收入四年过三亿、打造泰州市级小城市、合力构建和谐新安丰”的总体思路，务实苦干、团结拼搏、实现了经济社会平稳较快发展。2010年，实现地区生产总值16.2亿元，同比增长22%，财政收入2.3亿元，同比增长50%，一般预算收入5170万元，同比增长79%，农民人均纯收入10260元，同比增长11%。

国家农业部百乡万户调查（兴化）座谈会在安丰镇召开

省委常委、副省长黄莉新（右二）在泰州市委书记张雷（右一）的陪同下来安丰镇考察

泰州市重点村镇工作会议在安丰镇召开

庆祝建党九十周年“红歌大家唱”比赛活动

# 兴 化 市 合 陈 镇

党委书记、镇长：孙 健

合陈镇地处兴化市东北部，与大丰市毗邻。东靠沿海高速，西临宁靖盐高速，204国道、串场河穿境而过，水陆交通便利。全镇总面积99.7平方公里，辖27个行政村，1个居委会，59108人。境内有新长铁路“兴化火车站”、兴东水厂、国家亿斤粮库、中石油浙江油田分公司兴泽作业区、兴化市汽车齿轮产业园、兴化粮食产业物流集聚区。是江苏省文明镇、江苏省环境优美镇，省级新型示范小城镇，泰州市园林镇，泰州市重点发展中心镇。2010年，全镇经济发展继续保持良好态势。实现地区生产总值5.47亿元，比上年增长16%；实现财政总收入3398万元，占年初目标的113.2%；一般预算收入1500万元，占年初目标的125%，发展速度在全市考核中获得进位奖。

市长徐克俭调研合陈镇工业经济发展情况

中共合陈镇第四次党员代表大会

江苏康柏斯机械制造投资项目签约仪式

合陈镇创建省级环境优美乡镇考核验收汇报会

合陈镇庆祝“五四”暨第二届卡拉OK大赛

# 兴化市茅山镇

党委书记：谭世国

镇长：赵长宏

茅山镇具有两千多年的文明史。汉景帝时，咸阳茅氏三兄弟（茅盈、茅衷、茅固）来此修道，故名“三茅山”，简称“茅山”，又称“北茅山”。茅山镇地处兴化、东台、姜堰三市交汇中心，地理位置优越，水陆交通便捷。水上交通要道唐港河和兴姜河穿境而过，贯穿全镇东西的茅顾公路向东仅五分钟车程接宁靖盐高速，西接兴泰一级公路，距泰州火车站半小时车程，与上海、南京、杭州等城市时空距离均在三小时以内，是中国戴南不锈钢产业集群重要的生产、研发、物流、信息、金融中心。全镇土地面积42.7平方公里，辖10个行政村，1个居委会，总人口30417人，非农人口4114人。2010年实现地区生产总值37136万元，比上年增长58.2%，其中农业、工业、建筑业和服务业增加值分别为8566万元、9528万元、3966万元和15076万元，分别比上年增长12.7%、39.9%、8.6%、37%。全年实现财政总收入5124万元，其中地方一般预算收入1786万元，分别比上年增长64.1%、56.4%，完成全社会固定资产投入32000万元，比上年增长30.5%，2010年，农民人均纯收入达9069元。年内获“江苏省特色文化之乡”、“泰州市环境优美乡镇”、“兴化市招商引资先进乡镇”、“兴化市利用外资先进单位”、“兴化市信访工作四无乡镇”等称号，《茅山号子》入选国家级非物质文化遗产保护项目名录。

省妇联主席张京霞来我镇调研

泰州市委书记张雷来我镇指导农业农村工作

市委十届八次全会到我镇太阳红专业合作社参观

景德禅寺大雄宝殿、天王殿、地藏殿落成暨佛像开光庆典隆重举行

一年一度的茅山东岳庙会热闹非凡

《茅山号子》入选国家级非物质文化遗产保护项目名录

# 兴化市荻垛镇

党委书记、镇长：朱长才

荻垛镇位于兴化市东南部，地处宁靖盐公路、宁盐省级公路、高兴东省道交汇处，内有梓辛河、唐港河、盐靖河纵横交错，全镇水陆交通便捷，区位优势明显，发展空间广阔。全镇镇域面积78平方公里，人口5万，辖有21个行政村，1个居委会，2个工业集中区。近年来，全镇通过实施“工业强镇、生态立镇、和谐建镇”的战略，坚持农业、工业、集镇同步走，“四个文明”建设取得了丰硕的成果。农业基地建设特色明显，形成了日本山华农业科技发展公司的有机水稻生产示范基地、法国大管蒲公英高效生态农业产业化基地等一批优势产业，工业经济快速增长，已聚集形成不锈钢制品、铜材加工、日用化妆品三大优势产业，且呈蓬勃发展之势；集镇建设以“经营集镇、服务群众”为理念，基础设施、社会公益事业日益完善，集镇形象日新月异。2010年，全镇实现地区生产总值8.2亿元，完成财政收入8000万元、一般预算收入2891万元，相比2006年全镇财政收入965万元、一般预算收入348万元，两项主要经济指标均增长8倍以上，总体经济实力稳定在全市先进行列。

党委副书记、副镇长陈林在招商引资会议上作重要讲话

新落成的世代服务中心大楼

新落成的文化广播电视中心大楼

市委书记贾春林等领导视察华航公司

“庆六一·献爱心”活动暨师生文艺汇演

农民别墅区

干净整洁的农民村庄

镇铜制品产业园

# 兴化市西郊镇

党委书记：赵桂银

镇长：刘金鹏

西郊镇地处兴化城郊，交通便捷，兴西公路、兴沙公路纵横全境，省设航道下官河、大溪河平行而过，东依环城公路,西接扬州高邮，建设中的西横线X215县道、S322省道在我镇腹地经过。这里民风淳朴、民俗风情浓郁，徐马荒湿地自然风光优美,有江苏“香格里拉”、“苏中沙家浜”之美誉。西郊镇辖17个行政村，210个村民小组，9805户，总人口2.9万人，国土面积73.6平方公里，耕地面积3259公顷，林地面积1666.7公顷，养殖水面1667公顷。农业资源丰富，生态优势明显，森林覆盖率达22.8 %，是“苏中意杨之乡”。

传统文化项目——文昌庙会

传统文化项目——西郊舞龙队

传统文化项目——农民秧歌腰鼓队

中央政治局委员、中组部部长、原江苏省委书记李源潮视察西郊镇新农村建设

市长徐克俭在在党委书记赵桂银的陪同下视察西郊镇生态旅游开发工作

镇长刘金鹏同招商企业老板签约

泰州市首届村干部“培训周”（西郊镇班）现场

高效农业哈密瓜生产基地

绿色食品西郊清水龙虾

热烈祝贺西郊镇“计生杯”乒乓球比赛隆重举办

团中央组织大学生来西郊镇徐马荒体验生活

高效农业葡萄生产基地

# 兴化市永丰镇

党委书记：张天源

镇长：孙翠华

永丰镇位于兴化东北部。镇辖居委会1个，行政村26个，村民小组316个，人口49156人。2010年，实现地区生产总值43184万元，比上年增15.5%，其中：一、二、三产业增加值分别为14825万元、12458万元、15901万元。按户籍人口计算，人均生产总值8785.1元。完成财政总收入1757万元，其中地方一般预算收入731.29万元，分别比上年增24.8%、38.9%。农民人均纯收入8168元，比上年增13%。全镇综合实力在全市的排名，从过去的倒数到2010年的中上水平。全年完成工业总产值93955万元，其中列统企业总产值11523万元；工业技改投入 8200万元，工业开票销售收入 8600万元，完成年初目标的109.6%。放大　　“中国河蟹之乡”和“中国十大名蟹”的效应，促进河蟹产业发展，全年新增养蟹面积6800亩，全镇达到40000亩以上，占全镇耕地面积的66%。成立了由10个农民专业合作社组成的苏兴水产养殖专业合作社联社，涉及农户1300多户，实现技术、信息、饲料、防病、服务、销售等方面的资源共享。成为全省第一家水产养殖专业合作社联社。作为全国十个“中国河蟹之乡”之一的永丰镇，苏北一流的河蟹交易市场正在建设之中。

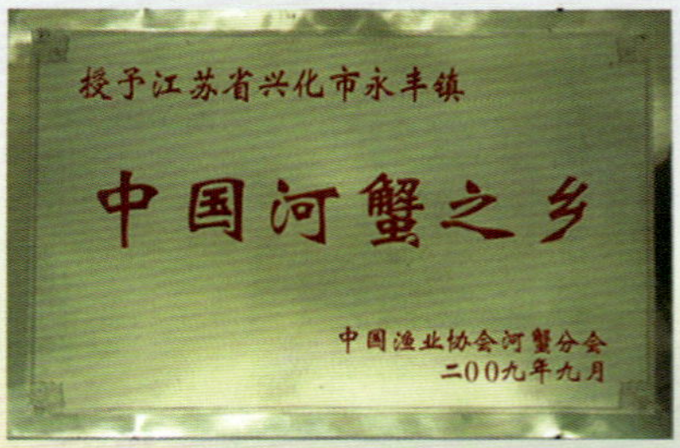

申报“河蟹之乡”汇报会

特色产业发展恳谈会

市委书记贾春林等领导视察永丰镇新农村建设

党委书记张天源向市长徐克俭汇报永丰镇特色农业经济发展情况

中国共产党兴化市永丰镇第十届委员会成员合影

外地客商来永丰镇调研

张天源书记深入企业了解产品情况

村党组织换届选举大会

镇企业开工典礼现场

孙翠花镇长深入企业帮助解决困难

# 兴化市昌荣镇

党委书记、镇长：杭爱兵

人大主席：孙登峰

昌荣镇原名唐子镇，始建于唐朝初年。全镇总面积61.8平方公里，下辖13个行政村、1个居委会，201个村民小组，总人口3.8万人。2010年，农业增加值14716万元，农民人均纯收入8182元。全年招商引资项目4个，引资额达6700万元，实际到位资金4500万元，超额完成市交目标任务。全镇完成工业总产值8.634亿元，销售8.352亿元，利税0.82亿元，实现技改投入1.36亿元。完成地区生产总值43317万元，工业增加值8740万元，财政收入1546万元，一般预算收入813万元。

昌荣好男儿–李茂鉴创造了中国男子柔道81公斤级选手在世界级比赛中的最好成绩

# 兴化市戴窑镇

党委书记：王晓秋

镇长：袁卫国

镇重点企业——远东纸业有限公司

镇重点企业——兴化市亚泰化工有限公司

镇水生大棚蔬菜

戴窑镇地处兴化、东台、大丰三市交界，有兴化东大门之称，是泰州市重点中心镇之一。镇域面积96.9平方公里，其中镇区面积8平方公里，耕地面积4630公顷。辖行政村32个、居委会3个、村民小组364个。2010年末，全镇总户数24562户，有户籍人口68376人。全年实现地区生产总值10.7亿元，同比增长14.5%，其中一、二、三产业增加值分别为2.1亿元、3.7亿元、4.9亿元。全年财政总收入3489万元，一般预算收入1606万元，农民人均纯收入8476元，全年共引进项目12个，完成招商引资6000万元。全镇现有私营企业120家，列统企业13家，年利税超过100万元的3家。粮食市场年成交额33亿元。2010年，全镇服务税收达到860万元，同比增长87.8%。高效农业成效显现，全年新增农村专业合作组织2家，流转土地550亩，培育发展荷兰豆、食用菌、大棚水生蔬菜3个示范基地。

优美整洁的村庄河道

中共兴化县委成立旧址

乐吾牌坊

# 兴化市竹泓镇

市长徐克俭(前左）在党委书记郑元明（前右）的陪同下视察江苏天祥光电新材料有限公司

省市领导视察竹泓小康村建设

竹泓镇位于江苏省兴化市区东南部，是兴化市中心镇之一，全镇社会总面积64.5平方公里，其中镇区面积101.2公顷，由4个行政村、2个居委会组成。全镇耕地面积2760公顷，下辖17个行政村、2个居委会。2010年末，全镇总户数12099户，有户籍人口3.97万人，其中非农人口0.29万人，另有外来暂住人口302人。全年实现地区生产总值3.7412亿元，比上年增12.6%，其中一、二、三产业增加值分别为9760万元、12508万元和15144万元。按户籍人口计算，人均生产总值11530元。全年完成财政收入2679万元，其中地方一般预算收入1250万元，分别比上年增14.3%和18.7%。完成全社会固定资产投入1.58亿元，比上年增32%。年内获“运输业先进乡镇”、“人口和计划生育工作先进乡镇”、“民政工作先进乡镇”、“征兵工作先进乡镇”、“文化宣传工作先进乡镇”等称号。

重阳节活动

敬老院全景

竹二村党组织书记任期目标承诺大会现场

# 兴化市大邹镇

党委书记：陈万健

镇 长：张永辉

大邹镇建于元朝，始称“双溪镇”，为兴化十大古老集镇之一，是兴化、泰州的“北大门”。全镇占地总面积46.32平方公里，总人口29760人，辖13个行政村、1个居委会、141个村民小组。集镇距市区35公里，拓宽改造后的233省道穿境而过。

近几年来，全镇上下围绕“加快科学发展，全面提升水平”的总体要求，抓突破、创特色、保进位。**经济建设明显加快**。连续四年出台了加快全镇经济发展的1号文件，推行一企一策、敢于竞争的机制，制定有为有补、有功重奖的政策，确立发展为本、无功即过的理念，出台培大育强、投入发展的措施，全力打造满足企业用地、帮助企业招工、保证企业环境的三大品牌。规划了占地面积1000亩，现有备用地350亩的工业集中区，相关基础设施也及时配套到位，目前已有9家企业落户；**新农村建设亮点频现**。按照“六个为主”的思路和办法，多头多路筹措建设资金，立足镇村实际，走融“文化、产业、环境、管理、特色”为一体的新农村建设新路子，连续三年获得全市新农村建设一等奖；**镇区古迹逐步修复**。规划重建了东码头、抗大路等遗址，做好双溪文化广场内文化元素的打造，把李春芳、郑板桥、刘熙载等历史文化名人与大邹的联系，反映到文化广场内，既打造了集镇建设的亮点，又提升了集镇建设的品味。

经过全镇上下的共同努力和社会各界的大力支持，大邹发展的力量有了更加广泛的凝聚，经济和社会事业有了更好更快的发展，对外形象得到了更加明显的改善，发展之路显出了大邹自身的特色，一个发展后劲十足、文化底蕴丰厚，社会环境安宁。人脉关系和谐的新大邹正呈现在人们的眼前。

市长徐克俭到大邹镇调研

镇领导慰问敬老院老人

# 兴 化 市 大 营 镇

党委书记、镇长：陆炳祥

党委副书记、副镇长（正乡职）：王 勇

大营镇位于兴化市东北角，南频海沟河，东邻大丰白驹镇，北接大丰市刘庄镇。332省道横贯东西，直通204国道、沿海及宁靖盐高速，新长铁路穿境而过，通村公路循环互通，境内河流纵横，水乡特色鲜明，具有良好的招商投资环境。全镇总面积56平方公里，辖11个行政村，1个社区居委会，185个村民小组，全镇总户数9178户，在册户籍人口27455人，2010年实现地区生产总值24805万元，比上年增长20%。完成财政收入1352万元，比上年增长33.4%，其中：一般预算收入551万元，比上年增长17.5%。完成全社会固定资产投资9310万元，比上年增长30%，当年在全市乡镇经济总量排位前移11位。

泰州市纪委领导和帮扶特困学生见面会

兴化市部分部门领导和大营镇中心小学学生共度六一儿童节

泰州市纪委书记陈国华亲切与镇党委书记陆炳祥合影

大营镇庆五四“计生杯”篮球赛

闻名省内外的革命遗址——兴化抗日阵亡将士纪念塔

大营中学教学楼

大营镇卫生服务中心病房楼

镇重点企业——兴化统全食品有限公司

镇重点企业——兴乐玩具有限公司

# 兴化市大垛镇

国家计生委副主任崔丽（左四）来大垛镇调研

党委书记：沙顺喜

镇长：王建宏

省关工委常务副主任王霞林来大垛调研关心下一代工作情况

大垛镇地处宁靖盐高速与高兴东公路互通出口处，省级航道梓辛河、新塘港河纵横交错，区位优势明显，水陆交通便捷，是兴化城区的“东大门”，已融入长三角和沪宁经济圈；为兴化市十大古镇之一，历史悠久，文化底蕴深厚，是板桥先生的故里，省级文物保护单位——板桥林园坐落于该镇管阮村。全镇镇域面积73.63平方公里，总人口4.23万，辖有23个行政村，1个板桥社区，1个兴化市民政工业园。近年来，该镇经济建设和社会事业迅猛发展，三次产业结构较好演进，镇村面貌显著改善，群众生活富庶安康。2010年全镇实现地区生产总值11.5亿元，同比增长16.2%；财政收入首次突破亿元大关，达1.1亿元、一般预算收入3363万元，分别较上年增长34.8%和41.1%。完成全社会固定资产投资6.7亿元，增长43%。年内获得“兴化市综合先进乡镇”、“江苏省文明先进乡镇”、“江苏省体育强镇”、“江苏省环境优美乡镇”、“全国计划生育协会先进单位”等称号。

# 兴化市住房制度改革办公室

住建局副局长、房改办主任：姜宗庆

2010年，在市委、市政府的正确领导和泰州市房管局的关心指导下，高度重视住房保障工作，强化组织领导，采取有力措施，切实加大保障房建设力度，通过全办上下的共同努力，房改及保障性住房建设工作取得了一定的成效。全年共完成2009年结转项目新悦家园二期、城堡三期、人医西侧3个项目，共2173套经济适用房；完成当年新开工项目关门城润景苑、府东花园、城堡四期等5个项目，共1618套经济适用房，配建城堡三期110套廉租房，发放租赁补贴累计450户，共79.3万元，筹建公共租赁房源532套（间），超额完成省住建厅下达给我市的2010年住房保障任务。

# 兴化市城市社区工作委员会

城市社区工作委员会主任、昭阳镇党委副书记：蒋兆兰

兴化市城市社区工作委员会是兴化市委、市政府于2003年8月撤销昭阳镇城区四个街道办事处后组建的，为兴化市委、市政府派出机构，正科（局）级建制，与昭阳镇党委、政府合署办公，内设综合部、党群工作部、社会事务部、劳动保障福利部四个机构，均为股级建制。2008年8月市委、市政府将原24个居委会和4个城中村整合为16个社区，辖区面积14.15平方公里，常住居民165536人、57716户，流动人口58642人，登记在册党员3137人，共建单位111个，主要辖区单位149个，居民区155个，退职退养人员57人，社区工作人员142人，每个居委会有7–9名工作人员，其中大专以上学历的97人，平均年龄41.8岁。“十一五”以来，社区通过开展“传承节日文化、宣传廉政文化、倡导健身文化、弘扬民俗文化、培育家庭文化”活动，推动在广大市民中开展的“理想信念教育、思想道德教育、城市意识教育、法律法规教育、科普知识教育”等五项教育活动，不断丰富居民群众文化生活，努力提高广大市民文明素质，共开展文体活动5500多次，其中被新闻媒体报道的有：兴化市级2500多次、泰州市级390多次、省级150多次、国家级30多次。社区坚持把系列创建作为推进社区“五城同创”的主抓手，贴近社区实际，挖掘整合资源，紧紧抓住市级机关部门结对挂钩社区共建机制，五年来共争取创建工作经费366万元；注重以个性形成特色，以特色促进创建，着力彰显特色，努力打造“一居一品”，16个社区共形成23个特色创建主题，涌现出各类特色社区261家，其中兴化市级139家、泰州市级88家、省级31家、国家级3家。

主任蒋兆兰带领社区工作人员外出考察学习

文峰社区无职党员“亮身份·树形象·做义工”争创‘奉献先锋’活动启动仪式现场

社区工作人员走上街头开展党员义工宣传

社区居民议事会

社区小区楼长成立大会

社区社情民意记录簿和民情日记

英武社区对无物管小区进行环境整治

丰富多彩的社区文化活动

创新举措（低保人员义务巡逻）

宽敞明亮的文林社区便民服务大厅

举办邻里节促进社区居民和谐相处

社区工作人员组织书法爱好者走上街头免费为社区市民写春联送吉祥

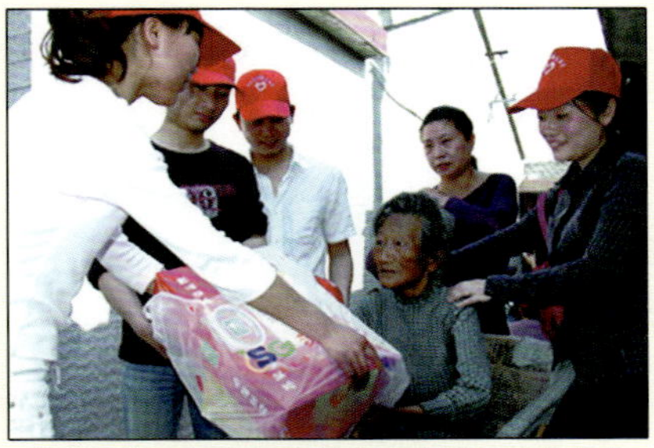
社区工作人员组织青年志愿者慰问孤寡老人

社区定期组织居民收听各类知识讲座

# 兴化市运输管理处

局长助理、处长：李国华

兴化市运输管理处原为“兴化市运输管理所”，成立于1984年5月，1993年报经市编委批准，更名为“兴化市运输管理处”，隶属兴化市交通运输局领导。负责辖区内道路客运、水陆货运、汽车维修、机动车驾驶员培训、运输服务和运政稽查等交通行业管理，副科级建制。

按照“建一流队伍，树一流形象，创一流业绩”的行业目标，全处干部职工始终以“三个代表”重要思想为指导，努力践行科学发展观，积极开展“筑桥铺路为人民，优质运输创一流”为主题的文明创建活动。有力地促进了辖区内客、货运输市场的发展，为地方经济建设作出了应有贡献。先后被交通运输部、省文明委、省交通运输厅、泰州市、兴化市评为文明单位和先进集体。

处领导走进电台解答市民提问

严厉打击非法营运“黑车”树立城市流动窗口形象咨询台

全市道路客运行业深化改革动员大会

运输管理处2011年春运工作动员大会

执法人员发放规范经营宣传材料

统一更新的公交型农公车

# 兴化市航道管理站

站长：柳 平

兴化市航道管理站是兴化市航道专门管理养护机构，受泰州市航道管理处和兴化市交通局双重领导。承担着辖区961.82公里航道规划、行政执法、工程建设和养护管理等工作任务。

近年来，该站在上级领导的关心指导下，认真履行航道管理职能，切实加强基层站所作风建设。航道执法管理力度进一步强化，航道建设步伐进一步加快，连续实施了城区航道驳岸工程，确保了航道安全畅通，各项工作取得较好成绩。先后获得了“江苏省精神文明工作先进单位”、“江苏省文明航道站”、“全省交通系统先进集体”、“ 泰州市文明单位标兵”、“泰州市五十佳基层站所”等荣誉称号。

强化作风建设打造服务型航道

加强航道管理力度为广大船民提供通畅航道

政策宣传进社区

整治后的航道新貌

# 兴化市房地产管理处

主任：赵 祥

近年来，兴化市房地产管理处大力推行文明单位创建，收到了明显成效，先后获得“江苏省青年文明号”、“江苏省建设系统优秀省级青年文明号”、“江苏省建设系统优质服务窗口”、“江苏省价格诚信单位”、“泰州市文明单位”、“兴化市级文明标兵单位”、“兴化市十佳执法大队”等荣誉称号。为优质发展环境，助推城市建设，促进全市经济和各项事业的发展做出了积极的贡献。

# 兴化市第三人民医院 兴化市肿瘤医院

院长：姚 纯

兴化市第三人民医院、兴化市肿瘤医院是我市三家二级综合医院之一。现开设临床科28个，医技科7个。医院一贯秉承“行医德为先”为宗旨，经济效益和社会效益并重方针，注重培植诚信文化，追求德医双馨。

针对当前卫生改革的形势，为进一步整合卫生资源，优化卫生产业结构，2008年6月我院与市人医整合，由市人医全面托管我院。托管后加强环境治理，改善就诊环境。进行全员行为规范教育，树立良好形象。抓行风职业道建设，向社会公开承诺，拒收红包，创建泰州市“无红包医院”。抓病历、处方质量，提高医疗质量。改变分配方案，提高职工福利待遇，充分调动员工的积极性。联合开展形式多样的文化、体育活动，增加凝聚力。遇到疑难、危重病例人医专家及时来院会诊，并定时来院座诊，极大地提高了解决疑难问题的能力和抢救成功率。医院业务迅速上升，床位使用率达90%，业务收入上升24%。

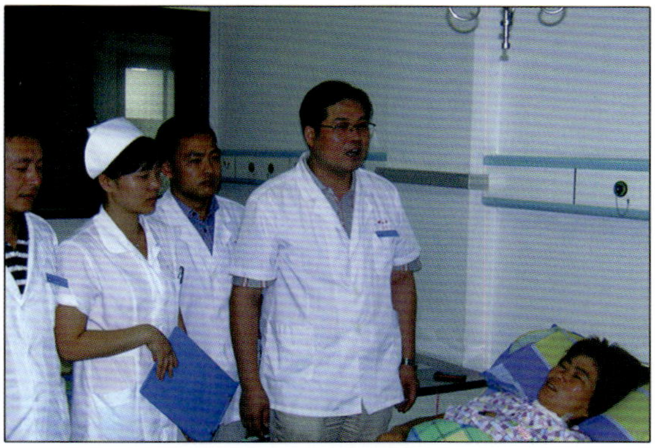

院长姚纯带领医护人员探望病人询问病情

院长姚纯向上级领导介绍医院创建情况

创建无红包医院推进会

丰富多彩的职工文化生活

# 兴化市人民医院

院长、党委书记：张 彤

兴化市人民医院始建于1948年12月，现已发展成为全市的医疗、教学、科研及“120”急救中心，为扬州大学医学院附属医院，江苏大学医学院的教学医院，是兴化市医保定点医院、司法鉴定定点医院。1994年被评为全省首批二级甲等医院和国家级爱婴医院，2008年被评为泰州市首批“无红包”医院，2010年被评为江苏省文明先进单位，在首届全国县级医院竞争力排行榜中进入百强，第三次蝉联兴化市“十佳事业单位”。

现有专业技术人员786名，其中高级技术人员100名，中级技术人员283名，硕士研究生35人，江苏省“333”工程培养对象1人，泰州“311”工程培养对象13人，兴化市“313工程”培养对象17人。

2010年，医院获泰州市科技成果奖3项、兴化市科技成果奖20项，6项泰州市科研课题圆满结题。全年完成门急诊量71.4万人次，收治住院23168人次，手术8569台，分别较去年同期上升5.6%、9.0%、4.1%，床位使用率为129%。

目前，一座投资5亿元，占地184亩，设置1200张床位，拥有128层螺旋CT、1.5T磁共振成像、进口DR、数字胃肠机、DSA、全智能化手术室、层流监护病房、标准化供应室、现代化检验中心的苏中一流现代化医院正在兴建中，2011年将实现整体搬迁。

院长张彤（右二）荣获首届"中国最具惠民精神基层院长"荣誉称号

以色列妇科专家来我院进行义诊讲学

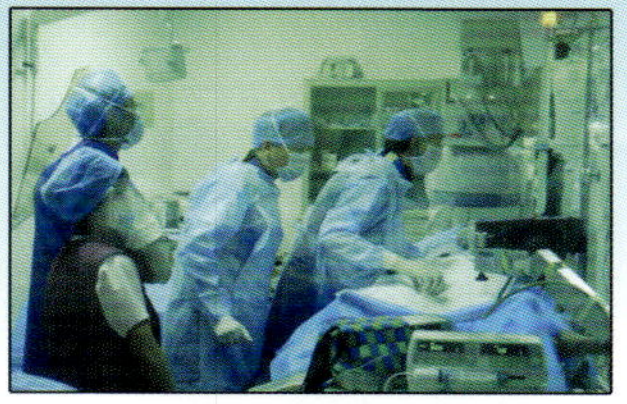
开展脑血管瘤介入治疗

我院参加市迎国庆大合唱比赛

组织职工运动会

拓展训练

# 兴化市中医院

院长：沈汉慧

兴化市中医院建于1957年，占地面积7700平方米，建筑面积13600平方米。承担着全市的中医临床、教学、科研任务，是一所以中医为特色，中西医结合的综合性医院。目前设有内、外、妇、儿、急诊、针灸、肛肠、骨伤、推拿、耳鼻喉科、眼科、口腔等15个临床一级科室，同时设有脾胃、肝胆、肾病、男性病、糖尿病、血液病、小儿营养不良、小针刀等特色专科，其中中医喉科、肛肠科、脾胃科、哮喘气管炎科是特色专科，骨伤科、肛肠科、脾胃科还是泰州市重点专科。拥有江苏省名中医 2 名，泰州市名中医 5 名，其中王少华老中医是享受国务院特殊津贴者，在江苏享有很高声誉。医院有 1 人担任国家级学术委员会委员， 8 人担任省级学术委员会委员，2 人担任泰州市级学术委员会委员。 多年来，医院始终坚持“以病人为中心”的服务理念，大力唱响“中医文化”主旋律，坚持走中西医并重的发展思路，在卫生行业中率先跨入省级文明单位行列。医院多次被上级党组织表彰为“先进基层党组织”、“先进单位”。

沈汉慧院长（左一）应邀主持2010全国中医膏方高峰论坛

兴化市中医院膏方专家组一行8人参加了2010全国第二届中医膏方高峰论坛暨第二届金陵青年名医论坛

复旦大学中山医院领导向市中医院院长沈汉慧（右）赠送纪念册

省中医药局党支部赴兴化开展“最佳党日活动”座谈会

复旦大学中山医院专家组来我院举行大型义诊

江苏省中医院肾病学术交流会暨肾脏病中西医诊治进展学习班在我院举行

# 兴化市第四人民医院

卫生部副部长陈啸宏来新院视察工作（图为党支部书记、院长曹德明［左一］向上级领导汇报新院建设和发展情况）

市委书记贾春林视察新院建设与运营情况

市委副书记金厚坤陪同上级领导视察新院工地

兴化市第四人民医院始建于1982年，原名为“兴化市精神病医院”，1997年更名为“兴化市脑科医院”，增名为“兴化市第四人民医院”，1998年经泰州市卫生局批准增设为“泰州市精神病定点医院”。医院目前是全市唯一一所以精神卫生防治康复为主的专科医院。经过几十年的发展，现已形成以精神、心理、神经专业为主导，科室设置齐全，设备先进，开展各种智力、人格测定、心理治疗、心理咨询等服务的医疗单位。

市第四人民医院新址于2008年7月开工建设，工程总投资3500万元，占地面积20000平方米，建筑面积10170平方米，分二期建设，一期工程现已投入使用。

医院拥有500mA X光可遥控电视透视机、18道数字定量脑电图、视频动态脑电地形图仪、GE彩超、经颅多普勒超声仪、电痉挛治疗仪、麻醉机、全自动生化仪、迈瑞BC-2800全自动血液细胞分析仪、钾钠氯钙锂自动生化分析仪等设备。

常务副市长顾跃进在院长曹德明的陪同下视察医院工地

肩负一方父老殷勤嘱托　苦心孤诣　春风化雨
传承百年学府不息精魂　励精笃行　点石成金

# 江苏省兴化中学

校长：曹伯高

曹伯高：兴化中学校长、党总支副书记，2007年被教育部表彰为全国优秀教师，2008年被江苏省人民政府评为中学语文特级教师，2009年4月被中华全国总工会授予全国五一劳动奖章，2009年5月被确定为泰州市中学语文名教师工作室领衔人。

25年来，曹伯高同志多年来致力于课堂教学方式的改革，不断摸索和完善了一套“定大方向阅读——集小疑问交流——作总结性引导”的课堂教学模式，教学效果好，深受学生欢迎。近几年来，该同志作为兴化中学“高中作文特色教学”的首要策划人与一线指导者，在打造“兴化中学作文教学特色品牌”的过程中，作出了突出贡献。在《中学语文教学》等核心期刊上发表教研文章40余篇，获奖论文4篇，其中两篇被人民大学资料中心全文转载。独立撰写的作文教学专著《高考作文有效升级训练16讲》由苏州大学出版社出版发行。

江苏省兴化中学为省首批办好的重点中学之一，2004年通过江苏省四星级高中验收。学校传承百年老校深厚的人文底蕴，发扬优良的办学传统，凭借先进的办学理念、优秀的师资队伍、一流的教学设施和良好的校风校貌，招引莘莘学子，培育四方英才。校友遍及五洲，人才光耀四海，其中5人当选为中国科学院院士（学部委员），6人成为中国人民解放军将军。

学校现占地200余亩，建筑面积50000多平方米。现有72个教学班，3900名学生。教职工286人，专职教师254人，均达本科以上学历。其中，高级教师119人，中级教师87人，江苏省名教师1人，省特级教师5人，泰州市突贡专家5人，泰州市名教师4人。

近几年，学校坚持“育英才，创特色，出理念，培名流，作示范”的办学目标，确立了“一心做人”的育人理念。在省教育厅“规范中小学办学行为，深入推进素质教育”的背景下，学校以“减负增效提质”为教学中心工作，努力构建有兴中特色的“朴实课堂”，着力加强学生科学素养、人文素养教育及综合素质、动手能力的提高，取得明显成效。

近年来，学校先后获“江苏省实施素质教育先进单位”、“江苏省德育先进学校”、“江苏省电化教学先进学校”、“江苏省教育科研实验基地”、“江苏省教育科研先进单位”、省“绿色学校”、“学校体育工作先进单位”、“江苏省示范家长学校”、“江苏省文明单位”、“江苏省安全文明单位”等四十多项省、泰州市荣誉称号。

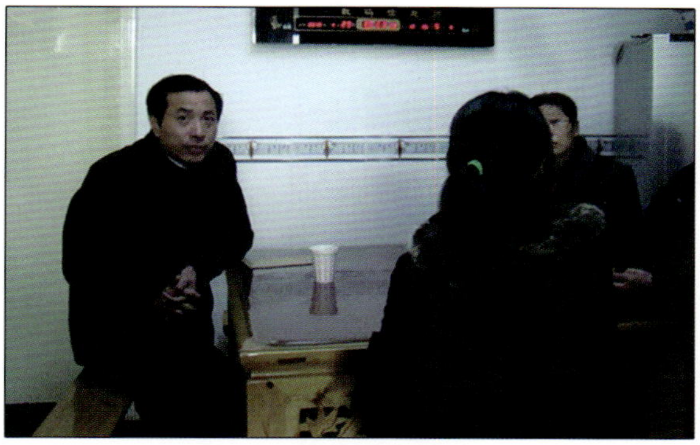

市委书记贾春林、副市长马雅斐一行到兴化中学亲切看望优秀学生代表

市长徐克俭在市委常委、常务副市长顾跃进、副市长马雅斐、政府办负责人、市教育局负责人的陪同下，到兴化中学调研指导工作

国家督学、省政府参事、原省教育厅副厅长祭彦加，江苏省教育评估院院长陆岳新等领导到我校指导工作

韩国东釜山大学教育考察团到兴化中学交流访问

省口岸中学封留才校长一行到省兴化中学进行校际交流

在全国中学生生物学科联赛中，陈　猛、姜一鸣、沈兴勤、夏永鹏等四位同学获江苏赛区一等奖.

江苏省中学语文教研专题工作会议在省兴化中学举行

校领导与著名导演仲华留影

兴化中学与省教育国际交流服务中心联合办学

教学楼

国象棋后侯逸凡校友荣归母校

## 兴化多俊杰，“楚水”育英才

# 興化市楚水實驗學校

党委书记、校长：陈国忠

2000年2月年创办的兴化市楚水实验学校，秉承兴化悠久的历史文化传统，凸显学校追求人文化的办学内涵，“高起点建校，高品位办学，高效率管理，高质量育人”，两年成为省实施教育现代化工程示范初中，七年成为江苏省四星级高中。目前学校跨高中、初中、小学、幼儿园等基础教育各个学段，教学班级130多个，专职教师近500名，学生7000多名，成为苏中水乡著名的教育品牌。2010年，学校义务教育阶段回归公办，成立“兴化市楚水初级中学”、“兴化市楚水小学”，并与城南初中、阳山学校整合办学。幼儿园成为“泰州市幼儿园”，并于2011年5月通过“江苏省优质幼儿园”的验收。学校先后荣获“全国群众体育先进单位”“江苏省文明学校”“江苏省德育先进学校”“江苏省艺术教育特色学校”“江苏省绿色学校”“江苏省平安校园”“江苏省优秀家长学校”等称号。

泰州市高中地理学科基地挂牌仪式

校领导为淮海工学院生源基地揭牌

学校被评为全省消防安全教育示范学校

※ 全国作文名校（小学）　※ 泰州市优质幼儿园

※ 江苏省四星级普通高中　※ 江苏省实施教育现代化工程示范初中

市委书记贾春林视察学校

市长徐克俭等领导来学校调研

“感动泰州”师德模范事迹报告团兴化报告会在我校举行

中共楚水实验学校委员会第一次党员大会

第一届中共楚水实验学校委员会委员合影

党委书记、校长陈国忠带头献血

校长陈国忠与本校获得“中国中学生作文大赛”总决赛最高奖项、全国特等奖的获得者唐雅婷同学合影

建校十周年庆典暨感动楚水十大人物颁奖仪式文艺演出，祭彦加、董建、徐立华、马雅斐、邹祥龙等领导登台与演员合影

“感动楚水”十大人物颁奖仪式，学校名誉校长、著名特级教师柳印生（左二）当选

“成长心连心”栏目组来我校活动

# 江苏省兴化中等专业学校

校长：沈 奇

江苏省兴化中等专业学校前身为江苏省兴化职业教育中心校，是国家级重点职业学校，江苏省职教百强校之一，它地处素有“板桥故里、绿色水乡”美誉的古城兴化西南郊。1994年经省教育厅评估确认为省级重点职业学校，2003年成为省合格职业教育中心校，2004年被教育部评估认定为国家级重点职业中学，2010年12月通过江苏省四星级职业学校评估。20多年来为地方经济发展培养了近两万名具有较高实践技能的高素质的劳动者。学校占地204亩，建筑面积5.6万平方米，有教职工241人，其中专任老师220人，外聘实习指导老师16人，在籍学生3800多人。学校现有机电、电子信息、建筑及其他四大类21个专业，其中机电技术应用、计算机及应用专业是新一轮省级示范专业，数控技术应用被确认为省级紧缺型人才培养培训基地。学校建有计算机实训中心、机电实训中心、数控实训中心、电工电子实训中心、会计模拟实训中心，有电工、电子、机械原理、单片机、PLC、液压与气动、多媒体等20多个实验室和专用教室。

学生向来宾讲解机械原理

安全知识培训

手工制作培训

校长沈奇向上级领导介绍绿色学校创建情况

2010年秋季顶岗实习动员大会

参加泰州大中专学生职场大赛二等奖

学生校园艺术节表演

参加泰州大中专学生职场大赛获二等奖

获奖学生留影

创业全国三等奖

参加市局学生大合唱比赛获一等奖

# 和谐校园 成长

做有根的板桥人

校长、党总支书记：马桂金

兴化市板桥初级中学，前身为创建于1926年的“兴化县立初级中学”，1999年更名为“兴化市板桥初级中学”。

源远流长的文化内涵和丰厚朴实的文化积淀赋予了板桥初级中学浓厚的文化气息。学校以“文化名校，质量立校，特色亮校”为办学理念，以“做有根的板桥人”为校训，从“咬定青山不放松”、“一枝一叶总关情”、“领异标新二月花”、“一种清孤不等闲”四个层面，致力于“书香怡情，情意交融；书香益智，智能相长；书香明理，内外兼修”的育人模式构建。培养学生“科学求真，人文扬善，艺术尚美”。

板桥初级中学是兴化市第一所“省级示范初中”、泰州市“首届模范学校”、“德育先进单位”，江苏省文明单位创建先进单位、泰州市“文明单位”、兴化市“文明单位标兵”、江苏省“青少年科技教育特色学校”、“绿色学校”、“实施素质教育先进单位”，江苏省“千校万师支援农村教育工程”先进学校，江苏省教育学会系统初中教育研究“先进集体”，江苏省“初中英语课程教材改革实验工作先进集体”、江苏省陶行知研究会“实验学校”，教育部综合实验课题组“实验基地”，综合实践活动“全国先进实验学校”，在江苏省首届教育教学成果评比中荣获二等奖。

地址：兴化市楚水路170号
电话：0523——83242058
传真：0523——83242056
网址：www.xhbqcz.cn

# 乐园 温馨家园

## ——兴化市板桥初级中学

教育厅胡金波副厅长来我校考察

党建示范引领

“模拟法庭”综合实践活动

合唱比赛（表演唱）

中日学生共编中国结

“兴中杯”教职工篮球赛夺冠

校运会

# 兴化市第一中学

党总支书记、校长徐鸿顺（右）向市委书记贾春林汇报学校建设情况

兴化市第一中学，地处城市中心位置。学校占地近百亩，交通便捷，人文荟萃。学校内外，分布着星罗棋布的名胜古迹、人文景观，有着十分丰富的人文资源。古城的历史、现实和未来在第一中学这一钟灵毓秀、人杰地灵之地，巧妙融汇在一起。

早在明朝中期，邑民即在此地创办文明书院。1947年，兴化历史上第一所以“中学”命名的学校——“念劬中学”亦于此创建。现为江苏省三星级高中。

学校以“弘雅尚德、笃志博学”为校训，以“求真务实、勤奋创新”为校风，大力实施品牌发展战略，抢占内涵发展的制高点。学校不断加大硬件投入，加强软件建设，在改革和创新中得到不断发展。

学校拥有一流的办学条件，教学质量享誉兴化城乡和周边地区。学校拥有一支高素质的教师队伍，现有中学特级教师2人，全国优秀教师3人，省优秀教师6人，泰州市骨干教师19人，高级教师78人。先后被评为江苏省德育先进单位、江苏省和谐校园、江苏省绿色学校、江苏省青少年科技教育先进单位、江苏省模范职工之家、泰州市优秀基层党组织、泰州市语言文字规范学校、泰州市五星级安全文明单位等。

市委书记贾春林（前左）、副市长马雅斐（女，右一）到该校视察

市长徐克俭（右）出席该校与泰州师范高等专科学校教育发展战略合作协议签字仪式

上级领导到该校视察

校领导向来宾介绍学校教学情况

市人大代表到该校视察党建工作

丰富多彩的专业教学

# 兴化市少年宫

少年宫主任、党支部书记：倪干华

倪干华　兴化市少年宫主任，党支部书记。中学高级教师，泰州市311人才培养工程第一层次培养对象，泰州市名校长、兴化市名校长，全国百佳优秀明星校长，全国校园文化建设十佳卓越校长。创争目标：坚定信念，带头讲党性，做有使命感的好校长、好党员；学以致用，带头推动发展，做有创造力的好校长、好党员；情系教育，带头服务群众，做有亲和力的好校长、好党员；奋力有为，带头促进和谐，做有真业绩的好校长、好党员；廉洁自律，带头弘扬正气，做有高境界的好校长、好党员。

兴化市少年宫是兴化市教育局直属事业单位，从创办到如今的事业发展，经历了十五年的风风雨雨，是一所集青少年校外活动与幼儿教育为一体的艺术特色学校，是全市幼儿教育与青少年校外教育的大本营。幼儿园现有20个班，740名幼儿，是兴化市首家由江苏省教育厅审批通过的江苏省优质幼儿园，是兴化市幼儿教育培训中心。兴化市青少年活动中心现有各类培训项目30多个，年开办400多个培训班，培训人数达一万多人次，它是全市青少年儿童校外教育的活动基地，是我市中小学生校外教育的第一品牌，全面发展的第二课堂，快乐生活的第三空间；是青少年享受品质生活的五彩空间，提升生活品质的阳光天地。

兴化市少年宫虽说年轻，但日渐成熟。她以幼儿教育为依托，以校外教育为主线，唱响艺术教育品牌。学校坚持以发展为主旋律，努力打造品牌、提升质量，努力构建和谐校园、平安校园、文化校园、绿色校园、书香校园、艺术校园。让水乡大地处处盛开艺术奇葩，成了少年宫人的理想和追求。

近年来，学校各项工作有起色、有特色、更有骄人的成绩，先后被评为：全国艺术教育特色学校、江苏省和谐校园、江苏省巾帼示范岗、江苏省妇女工作先进集体、泰州市文明单位、泰州市语言文字规范化示范校、泰州市绿色学校、泰州市妇儿工作先进集体、泰州市优秀家长学校、泰州市现代化教育技术学校、兴化市先进党支部、兴化市工会工作先进单位、兴化市青年文明号、兴化市教育综合考核先进单位。

省特级教师后备人才朱芹、名师工作室成员刘燕指导幼儿游戏

教师参加"中国兴化板桥艺术节开幕式"表演

教师利用业余时间参加校本培训

市委书记贾春林等领导视察兴化市少年宫

省教育工委副书记、省教育厅副厅长胡金波一行视察兴化市少年宫

全市幼儿园教师基本功考核在少年宫举行

兴化市少年宫党员干部冬训大会

兴化市少年宫教师节表彰大会暨创先争优“作风大提升”动员会

兴化市少年宫首届少儿艺术节活动现场

由兴化市少年宫承办的江苏省体育舞蹈公开赛首次在我市亮相

# 兴化市振兴双语学校

董事长：赵念葆

作为全市第一所民办中学，兴化市振兴双语学校办学十年来，在市委市政府、市教育局的领导扶持下，在社会各界和广大家长的关心支持下，学校已经发展成为本地区享有广泛声誉的一所品牌学校。

十年来，学校办学规模不断扩大，教育质量不断提高，社会声誉不断提升，成为老百姓心目中的一所优质民办初中，多次受到省市县各级的表彰和奖励。每年中考高分率、平均分、四星级高中录取率均列全市前茅，达到了“低进高出、高进优出”的培养目标。2008年被省兴化中学授予“优质生源基地”铜牌。连续两年被评为全市中考成绩综合考核二等奖（一等奖仅1名）。学校先后为一百多名各类院校毕业生创造了就业的机会，为40多名下岗职工提供了再就业的渠道。他们在教学、管理、后勤岗位上辛勤工作。

目前学校正以十年校庆为契机，站在新的起点上总结过去，筹划未来。认真学习、践行科学发展观，继续坚持“四为”办学理念，全面推进素质教育，不断提高教学质量和社会效益，为振兴兴化教育作出更大贡献。

上级领导来学校视察

校领导对学生作诗词讲座

初一新生军训课

“金秋放歌”合唱比赛现场

爱国主义教育

校领导给学生上晨课

学生夏令营活动

感恩教育

“希朗杯”希望之星英语风采大赛现场

学校运动会比赛现场

拔河比赛

中考誓师大会现场

英语教学公开课

初一新生军训成果汇报

# 兴化市板桥运业有限公司

董事长兼总经理：邰红彪

兴化市板桥运业有限公司是在原兴化市汽车运输总公司的基础上，通过企业改制，进行“三置换一保障”重新组建的民营股份制交通客运企业。公司现有在册员工400多人，拥有固定资产约4000万元，经营占地总面积25000平方米。各类营运车辆400余辆，开发的长途营运线路52条，年旅客发送量达150万人次，主营的长途客运四通八达，营运线路辐射省内、外各主要大中城市。公司下设四个分公司、一所驾校及板桥大酒店，是全市交通行业唯一的集长途客运、城市公交、公车租赁、驾驶员培训、汽车维修、公交广告等为一体的综合性交通服务企业。历年来，一直被评为交通系统综合先进单位，连续多年被市委、市政府评为兴化市“文明单位”，泰州市级“文明单位”。

公司始终坚持以道路客运服务为主业，进一步以市场经济为导向，多种经营并举，全方位同步发展。坚持“安全、舒适、优质、文明”的服务宗旨。大力弘扬爱岗敬业、团结协作、求真务实、超前高效、开拓创新的企业精神；不断树立“板桥运业文明单位”品牌；始终奉行以热情周到，忠诚守信，实现旅客高兴、满意、认可的质量方针。公司最终奋斗目标是要达到最好的管理，最佳的效益，最美的形象，使企业在竞争中不断前进，在发展中日益壮大，用科学发展观积极探索符合本企业实际、面向市场、适应时代要求的发展路子，为全面建设小康构建和谐社会再创企业新辉煌。

技术精湛、管理规范的驾培队伍

公交IC卡首发仪式现场

文明优质的服务

## 江苏省文明村

# 戴南镇永丰村

村党总支书记(副镇级调研员)：翟培成

翟培成，男，1949年出生，中专文化，中共党员。先后担任永丰村村主任、永丰村党总支书记、戴南镇副镇级调研员等职。现任兴化市戴南镇永丰村党总支书记。

翟培成同志从1995年担任永丰村党总支书记以来，始终把带头致富带领村民共同富裕作为自己的第一任务，他舍小家顾大家一心扑在工作上，为永丰村的发展作出了较大的贡献。永丰村人均收入从1995年的2735元增加到2010年的19278元，集体结余从1995年不足100万元增加到2010年的6000多万元。

翟培成同志先后被授予“江苏省劳动模范”、“江苏省农林厅农村集体财务规范化管理先进个人”、“泰州市劳动模范”、“泰州市优秀共产党员”、“第七届泰州市精神文明建设新人新事”、“兴化市十佳模范党员”、“兴化市十佳党组织书记”、“泰州市委宣传部创优先锋先进个人”多次被兴化市委市政府评为“优秀共产党员”和“先进个人”。

戴南镇永丰村共有11个村民小组，人口3056人，耕地面积598亩。近年来，村党总支一班人以实践科学发展观为统领，把提高集体经济收入，增加农民收入列为首要位置，全村各项工作走上了企业化、规范化、特色化的发展轨道。先后获得了“江苏省文明村”、“江苏省生态示范村”称号；连续多年被泰州市委、市政府表彰为“文明村”，被兴化市委、市政府表彰为“小康示范村”、“特色经济村”、“文明村”和“先进党支部”等荣誉称号。现在的永丰村全体村民实行医疗保险，突发疾病实行特殊补助，35岁以上的村民全部实行社会养老保险，参加社会保险养老人数为1268人，由村集体到社会保险处缴纳。近年来，全村男60岁、女55岁以上村民每人每年发放664元老年生活补助费，对全体村民发放每人每年500元的口粮补助费。做到老有所养病有所医，绝大多数村民有别墅住宅，有门面房商住楼、有私人小轿车；自来水、有线数字电视、电话入户率达100%，全村上下呈现出一派欣欣向荣，蓬勃发展的喜人景象。

永丰村干部群众将在翟培成书记为核心的村委一班人的带领下，发扬只争朝夕、勇往直前的精神，为全面打造富裕永丰、和谐永丰、平安永丰、特色永丰、文明永丰的现代化新农村而努力奋斗！

戴南镇党委书记马元连在村总支书记翟培成的陪同下视察永丰村安居房工程

永丰村践行科学发展观党员会议

干净整洁的小区环境

即将竣工的永丰新村安居房工程

四通八达的道路

村重点企业——新宏大集团

精致的农民别墅

热闹非凡的商业区

村办幼儿园

# 兴化市教师进修学校
# 泰州电大兴化分校

校长：韦 琦

2010年，学校全面落实科学发展观，扎实实施《振兴兴化教育三年行动计划》，强化队伍建设，规范学校管理，各项工作开展顺利，整体事业稳步推进。一、根据省、泰州市对干部、教师整体素质提高及创建现代化教育强市的新要求，举行各类培训班，培训干部教师近万人次；二、电大成人教育管理科学、服务周到，稳步拓展，奥鹏和开放教育全年新招学员472人；三、附属外国语学校学生参加高考，本科进线率达66%。学校先后被评为泰州市级“文明单位”、兴化市级“领导履职能力四星级单位”、泰州市级“平安学校”、泰州市级“语言文字规范化学校”，获市教育局年度综合评比“特色教育单项奖”。此外，电大奥鹏学习中心获得中央电大奥鹏管理中心授予的“示范学习中心”荣誉称号。

省级教师培训项目专题调研会

顾雪珍声乐培训中心开班典礼

扬州教育学院2010级学前教育专科函授（兴化）班开班典礼

杨九俊院长学术报告会

教师进修学校教师进修学校幼师班学生赴港参赛喜获大奖

在泰州市青少年体育舞蹈锦标赛上获得的多项荣誉